日本植民地建築論

Yasuhiko Nishizawa
西澤泰彦 著

名古屋大学出版会

口絵 1　大連市人民政府によって保護建築に指定されている旧大連民政署庁舎

口絵 2　「満鉄建築」の最高峰である旧大連ヤマトホテル

口絵 3　韓国国立中央博物館に転用された後に取り壊された旧朝鮮総督府庁舎

口絵 4　韓国度支部建築所設計による旧工業伝習所本館

口絵 5　中華民国総統府として使われている旧台湾総督府庁舎

口絵 6　台湾における「辰野式」建築の代表例である旧台湾総督府専売局庁舎

口絵 7　白求恩医科大学の校舎として使われている旧満洲国国務院庁舎

口絵 8　スパニッシュ様式の旧満鉄奉天図書館

口絵 9　ゴシック様式の意匠が取り入れられた旧大連税関庁舎

口絵 10　台湾における「辰野式」建築のひとつである台北医院本館

口絵 11　ソウルの繁華街に建てられた映画館・旧明治座

口絵 12　乗降客の動線を立体的に分離した大連駅

大連・ソウル・台北市街図

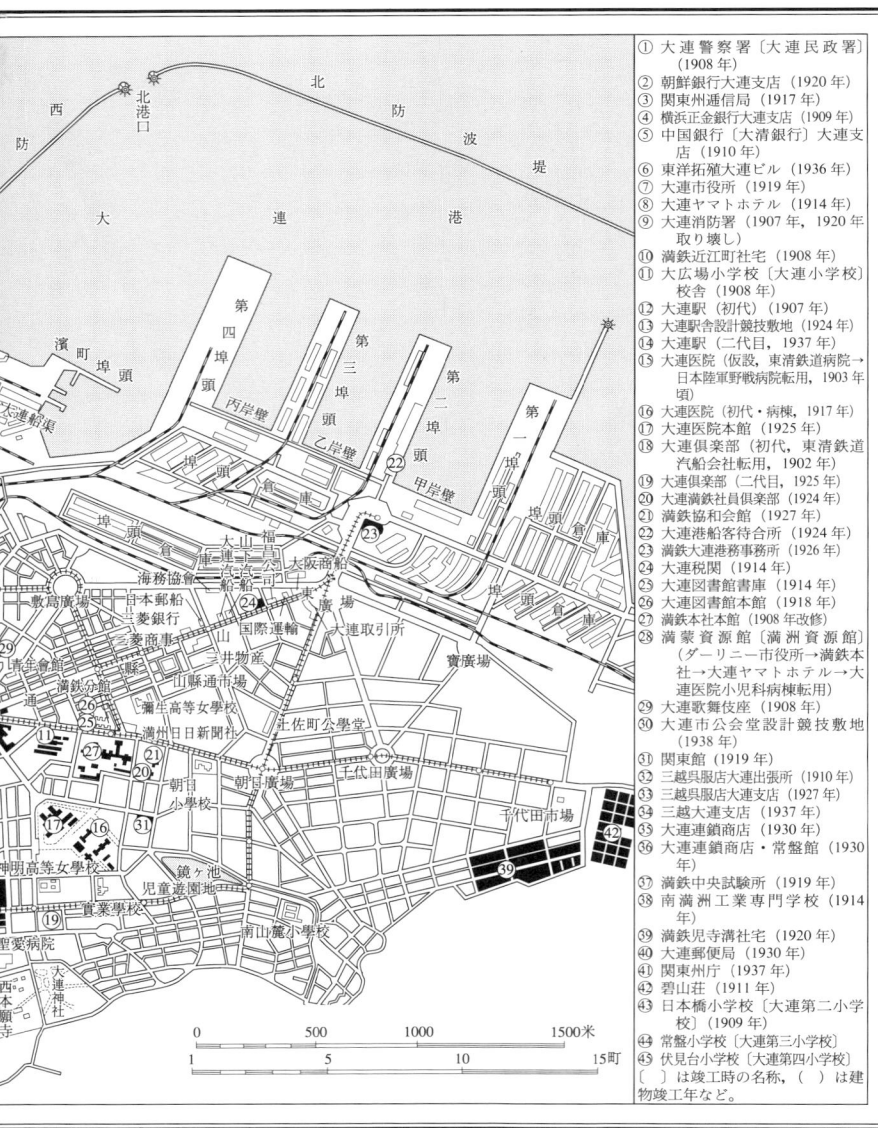

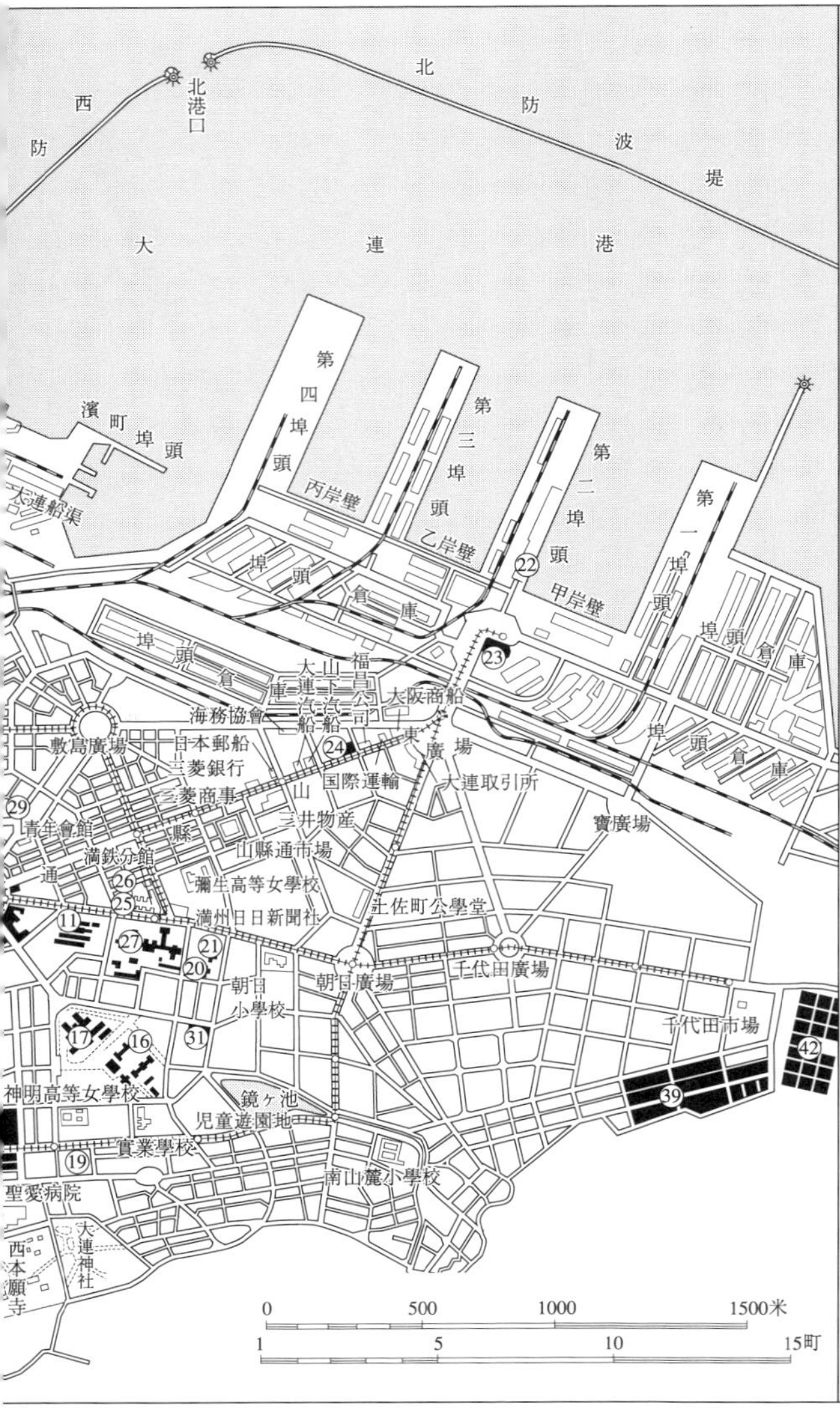

① 大連警察署〔大連民政署〕(1908 年)
② 朝鮮銀行大連支店 (1920 年)
③ 関東州逓信局 (1917 年)
④ 横浜正金銀行大連支店 (1909 年)
⑤ 中国銀行〔大清銀行〕大連支店 (1910 年)
⑥ 東洋拓殖大連ビル (1936 年)
⑦ 大連市役所 (1919 年)
⑧ 大連ヤマトホテル (1914 年)
⑨ 大連消防署 (1907 年, 1920 年取り壊し)
⑩ 満鉄近江町社宅 (1908 年)
⑪ 大広場小学校〔大連小学校〕校舎 (1908 年)
⑫ 大連駅 (初代) (1907 年)
⑬ 大連駅舎設計競技敷地 (1924 年)
⑭ 大連駅 (二代目, 1937 年)
⑮ 大連医院 (仮設, 東清鉄道病院→日本陸軍野戦病院転用, 1903 年頃)
⑯ 大連医院 (初代・病棟, 1917 年)
⑰ 大連医院本館 (1925 年)
⑱ 大連倶楽部 (初代, 東清鉄道汽船会社転用, 1902 年)
⑲ 大連倶楽部 (二代目, 1925 年)
⑳ 大連満鉄社員倶楽部 (1924 年)
㉑ 満鉄協和会館 (1927 年)
㉒ 大連港船客待合所 (1924 年)
㉓ 満鉄大連港務事務所 (1926 年)
㉔ 大連税関 (1914 年)
㉕ 大連図書館書庫 (1914 年)
㉖ 大連図書館本館 (1918 年)
㉗ 満鉄本社本館 (1908 年改修)
㉘ 満蒙資源館〔満洲資源館〕(ダーリニー市役所→満鉄本社→大連ヤマトホテル→大連医院小児科病棟転用)
㉙ 大連歌舞伎座 (1908 年)
㉚ 大連市公会堂設計競技敷地 (1938 年)
㉛ 関東館 (1919 年)
㉜ 三越呉服店大連出張所 (1910 年)
㉝ 三越呉服店大連支店 (1927 年)
㉞ 三越大連支店 (1937 年)
㉟ 大連連鎖商店 (1930 年)
㊱ 大連連鎖商店・常盤館 (1930 年)
㊲ 満鉄中央試験所 (1919 年)
㊳ 南満洲工業専門学校 (1914 年)
㊴ 満鉄児寺溝社宅 (1920 年)
㊵ 大連郵便局 (1930 年)
㊶ 関東州庁 (1937 年)
㊷ 碧山荘 (1911 年)
㊸ 日本橋小学校〔大連第二小学校〕(1909 年)
㊹ 常盤小学校〔大連第三小学校〕
㊺ 伏見台小学校〔大連第四小学校〕

〔 〕は竣工時の名称, ( ) は建物竣工年など。

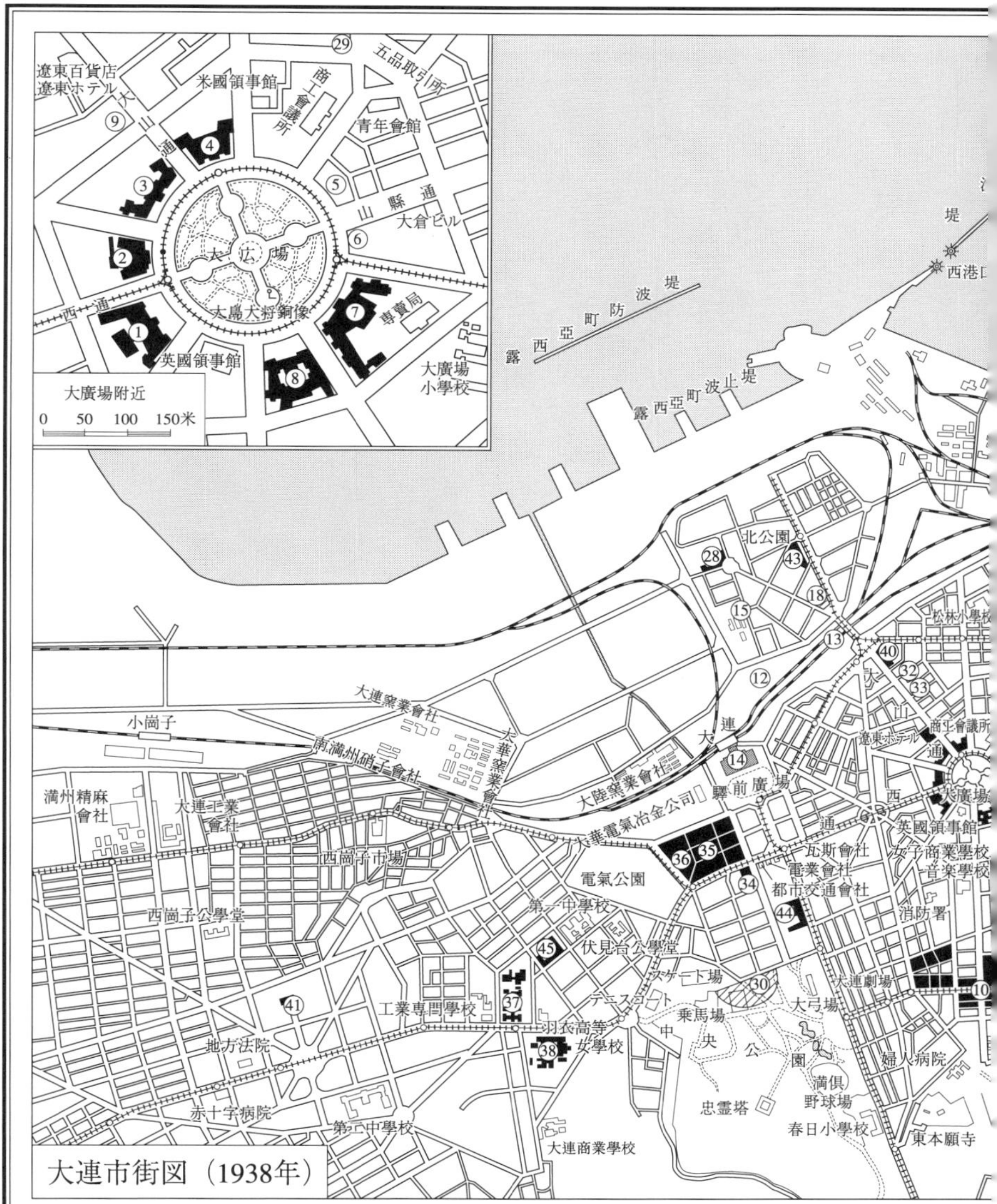
大廣場附近
0 50 100 150米
遼東百貨店
遼東ホテル
米國領事館
商工會議所
五品取引所
青年會館
大山通
山縣通
大倉ビル
大広場
西通
大島大将銅像
專賣局
英國領事館
大廣場小學校
露西亞町防波堤
露西亞町波止堤
西港口
堤
北公園
松林小學校
大連窯業會社
小崗子
南滿州硝子會社
大華窯業會社
大陸窯業會社
大連
驛前廣場
大華電氣冶金公司
滿州精麻會社
大連工業會社
西崗子市場
西崗子公學堂
電氣公園
第一中學校
伏見台公學堂
瓦斯會社
電業會社
都市交通會社
遼東ホテル
商工會議所
大廣場
英國領事館
女子商業學校
音楽學校
消防署
大連劇場
スケート場
テニスコート
乗馬場
大弓場
中央公園
滿倶野球場
忠霊塔
春日小學校
東本願寺
婦人病院
工業專門學校
羽衣高等女學校
地方法院
赤十字病院
第二中學校
大連商業學校

大連市街図（1938年）

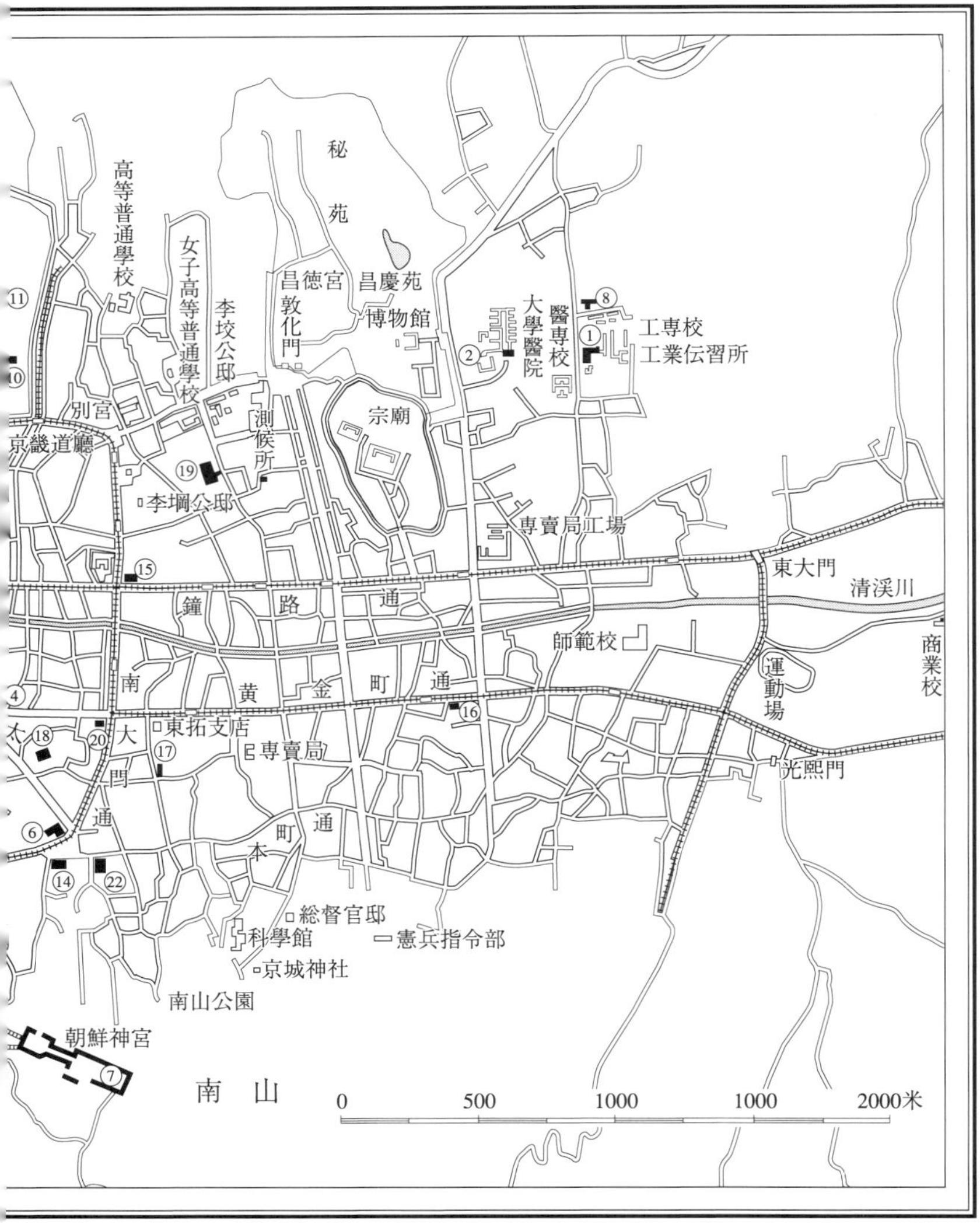

秘苑
高等普通學校
女子高等普通學校
李坆公邸
昌徳宮
昌慶苑
敦化門
博物館
大學醫院
醫專校
工専校
工業伝習所
宗廟
測候所
別宮
京畿道廳
李堈公邸
専賣局工場
東大門
清渓川
鐘路通
師範校
商業校
運動場
南黄金町通
大門通
東拓支店
専賣局
光熙門
本町通
総督官邸
科學館
憲兵指令部
京城神社
南山公園
朝鮮神宮
南山
0
500
1000
1000
2000米

ソウル（京城）市街図（1930年）

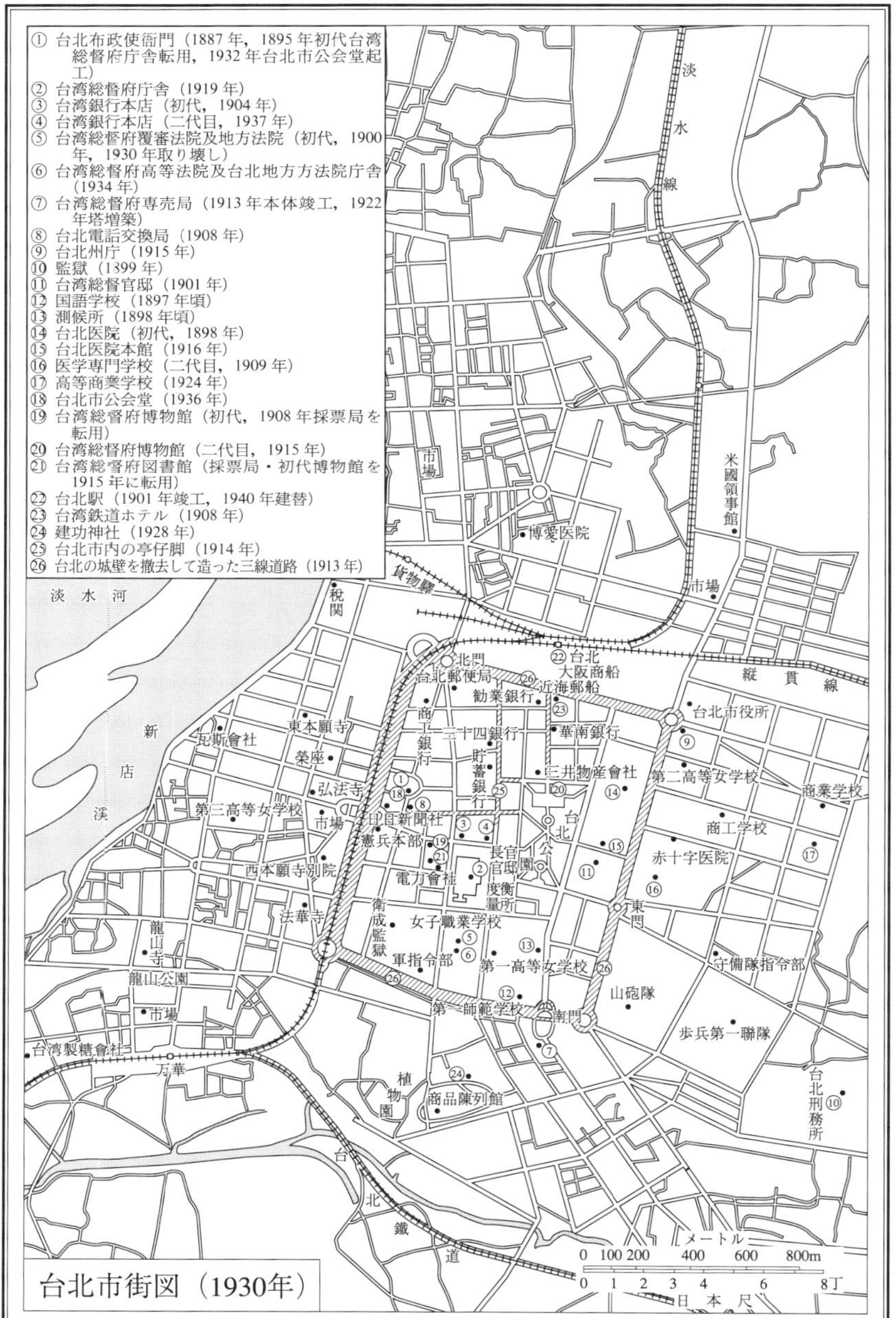
① 台北布政使衙門（1887 年，1895 年初代台湾総督府庁舎転用，1932 年台北市公会堂起工）
② 台湾総督府庁舎（1919 年）
③ 台湾銀行本店（初代，1904 年）
④ 台湾銀行本店（二代目，1937 年）
⑤ 台湾総督府覆審法院及地方法院（初代，1900 年，1930 年取り壊し）
⑥ 台湾総督府高等法院及台北地方方法院庁舎（1934 年）
⑦ 台湾総督府専売局（1913 年本体竣工，1922 年塔増築）
⑧ 台北電話交換局（1908 年）
⑨ 台北州庁（1915 年）
⑩ 監獄（1399 年）
⑪ 台湾総督官邸（1901 年）
⑫ 国語学校（1897 年頃）
⑬ 測候所（1898 年頃）
⑭ 台北医院（初代，1898 年）
⑮ 台北医院本館（1916 年）
⑯ 医学専門学校（二代目，1909 年）
⑰ 高等商業学校（1924 年）
⑱ 台北市公会堂（1936 年）
⑲ 台湾総督府博物館（初代，1908 年採票局を転用）
⑳ 台湾総督府博物館（二代目，1915 年）
㉑ 台湾総督府図書館（採票局・初代博物館を 1915 年に転用）
㉒ 台北駅（1901 年竣工，1940 年建替）
㉓ 台湾鉄道ホテル（1908 年）
㉔ 建功神社（1928 年）
㉕ 台北市内の亭仔脚（1914 年）
㉖ 台北の城壁を撤去して造った三線道路（1913 年）
淡水線
米國領事館
市場
博愛医院
貨物驛
淡水河
税関
市場
北門
台北
大阪商船
台北郵便局
近海郵船
勧業銀行
縦貫線
台北市役所
商工銀行
三十四銀行
華南銀行
東本願寺
瓦斯會社
新店渓
貯蓄銀行
栄座
三井物産會社
第二高等女学校
弘法寺
商業学校
第三高等女学校
市場
日日新聞社
台北公園
商工学校
憲兵本部
長官官邸
赤十字医院
西本願寺別院
電力會社
度衡量所
衛成監獄
東門
法華寺
女子職業学校
龍山寺
軍指令部
第一高等女学校
守備隊指令部
龍山公園
山砲隊
第一師範学校
南門
市場
歩兵第一聯隊
台湾製糖會社
万華
植物園
商品陳列館
台北刑務所
台北鐵道
メートル
0 100 200 400 600 800m
0 1 2 3 4 6 8丁
日本尺
台北市街図（1930年）

日本植民地建築論　目次

序　章　植民地建築とは何か

一　本書の意義と目的

本書は、一九世紀末から二〇世紀前半にかけて日本が支配した東アジア地域において、日本人が展開した建築活動とそれによって生まれた建築に焦点を当て、それらの特徴を紹介し、世界の建築の中での位置付けを試み、また、それらが日本による東アジア地域への支配とどのような関係を有していたかについて論じるものである。

本書は、次の二点を目的としている。

一点目は、日本による侵略・支配を記録する行為の一環として、日本人の建築活動とそれによって産み出された建築物を復元・記録し、日本による支配との関係を論じたうえで、歴史上に位置付けることである。過去を記録することとは歴史の基本的作業である。その基本的作業に依拠して、本書は、さらに、一つ一つの事柄を順次、歴史の中で位置付けていくことを目的としたい。日本による侵略・支配を記録することは、将来、再び同じような愚行を繰り返さないためであり、それは、原爆で廃墟と化した広島県物産陳列館を原爆ドームと称して保存し核兵器使用の恐ろしさを訴えていることと同じ意味を持つのである。

二点目は、日本の支配地であった地域で始まっている現存建築の再利用などに対して、正確な情報を提供することで、現地における建築物の再利用やそれをもとにした都市再開発を側面から援助することである。旧朝鮮総督府庁舎のように、「支配の遺物」としてすでに取り壊されたものもあるが、その一方で、中国のハルビンや大連、天津、上海のように外国の支配を受けながらその地に建てられた建物を保護建築と認定して保存・再生している事例も徐々に増えてきた。しかし、既存建築物の情報が少ない状態では、各地での保存・再生事業も順調に進むとは言い難く、情報の提供が求められている。建築物に関する過去の情報について、その施主、あるいは、建設に携わった人々が、それらを提供することは、建築界の常識であり、本書は、それを体系的に示すものである。そして、それは、過去の侵略・支配に対して、侵略・支配とは直接には無縁な世代、すなわち「戦後世代」ができる数少ない償いでもある。

視点と論点

このような目的を設定した本書で示す論点は二つある。

一つは、東アジア地域における日本人の建築活動そのものと、それによって産み出された建築物そのものの特徴を明確に示し、建築学という学問領域の中でのそれらの位置付けを行うことである。建築活動や建築物の特徴を明確にするためには、少なくとも建築計画・用途・機能、建築構造・材料・技術、建築様式・意匠、という建築の基本的な要素「用・強・美」に依拠した複数の視点を立てることが必要であり、本書でも、そのような複眼的視点によって、日本人の建築活動、そして建築の特徴と位置付けを論じる。

この中で、建築の「用」、すなわち、建築計画・用途・機能の視点とは、建物が持つ平面と用途・機能の関係に着目することであり、建物の平面が、建物に求められた用途や機能を十分に満たしているかを問うものである。この視点は、いわば、建物の「使い勝手」を論じるものであり、さらに、建物の用途・機能が、立地している地域の中や社会の中でどのような役割を果たし、どのような意味を持っているかを論じることである。

また、建築の「強」、すなわち、建築構造・材料・技術の視点とは、建物の構造とそれを構成する材料やそれを支える技術との関係に着目することであり、建物に求められた耐震性や耐火性などの強度がどのように確保されているかを論じるものである。この視点は、いわば建物の「耐久性」を論じるものであり、その耐久性を確保するための技術的な工夫に着目するものである。

そして、建築の「美」、すなわち、建築様式・意匠の視点とは、建物が持つ形態の特徴を把握しながら、その建物の形態と既存の建築様式・意匠との関係を考え、また、建物の立地、あるいは用途、構造などを考慮しながら、建物の形態が持つ意味を考えることである。この視点は、建物の美そのものを論じるだけでなく、施主や設計者が建物の形態に込めた意図を読み取り、その意味を論じるために設定している。それは、建物がその周囲の街並み、景観に与える影響を考えることにも通じるものである。

本書では、まず、このような建築の基本的要素である「用・強・美」に着目し、建築物そのものの特徴を示すこととした。その一方で、建築物が人間活動の所産であることにも目を向け、建築物を産み出してきた人間活動そのものを歴史の中に位置づけることを試みる。そのために、二つ目の論点として、建築活動と侵略・支配との関係を考える。

それは、東アジア地域で展開された日本人の建築活動とそれによって産みだされた建築物が、日本による東アジア地域への侵略・支配とどのような関係にあったのかを明確に示すことで、日本による東アジア地域への支配の特質を論じる試みである。日本による東アジア地域への侵略・支配の問題は、さまざまな視点で論じられている。特に、政治、経済、歴史などの学問分野では、それぞれの学問に応じた視点の設定がなされ、研究が進んでいる。例えば、一九九二年から順次刊行された『岩波講座　近代日本と植民地』[1]は、一九世紀後半から二〇世紀前半における東アジアなどの地域への日本の侵略・支配について、政治、経済、産業、社会、文化、教育、都市建設という多数の視点から論じたものであり、発刊当時の日本における植民地研究の到達点を示したものである。しかし、そこでなお欠けていた視点は、支配によって産み出された「モノ」を批評することであり、それを用いて日本による東アジア・東南アジアへの侵略・支配を論じることであった。

本書では、そのような既存の研究の視点とは異なる視点として、建築物という具体的なかたちを有するものの存在を通して、侵略・支配の問題を考えることとする。すでに拙著『図説満鉄』において、満鉄が産み出した具体的な「モノ」に着目して、この視点から満鉄による中国東北地方支配の実態を解き明かすことを試みたが、本書において建築物に着目するのは、それと同じである。(2)

ところで、建築物に限らず、橋梁やドックというような土木構造物から自動車やテレビというような工業製品に至るまで、かたちを有する「モノ」はいずれも、具体的な設計・施工（生産）という人間の行為によって産み出されるものであり、そこには、それらのかたちを造る技術や材料、資金や労働力が集約され、それを可能にする政治的・経済的・社会的システムが存在している。したがって、産み出された「モノ」への批評は、それを産み出した人間への批評と直結している。あえて、このような当然とも思われることを記した理由は、とかく「モノ」に着目したとき、侵略・支配とそれぞれの地域で造られた「モノ」との関係を切り離し、「モノ」だけを評価することがよく行われており、そのようなことに対して筆者が懐疑的、批判的だからである。拙著『図説満鉄』に対する批評の中に、満鉄初代総裁の後藤新平による「文装的武備」を「モノ」の視点からはっきりと再評価すべきだという旨のものがあった。(3)しかし、後藤新平が唱えた「文装的武備」は、中国東北地方支配のための理論であり、その具体的な産物としての都市や建築物を満鉄が展開したさまざまな活動と切り離して批評することは、「木を見て森を見ず」の如く、満鉄を本質的に把握することにはならない。

そこで、本書では、拙著『図説満鉄』で行った手法を用い、東アジア地域で展開された日本人の建築活動とその建築物を把握し、分析し、批評することを通して、そのような日本人の建築活動とそれに伴って生まれた建築物の出現を可能にした政治的・経済的・社会的システムを批評し、日本による東アジア地域への侵略・支配を分析、批評することに繋げたい。

これは、富国強兵・殖産興業政策を根幹とした日本の近代化政策と同時進行した東アジア地域への侵略と支配という歴史の中で、日本人が展開した建築活動を位置づけることに他ならない。それは、上記二点の論点について、建築に関する論点を横糸とし、侵略・支配に関する論点を縦糸として、まったく違う視点から日本人が展開した建築活動を位置づけるものである。

ところで、約半世紀にわたって日本の植民地・支配地に建てられた建築物のすべてとそこで展開した建築活動のすべてを、わずか一冊の本で論じることは不可能に近い。そこで、このように設定した論点に応じて、次の二点に関して、限定を行った。

一つは、本書で扱う建築物の限定である。それは、侵略・支配との関係が比較的深いと想定される公共性を帯びた建築物を優先的に扱うものである。したがって、植民地・支配地に多数建てられた住宅については、本書では基本的に扱わないこととした。

二つ目の限定として、日本の支配地のなかで、台湾、朝鮮半島、中国東北地方を中心とした。これは、「対象時期と対象地域」の項において詳述するが、比較的支配の深度の大きかった地域を優先的に論じることで、論点に示した建築活動と侵略・支配との関係を明確にしていくためである。

二　支配形態と「海を渡った建築家」

支配形態

日本による東アジア地域への支配形態は多様であった。台湾については日清戦争の戦勝国として、敗戦国となった清から割譲させ、朝鮮半島に対しては「併合」という名目のもとで、それぞれの主権をまったく奪い取る状態、すなわち両者を日本の植民地として支配した。しかし、植民地化の過程を見ると、台湾と朝鮮半島では異なる点がある。

日本による台湾の植民地化は、日清戦争おける敗戦国である清から戦勝国である日本への領土の割譲という形態であり、それは日清戦争の終盤におけるわずか数ヶ月のできごとによって行われた。戦争による領土の割譲は、当時の世界情勢においては当然のように行われたことだが、日本による台湾の割譲は、いわゆる帝国主義戦争の結果としての領土の割譲としては、例外的な側面を持っていた。それは、台湾が日清戦争の戦場になっていなかったことであり、下関条約の調印後に、日本軍が台湾を占領したことである。列強による領土獲得を目指した戦争は、獲得を予定している地域に軍隊を送り込んで占領し、戦争に勝てば、相手からその地域を割譲させるというのが常套手段であるが、台湾は日清戦争の戦場にはならなかった。にもかかわらず、台湾の日本への割譲が決定したため、台湾の住民にとってはまったく予期せぬできごとであり、反発を強めた台湾住民は清の役人と糾合して台湾民主国を設立し、日本軍への抵抗運動を展開した。日本軍が台湾民主国を武力で崩壊させたのは、下関条約の批准から六ヶ月後であったが、それでも台湾住民の武力抵抗は続き、台湾総督府が住民の武力抵抗を抑え込んだのは、下関条約の締結から七年後の一九〇二年であった[4]。これは、欧米列強中心の国際社会の中で、下関条約による日本の台湾領有はあっさりと認められたが、それに基づいた軍隊の派遣と台湾総督府の設立によって支配が確立したわけではなく、支配確立のための第一歩を踏み出したに過ぎなかったことを示している。

それに対して、日本による朝鮮半島の植民地化は、日本の砲艦外交による開国要求（一八七五年）に始まり、内政への干渉と軍隊の駐屯、保護国化を経て、植民地化（日韓併合、一九一〇年）が完成し、そこまで三五年の歳月を要した。したがって、日本による朝鮮半島の植民地化は、開国要求と日朝修好条規を第一歩として、日韓併合によって完成した。しかもその過程で、朝鮮半島における反日勢力の弱体化を図りながら、日本は清や帝政ロシアとの間で朝鮮半島の覇権を競い、日清戦争、日露戦争という帝国主義戦争を仕掛け、主体的に戦った結果として、朝鮮半島を獲得したのであった。

同じ日本の植民地でありながら、その過程の違いは、台湾の植民地化が、清の領土の一部であった台湾に対する主権が清から日本に移ったものであったのに対して、朝鮮半島の植民地化は朝鮮・大韓帝国という国家、李王朝という王朝を滅ぼすという行為であったことであり、植民地化に要した時間の差であるといえる。

一方、日本が支配した地域は、植民地だけではなかった。中国大陸では、上海や天津など開港場を中心に設定された租界、帝政ロシアから権利を引き継いで遼東半島南端（関東州）に設定された租借地、大連・旅順～長春の満鉄沿線に設定された鉄道附属地、満洲国のような傀儡政権による支配、という具合に、いわゆる植民地とは称されないが日本が実効支配する地域が存在した。また、中国各地と東南アジアに広がった日本軍による占領地もまた、日本が実効支配する地域であった。

このうち、租界については、列強から不平等条約を押し付けられた日本が、不平等条約の象徴的存在であった租界を中国大陸に持っていたこと自体が奇異な現象とも受け取れるが、これも日清戦争に端を発している。日清戦争の講和条約となった下関条約（一八九五年四月一七日調印）では、清は日本に対して沙市、重慶、蘇州、杭州を開市、開港することとなり、また、すでに清が列強と締結していた条約に準拠した日清通商航海条約の締結が約された。そして、一八九六年七月には、下関条約で日本に対して開市、開港した四都市に上海、天津、アモイ、漢口を加えた八都市で日本専管租界（日本専管居留地）を設けることを盛り込んだ日清通商航海条約が調印された。こうして、日本は中国大陸の八都市に租界を持つこととなった。

また、租界に類似した支配形態として租借地がある。これは、二国間での土地の貸し借りであるが、実態としては、列強が清から土地を無理やり半永久的に借りたものであり、そこでは、土地を借りた列強が行政権を持ち、実効支配した。そして、これも日清戦争に端を発している。日清間で締結された下関条約に基づいて日本が清に遼東半島を割譲させることについて、帝政ロシア、ドイツ、フランスが共同で日本に対して遼東半島の還付を申し入れた三国干渉により、日本は清に遼東半島を還付した。ところが、帝政ロシアは、一八九八年、遼東半島南端（関東州）を清国から二五年の期限で租借した。これに対抗して、イギリスは山東半島の威海衛と香港に隣接する九龍、ドイツは青島をそれぞれ九九年の期限で租借した。こうして、列強が清に対して表向きは「期限付きで土地を借りる」という支配形態が確立した。日本が日露戦争後に有した租借地である関東州は、帝政ロシアによるこの租借地を日露講和条約に基づいて譲り受けたものである(5)。

この関東州と同様に日露戦争の結果、日本の支配に組み込まれた地域として、日露講和条約に基づいて帝政ロシアから日本に譲渡された大連・旅順〜長春間の鉄道沿線に広がる鉄道附属地がある。日本政府は、帝政ロシアから譲渡された鉄道の経営のため、半官半民の南満洲鉄道株式会社（満鉄）を設立し、鉄道附属地の経営も満鉄に委ねた。鉄道附属地は、帝政ロシアがシベリア鉄道の短絡線として建設した東清鉄道の沿線に、鉄道建設のための用地、という解釈の下に設定された土地であるが、実際には、鉄道会社が排他的・絶対的な行政権を持ち、清の官憲が自由に出入りできる場所ではなかった。

このような租界、租借地、鉄道附属地は、いずれも清に主権がありながら、実質的には、それぞれの地への清の官憲の出入りを禁じ、また、列強が官憲だけでなく軍隊を駐留させることで、実効支配した土地である。日本が有した租界、租借地、鉄道附属地においても、日本軍が駐留しており、清（中国）側から見れば、戦時における日本軍占領地と実質的に大差なく、日本が支配する土地となっていたのである。

また、本書では詳しく触れないが、南洋群島に対して日本は、国際連盟からの委任統治という形態で実質的な支配を行った。

以上のような多様な支配形態が存在していた中で、厳密にいえば、台湾と朝鮮半島以外の地は日本の植民地とはいえないが、いずれの地域も実質的に日本政府、日本軍によって支配されていたことには変わりなく、特に日本人がそれぞれの地域で建築活動を展開する上での条件や制約には差異がないと推測される。そこで、それらをまとめて「植民地」と呼んでもいいのであるが、政治や国際関係のうえで「植民地」という用語の定義があるので、ここでは、支配形態が異なるこれらの地域をまとめて「支配地」と呼ぶことにする[6]。その一方で、本書の書名に「植民地建築」という語句を入れたのは、日本人の建築活動と建築作品において、植民地とそれ以外の支配地を区別することに意味はないと判断しているからである[7]。

対象時期と対象地域

本書では、二〇世紀前半における台湾・朝鮮半島・中国東北地方を対象地域とし、それらの地で日本人の建築活動によって建てられた建築を対象とする。日本の支配地は、面的な広がりとして示すなら、中国各地の租界や日中戦争・第二次世界大戦時期の日本軍占領地、第一次世界大戦後に日本の委任統治領となった南洋群島、という具合に広大な範囲に広がるが、本書では、次の三点の理由により、台湾・朝鮮半島・中国東北地方を対象地域とする。

一つは、この三地域の支配形態が複雑であり、これら三地域を対象とすることで、さまざまな支配形態と建築との関係を論じることが可能になるためである。すでに示したようにこの三地域には、植民地、租借地、鉄道附属地、傀儡政権による支配、という具合にさまざまな支配形態が並存していた。そのような支配の状況下での日本人の建築活動に差異があるとすれば、それは支配形態の違いによって生じた差異という仮説が成り立ち、そこに支配と建築活動との関係を見出すのは容易であるといえよう。

二つ目は、海外で活動した日本人建築家・技術者の多くがこれら三地域で活動しており、彼らの活動を明らかにすることによって日本の支配と建築との関係がより明確になると考えられるためである。一つの指標として、具体的な数値をあげると、日本建築学会の前身であった建築学会の会員名簿によれば、一九一〇年には正員二二名、準員二六八名の合計二九〇名が、朝鮮半島、台湾、中国に居住していた。これは、当時の正員・準員の合計の約一三パーセントに相当していた[8]。ところが時代が下って一九四二年には、正員四九六名、準員一、九九九名の合計二、四九五名が日本の支配地に居住しており、これは、当時の正員・準員の合計の約二〇パーセントに相当する[9]。これは五人に一人が海外に居を構えたことを示している。

三つ目は、二つ目の理由ともかかわって、漠然とした表現であるが、これら三地域が他の日本の支配地に比べて、日本人の建築活動が総体として大きかった地域であると考えられるためである。これらの三地域における日本の支配が他の地域に比べて長く、また、面積も大きいために、日本人の建築活動も、蓄積があり、また、活動可能な範囲も広い。支配と建築活動との関係を論じるのであれば、そのように蓄積も活動範囲も大きい場所で論じることが必要である。

したがって、日露戦争後に再度領有した樺太や第一次世界大戦の結果により支配下においた南洋群島での日本人による建築活動については、本書では扱わないこととした。また、日本の支配地は、日中戦争、第二次世界大戦における日本軍占領地を見れば、面的には、これら三地域の数倍の広さを持ち、支配地における人口、あるいは資源の面においても、そのような占領地を無視できるものではないが、支配期間が他の地域に比べて短いため、建築組織の設立や新たな建物の建設という点において、三地域とは大きく差があるので、本書では扱わないこととした。したがって、本書はその書名を『日本植民地建築論』としたが、これは、本書で示した「植民地建築」の概念をもとに、日本の支配と建築との関係、あるいは日本人建築家・技術者の活動内容との関係を論じる端緒とすることを意図するものである。

一方、「二〇世紀前半」という時代設定は、それが日本が東アジアなどに支配地を持った時期であるために行っているが、本書の主題である日本人の建築活動や建築を論じる上での意味も記しておきたい。一八世紀末から始まった産業革命は、ヨーロッパにおいて、従来の建築様式・意匠、建築構造・材料・技術を大きく変化させ、一九世紀半ばから二〇世紀前半にかけて鉄骨造や鉄筋コンクリート造の建築を産み出し、また、アール・ヌーヴォー様式の建築やインターナショナル・スタイルと呼ばれる新しい建築様式を産み出した。その一方で、一九世紀から二〇世紀初頭にかけて、ヨーロッパの古典建築である古代ギリシア・ローマ建築や中世の象徴的建築様式であるゴシック様式の建築についても、それらの復活が図られていた。しかも、これらは独立して単発的に発生した現象ではなく、相互作用によって起きた百花繚乱の状況であり、建築における新しい時代を直接的に用意した世紀の転換でもあった。このような状況に対して歴史的な見方をしたとき、「建築の世紀末」[10]と称される世紀の転換点が存在していたという認識が成り立つ。

そのようなヨーロッパにおける建築の状況を踏まえて、二〇世紀前半の東アジア地域の建築を考えるとき、そこには、従来の東アジア諸国・地域が持っていた建築文化の伝統と一九世紀後半から流入し続けるヨーロッパ建築の影響が存在し、かつ、建築を産み出す人間にとって、それらの相克と融合が問題になる。よって、東アジア地域における二〇世紀前半という時代設定は、そのような地域外からの影響と伝統的な建築文化が併存しながら、新しい建築を産み出していく時期であり、この地域の建築を歴史の視点から捉えるとき、建築の様式・意匠、構造・材料、機能・用途、技術、組織という点において、それぞれに大きく変化した時期であったということができ、建築における世紀の転換点であった。それは、建築を論じる上で大きな意味を持つ時期であるといえる。

また、日本の支配下で建てられた建物は、日本人の建築活動によって産み出されたものであるという意味において、日本の建築史上に位置付けられるものである。しかし、同時に、それらは、建てられた国や地域の建築史の中にも位置付けられるという二面性を持つ。ところが、日本の建築史研究では、一九八〇年代半ばまで、これらの建物は、国外に建てられた建物として、研究対象から外れることが一般的であった。また、韓国や台湾においてこれらの建物は、日本による植民地支配の遺物として扱われたため、一九八〇年代半ばまで、建築史研究の対象となることは稀であった。次節で詳述するように、日本の支配下に建てられた建物をそれぞれの国や地域の建築史研究に組み込んだ最初の研究は、尹一柱によって一九六六年に刊行された『韓国・洋式建築八〇年——解放前編』であった。その後、台湾において李乾朗が日本植民地時期の建物も組み込んだ上で『台湾建築史』を刊行したのは一九七九年であったが、尹一柱と李乾朗の研究は、例外的に他に先行していたものであり、彼らに続く研究は、一九八〇年代半ばまでなかった。また、中国で日本や列強諸国の支配下で建てられた建物の研究が本格化するのは第一回中国近代建築史研究討論会が開かれた一九八六年からである。

結局、日本の建築史上にも、それぞれの国や地域の建築史上にも位置づけが可能なこれらの建物は、実際には、第二次世界大戦後の約四〇年間、どちらからも扱われることなく、どちらからも建築上に位置づけられないという「逆の二面性」を持つものとなった。

このような状況の下で、本書は、建物の情報を的確に示すことで、日本建築史上にこれらの建物を位置づけながら、それぞれの国や地域で進むいわゆる「近代建築史」研究においても、その中に位置づけが可能となる情報を提供することを目指し、「逆の二面性」を解消しようとするものである。

「海を渡った建築家」と地方都市の建築家

二〇世紀前半、海外に居住していた日本人建築家・建築技術者が、多数存在していたことはすでに記した。そこで、彼らをモデルに「国籍を問わず母国以外の地に拠点を構えて活動した建築家、または建築技術者」を「海を渡った建築家」と呼ぶことにした。(11) このような用語を示して概念規定を試みた理由は、そのような日本人建築家・建築技術者が多数存在していたことに気づいたためであるが、それを日本人に限定しない定義を示したのは、イギリス人建築家をはじめとして、母国を離れて拠点を構え、建築活動を続けた人々が存在していることが、徐々に明らかになってきたためである。

ところで、このような「海を渡った建築家」の活動について、特に日本人の建築家について見ていくと、彼らは絶えず新しい建築の情報を入手し、消化しようと努力している。例えば、満鉄の建築組織の総帥となった小野木孝治は、満鉄が経営する大連医院の設計のため、欧米や中国の大都市に建つ最新の病院建築の視察をしている。また、朝鮮半島で最初に民間建築事務所を開設した中村與資平は、一九二一年から一九二二年にかけて欧米旅行に出かけたが、そこでの見聞がその後に彼によって設計された小学校建築に影響を与えていた。

このように絶えず新しい建築の情報を欲していた状況は、「海を渡った建築家」だけでなく、日本の地方都市に拠点を置いた建築家にも共通していることである。すなわち、日本の地方都市に拠点を置いていた建築家も絶えず新しい建築の情報を得る努力をし、それを活用しようと考えていた。例えば、愛知県の刈谷に拠点を置いた大中肇（一八八六〜一九五〇）は、一九二〇年代から一九三〇年代にかけて、愛知県の西三河地方と知多半島で多くの建築設計を行った建築家であるが、彼は、鉄筋コンクリート造建築を地方都市で実現することに努力し、また、帝国ホテル（一九二三年竣工）の設計で日本中に名を馳せたフランク・ロイド・ライトのプレーリーハウスをモデルとした住宅の設計を試みた。(12)

「海を渡った建築家」たちと日本の地方都市に拠点を置いた建築家たちの共通性は、彼らが建築に関する最新情報を産み出す中心地に位置せず、そのような情報が流れてくる受け手の側に立っていることである。その一方で、両者の差異は、新しい建築の情報を求めた先の差異である。小野木孝治は、それを日本に求めず、欧米や中国の大都市に求めたが、大中肇は、日本の中でそれを求めている。

日本の近代建築史研究における代表的な論著、例えば、稲垣栄三著『日本の近代建築——その成立過程』、村松貞次郎著『日本近代建築技術史』、村松貞次郎編『日本の建築・明治大正昭和』（全一〇巻）、藤森照信著『日本の近代建築（上・下）』を見ると、近代化が先行した東京をはじめとした大都市に建てられた建物や建築活動を中心に書かれている。いわば、日本にとって近代建築を産み出していった建築活動の中心地に立脚して近代建築史が書かれている。それに対して、前述の地方都市に拠点を置いて活動した建築家は、いわば、中心地で発した建築の情報を受け取り、それを消化する側であった。従来の日本近代建築史研究にはこのような建築の情報を受け取る側のことを論じたものは少なかった。

本書では、日本の地方都市に拠点を置いた建築家を論じることはしないが、このような見方をすると、「海を渡った建築家」を論じることは、建築文化の伝播、建築の情報について、中心と周縁という構図を考える上での格好の材料であり、日本国内の建築家の研究にも応用できる可能性を持っている。(13)

三　既往の研究と本書の構成

本書が対象とする地域（主として台湾・朝鮮半島・中国東北地方）と時期に焦点を当てた既往の研究は、それらの地域全体を扱う研究と特定の地域を対象とした研究の二つに大別される。また、研究対象も建築そのものを主たる対象とした研究、建築を中心に都市建設や都市計画を論じた研究、都市建設や都市計画を論じる中で建築にも言及した研究がある。本書は建築そのものを論じることを主たる目的としているので、そのような既往の研究を中心に紹介し、建築史研究の中での本書の位置付けを示すことにする。

東アジア地域の全域を対象とした既往の研究

一九世紀後半から二〇世紀前半にかけての東アジア地域の建築を対象とした研究としては、藤森照信・汪坦の共同監修による『全調査東アジア近代の都市と建築』（筑摩書房、一九九六年）がある。この本は、中国、韓国、台湾、香港、マカオに現存する近代建築の調査結果を用いながら、それぞれの国・地域・都市の近代建築の特徴と変遷を紹介している。このうち、中国の北京・天津・ハルビン・瀋陽・大連・青島・煙台・済南・南京・武漢・重慶・広州・アモイ・昆明の近代建築については、各都市を一冊ずつにまとめ、『中国近代建築総覧』という統一した表題の下、都市名を付した書名、例えば、『中国近代建築総覧・北京編』という書名で刊行された。内容は、現存近代建築について建築名称・所在地・構造・規模・建築年・設計者・施工者などの情報を示した一覧、所在地を示す地図、これらの建築物の中から特に重要と思われる物件の実測を含めた詳細な調査報告、これらの結果を踏まえたその都市における近代建築の概要、参考文献・資料一覧、となっている。『全調査東アジア近代の都市と建築』の中国の部分は、これらの抜粋である。

『全調査東アジア近代の都市と建築』と『中国近代建築総覧』は、いずれも各地で行われた現存する近代建築調査の成果をもとに近代建築を論じる方法をとっている。調査にかけられた労力は膨大であり、その点では労作である。しかし、これらに示された近代建築はあくまでも現存する物件であり、滅失した物件について復元を行わない限り、建築史上の位置付けは難しく、その点では、両者ともに、それぞれの国・地域における近代建築史研究の第一歩、あるいは、序盤としての成果を示したものという位置付けになるであろう。

また、『中国近代建築総覧』が結果として投げかけた問題の一つに、「近代建築」の概念がある。「近代建築」とは何か、という問題は、日本においても、日本建築学会による『日本近代建築総覧』[14]の編集過程で議論されたことであるが、『日本近代建築総覧』には、幕末から第二次世界大戦終戦の一九四五年までに建てられた洋風建築を主として掲載することとし、それを「日本の近代建築」と呼ぶこととした。日本の場合、このような大枠に対して、すぐに露呈した問題は、平安神宮や明治神宮というような明治時代から昭和戦前に建てられた神社建築、総持寺本堂や永平寺大光明蔵などの寺院建築をはじめ、全国各地の観光地に残る和風旅館、財閥三井家本邸をはじめとした和風住宅などの和風建築の扱いであった。これに対しては、追加的に「近代和風建築」という呼称が使われ、一九九八年に作られた「『新版日本近代建築総覧』追補」では、それを「近代建築」に組み込む扱いとなった[15]。

これに対して、『全調査東アジア近代の都市と建築』や『中国近代建築総覧』の編集過程で問題となった「近代建築」の概念は、さらに複雑であった。日本と同様に時代設定をすれば、中国ではアヘン戦争（一八四〇〜四二年）以降、韓国では開国（一八七三年）以降に建てられた建築物を扱うことになるという説明は可能であるが、それに合意するのに時間を要した。中国における歴史研究の時代区分では、「近代」という時代を辛亥革命以降の時期にあてることが多く、これに対してアヘン戦争から辛亥革命までは、清朝が存在していたため、「半封建・半植民地」時代と呼ぶことが多かった。したがって、アヘン戦争以後に建てられた建築物を一律に「近代建築」と呼ぶには異論も生じた。一九八八年から始まった中国各地の調査と並行して、中国政府の建設部と国家文物局が共同で行った近代建築調査では、その対象を辛亥革命から一九四九年の中華人民共和国成立までとしていた。結局、『中国近代建築総覧』の調査では、アヘン戦争以降、中華人民共和国成立までを対象時期とすることとした。

同様なことは、韓国でも起きた。日本と同様に開国を起点とした時代設定をした場合、終点をどこにするか、また、日本の植民地となっていた一九一〇年から一九四五年の時期に朝鮮総督府など日本の関係機関や日本人の手によって建てられた建築物を「近代建築」と呼ぶか否か、という問題である。一九八八年から始まった調査では、この議論を棚上げし、異文化との接触の契機となった開国を起点とし、終点は第二次世界大戦の終結時期とした。なお、韓国では、日本による植民地支配の時期の建築物を韓国の「近代建築」と扱うか否かの議論は、今日まで続いている。

このようにして調査対象時期は決まったものの、日本における「近代和風建築」と同様の問題、すなわち、どのような建築様式の建築物を調査対象とするか、という問題があった。結局、西洋建築の影響を受けた「洋風建築」だけでなく、中国や韓国・朝鮮の伝統的建築の影響を受けた建築物も調査対象となったが、それは、日本における「近代和風建築」の失敗が生かされただけでなく、中国人研究者や韓国人研究者が「近代建築」という言葉に「国の近代化」という問題を積極的に関係付けていたことが反映している。

ところで、『全調査東アジア近代の都市と建築』のもとになった『中国近代建築総覧』が、『日本近代建築総覧』を参考にして編集されたことは、その名前からも判断がつく。しかし、『中国近代建築総覧』が、『日本近代建築総覧』と大きく異なっていたのは、『中国近代建築総覧』がリストの一部に建物の外観写真を添付して情報量を増やし、また、各都市の地図に収録建築物の現存場所を示したことであり、さらにそれぞれの都市に現存する「近代建築」の中から数棟を選び、実測調査を行ったことも、『日本近代建築総覧』との大きな相違である。これは、『中国近代建築総覧』の編集者が、文化大革命で混乱した中国における建築史研究の再興を願い、建築物に対する詳細な実地（実測）調査と文献調査を両輪とする建築史研究の研究手法の定着を図る意図を持っていたためである。

その一方で、『中国近代建築総覧』に残された課題は、中国全土を調査対象にした建築物のリストではなく、中国各地のいわゆる主要都市のみを調査対象都市としたため、中国全土の近代建築リストとはならなかったことである。これは、中国における国土の広さや研究の進展状況、研究者の数と組織の問題により、中国全土を対象とした悉皆調査をいきなり始めるには無理があったためである。

一方、『全調査東アジア近代の都市と建築』の韓国と台湾の部分については、中国とはまったく異なり、すでに『日本近代建築総覧』にそのもととなる部分があった。『日本近代建築総覧』には、日本の植民地であった韓国と台湾に現存する植民地時期の建築物についても「日本近代建築」の範疇に含め、建物が収録されている。韓国については、当時、韓国における近代建築史研究の第一人者であった尹一柱が調査を行い、ソウルと仁川《インチョン》に現存する物件四四件が収録された。台湾については、郭中端が調査を行い、一四九件の物件が収録された。[16] これら韓国と台湾におけるリストは、戦後の日本で発行された最初の「植民地建築」に関するリストであり、日本の植民地建築研究における出発点となったリストである。そして、『日本近代建築総覧』に韓国と台湾のリストを掲載したことは、これら日本の植民地に建てられた建築が日本の近代建築の一部であるという認識を日本建築学会が示したことを意味する。

しかし、『日本近代建築総覧』掲載のこれらのリストを作成したのは、日本人研究者ではなく、韓国人研究者や台湾人研究者であった。当時、日本人研究者には、それらのリストをつくる研究の蓄積と情報がなく、その一方で韓国人研究者や台湾人研究者には、研究の蓄積があったことを意味している。

結局、『全調査東アジア近代の都市と建築』は、東アジア地域の「近代建築」研究の状況を如実に反映した本であり、その点において『日本近代建築総覧』が日本における近代建築を対象とした研究の通過点となったのと同じように、東アジア地域の「近代建築」研究の通過点であった。この本の編集を契機として中国では各地で近代建築研究が盛んになり、建築史研究の大きな分野として認識されるに至った。韓国では、その成果を用いて、さらに研究の深化が図られ、文化財登録の基礎資料作成のため、韓国全土で二〇世紀半ばまでに建てられた現存建築物の悉皆調査が行われている。

ところで、『全調査東アジア近代の都市と建築』が刊行される遠因となった書籍が二点ある。一つは村松伸・西澤泰彦編『東アジアの近代建築』(村松貞次郎先生退官記念会、非売本、一九八五年)[17]であり、もう一つは加藤祐三編『アジアの都市と建築』(鹿島出版会、一九八六年)である。これら二冊と『全調査東アジアの都市と建築』とを比較すると、これら二冊に示された建築の情報は、不確定なことがあまりにも多く、一九八〇年代半ばでの研究水準が、いわば「駆け出し」の状態であったことがよくわかる。特に、建物の名称や建築年は、皆目わからない状況であった。ところが、それから一〇年が経って発行された『全調査東アジア近代の都市と建築』によって、一九世紀以降の東アジア地域における建築の変遷などについてその大枠が示されるに至った。わずか一〇年で研究が大きく進展したのである。

東アジア内の国・地域を対象とした研究

『日本近代建築総覧』で韓国のリストを作成した尹一柱は、すでに、『韓国・洋式建築八〇年——解放前編』(冶庭文化社、一九六六年、韓国・ソウル)を著し、一九世紀後半における朝鮮の開国から日本の植民地支配が終わるまでの建築の変遷を論じていた。尹は、特に「洋式建築」、すなわち西洋建築の影響を受けた建築を対象として、それらの特徴とその変遷を論じた。この本は、いわゆる「韓国の近代建築史」について体系的に書かれた最初の研究書であり、その後、今日に至るまで唯一の研究書である。この本の特徴は、「洋式建築」の変遷を、朝鮮の開国や開化運動などの近代化や日本による植民地化という社会の動きと連動させながら論じていることであり、全体の時代区分や開化期における「洋式建築」の成立過程に関する視点と分類は、現在も韓国における近代建築史研究の枠組みのもととなっている。特に後者について、開化期に設定された外国人居留地に建てられた洋風建築、ソウルなどに建てられた外国公館とキリスト教建築、そして開化運動によって生まれた新しい建築が、韓国における近代建築の成立に大きな役割を果たしていたという指摘は、韓国の近代建築史研究の中で今でも大きな位置を占めている。

　また、この本のもう一つの特徴は、その副題が示すように、一九世紀末からこの本が執筆されるまでの一九六〇年代に至る時期の建築の変遷を「韓国の近代建築史」として著そうとしていたことである。この本は、「解放前編」として、そのうちの日本による植民地支配の終わりまでを扱ったものであった。尹による「韓国近代建築史」は、あくまでも、一九世紀後半からこの本を記した一九六〇年代までを示していた。実際には、この「解放前編」に対応する「解放後編」は記されていないが、その代わりとして、尹は、一九八三年に「解放以後서울의建築（一九四五年～一九六一年）[18]」を著し、さらに、一九八四年に書いた「韓国近代建築史概観[19]」では、一九五〇年代から一九七〇年代の建築について言及している。これは、第二次世界大戦や朝鮮戦争による時代の断絶に対して、尹が建築の変遷は必ずしも歴史上の一般的な時代区分に依拠する必要はない、という意思表示を行ったものでもある。

　一方、『韓国建築史』と称する本では、古代から朝鮮王朝までの時代の建築について書かれることが多く、一九世紀末以降の建築については言及されない。例えば、韓国の大学教育で教材として使われている尹張燮著『韓国建築史』（尹張燮・柳沢俊彦共訳、丸善株式会社、一九九七年[20]）では、古代建築、中世建築、近世建築、という分類がなされているが、近代建築という項目はない。

　したがって、尹一柱が著した『韓国・洋式建築八〇年』は、韓国における「洋式建築」の存在を示したことだけでも画期的なことであるが、日本による保護国・植民地時期の建築を特別扱いせず、「洋式建築」の八〇年の歴史の中に組み込み、「洋式建築」の変遷の中での位置付けを試みた視点も、現在に至るまで画期的な視点であるといえる。

　尹が著した『韓国・洋式建築八〇年』は、後に日本人研究者の目に触れることとなり、尹が『日本近代建築総覧』

の編集に参加し、韓国の部分を調査・執筆する契機となった。その後、尹は日本に一年間滞在し、韓国の近代建築史上で大きな役割を果たした中村與資平とヴォーリズに関する調査を行い、彼らを韓国近代建築史上に位置付けた。(21)

一方、『日本近代建築総覧』で台湾のリストを作成した郭中端は、早稲田大学に留学し、日本人研究者との交流を通じて日本における近代建築史研究の手法を学び、それを生かして台湾のリストを作成した。彼女は、その後、『中国人の街づくり』(堀込憲二と共著、相模書房、一九八〇年)を著し、台湾における都市と建築の近代化について調査研究を進めていた。

同じ時期、台湾の建築家であり建築史研究者でもある李乾朗は、『台湾建築史』(北屋出版事業股份公司、一九七九年、台湾・台北)を著した。この本は、一六世紀から二〇世紀までの台湾における建築の変遷を示したものであり、その中で、日本による植民地時期の建築を「日拠時期之建築」という表現の下で、台湾建築史の一部に組み込んだ。さらに、李は二〇〇一年に『二〇世紀台湾建築』(玉山社出版事業股份有限公司、台湾・台北)という本を著したが、そこでは、二〇世紀という枠組みの中に日本の植民地時期の建築を入れ、一九四五年以降の建築と同等に扱い、時間軸の上での位置づけを行った。この発想と視点は、『韓国洋式建築八〇年』と同様であり、韓国においても台湾においても、日本による植民地時期の建築が、それぞれ自国や地域の建築の一部であることを示した。

それと同じ現象は、同じ時期、中国においても起きている。一九八〇年代に中国の大学教育で教材として使われた『中国建築史』(第二版、中国建築工業出版社、一九七九年)では、「第二編中国近代建築」において上海の租界に建てられた建築や青島、天津の都市計画が紹介されている。王紹周編『中国近代建築図録』(上海科学技術出版社、一九八九年)は、アヘン戦争から中華人民共和国の成立までの建築を扱った図集であるが、その中では、中国の主要都市における近代建築として、日本支配下にあった大連をはじめとした中国東北地方の都市における帝政ロシア・東清鉄道関係の建築物や満鉄、満洲国関係の建築物を、他の近代建築と同様に紹介している。

植民地研究の中での研究

一九九二年から一九九三年にかけて岩波書店から刊行された『岩波講座 近代日本と植民地』全八巻は、当時の植民地研究の集大成であるが、残念ながら建築を主題とした論文は皆無であった。しかし、第三巻では「植民地化と産業化」というテーマで、具体的な事例に基づいた植民地支配の深化と植民地での産業化の問題を論じた論文が掲載され、また、その一つとして都市建設が取り上げられた。従来の植民地研究が、政治、経済、軍事の分野を中心とした植民地支配の方法や過程を論じてきたのに対して、植民地支配の過程で生まれた都市や産業そのものを論じたところが斬新な視点であった。特に都市計画史の分野で研究実績のあった越沢明は、すでに『満州国の首都計画』（日本経済評論社、一九八八年）や『哈爾浜の都市計画』（総和社、一九八九年）を著していたが、それらを含めた研究成果を「台湾・満州・中国の都市計画」として『岩波講座 近代日本と植民地』第三巻（岩波書店、一九九三年）に記した。

一方、山本有造編『「満洲国」の研究』（緑蔭書房、一九九五年）は、対象を満洲国に限定しながら、支配の構造や実態を政治や経済の視点からだけでなく、国土計画や建設事業、さらに文化の面からも論じていた。特に、満洲国の実態を把握する上で、従来はあまり用いられなかった一九四〇年以降の経済統計に着目したことや満洲国政府が進めた国土計画や産業化のための基盤整備となった建設事業を把握したことは、極めて重要な意味を持っている。すなわち、満洲国政府の政策が深化していった一九四〇年代の経済統計は、満洲国政府の経済運営や産業化の度合いを如実に示したものであるし、満洲国政府が立案した国土計画などの計画と実際の建設事業の進捗状況、実現度合いを比較することで、満洲国政府の実態を確実に把握することが可能となった。

『岩波講座 近代日本と植民地』全八巻が主として日本の植民地形成を論じたのに対して、いわばその続編として二〇〇六年に刊行された『岩波講座「帝国」日本の学知』全八巻は、植民地形成の中で構築された日本の諸分野の学問を論じた。その中で第八巻『空間形成と世界認識』に収録された拙稿「建築の越境と植民都市建設」は、植民地建築が示す問題を建築物が持つ特徴に即して論じたものであった。

このように、従来の植民地研究では見られなかった都市計画・都市建設や基盤施設・建築物の建設状況を把握することで、単なる文献資料や証言だけによる記述とは異なった研究成果が得られ、新たな植民地支配の実像が浮び上がってきた。その点において、ここに示した『岩波講座 近代日本と植民地』第三巻と『「満洲国」の研究』は、植民地研究の新しい視点を提示したといえる。そして、青井哲人『彰化 一九〇六年 市区改正が都市を動かす』（編集出版組織体アセテート、二〇〇六年）は、台湾の一都市である彰化を題材として、これらの視点と手法を用いた研究の到達点の一つを示したものといえる。

一方、植民地という枠組みを設定し、そこに建設された都市や建築について、一つの都市や地域を対象とせず、植民地全体を見渡す近年の論著として、橋谷弘『帝国日本と植民地都市』（吉川弘文館、二〇〇四年）、青井哲人『植民地神社と帝国日本』（吉川弘文館、二〇〇五年）がある。両者の植民地に対する概念には違いがあり、後者は、文字通り台湾と朝鮮半島を植民地として扱い、前者は台湾、朝鮮半島に関東州や満洲国を加えた地域を植民地と称している。そして、『帝国日本と植民地都市』では、それらの地域において日本人による都市建設や建築物を概観しているが、そこでは、日本による支配と都市建設や建築物の具体的な特徴との関係についての論考は少なく、それぞれの都市で展開した日本人のさまざまな活動を紹介している(22)。一方、『植民地神社と帝国日本』は、台湾と朝鮮半島に対する植民地支配の過程において台湾総督府や朝鮮総督府が建設していった神社建築について、都市建設、都市改造との関わりに視点をおいて、論じている。

また、建築物に関する論考は少ないが、孫禎睦『日本統治下朝鮮都市計画史研究』（西垣安比古・市岡実幸・李終姫訳、柏書房、二〇〇四年）は、朝鮮総督府による都市計画、都市改造、都市建設を主題とした論著であり、多数の文献資料を用いながら、朝鮮総督府による支配と都市計画の関係を論じている。

建築史研究としての位置付け

日本人による植民地、支配地での建築活動は、活動の主体となった「日本人」に焦点を当てれば、「日本の建築史」の一部と見なすこともできるし、活動場所である植民地・支配地に焦点を当てれば、それぞれの地域における建築史の一部と見なすこともできるという二面性を持っている。

このうち、日本の建築史についてみれば、日本の支配地における日本人の建築活動を「日本の建築史」の中に位置付ける既往の研究は皆無に等しい。「序説」と称しながら、通史を著した太田博太郎『日本建築史序説』は、一九世紀後半以降の日本の建築については、わずかに「洋風建築の伝来」という一章があるのみで、著者の太田博太郎は、一九六二年発行の改版の序文において「明治以後についても、当然書かなければいけないのであるが、すでに稲垣栄三、村松貞次郎の好著が出ていて、その抜き書きのようなものを書くのも気が進まないので、初版の序文の約束に反し、今回も割愛した。読者はどうか両氏の二著を参照して頂きたい(23)」として、一九世紀後半以降の日本の建築史に関する記述を稲垣栄三『日本の近代建築――その成立過程』(丸善、一九五九年)と村松貞次郎『日本近代建築技術史』(地人書館、一九五九年)に委ねた。『日本建築史序説』は、一九八九年の増補第二版において、巻末の文献目録に収録された近代建築に関する文献は飛躍的に増えたが、本文の「洋風建築の伝来」は加筆されることはなかった。

太田から近代建築史研究を委ねられた二著について、前者は日本における一九世紀後半から二〇世紀前半の建築史として、特に建築の近代化を「近代建築の成立過程」という表現で著したことに対する評価が高く、後者は、建築の生産技術という視点から建築の近代化を論じたことが評価されている。しかし、両著とも、同じ時期の支配地における日本人の建築活動についての記述は乏しい。

稲垣栄三は『日本の近代建築――その成立過程』の中で、「合理主義の方向転換」と題した一章において、前川國男が一等当選を果たした昭和製鋼所本館、大連市公会堂という設計競技、丹下健三が一等当選を果たした大東亜建設記念営造計画、在盤谷日本文化館という設計競技、内田祥三らによる日本軍占領下の中国・大同における都市計画を取り上げている。しかし、それらはいずれも日本人建築家の関わりとして記されているに過ぎず、それらの設計競技や都市計画案を批評し、位置付けるものではなかった。一方、村松貞次郎は、日本の近代建築に関する『日本近代建築技術史』『日本近代建築の歴史』（ＮＨＫブックス、一九七七年）において、日本の支配地における建築についてまったく言及していない。

その後、日本における近代建築史研究のひとつの区切りとなったのが、村松貞次郎などの編集による『日本の建築・明治大正昭和』全一〇巻（三省堂、一九七九〜八二年）である。この中では、山口廣『日本の建築・明治大正昭和6――都市の精華』（一九七九年）において、建築家渡辺節が関わった韓国度支部建築所のことや建築家安井武雄が一時期所属した満鉄の建築組織のことが紹介されているが、それらの記述もそれぞれの建築家が支配地にあった組織に所属した経験を紹介することに主眼を置いており、韓国度支部建築所や満鉄の建築組織そのものを論じたものではない。山口廣はその後、『建築家安井武雄伝』（南洋堂、一九八三年）を著し、その中で、安井の満鉄所属時期の活動を記したが、そのような記述を日本の建築史の一部として組み込む試みは行われなかった。

このように日本の建築史の一部として、日本人の支配地における建築活動を組み込むことについては、ほとんどその試みは行われていない。これに対して、かつて日本の植民地であった韓国では、既述のように尹一柱による『韓国・洋式建築八〇年』によって植民地時期の建築を韓国の「洋式建築」の一部として取り込み、また、台湾では李乾朗が『台湾建築史』によって植民地時期の建築を台湾建築史の一部として扱っているように、それぞれの地域における建築史の中に組み込む試みが行われている。

その一方で、韓国では、既述のように近代建築史研究は進展しているものの、それを韓国の伝統的な建築の歴史と合わせてひとまとめにした「韓国建築史」という扱いは見られない。この状況は、太田博太郎『日本建築史序説』が、一九世紀後半以降の建築についてほとんど言及しないことに似ている。結局、韓国では、日本による植民地時期の建築を近代建築の一部とする見方は確立しているが、それらを韓国建築史の中に位置付ける試みはいまだ行われていない。

ところで、韓国や台湾のように領土全体が植民地になった場合は、植民地時期の建築を自国の「近代建築」や「洋風建築」に組み込むことは容易だが、中国のように領土の一部が外国の支配を受けた場合は、それらの地域に建てられた建築を中国建築史の中で位置付けることが難しい。前述の『中国建築史』（第二版）では、上海・共同租界に建てられたサッスーン・ハウスを例にあげて、中国の建築が近代化に向けて動き出した第一歩を示す建物と評しながら、その一方で侵略者の産物の典型として位置付け、建築的特徴による批評との関連が乏しい記述をしている。また、『中国近代建築図録』は、列強支配下で建てられた建築物を自国の建築史の中に取り込もうとした事例であるが、図録の編集方法が、主要都市ごとに著名な建築物を収録するという方法をとっており、それらを体系的に中国建築史、中国の近代建築史に位置付けるものではなかった。その後、二一世紀になって刊行された著書として、張復合『北京近代建築史』（清華大学出版社、二〇〇四年）と頼徳霖『中国近代建築史』（清華大学出版社、二〇〇七年）がある。このうち、『北京近代建築史』では、北京に建てられた「洋風」建築について、建築経緯、特に列強による侵略や支配に関わる情報による建築の分類を行わず、それらを建築年代にのみ依拠して並べる作業を通して、北京に建てられた近代建築の特徴を見出すことが試みられた。そして、二〇世紀に出現する中国風の外観を持った近代建築に対しても「洋風」建築との比較でその位置づけを試みている。この手法は、近代建築を具体的なかたちのある「モノ」として見るという手法の一つであり、『中国建築史』（第二版）の刊行から四半世紀の歳月を経た中で行われた試行錯誤の結果として生まれた到達点の一つであった。しかし、『中国近代建築史』では、中国人建築家の活動を記すことに主眼が置かれ、外国の支配下で建てられた建物や外国人建築家の活動に関する言及はほとんどない。これら二著を比較すると、中国における建築史研究の中で、列強支配下の建築を建築史上に位置付けることは、現在でも難しいといえよう。

このような状況の中で、本書では、日本の支配地・植民地における日本人の建築活動を日本の建築史の一部であり、かつ、それぞれの国・地域の建築史の一部である、という観点から、その特徴を論じることとした。

以上のような目的と視点に応じて、本書は次のような構成となっている。

第1章では、植民地支配の中枢であった台湾総督府、朝鮮総督府、そして中国東北地方支配に大きな役割を果たした関東都督府という国家機関や、実質的に関東軍の傀儡政権であった満洲国政府が行った政治とそれらの建設事業の関係、それらが有した建築組織の特徴、そして、支配の拠点となった官衙建築について考える。特に、それぞれの機関が建設した官衙建築について詳細に分析し、官衙建築が支配の中で持っていた意味を論じた。

第2章では、植民地・支配地の経済と金融を担った朝鮮銀行、台湾銀行、横浜正金銀行、国策会社としての南満洲鉄道株式会社（満鉄）に着目し、それらが進めた事業と建築物の関係を考える。また、投資という見方から、支配機関が行った建築投資についても、具体的な統計を用いて数値を示しながら、支配との関係を考える。ここで、日本の国家機関だけでなく、銀行や国策会社に着目したのは、日本による支配の中でそれらが行った事業も支配の一翼を担っていたという考えに基づいている。特に独自の建築組織を持っていた満鉄については、満鉄が進めた多種多様な事業と建築組織の活動との関係も論じた。

第3章では、植民地・支配地における日本人の生活と建築活動との関係を考えることとする。その前半では、支配機関が建てていった学校、病院、図書館、公会堂、博物館、駅舎という公共施設を考え、後半では民間資本によって建てられた百貨店や商店街という消費に関する施設と、劇場や映画館といった娯楽に関わる建物を考える。

第4章では、日本人の建築活動を支えたことがらについて、特に建築技術、技術者・労働力の確保や監理、建築材料の供給、建築規則を考えることとした。ここでは、植民地、支配地と日本国内との気候、言語、風俗・習慣の違いから生じた建築活動の中での問題とその克服方法を論じている。また、建築規則の中身を詳細に分析し、建築規則が目指していたことを明らかにした。

第5章では、植民地・支配地に建てられた建築物を日本の建築、東アジア地域の建築、世界の建築との関係を考えるため、まず、建築家・技術者や請負師などの人的な移動と建築情報の移動を考え、それらと、第4章までで論じてきた日本人建築家・技術者たちの建築活動を合わせて、世界建築としての位置づけを考える。特に、日本国内を経ずに起きる建築家・建築技術者、請負師の移動や建築情報の移動があることを示した。

終章は、支配において建築の果たした役割を論じることで、支配地・植民地で成立した建築の位置付けを行い、また、植民地建築が持つ、現在の意味を論じてみたい。特に、植民地建築の普遍性と先進性に着目することで世界的な比較ができることを示し、東アジア地域の建築や西欧諸国の建築との比較を行った。そして、植民地建築が持つ普遍性と先進性は、世界的な規模での支配の枠組みと関係していることを明らかにし、また、現存する植民地建築に対するそれぞれの地での扱い方を考えながら、植民地建築が現存する意味を論じ、本書の結びとした。

このような構成によって、本書は、台湾、朝鮮半島、中国東北地方で展開した日本人の建築活動を、そこでつくられた建物の特徴を把握しながら、そこで展開した支配との関係を論じるものである。

第1章　植民地の政治と建築

一　支配機関の設立と支配における官民

支配機関の設立

序章で述べたように、日本による東アジア地域への政治的な支配形態は多様であった。日本政府は、支配形態に応じて、支配機関を設けた。すなわち、植民地である台湾と朝鮮半島にはそれぞれ台湾総督府と朝鮮総督府を設け、租借地である関東州には関東都督府を設けた。また、満鉄沿線に広がる鉄道附属地の実質的支配は、満鉄に委ねられた。また、満洲事変以降の中国では、日本軍の占領地に傀儡政権をつくるという支配方法になった。このような多様な支配形態の中で、共通していた点は、これらの支配地に日本軍が駐屯していたことであり、それを見れば、いずれも占領であった。

軍事的占領の発端となったのは、日本が最初に植民地とした台湾であった。下関条約の結果、清から日本に割譲されることとなった台湾に対して、日本政府は一八九五年五月一〇日、海軍中将樺山資紀を大将に昇進させて、台湾総督に任命し、清から日本への台湾受け取りの任を託した。樺山の出発に合わせて、同月二一日、台湾総督府仮条例が制定され、これが台湾総督府設立の契機であった。(1) その後、樺山が近衛師団を率いて実際に台湾に向かい、六月二日、清国全権から台湾を受け取る手続きを行った。ところが、それと前後して、台湾住民による台湾民主国の設立とその抵抗活動が始まり、日本が台湾を植民地として領有するには、日本軍が台湾において実質的な戦争を行って台湾を制圧する必要があった。台湾民主国は翌年崩壊したが、その後も現地住民による抵抗は続いた。この間、一八九五年八月六日には陸軍省通達のかたちで台湾総督府条例が公布され、台湾総督府は大本営の下に組み込まれた。したがって、当初の台湾総督府は、後の台湾総督府とは異なり、台湾を軍事的に支配する機関であった。結局、台湾民主国の崩壊とあわせるかのように、一八九六年三月三〇日、勅令で台湾総督府条例が公布され、同年四月一日、植民地支配機関としての台湾総督府が設立された。(2) さらに、台湾総督府条例の公布と同日、台湾総督府の民政局、地方官、税関、撫墾署、直轄署学校、郵便電信局、燈台所、測候所、製薬所、の各官制も公布され、約一ヶ月遅れの同年五月二日には台湾総督府民政局臨時土木部官制が公布され、(3) この時期から台湾総督府による民政が実質的に始まった。そして、翌年の一八九七年一〇月一三日、台湾総督府条例を引き継いだ台湾総督府官制が公布され、(4) 同年一一月一日、新たな台湾総督府が設立された。

このように台湾総督府の設立経緯は、台湾の清からの割譲とその軍事的制圧の過程に合わせて組織がつくられていったものであった。そして、台湾総督府条例では、総督を現役の陸海軍の大将または中将とし、天皇が直接任命する親任官としたこと、総督の下に民政部門である民政局と軍事部門である軍務局を置いたこと、総督が台湾駐屯の陸海軍部隊の司令官となることについて、その後の台湾総督府の骨格をつくったものであった。また、民政局臨時土木部を設け、築港などの土木工事や官衙・官舎などの建築工事に着手する体制を整えたことは、植民地経営として支配を実際に進めることを示したものであり、実質的な台湾総督府の植民地支配は、この時期に始まったといえよう。

このような台湾総督府設立の経緯は、戦争による支配地獲得とその支配機関の設立として、日露戦争における関東都督府の設立にも見られるものである。日露戦争において、日本軍は、占領地に軍政署を設け、占領地の行政を行った。このうち、関東州に設けられた金州、大連、旅順の軍政署は、占領地に民政署を設けることを定めた勅令(5)に基づいて一九〇五年六月二三日に設立された関東州民政署に引き継がれた。一方、日本軍の組織は、日露戦争の途中で戦線の拡大に伴って設けられた満洲軍総司令部の下に陸軍部隊が組み込まれていた。そして、日露講和条約の発効とともに、満洲軍総司令部が解散となると、占領地の軍政や接収した東清鉄道の守備などの目的で残留した陸軍部隊を統括し、また、関東州民政署を監督する機関として、一九〇五年一一月一日、関東総督府が設けられた。(6)

一九〇六年九月一日、関東総督府を廃して、関東都督府が設立され、そこには民政部と陸軍部が設けられた。(7) これは、関東総督府の下にあった関東州民政署を関東都督府民政部に移管し、関東総督府が統括していた陸軍部隊を関東都督府陸軍部の隷下に組み込んだものであった。関東都督府の責任者である関東都督は、陸軍大将または中将が、親任官として任命された。これと、関東都督の下に軍事と民政の両部門を置いたことは、台湾総督府の場合と同じであった。また、関東都督は、関東都督府隷下の陸軍部隊の司令官であり、この点も台湾総督府と同じ体制になっていた。さらに、類似していた点は、いずれも官制公布前に存在した機関、最初の台湾総督府と関東州民政署が、すでに、それぞれの地で民政を始めていたことであった。そして一九〇五年に関東州民政署が設立されたとき、その民政長官に就いたのは、それまで台湾総督府民政部参事官・参事官長を務めていた石塚英蔵であった。日露戦争から関東都督府設立までの過程と関東都督府の支配機関としての性格は、台湾総督府の場合と酷似している。

ところが、この関東都督府は、形式的にではあるが、関東州以外にも影響力を保持していた。それは、日露戦争の結果として関東州租借と一緒に日本側の利権となった満鉄沿線に広がる鉄道附属地への影響力であった。日露戦争の結果、日本が中国東北地方で獲得した鉄道附属地での行政は、半官半民の国策会社であった満鉄に委ねられたが、関東都督は満鉄を監督する役割を負っていた。したがって、形式的ではあるが、満鉄による鉄道附属地の行政は、関東都督の監督下にあった。その一方で、満鉄総裁は、関東都督府顧問を務めることになっていたので、これも形式上ではあるが、満鉄も関東州支配の一翼を担っていたことになる。この関東都督と満鉄総裁の関係は、相互に監視しあう体制であり、見方を変えれば相互に補完しあう関係であった。これは、関東都督府と満鉄が進める施策に不一致が生じないようにするための予防措置でもあった。

一方、朝鮮半島支配における支配機関の設立は、大韓帝国（韓国）を保護国化していく過程で設立された統監府に端を発している。日本による韓国の保護国化は、表向き、韓国政府に近代化政策を促しながら、それを日本政府が派遣した財政顧問をはじめとする顧問の影響下に進めさせることで、日本政府の影響力を強め、また、財政、外交、軍事に関する韓国政府の権限を制限していくことであった。日露戦争開戦直後の一九〇四年二月二三日、日韓議定書が締結され、韓国政府は日本政府の影響下に内政を行うこと、韓国の国防を日本政府が担うこと、日本軍に韓国内での便宜を図ることなどが決められた。さらに、同年八月二二日締結の日韓協約（第一次協約）によって、日本政府は財政顧問と外交顧問を韓国政府に派遣し、韓国政府の財政・経済政策と外交の自主性を奪った。そして、日露戦争直後の一九〇五年一一月一八日、第二次日韓協約が調印され、韓国政府は外交権を喪失した。これを受けて、同年一一月二二日、日本政府は韓国政府の外交を管理する統監府と韓国内の開港場における日本領事館の業務を引き継ぐ理事庁を各開港場に開設することを勅令で示し、一二月二〇日、統監府及理事庁官制が公布された。(8) これに基づき、翌年二月一日、統監府が設立され、伊藤博文が統監となった。(9) そして、一九〇七年七月二四日、第三次日韓協約が調印され、韓国政府の内政全般が統監の監督の下に行われることとなった。ところが、このような韓国政府を支配下においた統監には、日露戦争を契機として朝鮮半島に駐屯していた韓国守備軍（駐箚軍）を統率する権限がなかった。韓国守備軍には司令官がおり、また、統監が文官であったためであり、統監府及理事庁官制第四条によれば、統監は、韓国の安寧秩序を保持する為必要と認めるとき、韓国守備軍の司令官に対して兵力の使用を命ずることができる、とされ、日常的に韓国守備軍が統監の統率下にあったわけではなかった。

そして、この韓国保護化で支配を強めた日本政府は、一九一〇年八月二二日、韓国政府との間に併合条約を調印し、その一週間後の八月二九日、朝鮮総督府の設置を勅令で示し、同年一〇月一日、朝鮮総督府を発足させ、朝鮮半島を植民地とした。(10) この際、朝鮮総督府は、統監府を基本として設立されたため、総督を武官（大将）とはしたものの、総督は、朝鮮駐箚軍と改称した駐屯部隊の司令官にはならず、朝鮮駐箚軍司令官には総督とは別人が任命された。[11]

このように、台湾総督府と関東都督府に類似性が認められる一方、同じ総督府という植民地支配機関でありながら、台湾総督府と朝鮮総督府に違いが見られたのは、戦争による割譲や占領という状態から支配が始まった台湾と関東州、保護国から植民地へという支配の深化の過程を経た朝鮮半島における支配の過程の違いであった。

しかし、このような違いを持ちながらも、これらの地域では、総督や都督が天皇の代わりにそれぞれの地を統治するという状況に変わりはなく、また、総督も都督も当初は現役の武官であり、いずれの地にも日本軍が駐屯したことは、共通していた。したがって、これらの支配機関は、それぞれの地において政治的支配者としてだけでなく、軍事的な支配者として君臨していた。

このような総督や都督がそれぞれの地域で君臨する支配方法とは異なったのが、満洲事変以降の中国東北地方支配であった。それは、満洲事変を起こした関東軍（関東都督府陸軍部を一九一九年に改組）が、満洲国政府を傀儡政権とし、満洲国を中華民国から分離独立させるものであった。つまり、総督や都督が君臨する支配方法ではなく、関東軍が軍事的な占領を続けながら、その一方で、日本の機関が表に出ないような方法による支配を行った。満洲国の元首である執政（後に皇帝）には清朝最後の皇帝であった溥儀が就き、また、国務院（内閣）を構成する各部長（大臣）には中国東北地方に勢力を持っていた中国人が就いた。しかし、一九三二年九月一五日締結の日満議定書とその付属文書によって、満洲国内への日本軍の駐留と国防、治安維持への日本への委託、鉄道、港湾など交通に関する業務の日本への委託、満洲国政府機関への日本人の登用が定められると、関東軍はそのまま満洲国内に駐屯し、鉄道や港湾の経営は満鉄に委託され、そして、外交交渉や条約の批准を所掌する参議や国務院の各部の次長以下には大量の日本人が登用され、政治の実権は関東軍の軍事力を背景に、登用された日本人に移った。[12]満洲国政府を傀儡政権とした支配方法は、政治の中枢部分の掌握、軍事的占領、経済の基盤となる交通体系の支配、という複合的な方法で進められた。ここでは、関東軍という陸軍部隊と満鉄という国策会社が果たした役割が大きかった。

支配の多様性

既述のように、日本政府が支配地に設立した台湾総督府、関東都督府、朝鮮総督府は、それぞれの地を政治的、軍事的に支配したが、それだけでなく、経済・社会・文化面での支配が必要であった。

例えば、経済的支配を進めるために、日本政府は、植民地である台湾と朝鮮にそれぞれの中央銀行として台湾銀行と朝鮮銀行を設立し、日本銀行券と等価の紙幣を発券させ、植民地を日本円の経済圏に取り込むことを目指した。植民地に日本銀行券をそのまま流通させず、植民地の中央銀行を日本政府が設立した背景には、植民地銀行をいわゆる「障壁」として、植民地支配で予測される混乱が日本経済に与える影響を最小限に止めようとする「植民地銀行障壁論」が唱えられていたためである。[13] そして、紙幣の流通は、総督府の持っていた政治力・軍事力による支配に裏打ちされたとしても、貨幣経済そのものが浸透していない台湾や朝鮮半島では、それぞれの紙幣が流通しなければ、それぞれの地域での経済的支配はおぼつかない。結局、朝鮮半島では、一九一八年「旧韓国貨幣の処分に関する件」という法律が施行され、一九二〇年末限りで葉銭と呼ばれた補助貨幣を残して大韓帝国時代の貨幣の流通を禁じたことで、貨幣経済の浸透とそれぞれの紙幣の流通が図られた。

ところで、朝鮮銀行は、その紙幣の流通を朝鮮半島だけでなく、中国東北地方にも拡大することで、日本の経済的影響力を中国東北地方にも及ぼすことを狙った。具体的には、満鉄が社員の給与を朝鮮銀行券で払ったため、満鉄鉄道附属地にも朝鮮銀行券は流通するようになり、加えて一九一七年、勅令によって関東州および満鉄鉄道附属地において朝鮮銀行券に強制通用力が付与された。これは、鉄道附属地を橋頭堡として中国東北地方をも日本円の経済圏に組み込むものであった。

一方、台湾では台湾総督府が主力産業である製糖業を奨励したため、日本資本の製糖会社が多数参入し、地元の零細な製糖業者は駆逐され、独占化が進んだ。これは、台湾総督府という「官」の機関が製糖業を直接行うわけではなく、「民」である日本資本の製糖会社に製糖業の進展を委ね、独占化を促す、という構図であった。

このように支配地の産業化については、農林水産業にしても、鉱工業にしても、総督府がすべての事業を取り仕切って一元的に産業化を図ったわけではない。そこには、実際に産業に従事する人々の存在が必要であるが、それだけでなく、彼らを組織的に活動させる体制が必要であった。例えば、支配地における農業振興は、朝鮮半島の米に代表されるように農産物を日本に送り込むことや朝鮮半島や中国東北地方で盛んに行われた日本からの農業移民と連動していたが、それらの事業は朝鮮総督府などの国家機関が行うのではなく、東洋拓殖株式会社（東拓）や満洲拓殖公社といった半官半民の組織が担っていた。[14]

支配地の産業化について、中国東北地方の構図は、複雑であった。満洲国成立以前の日本の支配地で産業化を担ったのは半官半民の満鉄であり、小規模な資本の民間企業であった。エネルギー源となった石炭を確保するために進められた撫順炭坑の開発は満鉄が行い、基幹産業の一つである製鉄業についても満鉄が鞍山製鉄所を建設していったが、その一方で、地場産業である油房と呼ばれた大豆を原料とした油の生産は、三泰油坊、日清製油に代表される民間企業が行い、建設資材に欠くことのできなかった煉瓦の生産は営口煉瓦製作所などの比較的小規模な資本の民間企業に託された。後に中国東北地方の主要な輸出品となるセメントの生産も大連で最初にセメント工場を開設した小野田セメントに委ねられた。日本による中国東北地方支配の拠点であった大連において、規模の大きな港湾には必要不可欠であった船舶を修理するためのドライドックを管理運営していたのは大連船渠という民間会社であった。

また、文化的支配の要として大きな役割を果たしたのが新聞である。中国東北地方では、大連に本社を置いて日本語新聞と英字新聞を発行していた満洲日日新聞社に対して満鉄が財政支援を行い、その影響力を強めた。中国東北地方最大の都市であった奉天（瀋陽）では、日本人が『盛京時報』という中国語の新聞を発行したが、これは、中国人に対して満鉄や関東都督府の情報を流すことで中国人の懐柔を狙っていた。同じような現象は、朝鮮半島における

『京城日報』にも見られ、民間の新聞でありながら、実質的には朝鮮総督府の広報としての役割を果たしていた。

簡単ではあるが、このような事例をあげていくと、支配地における産業化や文化・社会の面で、支配機関だけではなく「民」の果たした役割は大きいが、特に満鉄や東拓のように国策会社と呼ばれた半官半民の組織や、台湾の大規模な製糖会社のような独占企業が果たした役割は特に大きい。

したがって、一九世紀末から二〇世紀前半における日本による東アジア地域への支配では、それぞれの地に設立された支配機関の存在を考えるだけでなく、経済、産業、文化、社会の側面における国策会社や半官半民の企業、さらに大規模な民間会社の存在を考える必要がある。そこで、まず第1章では、政治的、軍事的支配に大きな役割を果たし、支配地に君臨した支配機関の存在と支配機関によって建てられた建築物に関する問題を論じることとし、経済的支配に大きな役割を果たした国策会社や植民地銀行と呼ばれる支配地での発券銀行などによって建てられた建築物は第2章で取り上げることとする。

二　支配機関と建築組織の形成

台湾総督府、朝鮮総督府、関東都督府、満鉄、そして満洲国政府というそれぞれの機関において、建築組織が設けられた（表1-1）。これらに共通することは、二点ある。一点目は、それぞれの建築組織がいずれも日本人建築家・建築技術者を主体とする組織であったことである。二点目は、支配機関がそれぞれの地域での支配の頂点に立っていたため、これらの建築組織とそこに所属した日本人建築家もまた、それぞれの地域での「建築界」において主導的な役割を果たしたことである。これら二点を論じるにあたり、その前提として、それぞれの建築組織そのものについて概観しておく。

表 1-1　支配機関の設立時に設けられた建築組織一覧

機関名	設立年月日	建築組織名	設立時の主な建築技師（卒業校/卒業年）	備　考
台湾総督府	1896. 4. 1	民政局財務部経理課	（技師なし）	「台湾総督府民政局各部分課規程」は1896. 4. 21施行。
	1896. 5. 2	民政局臨時土木部	秋吉金徳，堀池好之助（帝国大学/1896），小原益知（工部大学校/1881）	1897. 11. 1 廃止，財務局土木課に改組。
朝鮮総督府	1910. 10. 1	総務部会計局営繕課	岩井長三郎（東京帝国大学/1905），国枝博（東京帝国大学/1905）	「朝鮮総督府事務分掌規程」も同日施行。
関東都督府	1906. 9. 1	民政部土木課	前田松韻（東京帝国大学/1904）	
南満洲鉄道株式会社	1906. 11. 27 設立 ⇨ 1907. 4. 1 本社の大連移転	本社総務部土木課建築係	小野木孝治（東京帝国大学/1899），太田毅（東京帝国大学/1901），横井謙介（東京帝国大学/1905），市田菊治郎（東京帝国大学/1906）	「本社分課規程」は 1907. 4. 23 実施。小野木は建築係長。
		撫順炭坑営繕課	弓削鹿治郎（工手学校/1890）	弓削は 1908. 2 より営繕課長。
満洲国政府	1932. 3. 1	総務庁需用処営繕科	河野三男（早稲田大学/1930）	官制は 1932. 3. 9 実施。
		国都建設局技術処建築科	相賀兼介（東京高等工業学校選科修了/1913）	官制は 1932. 9. 16 実施。官制実施以前より組織化，活動開始。相賀は建築科長。

出所）『官報』，『南満洲鉄道株式会社十年史』，『満洲国政府公報』などの記載事項をもとに西澤泰彦が作成。台湾総督府については，黄俊銘「明治時期台湾総督府建築技師の年譜（1895〜1912）」（『日本建築学会大会学術講演梗概集（関東）』1993 年 9 月，1505-1506 頁）を参照。

これらの建築組織のうち，最初に設立されたのは台湾総督府民政局経理課（財務局土木課，民政部土木課を経て民政部営繕課と変遷）と民政局臨時土木部であるが，これらと他の支配機関に設けられた建築組織との大きな違いは，台湾総督府の建築組織だけが前身組織を持たず，まったく白紙の状態で設立された組織であるのに対して，朝鮮総督府，関東都督府，満鉄，満洲国政府の建築組織は，前身組織や母体となった組織を持っていたことである。これは，台湾総督府が，日本政府による最初の支配機関として設けられたことに由来するが，それだけでなく，日本による支配の進行度合いを見ると，朝鮮半島に対する日本の支配は，砲艦外交による朝鮮の開国以来徐々に進められたのに対して，台湾の植民地支配が日清戦争によって突然もたらされたことも遠因として存在していよう。また，満鉄，満洲国政府の建築組織では，それぞれ，設立時に中心的な役割を果たした建築家は，それ以前に日本の支配地で建築活動の経験を持っていた人物であった。

韓国度支部建築所から朝鮮総督府営繕課へ

このうち、朝鮮総督府の建築組織は、当時の日本政府が一九世紀末から大蔵省に政府の中心的な建築組織を整備していった状況に似ている。日本政府の建築組織は、各省ごとに必要に応じて、その省の所掌に合わせた活動を行う建築組織が各省内に設けられていた。例えば、文部省には教育施設の建設を担当する組織があり、逓信省には郵便局の建設を担当する組織があった。また、国会議事堂に代表される国家的な建築物を設計・監理する組織が必要であり、当初は工部省がそれを担い、工部省廃止後は、内務省がその任を担っていた。その後、日清戦争後の税収拡大を図った日本政府は、煙草の専売制度を確立し、また、不平等条約の撤廃に伴う関税の自主権獲得によって各地での税関施設の整備が国家的急務となり、それぞれの施設整備に必要な建築家・技術者を束ねた大蔵省臨時葉煙草取扱所建築部(後に臨時煙草製造準備局)と大蔵省税関工事部を設けるに至った。そして、これらの組織を母体に、一九〇五年大蔵省臨時建築部が設けられ、内務省が担っていた国家的な建築物の設計・監理は、国家の財政を掌る大蔵省に移った[15]。

一方、朝鮮総督府の場合、その前身組織となったのは、日本が大韓帝国(韓国)を保護国化した後、一九〇六年九月、韓国政府の度支部(大蔵省に相当)の中に設けられた建築所と一九〇五年一二月に総税務司に設けられた税関工事部であった。度支部建築所設立時の官制には「第一条　建築所は度支部大臣の管理に属し建築其他工事に関する事務を掌る[16]」と記され、この組織が韓国政府の建築工事を担当する部署であることが示されているが、その一方で、度支部建築所よりも先行して設立された税関工事部は、日本が韓国を保護国化していく過程において、韓国政府の財政基盤確立の一環として関税収入の確保と港湾整備を目的に設けられた組織であった。税関施設の建設と港湾整備は、韓国政府が日本の影響下で実施した組織・制度改変による施設整備と並んで、国家的事業であり、したがって度支部建築所と税関工事部は、いずれも国家の建築組織として並立することとなった。しかし、国家の建築組織が並立することは行政としては不都合であるため、一九〇七年一二月には税関工事部が度支部配下に移って、臨時税関工事部となった。そして、任務は、旧来の任務である韓国各地の港湾施設および税関施設の整備に加えて、韓国財政顧問部の管轄下にあった建築土木工事を担当する組織となった[17]。そして、一九〇八年八月、臨時税関工事部は度支部建築所に吸収され、建築組織は一本化された。このように、税関施設を担当する組織が先行するかたちで建築組織が整備され、それを使いながら財務を担当する省に政府の中心的建築組織を確立していく過程は、日本政府における大蔵省臨時建築部の設立過程と軌を一にしている[18]。

このような過程を経て設立された度支部建築所は、統監府の下で韓国政府が進めた近代化政策に応じて必要となった施設の設計・監理を行った。その典型例は、一九〇七年竣工の工業伝習所や、一九一〇年竣工の大韓医院本館である。そして、このような建築活動を展開するには、その組織の中に中心的な存在となる建築家が必要であり、その任に応じたのが、岩田五月満（一九〇四年東京帝国大学建築学科卒）、岩井長三郎（一九〇五年東京帝国大学建築学科卒業）、国枝博（一九〇五年東京帝国大学建築学科卒業）、渡辺節（一九〇八年東京帝国大学建築学科卒業）という若い建築家たちであった[19]。彼らが、度支部建築所に所属していくまでの過程は複雑である。

岩田は、一九〇四年七月、東京帝国大学を卒業すると、ただちに陸軍の東京砲兵工廠に傭員として入ったが、一九〇五年三月にその職を辞し、同年八月、韓国海関（税関）燈台局に入って韓国・仁川に渡った。そして、同年一二月に税関工事部が設立されると、そのまま税関工事部に所属し、臨時税関工事部を経て、一九〇六年七月、度支部建築所に入った。その後、度支部建築所の技師を務めたが、日韓併合直前の、一九一〇年七月に韓国で亡くなった[20]。彼の死を報じた『建築雑誌』の記事では、「君は建築技師として渡韓の先駆をなし明治三十八年八月聘に応じて仁川に来り[21]」と記されている。これは、岩田が日本人建築家として最初に韓国に渡ったことと、その渡韓が韓国からの招聘であったということを示している。このうち、一点目については、当時の建築学会（現日本建築学会）会員名簿を見ると、岩田の渡韓以前にも、韓国駐箚軍の兵舎の建築工事に携わった陸軍技手や京釜鉄道の建設工事に関わった建築技術者、仁川の居留地で建築活動をしていた日本人がいたことが判明している。しかし、岩田のように建築の高等教育を受けた人物の渡韓としては、彼の渡韓が最初であったといえ、この指摘は概ね正しい。一方、二点目については、その真偽は不明であるが、すでに日本人財政顧問の影響下にあった韓国の海関（税関）が日本人技術者を募っていたことは十分に考えられ、その募集に岩田が応じたものと推測できる。

国枝は、一九〇五年七月に東京帝国大学を卒業し、一九〇六年九月に度支部建築所に入所した[22]。その後、一九〇七年八月、統監府技師となり、一九〇八年一月の官制改革に伴って度支部建築係長に就いている[23]。国枝が大学卒業後、度支部建築所に入所するまでの経緯を示した資料がないので、その理由は推測せざるを得ない。そこで参考になるのが、東京帝国大学における彼の同級生の足取りである。東京帝国大学建築学科を一九〇五年に卒業した学生は合計一三名であるが、国枝を含めた五名が、大学卒業後の数年の間に海外で建築活動に従事している。その五名とは、後に国枝とともに朝鮮総督府の建築組織の中枢に据わる岩井長三郎、辰野葛西事務所に入所したのちにソウルで建築事務所を開設する中村與資平、住友臨時建築部に入った後に満鉄の設立に伴ってその建築組織に入った横井謙介、陸軍技師として樺太に駐在した田村鎮、そして国枝である。彼らは日露講和条約が締結される直前の一九〇五年七月に大学を卒業しているが、この時期は、韓国への支配強化や中国東北地方への支配権確立という動きの中で、日本支配地での建築家・建築技術者の需要が高まっていった時期である。国枝の渡韓をそのような流れの中に置くと、人材を必要とした組織が、当時の日本国内で唯一の建築学に関する高等教育機関であった東京帝国大学建築学科の卒業生を確保していく構図が見てとれる中での渡韓であることがわかる。この時期、東アジア地域における日本の支配地で活動する建築家・建築技術者が増えることについて、かつては、日本で職を得られない人物が海外で職を探すという構図があったかのごとく言われてきた[24]。しかし、このような主張は、実態として日本の支配地に設けられた建築組織が積極的に人材を確保していったことを考慮しておらず、それを勘案すると、岩田や国枝の渡韓は、韓国の建築組織が積極的に人材を確保していった構図が存在していた状況の中に彼ら二人が置かれた結果である。

このように岩田と国枝が日本国内の建築組織とは無縁に渡韓したのに対して、岩井長三郎は、大蔵省に入り、臨時建築部技師となった後、一九〇八年七月、統監府に派遣される。同じように渡辺節も、大蔵省から統監府に派遣された。彼らは統監府技師となり、同時に度支部建築所技師となるのである。これは、日本が韓国を保護国化する過程で、韓国政府の財政基盤確立のために作られた財政顧問部が中心になって韓国への支配を強めていったことに起因し、日本政府が大蔵省から韓国の財政顧問部や各部に日本人官吏を大量に派遣したためである。

そして、一九一〇年、韓国を併合という名のもとに植民地化した日本政府は、その支配機関として朝鮮総督府を設けた。その組織は、統監府を引き継ぎながら、その一方で、統監府にはなかった建築組織を朝鮮総督府の中に設けることが行われた。朝鮮総督府にとって、支配に必要な施設の建設を進めるためには、その内部に建築組織が必要不可欠であった。そのために、朝鮮総督府が設立されたとき会計局に営繕課が設けられ、その後この営繕課は、朝鮮総督府内部の改組によって所属部局を変えながら、その建築組織として存続した。この新しい建築組織に所属した建築家は、度支部建築所から異動した人々であり、さらに定員の不足を新規採用で補うかたちで組織作りが進められた。この間、度支部建築所で中心的な存在であった岩田五月満は、朝鮮総督府設立直前に死去したため、朝鮮総督府営繕課の中で中心となったのは岩井長三郎と国枝博であった。二人はともに、度支部建築所に所属していた建築家であり、朝鮮総督府の設立に合わせて異動したのであった。そしてこの二人は、朝鮮総督府の設立から、一九一八年まで朝鮮総督府営繕課の中枢的な人物として活動し、さらに岩井は、国枝の辞官後、一九二一年には建築課長となって活動した。

前身のなかった台湾総督府営繕課

一方、台湾総督府の場合、状況が違っていた。黄俊銘の研究によれば、台湾総督府の建築組織が民政局経理課と民政局臨時土木部から財務局土木課、民政部土木課と変遷していった約三年間は、「混沌期」と表現されるべき時期であり、台湾総督府の建築組織の陣容が定まらない時期であった。[25]すなわち、一八九五年九月、台湾総督府において最初の建築技師となった河合幾次（一八九二年帝国大学造家学科卒業）は二年後の一八九七年一〇月に離任し、一八九七年一月から同年一〇月まで臨時土木部建築課長を務めた小原益知（一八八一年工部大学校造家学科卒業）は、その前年一一月に総督府技師として着任したが、一八九八年五月には離任している。また、同じ時期に技師を務めた秋吉金徳や堀池好之助（一八九六年帝国大学造家学科卒業）も同様に在任期間は一年から二年であった。このように建築組織の陣容が定まらないことは、新築すべき建物を多く抱えた設立間もない台湾総督府にとって、よい状況とはいえなかった。しかも、日本にとって台湾は最初の植民地であり、そこに赴任した建築家・建築技術者たちにとっても、当然、海外での建築活動は初めての経験であった。いわば未知の世界に足を踏み入れるという表現がふさわしい状況であった。そして、そのような状況下で求められることは、台湾総督府の草創期に必要な建物を集中的に建設していくことであり、その体制と方針を確立することであった。そのような時期に、建築組織の陣容が定まらないということは、建築組織のみならず、台湾総督府そのものにとっても、台湾支配を進める上で、大きな障害であった。それは、「営繕費」と称された台湾総督府における建築費にも現れている。台湾総督府の会計初年度であった一八九六年度における営繕費は一五一万二、八九一円であったが、翌年度（一八九七年度）は一〇八万五、八四一円、一八九八年度は九九万三、〇四三円という具合に減額していった[26]。

台湾総督府の建築組織が組織上の「混沌期」を脱したのは、一八九八〜九九年である。「混沌期」の臨時土木部土木課長であった小原益知をはじめ、最初の技師であった河合幾次、秋吉金徳、堀池好之助が一八九七年から一八九八年にかけて離任し、彼らと入れ替わりに福田東吾、片岡浅治郎、田島穧造、野村一郎の四人が技師となった。また、一九〇三年には福田東吾が陸軍に移ったのに伴って、小野木孝治が技師となった。彼らは、「混沌期」の四人とは異なり、比較的長期にわたって台湾に滞在し、建築組織の陣容が定まった時期であった。したがって、建築組織が実質的に立ち上がった時期であるという判断から、黄俊銘は、この時期を「草創期」と呼んでいる[27]。

例えば、一九〇二年四月から一九〇四年一月までは営繕課長を務めた田島穧造は、一八九九年一〇月から一九〇六年五月までの約六年半の間、台湾総督府技師として在任している。また、一八九九年一〇月に技師になった野村一郎は、田島の後任として営繕課長になり、一九一四年までその職を務め、合計一五年間にわたって台湾に滞在した。この「草創期」に台湾総督府営繕課技師になっていた人物では、その任期が最も短かった小野木孝治でさえ、その在任期間は約四年であり、「混沌期」の技師たちに比べて、圧倒的に長い在任期間であった。

この「草創期」以後、実質的に小野木の後任となる中栄徹郎、田島の後任となる近藤十郎、さらに森山松之助、井手薫、といった人物が技師となっていくが、彼らも「草創期」の技師たちと同様に、長期にわたって台湾に滞在し、それによって台湾総督府営繕課の建築活動が支えられていた。黄俊銘は、小野木が満鉄技師となって台湾を離れた一九〇七年以降を「発展期」と称している。

ところで、韓国度支部建築所や朝鮮総督府営繕課では、岩田五月満、国枝博、岩井長三郎ともに、大学を卒業して間もない時期に所属しているのに対して、台湾総督府の場合、建築技師として最初に課長を務めた小原益知、その後、営繕課長を務めた田島穧造や野村一郎、さらに「草創期」に所属した小野木孝治は、いずれも大学卒業後、他の組織で建築活動を数年経験した後、台湾総督府に所属している。また、彼らより先に臨時土木部技師であった秋吉金徳も工部省、文部省、内務省、宮内省で技手を務めた人物であった。[28] これは、台湾総督府の建築組織が、日本の建築組織として最初に、海外の日本支配地に拠点を置いた組織であり、現地の支配機関の建築組織として初めて活動する組織であったため、建築活動の経験が豊かな人物が求められたと考えられる。

戦時体制の中の建築組織

一方、日露戦争の結果、日本が数々の利権を得て支配を始めた中国東北地方では、ほぼ同時に複数の日本人主体の建築組織が生まれた。一つは、一九〇六年に設立された関東都督府の建築組織であり、もう一つは、一九〇七年に本社を大連に移して営業を始めた南満洲鉄道株式会社（満鉄）の建築組織である。関東都督府と満鉄は、いずれも日露戦争中に戦地に設けられた機関を前身として設立されているが、両者の建築組織の違いは、関東都督府の建築組織が前身機関である関東州民政署に設けられた庶務部土木係を母体としていたのに対して、満鉄の建築組織は、満鉄の鉄道管理部門の前身組織となった野戦鉄道提理部の建築班を前身組織とはしていなかったことである。

関東都督府の前身機関となっていた関東州民政署は、日露戦争の末期である一九〇五年六月二三日に設立された。日露戦争で主たる戦場となった中国東北地方南部では、日本軍占領地が拡大するにつれて、占領地を実質的に支配するため、各地に軍政署を開設した。このうち、帝政ロシアが租借していた関東州に開設された大連、金州、旅順の民政署を束ね、関東州全体の行政機関として設立されたのが関東州民政署である。したがって、関東州民政署は、これらの軍政署と無関係に設立されたわけではなく、特に規模の大きかった大連軍政署の技師が関東州民政署に異動するなど、関東州民政署も部分的には大連軍政署が前身となっていた。

ところで、日本軍が占領地に開設した軍政署は、二つに分けられる。日本軍が開設した最初の軍政署は、一九〇四年五月七日開設の安東県軍政署であったが、この安東県軍政署のように、現地に清の行政機関がある地域では、清の行政機関や官憲、住民が日本軍に敵対行為をとらないように牽制しながら日本軍の戦線後方の安全確保を第一義としていた。それに対して、一九〇四年五月三〇日にダーリニー（青泥窪、後の大連）のような清から帝政ロシアが租借していた地域では、帝政ロシアの行政機関が崩壊したため、日本軍が開設した軍政署が占領地の行政機関としての役割を果たすこととなった。一九〇四年五月三〇日にダーリニーを完全に占領した日本軍は、その翌日、占領地の行政機関として、ダーリニーの中国語名を用いた青泥窪軍政署を開設した[29]。そして、青泥窪軍政署が最初に行った仕事は、ロシア軍とロシア人が去ってもぬけの殻となったダーリニー市内の建物の管理であり、戦時の混乱に乗じた略奪や不法占拠を防ぐため、市内の空家をすべて封印した[30]。

その後、一九〇五年一月に旅順を陥落させて遼東半島のほぼ全域を占領した日本軍は、一九〇五年二月一一日、ダーリニーを大連と改名し、それにともなって大連軍政署と改称された軍政署の規模を拡大し、庶務・財務・土木・警務の四つの部署を設けた。これは、大連軍政署が、大連を支配する機関であるという性格を備えたことを意味していた。そして、これに合わせて大連軍政署は、土木部門に倉塚良夫（一九〇四年東京帝国大学土木工学科）と前田松韻（同年東京帝国大学建築学科卒）という二人の技師を雇い入れ、彼ら二人に「大連における貸下地の測量、地区割、建築の監督等専門的技術を要する」仕事を課した。[31] すなわち彼らに課せられた仕事は、大別すると二つあり、一つは大連軍政署が管理していた土地を民間人に貸し下げるための土地の測量や地割りを行うことであった。この時期、大連軍政署の組織拡大に合わせて遼東守備軍は同年二月二三日「遼東守備軍管区露国租借地内土地及家屋貸下内規」を公布し[32]、官有地と官有建物の貸し下げを開始した。この内規の公布と倉塚、前田の両名が大連軍政署の嘱託技師になった時期は一致しており、両名が「貸下地の測量、地区割」のために雇われたことを示している。官有地貸し下げは、開始から三ヶ月後の同年五月三一日までに一〇八区画（総面積九、三〇〇坪）の土地が三三名の日本人に貸し下げられ、官有建物は同年六月一日までに九八戸（建坪約二、九六〇坪）が七三名の日本人に貸し下げられた。[33]

もう一つは、建築の監督と称せられるもので、これには、大連軍政署が建てる建物の監督と大連市内に民間人が建てる建物への指導・取締りであった。このうち、大連軍政署が建てる建物について、前田は後に「此の時、何かと各種木造小建築は多くあって忙しかった[34]」と回想したように、小規模な木造建築物の設計・監理をしていたものと見られる。一方、大連市内における民間人建設の建物に対する取締りについて、前田は倉塚とともに「大連市家屋建築取締仮規則」の草案をつくり、この規則は一九〇五年四月に施行された。

その後、一九〇五年五月六日付勅令により占領地に民政署を設けることとなり、同年六月二三日、大連、金州、旅順の各軍政署を引き継いで関東州全体の行政機関として関東州民政署が設立された。そして、「関東州民政署分課規程」によれば、庶務部土木係が、「土木に関する事項」「土地の測量及地図の調整に関する事項」「営繕に関する事項」を扱うことと定められた。[35] 一方、これに合わせて、大連軍政署技師の前田松韻と陸軍技師であり遼東守備軍に所属していた池田賢太郎の二人が関東州民政署技師となり、庶務部に所属した（表1-2）。したがって、関東州民政署庶務部土木係は、中国東北地方における日本人主体の最初の建築組織となった。

表 1-2 「関東州民政署職員録」に記載された技師

氏　名	俸給／勲位	職名	経　　歴
山路魁太郎	5 等 2 級 従 6 位	技師	1898 年東京帝国大学土木工学科卒 台湾総督府土木課技師兼任
吉田悌彦	6 等 9 級 従 7 位	技師	1900 年東京帝国大学地質学科卒 1901 年農商務省技師
前田松韻	7 等 9 級 （無）	技師	1904 年東京帝国大学建築学科卒 1904 年満洲軍倉庫雇員，1905 年大連軍政署囑託技師
倉塚良夫	7 等 9 級 （無）	技師	1904 年東京帝国大学土木工学科卒 1905 年大連軍政署囑託技師
池田賢太郎	5 等 6 級 従 6 位	技師	1896 年帝国大学造家学科卒 1904 年陸軍技師

出所）関東州民政署作成「関東州民政署職員録」（大本営編集『明治三十八年五月起各部各隊職員表』防衛庁防衛研究所図書室蔵，大本営・日露戦役・M38〜12・125）記載の技師について，氏名・俸給・勲位を記載どおりに記し，経歴を西澤泰彦が加筆して作成。

ところで、関東州民政署庶務部に所属した技師は五名であったが、その最年長者として五名を束ねる位置にいた山路魁太郎は、台湾総督府土木課技師から関東州民政署技師になった土木技師であった。これは、関東州民政署の設立に当たり、台湾総督府から職員の派遣が図られたことによるものである。関東州民政署民政長官には台湾総督府参事官長であった石塚英蔵が就き、台湾総督府参事官であった関屋貞三郎が庶務部長に就いたが、この二人によって関東州民政署の職員は、主として台湾総督府在官者から選ぶこと、という方針が決められた(36)。

倉塚と前田は、いずれも一九〇四年七月に東京帝国大学を卒業し、日本軍の兵站機関であった満洲軍倉庫の雇員となり、中国東北地方に滞在していた。関東州民政署ができたとき、倉塚と前田の実務経験は一年に満たなかったが、日露戦争の戦地を転々とした彼らは、短期間のうちに占領地行政を見聞、体験しており、関東州民政署に所属するには手頃な人材であった。特に前田は、一九〇四年九月にダーリニーに着いた後、翌年二月に大連軍政署の嘱託になるまでの半年の間に、営口、遼陽、再び営口へと移動しながら、満洲軍倉庫が物資を保管する建物の建設に携わった。遼陽では、わずか三〇キロ北方の沙河で日露両軍三一万の将兵が対峙していた時期に大規模な倉庫を建設し、営口滞在中の一九〇五年一月一二日には、ロシア軍の襲撃を受け、一時は死を覚悟する状態であった。この時期の前田の活動は、彼が恩師の塚本靖に送った手紙を塚本が『建築雑誌』に紹介したことで日本国内にも「営口より遼陽方面に転ぜられたる由にて従前の通満洲軍倉庫支庫の経営に従事し居らる」[37]と伝えられた。

前田とともに建築部門の技師であったのが、池田賢太郎である。池田は、関東州民政署専任の技師ではなく、一九〇四年一一月二五日、陸軍技師に任命され、ダーリニーに渡り、遼東守備軍に所属した。池田は、一八九六年帝国大学造家学科を卒業し、陸軍技師になる以前は長崎県技師を務めていた。したがって、彼は前田より建築の実務経験は豊富であったが、日本軍占領地での活動経験を見ると、前田に比べて「新参者」であった。しかし、前田が倉塚とともに大連軍政署の仕事として大連市家屋建築取締仮規則を起草したとき、池田は遼東守備軍の幹部にその概要を説明しており[38]、専任技師ではなかったものの、関東州民政署における池田の存在は大きなものであった。

ところで、関東州民政署が設立される直前に作成された「関東州民政署経費仮予算[39]」によれば、建築・土木に関する予算として、「築造費」が三、五〇〇円計上されている。しかし、これは、このときに示された全予算五四万一、七六六円のわずかに〇・六五パーセントにしか過ぎず、後の関東都督府では建築予算が全予算の一〇〜二〇パーセントを占めていたことを考えれば、この関東州民政署の当初予算における「築造費」はかなりの小額であった。したがって、関東州民政署設立時期においては、実際に建築物を新築する方針が立てられていなかったとは考えられる。ところが、一九〇六年五月発行の『建築雑誌』に掲載された「大連だより[40]」という記事には、「目下工事中落成せるものにて日本人の手になれるは民政署の官舎三棟、これは馬賊に焼かれた後に再建せしものにて各々六十坪足らずの小煉瓦建築外に民政署直営工事にて成れる民政長官の官舎は出来上の上去月引移り申候其建築費は二万五六千円のものと覚え居り候」と記されており、関東州民政署が一九〇五年から翌年にかけて官舎三棟と民政長官官邸を建設したことがわかる。この記事の末尾にある建築費「二万五六千円」は、関東州民政署が設立時に予定した「築造費」を大幅に越えていることから、建築費が途中で増額されたと推定される。

関東州民政署は、設立を定めた勅令が記しているように、占領地の行政を行うための機関であり、戦時における占領体制のなかで存在する機関であったから、恒久的に設けられる機関ではなかった。したがって、関東州民政署土木係の任務の一つであった「営繕に関する事項」は、建築物の新築だけでなく、むしろ、既存建築物の改修が中心的な仕事であったと見られる。

関東都督府の建築組織

日露講和条約の締結によって日本が中国東北地方に得た利権は、①帝政ロシアの租借地であった関東州の租借権、②長春～旅順・大連間の鉄道とそれに付随する権利、③安東県～奉天間の鉄道敷設権、④鴨緑江流域での木材伐採権、の四つである。このうち、①によって日本が支配する租借地が生まれ、②と③によって鉄道沿線に設定された鉄道附属地が日本の実質的な支配地となった。一九〇六年九月一日、日本政府は、日本軍の撤兵完了を受けてこれらの支配地における行政機関を戦時体制から平時体制に移行するため、旅順に関東都督府を設けた。関東都督府には行政を担当する民政部と軍事を担当する陸軍部があったが、一九一九年四月一二日、民政部と陸軍部が分離し、それぞれ関東庁と関東軍になった。さらに、満洲国の成立（一九三二年）に伴って、一九三四年一二月二六日、関東庁が廃止され、在満洲国日本大使館に関東局（長春）が置かれ、関東局の下部機関で関東州の行政を担当する関東州庁（旅順、後に大連に移転）が設立された。以後、日本の敗戦まで、関東州庁が関東州の支配機関として存在した。

なお、鉄道附属地の実質的な行政は、一九〇六年に設立された南満洲鉄道株式会社（満鉄）に委ねられ、満洲国成立後の一九三七年に鉄道附属地が撤廃されるまで、一貫して満鉄が行っていた。

関東都督府の設立時には、行政を担当する民政部の中に庶務課、警務課、財務課、土木課、監獄署が置かれた[41]。このとき、三人の技師が土木課勤務の技師として採用されているが、いずれも、関東州民政署のときにすでに技師となっていた山路、前田、倉塚の三名であった（表1-3）。建築技師である前田が土木課に所属していたことから、土木課が関東都督府における建築組織としての役割を果たしていたものといえる。

表 1-3　関東都督府設立時の土木課所属技師

氏　名	俸給／勲位	職名	経　歴
山路魁太郎	4 等 4 級 正 6 位	技師	1898 年東京帝国大学土木工学科卒 台湾総督府土木課技師，1905〜06 年関東州民政署技師
前田松韻	7 等 9 級 (無)	技師	1904 年東京帝国大学建築学科卒 1904 年満洲軍倉庫雇員，1905 年大連軍政署嘱託技師，1905〜06 年関東州民政署技師
倉塚良夫	7 等 9 級 (無)	技師	1904 年東京帝国大学土木工学科卒 1905 年大連軍政署嘱託技師，1905〜06 年関東州民政署技師

出所）『官報』6955 号をもとに経歴を西澤泰彦が加筆して作成。

この三人が関東州民政署から留任するかたちで関東都督府技師になったことは、関東都督府民政部そのものが、実質的に関東州民政署を引き継いだものであったためであるが、結局、支配地での活動経験を重視した人選であったといえよう。ちなみに、関東州民政署民政長官であった石塚英蔵が関東都督府民政長官となり、関東州民政署庶務部長であった関屋貞三郎が関東都督府民政部の下部組織である大連民政署の署長に就いている。このように見ると、大連軍政署、関東州民政署、関東都督府における技師の採用は、占領地、支配地での活動経験を重視したものであり、すでに日清戦争以来日本の植民地となっていた台湾での活動経験のあった山路、日露戦争中に日本軍占領地での活動を続けていた前田、倉塚の三名が関東都督府設立時に土木・建築分野の組織の中枢として活動したことは、彼らの経験が買われたことをよく示している。

ところで、名前が示すように関東都督府土木課は、土木部門が重視された組織であった。三人の技師のうち、建築技師は前田一人であり、また、土木課所属の二三人の技手のうち、建築技術者はわずかに三人であった。

このようにして設立された関東都督府土木課であるが、建築組織の中心となった前田は、一九〇七年一〇月九日、東京高等工業学校建築学科の教授になり、日本に帰国する。前田の後任として、一九〇八年三月一八日、関東都督府の技師になったのは、それまで九州鉄道技師をしていた松室重光であった。松室は、一八九七年東京帝国大学建築学科を卒業し、京都府技師を務めていたが、部下の汚職事件に連座して辞職し、九州鉄道の技師となっていた(42)。この時期、日本政府によって鉄道の国有化事業が進められたため、松室はそれに反発して、新たな職場を探していたといわれ、前田の後任として関東都督府技師となった。

この松室の技師就任によって、関東都督府民政部内の組織が改変された。すなわち、松室の着任から二年後の一九一〇年三月三一日、関東都督府官房に営繕課が新たに設けられ、組織上、土木課と同等の扱いとなり、土木部門から独立した建築組織が生まれた。これは、松室自身が「建築事業は土木事業と別系統に於て経営せらるる」べきものという考えを持っており[43]、それが反映されたものであると考えられる。したがって、この時の土木課が大連に所在していたのに対し、営繕課は旅順に所在していた。ただし、土木課長心得として実質的な土木課長であった山路と松室の大学卒業年次を比べると、松室が山路より一年早く、いわば、大学の先輩・後輩の関係が存在することになり、そのあたりの人間関係も考慮された苦肉の策という見方もできる。なぜなら、一九一三年七月一二日に山路が職を辞すと、その二ヶ月後の同年九月二三日には、営繕課が土木課に吸収され、その二日後には松室が土木課長心得となっているからである。もし、松室自身が語ったように、建築事業と土木事業の分離が必要であるなら、山路が職を辞しても営繕課を廃止する必要はない。したがって、営繕課の設立は、表向き、建築組織の分離独立であるが、実質的には所属していた技師たちの組織内での序列、役職の問題を解決するための方便であったともいえよう。

これ以後、営繕課が復活することはなく、関東都督府の建築組織は、土木課が担うこととなった。また、松室は、一九一七年七月三一日付で関東都督府土木課の課長となり、関東都督府民政部が関東庁に改組された後も在職し、一九二二年一〇月九日までその職にあった。この間、一九一六年八月一二日には、近藤伊三郎(一九一五年東京帝国大学建築学科卒業)が技師となり、土木課内の建築技師が初めて二名となって、建築組織として拡充された(図1-1)。

このような組織と技師の変遷について、占領地・支配地での活動経験のあった前田や山路が関東都督府を去り、彼らの後を引き継いだのが占領地・支配地での活動経験のない松室や近藤であったことは、関東都督府設立時において

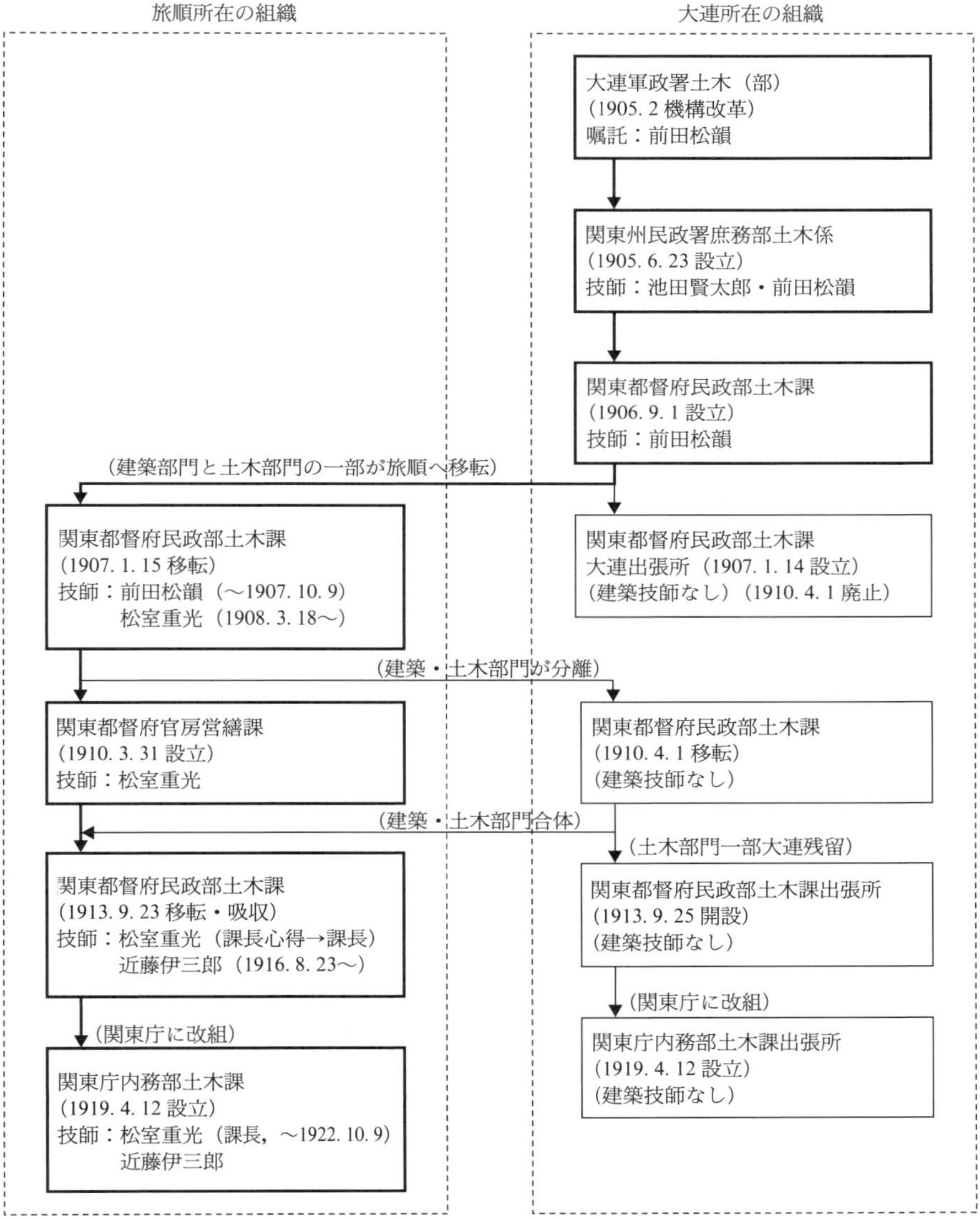

図 1-1　関東都督府民政部土木課の変遷

出所）『関東都督府施政誌』，『官報』掲載事項をもとに西澤泰彦が作成。

注）太線枠内が建築組織。太線矢印が建築組織の変遷を示す。各枠内に書かれた氏名は，建築分野担当技師。

行われた前田の活動が地ならしとなって、その後の関東都督府土木課による建築活動が展開されたことを示している。特に、前田らが起草した大連市家屋建築取締仮規則の実施は、その後に実施された大連市建築規則に引き継がれ、前田によって設計された大連消防署や大連民政署といった初期の庁舎新築がその後の多くの庁舎や学校などの新築を誘発したといえよう。台湾総督府設立時の建築組織について、黄俊銘が「混乱期」と呼んだ設立当初の三年間が、関東都督府土木課でいえば、一九〇五年二月の大連軍政署の組織拡充を起点に関東州民政署を経て関東都督府が設立され、一九〇七年一〇月の前田松韻の離任、あるいは、翌年三月の松室の赴任までの二年八ヶ月から三年間に相当していよう。黄が台湾総督府の建築組織に対して、その活動体制が確立する前の段階であるという意味で、「混乱期」と称したその時期に、支配開始当初に起きる支配特有の問題が噴き出しており、その意味では、一九〇五年二月からの約三年間は、関東州支配機関の建築組織においては「混乱期」となっても不思議ではなかった。しかし、実際に、大連軍政署、関東州民政署、関東都督府の建築組織の活動が混乱なく展開できたのは、大連軍政署や関東州民政署の設立に当たって、占領地や植民地での活動経験のある人物を技師として採用したからに他ならない。初めての支配地（植民地）であった台湾に設立され、前身組織を持たなかった台湾総督府の建築組織と、すでに占領地・支配地での活動を経験した人物を採用した関東都督府土木課との差異がそこに現れていた。これは、次に示す満鉄の建築組織においても同様であった。

満鉄の建築組織

日露戦争によって日本が中国東北地方で得た四つの利権のうち、長春〜旅順・大連、安東県〜奉天間の鉄道に関する利権について、日本政府は、一九〇六年、半官半民の南満洲鉄道株式会社（満鉄）を設立して対応することとした。しかし、満鉄が単なる鉄道会社ではなく、関東都督府とともに中国東北地方支配のための機関であったことはすでに第一節で記した。その満鉄が、建築組織を持ったのは、単に駅舎や車庫といった鉄道関係の建築物の設計・監理のために必要だったのではなく、満鉄が展開した多様な事業に応じた多岐にわたる建築物の設計・監理を行う組織が必要であったためであり、加えて、そのような建築活動を請け負ってくれる組織が中国東北地方に皆無であったからである。

満鉄は、一九〇六年一一月二七日、本社を東京に置いて正式に設立され、翌月二日、満鉄最初の事務分掌規程を定めた。その規程によれば、大連支社総務部庶務課用度係が「土地、建築、営繕、物品会計等」(44)を担当することとなり、満鉄最初の建築組織となった。大連支社には総務部の他に鉱業部と鉄道部が設けられたが、建築組織が鉄道部に属さなかったことは、満鉄設立時に日本政府が満鉄設立委員に対して発した「命令書」の内容、すなわち、満鉄が多様な事業を行う会社であることが反映され、建築組織が単に鉄道関連施設の設計・監理を行うのではなく、満鉄の多様な事業全体に対する建築設計・監理を担う組織として満鉄社内で位置付けられたことによるものである。これは、その後における満鉄の建築組織の性格を決定付けた。しかし、日本政府の現物出資品である鉄道とその付随施設や土地などの資産の引き渡しは本社の大連移転直前に実施され(45)、また、建築組織に所属する建築家・建築技術者たちも本社の大連移転に伴って大連入りしているので、この大連支社内に設けられた庶務課用度係が実態を持った建築組織であったとは言い難い。

一九〇七年四月一日、満鉄は、本社を東京から大連に移し、同月二三日には本社分課規程を定めて本格的に業務を開始した。満鉄において実態を持った最初の建築組織は、このとき、本社内に設立された総務部土木課建築係（以下「本社建築係」）である。そして、この本社建築係は、満鉄が建設するすべての建築物の設計監理を主務とする満鉄全体の建築組織として設立され、その後の建築組織の母体となった組織であった。そして、これ以後、満鉄内の職制の変遷とともに建築組織の名前は変わっていくが、大連の本社内に設けられた建築組織は、総務部のほか、満鉄全体の建設工事を掌握する技術部や工事部、あるいは鉄道附属地の行政を担当する地方部には属したものの、鉄道部門の管轄下に入ったことは一度もなかった（図1-2）。また、本社建築係は、一九一四年五月一五日の職制改正で係から課に昇格し、総務部技術局建築課（以下「本社建築課」）となり、その後は満鉄本社内の「課」として存在した。

ところで、満鉄本社建築係・建築課に所属した建築家・建築技術者の一覧（付図1-1、章末）とその中の主要人物の略歴（表1-4）を見ると、次の四点が指摘できる。①建築組織の草創期には集中的に経験豊富な建築家・建築技術者が集められたこと。②一九二〇～二三年を境目にして建築家・建築技術者の多くが入れ替わっていること。③満鉄の建築家・建築技術者が満鉄の草創期から満洲国成立時までの中国東北地方における日本人建築家・建築技術者の中心的存在であったこと。④当時の日本の支配地を転々とした多彩な経歴を持つ建築家・建築技術者が多数いたこと。

このうち、①について、満鉄は、大連への本社移転と同時に鉄道の業務だけでなく、鉄道附属地の行政、大連港の建設、撫順炭坑の経営、といった多様な事業を同時に並行し

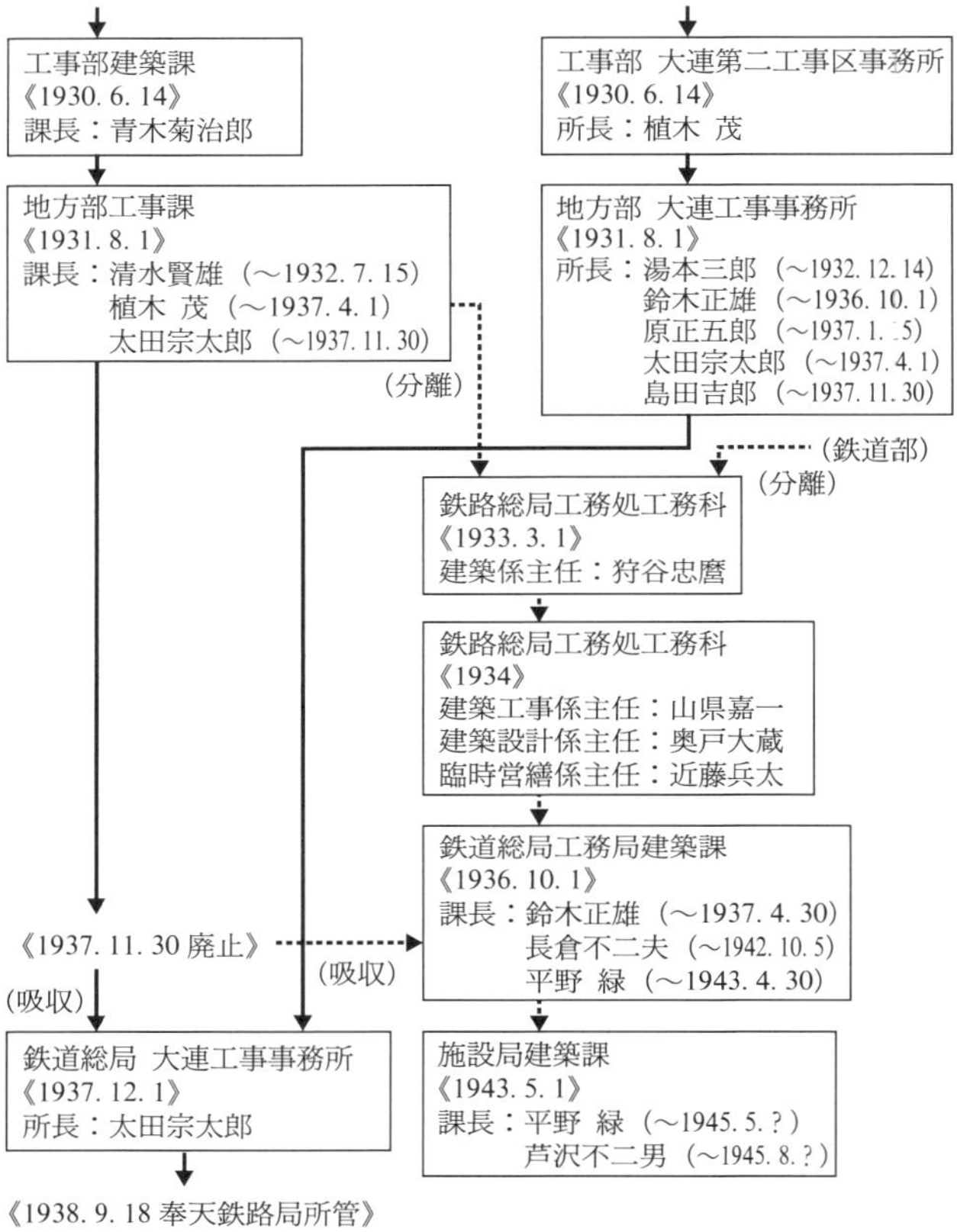

建築組織の変遷

『同第四次十年史』，『同課級以上組織機構並に人事異動一覧表』および平野緑氏・

（ ）内の日付は各責任者の在任終了時期を示す。日付のない者はその組織の存
所長職はない。

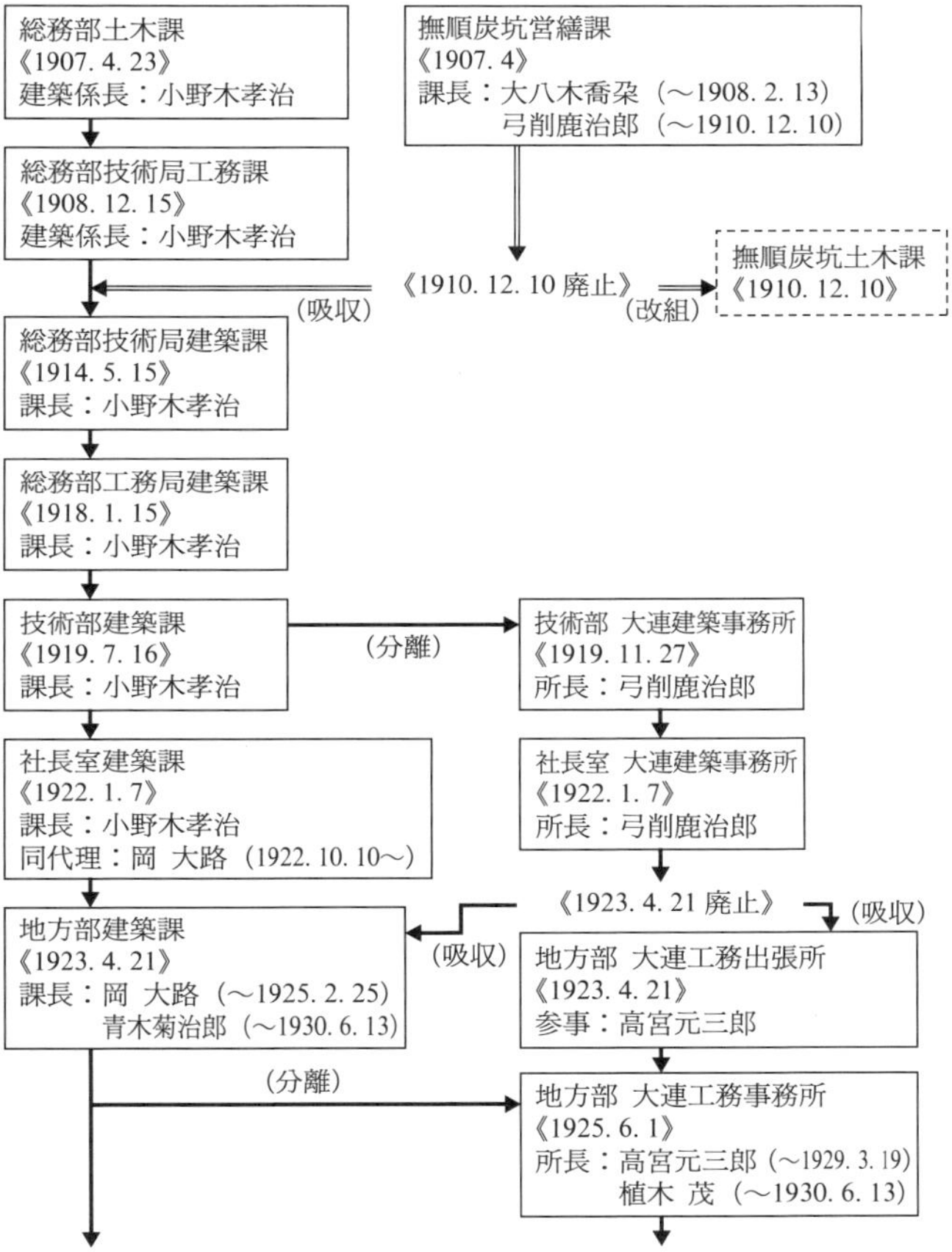

図 1-2 満鉄の

出所）『南満洲鉄道株式会社十年史』,『同第二次十年史』,『同第三次十年史』, 大旗正二氏の証言をもとに西澤泰彦が作成。

注）《 》内は各組織の設立年月日を示し，原則として社史記載の日付を用いた。続時期まで在任。大連工務出張所は正式な職制による組織ではないので

て始めた。それに合わせて、建築組織もその業務を同時多発的に始めることとなった。したがって、建築活動の経験豊富な人々を集めるのは当然のことであった。建築組織全体の実質的な責任者となったのは、海軍技師、台湾総督府技師、陸軍技師を歴任していた小野木孝治であった。小野木は、台湾総督府技師在官のまま、満鉄に入社した(46)。そして、小野木の下で実際の建築設計活動を統括する役割を果たしたのが大蔵技師兼司法技師在官のまま満鉄に入社した太田毅（一九〇一年東京帝国大学建築学科卒業）であった(47)。また、撫順炭坑の都市建設を担った撫順炭坑営繕課長には、日本銀行本店の新築工事のために設けられた日本銀行建築所技手、三重県技師、文部省嘱託技師、住友臨時建築部技手などを務めた弓削鹿治郎（一八九〇年工手学校建築科卒業）が就いた(48)。

表 1-4　満鉄の建築組織における主要人物略歴

氏　名 ［生年～没年］ （卒業校/年）	略　歴（数字は西暦年月）
小野木孝治 ［1874～1932］ （東大/1899）	1899. 8. 海軍技師（呉鎮守府勤務）。1902. 1. 文部省嘱託。1902. 10. 台湾総督府嘱託。1903. 5. 同府技師。1906. 5. 同府技師兼陸軍技師。1907. 3. 陸軍技師免官。1907. 4. 台湾総督府技師在官のまま満鉄入社（本社建築係長）。1913. 12. 台湾総督府技師免官。1914. 5. 満鉄本社建築課長。1922. 2. 大連市議。1923. 4. 満鉄退社。1923. 11. 小野木横井市田共同建築事務所（大連）開設。1930. 12. 共同建築事務所解散。1932. 12. 大連にて逝去。
弓削鹿治郎 ［1870～1958］ （工手/1890）	1888. 6. 日本土木入社。1890. 9. 日本銀行建築所技手。1896. 1. 大阪土木入社。1896. 10. 中国鉄道入社。1898. 12. 住友本店入社（営繕係勤務）。1901. 6. 日銀本店嘱託。1902. 6. 門司倶楽部工事監督。1903. 12. 三重県嘱託。1904. 文部省嘱託。1908. 2. 満鉄入社（撫順炭坑営繕課長）。1919. 11. 満鉄大連建築事務所長。1923. 4. 満鉄退社，帰国。
太田　毅 ［1876～1911］ （東大/1901）	1901. 7. 司法技師。1905. 3. 臨時煙草製造準備局技師兼司法技師。1905. 9. 大蔵技師兼司法技師。1907. 1. 大蔵技師兼司法技師在官のまま満鉄入社。1910. 8. 病気療養のため帰国。1911. 7. 東京にて逝去。
横井謙介 ［1880～1942］ （東大/1905）	1905. 住友本社入社（臨時建築部勤務）。1907. 3. 満鉄入社（大連工事係長）。1920. 6. 満鉄退社，横井建築事務所（大連）開設。1923. 11. 小野木横井市田共同建築事務所開設。1930. 12. 共同建築事務所解散。1931. 1. 横井建築事務所再開。1942. 1. 大連にて逝去。
市田（青木）菊治郎 ［1880～1963］ （東大/1906）	1906. 7. 知恩院（京都）阿弥陀堂新築現場。1907. 3. 満鉄入社。1920. 3. 満鉄退社，大連建築士会長。1923. 11. 小野木横井市田共同建築事務所開設。1925. 2. 満鉄再入社（本社建築課長）。1931. 8. 満鉄退社。1933. 11. 満洲国総務庁嘱託。1942. 5. 香港総督府改修増築のため香港に赴く。1946. 帰国。
安井武雄 ［1884～1955］ （東大/1910）	1910. 10. 8. 満鉄入社。1919. 満鉄退社，帰国，片岡建築事務所（大阪）入所。1924. 4. 大阪に安井建築事務所開設。1934. この頃満鉄東京支社新築設計。1936. 5. 満鉄東京支社竣工。
岡　大路 ［1889～1962］ （東大/1912）	1912. 8. 満鉄入社。1923. 4. 満鉄本社建築課長。1925. 2. 南満洲工業専門学校教授。1935. 4. 南満洲工業専門学校長。1942. 10. 満洲国建築局長。1953. 帰国。
高宮元三郎 ［1885～1944］ （東大/1913）	1913. 8. 志水組（名古屋）入社。1916. 5. 青島守備軍軍政署。1917. 10. 同軍民政部。1919. 同軍民政部鉄道技手。1920. 1. 同軍民政部技師兼鉄道技師。1920. 5. 同軍民政部鉄道技師。1920. 12. 同軍民政部技師。1923. 1. 免官。1923. 3. 満鉄入社。1925. 6. 満鉄大連工務事務所長。1929. 満鉄退社，帰国。1931. 台湾電力（台北）入社。1934. 長谷川組（大連）入社。1939. 大連汽船入社。1940. 満洲車輌（大連）入社。
植木　茂 ［1888～1970］ （東大/1914）	1915. 青島守備軍経理部。1918. 満鉄入社。1920. 満鉄京城管理局。1925. 4. 朝鮮総督府鉄道技師。1925. 5. 満鉄再入社。1929. 3. 満鉄大連工務事務所長。1932. 4. 満鉄本社工事課長。1937. 4. 満鉄退社，一時帰国。1937. 12. 東亜土木企業（奉天）顧問。
狩谷忠麿 ［1888～？］ （早大/1914）	1914. 満鉄入社。1919. 満鉄退社，狩谷建築事務所（大連）開設。1926. 満鉄再入社。1933. 3. 満鉄鉄路総局建築係主任。1939. 満洲不動産（大連）入社。
太田宗太郎 ［1885～1959］ （工手/1905, M. S. Co/1921）	1905. 警視庁技手。1907. 3. 満鉄入社。1910. 8. 満鉄退社。1910. 9. コロンビア大学予科入学。1915. 9. 同大学建築科入学。1917. 6. 同大学卒業。1921. 9. 同大学大学院修了，成績優秀につき 1 年間欧州留学。1924. 1. 小野木横井市田共同建築事務所入所。1929. 4. 満鉄再入社。1937. 1. 満鉄大連工事事務所長。1937. 4. 満鉄本社工事課長。1937. 12. 満鉄大連工事事務所長。1938. 9. 満鉄北支事務局建築課長。1939. 4. 華北交通工務局建築課長。1941. 4. 華北交通退社，上木組（奉天）入社。1945. 1. 上木組退社。1948. 帰国。
相賀兼介 ［1889～1945］ （東高工・選/1913）	1907. 4. 満鉄入社。1911. 4. 東京高等工業学校建築科選科入学。1913. 3. 同修了。1913. 4. 満鉄復帰。1920. 3. 満鉄退社。1920. 6. 横井建築事務所（大連）入所。1925. 満鉄再入社。1932. 8. 満鉄退社。1932. 9. 満洲国国都建設局建築科長。1933. 3. 満洲国総務庁需用処営繕科長。1935. 11. 満洲国営繕需品局営繕処設計科長兼工事科長。1938. 7. 満洲国辞官，満鉄再入社（奉天工事事務所長）。1941. 満鉄退社，東亜土木入社，第一住宅会社代表。1942. 4. 香港総督府嘱託。1943. 福高組（大連）入社（建築部長）。1945. 1. 帰国，別府にて逝去。
鈴木正雄 ［1889～1972］ （東高工/1911）	1911. 4. 満鉄入社。1932. 12. 満鉄大連工事事務所長。1936. 10. 満鉄鉄道総局建築課長。1937. 5. 満鉄退社，哈爾濱高等工業学校長。1938. 1. 哈爾濱工業大学長。
平野　緑 ［1899～1994］ （京大/1924）	1924. 4. 満鉄入社。1934. 2. 満鉄東京支社臨時建築係長。1936. 5. 満鉄大連工事事務所建築係長。1938. 10. 満鉄退社。1938. 11. 東辺道開発会社入社（建築課長）。1941. 9. 東辺道開発会社退社，満鉄再入社。1942. 10. 満鉄鉄道総局建築課長。1946. 9. 帰国。

出所）本章注 46，47，48，49，50，52 に同じ。弓削鹿治郎については三重大学菅原洋一教授より，高宮元三郎と植木茂については堀勇良氏と大島宣子氏およびご遺族より，太田宗太郎については太田淳氏より，相賀兼介については相賀紘一氏より，鈴木正雄については鈴木保氏よりそれぞれ情報をいただいた。

注 1）［生年～没年］の？印は不詳事項。ただし全員物故者。

2）卒業校の略称は後掲付図 1-1 を参照。

3）略歴中の西暦年のみの事項は月が不詳。1945 年以後の略歴は一部省略した。

さらに、太田の下には住友臨時建築部にいた横井謙介（一九〇五年東京帝国大学建築学科卒業）[49]、知恩院阿弥陀堂の新築工事で建築現場の経験を積んだ市田菊治郎（一九〇六年東京帝国大学建築学科卒業）[50]がおり、また、小野木は台湾総督府技師時代に部下であった荒木栄一を満鉄に入社させ[51]、太田毅は警視庁技手の吉田宗太郎を引き抜いた[52]。撫順炭坑営繕課では、弓削鹿治郎が三重県技師時代に自分の下にいた森本常吉を引き抜いている[53]。

いわゆる「引き抜き」と称せられるこのような異動が生じたのは、建築の設計活動が、設計、製図、転写と三段階からなり、その中で、特に設計、製図を担当する両者に十分な意思の疎通が保持されなければ、円滑で迅速な活動が不可能であったことに起因している。小野木孝治、太田毅、弓削鹿治郎がそれぞれ各人の下で製図を担当した経験のある荒木栄一、吉田宗太郎、森本常吉を引き抜いたのは、小野木と荒木、太田と吉田、弓削と森本のそれぞれの間に十分な意思の疎通が確保されていたからであり、本社の大連移転とともに活動を始める必要のあった建築組織にとって、それは重要なことであった。

また、満鉄全体として社員を確保するため、日本政府は、一九〇六年八月三日付勅令第二〇九号で、日本政府の官吏が在官のまま満鉄に入社できる制度をつくった。これは、日本による韓国の保護国化の中で日本人官吏を韓国政府組織に大量に採用させる際につくられた制度（一九〇四年勅令第一九五号）を準用したものである。小野木と太田がそれぞれ在官のまま満鉄に入社したのは、この制度の適用を受けたためである。この制度は一九一三年一二月まで続き、制度の廃止とともに、小野木は台湾総督府技師を免官となっている。一九一〇年に朝鮮が日本の植民地となって韓国政府が消滅すると、この制度の適用を受けたのは満鉄だけとなった。その満鉄でも一九一三年一二月にこの制度が廃止されたことは、この時期に、建築組織だけでなく、満鉄全体として社員の確保が進み、この制度が不要になったことを示していよう。

ところで、満鉄の創業にあたって、鉄道の管理・運営については、その前身組織として日露戦争中につくられた野戦鉄道提理部という組織があった。満鉄草創期の鉄道建設事業に従事した土木技術者の中には野戦鉄道提理部に所属

表 1-5　1932 年 7 月 1 日現在の満洲国需用処営繕科所属雇員一覧

氏　名	官職名	担当分野/経歴など
中島義貞	科長・事務官	事務/？
何 聿福	属　官	事務[1]/？
宮垣文年	接渉股長・属官	設備（暖房）技術者/1929 年旅順工科大学機械学科卒，南満洲瓦斯会社勤務
池田 進	雇　員	電気技術者/1925 年東京電機学校卒，満鉄電気作業所勤務
河野三男	雇　員	建築技術者/1930 年早稲田大学建築学科卒，内藤多仲建築事務所勤務
森野英雄	雇　員	建築技術者/東洋工学院建築科卒[2]
万田紀広	雇　員	事務/大連商業学校卒
矢野 保	雇　員	建築技術者/1930 年日本大学高等工学校建築科卒，遼東ホテル技師，大連阿川洋行技師
王 汝霖	雇　員	設備（暖房）技術者/1932 年旅順工科大学機械学科卒

出所）『（大同元年版）満洲国政府職員録』（満洲書院，1932 年），記載の需用処営繕科の項所収全職員をその掲載順に示した。官職名も同書による。担当分野と経歴は，河野三男氏と大川三雄氏のご教示および『満洲建築協会雑誌』の「会員異動」や『（第二版）満洲紳士録』などをもとに西澤泰彦が作成した。
注 1）何聿福は後に技士を歴任し，技術者でもある。
　2）森野英雄の学歴は自称。

していて満鉄に入社した者も多い(54)。しかし、建築技術者については、このような事例が少ない(55)。ただし、この差異の原因は不明である。

満洲国政府の建築組織

満鉄の建築組織が、草創期に日本の植民地・台湾での活動経験を持った小野木孝治を総帥として人材の確保に努めたのと同じ現象が、それから四半世紀後、同じ中国東北地方で起きた。それは、満洲事変に伴う満洲国の成立とともに、一九三二年、満洲国政府に設けられた建築組織の設立であった。

一九三一年九月一八日に勃発した満洲事変の結果、関東軍主導のもとに組織されていた東北行政委員会は、一九三二年三月一日、満洲国の成立を宣言した。そして、同年三月九日公布の満洲国組織法によって満洲国政府の骨格が定められ、国務院が満洲国の行政機関となり、同時に公布された国務院官制によって国務院総務庁需用処が政府の営繕と用度を担当することとされた。さらに、同年五月一六日決定の国務院総務庁分科規程により、需用処に建築物の建設・修繕を担当する営繕科が設けられた。これら一連の組織整備において、需用処の役割を定めた国務院官制は、満洲国組織法とともに一九三二年二月、関東軍司令部がその原案を作成し、東北行政委員会に承認させたものである。[56] したがって、建築組織の設立も関東軍によって進められたといえよう。

一九三二年六月一日、需用処営繕科の人事が発令された。[57] 当時、この雇員となっていた河野三男（一九三〇年早稲田大学建築学科卒業）によれば、発令以前の同年四月頃から、既存建築物を満洲国政府庁舎や職員宿舎に転用するための改修やリットン調査団受け入れのための施設改修が始められていたとされる。[58] ところが、この需用処営繕科（表1-5）は、技師（技正）も技手（技士）も皆無であり、建築組織としては不完全であった。[59] また、この時期、この組織は既存の建物の改修を担当したが、新築設計はまったく行っていなかった。

この時期、政府庁舎や職員宿舎の新築設計を行っていたのは、満鉄社員の身分のまま、満洲国政府に派遣された相賀兼介であった。満鉄は、一九三二年三月から八月にかけて、相賀など一六一名を社員の身分のまま満洲国政府職員として派遣している。[60] 相賀が満洲国の首都であった新京（長春）に赴いたのは一九三二年五月五日のことだが、彼がこの経緯を記した文章[61]によれ

表 1-6 1933 年 2 月 1 日満洲国国都建設局所属建築技術者一覧

氏 名	官名/発令月日	経 歴
相賀兼介	科長・技正/1932. 9. 16	1913 年東京高等工業学校建築科選科修了，1908～11・13～20・25～32 年満鉄建築課
太田資愛	技正/1932. 9. 16	1924 年早稲田大学建築学科卒
河瀬寿美雄	技正/1932. 11. 1	1920 年東京高等工業学校機械科選科修了，1920～32 年大連勝本機械事務所技師
笛木英雄	技士/1923. 10. 1	1927 年南満洲工業専門学校建築科卒
白石喜平	技士/1932. 10. 1	1912 年福岡工業学校建築科卒，1917 年清水組博多出張所，1918～19 年満鉄建築課，1929～31 年横浜市建築課
矢追又三郎	技士/1932. 9. 16	1930 年名古屋高等工業学校建築科卒，1930～32 年大連にて矢追建築事務所主宰
彭 東野	技士/1932. 10. 1	？
村越市太郎	技士/1932. 10. 1	1924 年早稲田工手学校建築科卒
土肥 求	雇員/＊	1932 年京都帝国大学建築学科卒
山本多一	雇員/＊	1931 年南満洲工業専門学校建築科卒
山林竹次	雇員/＊	？

出所）『（大同 2 年版）満洲国職員録』（斎藤印刷出版部，1933 年），記載の国都建設局建築科の項目所収の全職員をその記載順に示した。発令時期は『満洲国政府公報』記載の各人の辞令による。経歴は相賀兼介「絵日記」（相賀紘一氏蔵），各校の卒業生名簿，『建築学会会員住所姓名録』などをもとに西澤泰彦が作成。

注）？印は不詳。＊印は辞令が『満洲国政府公報』に未掲載だが，1932 年末までに入局したと推定。満鉄建築課は満鉄本社の建築組織の通称。

建築局［政府の建築営繕，地方建築指導，特殊会社の建築設計監理，住宅建設］
総務処［事務，人事，営繕計画，住宅の規格と統制，満洲房産会社の監督］（第一工務処と第二工務処は改正せず）
《1940. 12. 1 官制改正施行》

建築局長：笠原敏郎　総務処長：飯沢重一→（1941. 10. 11）鯉沼兵士郎
第一工務処長：桑原英治　企画科長：藤生 満　第一工務科長：石井達郎　第二工務科長：奥田 勇
第二工務処長：藤島哲三郎　造営科長：葛岡正男　設備科長：浅井 豊

↓（住政処新設）

建築局［政府の建築営繕，地方建築指導，住宅建設，官舎の管理運営］
総務処［事務，人事，官衙の設備管理，官舎の管理経営］
住政処［住宅の建設計画・規格・統制・資財調達，官舎の設計監理］（第一工務処と第二工務処は改正せず）
《1942. 12. 1 官制改正施行》

建築局長：笠原敏郎→（1942. 10. 5）岡 大路　総務処長：高久田久吉→（1943. 5. 29）盛長次郎
住政処長：鯉沼兵士郎→（1943. 11. 16）桑原英治　企画科長：？→（1943. 1. 25）奥田 勇　建設第一科長：？→（1943. 1. 25）須磨岡薫　建設第二科長：田沢宏明→（1943. 1. 25）島村武夫
第一工務処長：桑原英治→（1943. 11. 16）藤生 満　地方工事統制科長：？→（1943. 1. 25）大沢庚子男　第一工務科長：石井達郎（1943. 1. 25 辞職）→？　第二工務科長：奥田 勇→（1943. 1. 25）巽透→（1943. 11. 1）？
第二工務処長：藤島哲三郎→（1943. 1. 11）岡 大路（兼任）→（1943. 1. 25）藤生 満→（1943. 11. 16）荘原信一
造営科長：葛岡正男　設備科長：浅井 豊→（1942. 12. 18）山田丁二

↓（住政処廃止・建築行政処新設）

建築局［建築統制，建築技術者指導，政府の建築営繕，地方建築指導，官舎の管理運営］
総務処［事務，人事，官衙の設備管理，官舎の管理経営］　建築行政処［建築統制，建築技術者指導，地方建築指導，調査・企画］　第一工務処［政府の建築営繕，宮廷・特殊建築・特殊会社の設計監理］　第二工務処［官舎の営繕・管理運営］
《1944. 1. 1 官制改正施工》

建築局長：岡大路　総務処長：盛長次郎→（1944. 9. 25）？
建築行政処長：桑原英治　企画科長：葛岡正男　建築行政科長：大沢庚子男
第一工務処長：藤生 満　造営科長：沢島英太郎　建築第一科長：須磨岡薫　建築第二科長：島村武夫→（1944. 5. 15）？
第二工務処長：荘原信一　建築第一科長：？　建築第二科長：？→（1944. 8. 10）土肥 求→（1944. 9. 10）村上敏信

↓（規模縮小・交通部の管轄下へ移管）

建築局［政府・特殊会社の建築営繕，官舎の管理・営繕］
官房［事務］　第一工務処［政府・特殊会社の建築営繕］
第二工務処［官舎の管理・営繕］
《1945. 3. 20 官制改正施行》

建築局長：岡 大路　第一工務処長：藤生 満
第二工務処長：荘原信一→（1945. 5. 1）葛岡正男

↓（建築統制部門は交通部へ統合）

交通部土建統制司［土木建築統制，労働力確保］
統制科［土木建築業・工事の統制］
機材科［資材・機械・労働力の統制］
建築科［建築統制，官舎の設計］
《1945. 3. 20 交通部官制改正・土建統制司設立》

土建統制司長：桑原英治

府建築組織の変遷

澤泰彦が作成。

事異動年月日，年月日のない人物は在任時期と該当組織の存続時期が一致。？は不詳。——は建築組織の主流，-----

ば、彼が新京に着いて最初に訪れたのは、満洲国政府の機関や要人宅ではなく、関東軍司令部であった。そして、関東軍司令部では、首都新京の都市建設を統括する組織（国都建設局）の建築主任になるように指示されたという。彼の一連の行動から推察すれば、満鉄が満洲国政府に社員を派遣したのは、満洲国政府の要請ではなく、実質的に関東軍司令部の要請によるものと考えられる。また、国都建設局そのものは、関東軍参謀部第三課が一九三一年一二月八日に作成した「満蒙開発

総務庁需用処営繕科［政府の建築営繕］
《1932. 3. 9 官制施行》
営繕科長：中島義貞

国都建設局技術処建築科［新京における政府の建築営繕・建築行政］
《1932. 9. 16 官制施行，ただし 1932. 5 頃より実質的な活動開始》
建築科長：相賀兼介

↓

総務庁需用処営繕科［政府の建築営繕］ ←（設計監理部門統合）
《1933. 3. 実質改組》
営繕科長：相賀兼介

国都建設局技術処建築科［新京における建築行政］
《1933. 3. 実質改組》
建築科長：太田資愛

↓（規模拡大）

営繕需品局営繕処［政府の建築営繕］　設計科［設計］　監理科［監理］
《1935. 11. 8 官制施行》
営繕需品局長：大達茂雄→(1936. 2. 4) 笠原敏郎　営繕処長：(欠員)→(1936. 3. 3) 内藤太郎　設計科長兼監科長：相賀兼介

↓（改組）

営繕需品局営繕処［政府の建築営繕］
企画科［営繕企画立案・調査］　工務科［一般工事の設計監理］　宮廷造営科［宮廷・建国廟・特殊建築造営］
《1937. 4. 1 官制改正施工》
営繕需品局長：笠原敏郎　営繕処長：内藤太郎（1937. 9. 14 死去）→(1937. 10. 19) 桑原英治
企画科長：(欠員)→(1937. 5. 1) 藤島哲三郎→(1938. 1. 13) 奥田 勇　工務科長：桑原英治→(1938. 1. 1) 藤島哲三郎→(1938. 1.13) 桑原英治（兼任）　宮廷造営科長：相賀兼介（1938. 7. 23 辞職）→(1938. 7. 28) 藤島哲三郎

↓（規模拡大）

建築局［政府の建築営繕，地方建築指導，特殊会社の建築設計監理］
総務処［事務，人事］
第一工務処［官衙建築］　企画科［設計］　第一工務科［官衙建築の監理］　第二工務科［官衙以外の建築の監理］
第二工務処［宮廷・特殊建築］　造営科［設計監理］　設備科［機械・電気設備］
《1940. 1. 1 官制施行》
建築局長：笠原敏郎　総務処長：飯沢重一
第一工務処長：桑原英治　企画科長：藤生 満　第一工務科長：石井達郎　第二工務科長：奥田 勇
第二工務処長：藤島哲三郎　造営科長：葛岡正男　設備科長：矢崎高儀→(1940. 3. 1) 浅井 豊

↓（権限拡大）

図 1-3　満洲国政

出所）『満洲国政府公報』，『政府公報』掲載の各官制と辞令，『満洲国官吏録』，および葛岡正男氏の証言をもとに西
注）各枠内点線上段が組織の概略，下段が人事。［　］内は各組織の任務，《　》内は官制施行年月日，（　）内は人
は傍流を示す。

方策案」[62]の中で「新興聚落特に大都市の出現を予期し統一的見地より都市計画実施を準備す」と示されたことに呼応して設けられた機関であり、相賀の満鉄から満洲国政府への派遣は、実質的に関東軍司令部によってつくられたシナリオにしたがって行われたといえる。

国都建設局は、一九三二年九月一六日に官制が公布されて正式に設立された。そして、局内には、都市計画案の作成と施工監理を担当する部局として技術処が設けられた。さらに、同年一一月

一日公布の国都建設局分科規程によって、技術処建築科が満洲国政府の建物の設計・施工監理と民間建築に対する建築指導および建築申請の審査を担当することが正式に定められた。これによって国都建設局技術処建築科は、需用処営繕科とはまったく別の組織として設立された。

ところで、国都建設局技術処建築科も需用処営繕科と同様に官制公布や人事の発令以前から、活動を行っていた。一九三二年五月五日に新京に着いた相賀は、その翌日から、最初の政府庁舎と職員宿舎（独身宿舎と家族住宅）の新築設計に取り掛かっており、その二ヶ月後の七月一一日には、独身宿舎の新築工事が満洲国政府最初の新築工事として起工した。また、二棟の政府庁舎もそれぞれ、七月二一日と七月三一日に起工、家族住宅も八月二日に起工した。これらは、いずれも国都建設局の官制公布と人事発令以前であった。また、相賀は、国都建設局技術処建築科の職員確保も自ら行い、当時、大連で建築事務所を開いていた矢追又三郎を皮切りに、太田資愛、笛木英雄、白石喜平、彭東野、土肥求を呼び寄せた（表1-6）。笛木は満鉄が大連に設立した南満洲工業専門学校建築科を一九二七年に卒業した人物であり、白石はこの直前まで横浜市建築課に所属していたが、それ以前に満鉄本社建築課に所属した経験の持ち主、また、暖房などを扱う機械技師であった河瀬も大連の民間事務所で働いていた。すなわち、この相賀の下に集まった技術者の多くは、大連など中国東北地方での活動経験のある人物であった。このようにして、国都建設局技術処建築科には、技正三人、技士五人など一一人の技術者が所属し、需用処営繕科に比べて充実した組織となった。また、国都建設局技術処建築科は、政府庁舎や職員宿舎の新築設計という満洲国政府における初期の建築事業の中心的役割を果たしていた。したがって、実質的な満洲国政府の最初の建築組織は国都建設局技術処建築科であり、その活動を主導したのが、満鉄から派遣された相賀兼介であった。

その後、一九三三年三月、満洲国政府の機構改革によって国庫支出の建築物の建設は需用処営繕科が担当することになり、相賀などの技術者が需用処営繕科に異動し、満洲国政府の建築組織は、需用処営繕科に一本化された。以後、この組織を母体として、度重なる職制の改正を経て満洲国が消滅する一九四五年八月まで存続した（図1-3、

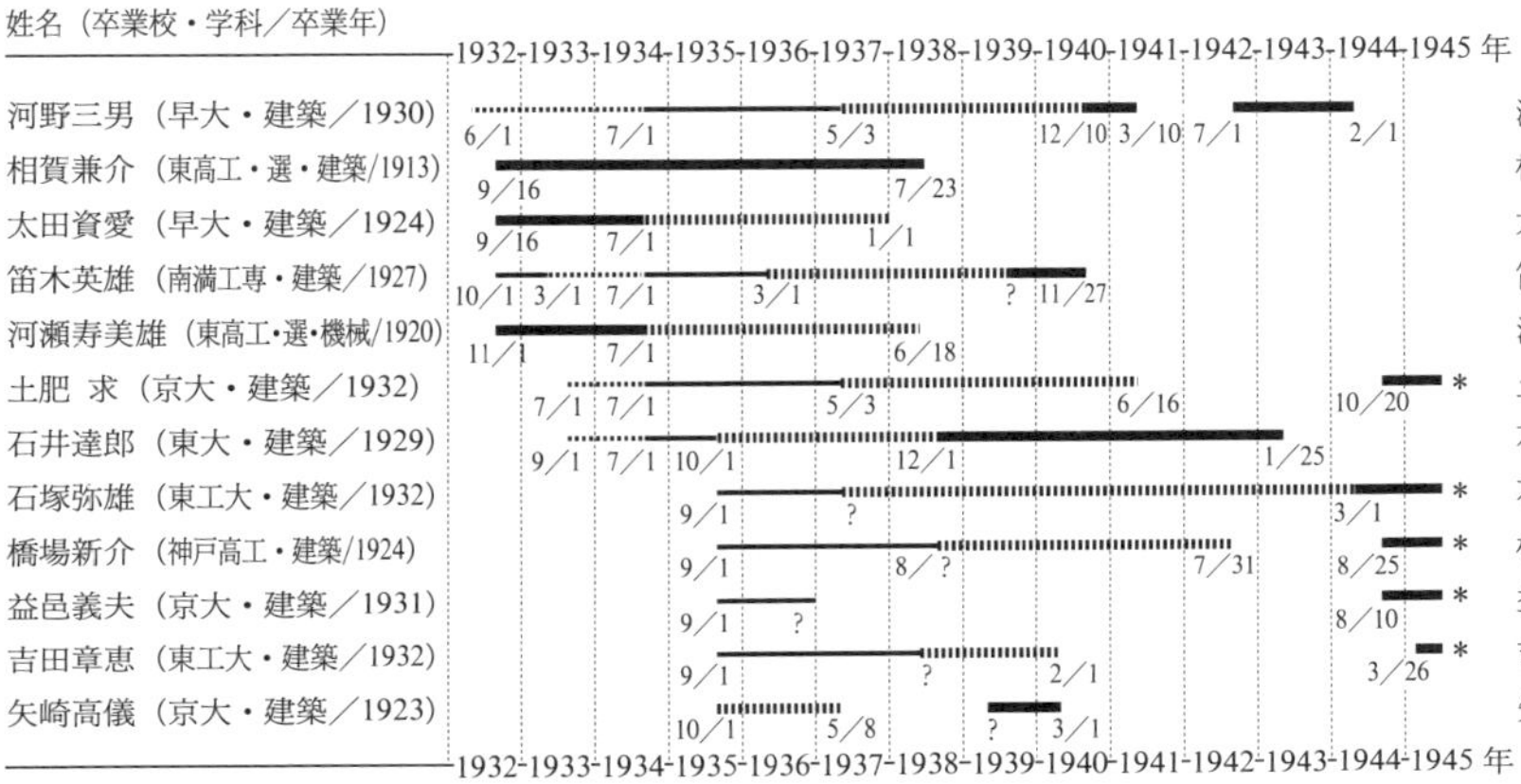

図 1-4　満洲国政府建築組織所属技正一覧（1）

出所）『（満洲国）政府公報』掲載の辞令，『満洲国官吏録』，『満洲紳士録』および葛岡正男氏・河野三男氏の証言をもとに西澤泰彦が作成。需用処営繕科，国都建設局建築科（1933 年 3 月まで），営繕需品局営繕処，建築局，交通部土建統制司所属の技正（兼任を含み，退任を前提とした技正就任者は除く）の中で 1932〜35 年に満洲国政府職員に任官した人物の在任期間を示した。各人の卒業年は『建築学会会員住所姓名録』や各大学・学校の卒業生名簿による。河野三男と相賀兼介は辞令交付以前から活動（本文参照）。

注）▬▬：技正，┉┉：技佐，──：技士，┈┈：属官・雇員。＊：満洲国消滅時（1945 年 8 月）に在官の者。各罫線下部の数字は異動の月／日を示す。？：異動時期不詳。早大：早稲田大学，東高工：東京高等工業学校，南満工専：南満洲工業専門学校，京大：京都帝国大学，東大：東京帝国大学，東工大：東京工業大学，神戸高工：神戸高等工業学校。卒業年は西暦年。

図1-4、図1-5）。

ところで、満鉄社員であった相賀兼介が満洲国政府の建築組織の主任となってその活動を主導し、また、相賀の下に中国東北地方での活動経験のある技術者が集められたことは、日本支配地における建築組織のつくり方として、満鉄の建築組織が、草創期に日本の植民地・台湾での活動経験を持った小野木孝治を総師として人材の確保に努めたのと同じ現象であり、日露戦争中における大連軍政署に前田松韻が雇われたり、関東州民政署に台湾総督府技師の山路魁太郎が異動したことと同様である。組織の設立とともに活動を始めなければならないという性格を帯びた組織にとって、個々人の活動経験が重要な意味を持ったのであり、支配地での活動経験は欠くことのできないものであった。満鉄や関東都督府の設立から四半世紀、台湾総督府の設立からは三五年の歳月を経て、満洲国政府の建築組織の設立は、支配地における建築組織設立の方法が確立したことを示している。

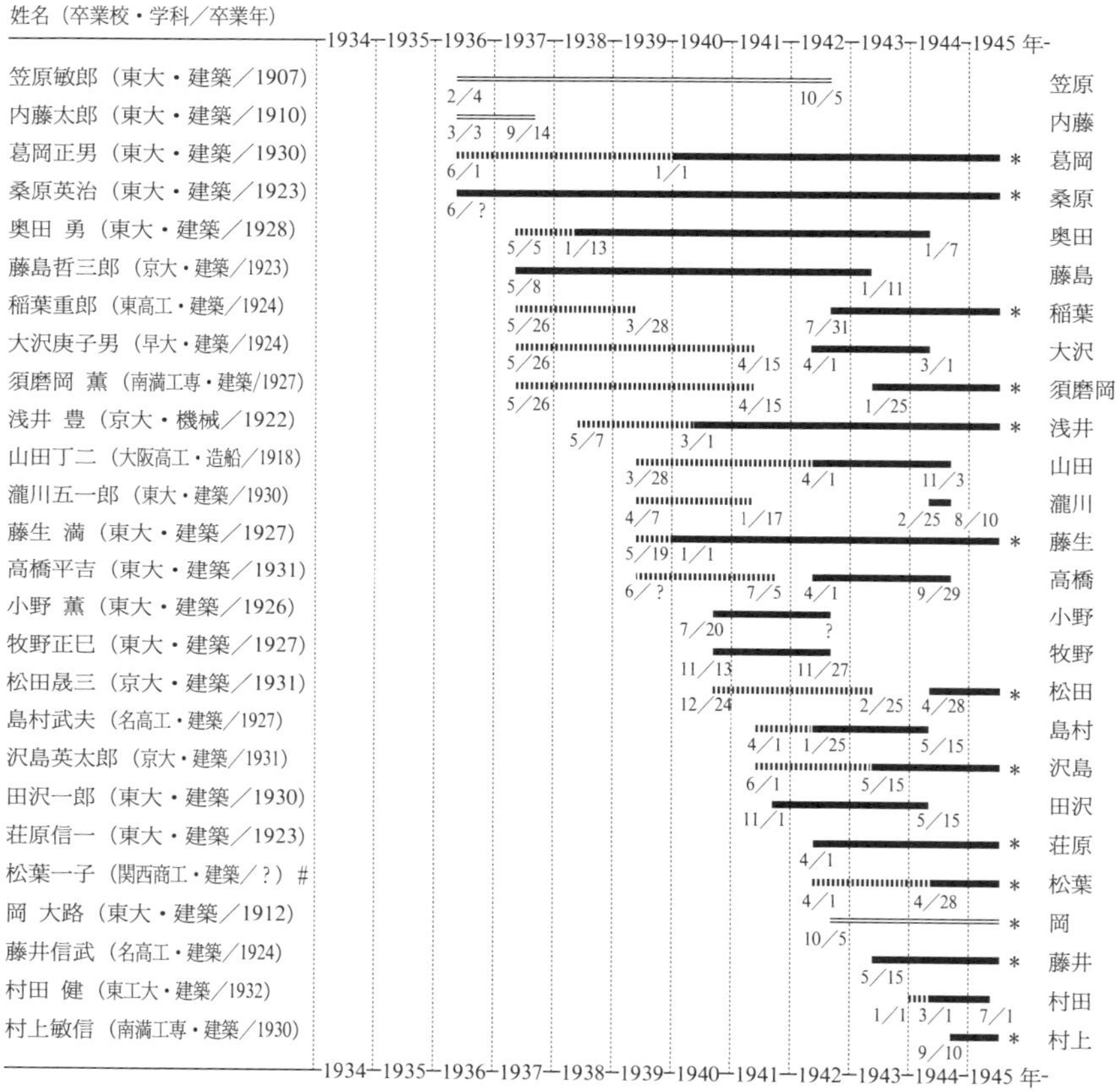

図 1-5　満洲国政府建築組織所属技正一覧（2）

出所）『（満洲国）政府公報』掲載の辞令，『満洲国官吏録』，『満洲紳士録』および葛岡正男氏・河野三男氏の証言をもとに西澤泰彦が作成。需用処営繕科，国都建設局建築科（1933 年 3 月まで），営繕需品局営繕処，建築局，交通部土建統制司所属の技正（兼任を含み，退任を前提とした技正就任者は除く）の中で 1936 年以後満洲国政府職員に任官した人物の在任期間を示した。各人の卒業生は『建築学会会員住所姓名録』や各大学・学校の卒業生名簿による。ただし # 印を付した松葉一子については関西商工学校の卒業生名簿（原簿）および同修了生名簿（原簿）に記載がない。

注）━━：技正，┅┅：技佐，══：技正の官名を持たない処長・局長。＊：満洲国消滅時（1945 年 8 月）在官者。各罫線下部の数字は異動の月／日を示す。？：異動時期不詳。東大：東京帝国大学，京大：京都帝国大学，東高工：東京高等工業学校，早大：早稲田大学，南満工専：南満洲工業専門学校，大阪高工：大阪高等工業学校，名高工：名古屋高等工業学校，関西商工：関西商工学校，東工大：東京工業大学。卒業年は西暦年。

三　支配の拠点としての官衙建築

台湾総督府をはじめ、東アジア地域における日本支配地での支配機関は、それぞれの支配行政を行うため、必要な施設を建設していった。例えば、それぞれの機関は庁舎を確保し、さらに地方庁舎、学校、病院というような住民が日常的に使用する建物や、博物館、図書館、公会堂といった文化施設を建設していった。このうち、いずれの支配機関も特に腐心したのは、自らが使う庁舎であった。最初の支配機関であった台湾総督府をはじめ、朝鮮総督府、関東都督府は、いずれも設立当初、既存の建物を庁舎に転用して使用していた。

図 1-6　台湾布政使司衙門の建物（1887 年竣工）を転用した最初の台湾総督府庁舎

台湾総督府庁舎

台湾総督府の場合、最初の庁舎は、清朝の役所である台湾布政使司衙門の建物（一八八七年竣工、図1-6）を転用したものであるが、その建物に入っていたのは、総督官房と民政部の中の総務、殖産、財務の各局のみであり、同じ民政部傘下の警察本署、通信、土木、臨時糖務局、土地調査局は、「木造仮建築」と称された別棟であった。(63) 台湾総督府官房文書課が一九〇八年一一月に発行した『台湾写真帖』では、この状況について「構内甚だ廣しと雖も行政事務官庁としては不便尠なからざるを以て現に新築の議あり」[64]と記し、旧台湾布政使司衙門の建物が庁舎としては不便であることを示している。旧台湾布政使司衙門も役所の庁舎であるので、台湾総督府庁舎としてまったく使うに耐えないことはないはずであるが、四合院形式を踏襲した平面・配置を持つ庁舎であったため、そのような建物に慣れ親しんでいない日本人は不便さを感じたとみえる。なお、「現に新築の議あり」と記しているのは、この時点（一九〇八年）ではすでに庁舎新築設計の懸賞募集が行われていることを表現したものである。これより先、『建築雑誌』一四六号（一八九九年二月）には「台湾の庁舎建築」と題して『時事新報』[65]の記事を引用するかたちで、次のように記している。

目下其筋にて内議中なる台湾公債六千万円の内其一部を割きて庁舎を建築せんとの計画に対して世間或は統治の効未だ現れず。臥薪嘗胆して経営せざる可らざるの今日に在り。庁舎を建築し徒ちに逸居を貪らんとするは不都合の沙汰にして決して緊急事態を認むべからず。現や公債まで起こして之を建築するの要あらんや。抔と非難するものなきにしもあらざるが、是れ一応尤もなる様に聞ゆれども其実殖民地の実際を知らず。又土人を統治するの策を知らざるものと評せざるを得ず。今庁舎建築が他事業と同じく何故に緊急を要すべきやと云えば概ね廟堂社宇か然らざれば土人の住居にも劣る程のみすぼらしき破屋なり。此内より如何に善政を布けばとて威容のみを標準とする頑民を服従すること能はざるべし。墨染の衣と破れ笠とに甘んずべき法の身に在る僧侶が雲を突く許りの大伽藍に住まわねばならぬ必要ありとすれば威圧一方のみの頑民を服従せしむるには更に威儀を飾る必要ありと云はざる可らず。然るに目今の総督府はと云えば独逸領事館の建物よりも劣り、地方庁の如きは商估若しくは一平人の家屋に劣れるもの多し。是れ彼等をして先づ侮蔑心を惹き越さしめ統治上種々の故障を生ずる所以なり。第二は土民の感情を和らぐる必要あり。何となれば前記の如く目下の庁舎と云えば多く廟社祠堂なるが為め無智の頑民若くは積年儒教主義に馴致したる人民は之を以て大に不快の念を抱き、果ては攘夷の行為として之を排斥し、其政令を奉ずるを潔とせざる威を抱かしむるに至れり斯る仔些細なる事故の為めに一般の感情を害するは統治上策の得たる者と云ふべからず。是れ即日今庁舎の建築を急務と称する所以なるが、尚ほ其外に内地より人材を誘導すると云ふ点よりして官舎を建築するの要あり。(66)

これは、台湾総督府の庁舎新築が、台湾総督府の台湾支配にとって緊急のものであるか否かを問いながら、その緊急性を否定している論調と、新庁舎が必要である論調を併記している。すなわち、庁舎新築を否定する論拠は、財政と統治（支配）実績の観点からは庁舎新築よりも前に統治（支配）のために行うべきことがある、ということである。それに対して庁舎新築を主張する論拠は、威容のある庁舎を建てることで台湾の現地人が服従するはずだ、というものであった。

この記事は、当時の台湾総督府の総督府庁舎や地方庁舎について多くのことを指摘している。一つは、当時の台湾総督府庁舎が、ドイツ領事館よりも劣り、地方庁舎も商人や庶民の建物より劣る、という庁舎建築の現状分析である。この場合の「劣る」とは、単に規模の大小ではなく、「威容」、すなわち建物が人々に与える印象を問題にしている。もう一つの指摘は、庁舎の多くを既存の廟社祠堂の転用でまかなっていることに対して、儒教を奉じる人々から反感が絶えないことである。そして、このような現状分析にもとづいて、庁舎を新築すべきであるという論拠を示している。

このような状況の中で、台湾総督府は一九〇七年五月二七日、総督府庁舎の新築設計を懸賞募集で進めるため、募集要項を公表し、新庁舎建設を明確にした。この懸賞募集（設計競技）は、日本において、全国規模で最初に開催された実施設計を伴う建築設計の懸賞募集であり(67)、募集規程と応募者心得は、『建築雑誌』に掲載された(68)。応募規程で注目されるのは次の四点である。

一点目は、応募資格の問題である。応募規程では、応募者を「帝国在住ノ者ニ限ル」として、外国在住者を排除する表現をしているが、これは、「日本帝国」内に住んでいる者ならば誰でも応募できることを意味しており、全国的な規模での募集であることを示している。

二点目は、募集と審査の方法である。第一次募集と第二次募集に分け、第一次募集の審査で選ばれた一〇人以内について第二次募集を行う、というものであった。今日、「二段階コンペ」と呼ばれる方法であり、比較的規模の大きな建物や公共建築の設計競技で使われる方法である。

三点目は、当選者数とその順位の問題である。第一次募集で一〇人以内を当選とし、第二次募集では当選者を三人以内としたが、二次募集当選者の順位について、応募規程には何も示されていない。ただし、甲乙丙それぞれの賞金に差をつけて、甲が一等当選であることを暗示させた。三者の賞金は、甲が三万円、乙が一万五千円、丙が五千円、であった。

四点目は、応募者心得の中で、「第二次ノ設計ハ直ニ工事施工ニ適用シ得ラル、モノナルヲ要ス」(69)として、第二次募集で提出された設計案が、そのまま施工されることを示したことである。すなわち、この設計競技は庁舎新築を前提としたものであることを示した。

これに従って、第一次募集は一九〇七年一一月三〇日に締め切られ、二八人の応募があった。この中から、七人が当選者となり、翌年一二月二五日締め切りの第二次募集に応募した。第二次募集の結果は、一九〇九年四月に公表され、甲の該当者なし、乙に当時日本銀行建築所技師であった長野宇平治の案、丙に大阪で辰野金吾と共同の建築事務所を主宰していた片岡安の案が選ばれた。

この結果に対して長野は、設計競技では応募案を比較して優劣を決めるべきであり、賞金の等級について基準を定めてそれに対する適否を決めるものではないとして、賞金最多額の甲賞に該当なしは不自然である、という主旨の上申書を台湾総督府に提出し、また、その上申書とそれに対する台湾総督府民政長官の返事などを『建築雑誌』に公表した(70)。長野の上申書に対して、台湾総督府民政長官は「再詮議の余地無」として長野の上申書を一蹴したが、設計競技のあり方として後世に至るまで話題になった。

実際の庁舎設計は、実質的な一位であった長野案（図1-7）をもとに、台湾総督府営繕課によって行われた。当時の台湾総督府営繕課には、課長の野村一郎をはじめ、技師として近藤十郎、中栄徹郎、森山松之助がおり、その中で森山松之助が長野案をもとに実施設計案の作成を担当したという説もあるが、定かでない。(71)

長野案と実際に新築された庁舎（図1-8）との決定的な差異は、正面中央に立つ塔屋の扱いである。長野案では、建物本体の三層分程度の高さの塔屋が軒の上に立ち上がっているが、実際の庁舎では、この塔屋が高くなり、頂部までの高さが地上六〇メートルにもなった。

庁舎新築事業は、一九一〇年度から五ヶ年度事業として工費二五〇万円が計上される予定であったが、実際には一九一一年から四ヶ年度計画で実施されることとなった。(72) しかし、工事初年度であった一九一一年は、台湾総督府内の工事組織を整え、工事現場での建築事務所や倉庫の設営、敷地の地質調査を行うために費やされ、工事のための地鎮祭が行われたのは一九一二年六月一日であった。(73) そして、台湾総督府庁舎が竣工したのは、一九一九年であった。台湾総督府が設立されてからすでに二三年が経過していた。

このように、既存建築物の改修によるいわゆる仮庁舎の時期を長年経た後にいわゆる本庁舎を新築するという現象は、台湾総督府の次にできた支配機関であった関東都督府でも同じであり、そして、朝鮮総督府でも同じであった。

関東都督府とその管轄下の庁舎

日露戦争の事後処理が終わり、関東州の支配機関として一九〇六年九月、旅順に設立された関東都督府は、帝政ロシアが関東州を租借していた時期に建てられたホテルを改修し、関東都督府庁舎（図1-9）として使っていた。関東都督府の場合、その庁舎が既存建物の転用であっただけでなく、関東都督府高等法院及地方法院は帝政ロシア軍の兵舎を改修して転用したものであった。この状況を『関東都督府施政誌』は、「諸官庁ノ庁舎宿舎ハ当初露治時代ノ

図 1-7　台湾総督府庁舎新築設計懸賞・長野宇平治案

図 1-8　1919 年に竣工した台湾総督府庁舎

廃残家屋又ハ在来ノ支那家屋ヲ以テ之ニ充当シタリ」と記して、既存建物の転用を示した。さらに、それらの改修について、「姑息ノ修理臨時ノ賃借等ニ依リ纔ニ一時ヲ糊塗シ」という急場しのぎの状態であった。[74] 一九〇七年一月に起工し、同年九月に竣工した関東都督府高等法院及地方法院（図1-10）の場合、煉瓦造平屋建であった帝政ロシア軍の兵舎にドリス式の円柱とペディメントを持つ玄関を加え、さらに二階を増築した建物であった。この工事では、付加した玄関には日本の山口県産の花崗岩が使われ、木材の多くは北海道産であった。[75] このことは、既存建物を利用するという状況においても、改修に要する建築材料を現地で調達することが困難であれば、日本国内から中国東北地方へ運ぶ必要があり、改修も容易ではなかったことを示している。

その後、関東都督府は一九一九年四月に、民政部と陸軍部が分離して、それぞれ関東庁と関東軍になり、さらに満洲国の成立に対応して、一九三二年には、関東軍司令官が関東長官と満洲国駐劄日本大使を兼ねた。そして、一九三四年には、関東庁が廃止され、在満洲国日本大使館に関東局が置かれ、その下で関東州の行政を担当する関東州庁が旅順に設けられた。

そのような改組のなかで、庁舎の新築は、関東都督府、関東庁の時期には行われず、関東局と関東州庁になってからそれぞれの庁舎が新築された。このうち、関東州庁は、一九三七年、旅順から大連に移転し、それにあわせて庁舎を当時の大連・長者町広場に新築した。関東都督府の設立から三一年が経過していた。

新築された関東州庁庁舎（図1-11）は、鉄筋コンクリート造地上四階建で、延床面積約二、六五五坪（約八、七六三平方メートル）という建物であった。[76] 正面中央に車寄せのついた正面玄関をとる左右対称の正面のつくり方は、当時の日本国内のみならず日本支配地における官衙建築の典型的な外観と共通するが、多くの官衙建築が、バロック建築の正面の作り方に依拠して、正面中央だけでなく左右両端にも出入口を設け、ペディメントを付したり、手前に張り出すなどして両端部分も強調される外観であるのに対して、関東州庁庁舎では、全長一二四メートルにもおよぶ長大な正面にもかかわらず、両端部の正面側に出入口がなく、また、両端部が手前に張り出すこともない。また、正面中

図 1-9　帝政ロシア時代のホテルを改修した関東都督府庁舎

図 1-10　帝政ロシア軍の兵舎を増改築した関東都督府高等法院及地方法院

図 1-11　1937 年竣工の関東州庁庁舎

央に車寄せを設け、その後方に二層を貫くジャイアント・オーダーを付けているのは官衙建築の典型的な手法ではあるが、この時期の多くの官衙建築が正面中央に塔屋を立てているのに対して、この関東州庁庁舎にはそのような塔屋がない。さらに、この庁舎の平面（図1-12）を見ると、一階・二階は中央後方に食堂や正庁が突き出しているものの、三階・四階には突き出た部分はなく、南側に諸室をとり、北側には東西に廊下が延びるという「片廊下」形式の

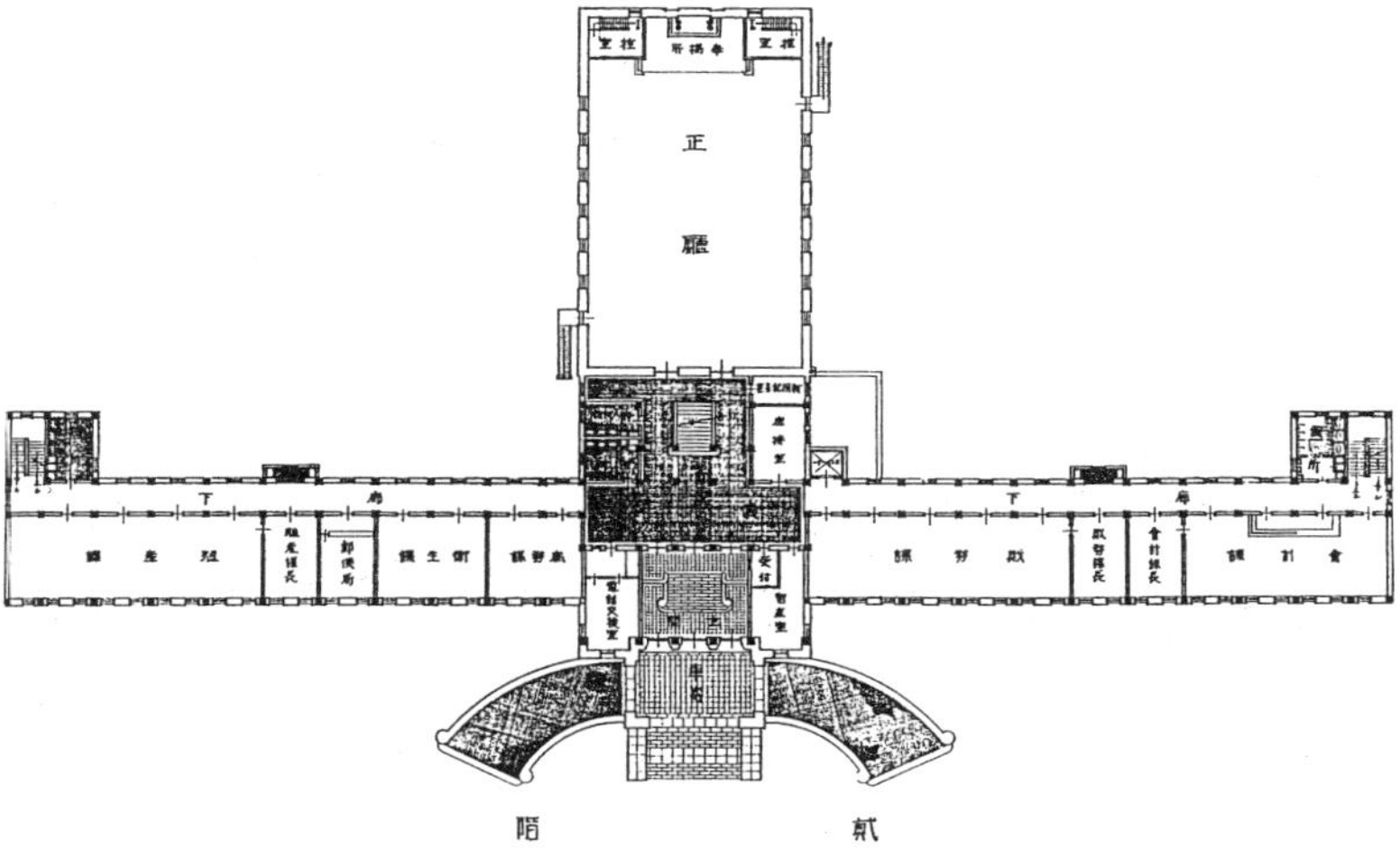

図 1-12　関東州庁庁舎平面図

平面であり、そのため、建物の間口に対して奥行きが極端に小さい建物となっている。これは、当時の官衙建築によく見られる中庭を建物が取り囲むようにした口の字型、日の字型の平面とは大きく異なる平面であることがわかる。これは、敷地に余裕があり、あえて、平面形状は中庭を取り囲むような口の字型や日の字型にする必然性がないためであると考えられる。

ところで、関東都督府庁舎が新築されることなく過ぎたのに対して、関東州支配の拠点であった大連では、その行政を担当した大連民政署の庁舎（図1-13）が、関東都督府設立から一年半後の一九〇八年三月に竣工している。この庁舎は、後に大連の中心となるべく計画された大広場と呼ばれる円形広場に面して最初に新築された建物であり、かつ、大連において最初に新築された主要な官衙建築であった[77]。

関東都督府庁舎が新築されず、また、同じ民政署庁舎であっても、旅順民政署は既存建物を改修して使用していたことに比べると、大連民政署庁舎が関東都督府の中で特別な扱いを受けていたことがわかる。それを具体的に示す資料はないが、その背景として次のことが指摘できる。一つは大連においては、関東都督府管理下の建物の中で転用可能な建物がなかったことである。大連は旅順と異なり、帝政ロシアの支配下になった一八九八年以降に都

図 **1-13**　1908 年竣工の大連民政署庁舎

市建設が開始されたが、その建設主体は、東清鉄道であった。したがって、旧ダーリニー市役所を兼ねた東清鉄道大連支店の建物や後に図書館となる東清鉄道汽船会社の建物など大連民政署として十分に使えるという建物は多々あったが、日露戦争後の満鉄設立に当たってそれらの多くの建物は、満鉄に対して日本政府が出資した資産の中に組み込まれており[78]、関東都督府が官衙として使用できる建物は皆無であった。二つ目の理由としては、大連の市街地建設の過程において必要不可欠な建物として扱われたことである。大連民政署庁舎が建てられた敷地は、後に大連の中心市街地となる円形広場に面した一〇街区のうちの一つであった。しかも、その一〇街区に最初に建てられた建物が大連民政署庁舎であった。

大連民政署庁舎は煉瓦造二階建で、平面は扇形の敷地に合わせて後方に開くように翼部が設計されている。外観は、全体としてゴシック様式であり、正面の構成は、中央に時計塔を立て、両翼を手前に突き出して大きな破風を立ち上げて強調し、左右対称の正面としている。設計を担当したのは、関東都督府技師であった前田松韻である。前田は、この庁舎が起工してから三ヶ月後の一九〇七年一〇月には、東京高等工業学校建築学科の教授に就任すべく帰国したため、監理は関東都督府技手であった小山鹿太郎に引き継がれた。

前田松韻は、帰国直後の一九〇七年一二月一六日、建築学会主催の講演会において、自分が起草に参加した大連市家屋建築取締仮規則や当時の大連の建築に関する状況を語っているが、この大連民政署庁舎については何も語っていない。また、建築学会の機関誌『建築雑誌』は、一九〇九年四月に発行された二六八号において「大連民政署工事説明書」[79]と題した写真と平面図入りの竣工記事を掲載したが、その記事では、敷地の状況を記して建築物が大連にとって重要な存在であることを示唆し、建築物の規模や構造、材料、設計・監理、施工に関わった人物や組織というような、建築物そのものの概要を示す記述はあるものの、建築物に対する評論は一切記されていなかった。

したがって、この建物が竣工当時に建築関係者からどのような評価を受けていたかは不明である。ただし、一つだけ指摘できる点は、当時の『建築雑誌』が写真を添えて竣工を報じた数少ない海外の建築物であることである。特に、日露戦争後の一〇年間は、大連をはじめとした関東州や満鉄沿線で日本人の建築活動が活発化した時期であるが、『建築雑誌』が写真を添えて竣工を報じた建築物は、大連民政署庁舎の他には、前出の関東都督府高等法院及地方法院、満鉄近江町社宅（一九〇八年竣工）と奉天駅（一九一〇年竣工）だけであった。日本国内で発行された雑誌に掲載されたということ自体が、他の建築物に比べて話題性を持っていた建築物であったという推測は成り立つであろう。また、建築学会が創立五〇年を記念して刊行した建築写真集である『明治大正建築写真聚覧』（建築学会、一九三六年）には、明治時代から大正時代にかけて新築された二四六件の建物が収録されているが、大連民政署庁舎はその中に収められている。この写真集の掲載基準は、その時代を代表すること、社会的に著名なこと、建築的に特徴のあること、建築界に由緒深いこと、広く設計者を網羅することの五点である。大連民政署庁舎がこのいずれかに該当したために掲載されたのであるが、それは、この建物が、これらの観点から評価されていたことを示す事実である。

一方、設計を担当した前田は、建物の起工から三五年後の一九四二年、中国東北地方を旅行し、その感想を「満洲行雑記」という題の文章に記し、その中で当時を回顧しながら、この大連民政署庁舎の外観についてはじめて語った。それによれば、ハンブルクをはじめとした欧州各地の市庁舎には正面中央に塔が立っていることを参考に、前田は、大連民政署庁舎の正面中央に時計塔を立てたとしている。その中で前田は、次のように記した。

今の大連大広場は一面の原野で、此れに大連民政署（今の警察署）の建造は関屋貞氏（関屋貞三郎のこと、西澤注）の発案と何でも甚だ巧みな説明で予算を作られたことを聞いた。関屋貞氏は立派なるものを造る意向であったが中央の塔だけは不賛成であった。一日馬車に同乗して、老虎灘の何処かに出張したとき、前年学校の講義の其の侭に「ハンブルク」のタウンホール、ガン、ベルジャーム其の他の市役所等の例をひいて、塔のことと市の体面のことを談したが、関屋貞氏は民政署は法律的にはタウンホールで無い。故に其の例にならぬとのことであった。石塚氏（関東都督府民政長官を務めていた石塚英蔵のこと、西澤注）、関屋氏、臘山氏其の他は法科の銀時計組か特待生と聞いたが、どうもヒドイと思って居たが、「君好くやり給え」と後にアッサリ言われて、大いに嬉しかった子供の様なことを記憶する。(80)

前田は、この文において、大連民政署庁舎の設計について、三点のことを指摘している。一つは建物新築のための予算確保のこと、二つ目は前田がハンブルクなど欧州のタウンホールや市役所の建物を参考に設計したこと、三つ目は前田の作成した設計案について大連民政署長が塔を建てることに反対したこと、である。

一点目について、前田が記した「満洲行雑記」の記述が正確ならば、当時、大連民政署長を務めていた関屋貞三郎が庁舎新築の予算を確保したとしている。すなわち、関東都督府民政部の幹部の間において、庁舎新築の必要性が認識されていたことを示している。

二点目について、前田が欧州の市役所を参考にしたのは、彼が受けた大学での授業の中でこれらの建物が紹介されていたためであり、市庁舎と民政署庁舎を同様の建物であると認識していたためである。これに対して大連民政署長であった関屋貞三郎がタウンホールや市役所と民政署との違いを法律家らしく制度論から説明して、塔の新築を認めなかったことが三点目の指摘である。

これら三点の指摘の中で前田が特に力説したのは二点目と三点目の問題であった。設計案をつくった前田に対して大連民政署長であった関屋貞三郎が、中央の時計塔だけは認めないと主張し、それに対して前田が、ドイツ・ハンブルクのタウンホール（Rathaus, 市庁舎）などの例を示して反論したにもかかわらず、関屋が法律論・制度論を背景に民政署がタウンホールでないことを説明して、時計塔を認めなかったことである。すなわち、建築の技師であり技官（技術者）であった前田は、行政の庁舎として大連民政署庁舎を認識し、それを欧州の著名な市庁舎庁舎を参考に設計したのに対して、事務官（官僚）であった関屋は、その専門である法律論・制度論に依拠して大連民政署という組織の性格を認識し、それに合わせた庁舎を要求したのであった。

ところで、ここで前田があげた事例は、ハンブルクと、ガン（ヘント）をはじめとするベルギーの各地の市庁舎である。原文中の「ベルジャーム」は、都市名ではなく、Belgium のことであるが、「ガン、ベルジャーム其の他の市役所」とは、「ガンやベルギーのそれ以外の市役所」と解釈するのが妥当であろう。ベルギーで著名な市庁舎としては、首都ブリュッセルの市役所（一四五五年竣工）と港町であるアントワープの市庁舎（一五六六年竣工）があげられる。いずれも庁舎正面中央に時計塔がある。なお、ガン（ヘント）市庁舎には時計塔はなく、これはガン（ヘント）市庁舎と道を隔てて建っている時計塔を持つギルドホール（The Belfort, 一三〜一四世紀に建設）の誤りであると考えられる。[81] 一方、ハンブルク市庁舎（図1-14）は、設計競技を行って設計案を決めたことで著名であり、建物の竣工が一八九七年であることから、当時は最新の市庁舎であった。

このような建物に関する知識を持っていた前田にとって、関屋が指摘するタウンホールと民政署の法律上・制度上の差異は大きな問題ではなく、市街地の中心地に建てる官衙として、どのような様式・意匠・形態がふさわしいかを熟慮の結果、ハンブルク市庁舎と同様に正面中央に塔を立てた。

図 1-14　前田松韻が大連民政署庁舎の設計で参考にしたハンブルク市庁舎

しかし、前田はこれらの事例に示した建築物を実際に見ているわけではなく、彼が受けた東京帝国大学建築学科の授業で得た知識をもとに、大連民政署長である関屋に時計塔の必要性を説明したのである。いわば、前田の持っていた情報は実に限定的であり断片的であった。したがって、その限定的、断片的な情報による設計であったが故に、実際に建てられた大連民政署庁舎と、前田が時計塔の事例にあげた建物を比較したとき、類似性だけでなく、相違点も多々ある。

例えば、建物正面を比較すると、階数や高さは異なるが、左右対称で正面中央に高い塔を立てることは、大連民政署庁舎とハンブルクやブリュッセルの市庁舎では共通している。さらに、大連民政署庁舎の正面は、ただ単に中央に時計塔を立ち上げただけでなく、両翼を手前に突き出し、その部分には妻を見せて強調している。この方法は、ハンブルク市庁舎の正面構成に類似している。ハンブルクの市庁舎では、両翼の軒に破風を立ち上げて強調している。

一方、前田の持っていた情報がいかに断片的であったかは、大連民政署と他の事例とを比較すればわかりやすい。

一つは、関屋貞三郎が指摘するように、前田が建物の用途について正確な情報を得ていなかったことである。関屋の指摘は、民政署がヨーロッパの市役所とは違うことを法的に指摘したものだが、それは、建築物の用途としても違うことを前田は認識していなかった。すなわち、ヨーロッパの市役所は、中世から近世にかけて、都市に居住した商工業者が中心となって封建領主から自治を獲得していく中でつくられた行政組織であり、その庁舎には必ず都市について市民の代表者が話し合う場、すなわちホールが設けられている。そして、市役所は、市民の力によって成立した組織であるので、その庁舎も市民にとって象徴的な存在であり、それ故に建物正面中央に時計塔を建てることが行われたのである。しかし、民政署はそのような市民によって作られた行政組織ではなく、日本による関東州支配のための一つの機関である。したがって、民政署には市民の代表者が集まって議論する場を設ける必要はなく、また、時計塔を立てる必然性もないのである。結局、前田が時計塔の建設に固執したのは、大連民政署が後に大連市街の中心地となると目された大広場に面して立つ官衙建築であり、それを拠り所に、ヨーロッパ各地で広場に面して建てられている市庁舎にヒントを得て、時計塔の建設に固執したと考えられよう。

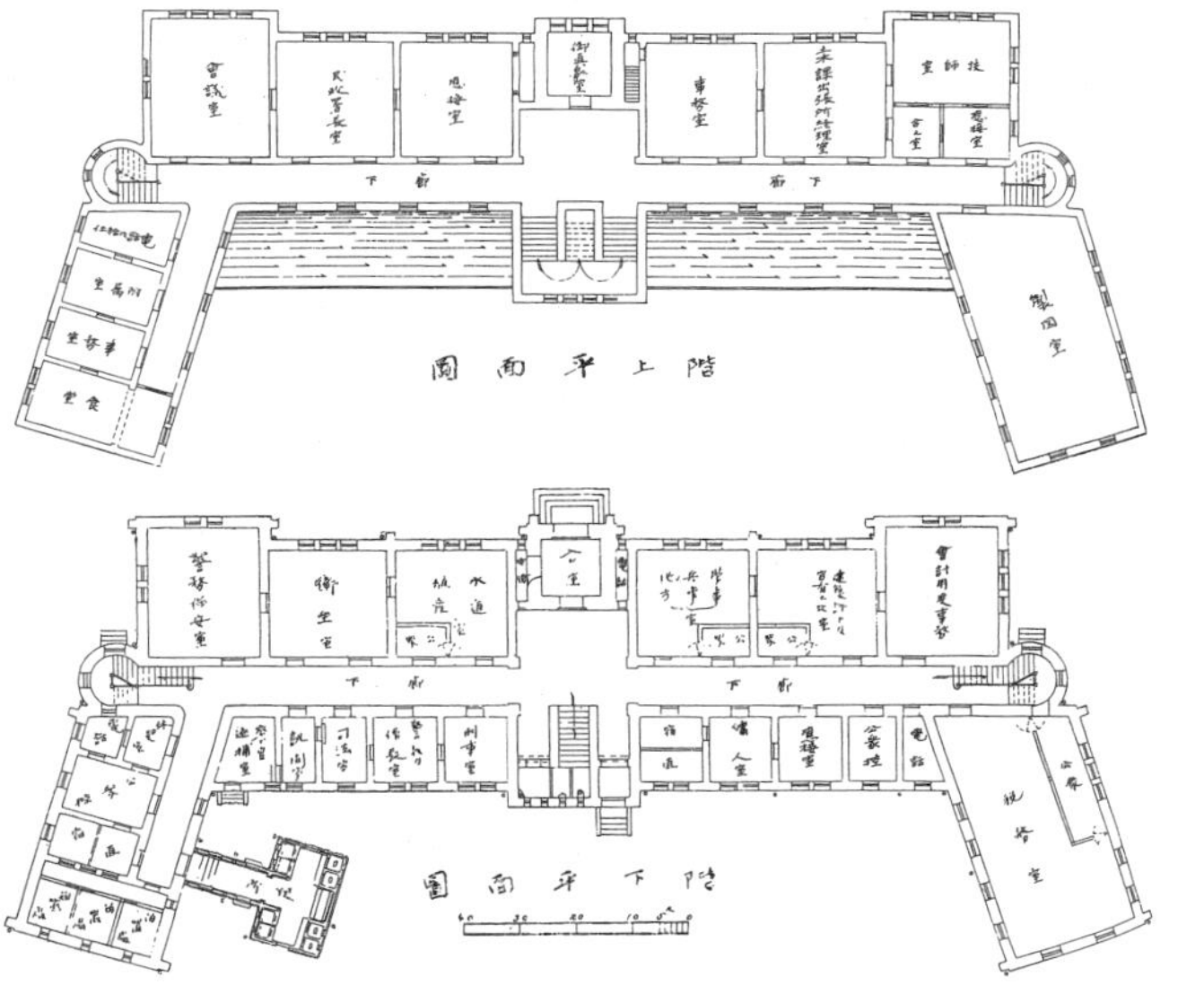

図 1-15　大連民政署庁舎の平面図

用途に連動して、建築物の平面（図1-15）を見ると、この敷地が円形広場に面した扇形の敷地であることから、建築物の平面もその敷地形状に合わせて、両翼が後方に広がりながら延びる平面形状とした。民政署は行政機関であるから、住民がさまざまな手続きに訪れる場所であり、それに対応して、一階にはそのような住民の諸手続きなどに必要な建築許可、学事、水道、といった窓口と来庁者の控え（待合）室があった。しかし、民政署は、ヨーロッパ各地の市役所ではないから、当然、「ホール」すなわち、議場はない。また、行政機関の責任者の部屋というのは、二階正面中央に設けられるものだが、大連民政署庁舎では、民政署長の部屋は、正面向かって右側に設けられている。これは、正面中央二階の部屋が御真影を飾る部屋として使われたためである。

一方、建築様式・意匠について考えてみると、前田が関屋に対して事例として示した市庁舎のうち、ハンブルク市庁舎はバロック様式を基調としたネオ・バロックと称される建築様式であるのに対して、大連民政署庁舎は、ゴシック様式の一つで、イギリスのゴシック様式であるチューダー・ゴシック様式を基調とした建築様式になっている。前田が大連民政署庁舎の建築様式をゴシック様式で設計した理由は不明であるが、竣工を報じた『建築雑誌』の「大連民政署新築工事説明書」に建築様式・意匠に関する記述がないのは、設計者の前田に大連民政署庁舎の建築様式に対する関心が低かったことの現れであろう。

朝鮮総督府庁舎

朝鮮総督府の場合、その庁舎が新築竣工したのは一九二六年であり、一九一〇年の朝鮮総督府設立から一六年後であった。朝鮮総督府が設立されたとき、前身組織であった統監府の庁舎を母体としながら、その周囲に増築して、庁舎とした。それでも入りきらない部署は、既存の建物を利用したり、韓国政府の建物を増築して使った。結局、朝鮮総督府庁舎は、京城（ソウル）市内の三ヶ所に分散していた[82]。この状態は、設立直後の台湾総督府庁舎と同様であり、岩井長三郎は、「仮庁舎の不便は到底永くは忍ばるべきものではありません[83]」と評した。したがって、朝鮮総督府設立の翌年であった一九一一年度予算の要求では、庁舎の新築費用として一八〇万円が要求された。しかし、この予算要求は、敷地を決めずに要求したものであり、仮庁舎の不便さ解消に立脚してはいるものの、予算要求としては無理があったため認められなかった。翌年、朝鮮王朝の王宮であった景福宮が朝鮮総督府の管理下におかれることとなり、この景福宮の中に敷地を設定して、とりあえず一九一二年度予算に調査費が計上された。さらに、設計顧問として、当時、東京に在住していたドイツ人建築家デ・ラランデを招いた。デ・ラランデの招聘については、当時の朝鮮総督寺内正毅とデ・ラランデの個人的な関係によるものとされているが、一九一四年、基本設計ができる前にデ・

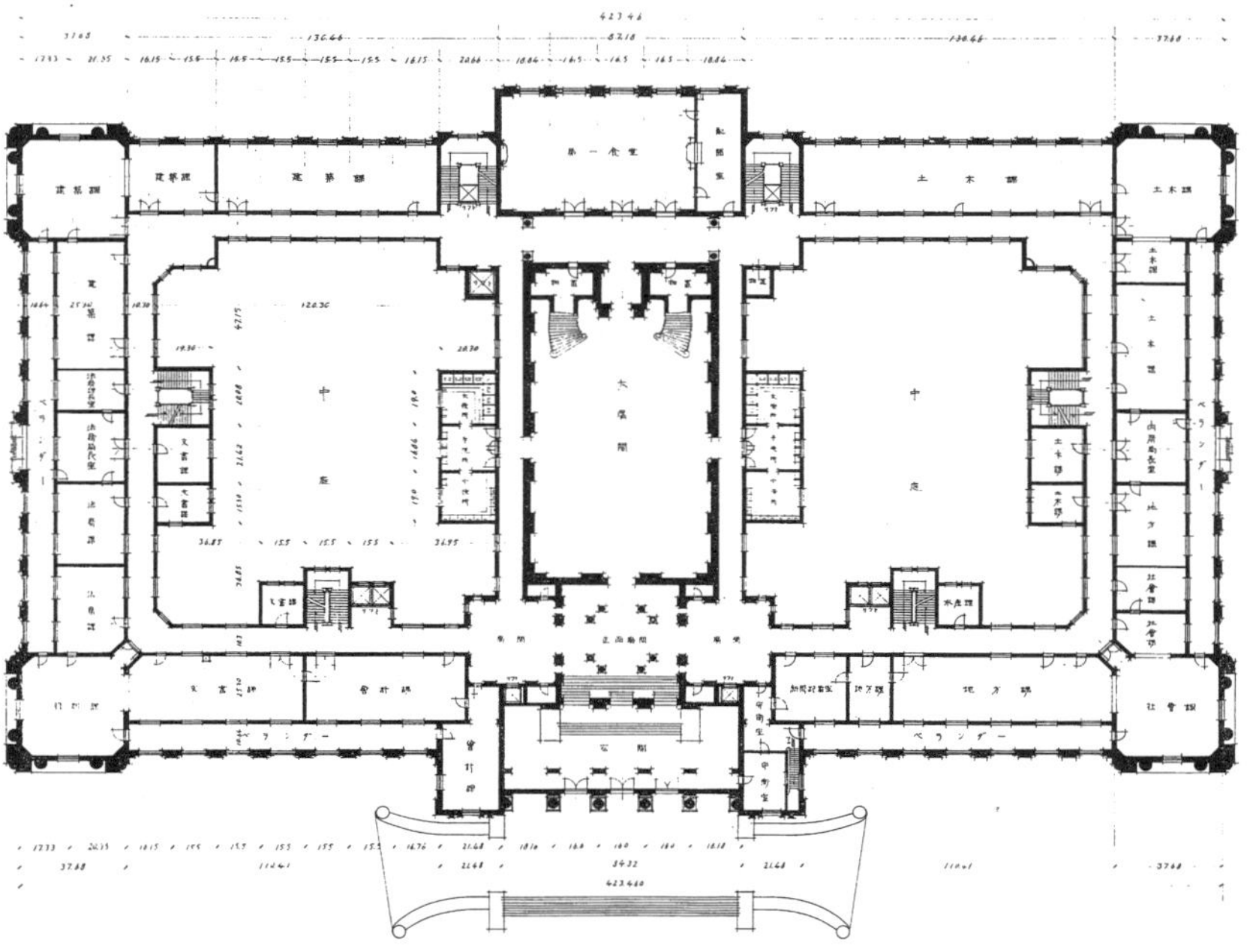

図 1-16　朝鮮総督府庁舎平面図

ラランデは死去した。[84] そのため、朝鮮総督府としては、デ・ラランデの後任として、当時、新築工事中であった台湾総督府庁舎の実施設計においてその責任者であった台湾総督府営繕課長の野村一郎に設計顧問を委嘱し、基本設計を託した。野村は台湾総督府営繕課を退職したばかりであった。その結果、一九一四年度末には基本設計が完成し、一九一六年度から一九二三年度までの継続予算として庁舎新築の予算が認められた。[85]

このような紆余曲折の中でできあがった庁舎の新築案は、鉄筋コンクリート造五階建、延床面積九、六〇四坪（約三一、六九三平方メートル）、建物の外形は間口七一間余（約一二九メートル）、奥行三九間（約七九メートル）、地上から塔の頂部まで一八〇尺（五四・五メートル）という巨大な庁舎であった。平面（図1-16）は、中庭に面した片廊下の外側に諸室が並び、正面中央の玄関から奥に大きなホールを設けて中庭を二分したいわゆる「日」の字を倒した型の平面である。この平面形式は、規模は小さいが、当時、日本国内の官衙建築にもよく見られるもので、石川県庁舎（一九二四年竣工）や神奈川県庁舎（一九二八年竣工）はその典型である。[86]

建築工事は、一九一六年六月二五日に地鎮祭を行って基礎工事にとりかかり、大林組が工事を請け負って一九一七年三月三一日に基礎工事が完了した。その後、一九一七年六月からは清水組の請け負いによって、建物本体の工事が開始された。ところが、第一次世界大戦の影響を受けて材料費と人件費が高騰したため、朝鮮総督府は、一九一九年度から工事を一式請負方式から朝鮮総督府の直営とし、また、政府の財政緊縮方針によって工期を一九二六年度まで三年間延長して対応、その結果、一九二六年一〇月一日、落成した。[87]この間、原因ははっきりしないが、中央の塔屋の外観と屋根は、設計変更されている。基礎工事が終了し、本体工事にとりかかる前の一九一八年九月に発行された『建築雑誌』に掲載された「朝鮮総督府新築設計概要」に示された塔屋（図1-17）は、正方形平面の塔屋で、開口部に建具がない吹き放しの塔屋となっており、その上に角型ドームの屋根がのっている。[88]しかし、実際に竣工した庁舎の塔屋は、四隅の柱に内接した円形平面であり、開口部に窓をはめて塔屋内部に部屋をつくり、屋根は円形平面のドームである。

このようにして完成した朝鮮総督府庁舎（図1-18）は、様式・意匠、構造・材料、平面と機能および配置について、それぞれ大きな問題を内包していた。

まず、建築様式・意匠の点から見ると、支配の象徴的な存在である総督府庁舎の様式の基本を台湾総督府庁舎とは異なる「近世復興式」と呼ばれたネオ・バロック様式としたことである。台湾総督府庁舎の建築様式は、朝鮮総督府と同様に正面中央に塔を立ててはいるものの、全体として、赤煉瓦の壁体を地として、白色の石材を開口部や柱などの要所に配して図とした「辰野式」と称されるもので、世界的には一九世紀後半のイギリスで流行したクィーン・アン様式の一部に位置付けられる建築様式である。それに対して朝鮮総督府庁舎の建築様式は、『朝鮮総督府庁舎新営誌』に「近世復興式」と記されている。この「近世復興式」とは、ネオ・バロック様式を基調として、形態や装飾を

図 1-17　朝鮮総督府庁舎設計案（1918 年）

図 1-18　1926 年竣工の朝鮮総督府庁舎

簡略化したものであるが、ネオ・バロック様式の基本である左右対称で中央に塔を立てることや、両端にペディメント（セグメント）を付けて強調することは、「近世復興式」においても簡略化されずに行われる。朝鮮総督府庁舎の場合、正面の構成を考えると、左右両方にのびる翼部と玄関部分の規模に大差なく、さらに両端を比較的小さくしていることが、本来のネオ・バロック建築とは大きく異なることである。

一方、建築構造・材料の面から見ると、主体構造を何にするか、という大きな問題に対して朝鮮総督府営繕課の技師たちが議論したことが、竣工時の建築課長である岩井長三郎の文章「新庁舎の計画について」からうかがえる。[89] すなわち、岩井の説明によれば、材料費と職人の確保のことを考えると廉価な煉瓦を用い、たくさんの職人が確保可能な煉瓦造が適しているということになるが、五階建ての庁舎を煉瓦造で建てると、最下層の壁厚は三尺（九〇センチ）以上になり、壁の自重が極度に大きくなって、それを地面が支えられなくなる可能性があり、煉瓦造は無理であるという結論に至っている。他方、実際に採用された鉄筋コンクリート造の場合でも、建物全体を地表面で支えることは難しかったため、基礎に長さ一五尺（約四・五メートル）から二六尺（約七・九メートル）の松杭を打ち、下層の地盤で建物を支える基礎とした。建物本体は、鉄筋コンクリート造となったが、今日の鉄筋コンクリート造とは異なり、「カーン式」と呼ばれた鉄筋コンクリート造であった。カーン式鉄筋コンクリートは、一九一〇年代から関東大震災まで日本国内で流行した一つの鉄筋コンクリートの形式であるが、関東大震災でこれを用いた鉄筋コンクリート造の建物に大きな被害が生じたことから、その後はほとんど用いられなくなった。朝鮮総督府庁舎の実施設計を行っていた一九一四年から一九一五年にかけて、このカーン式鉄筋コンクリートは、日本国内では流行の真っ只中であり、朝鮮総督府庁舎にこの方式が用いられたのは、当時としてよく用いられた鉄筋コンクリート造の形式であったためであると考えられる。ただし、「カーン式」コンクリートがこれほど大きな建物に用いられた事例は少ない。[90]

材料について問題となったのは、それをどこから調達するかということである。工事に事務官として関係した朝鮮総督府建築課庶務係主任の佐藤良治は「新庁舎の直営経理に就いて」という文章で「材料蒐集の方針」という項目を立て、材料収集の方針を記している。[91] そこで強調されたのは、「使用材料は出来る丈朝鮮の産品を使用した」ということであった。特に石材は、朝鮮半島で良質の花崗岩や大理石が産出するので、それらは直営工事として採取された。外壁に使われた花崗岩は、ソウル・東大門外で産出するものを主として用い、[92] 内装に使われた大理石は、朝鮮半島各地から集められた。[93] 庁舎中央に設けられた「大広間」と称する巨大なホールの床（図1-19）は、そのようにして採取された大理石をふんだんに用いてつくったモザイクである。このように朝鮮の産品を積極的に使用することは、この後、一九三六年に竣工した日本の国会議事堂において「議院建築にはなんとしても国産大理石を使って、外国品に負けないいだけの立派なものを造り上げたい[94]」という意識の下で大理石だけでなく、他の建築材料をもなるべく国産品としようとした意識と同じであったものと考えられる。

さて、朝鮮総督府庁舎の機能と平面について、日本国内の政府庁舎や地方庁舎と大きく異なったことが三点ある。一つ目は、天皇が来庁することを想定して玉座が設けられたこと。二つ目は、議場の有無であり、三つ目はベランダを設けたことである。

玉座は、庁舎の三階奥に設けられた大会議室に置かれた（図1-20）。これは、朝鮮総督府という機関が、植民地である朝鮮を一元的に支配する機関として設立され、その責任者である朝鮮総督は、天皇に直属し、実質的な天皇の代理者として天皇から親しく任じられた官職（親任官）をもって朝鮮を統治したためである。すなわち、天皇が自分の代理者である朝鮮総督の統治ぶりを視察することが想定され、また、日本において国政の重要事項を決定する際にしばしば開かれた御前会議の如く、朝鮮総督府においても天皇臨席の場で会議を開くことが想定された。したがって、朝鮮総督府庁舎内に玉座を用意する必要が生じたのである。

一方、戦前の地方庁舎には必ず正庁と呼ばれた部屋が、建物正面に面する上階に置かれた。地方庁の首長が職員に訓示を行うなど、役所における儀式の場であった。また、正庁には御真影と呼ばれた天皇の写真を飾る場所を設けていた。ところが、朝鮮総督府庁舎では、本来なら正庁が置かれるべき正面中央の上階には、総督の執務室（総督室）

図 1-20　朝鮮総督府庁舎大会議室の玉座

図 1-19　大理石をふんだんに使った朝鮮総督府庁舎「大広間」

図 1-21　旧朝鮮総督府庁舎ドーム下の天窓にはめ込まれたステンドグラス

が置かれた。総督は天皇の代理者として朝鮮半島に君臨するため、かつての朝鮮王、韓国皇帝と同様に「天子南面す」という状態で、日々、街を見ることのできる場所で執務する必要があった。そのため、総督室は庁舎正面三階中央に置かれた。総督室の入口前はドームの下にあたり、そのドームの天井は装飾の少ないステンドグラスがはめ込まれた天窓となって、採光を確保していた（図1-21）。また、大会議室に玉座が設けられたため、御真影は玉座に置かれた。したがって、大会議室が実質的な正庁となった。

議場の有無について、朝鮮総督府庁舎と類似した平面形態を持つ日本国内の地方庁舎が議場を有しているのに対して、朝鮮総督府庁舎には議場がない。日本の地方庁舎では、日の字を寝かした平面やその背面を略した山の字型平面の場合、正面中央の玄関を入った奥の棟、すなわち中庭を二分している棟に議場が設けられることが多い。しかし、日本の植民地となった朝鮮では、朝鮮総督に立法権が与えられており、独自の議会がないため、その庁舎に議場は不要であり、その場所には面積二〇〇坪（約六六〇平方メートル）、天井高一七メートルもある巨大なホールを置いて、さまざまな式典の会場とした。

ベランダの設置について見れば、朝鮮総督府庁舎には、東・南・西側の二階から四階に幅九尺（約二・七メートル）の「ベランダ」が設けられている。これは、形態的には、いわゆる「ベランダ・コロニアル建築」に見られるベランダではなく、[95]ネオ・バロック建築に見られるロッジアを「ベランダ」と称したものである。しかし、その機能は、「防暑装置」と称せられ、「夏期日光の室内への斜入を避ける為め[96]」に設けられたので、機能の上では、「ベランダ・コロニアル建築」に見られるベランダと似ている。一九二〇年代から一九三〇年代に建てられた日本の政府庁舎や地方庁舎でベランダやロッジアを持った庁舎はなく、この点は大きく異なっていた。

そして、朝鮮総督府庁舎建設において、物議をかもしたことの一つにその配置とそれによって生じた問題があった。庁舎の配置は、かつての朝鮮王朝の宮殿であった景福宮の中の、正門である光化門と国王が政治を取り仕切った勤政殿の間に割って入る格好となった。したがって、王宮の正殿である勤政殿は、朝鮮総督府庁舎によって隠されるようになり、光化門は撤去されることとなった。また、この庁舎建設に伴って、康寧殿と交泰殿という二棟の宮殿建築が昌徳宮に移築された。

このような景福宮を破壊するような配置について、日本人からも批判が上がった。評論家柳宗悦は、「失われんとする一朝鮮建築の為に」という文章を雑誌『改造』に発表し[97]、その中で彼は、取り壊し予定であった光化門の保存を訴える素振りを示しながら、次のように述べて、朝鮮総督府庁舎建設を批判した。

　将に行はれようとしている東洋建築の無益な破壊に対して、私は今胸を絞られる思ひを感じている。朝鮮の主府京城に景福宮を訪ねられた事のない方々には、その王宮の正門であるあの壮大な光化門が取り壊される事に就て、恐らく何等の神経をも動かすことがないかもしれぬ。然し私は凡ての読者が東洋を愛し芸術を愛する心の所有者である事を信じたい。たとへ朝鮮と云ふ事が直接の注意を読者に促さないとしても、漸次湮滅してゆく東洋の古芸術の為に此一篇を読まれる事を希ふのである。之は失はれてならぬ一つの芸術の、失われんとする運命に対する追惜の文字である。そうして特にその著者である民族が、目前にその破壊を余儀なくされている事に対する私の淋しい感情の披瀝である。

然し尚此題目が活々と読者に形ある姿を想ひ浮かばす事が出来ないなら、どうか次の様に想像して頂こう。假りに今朝鮮が勃興し日本が衰頽し、遂に朝鮮に併合させられ、宮城が廃墟となり、代つてその位置に厖大な洋風な日本総督府の建築が建てられ、あの碧の堀を越えて遙かに仰がれた白壁の江戸城が毀される光景を想像して下さい。否、もう鑿の音を聞く日が迫ってきたと強く想像してみて下さい。私はあの江戸を記念すべき日本固有の建築の死を悼まずにはをられない。それをもう無用なものだと思ってくださるな。実際美に於てより優れたものを今日の人は建てることが出来ないではないか。（あゝ、私は亡びゆく国の苦痛に就てこゝに新しく語る必要はないであらう。）必ずや日本の凡ての者は此無謀な所置に憤りを感じるに違ひない。然し同じ事が現に京城に於て、強いられてゐる沈黙の中に起らうとしてゐる。（中略）

まだ世は矛盾の時代だ。門の前に佇んで仰ぎ見る時、誰もその威力ある美を否み得るものはないのだ。併し、今お前を死から救はふとする者は反逆の罪に問われるのだ。お前を熟知してゐる者は、発言の自由をえたいのだ。然しお前を産んだ民族の間に於ては、不幸は伴わぬ発言はないと云ってもいゝのだ。（中略）

李朝の代表的建築である康寧殿と交泰殿とは既に他に移転せられ変形せられ、今は只温突の煙出しのみが小山に添ふて淋しく佇んでいる。主要にして最大な建築である勤政殿を、門を通して仰ぎ見る日はもう二度と帰ってこないのである。そのすぐ前にそれ等東洋の建築と何等の関はりもあらぬ尨大な洋風の建築、即ち来るべき総督府の建物がその竣成を今や急いでいる。あゝ嘗ては自然の背景を考察し、建物と建物との配置を熟慮し、凡てに均等の美を含ましめ、純東洋の芸術を保留しようとした努力は、今や全然破壊せられ放棄せられ、無視せられ、之に代るのに何等の創造的美を含まぬ洋風の建物が突如として此神聖な地を犯したのである〔文中の太字は西澤による〕。

柳は、光化門の取り壊しを惜しみ、憤慨しながら、朝鮮総督府庁舎の建設によって景福宮全体が破壊されることを憂えたのであるが、それを日本人の良心に訴えるかたちで、「朝鮮による日本総督府」という大胆な例えを持ち出して、分かり易く説明しようと試みた。ところが、『改造』に掲載された柳のこの文章は、一部（太字の部分）が「……」として表記され伏字となって掲載されたため、日本社会において柳の真意がどこまで通じたかは不明であるが、伏字部分がなくとも、光化門の取り壊しが暴挙であることは理解されたと考えられる(98)。

一方、柳と同様に朝鮮総督府庁舎の建設による景福宮の破壊を憂えた人物として今和次郎と関野貞がいる。今は、朝鮮総督府建築課長の岩井長三郎が会長を務める朝鮮建築会の機関誌『朝鮮と建築』に「総督府新庁舎は露骨すぎる」という文章を書いた。彼は、その中で、次のように述べ、朝鮮総督府庁舎の敷地選定が誤っている旨を主張した。

今日京城へ来て此のホテルに泊まって一番驚いたのは、ホテルの中庭に取込んだあの朝鮮の建物ですね、去年は気も着きませんでしたが、之れはホテルのプランニングとしては余りに露骨過ぎて、被征服者を蹂躙して居るやうな一種の悲しみに打たれるのです。これは同一筆法で、去年感じたことですが、此の頃ぢや総督府の考えも変って居られませうが、総督府庁舎の一番先のプランニングが、何時までも朝鮮民族に一種の悪感情を与へるやうに造るのではなからうかと思ひ、如何にも残念であるやうに感ぜられます。あれは寧ろ総督府庁舎としては其の場所の選定が誤って居るのだと思われますから、取壊すことは一番宜いだらうと思われますけれども、もうあれだけに出来上ったものですからさうも行きますまいから、何か社会事業の建物にでも使用するが理想的ぢやありますまいか。社会事業の建物か若しくは其の他一般民衆の使用する建物として使用したい気がありますね。（中略）

恰度昨年私が朝鮮に来る時に、柳宗悦氏が「光化門」に付いて雑誌『改造』の上に其の意見を発表されたのを読みましたが、新庁舎が出来るので光化門は取壊されるであらうが、さうなれば堪らぬやうな気がすると云ふことを書かれた一文が雑誌『改造』九月号かに出て居りましたが、私も同じ感じを有って居る一人なんです。あう云ふ露骨な建物が、総督府庁舎として使用されることは好ましいことじゃありません。(99)

今も柳と同様に景福宮を破壊するような朝鮮総督府庁舎の敷地選定に異議を唱えた。今が柳よりも大胆なのは、建設中の庁舎を壊すことを主張し、それが無理なら建物を総督府庁舎にせず、一般民衆が使うことのできる建物として使うべきである、と主張したことである。すなわち、この場所における朝鮮総督府庁舎の新築を真っ向から否定したのである。

また、関野貞は、『朝鮮美術史』の中で、朝鮮総督府庁舎新築によって昌徳宮に移築された康寧殿と交泰殿について、勤政殿とともに景福宮を構成する主要な建物が二棟も景福宮から姿を消したことを「最も代表的なる朝鮮式宮殿をここに失ったのは惜しむべきである」(100)と記して、朝鮮建築を研究する立場から、間接的に朝鮮総督府庁舎建設を批判していた。

このような批判に対して、庁舎建設を進めた朝鮮総督府では、すでに庁舎を使用し始めていた一九二六年七月一四日になって、当初は取り壊す予定であった光化門を景福宮東側に移築することとした。同年七月二二日に始まった工事は、翌年九月一五日に竣工し、その工事記録を記した銅版二枚が棟木に埋め込まれたが、そこには、「茲ニ移シテ永ク旧観ヲ保タシム」と書かれ、移築の正当性が強調された。(101)

しかし、この庁舎の新築にあたって、岩井をはじめとした朝鮮総督府の技師たちが腐心した建物の配置に関する問題は、景福宮の保存ではなく、新築する庁舎の軸線（正面玄関の中心から大広間の中心を南北に貫く中心線）をどのように設定するかということであった。実際に、庁舎の軸線は、建物が建てられた景福宮の軸線（勤政殿の中心と光化門の中心を結んだ景福宮の中心線）とはずれており、光化門前を起点として南に延びる光化門通の軸線（通の中心線）に合わせてある。これは、光化門の撤去によって庁舎の正面が光化門通に面することとなり、かつ、光化門通が拡幅・改修される予定であったためであり、それらによって庁舎の正面を市街地に向かせることを意図していた。もし、景福宮の軸線に庁舎の軸線を合わせた場合、光化門通に対して庁舎の正面がわずかではあるが斜めを向くことになり、それを避けるため、庁舎の軸線を光化門通の軸線に合わせたのである。建物竣工時に工事事務所長であった富士岡重一は、この軸線の決め方について、「美しい近代道路を通して庁舎の威容を眺めらるる事が出来る」(102)と記し、また、『朝鮮総督府庁舎新営誌』では、「庁舎新築位置ヲ之等在来建築物中心ト合致セシムルトキハ正面道路ノ中心線ヨリハナルルコトトナリ其ノ威容ヲ正視スルヲ得ザルガ故」(103)と記し、富士岡をはじめとした朝鮮総督府の技師たちが「威容」と呼ぶ庁舎の正面や外観、庁舎全体の印象を重要視していたことがわかる。しかも、その「威容」が際立つことが重要であった。柳宗悦は、「東洋の建築と何等の関はりもあらぬ尨大な洋風の建築」「何等の創造的美を含まぬ洋風の建物」と記し、景福宮内に建てられる建物の様式として周囲にまったく配慮しないネオ・バロック様式を用いたこの庁舎を酷評した。しかし、朝鮮総督府の技師たちにとっては、「威容」を演出するためにネオ・バロック様式を採用したのは当然の行為であり、周囲にあった景福宮の建物との調和を考えて設計する必要はなかった。

このように多くの問題を持った朝鮮総督府庁舎は、一九二六年一〇月一日、落成式を行ったが、実際には、この年の一月から使用していた。これは、当時の京城（ソウル）市内に分散していた朝鮮総督府の庁舎のうち、貞洞分庁舎が一九二四年四月に焼失したためであった。

なお、第二次世界大戦後の韓国では、この庁舎は、韓国政府中央庁として一九八四年まで使われ、その後、一九八六年からは韓国国立中央博物館として一九九五年まで使われた。この間、朝鮮総督府庁舎であったという背景から、国民感情として植民地支配を示す遺物として見なされることが多く、そのため建物に対する批判的な見方は多かった(104)。しかし、その中には、「日の字型の平面形態が日本を意味している」とか「庁舎が王宮の正殿を覆い隠すように

図 1-22　景福宮勤政殿を覆い隠すようにして建つ朝鮮総督府庁舎

建てられたことで日本が朝鮮を支配していることを示している」という俗説も流布していた。このうち、日の字型の平面形態については、当時の日本国内における官衙建築の典型的な平面形態の一つであるので、これが日本を意味しているという指摘は短絡的である。この程度の指摘なら、逆に、庁舎の平面は基本的には「日の字が寝た形態」であり、それは「日本が寝ている（倒れている）」という指摘も可能であるから、この平面形態に関する指摘は、俗説の域を出ない。それに対して、後者の俗説は、それを示す文献は未だ見つかっていないが、景福宮をその南側から見た場合、朝鮮総督府庁舎が景福宮の勤政殿を覆い隠しているのは事実（図1-22、図1-23）であり、また、同時代の柳宗悦がその配置を批判するのであるから、単なる俗説とは言い切れない。

以上のようなさまざまな問題を考えると、朝鮮総督府庁舎について、その建設に関与した朝鮮総督府の技師たちは、庁舎の「威容」を確保することを目指していたのは確実である。その「威容」は、単にネオ・バロック様式の外観だけでなく、建物の外部にあっては、それを演出するために良質の花崗岩を豊富に用いてつくられた外壁、建物の正面に突き当たる光化門通との軸線を一致させた配置、庁舎前方にあった光化門の移設、があり、建物の内部にあっては、巨大なホールや玉座の設置、大理石などをふんだんに使った床や当時の最先端のデザインを取り入れたステンドグラスなどの内装、そして、きめ細かく配置された暖房装置、

図 1-23 朝鮮総督府庁舎と京城府庁舎

常時温水を供した給湯設備、庁舎内の排水をきれいに浄化する汚水浄化装置、庁舎内部の壁に埋め込まれた消火栓などの設備、という多くの点が重ね合わさって「威容」が演出された。建築課長岩井長三郎は、外観について「官庁は何処迄も官庁らしき真面目な容姿を見せるべきものであります。陳腐の難はあっても基礎をクラシックに置いた様式と云ふ考えで、彼の外観が出来ました」[105]と述べ、ネオ・バロック様式を採用した理由を説明した。そして、岩井の言う「官庁らしき真面目な容姿」は、彼の部下であった富士岡重一が主張する「新庁舎の威容」を持っていたのであり、その威容の確保のために、多くの工夫が図られた。朝鮮総督府庁舎は、そのような工夫の積み重ねによってできあがった庁舎であった。

そして、この「威容」は、すでに一九一二年に竣工していた朝鮮銀行本店や市街地の改造である市区改正によって行われた道路改修に合わせて建設された京城府庁舎、京城裁判所庁舎、京城駅とともに、都市の近代化を示すものとなった。

ところで、朝鮮総督府は、その庁舎新築と平行して、京城府庁舎の新築も進めていた。京城府庁舎は、朝鮮総督府庁舎の落成式から遅れることわずかに一ヶ月後の一九二六年一〇月三〇日に落成式を行った官衙建築であった[106](図1-23)。朝

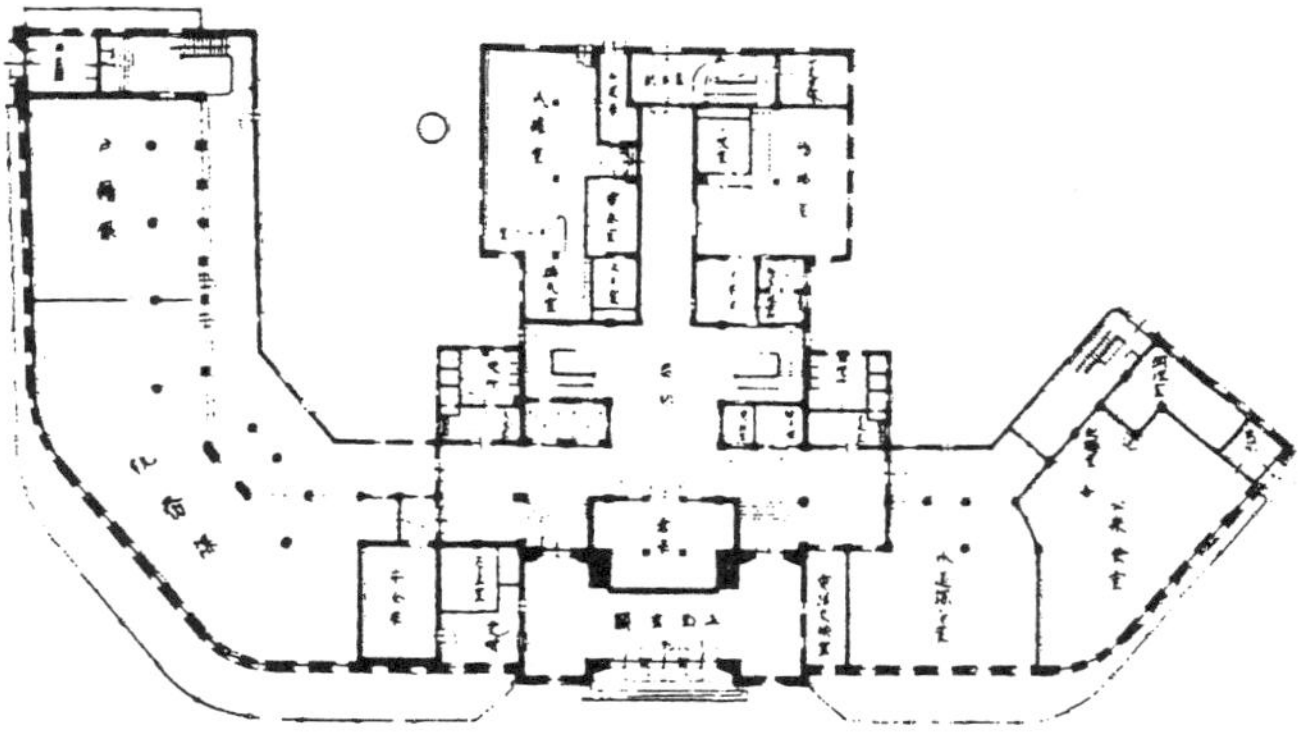

図 1-24　京城府庁舎 1 階平面図

鮮総督府は一九一四年、京城をはじめ釜山や仁川など朝鮮半島の主要都市一二ヶ所に対して府制を実施し、地方行政庁として、それぞれの都市に府庁を設けた。各地の府庁舎は、府制実施以前にあった既存の建物を利用していた。例えば、京城府庁舎は、一九〇六年まで日本総領事館として使われ、統監府時代には理事庁として使われた建物を転用していた。それは朝鮮総督府庁舎が統監府庁舎などを利用していたことと同じであった。そして、この京城府庁を皮切りに、群山府（一九二八年竣工）、仁川府（一九三三年竣工）、釜山府（一九三六年竣工）などの府庁が庁舎を新築していった。京城府庁舎は、その先駆であり、新築にあたって、地方行政庁の庁舎として住民が事務手続きのために来庁することを考慮し、公民館としての性格を持ち、また、当時進められていた京城市区改正と連動して、敷地選定において、この府庁舎がいわゆる「シビックセンター」としての性格を持つ建物として計画された。[107] これは、朝鮮総督府庁舎が、総督が支配者として君臨することを示さんがために、朝鮮王朝の王宮に建てられたこととは趣を異にし、京城府庁舎が京城の市街地の中で行政上、住民と接する役割を持っていたためである。そして、朝鮮総督府庁舎と京城府庁舎は、いずれも朝鮮総督府による官衙建築ではあるが、その用途・機能の違いが、そのまま敷地選定や計画の基本方針に現れ、朝鮮総督府庁舎で求められた「威容」は、京城府庁舎では重要視されず、行政上の利便性の確保に重点が置かれた。京城府庁舎の設計に携わった朝鮮総督府建築課技師の岩槻善之は、「建物の中心が大広間から事務室に移った」[108]と述べ、京城府庁舎の特徴の一つとして、住民の事務手続きの利便性を考慮したことを示したが、これは、その平面

（図1-24）においても朝鮮総督府庁舎が儀式の場として、吹き抜けの大ホールを建物の中心に据えたのに対して、京城府庁舎ではそのような規模の大きなホールを設けず、住民にとって必要度合いの高い部署を一階、二階に配して利便性を高めた点にあらわれている。

満洲国政府庁舎

一九三一年九月一八日に勃発した満洲事変の結果、翌年三月一日に満洲国が成立した。このとき、満洲国政府内部では、政府庁舎をどのように確保していくかということが問題となった。満洲国成立の直前であった一九三二年二月一九日、満洲国政府の母体となった東北行政委員会は、満洲国政府が暫定的に使用を予定している建物とその改修工事を担当する新政庁建設委員を公表し、翌日からそれらの建物の改修工事が始まった。[109]これによれば、例えば、政府の中枢となる国務院は、旧長春市政府庁舎を使うこととなったが、この建物には参議府、総務庁、法制局も入り、また、満洲国成立直後の約一ヶ月間は、執政溥儀の執務場所と住居もこの建物の一部が使われた。[110]その後、満洲国政府は、一九三二年四月一五日付け『満洲国政府公報』において政府機関の所在地を公表した（表1-7）。[111]政府がその公報で政府庁舎の場所を公表することは、今日の感覚では奇異であるが、これは、満洲国政府庁舎が長春市内各所に分散していたことを示していよう。

ところで、東北行政委員会による政府庁舎の選定と改修工事は、実際には、満鉄に委ねられた。満鉄は地質調査所の技師であった赤瀬川安彦（一九二二年旅順工科大学工業専門部採鉱学科卒業）や地方部工事課長であった植木茂（一九一四年東京帝国大学建築学科卒業）を長春に派遣し、既存建物の調査を行い、その上で満洲国成立時に庁舎として使用する建物の改修工事を進めたのである。[112]

満洲国政府の建築組織において最初の主任となった相賀兼介は、このような満洲国政府庁舎の状態を「貧弱且つ不衛生狭隘に加ふるに所在点々として不便を極め[113]」と記している。これは、満洲国成立時の政府庁舎がいずれも急場

表 1-7　満洲国政府成立時の政府内各組織所在地一覧

政府機関名	使用施設［所在地］
執政府	吉黒榷運総局［北十条通］
国務院・参議府・総務庁・法制局	市政府［商埠地・七馬路］
実業部・交通部	自彊学校［城内］
民政部・軍政部・興安部・資政部・外交部	陸軍病院［城内・大経路］
司法部・監察院・土地局	被服廠［商埠地・東三馬路］
財政部	東三省官銀号楼上［城内・北大街］
中央銀行事務所	永衡官銀号［城内・北大街］
立法院	吉林鉄守署［城内・東三道街］

出所）『満洲国政府公報』（2 号，1932 年 4 月 15 日，15～16 頁）および『満洲日々新聞』（9321 号，1932 年 4 月 6 日）をもとに作成した。

しのぎの仮庁舎であり、しかも、旧長春城内や商阜地にそれらが点在し、非常に不便であったことを示している。既存建物を改修して仮庁舎としたことやそれらが点在していたことは、台湾総督府や朝鮮総督府において、それぞれの庁舎の建設を決めた時の状況に似ているが、庁舎建設を始めてからの状況について、満洲国政府の状況と台湾総督府、朝鮮総督府の状況とは大きく異なっていた。

満洲国政府では、このような政府庁舎の不便な状況を受けて、国務院会議（日本の閣議に相当）が、一九三二年五月、政府庁舎二棟と職員宿舎の新築設計を決め、それを相賀に委ねた。また、満洲国政府の初年度予算である大同元（一九三二）年度予算にこれらの建設費用として歳出予算総額の一パーセント余に相当する一六〇万円が計上された[114]。今日の感覚では、閣議で政府庁舎の新築を議論すること自体が奇異であるが、国務院会議の存在が形式的なものになっていたとはいえ、満洲国政府にとって、政府庁舎の問題は国務院会議で決めるほど、重要な意味を持っていたといえる[115]。

政府庁舎の設計を委ねられた相賀は、二棟の政府庁舎について、満洲国の政治理念である「順天安民」「五族協和」「王道楽土」を表現すべく苦悩したが、結局、同一平面で外観が部分的に異なる二案を提出し、その採用を国務院会議に委ねた。ところが、国務院会議は、それら二案を第一庁舎と第二庁舎として建てることを決めた。国務院会議としては、貧弱・不衛生・狭隘の解消を目指していたので、庁舎の新築は二棟にとどまらず、継続的に新築していく予定であり、そのためには、相賀が設計した二案をそのまま採用しても

図 1-25　満洲国政府第一庁舎（1933 年竣工）

図 1-26　満洲国政府第二庁舎（1933 年竣工）

何の問題もなかった。そして、第一庁舎は一九三二年七月二一日に、第二庁舎は同月三一日に、それぞれ起工した。その後、第一庁舎は、起工からわずか四ヶ月後の同年一一月一七日から、第二庁舎は、一一月二七日から、内部の使用が始められた。建物の竣工は、第一庁舎が一九三三年五月三〇日、第二庁舎が同年六月一五日であったから、政府庁舎の使用状況がいかに逼迫していたかという状況がよくわかる。

さて、満洲国政府最初の新築庁舎であった第一庁舎（図1-25）と第二庁舎（図1-26）は、本来、一つの設計案を用いて二棟の庁舎を建てる予定であったため、その平面（図1-27）は同じであり、外観も類似点が多い。平面は、長く直線の廊下の両側に事務室が並ぶ中廊下式の平

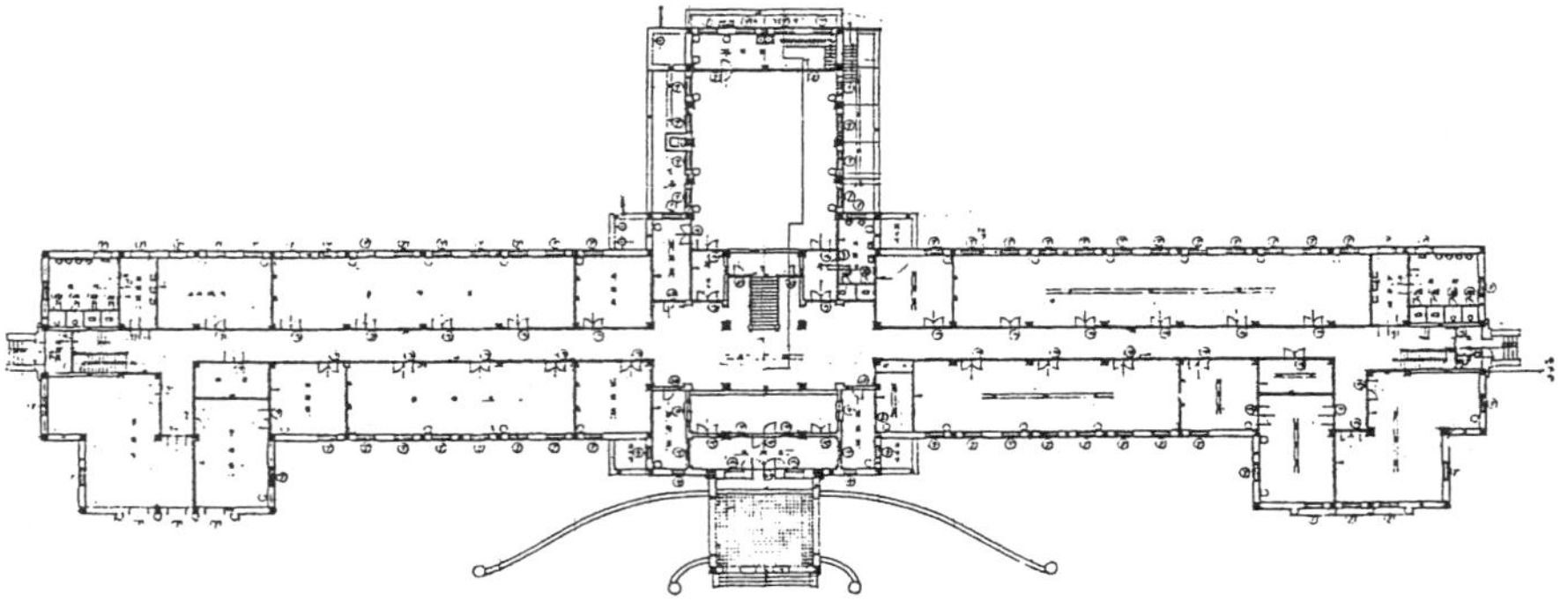

図 1-27　満洲国政府第二庁舎 1 階平面図

面で、建物中央に設けた玄関部分と両端部分が手前に張り出している。外観はそれに応じて、正面玄関を中心に左右対称で、中央奥に高塔を立てている。平面が同じであるため、建物の外観は、軒から下については、垂直・水平方向の比例関係、窓割り、中央部分と両端部分の手前への張り出し、という具合にその正面の構成は同じである。二棟の庁舎の外観が異なる点は、建物の軒から下の部分では、正面中央と両端において手前に張り出した部分の外壁において第二庁舎にのみ円柱がつけられていることだけである。それ以外の相違点は軒から上の部分に集中しており、それらは、塔の立て方と数、塔頂部の意匠、建物の軒の処理方法である。塔について、第一庁舎が正面中央奥に高塔を一基だけ立てているのに対して、第二庁舎は高塔だけでなく、正面中央の張り出し部分と両端の張り出し部分に合計四基の小塔を立てていることである。そして、第二庁舎の塔は、高塔も小塔も中国風の方形屋根を架けている。また、建物の軒の処理について、第一庁舎が一般的なパラペットを立ち上げて、その頂部に簡単な装飾を施したのに対し、第二庁舎はパラペットに中国風の軒屋根を載せている。

相賀は、これら二案に対して、第一庁舎と第二庁舎を特定せずに、「総体的に新様式を内面的に東洋風を織り込まんと意図したもの」、「外形的に支那風を表現しそれに近代風を加味し構成したもの」という説明をしている。(116)この言葉を実際に建てられた庁舎に当てはめると、外観から判断して後者が第二庁舎を示しているのは明らかである。となれば、前者の説明は第一庁舎となる。ここで、相賀が言う「新様式」や「近代風」について、相賀自身が細かい説明をしていない。しかし、二棟の庁舎とこの説明を比べると、相賀が考えていたことに対する解釈は可能である。すなわち、「新様式」とは、飾り気の少ない平滑な外壁で構成される外観を指し、これを相賀があえて「新様式」と呼んだのは、装飾を排除した平滑な外壁によって建物の外形を規定するモダニズム建築との類似性を指摘するつもりであったと考えられる。しかし、半円アーチの窓が連続する正面の外観は、モダニズム建築とは相容れない西洋建築におけるロマネスク建築を主体とした外観であり、相賀の主張した「新様式」が、モダニズム建築と類似するものとして理解されたとは言い難い。そして、その「新様式」に対して相賀は、「内面的に東洋風」を入れるという説明している。これは、実際に第一庁舎の内部に中国風の装飾をあしらった部屋（図 1-28）を設けていることから、内装に東洋風の装飾を用いることを意味している。

図 1-28　満洲国政府第一庁舎正庁

一方、「近代風」とは、その直前で述べている「支那風」と相対する表現と解されるが、「支那風」とは中国建築の伝統的様式を意味し、その中国建築の伝統的様式を基本としながら、「近代風」として鉄筋コンクリート造という新しい構造・材料による表現を加味した、という意味を示していると考えられるが、実態として非常にわかりにくい。結局、『満洲建築協会雑誌』に掲載された竣工記事では、両方の庁舎とも、その様式を「満洲式」というあいまいな表現で済ませている。[117] 竣工記事の執筆者は不明であるが、一般的に、建築関係雑誌に掲載される建物の竣工記事は、設計者が情報提供する場合が多く、この第一庁舎・第二庁舎の竣工記事は、設計者である相賀兼介か、満洲国政府の建築組織において、彼の下でこの建物の建築に関わった人物が情報提供していることは確実であるから、「満洲式」という表記は、相賀自身が述べている二つの庁舎の様式に差異のあることとは、矛盾する。

この矛盾と相賀のあいまいな説明について、彼自身が気づいていたことも確実である。彼はこれら二案について、「何れも未完成のもので有る事は勿論である」[118]と認識しており、国務院会議が、両方を同じ広場（大同広場）に面して隣り合って建てるという決定を下したときには、それに反対している。彼の反対ぶりは尋常ではなく、結局、実際に庁舎の工事が始まると、両方の庁舎ともに、建物を敷地の後方に後退させ、広い前庭を確保した。[119] これは、将来的に、前庭に庁舎を増築することで、両者の正面外観を覆い隠すことを考えていたためである。

ところで、相賀によれば、これらの異なる二案がそのまま採用された背景には、満洲国政府において、単に政府庁舎が多数必要であるからという理由だけでなく、相賀の言を借りれば「当時の国務院会議は新旧二様の思想が対立、自然此様な表現として現実化された」[120]というように、この時期の国務院会議において、第一庁舎の外観を好む人々と、第二庁舎の外観を好む人々との間での意見対立があり、結果として、両方とも建てられた、という背景も存在していた。

第一庁舎と第二庁舎が隣り合って建てられたことで、三つのことが起きた。一つは、当時の満洲国政府の内部で第二庁舎の外観が評価されたことであり、それ以後の満洲国政府庁舎の外観を決定づけることとなった。二つ目は、相賀が半ば予期していたように、第一庁舎と第二庁舎が隣り合って建てられたことに対して、批判が起きたことである。そして、三つ目は、工事中の一九三三年二月八日、国務院に総理直属の官衙建築計画委員会という組織が作られたことである。

一つ目について、当時、満洲国政府の司法部技正や新京特別市建築科長を務めた牧野正巳は、「世評は第二庁舎に上がった[121]」と述べ、満洲国政府において、第二庁舎に人気が集まったことを指摘した。そこで、それ以後、満洲国政府庁舎の外観は、第二庁舎の外観を基本形として建てられていくことになった。それは、左右対称の正面を持ち、高塔を立てるか塔屋を載せて中央を強調し、中国風の屋根を架け、外壁に茶褐色のタイルを貼る、という特徴を持っていた。

二つ目について、相賀が後に「佐野博士に拠って東都で完膚なく痛罵され恐縮した[122]」と語ったように、第一庁舎と第二庁舎が並んで建てられたことについて佐野利器が批判したのをはじめ、前出の牧野正巳は「頗る遺憾に思ふことは当事者が様式に対して自信を持たなかった点である」と批判した[123]。さらに、第二庁舎に端を発した満洲国政府庁舎全体に対して、当時、東京帝国大学教授を務めていた岸田日出刀は「満洲に於ける伝統的な造型感覚は煉瓦造建築に表明される重厚強靭なものである。更に新しい材料である鉄とコンクリートの使用は、その様式表現を如何にすべきかといふ最後の段階に於いて、建築家を思ひ惑はすこと蓋し甚しいものがあらう。かうした複雑で困難な諸条件の下で、快刀乱麻を断つが如くに鮮やかに難問を処理するということは、言うべくしてそれは望み得ないことである[124]」と記し、鉄筋コンクリート造による中国建築の表現には限界があることを指摘し、さらに、単に建築材料を従来の煉瓦から新しい材料である鉄筋コンクリートに置換すればいいというものではなく、新しい建築構造である鉄筋コンクリート造にはそれに相応しいかたちがあることを示しつつ、満洲国政府の庁舎建築の外観は、それには相応しくないことを暗示している。

建築家たちが第一庁舎と第二庁舎を批判する一方で、第二庁舎に端を発した建築様式を積極的に評価する旨を表明したのが、初代総務庁長官を務めた駒井徳三である。駒井は、著書『大満洲国建設録』の中で、「満洲国の首都はどこまでも満洲国らしく建設す可きである」という考えを示し、奉天（瀋陽）故宮などの伝統的建築を「純満洲式建築」と呼び、これが「自然の風物に恵まざる国都をして美観と権威とを与える格恰無二の建築様式である」として、「此の建築を採用しここに竜宮城の如き大都市を建設してこそ満洲国人は、これ即ち我等の首都であると感じ、外国

表 1-8　満洲国政府官衙建築計画委員会委員および幹事

官衙建築計画委員会委員（氏名/官職）	官衙建築計画委員会幹事（氏名/官職）
阪谷希一/総務庁総務次長（総務庁長代理）	阪谷希一/総務庁総務次長
葆 康/民政部次長	皆川豊治/総務長理事官
孫 基昌/財政部次長	松田令輔/総務長理事官
許 汝棻/文教部次長	隅元 昴/総務長事務官
王 静修/軍政部次長	結城清太郎/国都建設局理事官
大橋忠一/外交部次長	近藤安吉/国都建設局技正
阿比留乾二/司法部理事官	溝江五月/国都建設局技正
森田成之/交通部理事官	相賀兼介/国都建設局技正
松島 鑑/実業部理事官	戸谷泉也/総務庁事務官
阮 振鐸/国都建設局長	中島義貞/総務庁事務官
菊竹実蔵/興安総署次長	
藤山一雄/監察院秘書官	
劉 恩格/立法院秘書長	

出所）『満洲国政府公報』（93号，1933年2月21日，4頁）に記載された辞令をもとに作成した。
注）阪谷希一は委員と幹事を兼任。

人も亦そこに満洲国に相応しい首都を見出であらう」と考えていた[125]。駒井は、第二庁舎と同様の建物が林立することで首都新京（長春）が「竜宮城」のような景観を呈することを期待したのである。

三つ目について、満洲国政府は、第一庁舎と第二庁舎の工事が進んでいた一九三三年二月八日、国務院総理直属の官衙建築計画委員会という組織を発足させた[126]。この委員会は、官衙建築が不足している状況を打開するため、その後の官衙建築の建設計画を検討する委員会として発足したもので、発足直後の同年二月一三日、国務院は委員会に対して官衙及び公共建築物の基本計画を早急に確定する旨の訓令を発している[127]。第一庁舎、第二庁舎の設計案決定は国務院会議で行われたが、これ以後、庁舎の設計案は、この委員会で検討されることとなった。委員会は一三名の委員と一〇名の幹事から構成された（表1-8）。委員は主として満洲国政府を構成する各部（省に相当）の次長であり、幹事は総務庁の幹部や国都建設局の技正（技師に相当）であったが、建築の専門家は相賀一人であった。各部の次長を主体に委員会が構成されていたことは、この時期、いずれも既存建物を改修した仮庁舎に入っていた各部にとって、庁舎の新築が大きな関心事であったことを示している。また、首都新京の都市建設を検討する国都建設計画委員会が国都建設局の諮問委員会であったのに対して、官衙建築計画委員会は国務院総理の諮問委員会となっており、満洲国政府首脳が新京の都市建設よりも政府庁舎に強い関心を持っていた現れである。

このようにして発足した官衙建築計画委員会が実態としてどのような影響力を持っていたかは不明な点が多い。しかし、牧野正巳によれば、国務院庁舎の設計では、この委員会において設計案が決定された[128]。

国務院庁舎（図1-29）は、満洲国政府の大同二年度（一九三三年度）予算において七五万円の新築経費が計上された満洲国政府第四庁舎として計画され、第五庁舎として竣工した建物である[129]。建物は、鉄筋コンクリート造で地上四階建、延床面積一万九、一二一平方メートルの規模で、一九三四年七月一九日に起工し、一九三六年一一月二〇日に竣工した[130]。この第四庁舎（国務院庁舎）以降、政府庁舎は、満洲国政府が官庁街として建設を始めた順天大街に面して計画、建設されていく。順天大街は、北端に皇帝溥儀の新宮殿が計画され、その前庭を起点として南に延びる長さ約一・五キロメートル、幅六〇メートルの幹線道路で、その両側に満洲国政府庁舎が次々と建てられることとなっていた。そしてそれらの庁舎のほとんどはすでに述べたように、左右対称の正面を持ち、高塔を立てるか塔屋を載せて中央を強調し、中国風の屋根を架け、外壁に茶褐色のタイルを貼る、という外観の特徴を持っていた。このような満洲国政府庁舎の様式について、牧野正巳は、後にこれらを「満洲国官庁建築様式[131]」と呼んだが、ここでは、それに依拠して仮に「満洲国式」と呼ぶことにする。

第四庁舎として順天大街に面して最初に建てられる予定であった国務院庁舎について、相賀兼介は、「庁舎中の首位たると一国の代表す可き重大なる意義を有するもの[132]」という認識の上に、総務庁長官の指示を仰いだ。その結果、当時、国都建設局顧問を務めていた佐野利器の指示により、設計は当時、需用処営繕科属官を務めていた石井達郎が担当することとなった。一方、国務院庁舎の重要性を認識していた相賀は、自らも設計案を作成していたが、その案は国務院庁舎には採用されず、司法部庁舎（図1-30）に転用された。

石井は国務院庁舎の設計について、一九四二年、次のように記している。

図 1-29　満洲国国務院庁舎（1936 年竣工）

図 1-30　満洲国司法部庁舎（1936 年竣工）

私が渡満したのは昭和八年夏である。（中略）翌年の元日は北京の扶桑旅館で迎えた。北京に行ったら南大門から真北に、町の中央に敷いてある石畳みの上を一直線に歩いて大和殿〔太和殿、西澤注〕迄行け。其他の建物は一々見物するに及ばぬ。暇があったら料理と女でも見物して帰って来いとの青木さんのご忠告に従ってその通り実行した。（中略）

支那気分を味わって帰ってから国務院の庁舎の設計を抑せ付けられた。今でこそ国務院庁舎になっているが、当時は何が入るかまるで見当がつかぬ、第四庁舎という延番号で仮称した建物であった。凡そ百万位で何か満洲風の外観を持った建物を作れ、敷地は町から二三キロ離れた草原の真中で将来はその辺が中心になる筈だと聞かされた。命令が大様でさすが新興国だわいと感嘆したが、しかしこれは実に難題であることはぢきに分かった。東京の真中で敷地の大きさから平面が規制され、建築物法〔市街地建築物法、西澤注〕で高さがきまり、金額から内容迄細かく注文主から条件付けられる方がどれほどやりよいか知れぬ。見当がつかぬのである。さう云ふわけで一時は高さ五〇〇尺近いものをかき上げたがこれは当時の当地工術上実現不可能とあって思い止まったが、もし実現していたらどうなって居たろう。気狂い扱いをされたに違いなかろうと考えると可笑しくなる。(133)

この石井の文章によれば、設計時に石井に与えられた条件は、建設費一〇〇万円、満洲風の外観を持った建物、敷地は市街地から二、三キロ離れた草原の真中、という三点であった。石井はこれら三点の条件に次のように応えたと考えられる。

一点目の建設費一〇〇万円について、政府予算に計上された予算額は、三年度にわたる継続予算であったが、初年度（大同二年度、一九三三年七月から一九三四年六月）予算では、七五万円が計上され、その後、二年目（康徳元年度、一九三四年七月から一九三五年六月）では五〇万円、三年目（康徳二年度、一九三五年七月から同年一二月）では一二万七、五〇〇円が計上された。(134) 石井にこの設計が依頼された一九三四年の年頭では、初年度予算である七五万円が計上されたのみであり、第二年度以降の予算は明確になっていなかった。庁舎建設のための第三年度予算が明確になったのは、庁舎建設の第二年度予算が組み込まれて一九三四年六月に公表された康徳元年度予算の中であり、そこで初めて総額が公表された。したがって、石井に設計担当が決まった時点では、初年度予算しか明確になっておらず、石井が聞かされた「凡そ百万円位」という数字は、公表されていた初年度予算七五万円と、次年度以降に予算化されると目された金額を加えたものであったと考えられる。すなわち、当初は「凡そ百万円位」という見込みであったことを示している。

ところが、一九三四年六月二八日に公表された康徳元年度予算では、庁舎建設の継続予算として、庁舎建設初年度予算から第三年度まで一括して公表された。しかも、初年度と第二年度の合計が一二五万円であるのに対して、第三年度は単年度であるにもかかわらず、二年間分の予算に近い一二二万七、五〇〇円が継続予算として公表された。これは、本来の予算が、初年度と第二年度の合計一二五万円であったことと、その二年間の予算では大幅に不足することがわかり、急遽、庁舎建設第三年度の予算を計上したことを示している。これを裏付ける事実として、国務院庁舎の起工は一九三四年七月一九日であるが、その直前に建設費の不足が明らかになり、施工を請け負った大林組が、構造強度の安全率を下げて構造設計をやり直したことが関係者の証言で明らかになっている。[135]すなわち、石井の設計した案に基づいて施工する場合、建設費が予算を大幅に超過することが予測されたため、起工直前に構造設計をやり直して建設費の圧縮が図られた。結局、構造設計の見直しで実際の建設費は二五〇万円となったが、それでも、最初の要求であった「凡そ百万円位」を大幅に越えた。[136]

三点目の敷地について、一見すると何の制約もなく、敷地条件は皆無にも思えるが、実は何の制約もないことで石井が「見当がつかぬ」と記しているように、この敷地条件に対して彼が出した答えは、予定されている順天大街に面した側に建物正面を配置するということだけだった。示された国務院庁舎の敷地は、北側に建設予定の新宮殿がある、官庁街の北端となる場所であった。それは、「天子南面す」という中国の伝統的な考え方をそのまま都市建設に示したもので、順天大街の両側に建てられる政府庁舎を皇帝の前に居並ぶ文武百官に見立てたといえよう。国務院庁舎は、順天大街の東側の北端であったが、西側の北端には軍政部庁舎が建てられ、文官と武官が皇帝の前に分かれて並ぶ姿に似ている。なお、ここに示された市街地から二三キロ離れた草原の真中というのは、後に順天大街ができる場所を指しているが、一九三四年の初めの段階ではまだ新発屯と呼ばれた人家のまばらな草原地帯であり、市街地とは満鉄長春附属地や旧長春城とその間に広がっていた商埠地を指している。

これら三点の条件の中で大きな問題となったのは、二点目の満洲風の外観を持った建物、ということだった。これに対して石井は、建物の両翼を手前に突き出す「闕」と呼ばれる中国建築の伝統的形態を用い、塔に中国風本瓦葺きの方形屋根を架けることをもって応えた。しかし、彼は庁舎の外観全体を「満洲風」にすることは避け、正面中央の車寄せや両端の出入口にトスカナ式ジャイアント・オーダーを並べた（図1-31）。満洲国政府の庁舎においてジャイアント・オーダーが並んだ建物は、国務院庁舎と第三庁舎だけである。また、建物正面は、腰壁と軒蛇腹によって分割され、西洋建築にみられる三層構成の外観に近いものとなっている。さらに中央の塔には各面にそれぞれ四本のトスカナ式の円柱を並べ、それらが裳階《もこし》を支えている。塔は正方形平面に側面は四面とも同じ意匠であり、宝珠（宝頂）ののる方形屋根が架かっている。この方形屋根の形態は、北京・故宮の中和殿に類似している。石井は、一九三四年正月に北京を旅行した時、需用処営繕科顧問となっていた青木菊治郎（元満鉄本社建築課長）の薦めで、故宮だけを見学していることが前出の石井の文章で書かれているが、石井が故宮の中和殿の屋根を参考にして、国務院庁舎の塔に屋根を架けた可能性は十分に考えられる。

このように石井が設計を担当した国務院庁舎は、他の満洲国政府庁舎に比べて、西洋古典主義建築の要素を多く持つが、その一方で、中国の伝統的建築の要素も他の庁舎に比べて多く取り入れられている。

一方、国務院庁舎を自ら設計する意欲のあった相賀は、石井とは別の案をつくり、それは、司法部庁舎として建設された。それは、石井の国務院庁舎と同様に正面中央に塔を建てて中央を強調している

図 1-31　旧満洲国国務院庁舎の車寄せ

が、建物全体に比べて塔屋が大きい。また、塔屋に架けられた屋根は反りのない扁平なものであり、それを隠すかのように塔屋の四方に千鳥破風がついている。相賀の案が司法部庁舎に用いられる時、司法部技正を務めていた牧野正巳は、この建物の意匠について、「頭でっかちな塔屋」「複雑怪奇な塔屋」と批判し、「見るものをして唖然たらしめることに成功してゐる」と批判している。[137]

司法部庁舎を批判した牧野正巳は、石井が設計を担当した国務院庁舎に対しては、「総務庁〔国務院庁舎のこと、西澤注〕の建物は屋根が乗っているが、之は、稍々まとまっている」と評価している。[138] 国務院庁舎と司法部庁舎をはじめとした他の庁舎とを区別して批評したのは牧野正巳だけではない。満洲建築協会が、視察で新京を訪れた日本人建築家を招いて一九三九年に開いた「満洲建築座談会」において、出席者の一人であった土浦亀城は、「国務院は中央部分等良く見ると仲々良い処がある」と評価し、その一方で「経済部、専売総局のあの辺りの一群は醜悪です」と酷評した。[139]

牧野や土浦は、国務院庁舎と他の満洲国政府庁舎を区別し、いずれの庁舎も中国風や日本風の瓦葺勾配屋根を架けているにもかかわらず、前者を評価している理由は、国務院庁舎の屋根が建物全体のボリュームと釣り合いが取れ、また、西洋建築における三層構成と合致させる状態で屋根を架けたためである。したがって、建物本体と屋根との間に整合性のない屋根の架けかたをした他の庁舎（図1-32、図1-33）は、彼らに批判されたのであった。

一九二〇年代後半から一九三〇年代にかけて、中国では、中国の伝統的な建築に対する研究が進んだが、その際、その中心的な役割を果たした梁思成は、中国建築の主要部分が、台基（基壇）、墻柱構架（壁・柱・フレーム――建物本体）、屋頂（屋根）の三部分から成っていることと、それが西洋古典建築の三層構成と類似していることを説いた。[140] これは、西洋古典建築との共通性を示しながら、中国建築の相対的な位置付けを図ったものであり、一九世紀末に伊東忠太が「法隆寺建築論」[141]において法隆寺の中門を古代ローマ建築の神殿と比較しながらその共通点を示した手法と同じである。この梁思成の考え方は、当時、中国人建築家の間で進行していた「中国建築の復興」という動きとあいまって、中国建築の意匠を使いながら官衙を建てていくことに大きな影響を与えた。そこで取られた手法は、石井達郎が満洲国国務院庁舎で用いた手法と同様に、外観を三層に分け、上層（屋階層）に相当する部分に中国風の屋根を架けるというものであった(142)。

したがって、石井の取った手法は、満洲国政府庁舎に限ってみれば特異な手法であったが、東アジア地域における伝統的な建築様式・意匠と西洋建築の様式・意匠を折衷させながら新しい建築を設計するという手法としては、当然の方法であった。むしろ、交通部庁舎や経済部庁舎のように、明らかに建物本体の形態と無縁に屋根を載せた方法が、特異な方法であったといえよう。また、それを示した牧野正巳や土浦亀城の批評は、建築家が行う批評として当然のものであったといえる。

図 1-32　満洲国経済部庁舎（1939 年竣工）

図 1-33　満洲国交通部庁舎（1937 年竣工）

ところで、日本国内では、神奈川県庁舎や愛知県庁舎に代表される帝冠様式と呼ばれる建築様式があり、それと当時の軍国主義との関係が議論されている。第二庁舎に端を発した中国風の屋根を架けた満洲国政府庁舎も形態として帝冠様式と類似している。しかし、帝冠様式が、いくつかの設計競技を経ていわば誘導されるかたちで成立したのに対して、満洲国政府庁舎の場合、そのような過程を経ずに成立したので、形態の類似性だけから、ただちに両者を同一視することはできない。

また、満洲国政府庁舎と当時の満洲国政府による「王道楽土」「五族協和」「順天安民」といった政治的スローガン[143]との関係について、強固な関係があったとは言い難い。牧野正巳は、国務院とともに順天大街に面して建てられた交通部、治安部（軍政部）、経済部の各庁舎に中国風の屋根が架けられたことについて、「国家の最高方針としてかく決定されたと聞いてゐる[144]」とし、また、順天大街の終点であった安民広場に面して建てられた合同法衙について、「中央に『屋根のある』塔屋をその御命令で附加することになった事から推察してみても国家の最高方針云々が多分本当であったらうと思はれる[145]」と記した。これは、満洲国政府の中枢にいた人々の意思として、満洲国の政治的スローガンを庁舎建築に表現しようとしたことを述べている。

しかし、満洲国政府にとってこれが重要なことであれば、その後も「満洲国式」の庁舎が引き続き建てられたはずである。ところが、実際には、第二庁舎以降に建設された満洲国政府庁舎の中で、第二庁舎や国務院庁舎のような「満洲国式」とは異なり、中国風の屋根が架けられなかった庁舎が建てられた。また、庁舎建築の建築計画を検討する役割を担うために一九三三年に発足した官衙建築計画委員会が国務院庁舎建設後には有名無実な存在となった[146]。これらの事実は、満洲国政府にとって、庁舎建築に政治的スローガンを表現しようとしたことが一時的なものであり、さほど重要ではなかったことを示している。

第二庁舎の竣工後に建設された満洲国政府の庁舎の中で、中国風の屋根が架かっていない庁舎が二棟あるのは確実である。その二棟とは、一九三五年に建てられた満洲国外交部庁舎（図1-34）と一九四二年に竣工した国務院別館

（第一四庁舎、図1-35）である。外交部庁舎は、満洲国政府による外国資本の導入政策の一環として[147]、フランスのブロッサル・モパン（Brossard-Mopin）財団が設計施工を行ったが、中国風の屋根が架けられることはなかった。また、国務院庁舎を設計した石井達郎が後に「バラック」[148]と評した国務院別館も中国風の屋根を架けてはいない。もし、満洲国政府が建築形態によって国家のスローガンを表現しようとしたならば、他の庁舎に比べて欧米人の目に触れることが多いと思われる外交部庁舎にも中国風の屋根を架け、「満洲国式」の庁舎として建てたはずであった。また、国務院別館について、石井達郎は、資金不足から、煉瓦造二階建てとなり、勾配の緩い瓦棒葺きの屋根が架けられたことを指摘[149]しているが、満洲国政府がその政治的スローガンを政府庁舎の形態・様式で表現しようとするなら、資金を工面してでも、「満洲国式」の庁舎を建てたはずである。しかし、外交部庁舎も国務院別館も、いずれの庁舎も、「満洲国式」とは明らかに異なる様式の建物として建てられた。

図1-34　満洲国外交部庁舎（1936年竣工）

図1-35　満洲国国務院別館（1942年竣工）

さらに、満洲国政府が、政府庁舎に

政府の政治的スローガンを表現しようとしたならば、政府庁舎の設計内容を検討する任務を負った官衙建築計画委員会は、開催されるべき委員会であったが、それが有名無実化したということは、庁舎建築の設計内容を満洲国政府の中枢で検討する必要がなくなったことを意味している。

これらの事実は、満洲国政府にとって、政府庁舎の新築は国家の事業として重要な意味を持っていたが、そこで用いられた建築様式そのものは、その政治的スローガンを表現するものとは位置付けられていなかったことを示している。

本章では、支配機関が建設した官衙を取り上げ、その概要とそれらが持つ問題点を示した。これらの事例から、総じて言えることは、次の四点である。

まず、建築の様式・意匠に着目すると、支配の象徴として建物を扱っていることである。ただし、これは、支配の理念を建築の様式・意匠で表現することは少なく、市街地の中で際立っていることや、当時の流行の建築様式・意匠を用いるというものであった。大連民政署庁舎や台湾総督府庁舎における塔の問題、朝鮮総督府庁舎における敷地選定や「近世復興式」の採用は、その具体的事例である。その一方で、満洲国政府第一・第二庁舎における相賀兼介による外観の表現方法は、支配の理念を具体的な建築様式・意匠で表現することが不可能であったことを示していよう。石井達郎による満洲国国務院庁舎の外観は、事前に「満洲風」という条件が与えられた上での設計であり、支配の理念を表現したものではなかった。

次に建築の構造・材料に着目すると、一九一〇年代までに新築された官衙建築が煉瓦造であり、それ以後に新築された官衙建築が鉄筋コンクリート造になっていくことは、日本国内の官衙建築と同じである。ただし、朝鮮半島や中国東北地方では、日本国内と違い、煉瓦造が普遍的に用いられていた建築構造であり、煉瓦造から鉄筋コンクリート造への転換には、日本国内とは違う状況が存在した。それは、材料の調達、職人の確保という面から考えれば、煉瓦造を採用するのは当然の選択であったが、一九二〇年代から鉄筋コンクリート造を採用していったことは、庁舎の規模が拡大し、五階建の朝鮮総督府庁舎にみられるような大型の建物となる場合、煉瓦造が適切な構造とはいえなくなったという背景がある。すなわち、建築構造の変化は、官衙建築の規模拡大によって引き起こされたものであった。

一方、材料の調達において意図的に現地で賄う、という現象も生じた。その典型は朝鮮総督府庁舎における材料の調達であり、朝鮮半島で産出した石材を中心に、なるべく朝鮮半島でつくられた材料を用いるということが重要視された。後に日本の国会議事堂においても同じ現象がみられたが、それは、それぞれの国、地域の象徴的存在として建築物を捉えていることの現れであった。

さらに、建物の用途・機能と平面に着目すると、次の二点が指摘できる。一点目は建物の平面形態であり、二点目は機能と平面の関係である。

一点目について、規模が大きい庁舎の平面は二つに大別できる。一つは、台湾総督府庁舎や朝鮮総督府庁舎に見られる「日」の字型の平面である。これは、形状として当時の日本国内における地方官庁の建物の平面と類似している。また、この平面は、「日本」を意味するものではなく、日本国内では規模の大きな官衙建築が敷地いっぱいに建物を建てたことを反映したに過ぎない。もう一つの平面は、満洲国国務院庁舎に見られる形状で、「闕」という中国の伝統的な建築形態を模した平面である。建物正面の両端を手前に大きく張り出すことで、必要な規模を確保しているが、そのために、建物正面には広い前庭が確保され、それによって、建物本体からこの前庭に向かって車寄せを大きく張り出すことが可能となっている。

二点目について、日本国内の地方庁舎と類似した平面を持つ台湾総督府庁舎や朝鮮総督府庁舎であるが、機能として大きく異なったのは、議場の有無であった。両庁舎とも議場が不要であったため、台湾総督府庁舎では中庭を二分する渡りの部分に会議室や規模の大きな事務室が置かれ、朝鮮総督府庁舎では同じ場所に三階吹き抜けの巨大なホールが設けられた。また、大連民政署庁舎や京城府庁舎のように行政機関として住民の出入りの多い庁舎では、来庁者の利便性が考慮された。

これらの官衙建築は、いずれも市街地の中に建てられたが、そこでは、景観が問題となった。大連民政署庁舎や台湾総督府庁舎における塔の問題は、それぞれの都市の中で象徴的な存在として庁舎を見せることが意識され、それは朝鮮総督府庁舎において「威容」を検討したこと、満洲国政府第一・第二庁舎において相賀兼介が二棟の並置に反対したことにも現れている。

このように考えると、支配機関における官衙建築の新築では、庁舎に施された数々の工夫が、支配との関係で生じていることがわかる。これらの官衙建築は、支配機関が入る箱物としての庁舎ではなく、支配を進めるために必要な存在であり、支配の拠点として存在していた。そこに施された工夫は、官衙建築が支配の拠点として成立するための工夫であったといえよう。ただし、これらの官衙建築の事例は、支配の理念を表現する特定の建築様式・意匠が存在しないことも明確に示している。

付図 1-1　満鉄本社建築係・建築課・工事課所属の建築家・技術者一覧

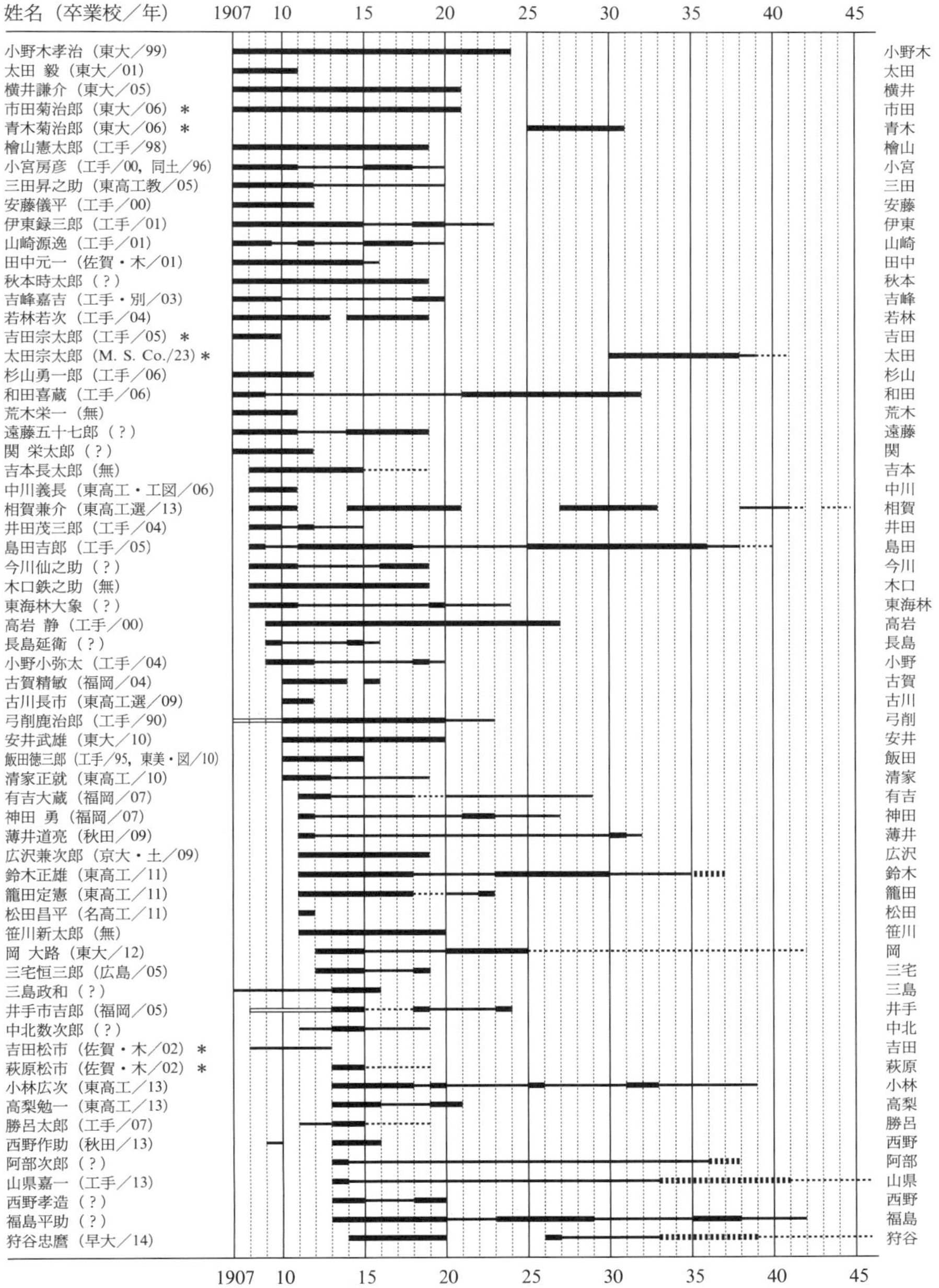

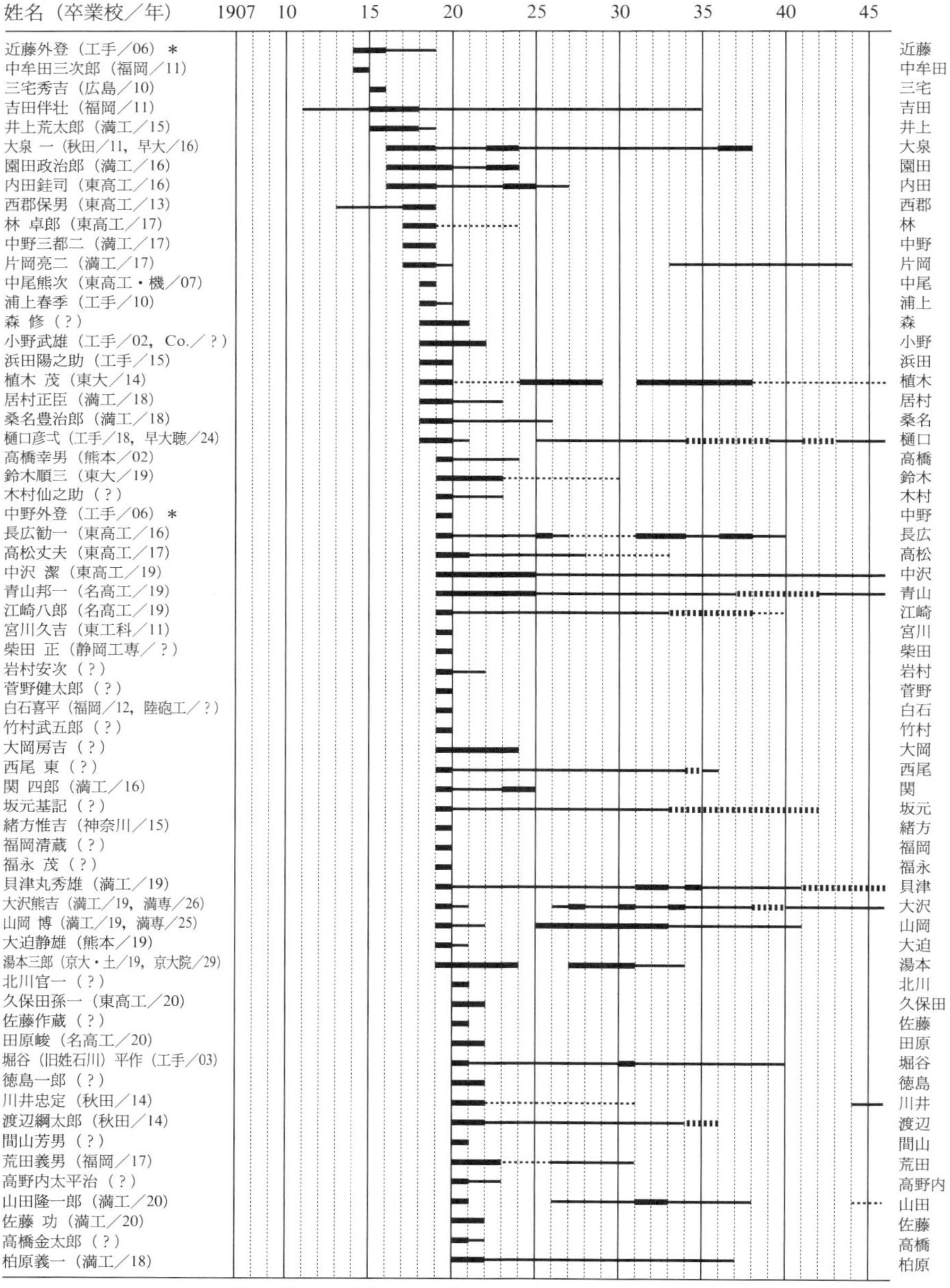
姓名（卒業校／年）
1907 10 15 20 25 30 35 40 45
近藤外登（工手／06）＊
中牟田三次郎（福岡／11）
三宅秀吉（広島／10）
吉田伴壮（福岡／11）
井上荒太郎（満工／15）
大泉 一（秋田／11，早大／16）
園田政治郎（満工／16）
内田銈司（東高工／16）
西郡保男（東高工／13）
林 卓郎（東高工／17）
中野三都二（満工／17）
片岡亮二（満工／17）
中尾熊次（東高工・機／07）
浦上春季（工手／10）
森 修（？）
小野武雄（工手／02，Co.／？）
浜田陽之助（工手／15）
植木 茂（東大／14）
居村正臣（満工／18）
桑名豊治郎（満工／18）
樋口彦弌（工手／18，早大聴／24）
高橋幸男（熊本／02）
鈴木順三（東大／19）
木村仙之助（？）
中野外登（工手／06）＊
長広勧一（東高工／16）
高松丈夫（東高工／17）
中沢 潔（東高工／19）
青山邦一（名高工／19）
江崎八郎（名高工／19）
宮川久吉（東工科／11）
柴田 正（静岡工専／？）
岩村安次（？）
菅野健太郎（？）
白石喜平（福岡／12，陸砲工／？）
竹村武五郎（？）
大岡房吉（？）
西尾 東（？）
関 四郎（満工／16）
坂元基記（？）
緒方惟吉（神奈川／15）
福岡清蔵（？）
福永 茂（？）
貝津丸秀雄（満工／19）
大沢熊吉（満工／19，満専／26）
山岡 博（満工／19，満専／25）
大迫静雄（熊本／19）
湯本三郎（京大・土／19，京大院／29）
北川官一（？）
久保田孫一（東高工／20）
佐藤作蔵（？）
田原峻（名高工／20）
堀谷（旧姓石川）平作（工手／03）
徳島一郎（？）
川井忠定（秋田／14）
渡辺綱太郎（秋田／14）
間山芳男（？）
荒田義男（福岡／17）
高野内太平治（？）
山田隆一郎（満工／20）
佐藤 功（満工／20）
高橋金太郎（？）
柏原義一（満工／18）
近藤
中牟田
三宅
吉田
井上
大泉
園田
内田
西郡
林
中野
片岡
中尾
浦上
森
小野
浜田
植木
居村
桑名
樋口
高橋
鈴木
木村
中野
長広
高松
中沢
青山
江崎
宮川
柴田
岩村
菅野
白石
竹村
大岡
西尾
関
坂元
緒方
福岡
福永
貝津
大沢
山岡
大迫
湯本
北川
久保田
佐藤
田原
堀谷
徳島
川井
渡辺
間山
荒田
高野内
山田
佐藤
高橋
柏原
1907 10 15 20 25 30 35 40 45

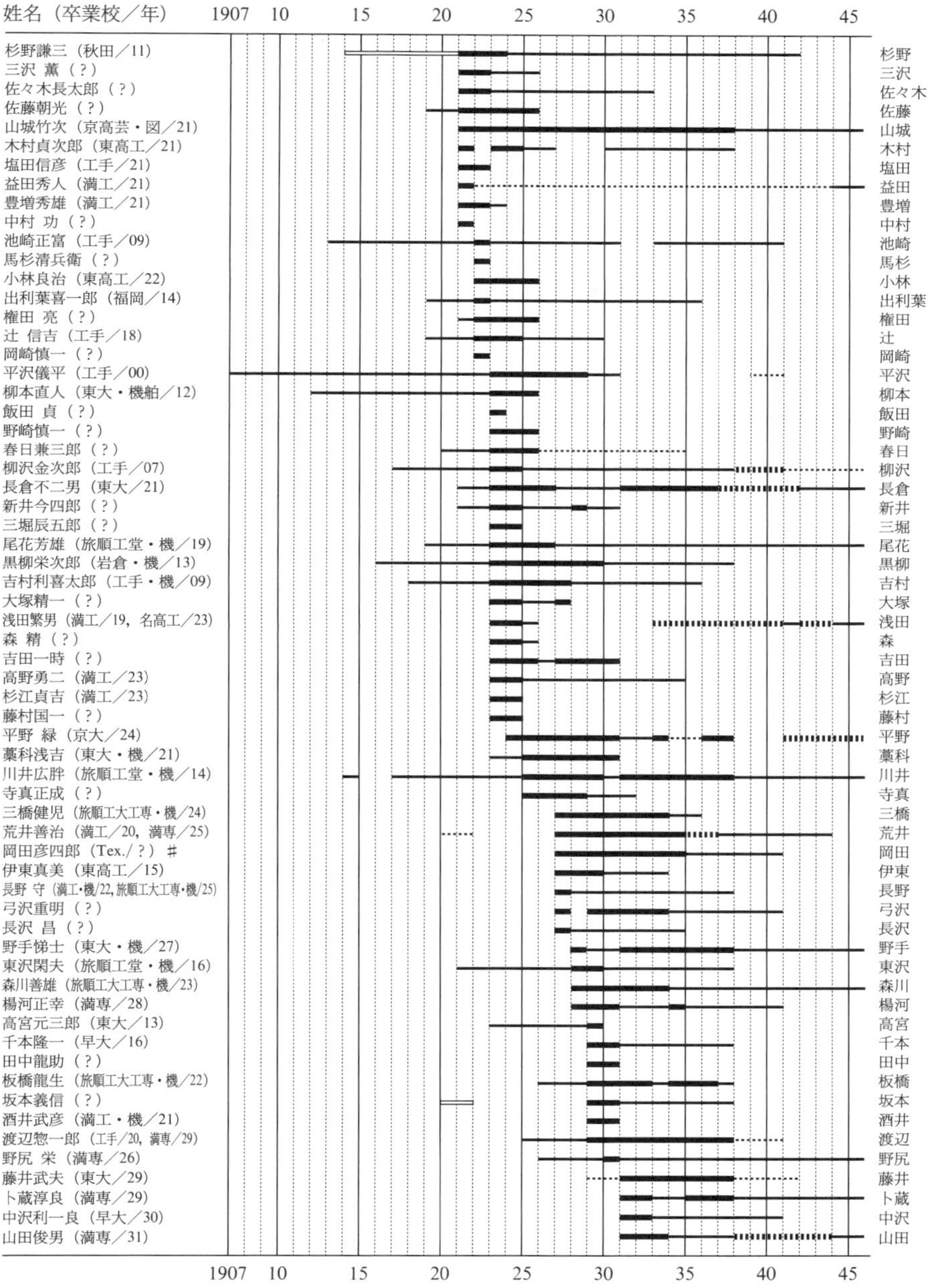
姓名（卒業校／年）
1907　10　15　20　25　30　35　40　45
杉野謙三（秋田／11）　杉野
三沢 薫（？）　三沢
佐々木長太郎（？）　佐々木
佐藤朝光（？）　佐藤
山城竹次（京高芸・図／21）　山城
木村貞次郎（東高工／21）　木村
塩田信彦（工手／21）　塩田
益田秀人（満工／21）　益田
豊増秀雄（満工／21）　豊増
中村 功（？）　中村
池崎正富（工手／09）　池崎
馬杉清兵衛（？）　馬杉
小林良治（東高工／22）　小林
出利葉喜一郎（福岡／14）　出利葉
権田 亮（？）　権田
辻 信吉（工手／18）　辻
岡崎慎一（？）　岡崎
平沢儀平（工手／00）　平沢
柳本直人（東大・機船／12）　柳本
飯田 貞（？）　飯田
野崎慎一（？）　野崎
春日兼三郎（？）　春日
柳沢金次郎（工手／07）　柳沢
長倉不二男（東大／21）　長倉
新井今四郎（？）　新井
三堀辰五郎（？）　三堀
尾花芳雄（旅順工堂・機／19）　尾花
黒柳栄次郎（岩倉・機／13）　黒柳
吉村利喜太郎（工手・機／09）　吉村
大塚精一（？）　大塚
浅田繁男（満工／19，名高工／23）　浅田
森 精（？）　森
吉田一時（？）　吉田
高野勇二（満工／23）　高野
杉江貞吉（満工／23）　杉江
藤村国一（？）　藤村
平野 緑（京大／24）　平野
藁科浅吉（東大・機／21）　藁科
川井広胖（旅順工堂・機／14）　川井
寺真正成（？）　寺真
三橋健児（旅順工大工専・機／24）　三橋
荒井善治（満工／20，満専／25）　荒井
岡田彦四郎（Tex.／？）♯　岡田
伊東真美（東高工／15）　伊東
長野 守（満工・機／22，旅順工大工専・機／25）　長野
弓沢重明（？）　弓沢
長沢 昌（？）　長沢
野手悌士（東大・機／27）　野手
東沢閑夫（旅順工堂・機／16）　東沢
森川善雄（旅順工大工専・機／23）　森川
楊河正幸（満専／28）　楊河
高宮元三郎（東大／13）　高宮
千本隆一（早大／16）　千本
田中龍助（？）　田中
板橋龍生（旅順工大工専・機／22）　板橋
坂本義信（？）　坂本
酒井武彦（満工・機／21）　酒井
渡辺惣一郎（工手／20，満専／29）　渡辺
野尻 栄（満専／26）　野尻
藤井武夫（東大／29）　藤井
卜蔵淳良（満専／29）　卜蔵
中沢利一良（早大／30）　中沢
山田俊男（満専／31）　山田
1907　10　15　20　25　30　35　40　45

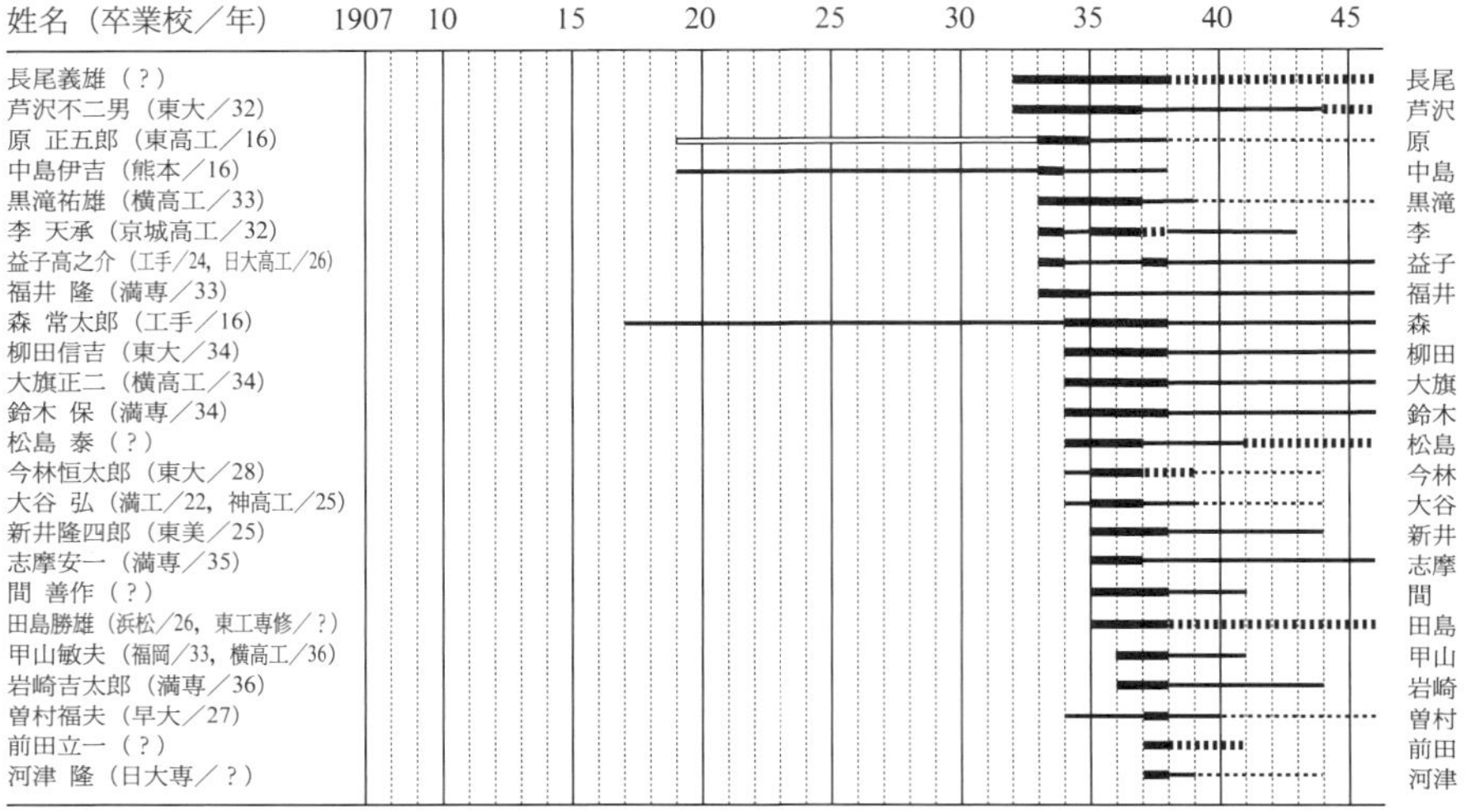

出所）満鉄編集発行『職員録』，『社員録』をもとに不明部分を『満鉄の事業と人物』，『建築学会会員住所姓名録』，『満洲建築雑誌』掲載の満洲建築協会会員異動記事などで補って西澤泰彦が作成した。本表には「本社建築課」に所属（兼任を含む）したすべての技術者，「本社建築課」設立以前の「本社工務課」や1936年以後の「本社工事課」に所属した建築技術者のみを収録した。本社建築係，建築課，工事課に一度も所属しなかった建築技術者，嘱託社員や「傭人」「傭員」は除いた。1941年以後については資料不足のため不明な部分もある。

注1）卒業校の略称は次の通り。東大：東京帝国大学，早大：早稲田大学，京大：京都帝国大学，Co.：米・コロンビア大学，Tex.：米・テキサス工科大学，東高工：東京高等工業学校，東高工教：東京高等工業学校付設教員養成所，日大専：日本大学専門部工科，日大高工：日本大学高等工学校，横高工：横浜高等工業学校，名高工：名古屋高等工業学校，神高工：神戸高等工業学校，京城高工：京城高等工業学校，旅順工大工専：旅順工科大学付属工学専門部，京高芸：京都高等工芸学校，旅順工堂：旅順工学堂，満専：南満洲工業専門学校，広島：広島職工学校及び広島工業学校，秋田：秋田工業学校，工手：工手学校，東工科：東京工科学校，神奈川：神奈川県立工業学校，浜松：浜松工業学校，福岡：福岡工業学校，佐賀：佐賀工業学校，熊本：熊本工業学校，満工：南満洲工業学校，東美：東京美術学校，東工専修：東京工業専修学校，無：専門教育を受けていない者，？：卒業校不詳。

学科・課程の略称は次の通り。木：木工科，土：土木（工学）科，機：機械（工学）科，機舶：機械工学科舶用機関学専修，（工）図：（工業）図案科，別：別科修了，選：選科修了，院：大学院修了，聴：聴講。学科に記載なき場合は建築（学）科または造家学科を示す。卒業年は，西暦年下2桁を表示し，不詳の場合は？とした。

2）━━：「本社工務課」「本社建築課」「本社工事課」，══：撫順炭坑営繕課・同土木課，┿┿┿：鉄路総局工務科・鉄道建設局計画課・鉄道総局建築課・施設局建築課，──：その他の本社組織及び鞍山製鉄所，┈┈┈：東京支社，京城管理局，山東・吉長・四鄭鉄道派遣，満鉄関連会社，南満洲工業（専門）学校職員。

3）＊：市田菊治郎は1925年青木姓に，吉田宗太郎は1915年太田姓に，吉田松市は1914年萩原姓に，近藤外登は1918年中野姓に改姓。

4）＃：岡田彦四郎の卒業校については，親族のご教示によるが，コロンビア大学卒という異説もある。

5）図の見方

1916～18年に本社建築課在籍を示す。

1915年に本社建築課在籍を示す。

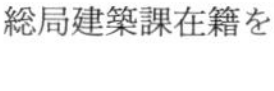

1942～終戦（1945年）に鉄道総局建築課在籍を示す。

第2章　植民地の経済と建築

一　植民地銀行と建築

東アジア地域における日本の支配が、官民一体の支配であったことは、すでに指摘した。このうち、政治や軍事における支配は、「官」が担ったのに対して、経済、社会、文化における支配を担ったのが「民」である。このうち、経済について、大きな役割を果たしたのが、それぞれの地域で通貨を発行していた台湾銀行、朝鮮銀行、横浜正金銀行、満洲中央銀行である。また、国策会社とよばれる東拓や満鉄も、朝鮮半島や中国東北地方で大きな影響力を持っていた。特に満鉄は、単に経済の面だけでなく、中国東北地方の日本支配地では、社会的、文化的にも大きな役割を果たしていた。一方、文化の面では、各地で新聞を発行していた新聞社が果たした役割は大きいが、文化を支える施設の面から見たとき、それぞれの地域での人々の文化活動を支えた施設も重要な存在であった。本章では、このような前提のもとに、銀行や東拓、満鉄の建築について焦点を当てることにする。

台湾銀行本店

台湾銀行は、日本の植民地であった台湾の中央銀行の役割を果たした銀行であり、日本最初の植民地銀行である。

その設置は、一八九七年三月三〇日に公布された台湾銀行法によっていた。[1] しかし、この法律の公布とともに設立されたのではなく、附則に記されたように日本政府は台湾銀行設立委員を指名し、設立委員が台湾銀行の定款を作り、株式を募集するという方法で、設立が準備された。日本政府は、同年一一月八日、台湾事務局長野村政明や大蔵省監督局長添田壽一、当時、横浜正金銀行取締役をしていた高橋是清など一四名をその委員に任命した。そして、一八九九年三月三〇日、定款が日本政府の認可を受け、同年四月一五日、株主募集の公告が出された。株主募集は同年五月前半に行われ、日本政府の引受株式一万株を合わせて五万株が集められた。そして、同年六月一二日に設立免許を取得し、七月五日には株主総会を開催、台北に本店を置いて、九月二六日、その営業を開始した。また、営業開始より三日後の同年九月二九日には、台湾銀行設立の一つの目的であった台湾銀行券を発券した。[2]

台湾銀行法では、「本店を台湾に設置す」とだけ記され、本店設置の都市名は記されていなかったが、本店は台北に設けられ、このほか、本店開業から六日後の同年一〇月二日には、台南と神戸に支店が、台中、嘉義、宜蘭、鳳山、新竹、澎湖島、滬尾に出張所が設けられた。その後、台湾内の支店、出張所を増やしながら、台湾と関係の深い中国・福建省のアモイなど中国南部、さらにシンガポールなど東南アジアに支店や出張所を開設していった。[3]

この中で、最初の本店は、台北市内にあった既存の建物を使っていたが、本店開設から三年後の一九〇二年九月、新しい本店の建物の工事が起工した。建物（図2-1）は、外観を二階建に見せた木造平屋建の建物であり、一九〇四年一月に竣工した。設計・監理は、当時、台湾総督府営繕課長を務めていた野村一郎に委ねられた。[4] 野村に設計が委ねられたのは、台湾銀行には建築技師がいなかったこと、また当時の台湾において台湾総督府所属の建築技師以外には、設計を担当できる人物がいなかったことによると考えられる。

当時の台湾銀行頭取柳生一義は新築落成式の挨拶で、「金庫を除くの外は永久の建築にあらざるを以て其規模設備の不充分なるを免れずと雖も本行業務の程度に於いてはまず完全と謂うべく、特に金庫は最も堅牢を主としその内外壁鉄扉などの構造は貴重なる財産の保管に就いて聊か遺憾なきを信ず[5]」と述べた。この挨拶のうち、前半部分は、建

図 2-1　1904 年竣工の台湾銀行本店

物本体が「永久建築」でなく木造建築であること、それによって建物の規模や設備が銀行の本店としては不十分であることを指摘しながら、当時の台湾銀行の業務形態、営業実績に照らし合わせた場合には、この建物でも十分であることを示したものである。柳生のいう「永久建築」とは、当時の一般的な概念として煉瓦造建築を指す言葉である。このとき新築された台湾銀行本店は、木造平屋建であり、その外壁に瓦を貼って、その上に漆喰と防水ペンキを塗って仕上げたものであった[6]。したがって、煉瓦造建築に比べて木造建築としての規模の限界もあり、また耐火・耐震性能の問題や防犯対策上の設備の問題が生じていることを柳生は指摘していた。外壁に瓦を貼り、その上に漆喰を塗ったことは、防火、防犯上の工夫の一つであると考えられるが、当時の銀行に見られる出入口や窓にシャッターを設け、屋内の要所に防火扉を設けるということは、そもそも木造建築では対応しにくいものであり、柳生の指摘はそれを示している。

それに対して後半部分は、金庫について言及し、防犯対策や耐火性能などの点において銀行の金庫として十分なものであることを示している。「堅牢を主とし」と述べていることから、建物本体は木造でありながら、金庫だけが煉瓦造であったと推測される。

この時期、日本国内では、日本銀行本店（一八九六年竣工）や横浜正金銀行本店（一九〇四年竣工）に代表されるように、大規模な銀行本店は、耐火・耐震性能を考慮して、鉄骨などの鉄材を補強にもちいながら煉瓦造や石造で建設されていた。その一方で、日本勧業銀行本店（一八九九年竣工）のように、木造真壁造の外観を持った木造建築の銀行本店も出現していた。さらに、小規模な銀行店舗、特に地方都市の銀行では、安田銀行会津支店（一九〇七年竣工）に代表される土蔵造の店舗も建てられていた。日本勧業銀行本店のような事例は例外的な事例であり、鉄筋コンクリート造建築が普及する以前においては、銀行建築は煉瓦造か土蔵造のいずれかであることが多かった。この初代台湾銀行本店は、土蔵造ではないが、木造の軸組を持っているという点、外壁を漆喰塗りとしている点において、土蔵造と共通している。ただし、日本各地に見られる土蔵造の銀行建築は、その外観に土蔵造に合わせた和風建築の意匠を取り入れることが多いが、この初代台湾銀行本店の場合、外観は、マンサール屋根の架かるルネサンス様式になっているところが異なっている。これは、植民地である台湾の中央銀行としての役割を果たす台湾銀行の本店は、あくまでも西洋建築の延長線上に位置することが求められた結果である。

その後、二代目の本店が、一九三四年八月四日に起工し、一九三七年六月三〇日に竣工した。[7] 設計は、清水組設計部や第一銀行建築課長を経て東京で西村建築事務所を主宰していた西村好時であり、施工は大倉土木が請け負った。建物（図2-2）は鉄骨鉄筋コンクリート造、地上三階、地下一階であり、延床面積は約九、五一九平方メートルであった。[8] ただし、この延床面積は、この建物と相前後して西村好時が設計した第一銀行本店（一九三〇年竣工、約一万七、三九〇平方メートル）や満洲中央銀行総行（一九三八年竣工、二万六、〇七五平方メートル）の延床面積に比べて、植民地台湾の中央銀行本店という責務を帯びた建物としては小さい。それでも、当時台湾では、この建物を「近来の大建築物」とか「近代的大建築物」と称し、また、台湾総督府庁舎や一九三四年三月竣工の台湾総督府高等法院及台北地方法院庁舎とこの台湾銀行本店が台北市街地において、軒を連ねて一列に並ぶこととなり、「竣工の暁は恰も司法、行政、金融の大本山が大廈を競う」と記された。[9]

外観は、建物正面において、一階部分を建物全体の基壇とし、その上部である二階・三階を貫くジャイアント・オーダーを八本並べている。内部は、一階の営業室上部を三階までの吹き抜けとしている。設計者の西村は、建物正

図 2-2　1937 年竣工の台湾銀行本店

面に多数のジャイアント・オーダーを並べ、内部において営業室を三層吹き抜けとする、という同じ手法を第一銀行本店や満洲中央銀行総行でも用いている。銀行の営業室上部を吹き抜けにすることは、当時の銀行建築では、日本国内のみならず世界的に用いられた手法であり、日本国内の多くの銀行では、一般的に二層分を吹き抜けとしているのに対して、台湾銀行本店や満洲中央銀行総行で西村が用いた手法は、さらに吹き抜けをより大きくし、三層分を吹き抜けとしていることである。一方、銀行建築において、建物正面にジャイアント・オーダーを並べることは、当時としては、よく用いられる手法であるが、西村が台湾銀行本店で用いた手法は、この後、彼が設計した満洲中央銀行総行と同様に多数のジャイアント・オーダーを建物正面に並べたことであった。

また、もう一点、指摘すべきことは、日本の支配地に建てられた銀行建築の中で、台湾銀行のみが、日本による支配期間中に二度、本店を新築したことである。これは、最初に新築された台湾銀行本店が木造建築であり、銀行の本店としては不十分な建物であったことと、日本による台湾支配が他の地域に対する支配に比べて先行しており、支配期間が長かったこと、の二点が重なって起きた。すなわち、銀行の本店としては不十分であった初代台湾銀行本店は、早晩、建て替えられる運命にあり、その建て替え時期が、戦時体制に入る前に来ていたため、建て替えられたと考えられる。

朝鮮銀行本店

朝鮮銀行は、日本の植民地であった朝鮮の中央銀行の役割を果たした銀行であるが、その本店の建物は、第一銀行韓国総支店として設計された建物である。これは、日本による韓国保護国化の一環として日本政府が韓国政府に対して進めた財政改革の中で、一九〇五年から第一銀行が韓国の中央銀行としての役割を果たすこととなったためである。第一銀行は、一九〇二年から韓国で日本銀行券と等価であることを明記した第一銀行券を発行し、実質的な日本円の流通を試みた。これは、第一銀行頭取の渋沢栄一と当時駐韓公使であった林権助が進めたもので、韓国政府はこれに対抗して中央銀行設立の準備に入った。しかし、韓国政府による中央銀行が設立できないまま一九〇四年二月、日露戦争が始まったため、日本政府は、韓国の保護国化に着手した。日本政府は、日露開戦直後に韓国政府との間で「日韓議定書」を結び、日本政府は韓国政府の財政改革を進めるため、大蔵省主税局長の目加田種太郎を財政顧問として韓国に派遣した。目加田は、韓国政府に対して、当時流通していた韓国の通貨を第一銀行券に交換させることとし、一九〇五年七月から、それを始めた。[10] その際、第一銀行は、それまで漢城（ソウル）にあった京城支店を韓国総支店に格上げし、その建物を新築することとなった。

建物の設計は、渋沢栄一と懇意であった建築家辰野金吾が主宰する辰野葛西事務所に依頼された。辰野葛西事務所で実際の設計を担当したのは、一九〇五年に東京帝国大学建築学科を卒業して、辰野葛西事務所に入所した中村與資平であった。中村が書き残した「自伝」[11] によれば、中村にとって、一つの建物の設計についてそのすべてを担当したのは、第一銀行韓国総支店が最初であった。この建物とほぼ同時に始まった東京駅の設計において、辰野が設計担当の松井清足に対して「君は僕の言う通りにやればいい」[12]と述べているように辰野葛西事務所では、辰野が考えた設計案を担当者が具体化して詳細な図面を描いていくというやり方で設計が進められた。中村の「自伝」では、「設計も早く存外良く出来たと思え、珍しく辰野先生にも褒められた」と記され、辰野が中村の作成した設計の具体案に満足したことがうかがえる。中村は、その設計案を携え、一九〇七年一一月、基礎工事の起工[13]に合わせて、短期間だけ漢城（ソウル）に渡り、工事開始の打合せを行った。帰国後、彼は設計の最終的な仕上げを行い、同年一二月に設計を完了し、[14]さらに、第一銀行韓国総支店から監理の責任者である「臨時工事部工務長」に任命された。[15]これは、辰野葛西事務所が中村に工事の監理を任せたためであるが、これによって中村は、第一銀行韓国総支店に身を置くこととなり、後に中村が辰野葛西事務所から独立する下地となった。[16]なお、辰野葛西事務所では、中村は第一銀行韓国総支店に出向という扱いになっていた。[17]翌年、中村は再度韓国に渡り、居を構えて、建物の竣工まで監理に携わった。

建物（図2-3）は、地上二階（一部三階）、地下一階のルネサンス様式で、床を鉄筋コンクリート造とし、柱と壁体は、石造または鉄骨煉瓦造であった。[18]施工は、第一銀行と関係の深い清水組（現清水建設）が請け負い、一九〇九年七月一一日に当時の統監伊藤博文を迎えて定礎式を開き、[19]一九一二年一月に竣工した。[20]この間、監理に携わった中村は、清水組の下請けとして工事に参加した野村組が低品質なコンクリート骨材を使用していることを見抜き、請負業者には致命的な扱いとなる工事の全面停止によって、再発防止に努めた。[21]

ところで、この建物は第一銀行韓国総支店として起工し、定礎したが、定礎直後の一九〇九年七月二六日、韓国政府は「韓国銀行条例」を公布し、新しい中央銀行として韓国銀行を設立することとなった。しかし、これは、韓国政府が独自に計画したことではなく、同日、曾禰荒助統監と韓国政府の李完用首相が「韓国中央銀行に関する協定」を結び、日本人を韓国銀行の重役にする旨が盛り込まれていることからも明らかなように、日本政府による韓国保護国化の一環として進められた。これより先の一九〇九年五月、第一銀行の韓国からの撤収と韓国中央銀行の設立などを含む対韓最終施策が日本政府内部で決められた。[22]

図 2-3　1912 年竣工の朝鮮銀行本店

結局、定礎から三ヶ月後の一九〇九年一〇月二九日、韓国銀行が設立された。これに合わせて、第一銀行は、京城支店と釜山支店を残して韓国から撤収し、その業務は韓国銀行に引き継がれた。韓国銀行が引き継いだのは業務だけでなく、新築中の建物をはじめとした支店や出張所の建物と土地、それに付随する什器や雑品、さらに行員であった[23]。統監府・韓国度支部が第一銀行との交渉途中で示した引継ぎ案では、新築工事中の第一銀行韓国総支店の建物を一〇〇万円と見積もったが、引き継ぐ他の支店・出張所の建物土地全部の見積価格も総計一〇〇万円であり、この建物が相対的に重要な資産であったことを示している[24]。なお、この一〇〇万円という見積価格については、実際の工費が一一一万円であったことから、大雑把とはいえ、見当違いな見積価格ではなかった[25]。このような交渉を経て、韓国銀行の設立とともに、新築中の第一銀行韓国総支店は、韓国銀行本店と名前を変えた。

ところが、一九一〇年一〇月一日、日本は「日韓併合」という表現を使いながら韓国を植民地化し、その呼称を朝鮮としたため、韓国銀行も名称を朝鮮銀行と改める必要が生じた。結局、一九一一年八月一五日、朝鮮銀行法が施行され、韓国銀行は朝鮮銀行に衣替えし、新築中の韓国銀行本店は、朝鮮銀行本店となった。したがって、一九一二年一月に竣工したとき、この建物の名称も朝鮮銀行本店となった。

竣工した朝鮮銀行本店は、正面を左右対象とし、中央に車寄せのある玄関を設け、両翼を手前に張り出してペディメントを載せ、さらに両翼ともその外側に設けた階段室にはドームを架けた。中央に比べて両翼を強調する正面のデザインは、辰野金吾が、ベルギー国立銀行本店の正面を参考にしたといわれる日本銀行本店（一八九六年竣工）で用いた手法と同様である。(26)しかし、日銀本店の場合、手前に張り出した両翼を結ぶように塀が設けられ、外側からは塀に遮られて中央玄関は見えない。これは、銀行としての防犯上の理由であり、(27)辰野が日銀本店の設計案を作るに当たって、ベルギー国立銀行本店とともに参考にしたイングランド銀行本店に設けられた塀の影響であると考えられる。ところが、朝鮮銀行本店の場合、日本銀行本店やイングランド銀行本店に見られる正面玄関を覆い隠すような塀はない。この理由について、辰野の資料が不明であるため、推測の域を出ないが、次のように考えることが可能である。この建物の設計が辰野葛西事務所に依頼されたときには、この建物は韓国・朝鮮の中央銀行となる建物ではなく、第一銀行韓国総支店として建てられる予定であった。第一銀行韓国総支店は、発券業務を行う銀行であり、その点において、中央銀行と同じ役割を果したのであるが、第一銀行はあくまでも日本における民間銀行の一つであり、国の中央銀行とは異なる組織であった。したがって、辰野は、日本銀行本店とは異なり、正面に塀を設けなかったと考えられる。

他方でこの建物は、当時の銀行建築としては珍しく、玄関に車寄せ（図2-4）を設けている。市街地に建てられる民間資本の銀行建築の場合、街路に面して建物を配置し、車寄せを設ける余地はないのが普通であり、車寄せを仰々しく付ける必然性もない。ところが、この建物の場合、両翼を手前に張り出したことによって、玄関と街路との間に空地ができ、そこに車寄せを設けたのである。すなわち、民間資本の銀行建築でありながら、官衙建築のように左右対称で両翼を張り出すという平面がとられたため、必然的に車寄せが付加したものと考えられる。なお、この張り出した部分は、一階が応接室となり、二階には貴賓室と総裁室が設けられた。

建物内部は、一階中央部分を「公衆溜」と称した客溜りとし、その上部を吹き抜けとしていた（図2-5）。一階の公衆溜は、周囲三方にコの字型でカウンターが廻り、二階部分は吹き抜けを取り囲むように四方に廊下（ギャラリー）が廻り、廊下から吹き抜けが見下ろせるようにつくられた。客溜りの上部を吹き抜けにする方法は、台湾銀行本店でも紹介したように一九世紀後半から今日に至るまで、規模の大小を問わず、銀行建築では一般的に行われる方法である。その場合、吹き抜け周囲の二階部分は、吹き抜けを取り囲むように、ギャラリーが廻っていることも一般的な方法である。

建築構造・材料に着目すると、構造として石造と鉄骨煉瓦造、鉄筋コンクリート造を混用したことが大きな特徴である。すなわち、柱は、花崗岩の切石を積み上げた石造の部分と、鉄骨で補強した煉瓦造の柱があり、床は鉄筋コンクリート造となっていたことである。このような異なった構造形式の混用について、その原因は、材料の供給と鉄筋コンクリート造が普及段階にあったこととの二点があげられる。

柱に使われた花崗岩は、ソウルの東の入口にあたる東大門の郊外で切り出された花崗岩を使ったが、これは、ここが良質の花崗岩産地であり、容易にソウル市内の建築現場まで輸送できたためである[28]。この石材は、既述のように、後に朝鮮総督府庁舎にも使われた。一方、鉄骨で補強された煉瓦造の柱は、韓国政府がつくった官立煉瓦製造所において焼成され、大量に供給可能であった煉瓦と、アメリカのカーネギー社製造の相対的に高価な鉄骨を使っていた[29]。したがって、相対的に高価な鉄骨を使って、すべての柱を鉄骨煉瓦造にすることは現実的ではなく、容易に使うことが出来る花崗岩を併用するのは当然のことであった。

ところで、このようにしてつくられた朝鮮銀行本店の柱に施された飾りは、第一銀行が韓国での中央銀行業務を進めるに当たり、当時、韓国で流通していた貨幣を一時的に回収し、それらを溶かして造ったものである。これは、第

〔上〕図 **2-4**　旧朝鮮銀行本店の車寄せ

〔下〕図 **2-5**　朝鮮銀行本店 1 階営業室

図 2-6　第一銀行仁川支店（1897 年竣工）

一銀行が韓国貨幣の白銅貨を回収した記念として行われたもので、「軸柱、花崗岩一個を以て造り或は鉄骨煉瓦積と為し、頭飾は元韓国旧貨幣を鋳潰して之を作成し、以て貨幣整理の記念とせり[30]」と記された。

この朝鮮銀行本店の竣工は、次のような影響をもたらした。一点目は、朝鮮半島で銀行建築が確立していく契機となったこと、二点目は、朝鮮半島支配の機関である朝鮮総督府の建築組織とは別に、民間の日本人建築家の活動を可能としたことであった。

一点目について、韓国内に最初に銀行建築を建てたのは日本の第一銀行であり、一八九七年、仁川の日本居留地に支店（図2-6）を建設した。しかし、このときの第一銀行は、居留地における日本人の経済活動を支える目的により支店を新築したのであって、これによって韓国社会に銀行というシステムが浸透し、各地に銀行建築が建てられていったわけではなかった。結局、銀行が社会に浸透するのは日本による植民地化の中で各地に銀行が設立されて以降のことであるが、朝鮮半島の各地で銀行建築が新築されていくのは、それらの動きを経た後の、一九一〇年代末からである。そして、一九二〇年代半ばには、規模の大小はあるものの、営業室を吹き抜けとして周囲にギャラリーを廻すという典型的な銀行建築が朝鮮半島の各都市で見られるようになる。この動きに大きな影響力を持ったのが、朝鮮銀行本店新築工事で監理を行った中村與資平である。

二点目について、中村與資平の朝鮮銀行本店竣工後の活動は、その典型である。中村は、朝鮮銀行本店が竣工すると、辰野葛西事務所を辞し、朝鮮銀行から与えられた報償金を資金として自宅を購入し、さらに中村建築事務所を開設した。その一方で、中村は朝鮮銀行建築顧問という肩書きを有し、[31]朝鮮銀行が他の都市において支店を順次新築していくことに関与した。さらに、朝鮮銀行本店のみならず各地の支店新築での経験が社会的な評価を受けたとみられ、他の銀行が店舗を新築する際にもその設計は中村に依頼されることが多かった。中村が設計した銀行建築は、朝鮮半島の一〇都市で合計二〇件にのぼった。これは、朝鮮半島の主要な都市には必ず中村が設計した銀行建築が建っていたことを意味している。なお、中村の活動については、第5章で記す。

横浜正金銀行大連支店と朝鮮銀行大連支店

戦前の日本において唯一の外国為替管理銀行であった横浜正金銀行は、一九〇二年、天津、上海、営口に支店を開設し、中国の貨幣制度に合わせて銀本位の兌換券（鈔票）を発行した。これは、中国の租界における日本人の経済活動を支援するためのものであったが、日露戦争中の一九〇四年には、日本軍占領下のダーリニーに支店を開設し、日本軍が戦地での物資調達のために発行した銀本位の軍票を回収する任務を負った。そして、一九〇六年からは、大連支店にて銀本位の横浜正金銀鈔票を発行した。この一連の動きは、横浜正金銀行が銀本位の横浜正金銀鈔票を関東州や満鉄鉄道附属地における通貨として流通させることを意図していた。

ところが、大連をはじめとした中国東北地方に住む日本人にとっては、日銀券と同様の金本位通貨の流通を望む声が高く、一九〇七年から、関東都督府や満鉄は給料などの支払いを日本銀行券で行った。そして、一九一三年、朝鮮銀行が奉天、大連、長春に出張所を開設し、朝鮮銀行券の関東州や満鉄鉄道附属地での流通が始まった。また、これに合わせて横浜正金銀行大連支店では、同じ年、金本位の横浜正金銀行券を発行するようになった。しかし、金本位と銀本位の横浜正金銀行券が流通すると混乱するので、一九一八年には、金本位の発券は朝鮮銀行に一元化された。それでも、関東州や満鉄鉄道附属地では、銀本位の横浜正金銀行券と金本位の朝鮮銀行券が通貨の地位を目指して競

図 2-7　大連大広場に面して新築された横浜正金銀行大連支店（1909 年竣工）

合することとなった。そして、それは、両者の建築物にも現れることとなった。

まず、先手を打ったのは、横浜正金銀行であり、一九〇九年一二月、大連の中心街として整備が始まった大広場に面した一画に大連支店（図2-7）を新築した。大広場に面して二番目に竣工した建物である。

設計は、当時、満鉄技師を務めていた太田毅が作成した設計案に対して、横浜正金銀行本店（一九〇四年竣工）を設計した妻木頼黄が日本でその内容を確認、決定するという方法が採られた。太田が横浜正金銀行大連支店竣工披露宴の席上で紹介した建設経緯によれば、横浜正金銀行が満鉄に対して、大連支店の新築設計を太田に依頼する旨の交渉を行った後に太田が新築設計案を作成し、それを妻木が確認、決定したとされている(32)。満鉄社員の太田が、満鉄とは無縁な横浜正金銀行大連支店の設計を担当したのは、横浜正金銀行と深く関わりのあった妻木頼黄が、大蔵省臨時建築部長として、満鉄入社以前の太田毅の上司であったことに由来していると考えられる。なお、妻木の死後、『建築雑誌』に掲載された追悼録「妻木博士を弔ふ」では、横浜正金銀行の本店、奉天支店、牛荘支店、北京支店を妻木の設計として記しているが、大連支店については見当たらない(33)。これは、牛荘支店や北京支店では、妻木が日本国内で設計した案を現地に送って監理を現地に赴いた建築家に託したのに対して、大連支店の場合は、妻木が設計案を最初に作ったのではなく太田が最初に作成した案を妻木が確認、決定したためであり、両者の違いが、追悼録の記載にも現れているとみられる。ちなみに一九一〇年竣工の北京支店では、当時北京在住でかつて海軍技師を務めた森川範一と一九〇八年に北京に派遣された大蔵省臨時建築部技師の村井三吾が実施設計と監理を行っている[34]。

大連支店の建物は、煉瓦造二階建で後方に鉄筋コンクリート造の金庫が設けられた。正面は左右対称で、その中央に大きなバロックドームを載せて強調しながら、左右両端の階段室を張り出して両端も強調している。平面は、正面中央の入口を入ると吹き抜けの営業室があるが、敷地が建物後方に開いているのに合わせて建物も後方に開く平面形状である。外壁は薄い黄色の化粧煉瓦が張られている。後方に張り出し建てられた金庫は、大連で最初に建てられた鉄筋コンクリート造であり、建物の本体工事に先立って一九〇七年一〇月から翌年七月にかけて建設された。この設計は、当時、関東都督府技師を務めていた前田松韻が担当した。また、建物の本体工事では、外壁が建ち上がった一九〇八年一二月から一階に暖房装置を設け、寒中工事とよばれる冬期の工事を行った[35]。これは、明らかに工期の短縮を考え、竣工時期を早くするためであり、それほど、この建物の新築が急がれたことを意味している。一九〇九年一二月一二日に行われた竣工披露宴では、大連民政署長の力石雄一郎が「横浜正金銀行大連支店の新築成り茲に本日を以て落成式を挙行せらる洵に祝賀に堪へず。惟ふに本行が満洲に於ける唯一の貨泉として経済界に貢献せられつつあるは茲に呶々を要せざる処にして輪奐の美構造の荘厳と相俟って名声愈高し[36]」と祝詞を述べ、横浜正金銀行大連支店の建物が持っている美と荘厳が、その経済活動と重なって存在感を示していることを指摘した。すなわち、横浜正金銀行が中国東北地方において持っている経済力を示すのがこの建物であることを指摘していた。そして、この竣工披露宴に招かれた大連閣埠華商総代劉兆伊・郭学純は連名で祝辞を述べたが、その中でも同様のことを指摘している。中国人商業者の発言は、日本支配地での発言であることを考慮してのお世辞的な部分もあると考えられるが、当時の大連で最初に新築された銀行建築であることを意識した発言であった。

なお、中国資本の銀行としては、清朝の大蔵省に相当する戸部が設立した大清銀行が、一九一〇年六月、同じ大連

図2-8　大連大広場に面して新築された朝鮮銀行大連支店（1920年竣工）

の大広場に面する敷地にその支店を新築している。前出の中国人商業者が、祝辞の中で横浜正金銀行は資本金が多く兌換券も使い勝手がいい、と評しており、大清銀行のできるまで、中国人商業者が横浜正金銀行に頼っていたことがわかり、その分、中国人商業者として建物も評していた、と考えることができる。

一方、朝鮮銀行は、一九一七年、すでに横浜正金銀行大連支店や大清銀行（中国銀行）大連分行が建てられていた大連大広場に面した敷地に大連支店を新築することを決め、その設計を京城（ソウル）に設計事務所を開設していた中村與資平に委ねた。中村はこれに合わせて設計事務所の大連出張所を開設し、設計に取り掛かった。建物（図2-8）は、鉄骨煉瓦造三階建で、一九二〇年に竣工した。建物の正面は、三層分を貫くコリント式の円柱が六本並び立つ古典系の外観で、内部は周囲にギャラリーを廻した二層吹き抜けの営業室がある。

朝鮮銀行は、一九一三年に大連出張所を大山通に開設した後、この大広場に面した地に店舗を新築、移転したのであった。これは、当時の大連市街地の拡大を良く示している。日露戦争直後の大連では、市街地は、東清鉄道が建設した大連駅の北側に広がる通称「露西亜町」だけであり、大広場周辺はまだ市街地が成立していなかった。大山通は、その露西亜街の入口である日本橋と大広場を結ぶ幹線道路であり、市街地は、日露戦争直後から一九一〇年代半ばにかけて、この大山通に沿って大広場まで徐々に伸びていった。朝鮮銀行が最初に大連出張所を開設したのは、当時の市街地の中心になっていた場所であり、大広場に店舗を移した時期は、大広場が大連市街地の中心地になっていたのである。

朝鮮銀行は、大連支店の新築と前後して、奉天や長春でも支店を新築していくが、それらはいずれも中村與資平に設計が委ねられた。

このうち、大連支店より先に、一九一六年一〇月に竣工した奉天支店（図2-9）は、奉天城の小西関大街に面して建てられた煉瓦造二階建の建物である。[37]奉天城の小西関大街は、奉天城の内城の門である小西門と外城の門である小西辺門を結ぶ街路で、その東端は小西門を経て奉天城内最大の繁華街である四平街に繋がり、他方、西端は小西辺門を経て奉天商埠地の当時の中心地である十間房を通る鉄路大街に通ずる幹線道路であった。また、長春支店（図2-10）は、長春鉄道附属地の中心地である南広場に面して一九二〇年に竣工した煉瓦造二階建の建物である。

朝鮮銀行が奉天では鉄道附属地ではなく奉天城内に支店を新築したのは、満鉄など日本の企業だけでなく、中国の金融機関や商工業者との取引が生じていたためであったと推察される。この時期、張作霖が実権を握っていた奉天省政府の財務庁から朝鮮銀行に対して借款の打診があるなど、中国の銀行に比べて安定した銀行券を発行していた朝鮮銀行は張作霖政権にとっても必要な金融機関であった。また、朝鮮銀行にとって、朝鮮銀行券が中国側の政権や金融機関、商工業者に流通することは、勢力拡大に繋がり、好都合であった。双方の思惑が一致する中で、朝鮮銀行から奉天省政府への最初の借款（一〇〇万円）が行われたのは奉天支店が新築される直前の一九一六年六月であった。奉天支店の新築は、このような奉天における日中間の経済事情と連動していたといえよう。なお、この翌年、朝鮮銀行は奉天鉄道附属地に「奉天新市街出張所」として店舗を開設したが、建物を鉄道附属地の中心地である奉天・大広場に面した一角に新築したのは一九三一年のことであり、[38]それは、同じ広場の反対側に横浜正金銀行が奉天支店を新築してから六年後であった。

ところで、朝鮮銀行大連支店や長春支店の設計監理を依頼された中村は、この時期、奉天公会堂や開原公会堂の設計も依頼されたことから、彼は大連出張所の人員を増やすことで業務拡大に対応した。彼は、まず、京城（ソウル）

図 2-9　朝鮮銀行奉天支店（1916 年竣工）

図 2-10　旧朝鮮銀行長春支店（1920 年竣工）

の事務所から、所員の岩崎徳松を大連出張所に送り込み、その後、陸軍技師を務めた久留弘文、一九一九年に東京帝国大学建築学科を卒業したばかりの宗像主一を雇い入れ、さらにオーストリア人で京城（ソウル）の事務所に住み込みで働いていたアントン・フェラー（Anton Feller）を送り込んだ。

このような朝鮮銀行の動きに合わせて横浜正金銀行は、奉天では大広場に面した地に、長春では鉄道附属地の幹線道路であった日本橋通（東斜街）に面した地に、それぞれ支店を新築した。一九二二年に竣工した長春支店の設計は、中村建築事務所大連出張所の仕事として、所員の久留と宗像が担当し、一九二五年に竣工した奉天支店の設計は、その大連出張所を引き継いだ宗像が行った。

中国東北地方の日本支配地で金融覇権を争った横浜正金銀行と朝鮮銀行は、大連では同じ広場に面して支店を建て、奉天と長春では同じ建築事務所の関係者によって設計が行われた。同じ広場に面して両行の支店が建てられたことは、金融覇権を競った象徴的な現象であり、その一方で、両行の支店の新築設計に同じ人物が携わっていたことは、日本の支配地において銀行建築の設計に長けていた建築家が少なかったことを示している。朝鮮銀行本店（第一銀行韓国総支店）の設計・監理に携わった中村與資平は、それを契機に朝鮮半島と中国東北地方で二三棟の銀行建築を設計し、それを通して得た知識と経験をもとに日本に帰国後も一八棟の銀行を設計しているが、彼はその典型であった。中村は、京城に建築事務所を開設していた時期、銀行建築の設計だけは所員を厳しく指導していたと伝えられており[39]、それは彼が持っている銀行建築に対する自信の表れであったといえる。

満洲中央銀行総行

満洲中央銀行は、満洲国政府の成立を受けて、満洲国の中央銀行としての役割を担うため、一九三二年七月一日に設立された銀行である。満洲中央銀行は、張学良政権下で発券していた東三省官銀号、黒龍江省官銀号、吉林永衡官銀号、辺業銀行の資産などを引き継ぐかたちで設立された経緯を持つため、その店舗もそれらの銀行の店舗を一時的に使用することとなった。そのような状況下で、満洲国政府成立とともに満洲中央銀行設立の準備を始めた満洲中央銀行事務所（仮総行）は、当初、吉林永衡官銀号が長春に設けていた店舗を使い、その後、東三省官銀号の建物を使った。東三省官銀号の建物は、上部を満洲国財政部が使用しており、満洲中央銀行事務所は、財政部長を務めていた熙洽と交渉して事務所に使う部屋を確保していった[40]。第1章で記したようにこの時期、満洲国政府を構成する国務院の各部も既存の建物を庁舎に転用していたが、建物の規模や場所を考えると転用できる建物は限られており、東三省官銀号の建物のように、二つの機関・組織が一つの建物を使うこともあった。

満洲中央銀行総行の建設は、このようにして仮総行で営業しながら、まず、土地の選定から始まった。土地は、当時、満洲国政府によって進められていた首都新京（長春）の都市建設によって出現した大同広場に面した敷地に決した。その面積は三万平方メートルであった。

大同広場は円形広場で、それを取り囲む外周道路の長さが一キロメートルにもなる巨大な広場であり、そこから六本の街路が放射状に延びている。したがって、敷地形状は必然的に正面から後方に向かって広がっていく扇形になり、これが建物の平面形状にも影響を与えた。すなわち、建物は、大同広場に面した側を正面とし、そこに一〇本のドリス式ジャイアント・オーダーを並べた（図2-11）。そして、正面に向って右側（大同大街側）には、街路に沿って後方に翼部が伸び、営業室と翼部の間に中庭が取られた（図2-12）。当初の計画では、この翼部は、正面に向って左側（興安大街側）にも二期工事分として計画されたが、実際には建てられなかった。このように、建物は、敷地の外形に沿って、後方に広がる平面形状をとっていた。

営業室は、当時の銀行建築によく見られる上部吹き抜けとしているが、吹き抜け部分の面積が二、一一九平方メートルという具合に広く、屋根などの上部構造を支えるため、吹き抜けの中に二八本の円柱を立てている（図2-13）。また、当時の銀行建築で営業室を吹き抜けとする場合、吹き抜けの周囲に廻廊がめぐらされるか、吹き抜けに面して応接室や貴賓室、役員室、あるいは、その他の小規模な執務室が配置されるのが一般的であり、それらの部屋の採光は、吹き抜け上部の屋根に設けられたトップライトから吹き抜けへの採光を利用する場合が多い。しかし、この建物の場合、廊下は廻廊とはならず、建物正面側と後方側にしか設けられていない。また、役員室や貴賓室は、営業室には面しておらず、大同大街側に延びる翼部に収められている。これは、建物の規模に比べて敷地が広く、余裕があったため、このような平面計画になったものと考えられる。

建物の構造は、柱、梁からなる架構を鉄骨鉄筋コンクリート造とし、そこに鉄筋コンクリート造の床を渡し、壁は

図 2-11　満洲中央銀行総行全景（1938 年竣工）

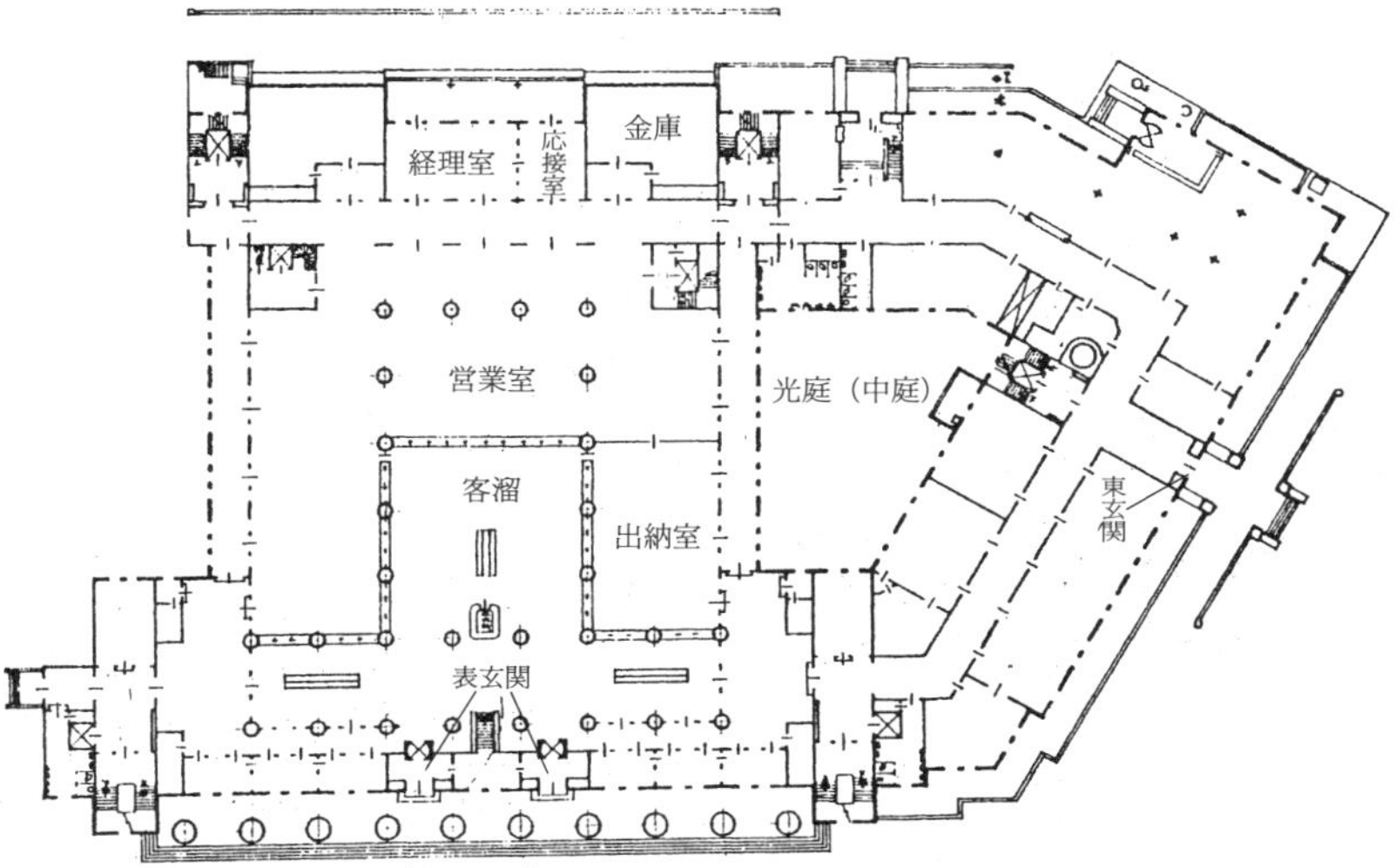

図 2-12　満洲中央銀行総行 1 階平面図

図 2-13　満洲中央銀行総行営業室

一部を除いて煉瓦造であった。建物に使われた鉄骨は二、四四〇トン、鉄筋は二、六五〇トンの合計五、〇九〇トンであり、これは、この時期の満洲国における建築用鉄骨、鉄筋の年間使用量の合計が九、〇〇〇トンであったことを考えると、この建物に使われた鉄骨、鉄筋の使用量が極端に多いことがわかる[41]。また、満洲中央銀行建築事務所長を務め、その後、満洲国政府の建築組織である営繕需品局営繕処長となった桑原英治は、この建物について「満洲では初めての鉄骨で然もそれが日本では出来ないくらい早く出来た」と述べた。「満洲では初めての鉄骨」とは、中国東北地方で最初に鉄骨の架構を持った建物という意味である。この時期、日本国内のみならず、上海をはじめとする中国の大都市では鉄骨造の建物が建てられていた時期であるが、中国東北地方では、満洲国国務院庁舎（一九三六年竣工）や大連駅（一九三七年竣工）という規模の大きな建物も鉄筋コンクリート造を主体としており、建物全体に鉄骨の架構を用いた建物は極めて少なかった。

建物の設計は、東京にあった西村建築事務所に依頼された。事務所の主宰者である西村好時は、すでに紹介したように台湾銀行本店も設計した建築家であり、この時期、満洲中央銀行総行の設計は、台湾銀行本店の設計と同時進行であった。満洲中央銀行が総行の設計を西村建築事務所に依頼した経緯を示す資料がないので、その背景は想像の域を出ないが、西村好時は、第一銀行建築課長として第一銀行本店をはじめ、全国各地の支店の設計を担当し、また、その経験を生かして一九三三年には『銀行建築』[42]という本を出版するなど、当時の建築家の中では際立って銀行建築に詳しい人物であった。満洲中央銀行が、本店となる総行の設計をそのような人物に依頼するのは当然の成り行きであったといえよう。

このようにして建てられた満洲中央銀行総行について、建物竣工後に満洲建築協会が開催した「満洲中央銀行総行本建築を語る座談会」では、建物の外観、規模、設備に関する特徴と施工の先進性が強調された[43]。

ドリス式ジャイアント・オーダーを正面に並べた外観について、この座談会では、古代ギリシアのアテネ・パルテノン神殿に金庫があったことを拠りどころとして、ドリス式オーダーを用いたことが説明された。

規模について、単に延床面積が大きいだけでなく、鉄材、セメント、煉瓦といった材料の使用量も大量であることが強調され、それによって建物の規模が大きいことを示した。さらに、柱の太さや営業室の吹き抜けの大きさも規模が大きいことを示す題材となった。建物正面に並ぶドリス式ジャイアント・オーダーの直径は最下部では二メートルに及びそれだけ太いために柱一本で一万二、〇〇〇円かかっていることが強調された。そして、銀行建築としては一般的である営業室の吹き抜けも、天窓に張られたガラスがドイツ製であることや、吹き抜けに立つ円柱に使われた大理石がイタリア製であることと、その規模の大きさや大きな天窓による営業室の明るさによって、来訪者が感嘆することが報告された。これらに加えて、単に規模が大きいだけでなく、戦時を想定して耐爆性能についても議論が及び、耐爆性能があることも説明された。

設備について、銀行建築に必要不可欠な高度な防火・防犯設備を備えていることが強調された。防火の点では、建物内部の三五ヶ所に消火栓を配置し、また、三〇ヶ所に火災報知機を設置した。火災報知機は「複合報知器」と称され、火災だけでなく防犯上の報知器も兼ねており、各種の異常は報知器を通して守衛室に通報される方式であった。さらに、金庫周辺には微音警報装置と呼ばれた警報装置が設置され、金庫に人が近寄れば反応して守衛室に報知されるようになっていた。また、「中央監視盤」と称したコントロールパネルを用いて、建物の蒸気暖房を集中管理していた[44]。このように設備面では、中央制御システムが導入された。

また、施工において注目を集めたのは、厳寒時期の施工方法である。一般的に当時の中国東北地方における建築工事は、冬の寒さを考慮して、毎年一一月から翌年三月までは、行わないのが通例であった。ところが、この建物は、一九三七年一一月から翌年三月末まで、建物内部に暖房を施して、建築工事を進めた[45]。

このような建物の外観、規模、設備の特徴と施工の先進性が相まって、最終的に強調されたことは、工事に携わった桑原英治が言うように、「立派な建物が出来上がった」ことであり、それは、「満洲と雖も内地の一流の建物と同じ建物が出来ること」を示すためであった。そして、桑原は「設計に於いても材料に於いても施工に於いても内地の一流建物に決して劣りません」と言い切り、満洲中央銀行総行が建築物として質の高いものであることを強調した。それは、この建物が満洲国の中央銀行の本店としての役割を果たしていたことを述べたものであった。「満洲中央銀行総行本建築を語る座談会」では満洲国政府がこの建物の敷地選定で便宜を図った旨が述べられている。満洲国政府にとって、満洲中央銀行による幣制の統一は重要課題であったが、それを進める満洲中央銀行の本店が仮店舗というのは、銀行の威信に関わる重要な問題であり、ぜひとも威信を確保できる本店の建物が必要であった。したがって満洲国政府がこの建物の建設に便宜を図るのは当然であった。そして、桑原をはじめとした関係者が、威信確保の手段として用いたことは、ドリス式ジャイアント・オーダーの並ぶ外観であり、規模の大きさであり、充実した設備であった。そして、それを支えたのは当時としては先進的な施工であった。しかし、そこで比較の対象となったのは、あくまでも日本国内の建物であった。満洲事変と満洲国の成立によって東アジア地域の国際秩序が大きく変動し、中国東北地方におけるボーダレスな状況が失われた結果であった。

二　国策会社と建築――満鉄と東拓

国策会社による支配

台湾総督府や朝鮮総督府、関東都督府という国家機関と満鉄や東拓というような半官半民の国策会社との大きな違いは、前者が支配機関として政治的に君臨し、また、本来、それぞれの地域の行政機関としての役割を担った機関であったことに対し、後者は、実質的には支配機関でありながら、それぞれの国策会社としての本業を有し、支配機関としての性質を前面に出した機関ではなかったことである。すでに記したように、親任官である総督や都督は、天皇の代理者として、それぞれの地域において最高権力者として君臨した。そして、総督府や都督府は、民政部と陸軍部の二つの部からなり、行政を担う組織とそれぞれの地域に駐屯した日本軍を束ねる組織から構成されていた。つまり、総督府や都督府の「本業」は、それぞれの地域を総督や都督の名の下で一元的に支配することであった。

それに対して、満鉄や東拓は、国策会社としての設立趣旨に則った本業があり、支配機関としての性格を前面に出すものではなかった。

例えば、満鉄は、鉄道業を本業とした会社であり、遼東半島を中心とした中国東北地方の南部における人・物の移動を牛耳ることで、経済的な支配の確立を目指していた。その一方で、一九〇六年に日本政府が満鉄設立のための設立委員に示した「命令書」では、満鉄は、鉄道業だけでなく、炭坑などの経営や鉄道附属地における土木・教育・衛生分野の事業を行うことが示されていたが、表向き、それらは、鉄道業のための付帯事業、あるいは、鉄道業を維持していくために必要な事業として示されていた。「命令書」には、次のように記されている。

第四条　其社ハ鉄道ノ便益ノ為左記ノ付帯事業ヲ営ムコトヲ得

一　鉱業、特ニ撫順及煙台ノ炭坑採掘
一　水運業
一　電気業
一　主要ナル鉄道貨物ノ委託販売業
一　倉庫業
一　鉄道附属地ニ於ケル土地及家屋ノ経営
一　其他、政府ノ認可ヲ受ケタル営業
第五条　其社ハ政府ノ許可ヲ受ケ鉄道及付帯事業ノ用地ニ於ケル土木教育衛生等ニ関シ必要ナル施設ヲ為スヘシ
第六条　前条ノ経費ヲ支弁スルタメ其社ハ政府ノ認可ヲ受ケ鉄道及付帯事業ノ用地内ノ居住民ニ対シ手数料ヲ徴収シ其他必要ナル費用ヲ分賦ヲ為スコトヲ得

これらの条項をよく見れば、満鉄が表向きは鉄道会社でありながら、実質的には鉄道附属地の支配を通して、中国東北地方を支配しようとした組織であることは一目瞭然である。

第四条に示された事業のうち、水運業や鉄道貨物の事業、倉庫業は、一般的にも鉄道業と関係が認められようが、鉱業、電気業、鉄道附属地での土地および家屋の経営（不動産業）が鉄道の便益のための事業というのは無理がある。鉱業は、撫順炭坑における石炭採掘を代表的事業として想定しており、当時の満鉄の主力機関車が蒸気機関車であったことは事実だが、その燃料確保のためだけに撫順炭坑の石炭採掘を行ったのではなく、日本の産業界のエネルギー源確保の一環として進められたのである。また、電気業は、大連や鉄道附属地沿線の市街地に電力を送ることを想定しており、満鉄がこれらの地域で都市基盤施設整備を担うことを示していた。

さらに、第五条、第六条において示されている通り、鉄道附属地における土木・教育・衛生事業を行うためにその施設の建設が満鉄に委ねられ、そのために住民から「手数料」を徴収することが示された。このうち、鉄道附属地における土木事業とは、鉄道附属地における道路や上下水道といった都市基盤施設の整備であり、各地の鉄道附属地における土地の造成であった。教育事業とは、初等教育と中等教育を鉄道附属地で行うことであり、それぞれの鉄道附属地における小学校や中学校の開設と運営であった。日本国内の義務教育に相当する鉄道附属地における小学校の運営については、満鉄が小学校の建設費用と運営の経常費を負担し、教職員の年金や退職金は関東都督府が負担することとされた。また、衛生事業とは、医療をはじめとした保健衛生事業であり、主要な鉄道附属地に「医院」と称する病院を開設し、住民の医療を担っただけでなく、伝染病予防をはじめとした保健衛生行政の要として保健所を開設していった。

そして、「命令書」第六条に記された「手数料」とは、このような鉄道附属地の住民に対して行われたサービスへの対価として満鉄にその徴収権が委ねられたものであり、満鉄はこれを「公費」と称していた。これは、満鉄が鉄道附属地での行政を担うことを示したものであり、この行為そのものが鉄道附属地に対する「支配」である。満鉄が、鉄道附属地居住者から徴収した公費は、実質的には、「税金」であり、満鉄が鉄道附属地における行政を行うことを内外に示したものである。満鉄は、そのために鉄道附属地内の居住者に「南満洲鉄道株式会社附属地居住者規約」(以下「居住者規約」)を公布し、「命令書」に沿ったかたちで満鉄の果たす役割と居住者の義務を明確にした。

しかし、居住民が払う公費だけでは、鉄道附属地における経常的な費用や都市建設をはじめとした数々の建設費を捻出することは不可能であった。鉄道附属地経営に関する収支は、満鉄創業時から、鉄道附属地が撤廃される一九三七年までの三〇年間、一度も黒字になったことがなかった。

ここに、半官半民の支配機関としての満鉄の性格が端的に示されている。日本政府は、植民地や租借地ではなく、国際法上は性格の曖昧な土地である鉄道附属地の行政を満鉄に委ねることで、実質的な支配の浸透を目指したといえよう。そして、満鉄は日本政府の期待に応えて、鉄道附属地が撤廃される一九三七年までその支配を続けた。この

間、満洲事変（一九三一年）まで、鉄道附属地は、中国東北地方における日本の橋頭堡としての役割を果たした。(46)

一九〇八年に設立された東洋拓殖株式会社も満鉄同様に半官半民の会社であり、表向きの本業は「拓殖」という名前が示すように、拓殖、すなわち農業振興であるが、それ以外の業務として、拓殖のため必要な土地の売買および貸借など、不動産会社としての業務や金融会社としての業務を行うことができる旨が東洋拓殖株式会社法に示された。この法律には次のように書かれている。

第十一条　東洋拓殖株式会社ハ左ノ業務ヲ営ムモノトス
一　農業
二　拓殖ノ為必要ナル土地ノ売買及貸借
三　拓殖ノ為必要ナル土地ノ経営及管理
四　拓殖ノ為必要ナル建築物ノ築造、売買及賃借
五　拓殖ノ為必要ナル日韓住民ノ募集及分配
六　移住民及韓国農業者ニ対シ拓殖上必要ナル物品ノ供給並其ノ生産又ハ獲得シタル物品ノ分配
七　拓殖上必要ナル資金ノ供給

この中で、業務内容の一番に農業をあげているが、それに付随するかのような文面で示された第二項以下の内容に東拓の性質が如実に現れている。すなわち、第二項から第四項で土地・建物という不動産業務を、第七項で金融業務を行うことをそれぞれ示している。また、第五項と第六項では、日本人に対する実質的な朝鮮半島への農業移民を斡旋している。そして、農業振興と日本からの移民の農地確保のため、東拓は設立時に韓国政府から出資金三百万円相当の供給を受けた。

そして、金融業務については次のように定められた。

第十三条　第十一条第七号ノ資金供給ハ左ノ方法ニ依リ之ヲ行フヘシ
一　日韓移住民ニ対シ二十五年以内ノ年賦償還ノ方法ニ依ル移住費ノ貸付
二　移住民及韓国農業者ニ対シ十五年以内ノ年賦償還ノ方法ニ依ル韓国ニ於ケル不動産ヲ担保トスル貸付
三　移住民及韓国農業者ニ対シ五年以内ノ定期償還ノ方法ニ依ル韓国ニ於ケル不動産ヲ担保トスル貸付
四　移住民及韓国農業者ニ対シ其ノ生産又ハ獲得シタル物品ヲ担保トスル貸付
五　韓国ニ於ケル不動産ヲ担保トスル三年以内ノ定期償還ノ方法ニ依ル貸付

（中略）

第十五条　不動産ヲ担保トスル貸付ニ付テハ第一順位ノ担保ナルコトヲ要ス

この条文は、土地・建物を担保に農民に対して貸付を行うことを示している。しかし、貸付金が回収できなければ、東拓は必然的に担保の土地・建物を取得する。このようにして、結果として、朝鮮半島の土地の多くを東拓が所有するという状態になり、東拓は、朝鮮総督府による朝鮮半島支配の一翼を担うことになる。簡単に言えば、東拓は、朝鮮半島における農業振興を隠れ蓑に朝鮮半島における民間の土地支配を目指した特殊会社であった(47)。それは、鉄道業を隠れ蓑として中国東北地方支配を目指した満鉄と同様であった。なお、この東洋拓殖株式会社法は、一九一七年に改正され、業務を規定していた第十一条は、当初は第一項に掲げていた農業を第二項に後退させ、第七項に記していた「拓殖上必要ナル資金ノ供給」を第一項に掲げ、次のようになった。

第十一条　東洋拓殖株式会社ハ左ノ業務ヲ営ムモノトス
一　拓殖ノ為必要ナル資金ノ供給
二　拓殖ノ為必要ナル農業、水利事業及土地ノ取得、経営、処分
三　拓殖ノ為必要ナル移住民ノ募集及配分

四　移住民ノ為必要ナル建築物ノ築造、売買及貸借
五　移住民又ハ農業者ニ対シ拓殖ノ為必要ナル物品ノ供給及其ノ生産シタル物品ノ分配
六　委託ニ因ル土地ノ経営及管理
七　其ノ他拓殖ノ為必要ナル事業ノ経営

これは、東拓が「拓殖」という呼び名の農業振興を前面に掲げながら、実態として金融業を事業の中心に据え直したことを意味している。

一方、台湾では、日本資本による製糖会社が、それぞれの工場を核としながら、その周囲に社宅だけでなく、社宅と一緒に生活必需品を扱う商店や理髪店、集会所を設け、社員の生活が成立するように市街地を建設していく(48)。この手法は、鉄道附属地で市街地建設を進めた満鉄が、社宅だけでなく図書館や病院、倶楽部といった公共施設を建設して、社員の生活の場を確保していったことと類似する。

結局、植民地などの支配は、単なる政治的・軍事的支配によって成立するものではなく、経済的・文化的・社会的支配という形態が存在し、それらが両輪の如くかみ合った上で成立するものであるといえよう。このような背景を持った状態で、大きな役割を果たした国策会社の建築について、特に満鉄を中心に考えてみたい。

満鉄の事業と建築

満鉄が、単なる鉄道会社ではなく、大連港の建設と経営、鉄道沿線に広がる鉄道附属地における都市建設を行い、また、撫順などでの炭坑・鉱山を経営していたことはすでに記した。満鉄は、その多様な事業を展開することで、日本による中国東北地方支配の先兵としての役割を果たした。

そのような多様な事業を展開した満鉄は、当然、その事業に見合った施設を建設する必要があった。そこで、満鉄

は本社に建築設計を担当する組織（本社建築係、後に本社建築課、本社工事課）を設けた。[49]その総師には、満鉄入社まで台湾総督府技師を務めていた小野木孝治（一八九九年卒）が在官のまま就いたが、彼の下には、司法技師兼大蔵技師であった太田毅（一九〇一年卒）、住友臨時建築部にいた横井謙介（一九〇五年卒）、知恩院の現場で経験を積んだ市田菊治郎（一九〇六年卒）、といった東京帝国大学建築学科の卒業生がおり、また、満鉄創業時に大規模な建設事業が必要であった撫順炭坑では、文部技手などを務めて経験豊富な弓削鹿治郎（一八九〇年工手学校建築科卒）が営繕課長になっていた（第1章第二節参照）。

彼らは、満鉄が展開した多様な事業に応じて、駅舎、事務所、工場、学校、病院、図書館、公会堂、倶楽部、ホテル、社宅、さらに埠頭施設や電気・瓦斯・水道関連の建築物、といった多種多様な建築物を設計していった。彼らが産み出した建築物は、建築構造としては煉瓦造建築であり、建築の様式としては洋風建築であり、機能に応じた平面の工夫や最新設備の導入など新たな創意工夫が具現された建築であるという特徴を持っていた。以下、その具体的な事例を見ながら、この特徴を考えてみたい。

まず、駅舎について、満鉄が本社を大連に移転して実質的な営業を始めた一九〇七年当時、満鉄の主要駅であった大連、旅順、奉天、撫順（千金寨）、長春の各駅は、「五大停車場」と称され、特に重要視されていた。[50]そして、満鉄は、その中でも、対外的な接点となる地での駅舎を重視していたと考えられる。それは、具体的に奉天駅をはじめとした五大停車場の扱いに表れている。

五大停車場の中で、満鉄が最初に新築したのは大連駅の駅舎（図2-14）であったが、これは、「仮駅舎」と呼ばれた通り仮設的な駅舎であり、急場しのぎの建物であった。最初の大連駅が仮駅舎であったことは、その後、満鉄が一九二四年に莫大な懸賞金を用意して大連駅舎の新築設計案を公募し、駅舎本屋を新築しようとしたことに示されている。したがって、五大停車場の中で実質的な最初の新築建物は、東清鉄道との乗換駅であった長春駅において接続停車場と称された乗換ホームの待合所（図2-15）であり、一九〇八年に竣工した。[51]その次に新築されたのが、一九一

図 2-14
仮駅舎として建てられた大連駅（1907 年竣工）

図 2-15
長春接続停車場待合所（1908 年竣工）

図 2-16
階上に奉天ヤマトホテルを併設した奉天駅（1910 年竣工）

〇年竣工の奉天駅[52]（図2-16）であり、五大停車場において最初に新築された駅舎本屋であった。そして、撫順（千金寨）駅（図2-17）も同じ年に新築された[53]。また、接続停車場が先に新築された長春駅でも一九一四年に駅舎本屋（図2-18）が竣工した[54]。

その一方で、五大停車場の一つであった旅順駅（図2-19）は大連駅と同様に仮駅舎と称された建物であり、しかも、それは東清鉄道が一九〇〇年に建てたものをそのまま使っていた。また、設計競技を実施した大連駅は、その当選案を用いて新築されることはなく、実際に大連駅が永久建築として新築されたのは一九三七年のことであった。このような五大停車場の扱いは、満鉄が、日露の勢力圏の接点であった長春と、満鉄にとって清国官憲との交渉地であった奉天をもっとも重要視し、必要な建物を早々に新築したと解釈できよう。

このように重要視された駅の一つである奉天駅は、同じ年に起工した東京駅と同様に一九世紀後半のイギリスで流行したクィーン・アン様式の延長線上に位置付けられる「辰野式」と呼ばれる外観を持ち、階上に奉天ヤマトホテルを併設し、一九三七年に新しい大連駅が竣工するまで、満鉄最大の駅舎といわれた（後掲図3-42も参照）。

満鉄が、鉄道附属地の住民に対して発した「居住者規約」の中で示した満鉄が果たすべき義務の中心は、鉄道附属地での土木、教育、衛生の三事業を行うことであった。このうち、「土木」とは、市街地の整備であり、街路や上下水道の建設を意味していた。「教育」とは、鉄道附属地において日本国内と同じ義務教育を受ける機会を確保することであった。そのため、満鉄は沿線の鉄道附属地に小学校を建設し、経営していった。満鉄が最初に建設した小学校は、奉天、長春、撫順の各小学校で、いずれも一九〇八年に竣工した[55]。建物は、いずれも煉瓦造平屋建の小規模な校舎（図2-20）であったが、冬の寒さが厳しい気候に対応して屋内体操場が設けられた。日本国内の小学校では、講堂を設け、その講堂が体育館としても使われる事例は多いが、これら満鉄の建設した小学校では、講堂ではなく体育館として屋内体操場を建設しているところが、注目すべきことである。

一方、「居住者規約」の中に示された「衛生」とは、住民の健康を守るための病院や保健所の整備、鉄道附属地に

図 2-17
満鉄五大停車場のひとつとして建てられた撫順（千金寨）駅（1910年竣工）

図 2-18
長春駅本屋（1914 年竣工）

図 2-19
東清鉄道時代の駅舎をそのまま使用した旅順駅（1902 年竣工）

図 2-20 奉天小学校校舎（1908 年竣工）

おけるゴミ処理や街路の掃除である。その中でも特に病院の開設は、鉄道附属地の住民にとって、生活の安全と安心を確保するために必要なことであった。そこで満鉄は、創業当初、大連に病院の本院を置き、瓦房店、大石橋、遼陽、奉天、鉄嶺、公主嶺、長春に分院を設け、それ以外の附属地には出張所を設けたが、一九一二年からは、それぞれの分院と出張所を独立させて「医院」という名称に変更した。この間、満鉄は、安東、奉天、撫順（千金寨）、鉄嶺、長春の各分院・出張所の建物を次々と新築していった。これらは、敷地の前面に診察機能を持つ本館が建てられ、その後方に入院患者用の病棟が配されるという複数の建物から構成されていた。これらの建物はいずれも煉瓦造で、本館は、中央部分が二階建で両翼が平屋建という左右対称で中央部分が高くなった正面構成をとり、さらに正面中央と両翼に派手なステップ・ゲーブル（階段破風）を立ち上げた（図2-21）。この外観は後に「満鉄医院スタイル」と呼ばれた。[56]

このような病院の建設の中で、建築として趣を異にしていたのが、大連医院と吉林の東洋医院である。大連医院は、一九一〇年に最初の新築提案があってから後、二つの設計案が実現せずに、最終的に一九二五年に竣工した。東洋医院は、満鉄鉄道附属地ではない吉林に建てられた病院であり、当時の満鉄が建設した建物としては非常に珍しく、中国風の屋根が架けられた建物であった。

満鉄創業時の大連医院は、東清鉄道が建設した鉄道病院を利用していたが、この建物は日露戦争中には日本陸軍の野戦病院として使われたため、大連医院

図 2-21　満鉄奉天医院本館（1909 年竣工）

の開院時にはすでに体裁の悪い建物であり、また、元来、東清鉄道の鉄道病院として建てられたときの規模はベッド数一三七で、これも、満鉄の病院全体の本院としては手狭であった。そのため、早くから新築の要請が出されていた[57]。特に、一九一〇年五月一九日、大連医院長の河西健次は、満鉄本社地方課長の茂泉敬孝に新築計画を送り、大連医院新築の必要性を説いた[58]。この計画は、当時、空き地となっていた大連大広場近くの土地に、延床面積四、四〇六坪（約一万四、五四〇平方メートル）の総合病院を建てるものであった。この計画は、提案から四日後に満鉄総裁の認可を得て、一九一二年度内に新築することとなった。その設計は、本社建築係長の小野木孝治に委ねられたが、満鉄は小野木に対して、欧米各国の先進的な病院建築を大連医院新築設計の参考とするため、一九一二年一月一四日付で六ヶ月間の欧米出張を命じた[59]。

後に満鉄本社建築課長を務めた岡大路によれば、小野木は、この出張の後、新築計画案（「小野木案第一案」と仮称）を作成している。それは、一九〇六年に竣工し、世界的に注目を集めていたドイツ・ベルリンのフィルショウ病院（Rudolf-Virchow-Krankehaus）を参考にした診察機能を持つ本館の後方に、病棟が二列に配されたパビリオン式の平面形態であったとされる[60]。しかし、小野木案第一案がフィルショウ病院よりも先進的であったのは、フィルショウ病院の病棟がすべて平屋建であったのに対し、小野木案第一案では、すべての病棟を地上二階、地下一階（半地下）として多層化したことである。満鉄は、この小野木案第一案にしたがって、一九一四年、第一期工事を始めたが、第一次世界大戦による資材不足によって工事は一時中断し、一九一七年一二月に病棟二棟と附属建物が竣工した。しかし、本館と残りの病棟を建てる第二期工事は満鉄の財政難により着工されず、小野木案第一案は自然消滅した。(61)

その後、満鉄はアメリカ・ロックフェラー財団の寄附によって北京に建設されていた協和医院（一九二一年第一期工事竣工）に刺激され、再び、大連医院の建築計画を小野木孝治に委ねた。小野木は、一九二一年一月二一日から同年二月五日まで、北京、天津、済南、青島に赴き、第一期工事の竣工直前であった協和医院をはじめ、主として欧米人によって設計され、竣工間もない九件の病院を視察した（表2-1）。小野木は、この視察で、それぞれの病院の長所、短所を詳細に分析し、その結果は、当時、創刊間もない『満洲建築協会雑誌』に「医院視察」と題して掲載された。(62) 小野木の関心事は四点あった。

一点目は、病院建築の構造・材料に関する問題である。小野木が視察した病院は、建物の構造を鉄骨・鉄筋コンクリート造、煉瓦造という耐火構造とし、その床をタイル張りや擬石仕上げとすることで、屋内の耐火性能の向上を図っていた。また、床の仕上げ方法は、単に防火だけでなく、屋内を消毒するためには、板張りの床よりも耐水性のあるタイル張りや擬石仕上げが適していることを小野木は指摘している。

二点目は、病院建築の平面に関する問題である。病院として、採光・通風を確保するため、それに応じた面積の有効利用や、病室の形状が重要であることを指摘している。この時期、病院建築の平面は、廊下の両側に病室が並ぶ中廊下式の平面が趨勢となり始めた時期であるが、小野木は、中廊下式について、床面積の有効利用という点では優れているものの、採光・通風確保のためには、廊下を長くしないこと、さらに、換気、除塵、採光に人工的措置を施すことは経済的ではないことも指摘している。一方、一九世紀末まで、病院建築の主流であった病室の両側に廊下が設けられる方式は、夏の防暑対策に有効だが、面積の面で非効率であると小野木は指摘している。結局、小野木は、外

表 2-1 1921 年の小野木孝治による中国各地の病院建築視察の内容

病院名称	所在地	規 模	配 置	平 面	構造・材料	様 式	建築年	その他
ロックフェラー財団医院	北京	管理部 3 階建，外来患者診察室 4 階建，看護婦宿舎・病理研究室・外科病棟・内科病棟各 3 階建，特別病棟・動力室 2 階建，小児科病棟・結核病棟・隔離病棟建設予定	多層化病棟と各建物を廊下で連結	中廊下式，防火壁・扉設置	鉄骨・RC造，内装に大理石・タイル・モザイク塗・擬石塗		1917年起工，1921 年竣工	ロックフェラー財団の寄付，エレベーター設置
日華同仁医院	北京	2 階建 1 棟＋平屋建 1 棟		中廊下式	煉瓦造，床・階段はリノリウム敷		1918 年竣工	日本人医師が院長
仏蘭西医院	北京			片廊下式	煉瓦造，床は木造でリノリウム敷			フランスの援助
中央医院	北京	3 階建一部 2 階建て 1 棟，150 床		中廊下式，合同病室は V 字型，日光浴室＋ベランダ，屋上運動場	煉瓦造，床は耐火構造		1917 年竣工	
天津東亜医院	天津	2 階建 1 棟，60 床		中廊下式，屈折して長くない	主体構造不明，床は木造，リノリウム敷			スチーム暖房
済南医院	済南	本館 2 階建 1 棟，病棟平屋建 3 棟，その他附属屋多数	分棟式	片廊下式，防火壁・扉あり	煉瓦造		1918 年起工，1921 年第 1 期工事ほぼ終了	牧場を持ち，患者用に牛乳供給
斉魯医院	済南	2 階建 1 棟				支那固有の様式		
青島医院	青島	2 階建	分 散	中廊下式	煉瓦造，RC 造。床にリノリウム敷，モザイク塗＋モルタル塗	モダーンジャーマンレネーサンスにセセッションを加味	1920 年竣工	
普済医院	済南	2 階建		中廊下式	煉瓦造	セセッション式	1920 年竣工	

出所）小野木孝治「医院視察（上）」（『満洲建築協会雑誌』1 巻 2 号，1921. 4, 65～78 頁），小野木孝治「医院視察（下）」（『満洲建築協会雑誌』1 巻 3 号，1921. 5, 83～88 頁）より西澤泰彦が作成。ただし，中央医院の建築年は，『中国近代建築総覧北京編』（中国建築工業出版社，1993 年，163 頁）による。

注）各項目ごとに原文に記載された語句を抽出したが，該当する記載事項がない項目は空欄とした。

来診療部門を中廊下式として、廊下両端に部屋を設けず、病棟は廊下の少ないクラスター型の配置が良いことを主張した。

また、病室の形状に関連して、病室内のベッド配置、トイレの設置場所、日光浴室の確保について、細かく視察している。視察の結果、六〜一〇人程度の多人数の患者を収容する大部屋と呼ばれる病室の形状について、従来は長方形であることが求められていたが、その必然性を否定した。また、個室や六人部屋であれば、病室内にトイレを設置すべきことを主張した。

三点目は、病棟の配置に関する問題である。二〇世紀初頭まで、病棟は、診療科ごとに病棟を分けて、敷地内に分散させる配置が主流であった。小野木が「小野木案第一案」で参考にしたドイツ・ベルリンのフィルショウ病院も、外来患者の診察を主とした病院本館の後方に、平屋建ての病棟が連なっていた。これに対して、小野木は、医師や看護婦の移動距離を軽減させるため、分棟配置を否定し、病棟を一棟に集約することを提案している。

四点目は、病院全体の規模に関する問題である。小野木は適正規模を考え、大規模病院にはほとんど関心を示していない。

このような視察の成果を踏まえ、小野木は、当時の病院建築としては最高水準の設計案（「小野木案第二案」と仮称、図2-22）を作成した。その特徴は、次の四点である。一点目は廊下の両側に部屋を配置する中廊下式の平面をとりながら、廊下を協和医院のように長大とはせず、視察した天津・東亜医院のように屈折させ、採光や通風を確保したことである。二点目は、病院の診療科ごとにつくられた一つの単位（ブロック）を多層化して一棟の建物にまとめたことである。これは、それまでの病院建築の主流であったパビリオン式の分散配置からの訣別を意味していた。三点目は、多層化によって生じた上下方向の人とモノの移動を容易にするため、ブロックごとにエレベーターを配置したことである。これは、協和医院の影響を受けている。四点目は、建物の端部に配したベッド数三二の大きな病室をV字型平面として、V字の要の位置にサンルームを確保したことである。これは、視察した北京・中央医院の影響

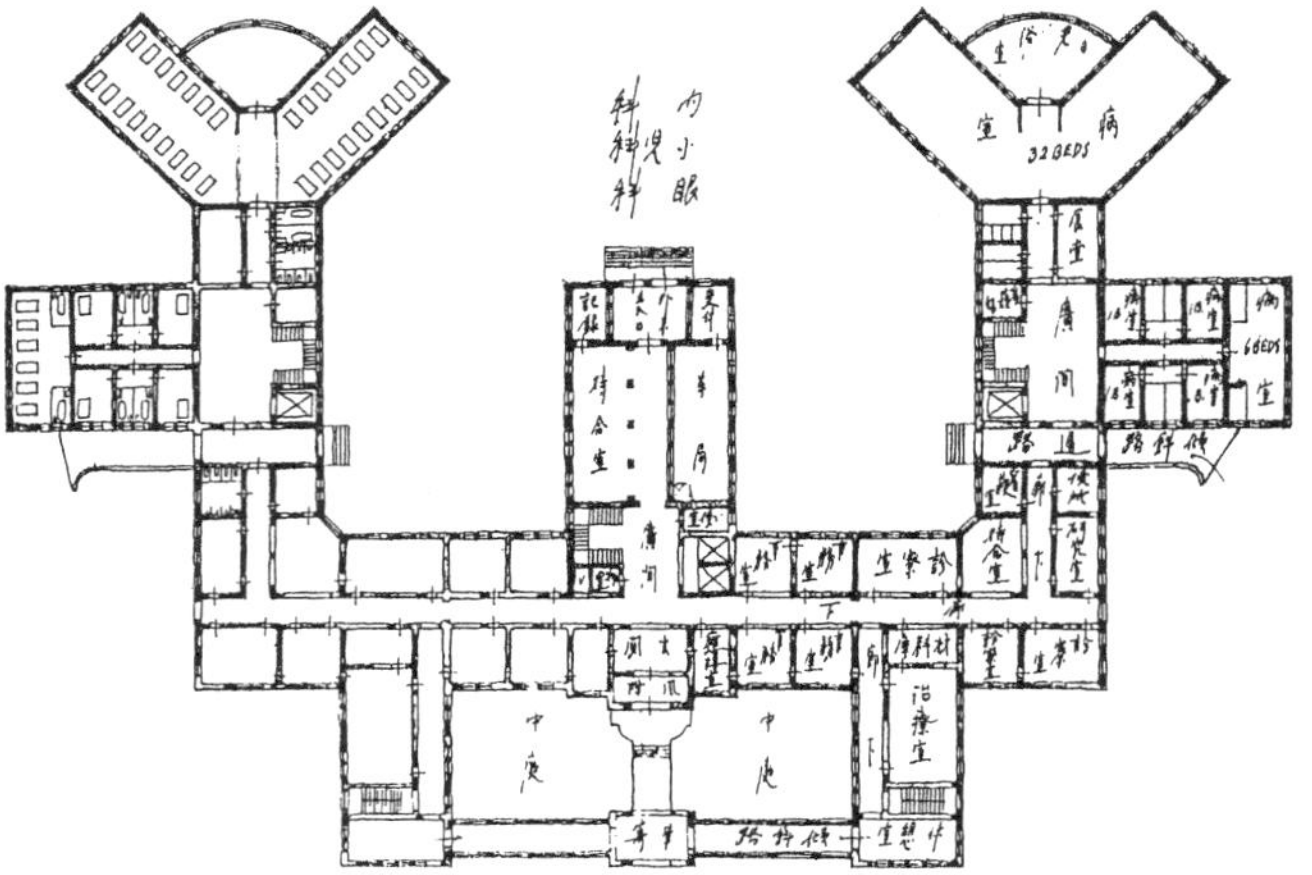

図 2-22　小野木孝治による満鉄大連医院本館新築設計案（1921 年作成）

である。

このような小野木案第二案は、病院建築として質の高いものであったが、その一方で、満鉄が求めた「東洋一の規模」からは遠いものであった。満鉄が大連医院の新築再開を決めた理由について、アメリカ・ロックフェラー財団の寄付によって北京に建設された協和医院の規模を上回る東洋一の病院を建設するためである、と言われてきたが、小野木案第二案は、規模で東洋一になることではなく、当時の病院建築として最先端の計画を導入することで、質的な東洋一を目指していたものであった。すなわち、病棟を分棟ではなく、一棟に集中させること、そのために建物を多層化すること、そして、防火や衛生の面で最先端となるように計画を作成した。

ところが、一九二二年六月二八日、満鉄は、アメリカの建築会社フラー社の日本法人フラー・オリエント社（The George A. Fuller Company of the Orient Limited）との間で大連医院本館の設計施工を実費精算方式で行う契約を結び、小野木案第二案は廃案になった。フラー・オリエント社による設計案（「フラー案」と仮称）は、地上六階、地下一階、延床面積三万平方メートルの当時としては巨大な病院建築であった。その平面（図2-23）の特徴は、診療科ごとにつくられた単位（ブロック）を多層化した点にあるが、建物の規模が大きくなったため、すべてを一棟の建物に収めることが不可能となり、各ブロックは廊下でつながる形態となった。これは、結果としてパビリオン式の積層という形態に帰着し

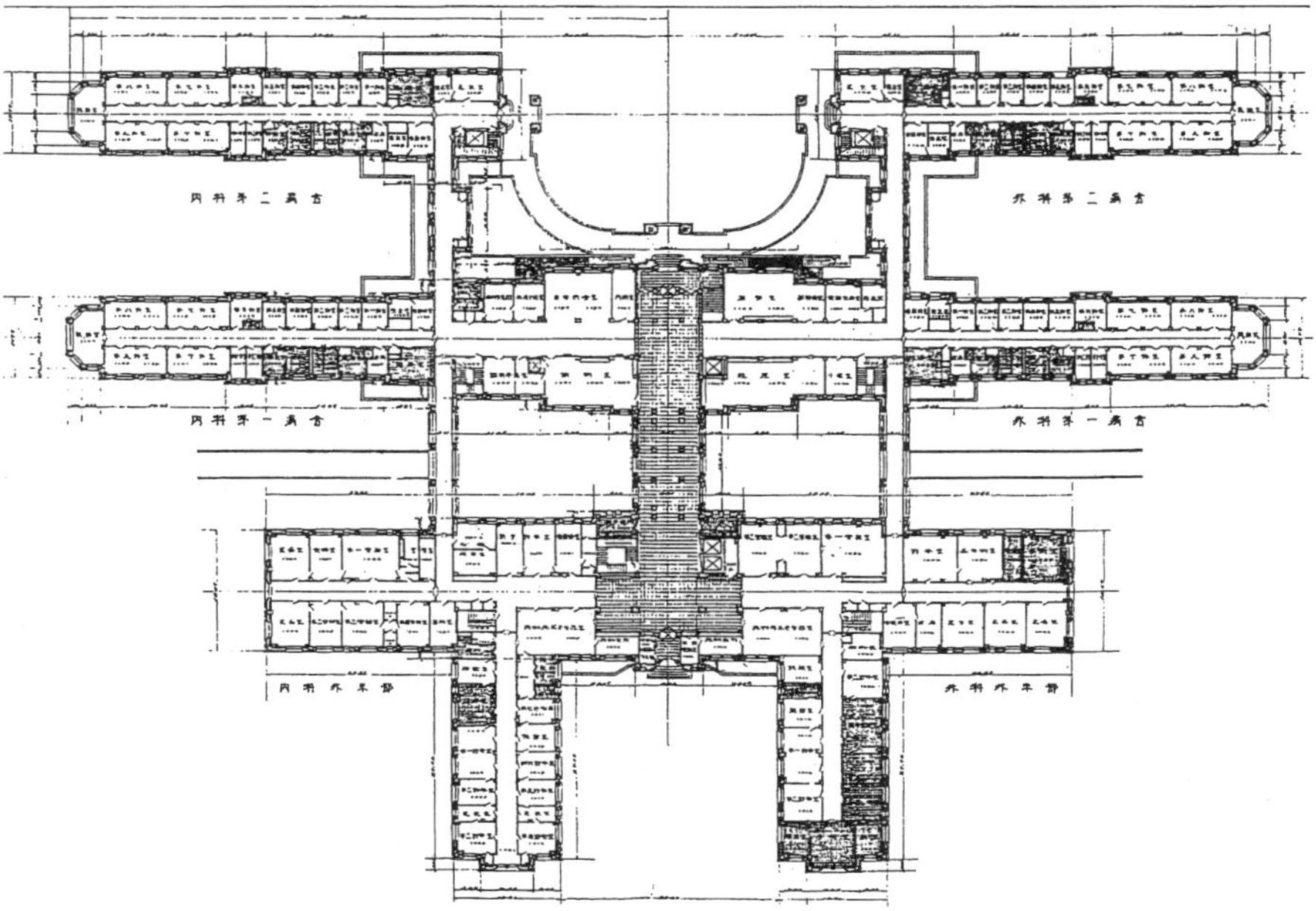

図 **2-23**　満鉄大連医院本館平面図

図 **2-24**　満鉄大連医院本館（1925 年竣工）

図 2-25　南満洲保養院（1932 年竣工）

た。ブロックの多層化という点において小野木案第二案の方が徹底しており、一棟の建物にすべてのブロックが納められている。

このようにしてつくられたフラー案に沿って、工事は一九二三年三月二七日に起工し、一九二四年夏には外壁工事が終わった段階まで進んだが、その年の一〇月二一日、フラー・オリエント社は満鉄に対して工事契約の解除を申し出た。結局、契約を解除した満鉄は、残工事を大連に本店のあった高岡久留工務所と長谷川組の共同企業体に請け負わせ、建物は一九二五年一二月に竣工した。

大連医院本館（図2-24）の竣工は、満鉄にとって規模の大きな病院建築を建設したという意味において、それを可能にした満鉄の財力を対外的に見せる結果となった。しかし、その一方で高水準の設計内容を持った小野木案第二案が実現しなかったことは、満鉄の設計組織が持っていた高い設計能力を対外的に示す機会を失ったという見方もできよう。

満鉄の病院建築に関する設計能力の高さを示す事例として、大連郊外にサナトリウムとして建てられた南満洲保養院（一九三二年竣工、図2-25）がある。南満洲保養院は、ヨーロッパのサナトリウムがアルプスの麓など内陸部の寒冷地にも建てられていることに着目し、大連西郊の小平島に建てられたものであった。南満洲保養院の建設は、サナトリウムが寒冷地には不向きであるという日本国内の医学的常識を覆したこと、欧州最先端のサナトリウムの平面を取り入れていたことの二点において評価されるものであった。特に、その平面には、フランス・アルプスの麓に建設されたプレーン・ジュ・モンブラン療養所の平面を参考にして、

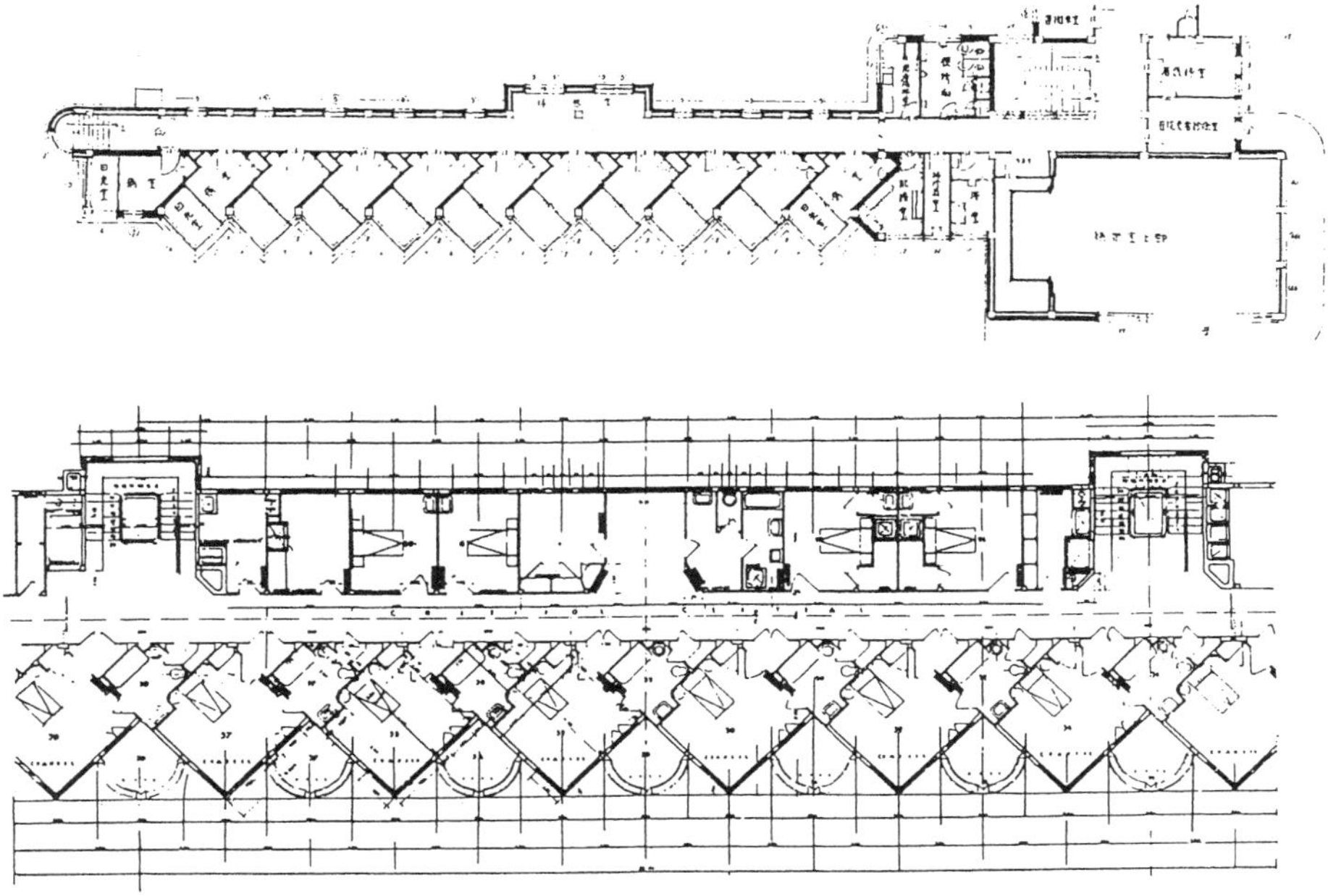

図 2–26　南満洲保養院（上）とプレーン・ジュ・モンブラン療養所（下）との平面比較

日光浴ができる場所を各病室に確保すべく、病室を廊下に対して四五度傾け、病室の前面に日光浴室を確保した（図 2-26）。満鉄はこのために、本社建築課に所属していた平野緑に、フランスの建築雑誌 "L'ARCHITECTE" の一九二九年八月号に掲載されたプレーン・ジュ・モンブラン療養所の記事を翻訳させた[63]。なお、この南満洲保養院は大連医院本館とともに、当時の数少ない建築学の体系書『高等建築学』に病院建築の代表的な実例として紹介されている[64]。

以上のように満鉄は、鉄道附属地などにおける住民生活に必要な施設の建設を進めたが、その一方で、社員確保の一環として、本社のある大連や各鉄道附属地に社宅を建設していった。その最初の新築社宅となった大連近江町社宅（図 2-27）や撫順（千金寨）の社宅は、煉瓦造二階建の低層集合住宅であり、同時期のイギリスにおける田園都市に建てられた集合住宅に類似し、東アジア地域における初期の二階建集合住宅であった。特に大連近江町社宅は、奉天駅とともに、建築学会（日本建築学会の前

図 2-27　満鉄大連近江町社宅（1908 年竣工）

身）の機関誌『建築雑誌』に竣工が報じられた数少ない満鉄創業時の新築建物であり、『建築雑誌』では「満洲に於ける一名物または成績のよい事業の一つ」[65]と評された。

「満鉄建築」の成立

このような満鉄の建築組織によってつくられた建築を「満鉄建築」と仮称するが、これは、満鉄の建築組織に所属した日本人建築家が試行錯誤の結果生み出した独自のものであり、日本人建築家が日本の支配地で確立した唯一の建築である。しかし、それは、満鉄による中国東北地方支配の過程で必然的に生まれたものであった。

満鉄が表向きは鉄道会社でありながら、その実態は、沿線に広がる鉄道附属地、大連港や撫順炭坑、鞍山製鉄所などを建設・経営し、理工農学の研究開発や経済政策の立案を行うという巨大コンツェルンであったことは知られているが、そのような事業に必要な建築物をどのように建てていくか、ということが、小野木をはじめとした満鉄の建築組織に課せられた問題であった。

小野木は、これに対して、明確に二つの答えを示した。一つは煉瓦造建築を建てていくことであった。一九一八年に満鉄に入社し、一九三二年から五年間にわたって満鉄本社工事課長を務めた植木茂（一九一四年東京帝国大学建築学科卒）は、一九三六年に満洲建築協会主催の座談会で、「煉瓦と云へば満鉄でも最初建築は木造にするか、煉瓦造にするか非常に議論が出て、結局小野木さんの強い主張で煉瓦造で行うと云ふことに決まった。今から考えると之が非常に良かったと思います」「防寒防火と云ふ点から煉瓦は使はれたものです」と述べ、小野木の決断を評価し、それが防寒・防火対策に有効であることを述べた[66]。日本国内に比べて冬の寒さの厳しい中国東北地方にあって、断熱効果の高い煉瓦を外壁に用いるのは、当然の選択であった。また、煉瓦造が木造に比べて耐火性能の高いことは明白であった。満鉄が沿線に設けた鉄道附属地において、市街地全体の防火性能を高めるためには、煉瓦造が必要であった。

小野木が示した二つ目の答えは、洋風建築を建てていくことであったが、それは、建築物の構造が煉瓦造であることと連動していた。つまり、建物の構造が煉瓦造になるということは、必然的に洋風建築になるということであった。これは、日本への煉瓦の流入と関係している。日本では、六世紀半ばの仏教伝来による仏教建築の流入によって、中国や朝鮮半島で使われていた磚《せん》と呼ばれる黒煉瓦も建築材料として伝わった。しかし、日本国内では、磚は基壇や塀に使われたものの、建築物の壁や構造体に使われることはなかった。すなわち、日本の伝統的建築はあくまでも木造であって、煉瓦造はなかった。日本国内で煉瓦造建築が建てられるようになったのは、幕末の開国によって西洋建築が流入したときであり、赤煉瓦を使った建築物は洋風建築であった。小野木が満鉄の建築物の構造を煉瓦造と決めたことは、その様式も洋風になる、ということを決めたことに等しかった。それは、小野木が、満鉄の建築物は洋風建築がふさわしい、と決断したことを意味している。

そして、満鉄が建設した建築物の中で、和風意匠や中国風意匠を取り入れた建築物は極めて少ない。満洲国成立以前においては、すでに記した吉林・東洋医院と奉天・満鉄公所だけに中国風意匠が使われ、中央試験所に部分的に和風意匠が取り入れられただけである。満洲国成立後、満鉄は満洲国国有鉄道の委託経営を行い、その過程で新たに建設された駅舎や鉄路局などの一部に中国風意匠の屋根が架けられたが、それらは満洲国国有鉄道関係の建築物に限定されていた。

このように、「満鉄建築」の特徴のうちの二点は、必然性があって生まれたことであった。それに対して、「機能に応じた平面の工夫や最新設備の導入など新たな創意工夫が具現された建築」とは、小野木たちが質の高い建築を求めて、設計していったことを意味する。大連医院本館の小野木案第二案をはじめ、先に記した事例のみならず、吉林・東洋医院における先進的なブロック式平面計画、撫順炭礦中央事務所（一九二五年竣工）における端部のV字形平面（第4章参照、図4-2）、大連駅（一九三七年竣工、第3章参照、図3-45）における乗降客の動線を立体的に分離した平面計画などは、当時としては先進的な平面計画であった。また、大連港船客待合所におけるボーディング・ブリッジの採用（一九二四年）、撫順・千金寨社宅（一九〇八年竣工）における蒸気式集中暖房などは、最新設備の導入の典型例であった。

このような「満鉄建築」の成立は、満鉄初代総裁後藤新平による「文装的武備」と称した支配理論と小野木をはじめとする建築家たちの世界観、そして、当時の東アジア地域における国際関係によるところが大きい。

後藤のいう「文装的武備」では、中国東北地方に対する支配の要諦は、軍事力ではなく、現地の経済力と住民の生活環境の向上を図ることであり、そのために、教育、衛生、学術面の充実を目的として、それらに応じた施設をつくることが必要、というものであった。満鉄が次々と建てていった建築物は、単に機能を満たせばよい、というものではなく、目に見えるかたちで住民の生活環境が向上するものでなければならず、それには必然的に創意工夫が求められた。さらに、満鉄がその支配能力を示すためには、少なくとも、中国各地の列強支配地における建築物と同等同質の建築物を満鉄が建設していくことが必要であった。これは、列強に対して満鉄の支配能力を示す意味と、被支配者である中国人に対して彼らの生活環境の向上を標榜しながら満鉄による支配の正当性を示すという意味があった。そのため、世界水準の建築物が必要とされた。満鉄の建築組織に所属した建築家たちは、その要請に応じて高水準の建築物を設計していった。

一方、小野木たちは大連を拠点に建築活動を始めたとき、その手本となる建築物が周囲にあることに気付いた。帝政ロシアの支配下にあったハルビンをはじめ、中国には、上海、青島、天津など列強支配下の都市があり、そこでは、列強諸国が中国支配に必要な建築物を次々と建設していた。小野木たちは、そのような状況を目の当たりに見て、自らの建築活動の参考とし、また、それらに接することで受けた知識と刺激を源に「満鉄建築」を生み出していった。そして、「満鉄建築」は、列強諸国が中国各地で建てていった建築物と比肩しうるものである必要があり、そのためには、西洋建築に依拠した建築でなければならなかった。奉天駅をはじめとする満鉄草創期の建築物から大連駅のような後年の建築物まで、そこには世界水準の建築物が求められていたのであり、満鉄の建築組織はそれに応じて、主要な建築物についてそれを満たしていった。

一方、日清戦争と日露戦争の結果として東アジア地域に生じた日本の権益、すなわち、台湾の植民地化、韓国の保護国化と植民地化、関東州の租借と満鉄線の保有、中国各地の開港場での日本租界の設定などは、いずれも、すでに東アジア地域で権益を持っていた欧米列強諸国による東アジア地域に対する支配の枠組みの中で認められたものであり、いわば欧米列強諸国との協調関係の上に成り立っていた。そのような国際関係のもとで、日本がこれらの地での支配能力を欧米列強に示し、それを欧米列強諸国に理解してもらうには、前述の通り、西洋建築に依拠した建築でなければならず、日本建築のイメージを消し去った建築物が必要であった。そして、その手本は、小野木たちが拠点とした大連から身近な地、すなわち、中国各地に存在していた。

したがって、「満鉄建築」は、日本国内で教育を受けた日本人建築家が、東アジア地域の日本支配地でその学習の成果を発揮した、越境する建築の典型例であるといえるが、そこでつくられた建築物のいくつかが世界水準の建築物になったのは、単に日本国内での学習の成果だけでなく、大連を拠点とした彼らの活動の中で世界水準の建築物に対する見聞の成果を重ね合わせたためであった。前田松韻は、小野木をはじめとする満鉄の建築組織の活動を「華やかなる南満の事業」(67)と評したが、あえて「華やかなる」という形容をしたのは、「満鉄建築」が東アジア地域の列強支配地で他の列強諸国が建設した建築物と比肩しうるものであったためである。

東拓の事業と建築

東洋拓殖株式会社が、朝鮮半島における農業振興を隠れ蓑とした民間の土地支配を目指した日本政府の国策会社であったことは、すでに記した。そして、東拓の業務を規定していた東洋拓殖株式会社法の第十一条には、その第四項に「移住民ノ為必要ナル建築物ノ築造、売買及貸借」という条項があり、東拓が建築物の建設を事業の一つと位置づけていたことが示されている。そして、この項目に従って東拓が展開した事業は、移住民に対する建築費の補助と移住民の子供に対する教育施設建設の補助であった。このうち、移住民に対する建築費の補助とは、移住民が住宅を建設する際に建築材料取得の斡旋とその購入費の補助を行うことや、移住民が住宅を購入する際の費用を補助するものであった。また、教育施設建設の補助は、移住民が組織した学校組合に対し、校舎建設や設備費、維持費を補助するものであった。[68]これらの補助は、それぞれ移住民が必要とする経費の一部を補助するものであるが、東洋拓殖株式会社法に示された「建築物ノ築造」とは異なり、東拓が移住民の住宅や教育施設を自ら建設するものではなかった。

このような状況において、東拓は、例外的に二つの方法で、住宅建設を行っている。

一つは、都市開発を中心とした不動産経営のために、一〇〇パーセント出資の子会社を二社設立し、それらの子会社が、宅地開発を行ったことである。その二社とは、一九二六年六月、大連に設立された株式会社鴻業公司と、一九三一年一〇月、京城に設立された朝鮮都市経営株式会社である。株式会社鴻業公司は、大連において、当時、「文化住宅」と称せられた庭付き戸建、あるいは二戸の住戸で一棟をなす「二戸一」の集合住宅を建設している。朝鮮都市経営株式会社は、京城（ソウル）に「桜ヶ丘住宅地」と呼ばれる住宅地を開発した。[69]

このうち、朝鮮都市経営株式会社による京城・桜ヶ丘住宅地の開発は、当時の京城・東大門の東側に広がる新堂里に同社が所有していた土地一三万坪のうち三万坪を、一九三二年から一九三八年にかけて宅地開発したものである。宅地は一区画一〇〇坪を基本とし、二五〇区画を分譲した。この宅地開発は、京城に住むサラリーマンを対象としたもので、子供のいる家族構成を想定して住宅地内に児童公園を設けたことをはじめとし、住宅地内に幅員三間から四間の道路を設け街路樹に桜を植えたこと、上下水道や都市ガスを完備したこと、京城市中心部へのバスが運行されて交通の便がよいことを宣伝のうたい文句にしていた。また、朝鮮都市経営株式会社は、宅地販売を促進するため、一九二九年開催の朝鮮博覧会に朝鮮建築会が出品した住宅を「見本」として一部の分譲地に建て、土地とともに分譲した。そして、朝鮮都市経営株式会社は、一般の分譲地における住宅の設計施工を当時の京城では有数の建設会社であった多田工務店に託した。[70]

朝鮮都市経営株式会社は、この宅地開発を「近代理想的田園都市の形成」を図るものであり、「健康上より見たる恵まれたる住宅地」と位置づけた。それは、この宅地開発が同社の手がけた最初の宅地開発であり、その後の同社の経営を左右する意味を持っていたためであった。そして、当時の新聞が「東部郊外では最も模範的な施設と自然美を誇る住宅街」[71]と報じたように、この桜ヶ丘住宅地は、京城周辺における他の宅地開発に比べて、基盤施設整備が進み、また周囲の丘陵地にある緑地を借景として利用しながら、住宅地内に桜の街路樹を整備するという手法が際立っていた。

もう一つの方法は、満洲国の成立後、一九三三年、東拓が新京特別市公署と協力したことであり、この場合は、日本人向け住宅一五〇戸を建設した。[72]この事業は、当時、人口が急増していた新京（長春）において、住宅不足解消のために東拓が行ったものであった。当時の新京における住宅難は、満洲国成立直後に、大量の日本人が新京に流入したことにより深刻な問題となっており、新京特別市公署の行政区域内（満鉄附属地、旧長春城内、旧長春商埠地を除いた新京特別市の市域）では、一九三三年に官民合わせて七一四戸の住宅が建設されたという記録がある。[73]したがって、数字の上では、この東拓が新京特別市公署に協力した住宅建設は、この年に建設された住宅の約二一パーセントを占めるに至り、当時の新京特別市における住宅不足解消に貢献していたといえる。

このような住宅の例を除き、総じて建築物の建設に消極的であった東拓のやり方は、満鉄が事業に必要な建物を積極的に建設していったこととは、趣を異にする。会社の設立時において、東拓の表向きの最大の業務は、農業振興であり、日本から大量の農民を朝鮮半島をはじめとした日本の支配地などに送り込むことであった。東拓は、その際、それらの農地に対して大規模な土地改良を進め、また、灌漑設備の整備など大規模な土木事業を行った。東拓は、農地の取得と農地改良や土木事業を「土地経営」と称した。それに対して満鉄も、「鉄道附属地経営」という言葉を用い、両社ともに土地に関する事業を「経営」と称した。

東拓は、経営の対象とした土地が農地であり、経営の中心はあくまでも農地開墾であったため、東拓が自ら建物を建設することはなかった。東拓が会社設立当初の五年間で取得した土地は、政府出資の土地と買収地を合わせると六万四、八六二ヘクタールであったが、そのうちの約九四パーセントは田畑であり、残りの約六パーセントが山林と雑種地であった。[74] このように東拓が経営の対象とする土地は農地であった。そして、農地の拡大や農業生産の増大が東拓の一つの目標であり、他の何よりも優先される事業であった。したがって、東拓が積極的に建物を建設していく必要はなかった。

一方、満鉄が鉄道附属地で展開した経営とは、すでに確保されていた土地（鉄道附属地）に対して、都市基盤整備を行い、学校、病院、図書館というような公共性の高い施設や社宅を大量に建設することであり、教育、衛生、消防、ごみ処理などの行政を担うことであった。そして、満鉄は、それを通して鉄道附属地の居住者の生活水準を維持し、また、対外的には、それによって満鉄の「力量」を示した。しかし、東拓にとっては、開墾面積の増大やそれらの農地における農業生産量の増大こそが、その「力量」を対外的に示すものであった。東拓が例外的に進めた住宅建設がいずれも都市の土地を対象としたものであったことは、満鉄の土地（鉄道附属地）経営と共通性を有する事業でもあり、当然の方策であった。

結局、東拓と満鉄は、土地経営を事業の柱にすえながらも、その土地が農地であるか、都市の商業地や宅地であるかの違いによって、その建設活動に大きな違いを生じさせた。しかし、いずれの方法も、それぞれの地域を軍事力ではない方法で支配していく方法を示していたといえる。

三　建築投資と支配

建築物は、設計・監理、施工という過程を経て出現するものであるが、そこでは、材料や労働力の確保とともに、建築資金の確保も重要な課題である。そのような視点に立ったとき、日本の植民地・支配地で、次々と建築物が出現した背景として、それを可能にする建築資金の確保が行われていたはずである。この資金は、施主が確保することが前提であり、建築物が官衙や公共施設の場合、資金は官公庁の予算として確保され、執行される。これは、いわゆる公共事業というものである。一方、施主が民間の場合、その民間会社、個人が確保、提供した資金によって建築物は建てられることとなる。これらは、建築資金の流れを中心に考えたとき、施主が、官であるか、民であるかは関係なく、建設業という業界に資金は流れ、経済活動のある部分を担うことになる。そこで、ここでは、実際にどの程度の建設資金が使われたのかを考えてみることとする。そのために、台湾総督府、関東都督府、朝鮮総督府については、『明治大正財政史』に収められた歳出決算に関する統計を用い、また、満鉄については『南満洲鉄道株式会社十年史』に収められた支出に関する統計を用いた。

これらについて、それぞれの建築費の概略を見ながら、最後に台湾総督府、関東都督府、朝鮮総督府、満鉄について、一九一〇年前後の建築費を比較する。

台湾総督府の建築費

まず、最初の支配機関となった台湾総督府の建築費について、表2-2には『明治大正財政史　第十九巻・外地財政（下）』に収められた決算に関する統計を用いた金額を示した。際立っているのは、日露戦争時（一九〇四〜〇五年）の建築費が極端に少ないことである。これについて、当時、台湾総督府営繕課に所属していた尾辻国吉は、後に「三

表 2-2 『明治大正財政史』に示された台湾総督府における建築費

（単位：円）

年度	営繕費	新営費	修繕費	設計費	増築費	設備費	建築費合計	歳出総計	比率（%）
1896	〔3,473,297〕							9,652,098	
1897	〔1,657,834〕							10,487,610	
1898	〔1,344,533〕							11,217,187	
1899	〔490,928〕	982,978	60,414					16,323,548	
1900	1,141,872	770,122	11,681				1,923,675	21,474,513	9.0
1901	745,661	316,406					1,062,067	19,363,755	5.5
1902	292,323	218,905					511,228	18,604,805	2.7
1903	387,234	163,128			53,107		603,469	19,109,278	3.2
1904	255,786				3,873		259,659	18,889,663	1.4
1905	47,478	370,809	34,014				452,301	20,442,938	2.2
1906		658,562	58,516				717,078	25,334,205	2.8
1907		793,721	66,182	1,958			861,861	27,709,751	3.1
1908		1,123,553	89,307	3,738			1,216,598	30,666,455	4.0
1909		967,216	69,069	70,842			1,107,127	30,189,383	3.7
1910		956,846	28,804				985,650	41,201,532	2.4
1911		1,191,590	105,252				1,296,842	43,621,251	3.0
1912		2,222,516	21,558				2,244,076	47,188,576	4.8
1913		1,905,352	54,420				1,959,772	44,473,781	4.4
1914		1,782,219	30,976				1,813,195	47,695,834	3.8
1915		970,677	30,093				1,000,770	38,249,707	2.6
1916		745,479	12,840				758,337	42,686,561	1.8
1917		1,158,380	38,504		7,964		1,204,848	46,166,558	2.6
1918		1,812,399	74,842		280,584	121,383	2,289,208	55,334,779	4.1
1919	985,909	246,086			7,101	114,245	1,353,341	72,323,138	1.9
1920	2,024,437	715,591					2,740,028	95,334,111	2.9
1921	1,971,185	755,737					2,726,992	94,519,635	2.9
1922	1,314,795	1,099,234					2,414,029	96,346,516	2.5
1923	485,182	801,025					1,286,207	87,738,950	1.5
1924	430,244	577,364					1,007,608	86,861,847	1.2
1925	399,825	648,872					1,048,697	87,770,875	1.2
1926	343,735	1,057,094					1,400,829	91,940,598	1.5

出所）大蔵省編纂『明治大正財政史 第十九巻・外地財政（下）』（財政経済学会，1940 年，915～954 頁）に掲載された「台湾総督府特別会計歳入歳出額塁年一覧表」。

注 1）表中の「営繕費」と「修繕費」は，出所の統計に歳出科目として示された「営繕費」「修繕費」の金額を転載。なお，1896～99 年度の「営繕費」は，出所に示した表において「土木費」と「営繕費」の合計金額しか示されていないので，本表では 1900 年度以降の「営繕費」と区別するため〔 〕を付して表示した。これに伴い，当該年度の「建築費合計」と「比率」は示さないこととした。

2）「新営費」は，歳出科目としての「新営費」に，個別建物として別途掲載された「台湾神社新営費」（1899～1900 年度），「総督官舎新営費」（1899～1901 年度），「監獄署新営費」（1899～1903 年度），「官舎新営費」（1899～1901 年度），「国語学校中学部校舎及寄宿舎新営費」（1906～08 年度），「台南郵便電信局庁舎新営費」（1908～09 年度），「台湾中央研究室新営費」（1907～12 年度），「専売局事務所倉庫及官舎新営費」（1908 年度），「総督府庁舎新営費」（1911～18 年度），「台南法院庁舎新営費」（1911～13 年度），「台北医院新営費」（1912～24 年度），「講習場及宿舎新営費」（1911～13 年度），「台南中学校校舎及寄宿舎新営費」（1914～17 年度），「台湾刻煙草製造工場新営費」（1910～11 年度），「農事試験場庁舎其他新営費」（1911～13 年度），「台南高等女学校新営費」（1917～20 年度），「大学新営費」（1926 年度），「台中師範学校新営費」（1922～26 年度），「台北第二師範学校新営費」（1925～26 年度），「台南師範学校新営費」（1919～23 年度），「高等学校新営費」（1924～26 年度），「高等商業学校新営費」（1921～24 年度），「高等農林学校新営費」（1923～25 年度），「農林専門学校新営費」（1922 年度），「台北監獄新竹出張所新営費」（1921～24 年度），「逓信局舎新営費」（1920～23 年度），「台北郵便局新営費」（1926 年度），「招魂社新営費」（1926 年度），「専売局樟脳工場新営費」（1925～26 年度），「専売局煙草工場附属倉庫新営費」（1926 年度），「警察官吏官舎其他新営費」（1926 年度）の各年度金額を合算した額。

3）「設計費」は，「総督府庁舎設計費」（1907～10 年度）を示す。「増築費」は，「樟脳専売事務所及倉庫増築費」（1903～04 年度），「台北第二発電所拡張費」（1917～19 年度）を示す。「設備費」は，「総督府庁舎設備費」（1918～19 年度）を示す。

4）表中の空欄は，出所に示した表において該当する科目がないことを示す。

5）比率は，建築費の歳出総額に対する百分比。単位は%。

表 2-3　尾辻国吉「明治時代の思ひ出」に示された建築費

（単位：円）

年度	『明治大正財政史』に示された建築費			尾辻国吉が示した建築費				
	建築費合計	比率 1 (%)	歳出総計	「営繕費」	比率 2 (%)	「災害費」	合　計	比率 3 (%)
1896	〔3,473,297〕		9,652,098	1,512,891	15.7	—	1,512,891	15.7
1897	〔1,657,834〕		10,487,610	1,085,840	9.7	—	1,085,840	9.7
1898	〔1,344,533〕		11,217,187	993,043	8.9	512,419	1,505,463	13.4
1899	1,043,392		16,323,548	1,526,511	9.4	324,384	1,850,896	11.3
1900	1,923,675	9.0	21,474,513	2,015,090	9.4	170,263	2,185,354	10.2
1901	1,062,067	5.5	19,363,755	1,099,433	5.7	103,176	1,202,609	8.8
1902	511,228	2.7	18,604,805	472,932	2.5	402,021	874,954	4.7
1903	603,469	3.2	19,109,278	594,063	3.1	98,523	692,586	3.6
1904	259,659	1.4	18,889,663	259,659	1.3	88,292	347,951	1.8
1905	452,301	2.2	20,442,938	452,303	2.2	82,586	534,889	2.6
1906	717,078	2.8	25,334,205	719,918	2.9	372,406	1,092,324	4.3
1907	861,861	3.1	27,709,751	976,176	3.5	145,765	1,121,942	4.0
1908	1,216,598	4.0	30,666,455	1,303,676	4.3	29,924	1,333,600	4.3
1909	1,107,127	3.7	30,189,383	1,126,398	3.7	100,713	1,227,111	4.1
1910	985,650	2.4	41,201,532	1,014,880	2.5	132,153	1,147,033	2.8
1911	1,296,842	3.0	43,621,251	1,312,966	3.0	780,041	2,093,007	4.8
1912	2,244,076	4.8	47,188,576	2,426,744	5.1	889,789	3,316,534	7.0

注 1）『明治大正財政史』に示された建築費は表 2-2 と同じ。1899 年度の建築史合計は表 2-2 の「新営費」「修繕費」の合計。

2）尾辻が示した建築費は，尾辻国吉「明治時代の思ひ出 其の一」（『台湾建築会誌』13 巻 2 号，1941 年 8 月，15 頁）所収の表を転載。

3）比率 1 は，『明治大正財政史』に示された建築費の歳出総計に対する百分比。比率 2 は，尾辻国吉が示した「営繕費」の歳出総計に対する百分比。比率 3 は尾辻が示した「営繕費」と「災害費」の合計の歳出総計に対する百分比。

五年〔明治三五年のこと、西澤注〕より低下して三七年度は、日露戦争の為に最低に節減された[75]」と記して、日露戦争の影響であったことを示唆した。しかし、台湾総督府全体の歳出は、日露戦争期における各年度と、それ以前の一九〇〇〜〇三年度までの各年度の金額に大差はない。したがって、尾辻が指摘する日露戦争期における歳出の節減とは、建築費が極端に節減されたことを意味している。

日露戦争中の建築費がその前後に比べて少なかった理由は、推測の域を出ないが、この時期、台湾総督府設立直後に進められた施設整備が一段落したためであり、建築費が一時的に減少したものと考えられる。

表2-2では、一八九六年から一八九九年にかけての建築費を把握することが難しいが、尾辻が「明治時代の思ひ出 其の一」の中で「明治二九年度より四五年度迄の営繕費」と称して示した資料[76]（表2-3）で

は、一八九九年度から一九〇〇年度にかけて、建築費が最初のピークを迎える。これは一八九六年からこの時期にかけて、台湾総督府による台湾支配が各方面で実質的に始まり、それに伴った施設の建設が最初のピークを迎えたからに他ならない。この時期、台湾支配に伴って、総督府を始めとした官衙の整備が求められたが、実際には、台湾総督府が既存の建物を庁舎に転用していたように、官衙の新築は後回しになっていた。日露戦争以前に、台湾総督府が建設した主要なものは、日本語教育のための国語学校、気象観測の拠点となった測候所、台湾総督府最初の病院となった台北医院、郵便の拠点となった台北郵便局、裁判所である履審法院及地方法院、アヘン、樟脳などの専売を担当した専売局、そして台湾神社であった(77)。また、総督府庁舎は既存建物の転用であったが、総督府などに勤める官吏の宿舎（官舎）は、住宅を確保する必要から、新築されていった。その象徴的存在は台湾総督官邸であった。さらに、監獄も重要な施設として、官舎と同様に「特別事業費」に組み込まれて建設された。この時期の監獄は、単に一般的な犯罪者を収監するためではなく、台湾各地で続いた日本への抵抗運動の参加者を投獄する施設として、台湾総督府にとって重要であった。監獄新営費が特別事業費に組み込まれて支出された一八九八年は、抗日ゲリラと後に呼ばれる抗日武装勢力に対して台湾総督府が「匪徒刑罰令」を発して、その取締り（弾圧）を強化した年でもあった。一八九九年度から一九〇〇年度にかけて、建築費が頂点に達したのは、これらの新築物件のうち、履審法院及地方法院、専売局、台湾神社、総督官邸、といった建物の工事が集中したためである。

ところが、これらの建物は、その多くが簡便な建物であった。例えば、台北医院は、木造平屋建で四面ベランダ付の建物であり、専売局も木造であった。さらに、台北郵便局と履審法院及地方法院は煉瓦造であるが、「土塊」と称する日乾し煉瓦の混用であった。したがって、この時期に建てられた建物の多くは、その後、建て替えられることとなった。例えば、一八九八年に竣工した台北医院は、木造であったので、一九〇六年から建て替えを始めており、専売局は一九一四年に取り壊しとなっていた。

台湾総督府の建築費は、その後、一九〇六年度には、日露戦争前の水準に戻り、一九一二年度には、それまでの最高金額を記録する。表2-2と表2-3では、金額に違いがあるが、この間の傾向は一致しており、建築費が日露戦争後、急増したことを示している。[78]これは、台湾総督府庁舎の新築工事が始まったほか、台南地方法院、台北・台中・台南庁の各庁舎、台北医院の建て替え、という具合に建築工事が集中したことによる。[79]特に台湾総督府庁舎の工事が本格化した一九一二年度には、その新築費として五五万円余が支出されたが、これはこの年度の建築費の四分の一を占めていた。

その後、第一次世界大戦を経て一九二〇〜一九二一年度にかけて、建築費はそれまでの最高金額を記録し、再びピークを迎える。この時期、台北医院のさらなる新築工事を中心に、台南高等女学校、台南師範学校、高等商業学校、といった学校の新築が相次ぎ、また、逓信局舎にみられる官衙の新築も進められ、建築費は大きく膨らんだ。

しかし、このようにして推移した「建築費」について、歳出全体に占める割合に着目すると、最初にピークを迎えた一九一二〜一三年度は、四パーセント台となったものの、次のピークであった一九二〇〜二一年度では、いずれも二・九パーセントであり、「建築費」が突出していたわけではなかった。むしろ、一九〇〇年前後のほうが歳出全体に占める建築費の割合が高い。これは、台湾総督府の事業のなかで、歳出規模が小さい時期にあっても、専売局、監獄、病院、官舎というような台湾支配に必要な施設の整備が優先的に進められていたことを示している。

関東都督府の建築費

関東都督府の建築費について、創設の一九〇六年から関東庁・関東軍に分離改組される前まで一三年間の建築費用とその後、一九二六年までの建築費について、表2-4に示した。[80]これを見ると、一九〇七年度〜一二年度の建築費と一九一三年度〜一五年度には大きな開きがある。

このうち、一九一四年度、一九一五年度は、第一次世界大戦の影響という見方も考えられるが、関東都督府の特別会計歳出総額や総支出が第一次世界大戦前と比べて過度に減少しているわけではなく、建築費だけが極端に減少して

表 2-4　関東州民政署・関東都督府・関東庁における総支出と建築費の関係

（単位：円）

年度	特別会計・地方会計における建築費と総支出			特別会計における建築費と歳出総計					
	建築費	総支出	比率	営繕費	新営費	修繕費	建築費総計	歳出総計	比率
1905～06	264,104	3,678,454	7.2						
1907	910,353	4,207,265	21.6	267,662			267,662	3,451,487	7.8
1908	696,488	5,159,717	13.5		439,381	40,533	479,914	4,231,640	11.3
1909	985,590	5,159,717	17.2		638,016		638,016	4,617,689	13.8
1910	867,981	6,805,770	12.8		627,289	68,436	695,725	5,771,335	12.1
1911	1,043,864	6,534,065	16.0		819,047	46,292	856,339	5,499,296	15.6
1912	1,351,485	6,479,554	20.9		1,117,483	65,123	1,182,606	5,339,503	22.1
1913	492,808	5,456,308	9.0		392,843	28,556	421,399	4,429,252	9.5
1914	409,627	5,186,815	7.9		304,479	30,776	335,255	4,116,898	8.1
1915	765,742	5,931,023	12.9		376,995	23,641	400,636	4,118,924	9.7
1916	1,479,810	7,543,312	19.6		297,295	37,069	334,364	4,208,003	7.9
1917	1,675,741	8,669,965	19.3		429,844	33,399	463,243	4,612,985	10.0
1918	2,323,477	12,809,620	18.1		556,733	41,365	598,098	6,895,853	8.7
1919	1,553,829	14,349,238	10.8		647,667	54,827	702,494	9,531,725	7.4
1920	2,694,812	18,601,957	14.5		1,081,574	96,069	1,177,643	11,705,727	10.0
1921	2,371,883	18,583,103	12.8		1,400,959	109,764	1,510,723	13,792,789	9.7
1922	2,256,414	20,315,258	11.1		1,063,380	29,977	1,093,357	15,217,557	7.2
1923	2,226,967	20,472,714	10.9		1,070,594	35,331	1,105,925	15,603,904	7.1
1924	1,886,355	20,038,300	9.4		901,160	62,672	963,832	15,237,571	6.3
1925					558,578	39,461	598,039	14,036,413	4.3
1926					574,600	54,611	629,211	14,580,725	4.3

注 1）「特別会計・地方会計における建築費と総支出」の「建築費」は，「自明治三十八年度至大正十三年度建築支出額調」『関東庁施政二十年誌』（1926 年，850 頁），より転載。1905～06 年は，関東州民政署と関東都督府の建築費の合算額。

2）「特別会計・地方会計における建築費と総支出」の総支出は，関東都督府・関東庁における「特別会計歳出総計（経常部・臨時部合計）」と「地方会計支出総計（経常部・臨時部合計）」の合計。これらの金額は，「第一六三表特別会計各年度別歳入歳出決算」（『関東局施政三十年誌』1936 年，140 頁），および「第一六九表地方会計各年度別収入支出決算」（同書，145 頁）をもとに算出。1905～06 年度は，関東州民政署の総支出と関東都督府の特別会計歳出総計および地方会計支出総計の合計額。

3）「特別会計における建築費」は，「第二節附表関東庁（関東都督府）特別会計歳入歳出決算累一覧表（二）歳出之部」（『明治大正財政史』19 巻，1145～1151 頁，昭和 15 年）本表中の「営繕費」と「修繕費」は，「第二節附表関東庁（関東都督府）特別会計歳入歳出決算累一覧表（二）歳出之部」に示された科目の金額をそのまま記載。同表では，「営繕費」は 1907 年度のみで，それ以後は科目名が「新営費」と「修繕費」に分けて記載されている。ただし，1909 年度のみ「新営費」と「修繕費」の合計額が記載。「新営費」は，1907～15 年度は，同表に示された科目の金額をそのまま記載。1916～18 年度と 1920～1926 年度は，同表に示された科目「新営費」と個別建物の新営費の合計額。個別建物は次の通り。「大連高等女学校校舎新営費」（1916～18 年度），「大連郵便局電話課庁舎新営費」（1919～22 年度），「大連拘置所新営費」（1922～23 年度），「大連第二中学校新営費」（1923～26 年度），「旅順第二中学校新営費」（1924 年度），「大連郵便局庁舎新営費」（1926 年度）。

4）表中の金額の単位は円。円未満は切捨て。「比率」は，総支出および歳出総計に対する建築費の百分比で，小数点以下第 2 位を四捨五入。

いるので、第一次世界大戦の影響によって財政規模そのものが縮小したのではない。第一次世界大戦の影響があるとすれば、それは、大戦期間中、建築資材が急騰したことによって予定の工事が進まず、支出としての建築費が減少したという推測は成り立つが、全体の支出が減少していないのであるから、この時期、建築費の減少分が他の事業に廻されたと見るべきである。

この建築費の減少は、関東都督府による関東州支配のなかで、草創期に設けるべき施設の工事がほぼ終わり、いったん、建築活動が下火になったものと考えられる。この時期、関東都督府の建築活動について、その活動量の変化を示す事例が二つある。

一つは、一九〇八年三月一七日、関東都督府が満鉄本社建築係長であった小野木孝治を嘱託技師に任命し、大連小学校校舎の設計を託したことである。[81] この日は、松室重光が関東都督府技師に任命される前日であるが、翌日、関東都督府技師に任命された松室は旅順に滞在しており、大連に常駐して建物の設計・監理を行う技師が関東都督府には一人もいなかった。小野木の嘱託技師任命はその状態を補うものであった。すなわち、松室一人では対応できないほどの設計・監理業務があったことを示している。

もう一つは、外務省と関東都督府との間での交渉に関することである。一九一一年、外務省は関東都督府に対して松室重光に在牛荘日本領事館の新築設計と工事監督を依頼した。しかし、関東都督府は松室の多忙を理由に断った。その後、外務省は、一九一四年には再び松室に在吉林総領事館設計のための事前調査を依頼したが、このとき、松室はその調査依頼を受け、「吉林帝国領事館建物調査報告書」を作成していた。[82] すなわち、一九一一年では多忙を極めていた松室が、一九一四年には余裕があったため外務省からの依頼を受けたのであった。

関東都督府の建築費の傾向にはもう一つの特徴があった。それは、関東州内における建築費の偏在である（表2-5）。統計が断片的ではあるが、一九〇九年から一九一一年の建築費は、旅順における建築活動に集中的に使われた。一方、一九一六年以降は大連において集中的に使われている。

表 2-5　1909〜24 年における関東都督府・関東庁の地区別建築費

（単位：円）

年度	大連		旅順		関東州全域の建築費
	建築費	百分比(%)	建築費	百分比(%)	
1909	240,647	24.4	493,640	50.1	985,590
1910	100,933	11.6	541,837	62.4	867,981
1911	128,921	12.4	561,981	53.8	1,043,864
1912	379,707	28.1	414,261	30.6	1,351,485
1913	98,304	19.9	104,745	21.3	492,808
1914	76,864	18.8	170,265	41.6	409,627
1915	121,153	15.8	202,739	26.5	765,742
1916	581,788	39.4	441,338	29.9	1,479,810
1917	742,486	44.3	425,727	25.4	1,675,741
1918	1,300,734	56.0	494,915	21.3	2,323,477
1919	782,706	50.4	414,264	26.7	1,553,829
1920	1,096,458	40.7	685,805	25.4	2,694,812
1921	737,070	31.1	692,504	29.2	2,371,883
1922	835,424	37.0	225,553	10.0	2,256,414
1923	733,245	32.9	175,214	7.9	2,226,967
1924	451,445	23.9	236,639	12.5	1,886,355

出所）大連の建築費は，「大連建築支出額各年度別調」（『関東庁施政二十年誌』1926 年，852 頁）より転載。旅順の建築費は，「旅順建築支出各年度別調」（同書，853 頁）より転載。関東州全域の建築費は「自明治三十八年度至大正十三年度建築支出額調」（同書，850 頁）より転載。

注 1）表中の金額の単位は，円。円未満は切捨て。

2）表中の百分比は，関東州全域の建築費に対する大連，旅順における建築費の百分比。

このうち、建築費が旅順において集中的に使われていた一九〇九〜一一年は、関東都督府が旅順において行政に必要な建物を整備する際、既存建物の転用で済ませていた時期であり、それが関東都督府の草創期に集中的に行われた結果であるとみられる。関東都督府創設一〇年間の記録である『関東都督府施政誌』は、「庁舎官舎ノ新築経営ハ当面焦眉ノ急務ニ属スト雖モ始政草創ノ際独リ多額ノ費用ヲ建築事業ニ投スルヲ得サリシヲ以テ姑息ノ修理臨時ノ貸借等ニ依リ纔ニ一時ヲ糊塗シ爾後財政ノ状況ヲ参酌シ漸ヲ以テ建築工事ノ施設ヲ進メ来レリ[83]」と記し、関東都督府設立直後は、既存建物の改修によって必要な施設を確保していったことを示している。『関東都督府施政誌』には関東都督府が建設、整備した主要施設が記されているが、大連の物件（一四件）についてはすべてが新築であるのに対し、旅順の物件（一〇物件）については、八物件が既存建物の修築である[84]。したがって、この時期の旅順での建築費の集中的な支出は、主として既存の建物を改修して転用するためであったといえよう。

一方、建築費が大連で集中的に使われていた一九一六年以降の時期は、特に関東州逓信局や大連市役所といった規模の大きな官衙や大連高等女学校の新築が行われていた時期であり、さらに一九二〇年代になると大連第二中学校や大連郵便局が新築され、市街地と人口の拡大を続ける大連に対して、関東都督府は、継続的に学校や官衙を新築していった。大連への建築費の集中的使用は、旅順での施設整備が一段落したことを示していよう。

満鉄の建築費

次に関東都督府と同じ時期に中国東北地方で多数の建築物を建設していった国策会社満鉄について、その建築費を考えてみる。表2-6は、『南満洲鉄道株式会社十年史』に掲載された統計から、満鉄創業時の一〇年間について、満鉄の支出科目ごとの投資金額（満鉄では「興業費」と称した）を示したものである。支出科目のうち、そのすべてが「建築費」と見なせるのは「諸建物建設費」と大連ヤマトホテルをはじめとする満鉄直営の旅館・ホテルの建設費用として扱われている「旅館建設費」である。しかし、それ以外の科目のうち、「船舶建設費」と「土地費」を除くすべての科目に、建築費が含まれている。

このうち、「鉄道建設費」には、比率は低いが、駅舎をはじめとした鉄道関連の建物の建築費が含まれている。例えば、軽便鉄道を改築した安奉線では、全体の建設費（二、四六七万七、三九三円）のうちの七・六パーセントにあたる一八六万八、五〇四円が建物本体の建築費に投じられた。

「工場建設費」は、鉄道車両の建造や修理を行う鉄道工場の建設費であり、初代の大連駅に隣接して鉄道工場、一九一一年から操業を始めた大連（沙河口）工場、さらに遼陽に設けた分工場の建設費用が相当する。このうち、ここに示した金額の四七・三パーセントにあたる三二〇万八、一六八円が大連工場の建物本体の建設費用である。

「港湾建設費」は満鉄が経営を任された大連港をはじめとした港湾における防波堤や埠頭施設の建設費であり、その一八パーセントが、埠頭に軒を連ねた倉庫をはじめとした建物の建築費（二八二万三六四円）である。

「鉱山興業費」は、主として撫順炭坑の建設費であるが、採炭を目的とした炭坑施設の建設費と撫順（千金寨）市街地の建設費がある。そして、それらに含まれる建築費は全体の一九・五パーセント（三七〇万七、二二一円）であっ

年間の投資と建築費

（単位：円）

地方営造物費	建築費（暫定2, d）	船舶建設費	土地費	投資総額(e)	営業支出(f)	支出総額（g=e+f）	比率1(c÷e)	比率2(d÷e)	比率3(c÷g)
341,812		–	–	14,048,757	10,526,530	24,575,287	16.0		9.2
-7,531		–	2,279,309	32,478,656	15,502,101	47,980,757	7.5		5.1
587,765		–	945,596	17,894,437	17,342,234	35,236,671	6.6		3.3
505,496		–	1,961,024	27,491,750	21,069,368	48,561,118	9.0		5.1
704,231		2,812,434	2,162,386	23,543,780	24,487,652	48,031,432	7.6		3.7
487,923		572,923	1,056,498	11,596,101	28,260,432	40,216,533	7.8		2.3
1,397,240		1,507,279	1,367,059	11,380,477	35,249,844	46,630,321	10.0		2.4
723,863		77,799	850,113	9,155,025	37,129,524	46,284,549	15.2		3.0
-205,611		79,276	221,235	5,017,451	35,705,525	40,722,976	4.0		0.5
866,471		-1,905,679	517,135	6,287,796	42,294,800	48,582,596	4.5		0.6
5,401,662	32,977,710	3,144,033	11,360,358	158,894,235	267,928,010	426,822,245	8.8	20.8	3.3

建設費」，「電気建設費」，「瓦斯建設費」，「地方営造物費」，「船舶建設費」，「土地費」は，「興業費事業別表」（『南満
ず，原表に金額の記載がないことを示す。「鉱山興業費」，「電気建設費」，「瓦斯建設費」，「地方営造物費」，「船舶建
を示す。「建築費（暫定1）」は，「諸建物建設費」と「旅館建設費」の合計金額。「建築費（暫定2）」は，「建築費
金額のみを示した。「投資総額」は「興業費事業別表」に示された総計金額を用いた。また，表中の「営業支出」
合計額。
「港湾建設費」，「鉱山興業費」，「工業建設費」，「電気建設費」，「瓦斯建設費」，「地方営造物費」，「船舶建設費」，「土
計は一致しない。
が，その金額が不詳であるため，本表にはそれらを含めなかった。また，「地方営造物費」には，土木構造物の建設

分比。建築費（暫定2）は各年度ごとの金額が不詳なため，比率2も各年度ごとの数値は計算不可能であり，空欄と

た。

「工業建設費」は、元来、撫順炭坑の附帯事業として行われていた撫順での電気工場、硫酸工場、骸炭工場の建設費を一九一六年度から分離して計上したものである。その詳細な内訳は不明であるが、建物本体の建築費と発電機器など機械類の費用から成っている。

「電気建設費」は、満鉄が進めた沿線主要都市での電気供給と大連市内の路面電車に関する建設費である。このうち、大連、奉天、長春、安東の発電所建設、大連市内路面電車車庫の建設費用として、全体の三八パーセント（一九四万五、三一二円）が使われた。

「瓦斯建設費」は、ガスの供給に関する建設費用で、建築費としては瓦斯工場の建設費用が含まれている。それは、全体の四一・三パーセント（六〇万四、四一五円）であった。

「地方営造物費」は、鉄道附属地経営を担当した地方部管轄下の建築物、都市基盤施設の建設費である。学校校舎をはじめとした建築物や上下水道関連

表 2-6　満鉄創業 10

年度	諸建物建設費 (a)	旅館建設費 (b)	建築費 (暫定1,c=a+b)	鉄道建設費	工場建設費	港湾建設費	鉱山興業費	工業建設費	電気建設費	瓦斯建設費
1907	2,047,295	202,763	2,250,058	9,464,712	691,046	523,310	665,107	–	112,708	–
1908	2,396,328	25,078	2,421,406	22,145,347	336,877	1,582,730	2,832,628	–	887,887	–
1909	776,175	404,375	1,180,550	8,276,669	867,889	1,610,787	1,989,975	–	1,832,857	602,344
1910	2,170,152	317,278	2,487,430	14,096,716	2,444,647	2,616,618	2,120,071	–	1,057,147	202,596
1911	1,654,319	125,178	1,779,497	11,809,955	1,342,431	682,662	1,389,058	–	682,437	178,685
1912	655,251	253,893	909,144	4,506,378	232,229	1,645,683	1,501,750	–	260,657	422,913
1913	851,675	288,657	1,140,332	1,962,590	149,708	2,304,183	1,748,556	–	-86,581	-109,889
1914	989,960	399,656	1,389,616	1,235,927	196,394	1,629,919	2,795,084	–	169,145	87,197
1915	185,244	16,167	201,411	693,911	154,748	1,267,184	2,449,553	–	109,460	46,280
1916	270,951	11,288	282,239	1,769,774	370,138	1,781,131	-21,448	2,515,347	79,834	32,850
合計	11,997,354	2,044,336	14,041,690	75,961,984	6,786,111	15,644,210	17,470,302	2,515,347	5,105,556	1,462,977

注 1）表中の「諸建物建設費」,「旅館建設費」,「鉄道建設費」,「工場建設費」,「港湾建設費」,「鉱山興業費」,「工業
洲鉄道株式会社十年史』1919年，932～933頁)，に示された項目より転載。「－」は，当該事業が行われておら
設費」にある負の金額は，関連資産の売却や経理上の移管によって生じた差額によって負の金額となったこと
(暫定 1)」に他の項目に含まれる建築費を加算した金額であるが，年度ごとの金額は不詳であるため，合計
は，「営業収支」(同書，936～943頁）に示された「支出」より転載。「支出総額」は，投資総額と営業支出の
2）表中の金額の単位は，円。円未満切捨て。「諸建物建設費」,「旅館建設費」,「鉄道建設費」,「工場建設費」,
地費」と「投資総額」の合計は，注 1 に示した「興業費事業別表」からの転載であるため，各年度の総和と合
3）「興業費事業別表」に記載された「鉄道建設費」,「港湾建設費」にも建築費に該当する細目があると思われる
費も含まれているが，建築費が多いと考え，本表に含めた。
4）比率 1 は，投資総額に対する建物費（暫定 1）の百分比。比率 2 は，投資総額に対する建築費（暫定 2）の百
した。比率 3 は，支出総額に対する建築費（暫定 1）の百分比。

施設などの建設費がこれに含まれている。このうち、建築費は、その八八・五パーセント（四七八万二、〇三六円）を占めている。

このように「旅館建設費」と「諸建物建設費」以外の各科目に含まれる建築費は判明している金額だけでも一、八九三万六、〇二〇円にのぼる。これに「旅館建設費」と「諸建物建設費」を加えた金額は、三、二九七万七、七一〇円となり、これは興業費全体（一億五、八八九万四、二三五円）の二〇・八パーセントを占めていた。実際には、満鉄本線における建築費がこれに加算されるため、この建築費の金額とその比率は、これよりも大きいと推測できる。

一方、ここで確実に把握できる建築費として「建物建設費」「旅館建設費」のみに着目すると、創業時の五年間、一九〇七年度から一九一一年度におよぶ五年間に最初の集中的な建築費の投入が行われている。また、興業費そのものが、この時期に大きい金額を示していることから推測すれば、他の建築費もこの時期に集中的に投じられたと考えられる。これは、満鉄が創業時の五年間で各種の事業に見合っ

表 2-7　1907〜37 年における満鉄鉄道附属地での投資総額と建築費の関係

（単位：円）

科目別	建物(a)	比率 1 (%)	機器(b)	工作物(c)	合計 (a+b+c)	比率 2 (%)
学　校	17,694,755	41.9	1,618,020	721,874	19,312,775	10.6
図書館	515,438	1.2	7,437	11,098	533,972	0.3
公会所	297,187	0.7	17,452	5,037	319,679	0.2
体育施設	73,967	0.2	3,841	413,586	491,393	0.3
医　院	14,112,683	33.4	849,751	838,127	15,800,561	8.7
衛生研究所	284,586	0.7	88,269	34,320	407,174	0.2
衛生所	525,037	1.2	169,186	147,055	841,278	0.5
市街設備	432,772	1.0	128,920	17,951,718	18,513,410	10.2
水　道	301,410	0.7	498,399	8,813,983	9,613,792	5.3
市　場	39,219	0.1	—	1,107	40,326	0.0
屠獣場	40,065	0.1	1,468	7,051	48,585	0.0
消防所	227,701	0.5	167,681	12,510	407,892	0.2
貸付家屋	6,793,286	16.1	3,615	440,705	7,237,606	4.0
雑設備	940,143	2.2	194,330	106,945	1,241,418	0.7
用　地	—	—	—	107,248,519	107,248,519	58.9
合　計	42,278,249		3,026,495	136,753,635	182,058,373	

出所）「地方部所管地方事業費現況」（『満鉄附属地経営沿革全史』1939 年〔1977 年復刻〕，94〜95 頁）を転載。

注 1）表の項目は，「地方部所管地方事業費現況」に記載された通りとする。

2）表の金額は，「地方部所管地方事業費現況」に記載された金額を転載。各金額は円未満を切り捨てているので，それらの総和と合計とは一致しない場合がある。

3）比率 1 は，建物全体に投資された金額の建物全体の費用に対する百分比（%）。比率 2 は，全体の投資額（182,058,373 円）に対する当該施設の費用の割合。単位は%である。

た施設を集中的につくっていったことを示している。『南満洲鉄道建築』が示すように、この時期、奉天駅や撫順（千金寨）駅などの駅舎、撫順における市街地建設に伴う公共施設や官舎の建設などが集中的に進められたためである。

また、鉄道附属地を満鉄が管理した時期（一九〇七〜一九三七年）における鉄道附属地での建築費を見ると、学校と病院に多くの資金が投じられている（表 2-7）。これは、「居住者規約」に示された満鉄の役割である、土木、教育、衛生の三事業のうち、建物を必要とする教育事業と衛生事業が重要な事業として進められたことを示していよう。

満鉄の建築費について、もう一つの特徴は、一九〇七年度から一九一一年度の建築費が、関東都督府の建築費を上回っていることである。関東州支配のために設立された関東都督府よりも、半官半民の国策会社である満鉄のほうが、多額の費用を建築費に当てていたということは、それだけ、満鉄の事業規模が大きかったことを示している。

ちなみに、一九〇七年度に示された関東都督府の建築費九一万三五三円や満鉄の「建物建設費」二〇四万七、二九五円とはどの程度の金額であるかを相対的に把握すると次のようにみることができる。それは、その直前、関東都督府の前身組織であった関東州民政署時期（一九〇五年六月から一九〇六年八月まで）において、大連で建てられた民間の建物の建築費総額が一三五万三三三円であったことを考えると、関東都督府の建築費は、関東州全体における民間の建築費を下回り、満鉄の建築費は、関東州全体の民間の建築費に相当すると推測できる。また、別の見方をすれば、関東都督府や満鉄が設立された時期、中国東北地方における日本人の建築活動を建築費からみれば、関東都督府、満鉄、その他の民間、に三極化していたといえよう。[85]

朝鮮総督府の建築費

『明治大正財政史』に示された朝鮮総督府の歳出に関する統計をもとに建築費を算出したのが表2-8である。また、この表には、台湾総督府、関東都督府、満鉄との比較のため、朝鮮総督府の建築組織の前身となった韓国政府度支部建築所と税関工事部の建築費を加えた。また、朝鮮総督府編『施政二十五年誌』には、一九一〇年度から一九三五年度までの決算が、「朝鮮総督府特別会計決算[86]」として掲載されているが、決算の費目が詳細に記されているわけではないので、ここでは、他の機関との比較という観点から『明治大正財政史』を用いることとした。

朝鮮総督府の建築費は、一九二〇年から一九二二年にかけてその金額が極端に大きくなっていることがわかる。これは、この時期に、朝鮮総督府庁舎をはじめ、総督府医院、朝鮮神宮、咸鏡北道庁舎、平安北道庁舎、といった建築費の大きな工事が続いていたためである。また、一九一九年八月に施行された憲兵警察から普通警察への移行に伴う各地の警察署の新築、同じ年の三月一日に起きた三・一事件など独立運動を鎮圧するために逮捕者・検挙者が増大したことに伴う監獄の新築・拡張、さらに、一九二一年四月に施行された朝鮮煙草専売令に伴う煙草工場などの新設が大規模に行われたことである。例えば、一九二一年度の場合、建築費八八三万円余のうち、朝鮮総督府庁舎新築費に

表 2-8　『明治大正財政史』に示された朝鮮総督府における建築費

(単位：円)

年　度	営繕費	修繕費	その他	建築費合計	歳出総計	比率（%）
1905	27,078	3,101	4,124	34,304	—	
1906	213,634	15,766	11,610	241,011	—	
1907	621,171	14,212	18,958	654,342	—	
1908	386,609	41,678	29,515	457,803	—	
1909	569,098	63,196	11,866	644,162	—	
1910	936,250	57,515	15,387	1,009,152	17,815,654	5.7
1911	1,801,174	315,938	27,606	2,144,718	46,172,310	4.6
1912	1,523,527	326,143	—	1,849,670	51,781,225	3.6
1913	1,267,256	340,128	—	1,607,384	53,454,484	3.0
1914	1,324,651	323,463	—	1,648,114	55,099,834	3.0
1915	1,316,881	316,870	—	1,633,751	56,869,947	2.9
1916	1,115,706	307,955	—	1,423,661	57,562,710	2.5
1917	1,289,653	340,576	—	1,630,229	51,171,825	3.2
1918	2,015,278	374,792	—	2,390,070	64,062,720	3.7
1919	2,895,255	415,675	—	3,310,930	93,026,893	3.6
1920	5,132,173	497,632	2,963,296	8,593,101	123,231,297	7.0
1921	4,813,689	548,423	3,469,420	8,831,532	148,414,003	6.0
1922	7,224,280	566,305	1,049,420	8,840,005	155,113,754	5.7
1923	6,713,530	—	90,037	6,803,567	144,768,149	4.7
1924	4,536,178	—	—	4,536,178	134,810,178	3.4
1925	3,041,204	—	—	3,041,204	171,763,081	1.8
1926	3,180,451	—	—	3,180,451	189,470,101	1.7

注 1）朝鮮総督府設立以前の 1905～09 年度は，朝鮮総督府の建築組織の前身となった韓国政府度支部建築所が担当した建築工事の費用を掲載。この時期は，「海関（税関）工事費」の中に庁舎と官舎の建築費が含まれているが，土木工事が主体であることと，1910～26 年の統計では税関工事費の細目が不詳であり比較不可能なので，建築費から外した。単位は円，円未満切捨て。建築費合計は各項目の合計値での円未満切捨て。

2）1905～07 年度については，『建築所事業概要第一次』（1909 年，91～114 頁）に掲載された個別工事物件の請負金額により作成。本表中の「営繕費」は，これに「新築費」「増築費」として個別に示された工事請負金額の合計。本表中の「修繕費」は，この資料に示された「修繕費」「模様替」として個別に示された工事金額の合計。「その他」は，この資料に「五百円未満建築工事費」として一括掲載された工事費を転載。

3）1908～09 年度については，『建築所概要第一次』（1909 年，208～220 頁）に掲載された度支部建築所の決算書より作成し，本表中の「営繕費」「修繕費」はこの決算書に「営繕費」「修繕費」と示された金額を転載。1908～09 年度の「その他」は，決算書の「工業伝習所建築費」「内閣庁舎新築費」（1908 年度のみ）「庁舎建設費」（1909 年度のみ）に示された金額の合計。

4）1910～26 年度については，大蔵省編纂『明治大正財政史 第十八巻・外地財政（上）』（財政経済学会，1939 年，860～893 頁）に掲載された「朝鮮総督府特別会計歳入歳出決算額塁年一覧表（二）歳出之部」より作成。単位は円とし，円未満切捨て。

5）1909 年度は，資料の制約から，いずれの項目も上半期（1909 年 4～9 月）のみの金額。

6）1910～26 年度の「営繕費」「修繕費」は，注 4 に示した表中の決算科目に示された金額。これらの科目以外に示された建築費は「その他」とした。当該の決算科目がない場合は，空欄とした。

7）1910 年の「その他」は，「印刷局新営及設備費」「平壌鉱業所営繕費」の合計金額。その他の科目として「塩田築造及庁舎新営設備費」「税関及税関支署復旧工事費」にも建築費が含まれると見られるが，これらの科目は土木工事費や設備費が主体であると考えられるので，建築費から外した。

8）1911 年の「その他」は，「臨時土地調査費」の中の「庁舎新営及修繕費」を示す。

9）1911・1912 年における「海関工事費」にも建築費が含まれているが，土木工事費や設備費と一括した科目として金額が示されているので，これらは建築費から外した。

10）1920～1922 年の「その他」は，「臨時教育施設費」中の「学校新営及設備費」「学校新営及設備費補助金」と「監獄拡張費」「監獄新営費」「警察官署新営費」「煙草専売創業費」中の「建築及設備費」である。

11）1923 年の「その他」は，「震災応急費」中の「朝鮮総督府東京出張員事務所仮庁舎新営費其他応急費」である。

12）比率は，歳出総計に対する建築費合計の百分比。少数点以下 2 位を四捨五入。

七〇万六、二三三円、総督府医院の建築費用に一二〇万六、九三七円が費やされたが、各地の警察署の建築費はこれらよりも多く、一五六万七、五七三円が支出された。また、監獄の新築費用として六四万八、〇七一円が使われているが、これは、三・一事件の影響によるものである。さらに、煙草専売創業費が設けられ、その建築及設備費として一〇三万六、二五二円が支出された。この時期の朝鮮総督府による支配方針は、教育、衛生、福利の充実を図りながら、独立運動を徹底的に力で抑え込むための治安維持を図るという、いわば、アメとムチの政策であり、それが、建築費にも如実に現れたといえる。すなわち、巨額を投じた総督府医院の新築は前者であり、警察署の新築や監獄の新築・拡張は後者であった。また、これらの施策に対する財源確保の手段の一つが、煙草の専売制度であった。

ところで、表2-8には、朝鮮総督府設立以前のすでに日本の支配を受けていた時期の韓国政府における建築費も示した。ここで、朝鮮総督府の建築費と並べてこれらの建築費を記したのは、これらの建築費のうち、一九〇七〜〇九年度の建築費については、実質的に日本政府から韓国政府に貸与された資金であったからである。度支部建築所や税関工事部（第１章第二節参照）によって設計・監理されていた韓国政府の建築物は、その建築費が韓国政府の会計制度では、度支部所管の支出や総税務司所管の支出として扱われており、表向き、日本政府の歳出とは無縁なように見える。しかし、一九〇七年七月に締結された第三次日韓協約に合わせて日本政府は、韓国政府に対して五年間で一、九六八万円を与えることを約した。[87] この経費は、日本政府の大蔵省所管臨時歳出に「韓国政府立替金」として計上されている。そして、一九〇八年度は五二五万九、五八〇円、一九〇九年度は四六五万三、五四〇円、一九一〇年度は二六〇万円が、それぞれの年度予算に韓国政府立替金として計上されている。[88] 一九〇五〜〇六年度の建築費と一九〇七年度の建築費の間に大きな差があるのは、この資金投入によるものとみられる。このように、毎年、三〇〇万円程度が日本政府から韓国政府に貸与され、実質的に、この資金によって、韓国政府は政府庁舎、病院（医院）、学校、裁判所、警察署、監獄、税関庁舎や倉庫、官舎などを建設している（表2-9）。そして、特に度支部建築所所管の経費によって建築費が支出された建物の用途を見ると、庁舎、医院（病院）、警察署、学校、官舎である。これは、す

表 2-9　韓国度支部建築所および税関工事部による建築費

（単位：円）

		1905	1906	1907	1908	1909	合　計
度支部建築所の建築費	庁　舎		6,840	68,099	35,190	67,838	177,968
	医　院	8,487	7,133	198,198	36,428	2,831	253,079
	廣通館				54,303	6,405	60,708
	印刷局	3,955	5,181	85,071	2,633	1,633	98,474
	蔘政課					23,037	23,037
	裁判所				30,860	68,532	99,393
	警察署	1,200			15,408	284,314	300,923
	監　獄		40,459		3,452	8,982	52,893
	財務庁舎				46,514	25,925	72,439
	学　校		46,119	61,632	9,482	15,838	133,071
	勧業模範場				1,485		1,485
	煉瓦製造所				19,703		19,703
	倉　庫		52,757	11,642	9,179	10,706	84,285
	官　舎	4,906	50,589	193,398	154,401	79,150	482,446
	雑	11,631	20,319	17,341	9,244	37,101	95,638
	その他	4,124	11,610	18,958	29,515	11,866	76,076
	合　計	34,304	241,011	654,342	457,803	644,162	2,031,624
税関工事部の建築費	仁　川		3,530	45,904	19,352	36,261	105,047
	群山/木浦		16,303	80,387	4,835	3,306	104,832
	京　城		95,949	55,480	12,623		164,054
	釜　山		15,300	120,565	32,164	55,091	223,121
	元　山		15,591		19,380	2,588	37,559
	清　津			23,064	6,267		29,331
	鎮南浦		58,390	21,175	12,321	8,189	100,077
	新義州			15,539			15,539
	合　計		205,063	362,117	106,945	105,436	779,563

注 1）度支部建築所建築費は，『建築所事業概要第一次』（1909 年，91～114 頁）に掲載された個別建築工事請負金額をもとに計算した。建物種別は，同書の記載に従った。ただし，「庁舎」の 1908・09 年度には度支部建築所執行分の「税関庁舎」費が含まれる。「雑」は，同書にて「雑工事」と分類された工事の請負金額。「その他」は金額 500 円以下の請負工事の合計額を示した。1909 年度は，上半期分の建築費のみ。単位は円。円未満は切捨て。合計は各項目の合計値での円未満切捨て。

2）税関工事部の建築費は，「執行工事一覧」（『建築所工事概要第一次』1909 年，149～155 頁），および「五百円未満海関工事件数及金額一覧」（同書，155～158 頁）記載の税関別工事費から建築工事のみを抽出して計算したが，一部に土木工事も含まれる。単位は円。円未満は切捨て。なお，「群山/木浦」は，群山税関と木浦税関の税関庁舎新築工事を一括して行っているため，他の工事も両税関を合算した費用とした。単位は円。円未満は切捨て。

3）表の空欄は，該当する工事がなかったことを示す。

4）合計は各項目の合計値での円未満切捨て。

でに、韓国を保護国とした時期において、日本政府の支配方針が、単に反日勢力を力で抑え込むだけでなく、いわゆるアメとムチの政策となっていたことを物語っている。すなわち、大韓医院と称せられた病院の新築や工業伝習所、水原農林学校などの学校の新築は前者であり、大邱警察署など各地の警察署の新築は後者である。これは、一九二〇年代前半に朝鮮総督府の建築費が極端に増大したときと同じ現象であり、日本政府による朝鮮半島支配の政策の根底に存在する考えであるといえよう。

ところで、一九〇五年から一九〇九年度上半期までにおいて度支部建築所が発注した工事のうち、工事金額五〇〇円以上の工事は三一七件であったが、それらはすべて日本人が請け負っている。この現象そのものが、この時期、韓国がすでに実質的に日本の支配下に入っていたことを示す一事例であるといえよう。

満洲国政府の建築費

さて、最後に満洲国政府の建築費について考察する（表2-10）。満洲国政府の建築費については、『満洲国政府公報』『政府公報』に公表された予算書をもとに一九三二年度から一九三九年度を示した。[89] その中で注目すべきことは、新築費が年を追って増加するのは当然のこととしても、それに応じて修築費が減少していることであり、しかも、新築費は急増し、修築費は激減している。特に、新築費の歳出予算総額に占める比率が急増していることは、満洲国政府が、既存建物の改修という急場凌ぎの状態から早々と脱したことを示している。

特に、一九三四年度の急増は、国務院庁舎を始めとする政府庁舎の新築工事が本格化したためであり、また、一九三五年度からは、首都新京（長春）以外の地に建てられた各省公署庁舎の工事が始まったためである。さらに、一九三八年度予算では、新築予算が前年比八三パーセントの増加という具合に急増したが、その前年に「特殊建築」と称された宮殿、建国廟、成吉思汗廟、官吏保養所、熱河離宮の整備を担当する部署が新設され、一九三八年度予算にそれらの事業費が盛り込まれたためである。これはこの時期、政府庁舎の新築が一段落する一方で、他の国家的な施設

表 2-10　満洲国政府の建築予算

（単位：国幣円）

年度	新築費(a)	修繕費(b)	建築費(c=a+b)	a÷c（%）	歳出予算総額(d)	a÷d（%）	c÷d（%）
1932	1,600,000	900,000	2,500,000	64.0	150,822,752	1.1	1.7
1933	2,292,500	657,500	2,950,000	77.7	149,169,178	1.5	2.0
1934	6,587,407	408,837	6,996,244	94.2	188,725,085	3.5	3.7
1935	3,404,793	750,509	4,155,302	81.9	104,998,700	3.2	4.0
1936	7,778,002	997,665	8,775,667	88.6	219,405,000	3.5	4.0
1937	9,106,392	222,905	9,329,297	97.6	248,098,760	3.7	3.8
1938	16,724,592	140,000	16,864,592	99.2	304,555,000	5.5	5.5
1939	21,562,583	115,000	21,677,583	99.5	403,377,655	5.3	5.4

出所）『満洲国政府公報』および『政府公報』に掲載された各年度予算をもとに西澤泰彦が作成した。ただし，1940 年度予算は『政府公報』に記載されておらず，1941 年度以降の予算は細目が公表されていないので，1940 年度以降の建築費（予算）は不明である。

注 1）満洲国政府の会計年度は，1934 年までは，その年の 7 月から翌年 6 月までを一会計年度とし，1936 年度以降は，1 月から 12 月を会計年度としていた。また，この会計年度の移行期にあたる 1935 年度は，同年 7 月から 12 月までを一会計年度としている。

2）a÷c（%）は，建築費に占める新築費の百分比。a÷d（%）は，歳出予算総額に対する新築費の百分比。c÷d（%）は，歳出予算総額に対する建築費の百分比。小数点以下 2 位を四捨五入。

3）表中の金額の単位は，満洲中央銀行券＝国幣による「円」。1935 年 11 月以降は，日本円と等価。

の建設が始まったことの表れである。また、このような建築費予算の伸びと連動して、建築組織における技術系職員の定員と実際に所属した技術系職員の数はいずれも増加している。

満洲国政府の建築費（予算）については、資料の制約から、一九三九年度予算までしか把握できないので、それ以後のことについて推測する。まず、建築費が、一九三七年度予算から一九三九年度にかけての大幅な伸びと同様に一九四〇年度以降も大幅に伸びたか否かであるが、これについては、一九四〇年度までは伸びるものの、それ以後は、減少していくと推測できる。

一九四〇年度が前年比で大きく伸びると考えられる原因は、建築組織における技術系職員の定員が、一九四〇年一月一日の建築局設立に伴って、急増していることである。同日付の建築局の技術系職員定員では、技正五人、技佐三四名、技士二七八名となったが、これは、それまでの定員に比べて、技正一名、技佐一三名、技士一六八名の増加であった。特に技士の増加は極端であるが、これは、建築現場の急増と連動していると考えられ、このような技術系職員の定員の増加は、事業の拡大を見越して行われるのが普通であるから、この場合、建築費予算も高い伸びで計上されたはずである。この考えを根拠とすれば、建築局の技術系職員定員は、この後も一九四一年三月一〇日付の官制改正で、技正一一名、技佐五一名、技士四四四名となったので、一九四一年度予算においても建築費予算が伸びていると推測できよう。

ところが、一九四二年度以降については、建築費予算が伸びていないことを推測できる理由もある。それは、実際の建築活動における次の二つの現象が示すことである。一つは、一九四一年四月九日に起工し、一九四二年七月一五日に竣工した満洲国政府第一四庁舎（国務院別館）について、それを設計した建築局技正の石井達郎が自ら指摘するように資材不足のために「バラック建築」となったことである（第1章第三節参照）。すなわち、この時期に施工された建物が資材不足によってバラック建築となったため、全国的な資材不足が進行していたと考えられる。二つ目は、皇帝溥儀の宮殿として建設されていた「新宮廷」の新築工事が一九四三年一月に至って、中止となったことである。満洲国政府にとって重要な建物であるはずのこれらが、「バラック建築」であったり、工事中止になったことは、一九四二年度以降、満洲国政府の建築予算が削減されていたことを示している。

ところで、満洲国政府の設立直後に、その建築費が急激に増えた現象については、台湾総督府、関東都督府、満鉄にも共通することであった。これは設立当初は既存建物の改修によって必要な施設を確保しながら、財政の安定化や建築組織の充実によって新築が可能になると、次々と必要な施設を新築していくという共通の構図を示しているものと考えられる。

一九一〇年前後の建築費

以上、支配に関わった機関の建築費を概観してみたが、ここで、一九一〇年前後に着目して、台湾総督府、関東都督府、満鉄、朝鮮総督府の建築費を比較してみる。比較する台湾総督府、関東都督府、朝鮮総督府の建築費は、いずれも「特別会計」と称されたそれぞれの機関の直轄支出に含まれる建築費であり、このほかに関東都督府の建築費で示したように地方会計に含まれる建築費があるが、ここでは比較のために外しておく。このようにして、一連の表から、一九一〇年の建築費を拾うと、台湾総督府は九八万五、六五〇円、関東都督府は六九万五、七二五円、朝鮮総督府は一〇〇万九、一五二円である。絶対的な金額の比較は、それぞれの支出規模やあるいは、面積、人口を勘案すれば、大きな意味は持たない。むしろ、支出に対する比率を考えたとき、関東都督府が突出していることがわかる。これは、支配地域が極端に狭い関東都督府が、この時期、集中的に建物を建てていったことを如実に示している。

また、満鉄の建築費について、同じ一九一〇年の建築費は暫定的な金額であるが、二四八万七、四三〇円という金額が示されている。この金額は、絶対額として極端に多額であり、また、支出に対する比率としても関東都督府と同様に高い。

これらの暫定的で限定的な情報から類推すると、この時期、中国東北地方における日本の支配は、他の地域に比べて支配の中で建物が果たす役割が極端に高かったといえる。しかし、台湾総督府における一九〇〇年前後、朝鮮総督府における一九二〇年前後も同様な状況にあり、この一〇年ずつの差異は、それぞれの機関における支配の開始時期の差異がそのまま現れていると考えられる。

第3章　植民地の社会と建築

一　植民地の生活インフラと建築（1）——学校・病院・公会堂・倶楽部

日本の支配地には日本人が生活していくために、その生活を支える数多くの施設が存在していた。満鉄が鉄道附属地に学校、病院、図書館、消防署、公会堂といった公的施設を建設したのは、鉄道附属地における日本人の生活をそれらの公的施設によって支えるためであった。そこで、第一節では、支配地における日本人が日々の生活を続ける上で必要不可欠であった公的施設のうち、学校、病院、公会堂、倶楽部（クラブ）を紹介する。

満鉄が鉄道附属地経営（支配）の中で特に力を入れて整備した公的施設が学校と病院であったように、支配地における日本人向けの教育と医療の確保は、日本人にとって最大の関心事であり、その充実度合いが、鉄道附属地における日本人の生活の快適さを示すものであった。また、教育と医療は、支配において、被支配者に施すべき施策としても大きな意味を持っていた。また、都市の中で多数の人々が集まる施設として公会堂があり、社交場として倶楽部（クラブ）があった。これらはそれぞれの支配地において日本人社会の形成に大きな役割を果たす施設であった。

学校

教育においては、台湾総督府と朝鮮総督府がそれぞれの支配地で、学齢児童に対する教育の義務化を図りながら、日本語教育を強制的に行い、その教育を通して言葉・文字を通した支配の確立が図られた[1]。台湾総督府と朝鮮総督府が力を注いで取り組んだことは、日本人に対する教育ではなく、現地の人々に対する教育であり、それを支配の枠組みに組み込んでいくことであった。その主眼は二つある。一つは、いずれの地域でも義務教育の制度が確立していないため、児童に対して義務教育相当の教育を施すことで、表向き、児童の知識水準を向上させることである。もう一つは、それぞれの地域における現地の人々に対して教育を行うことで日本人に同化させることであった。それは、単に日本語教育や日本語による授業だけでなく、それぞれの地域に対する日本の支配を正当化することが可能な教育であった。

台湾では、一八九六年、国語学校、国語伝習所、国語学校附属学校、という名称の学校が台湾総督府によって設立された。一八九六年九月二五日に公布された台湾総督府国語学校規則[2]によれば、国語学校は、師範部、語学部の二部と附属学校から構成された（第一条）。師範部は国語伝習所と師範学校の教員や小学校の教員を養成し（第二条）、語学部は日本語を習得した台湾人が行政に関わる職に就くことを想定していた（第三条）。また附属学校は、日本人、台湾人を問わず、学齢児童に対する初等教育を行う学校として設けられた（第四条）。

このうち、一八九七年に竣工した国語学校校舎は、煉瓦造平屋建ての建物で、木造の下屋を張り出して吹き放しの廊下としていた（図3-1）[3]。この時期のことを後に記した尾辻国吉によれば、成立直後の台湾総督府が新築していった建物は、最初が官舎であり、次にこの国語学校であったとされる[4]。この時期、台湾総督府が建設した多くの建物が木造であったのに対して、この建物が煉瓦造で建てられたことは、この後に建てられる国語学校中学部の校舎と同様に、台湾総督府にとって重要な施設であったことの現れである。

その後、一九〇六年には中等教育機関として国語学校中学部の校舎と寄宿舎の建築費が確保され、煉瓦造二階建の校舎と木造二階建の学寮（寄宿舎）二棟が一九〇七年から一九一一年にかけて建設された。この校舎（図3-2）については、「贅沢すぎる」という批判があった旨を尾辻が記している[5]。それは、日本国内において、この時期、中等教育機関の校舎は、公立学校では木造校舎が一般的であり、それと比較して煉瓦造校舎が贅沢である、というものであった。尾辻はこの批判に対して「風土や対島民関係を無視した的を外れた批判である」と反論している。風土とは、シロアリ対策であり、台湾総督府成立直後に建設した木造の建物の多くがシロアリの被害を被ったため、校舎を

図 3-1　台湾総督府が建てた国語学校校舎（1897 年竣工）

図 3-2　「贅沢すぎる」と批判された国語学校中学部（台北中学校）校舎

木造ではなく煉瓦造としたことであった。また、対島民関係とは、日本国内の中等教育機関の校舎よりも立派に見える校舎を建てることが、台湾総督府による台湾支配にとって必要であったことを意味している。すなわち、あえて贅沢な校舎を建設したということができる。

一方、朝鮮半島では、一九一一年、朝鮮人の学齢児童に対する教育機関として四年制の普通学校と呼ばれる学校が各地に設けられた。当時の日本国内の義務教育に相当する教育を行うものであるが、実際に朝鮮半島全土にすぐに普通学校が設けられたわけではなく、当初の普通学校は一〇〇校であり、一九一四年には三六六校、一九一六年には四一七校という具合に徐々に各地に設けられていった。(6) それに合わせて、朝鮮総督府は各地方庁に補助金を出して、校舎の新築を進めた。特に、一九二〇年度には、朝鮮総督府の歳出の臨時部に「学校新営及設備費」「学校新営及設備費補助」という科目を設け、普通学校、高等普通、女子高等普通学校といった朝鮮人を主たる対象とした学校の校舎建設に対して集中的に補助金を出していった。

朝鮮建築会の機関誌『朝鮮と建築』は、その七巻三号(一九二八年三月)を「学校建築と設備号」として発行した。そこでは、この時期に集中的に新築された京城壽松公立普通学校など五校の普通学校が紹介された。それらは、構造としては、木造、煉瓦造、鉄筋コンクリート造、という具合にばらばらで、平面形状も敷地形状に合わせて多様であったが、一本の廊下に沿って教室を並べていくという片廊下式の教室配置は、当時の日本の小学校と同じであった。台湾では、煉瓦造校舎が贅沢である、という批判が起きたが、朝鮮半島では校舎の構造も多様であった。朝鮮半島では、煉瓦が一般的な建築材料として用いられており、煉瓦造の建物が特殊な存在となることはなかった。また、一九二〇年代になると日本では、木造校舎を鉄筋コンクリート造の校舎に建て替えていくことが全国各地の都市で進められたため、朝鮮半島における鉄筋コンクリート造校舎の出現もそれに応じた動きであったと考えられる。『朝鮮と建築』七巻三号に鉄筋コンクリート造の校舎として紹介された京城校洞公立普通学校の場合は、一九二七年四月に起きた火災によって煉瓦造校舎が焼失したために新築された校舎であった。(7) これは、火災経験によって、煉瓦造より耐火性能の高い鉄筋コンクリート造が用いられたものと考えられる。

このような台湾人や朝鮮人に対する初等教育機関の建設と並行して、それぞれの地域に生活していた日本人に対する初等教育機関も設けられた。

朝鮮半島では、日本人会など日本人居留民による組織が学校組合を組織し、小学校など日本人向けの学校を設けた。その数は一九一〇年の日韓併合時において小学校だけで一〇七校あった。これらの小学校を運営していた学校組合に対し、朝鮮総督府は補助金を支給して、日本人の教育機関を確保していた(8)。その後、これらの学校の多くは地方庁の管轄となって公立学校と称した。これらの学校も順次、校舎を新築していった。『朝鮮と建築』七巻三号には、小学校の事例として平壌若松公立尋常高等小学校が掲載されている。この学校もその平面は片廊下式で一直線に延びる廊下に沿って普通教室を配置し、校舎の両端に普通教室よりも面積の大きい特別教室を配したものであり、当時の日本国内の小学校と同様な平面であった。ただし、校舎の構造においては独自の工夫が施された。この小学校も旧校舎が火災で焼失したため、一九二四年に校舎を新築したが、その教訓から一直線に延びる長い校舎の途中二箇所に防火壁と防火シャッターを設けて校舎を三等分した。また、当時の校舎では、木造で床をつくる場合、二階床下に大鋸屑を入れて遮音したが、これが火災の際にはよく燃えるため、新校舎では、二階床を鉄筋コンクリート造とした。さらに、暖房としてストーブを使うことも火災発生の原因になるとして、新校舎では温風を送風する暖房になった(9)。先述の京城校洞公立普通学校にも見られるように、校舎の火災はしばしば起きていたと見られ、それに対応した工夫が図られた。

ただし、設立直後の朝鮮総督府は、日本人向けの学校に比べて朝鮮人向けの学校の整備を優先的に行っていた。それは、朝鮮半島支配のなかで、表向きは教育の普及という大義名分を掲げ、実態として、日本人への同化を強いる教育が必要不可欠であったためである。したがって、朝鮮半島各地に普通学校を設立していくことは、支配のために必要なことであり、そこで、新しい校舎を整備していくこともまた、必要な政策であった。その一方で、日本人向けの小学校の運営を各地の学校組合に任せたのは、朝鮮総督府の政策として日本人向けの学校を積極的に運営する必然性が乏しかったためであった。

ところが、同じ支配機関であった関東都督府の場合、その状況は異なっていた。租借地とした関東州のうち、大連では、多数の日本人が住むことを前提に都市建設が始まった。また、関東都督府が置かれた旅順でも多数の日本人が移り住んだ。そこで、関東都督府は、関東州における中国人向けの学校と日本人向けの学校の両方を並行して設けていく必要が生じた。また、関東州外に広がる満鉄沿線の鉄道附属地では、その経営は満鉄に委ねられたが、鉄道附属地に生活する日本人の教育を関東都督府が無視する立場にはなかった。特に満鉄設立以前にすでに日本人居留民会が組織され、それが学校を運営していた地では、関東都督府が居留民会に学校の運営を委託する形式をとっていた。そのため、関東都督府は、満鉄が本社を大連に移して本格的に営業を始めると、鉄道附属地の小学校について、建物の建設と小学校運営の経常費を満鉄が負担し、教員の退職金と年金を関東都督府が負担することとした。

このようにして中国東北地方では、関東都督府と満鉄によってその支配地に学校が設けられていった。関東都督府が当初、特に力を入れたのは、都市建設の進展に伴って日本人の人口が急増していた大連における小学校建設である。最初に建設されたのは、一九〇八年竣工の大連小学校（図3-3）である。ただし、設計を担当したのは、当時、満鉄本社建築係長を務めていた小野木孝治であった。これは、関東都督府が、この時期、小野木孝治を嘱託技師としていたためであった。関東都督府の最初の建築技師であった前田松韻は一九〇七年一〇月、日本に帰国し、後任の松室重光が赴任したのは一九〇八年三月であり、その間、関東都督府には建築技師が不在であった。小野木への嘱託技師任命は、この人手不足を補う意味があった。そして、小野木が人手不足を補うが如く設計を担当したのが、大連小学校であった。言い換えれば、一九〇七年から一九〇八年にかけて関東都督府は、人手不足の中にあっても大連小学校の校舎を建設する必要に迫られ、満鉄技師の小野木を嘱託技師に雇って、その建設を進めたといえる。その後、人口の急増に伴って、関東都督府設立からの一〇年間に第二小学校、第三小学校、第四小学校という具合に建設されて

図 3-3
満鉄建築係長小野木孝治が設計した大連小学校校舎（1908 年竣工）

図 3-4　旧大連第四小学校（旧伏見台小学校）の校舎入口

図 3-5
満鉄が建設した長春小学校校舎（1908年竣工）

いった。このうち、第三小学校には屋根につけられた換気塔に方形の和風意匠を持った屋根が架けられ、第四小学校（図3-4）には、校舎の出入口に唐破風の庇が付けられた。これらは、いずれも松室重光が技師として在任していた時期の建物であり、京都府技師を務めた経験のある松室は和風建築の意匠に詳しかったため、大連市役所と同様に建物の細部に和風意匠を用いるこのような試みがなされたと考えられる。

一方、満鉄は、鉄道附属地に居住する日本人に対して初等、中等教育の施設を積極的に設けていった。第2章で紹介したように、満鉄による鉄道附属地の経営では、教育、医療、市街地建設が、その根幹をなしており、特に小学校の建設は、病院の建設と並んで満鉄が優先的に取り組んだことであった。

満鉄は、一九〇八年、奉天、長春、撫順（千金寨）の各小学校（図3-5）を新築した。それらは、煉瓦造平屋の校舎であり、冬の寒さを考慮して屋内体操場が設けられた。冬の寒い日における屋外での体育の授業は、校庭に水を撒いて造った即席のスケートリンクを使ったスケートしかなく、[10]屋内体操場が果たした役割は大きかった。

以上は初等教育に関する施設であるが、いずれの支配地においても、中等教育の学校がつくられた。ところが、高等教育機関については少なく、特に大学は、一九二六年に京城帝国大学が開学するまで、皆無であった。

その京城帝国大学は、法文学部と医学部の二学部を持ち、修業年限二年の予備教育としての予科が設けられた。予科は一九二四年に開校したが、これに合わせてその校舎は一九二三年一二月一四日竣工した。また、いわゆる本科と呼ばれる法文学部と医学部は一九二六年五月に開学した。[11]建物は、開学に合わせて順次新築された。このうち、一九二八年六月竣工の法文学部本館（図3-6）は、鉄筋コンクリート造三階建の建物で、外壁にスクラッチタイルを貼っていることや三連アーチの玄関、最上階のアーチ窓からつくられる外観は、当時、震災復興で校舎を建て替えていた東京帝国大学の一部の建物をはじめ、九州帝国大学や北海道帝国大学の建物にも見られる形態である。ただし、この京城帝国大学法文学部本館の平面は、玄関に対して左右に一直線に延びる廊下にそって教室や事務室が並ぶ片廊下式の単純な平面である。むしろ、同時に建てられた図書館（図3-7）の方が、変化に富んでいる。それは、いずれも二階建の四棟から構成され、中央に上階を図書閲覧室、下階を研究室とした鉄筋コンクリート造二階建の「図書ノ部」と呼ばれた棟（一九二六年竣工）を置き、その両脇に「研究室ノ部」と呼ばれた煉瓦造二階建の建物二棟（東研究室は一九二八年竣工、西研究室は一九二九年竣工）を配して、H型の配置とし、「図書ノ部」の背面に鉄骨造四階建の書庫を設けた。「図書ノ部」の棟の二階に閲覧室が設けられたのは、閲覧室内部を無柱の大部屋とし、天井にトップライトを設けたためであった。(12)

図 3-6　京城帝国大学法文学部本館（1928 年竣工）

図 3-7　京城帝国大学附属図書館閲覧室（1926 年竣工）

京城帝国大学の開学から遅れること二年、一九二八年には台北帝国大学が開学した。学部は文政学部と理農学部の二学部であり、後に医学部が設けられる。そのうち、文政学部校舎（図3-8）は、一九二九年三月に竣工した鉄筋コンクリート造二階建の校舎である。その平面は、正面中央に三連アーチの車寄せを突き出した玄関があり、玄関ホールから廊下が一直線に延び、両端に規模の大きい部屋を配置している。京城帝国大学法文学部本館では、片廊下に沿って教室が配された単純な平面だったが、台北帝国大学文政学部校舎は、この片廊下の後方の中央に学生控え室や会議室が突出した平面である。[13] この校舎より先に、一九二八年九月に竣工した台北帝国大学文政学部研究室では、一コの字型平面をとり、また正面に並ぶ研究室のみ正面が張り出している。その後、一九二九年には図書館事務室、一九三〇年には理農学部生物学教室、一九三一年には理農学部化学校舎と理化学校舎、という具合に建物を新築していった。[14] これらのうち、図書館事務室は文政学部校舎と同様に玄関に三連アーチの車寄せを突き出した建物であり、また、すべての建物が最上階の窓をアーチ型の窓としていた。

台北帝国大学の場合、文政学部と理農学部が同じ敷地内に設けられたため、敷地全体のキャンパス計画も工夫された。敷地の西側に正門を設け、正門から東に延びる構内道路をグリーンベルトとして、その北側に大学本館、図書館、文政学部校舎を並べ、南側には理農学部の各校舎を並べた。そして、文政学部校舎と理農学部本館が向かい合う位置に置かれた。敷地の北側三分の一は運動場とされた（図3-9）。

一方、中国東北地方では、日露戦争後に、高等教育機関として、旅順工科学堂と南満医学堂が開学している。旅順工科学堂は、一九一〇年、関東都督府によって開学した工学教育の専門学校で、機械工学、電気工学、採鉱冶金工学の三学科から成り、修業年限は四年であった。その校舎（図3-10）は帝政ロシアが日露戦争前に旅順に建設した海兵団の建物を改修して転用し、実習工場や寄宿舎のみを関東都督府が新築した。[15]

南満医学堂は、一九一一年、満鉄によって奉天鉄道附属地に開学した医学教育の専門学校であった。修業年限は、予科二年の後、本科は医学科四年、薬学科三年とした。授業は日本語で行われたが、日本人だけでなく、中国人を受け入れることも考慮し、中国人に対する日本語教育と普通教育を施すため予科を設けた。校舎などの施設は、一九一一年から順次建築され、一九一六年九月までに、階段教室のある煉瓦造二階建の本科校舎（図3-11）などや予科校舎、それぞれの寄宿舎など、必要な建物がすべて竣工した。この南満医学堂は、満鉄にとって初代総裁後藤新平が示した経営理念「文装的武備」を実際に示す施設であり、当時の満鉄にとって数少ない高等教育機関であったため、校舎などの施設の建築に力を注いだ。そして、満鉄は完成した校舎について「授業上遺憾ナキハ勿論輪奐ノ美ハ附属医

図 3-8　台北帝国大学文政学部校舎（1929 年竣工）

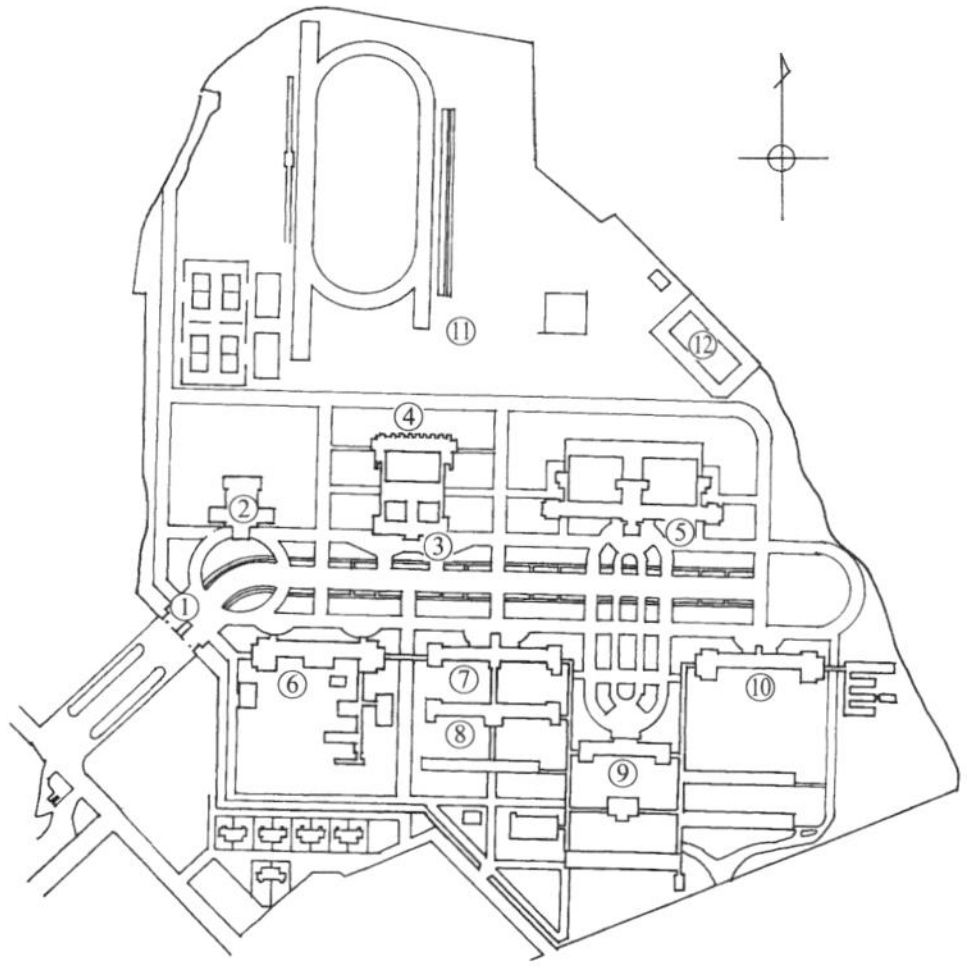

図 3-9　台北帝国大学敷地配置図

① 守衛所及正門	② 大学本館	③ 図書館
④ 文政学部研究室	⑤ 文政学部校舎	⑥ 理農学部生物学校舎
⑦ 理農学部理化学校舎	⑧ 理農学部化学校舎	⑨ 理農学部本館
⑩ 理農学部農学校舎	⑪ 運動場	⑫ プール

院ト相俟テ奉天附属地ヲ飾リ支那人ヲシテ我医術ノ権威ヲ会得信頼セシムルニ足ル」と自画自賛した。[16] 満鉄はこの間、一九一五年には満鉄奉天医院を附属医院とした。

南満医学堂とともに一九一一年、満鉄が設立した学校として、南満洲工業学校がある。この学校は四年制で、日本国内における中等教育機関としての工業学校に相当し、土木、建築、機械、電気、採鉱の五学科が設けられた。煉瓦造二階建の校舎（図3-12）は、一九一四年に竣工した。[17]

図 3-10　旅順工科学堂校舎（1910 年改修竣工）

図 3-11　南満医学堂本科校舎

図 3-12　南満洲工業学校校舎（1914 年竣工）

このように専門教育、実業教育を行った満鉄は、その後、一九二二年に、南満医学堂を母体として満洲医科大学を設立し、また、南満洲工業学校を母体に三年制の専門学校である南満洲工業専門学校を設立し、医学、工学の高等教育を始めた。南満洲工業専門学校は、南満洲工業学校の施設を使用していたが、満洲医科大学は、設立に合わせて一九二三年から一九二六年にかけて、煉瓦造二階建であった南満医学堂の校舎を使いながら鉄筋コンクリート造四階建に増築して大学本館（図3-13）とし、一九二九年には附属医院本館を新築し、一九三七年には講堂（図3-14）と図

図 3-13　煉瓦造 2 階建の南満医学堂本科校舎を増築した満洲医科大学本館（1926 年竣工）

図 3-14　満洲医科大学講堂（1937 年竣工）

書館を新築した。[18] このうち、附属医院本館は、外来診療部門を主とする建物であるが、臨床教育のために臨床講堂と呼ばれる医科系大学特有の急勾配の階段教室が設けられた。

満洲国成立後、満洲国政府は、満洲事変以前に存在していた高等教育機関を母体とした専門学校の設立を認め、その後、それらの多くを大学に改編し、哈爾濱学院のように満洲国国立学校に移管した学校もあった。それに対して、満洲国政府が自ら設立した大学として、建国大学がある。一九三八年に開学した建国大学は、開学に合わせて、満洲国の首都新京（長春）市街地の南側に当たる南嶺と呼ばれた場所に校舎や講堂、食堂、寄宿舎を新築した。[19]

病院

一方、医療では、伝染病への対応など、それぞれの地域における医療水準の向上によって、日本による支配力を現地の人々に見せる効果と役割を持っていた。その根幹は、医療設備の整った病院を新築していくことであった。その典型は、創業時の満鉄が、沿線各地に病院を設けていったことである。また、韓国の保護国化の中で整備された大韓医院、台湾総督府によってつくられた台北医院も同様に位置づけられよう。

台湾総督府は、一八九七年から台北医院の工事を始め、翌年七月に竣工した。[20] 建物はベランダのある木造平屋建で、その後の増築で九棟の病棟を持ち、二〇〇名収容の病院となった。[21] 平屋建の病棟を分散配置することは、一九世紀の病院建築の主流であった。ところが、いずれも木造であったため、シロアリの被害を受け、建て替えざるを得なくなった。そこで、一九〇六年から順次建て替えられた。さらに一九一二年からは、病院の規模拡大を図るため新たな建物の建築に着手し、煉瓦造二階建の本館（一九一六年竣工）をはじめ、煉瓦造二階建の普通病棟三棟などの建物が建てられた。[22] 第2章で記したように病院建築では二〇世紀になると建物の多層化が始まり、それに伴って、複数の診療科を一つの建物内に収める方法が採用され始めた。二階建となった台北医院本館や普通病棟の新築は、それを示している。

また、台湾総督府は、基隆、台中、新竹など主要都市に病院を建設していった。例えば、基隆医院では、一九二九年に本館が竣工し、新竹医院では一九三二年に本館が竣工した。また、台中医院のように一九三二年には結核患者の収容を主とした伝染病棟ができた例もある。そして、これらの建物はいずれも鉄筋コンクリート造二階建であり、最初の台北医院が木造であったのに対して、約三〇年間で、木造平屋の建物から煉瓦造二階建、そして鉄筋コンクリート造二階建へと変化した。

一方、朝鮮総督府は、韓国政府が一九〇七年に設立した大韓医院を朝鮮総督府医院とし、また、韓国政府が一九一〇年七月に各道に設立を計画した慈恵医院を引き継いで、朝鮮半島各地の医療施設を整備した。韓国政府は一八九九年、広済院という病院を設立していたが、規模が小さく、設備も古かったため、統監府は韓国政府に対して広済院の廃止と大韓医院の設立を要求し、韓国政府はそれに従って大韓医院を設立した。[23] その建物は、煉瓦造二階建で中央に塔のある本館（図3-15）を南側に置き、その後方に、病棟六棟（一号病室四棟、二号病室二棟）を二列に並べて配置し、それらを渡り廊下で結んだ。さらにその後方に伝染病棟を置いた。病棟はいずれも煉瓦造の平屋であった。これらの建物は、大韓医院時代の一九〇七年から一九〇八年にかけて新築され、また、病棟は朝鮮総督府医院になってからも四棟が新築され、最終的には、本館の後方に一〇棟の病棟が渡り廊下で連なる形式となった[24]（図3-16）。このような配置は、一九世紀の主流であったパビリオン式の配置であった。

その後、朝鮮総督府は、一九一九年から一九二五年にかけて、パビリオン式の平面計画、配置計画を生かしながら、新たな病棟と外来本館を建設し、規模拡大を図った。このうち、外来本館は、煉瓦造二階建で、一階に外科、内科、産婦人科、眼科を置き、二階には、皮膚科、歯科、小児科から、耳鼻咽喉科、という具合に、多数の診療科が一つの建物に収まっている。これは、建物の多層化という当時の病院建築の変化に合わせたものであり、多層化することで多数の診療科が一棟の建物に収まったのである。[25] なお、京城帝国大学の設立に合わせて、朝鮮総督府医院は、一九二八年、京城帝国大学医学部附属医院となった。

図 3-15　大韓医院本館（1908 年竣工）

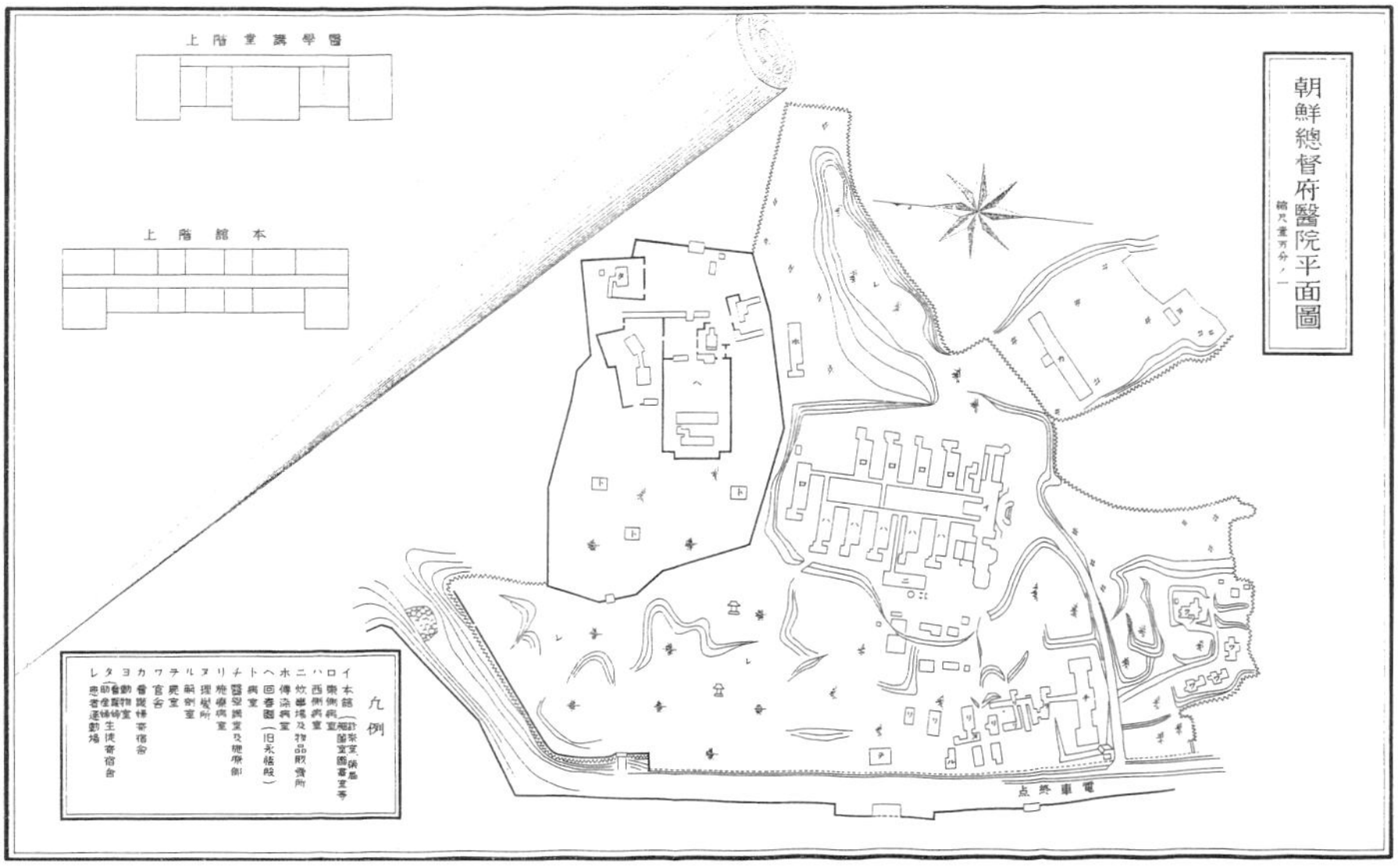

図 3-16　1911 年の朝鮮総督府医院敷地配置図

満鉄は、第2章で紹介したように、一九〇七年四月、大連に本社を移して実質的な営業を始めると、大連に本院となる大連病院を置き、沿線各地に赴任している社員とその家族のために、各地に出張所を開設した。これらの病院では、同年一一月から満鉄社員だけでなく一般の患者の診療を始めた。その後、満鉄は、一九〇九年三月には大連病院を大連医院と改称し、奉天など七ヶ所の出張所を分院とした。そして、一九一二年七月には、すべての分院と出張所を「医院」という呼び名で統一した。医院とは、病院を示す中国語であり、この名称変更は、これらの病院が中国人の患者を診療対象として扱うという意思表示であった。この時期、特に一九一〇年一〇月から翌年四月まで、中国東北地方では、ペストが大流行した。鉄道附属地内の患者は二二八名にとどまっていたが、中国東北地方全域での患者は四万四、〇〇〇名を数えた。(26) 鉄道附属地は、その境界において、人の移動を監視しているわけではないので、鉄道附属地だけがペストの流行を免れるということはありえず、鉄道附属地近くの都市や集落でペストが発生すれば、鉄道附属地でもペストが流行するのは必定であった。そこで、満鉄は、日本人だけではなく、中国人にも診療を施し、ペストの流行を止める必要があった。各地の分院や出張所のすべてに医院という中国語を用いたのは、そのような背景があった。

この間、満鉄は奉天をはじめ、長春、鉄嶺、遼陽、撫順の各医院本館や病棟を次々と新築した。特に、一九〇八年七月から一九〇九年五月までのわずか一〇ヶ月間に、奉天医院本館と病棟三棟（図3-17）、長春医院病棟、鉄嶺医院本館と病棟、遼陽医院病棟、撫順炭坑医院本館（図3-18）と病棟が竣工している。以後も次々とそれぞれの医院の建物が建てられ、満鉄創業の一〇年間に満鉄が新築した病院の建物は一三八棟にのぼり、総ベッド数は一、一五〇床となった。これに、この時期の大連医院のベッド数を加えると一、五〇〇床になった。(27) そして、「医院」という名称変更の甲斐もあって、一九〇七年度には外来患者に占める中国人患者の比率はわずかに三パーセントであったが、一九一六年度には外来患者の一四・五パーセントが中国人患者となった。(28)

満鉄が創業直後に新築していった鉄道附属地の病院は、本館を前面に置き、その背後に病棟を配したもので、分散

図 3-17　満鉄奉天医院病棟（1909 年竣工）

図 3-18　撫順炭坑医院本館（1908 年竣工）

した建物を渡り廊下でつなぐパビリオン式の病院であった。この時期、これらの病院は、本館の一部を除いてほとんどが平屋であった。ところが、病院建築の世界的な日進月歩に合わせるかのように、一九一七年一二月に竣工した大連医院の二棟の病棟は、全体が二階建となった。さらに、一九二三年竣工の吉林・東洋医院[29]では、診療科ごとに診療部門と病室をまとめたブロック式の平面（図 3-19）となり、一棟の建物に複数の診療科のブロックを収めることとなった。ブロック式の最初は、当時の満鉄建築課長小野木孝治が一九二一年に設計しながら廃案になった満鉄大連医院の新築案に見られ、吉林・東洋医院だけでなく、その後、鞍山医院（一九二六年竣工、小野木横井共同建築事務所設計）や撫順医院（一九二八年竣工）にも使われていく[30]。これらは、いずれも建物を三階建とし、ブロック式

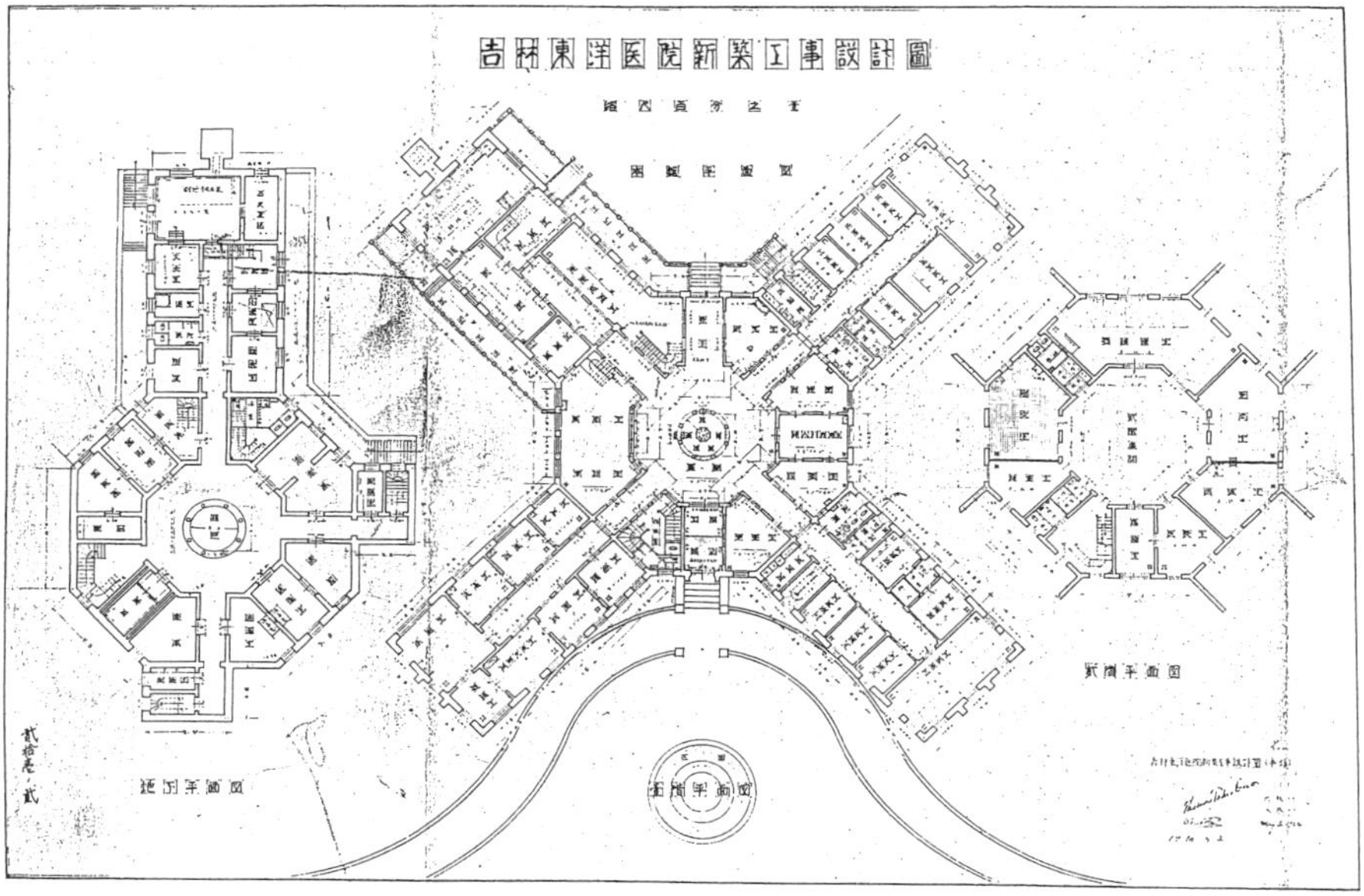

図 3-19　吉林・東洋医院の 1 階平面図（1923 年竣工）

図 3-20　鞍山医院本館（1929 年竣工）

平面を多層化した。その一方で、鞍山医院本館（図3-20）における、中央部分を三階建として高くし、両翼を二階建として中央部分より高さを下げ、さらに中央部分の両脇に破風を立ち上げている外観は、満鉄創業時期に確立した「満鉄医院スタイル」を踏襲するものであった。ただし、撫順炭鉱では中国人労働者が多数働いていたため、撫順医院には一般病室のある本館とは別に、中国人向けの病棟として華人病棟という建物が建てられた(31)。

一方、一九一四年に起工し、一九一七年に工事を中止した大連医院は、一九二一年に当時の建築課長小野木孝治が新たな計画案を作成したが、それも実現せず、一九二三年アメリカの建築会社フラー社の日本法人フラー・オリエント社の設計施工によって本館の工事が始まった。その後、フラー・オリエント社が満鉄と工事契約の解約をしたため残工事を大連に本店のあった高岡久留工務所と長谷川組の共同企業体が行い、建物は一九二五年一二月に竣工し、病院は一九二六年四月に開院した。小野木孝治による設計案作成から本館竣工までの経緯については第2章で詳述したのでここでは略すこととする。

公会堂と倶楽部

公会堂と倶楽部（クラブ）は、支配地においては、支配者である日本人が、いわゆる日本人社会を形成するための施設でもあった。その一方で、多数の人を集めることのできる公会堂は、支配地において、さまざまなイベントを通して、支配の深化を図る場所でもあった。したがって、台湾総督府や朝鮮総督府が公会堂を整備していくことは施策として重要なことであり、いずれの地においても主要な都市に公会堂が建てられていく。ただし、支配が始まった当初から公会堂が必ずしも新築されたわけではなく、大連公会堂の例にあるように、既存の劇場を公会堂に改修して使っていた事例もある。

支配の当初から積極的に公会堂を新築したのは満鉄と鉄道附属地沿線に組織された居留民会であった。満鉄は、一九〇九年、瓦房店に八〇〇人収容の公会堂を設けたのを最初に、一九一〇年には撫順（千金寨）に四〇〇人収容の公会堂（図3-21）を新築した。また、一九〇八年、営口、大石橋、安東、公主嶺では、それぞれの居留民会が公会堂を設けた。[32] また、その後、奉天のように商業会議所が公会堂を建設した事例や、開原のように関東庁と満鉄が資金提供し、さらに住民から寄附金を集めて建設した公会堂もあった。[33] このうち、撫順（千金寨）公会堂は、正面中央に大きなアーチを架け、両脇に設けた階段室を塔屋としてドームを架けるという構成であり、その構成は大阪市公会堂（一九一二年設計競技、一九一八年竣工）に似ている。また、開原公会堂（図3-22）の設計は満鉄の建築組織が担当せ

図 3-21　撫順（千金寨）公会堂（1910 年）

図 3-22　開原公会堂

図 3-23　台北市公会堂（1936 年竣工）

ず、大連にあった中村建築事務所大連出張所が行ったが、オーストリア出身の所員アントン・フェラーが担当したことから、ドイツ・セセッション様式の意匠が施された。[34]

満鉄が公会堂の建設に積極的であったのは、鉄道附属地では既存の建物がほとんどない荒野の中に新たな都市建設が行われたので、公会堂として使える既存の建物が皆無に等しいためであった。すなわち、本章第三節で後述の大連のように、急場しのぎではあっても、既存の劇場を公会堂に改修して使うことができれば、公会堂を急いで新築する必然性はなかったが、鉄道附属地では、そのような既存の建物がなかったため、公会堂の新築を急いだといえよう。

一方、台湾総督府や朝鮮総督府は、設立当初は、満鉄に比べて公会堂の建設に消極的であった。台湾総督府は、一九一一年、台南公会堂を建設した。[35] しかし、各地に公会堂を設けていったわけではなく、台湾最大の都市であった台北において公会堂の建設工事が始まったのは一九三二年であり、竣工したのは一九三六年一二月であった。[36]

ところが、建設が遅かったが故に、台北市公会堂（図3-23）は、一般的な公会堂である講演の開催を主体とした講堂中心の施設ではなく、多目的ホール、大宴会場、娯楽室、食堂、バー、多数の集会室を備えた多目的な複合施設となり、また、規模も大きかった。設計の責任者であった台湾総督府営繕課長の井手薫は、落成式での工事報告において、台北市公会堂の設計方針として、ホール（大集会場）を中心とした部分、大宴会場を中心とした部分、平日に一般大衆に開放すべき部分、の三部分から構成したことと、それが台北市側からの要求であったことを述べた(37)。

ホールは、講演会主体の演壇ではなく、演劇が上演可能な舞台を備え、座席数は二、〇五六席であった。この時期、日本国内の公会堂では、東京・日比谷公会堂（一九二三年設計競技、一九二九年竣工）の二、七四〇席、名古屋市公会堂（一九三〇年竣工）の二、七〇〇席、大阪市中央公会堂の一、七〇〇席が、規模の大きな公会堂として知られていた。台北市公会堂の座席数は、これらに次ぐ規模であり、当時の公会堂の座席数としては、多いものであった。井手は、「此建物は其大きさ並に内容に於ては東京、大阪、名古屋の三公会堂の次に位するものでありまして即格式に於て我国大都市公会堂の班に列し得るものであります(38)」と述べ、規模が大きいことだけでなく、その内容にも特徴がある旨を述べた。そして、多目的な機能を有した複合施設として建てられたことも、公会堂としては異色であり、特に実質的には球戯室であった娯楽室、バー、少人数での会食ができる集会室、理髪室の存在は、この施設が公会堂と称しながらもクラブとしての機能を持っていたことを示している。また、立食形式で二、〇〇〇人参加の宴会が可能な大宴会場が設けられた。

このように一つの公会堂の中に三つの部分を入れたことは、その平面計画にも影響を与えた。まず、建物全体の正面には、このホールに入る人々が使う玄関が設けられたが、それとは別に、大宴会場や娯楽室、中・小規模の集会室を使う人々は、南玄関と呼ばれた別の玄関から出入りできるようになっていた。

台北市公会堂の工事が始まった頃、京城でも新しい施設の建設が議論されていた。京城では、朝鮮銀行本店の監理に携わった中村與資平が主宰する中村建築事務所の設計によって、一九一九年、京城公会堂が建てられていた。それは、七六五席の講堂を持つ公会堂であった。それに対して、一九三三年、京城電気株式会社の寄付金によって、府民

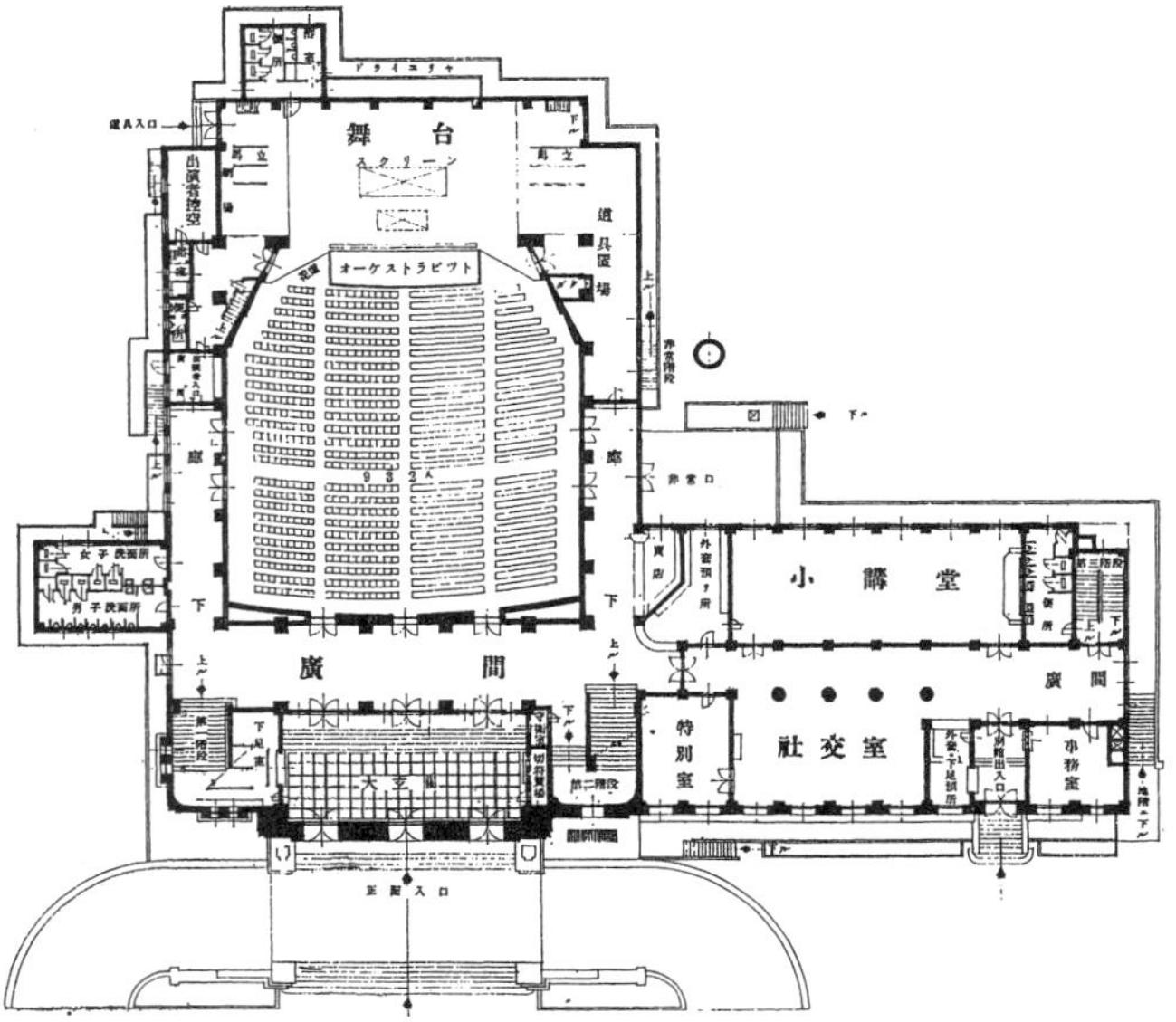

図 3-24　京城府民館 1 階平面図

館と称する新たな施設の建設が議論された。そこでは、劇場、クラブ、社会教化施設、絵画の展覧会場、運動競技場というようなさまざまな要求が寄せられ、なかには、結婚相談所の要望もあった[39]。結局、これらの要望をなるべく受け入れるように建物の設計は進められた。設計は、京城府営繕係が行い、朝鮮総督府技師を歴任し京城府営繕係に異動していた萩原孝一が担当した。萩原が行った設計手法は、台北市公会堂の設計において井手薫が用いた手法と同様に、建物を、ホールを中心とした部分、宴会機能を持つ部分、日常的に開放する部分、の三部分に分け、それを平面的、立体的に組み合わせながら、一つの建物に収めたものであった。すなわち、全体としてL字型をした平面（図3-24）は、正面玄関の後方にホールとその付属施設を置き、その右側に突き出るかたちで宴会機能を持つ部分と日常的に開放する部分を置いた。この部分は、一階、二階にクラブとしての性格を持つ部屋を置いて、日常的な使用の便を図り、三階に宴会機能を置くという具合に立体的な分離を図った。

ホールは、歌舞伎から新劇まで幅広い演劇の上演が可能な舞台とオーケストラピットも備えた多目的ホールであり、客席数は一、八〇〇席であった。このホールの設計においては、公会堂の機能として重要視される講演会の演壇と演劇の舞台との整合性を図るため、舞台の両脇を客席にせり出して花道の口とし、花道そのものは必要に応じた仮設のものとした。また、当時、需用が日々増していた映画上映もできるように、二階客席後方に映写室が設けられた。なお、京城府営繕係では、このホールの設計において、京城府内における各種の集会施設や日本国内の公会堂、劇場のホールに関する情報を集め、特に、舞台や客席の規模、ホール全体の音響について比較検討した。(40) しかし、それでも、このホールにおける演劇上演の場合、音響に問題があることが指摘されていた。(41)

一方、宴会機能については、三階に演壇のついた中講堂を設け、宴会にも講演会にも展覧会にも使える部屋とした。この部屋は、立食形式ならば一、〇〇〇人収容の面積を確保していた。そして、日常的に開放する部分は、地下に理髪室と公衆食堂、一階に小講堂と社交室、二階に食堂と談話室、和室を設けた。小講堂は、収容人員一六〇人で、小規模な講演会や個人の展覧会を開くことを想定していたが、町洞総会と呼ばれる行政の末端に組み込まれた住民組織の集会に使うことも想定していた。一階の社交場は、出入り自由の談話室であり、使用料は不要であったが、二階の談話室は使用料が必要であった。二階の食堂は、食事を社交の一環と想定したレストランであり、また、和室では茶会の開催を想定していた。このような機能を持った二階は、球戯室やバーはないもののクラブとしての性格を有していた。これらの日常的に開放する部分に対応して、正面玄関とは別に別館出入口と称した玄関が設けられた。また、京城府民館では、高さ一四四尺（約四三・六メートル）の塔が建てられた。この塔は、京城府に関する展示を行い、最上階の展望室から京城の市街地を俯瞰するためにつくられた。これについて萩原孝一は、欧米の都市にこのような施設があるのに日本の都市では一般的ではないことを指摘し、京城府民館がそれを率先して試みたことを強調している。(42)

このようにして、京城府民館は、台北市公会堂と同様に、社交場としての性格を持った施設となった。このような公共施設が社交場としての機能を併設したことは、植民地支配の中で生じた特殊な現象であると考えられる。日本人が倶楽部と記すクラブとは、ヨーロッパでは、会員制の組織が、会員から徴収する会費をもとに運営する社交場であり、会員以外の人が単独では利用できない施設であった。すなわち、クラブは、行政が建設し、運営する社交場ではなく、あくまでも民間のものであり、その利用者は、高額な会費を負担できる一部の人に限られていた。日本国内では、学士会をはじめとした学歴に依拠する会員制の組織がクラブと同じ機能を持った建物を建て、実質的なクラブとして存在しており、また、建築学会などの学術団体もこの時期は、部分的にそのような性格を有していた。これは、日本の社会におけるいわば「特権階級」の人々の組織として存在しているという点においてヨーロッパのクラブに似ていた。ところが、植民地では、社会的存在として、支配者である日本人と被支配者である現地の人々の間での階層分化があり、その日本人の中で、日本国内のような階層分化が存在すれば、本来のクラブ利用者である「特権階級」以外に、一般の日本人が支配者として「擬似的な特権階級」として存在する。公共施設が社交場としての機能を有した背景には、そのような日本人の要望を受け入れ、また、その利用を想定していたためであると考えられる。京城の場合、すでに朝鮮クラブというクラブが存在していた中で、京城府民館に社交場を入れたのは、その利用者に朝鮮クラブの利用者ではない人々を想定していたためであり、その一方で、誰でも利用できる社交室と使用料を払う談話室の区別を明確につけたことは、そこに、利用者の区別を京城府が想定していたといえる。設計を担当した萩原孝一は、京城府民館の計画段階で出された数々の要望の中に「倶楽部風の社交場」という項目をあげており、また、数々の要望を「日常府民の多数が渇望して居る事柄」と記した[43]が、これは、ごく一部の限定された人々しか利用できないクラブに対して、その利用を希望する人々が存在していたことを示している。他方、台北市公会堂の場合、設計は台湾総督府営繕課で行われたが、クラブの機能を含めた多目的な機能を要求したのは台北市であり[44]、クラブと同様の機能を公会堂に盛り込むことの必要性を行政が認識していたといえる。

このような公会堂に社交場としての機能を併設していた台湾や朝鮮半島での事例とは逆に、中国東北地方では、クラブに公会堂としての機能を併設させる、という逆の方法がとられた。

満鉄は、本社のあった大連はもとより、満鉄沿線の鉄道附属地に社員のためのクラブ（倶楽部）を設けていった。

それらはいずれも多人数を収容するホールや集会室を持ち、余暇活動の場としての役割を果たすための読書室、華道や茶道のための和室、柔道・剣道を行える道場を備え、また社交場としての役割を果たすために食堂、球戯室、バーを備えていた。これらの設備を兼ね備えたクラブを満鉄が建てたのは、一九二四年竣工の大連満鉄社員倶楽部（図3-25）が最初であり、その翌年には奉天満鉄社員倶楽部を新築したが、満鉄が建設した他の公的施設に比べて建設は遅かった。満鉄が各鉄道附属地に一様に建設した施設の中で、クラブは満鉄社員のための福利厚生施設であり、学校や病院という施設に比べて住民の生活における必要度合いが低いため、各地での新築も学校や病院に比べて遅れたものと考えられる。

図 3-25　大連満鉄社員倶楽部（1924 年竣工）

ところで、中国東北地方の中では多数の欧米人が生活していた大連では、満鉄が本社を大連に移転したとき、かつての東清鉄道汽船会社の建物を転用した大連倶楽部があった。このクラブには満鉄の幹部社員もその会員となることができ、会長は満鉄総裁が就いていたが、実態は欧米人中心のクラブであった。一九〇九年九月、夏目漱石が当時の満鉄総裁中村是公を訪ねて大連に旅行したとき、彼は中村とともにこの大連倶楽部のバーで酒を飲み、中村の紹介で大連滞在中は大連倶楽部に出入りできることとなった[45]。

大連満鉄社員倶楽部は、この大連倶楽部の向こうを張ってできたクラブであったといえよう。建物は、大連にある本社に近い場所で一九二四年四月に起工され、同年一二月一二日に竣工した。このクラブは、一階に球戯室、酒場、大集会場を置き、二階に食堂や小集会室、読書室、三階には座敷飾（床と違棚）のある和室があった。地下（地

図 3-26　満鉄協和会館（1927 年竣工）

階）には柔剣道場が設けられたが、将来的にはこれをプールに改造し、その上階に柔剣道場を移すことが可能なように、更衣室や浴室が配置された。[46] このクラブは、社員に余暇活動の場を提供しながら、社交場としての役割を果たした。

その後、一九二六年から一九二七年にかけて満鉄は、大連満鉄社員倶楽部に隣接して満鉄協和会館（図3-26）を新築した。建物は二階建で、一、〇八五人収容のホールが設けられた。この建物は、会社の創立二〇周年記念として新築されたものであり、ホールの舞台背面には会社創立以来の殉職者を慰霊する「殉職社員記念堂」が設けられた。また、二階席後方には機械室があり、映画上映も可能であった。工事は、大連にあった高岡久留工務所が請け負い、一九二六年九月一七日に起工し、翌年八月一〇日に竣工した。[47]

なお、かつての東清鉄道汽船会社の社屋を使っていた大連倶楽部は、当時の大連市街の中で一番の高級住宅街と呼ばれていた南山麓に敷地を求め、一九二四年九月五日新築工事を起工し、翌年一一月七日に竣工し、移転した。これは、大連満鉄社員倶楽部の新築から遅れること約一年、両者は、競い合うようにして建物を新築したことになるのだが、この建物の設計は、満鉄本社建築課長を長年務めて一九二三年四月に満鉄を退社した小野木孝治と、満鉄において彼の下でナンバー・ツーとして働いていた横井謙介、ナンバー・スリーであった市田菊治郎の三人が共同で主宰する小野木横井市田共同建築事務所が行い、工事は大連にあった三田工務所が請け負った。[48] かつて、中村是公が欧米人社会の象徴とみなしていた大連倶楽部の建物を日本人建築家が設計し、日本人の建築組織が工事を請け負ったことは、大連倶楽部が欧米人社会の象徴的存在ではなくなってきたことを示している。

ところで、この大連倶楽部には、球戯室やバー、レストランだけでなく、地下にはボーリング場、一階には小規模な饗宴場、二階にはカルタ室と称したトランプルームや図書室があり、社交場としての機能を十分に備えていたが、その一方で多人数を集めるホールや講堂はなかった。本来、クラブは社交場であり、ダンスホールや宴会場を備えることはあり得るが、多目的ホールを設ける必然性はなかったことを、この大連倶楽部の建物は如実に物語っている。

一方、大連満鉄社員倶楽部に続いて一九二四年一〇月九日に起工し、翌年一一月六日に竣工した奉天満鉄社員倶楽部は、大連満鉄社員倶楽部と同様に、球戯室、レストラン、談話室、集会室、読書室、そして柔剣道場が設けられたのは同じだが、バーがなく、また、舞台や演壇のついた部屋はなかった[49]。その一方で、この建物の東側には千代田公園と呼ばれた都市公園があり、テニスコート、弓道場、プールといった運動施設が整えられていたため、このクラブが満鉄社員の余暇活動の場を提供する施設であるという性格がはっきりした。満鉄本社建築課で設計を担当した長倉不二夫は、竣工後、「現今の日本人としての社交的習慣では、到底も倶楽部と云うものを、西洋人流を使いこなす人は少ないだらうと思って」と語り、この施設が、クラブとしての機能を満たしているが、それを使いこなせる日本人が少ないことを指摘した[50]。この時期、奉天では、すでに商業会議所によって奉天公会堂が建設されていたので、満鉄が社員倶楽部に公会堂の機能を組み込む必要はなかった。

その後、満鉄は、満洲国成立後、奉天や新京（長春）に勤務する社員が増大すると、奉天では社員会館を、新京では社員倶楽部を建設したが、それらは名前が社員会館、倶楽部という具合に違うものの、その機能は同じで、いずれも八〇〇人収容の多目的ホールが設けられた[51]。これも、クラブにホールが併設された現象の事例であった。

結局、台湾と朝鮮半島では、公会堂にクラブ（社交場）の機能が付加されるようになったのに対して、中国東北地方ではクラブに公会堂の機能が付加されていくという現象が起きた。中国東北地方において、経済的、社会的に影響力が強く、鉄道附属地における実質的な行政機関であった満鉄は、社員のための施設を一般にも開放することで、社員向けの施設であるクラブに公共施設としての性格を持たせたため、結果としてクラブに公会堂の機能が付加するという現象が生じたといえよう。

なお、一九三四年に刊行された市浦健・船越義房・小林政一・井上一之『高等建築学 二三巻 建築計画一一 倶楽部・運動場・体育館及演武場・浴場』には、日本における主要なクラブ建築として七七のクラブが掲載され、そこでは、日本の支配地に建てられたクラブとして、大連満鉄社員倶楽部、台湾警察会館、台北教育会館本館、専売局養気倶楽部北投別館、の四つのクラブが取り上げられている。[52] すでに紹介した大連満鉄社員倶楽部だけでなく、台湾三物件も含めてこれら四物件は、職種に関係なく会費を払って入会するクラブではなく、いずれも職場の組織に依拠したものであり、福利厚生施設としての性格が強かった。

台湾警察会館は、一九三〇年九月三〇日に竣工した警察官吏のためのクラブである。建物は煉瓦造三階建で、一階に球戯室を兼ねた娯楽室とレストラン、応接室と称した談話室、記念写真の撮影に使う写真室、二階に演壇のついた講堂、客室と称した八畳の日本間九室と六畳の日本間二室、図書室、三階に三八畳半の大広間、陳列室が配置され、クラブの機能をほぼ備えていた。しかし、その一方で、満鉄の一連のクラブ建築とは大きく異なり、来館者の宿泊のため多数の和室が設けられた。[53] また、一九三一年四月二五日に竣工した台湾教育会館は、集会室、映写室、陳列室、会議室、レストランを持つ建物であり、映画上映も可能であったが、球戯室や娯楽室、図書室、酒場はなく、社交場としての本来のクラブ建築からはほど遠いもので、教員の研修施設としての性格が強かった。[54] これらの建物は、台湾総督府営繕課技師の井手薫が設計を担当した。

もう一つの台湾の物件である専売局養気倶楽部北投別館は、一九三〇年二月二八日に竣工した台湾総督府専売局員のクラブである。建物は、台湾では著名な保養地である台北郊外の温泉地北投に建てられたもので、煉瓦造平屋の本館と木造平屋の附属屋から成っている。本館には娯楽室と休憩室があり、別館には浴室があることから、クラブとしての性格よりも温泉を利用した保養所としての性格が強い。[55]

このようにして、『高等建築学』にクラブ建築の事例として示された物件は、いずれも職場組織をもとに作られたクラブの建物であり、社交場としての本来のクラブ建築に比べて福利厚生施設としての性格を多く持った建物であった。

ところで、一九三八年、大連市は新たな公会堂建設のために、設計競技を行った。一等当選を果たしたのは前川國男の案（図 3-27）であった。その案は、ホールを入れた棟と小規模な会議室などが入った棟の二棟から公会堂を構成し、その二棟が一本の軸線上に向かい合って並べられ、その軸線と直交する軸線の延長線上に大連忠霊塔が置かれていた。つまり、個々の建物の軸線を設定しながら、それとは別に、敷地の軸線を設定し、その延長線上に忠霊塔を置くことで、ダイナミズムを持つ計画となった。このような直交する二本の軸線によって複数の建物を配置していく

図 3-27　大連市公会堂新築設計競技 1 等当選前川國男案（1938 年）

設計手法は、日本国内では、この時期に前川國男と丹下健三によってもたらされたものであり、[56] この設計競技における前川案は、その典型例であった。しかし、大連市公会堂は建設されなかった。その後、一九四二年に行われた大東亜建設記念造営計画設計競技で一等当選となった丹下健三案は、この大連市公会堂の設計競技における前川國男案が用いた直交する軸線の構成をそのまま利用したと考えられるほど、その構成は似ている。

二　植民地の生活インフラと建築（2）――図書館・博物館・美術館・駅

図書館と博物館・美術館

公会堂やクラブが社交の場としての役割を果たしたのに対して、図書館、博物館や美術館はそれぞれの地域における人々の知的欲求に応えるものであり、また、支配機関にとって、それらの整備は、文化的施策として位置づけられるものであった。

図書館を積極的に設けたのは満鉄であった。満鉄が図書館を設けた理由は二点ある。一つは、鉄道附属地における住民サービスの一環として図書館が必要であったこと、もう一つは、政策立案のための基礎資料を確保するために図書館が必要であったことである。そこで、満鉄は、各地の鉄道附属地に簡易図書館を設けて、居住者への図書館サービスを行いながら、研究者用には大連と奉天にさまざまな文献資料を収集する規模の大きな図書館を設けた。

大連図書館は、一九〇七年の満鉄本社の大連移転時に、満鉄本社調査部の一角に設けられた図書室をもとに設立された図書館である。調査部は、人文・社会科学系の調査研究と政策立案を担当する組織であった。満鉄は、本社の図書室の蔵書が増えたのに対応して、一九一四年に書庫（図3-28）を新築し、さらに一九一八年に図書室を南満洲鉄道株式会社図書館に改組し、一九一九年には閲覧室を備えた本館（図3-29）を建設した。[57] 本館は、イオニア式の円柱が並ぶ西洋古典様式の正面を持ち、満鉄本社と向かい合っていた。その後、奉天図書館の設立に伴って、一九二二年、大連図書館と改称した。この間、図書館設立時の一九一八年には蔵書数が約五万冊弱であったのが、一九三七年には二一万冊に増加した。このような蔵書の増加に伴って、大連図書館は、一般の閲覧よりも調査研究のための閲覧が主となり、一九三五年には中等学校以下の生徒の閲覧を制限した。その一方で、大連市内に小規模な図書館を設けて、児童、生徒の閲覧に対応した。

図 3-28　満鉄大連図書館書庫（1914 年竣工）

図 3-29　満鉄大連図書館本館（1919 年竣工）

図 3-30　スパニッシュ様式の満鉄奉天図書館（1921 年竣工）

奉天図書館は、煉瓦造平屋で、外壁を漆喰塗りのスパニッシュ様式とした建物（図 3-30）である。設計は、本社建築課ではなく、奉天工務事務所が行い、籠田定憲と小林廣次が担当した。工事は、一九二一年五月一七日に起工し、一九二一年一一月一九日に竣工した[58]。その後、一九二五年から一九二九年にかけて書庫が増築された[59]。奉天図書館は、調査研究と鉄道附属地の住民のための図書館という二つの機能を満たすため、漢籍書を中心に八万冊の蔵書を所有する一方で、一般閲覧室のほか、新聞閲覧室、婦人閲覧室、児童閲覧室、というように、使用目的に応じた閲覧室を設けていた。

鉄道附属地の住民のために設けられた図書館の建物としては、長春図書館がある。煉瓦造平屋地下室付き、延床面積約四〇七平方メートルの小規模な図書館で、一階の全体を一室の閲覧室とし、その中を書架などの家具で一般閲覧室と児童閲覧室に分けたものであった。書籍はすべて開架となった書架に置かれていた[60]。この建物は、壁体を煉瓦造としながら、床と屋根は鉄筋コンクリート造という珍しい構造形式であった。

この他、満鉄は沿線の小学校の教室を利用して巡回書庫を設け、また、満鉄ならではの方法として列車を書庫にして巡回する方法も採られ、図書館のない鉄道附属地における住民に対する図書サービスに工夫を凝らした。満鉄が、このようにして鉄道附属地の住民に対する図書サービスにこだわった背景には、単に鉄道附属地経営として公費を徴収している満鉄の責任を果たすだけでなく、住民生活の質的向上の一環として図書サービスを位置付けていたためと考えられる。

これに対して、台湾総督府や朝鮮総督府は、図書館の開設に消極的であった。また、満鉄と同じ中国東北地方にありながら、関東都督府も図書館の開設には消極的であった。

朝鮮総督府が図書館を設けることを決めたのは一九二三年であり、それが開館したのは一九二五年のことであった。[61] その建物は、煉瓦造地上二階建地下一階の本館と鉄骨鉄筋コンクリート造地上四階建の書庫から成っていた。本館は、二階に普通閲覧室、婦人閲覧室、新聞閲覧室を置き、また、閉架式書庫の本を請求する窓口も二階に置かれ、その前を目録室とした。[62] その一方で、一階には、特別閲覧室、調査室という調査研究用の部屋を設けた。この図書館は、朝鮮総督府にとって、その中央図書館の役目を果たすべき存在であり、調査研究のための書籍、資料の収集と研究者への閲覧を行いながら、一般の図書館としての役割を果たすという二面性を持っていたため、このように一階と二階において機能を分離させた。

一方、台湾総督府では、一九二〇年に図書館の位置と名称を示した告示を発し、一九二一年に図書館規則を設けた。[63] その後、各地に州立の図書館が設けられるようになった。その一つ、台中州立図書館は、一九三〇年に建設された三階建の建物で、一階に子供閲覧室と新聞閲覧室、二階に一般閲覧室、婦人閲覧室、特別閲覧室を配置した。書庫は後方に張り出すかたちで二階、三階に設けられ、その下の一階には講演室が設けられた。建物の構造は、壁を煉瓦造とし、床を鉄筋コンクリート造としていた。[64]

このように支配機関が設けた図書館は、一般の利用者に対応する閲覧室を設けながら、調査研究にも対応可能な機能を併存していた。結局、満鉄が大連において用いた、大連図書館では調査研究機能を優先しながら、他の大連市内の図書館に一般利用者向けの機能を分担させる方法は例外的であった。

図書館の開設で最も消極的であったのは関東都督府とその民政部の後身であった関東庁であった。関東庁は、「図書館の施設は主として南満洲株式会社の経営に係れり」と『関東庁施政二十年史』の中で述べており、[65] 行政として図書館を整備するという発想はなかった。

図書館の開設では消極的であった台湾総総督府は、博物館の開設では、積極的であった。一九〇八年、もともと台

図 3-31
採票局の建物を転用した最初の台湾総督府博物館（1906 年竣工）

図 3-32　台北公園の中に建てられた台湾総督府博物館（1915 年竣工）

図3-33　景福宮に建てられた朝鮮総督府博物館（1915年竣工）

湾総督府採票局として一九〇六年に起工した建物がこの年に竣工すると、転用して台湾総督府博物館を開設した（図3-31）。これは、建物の工事中に採票（宝くじ）の発行が中止となったためである。博物館は、地質及鉱物、植物、動物、人類、歴史及教育、農業、林業、水産業、鉱業、工芸、貿易、雑の十二部門からなり、これらに関わる台湾の物産や標本を展示した[66]。その後、一九一五年、台北公園の中に新しい建物（図3-32）を新築して移転した[67]。この建物は、正面を左右対称とし、前面にドリス式の円柱を並べ、中央と両端にペディメントを載せて強調し、さらに正面中央にドームを載せた。なお、時代が下ると、台湾だけでなく、南洋関係の資料が求められるようになり、その資料も収集した。

一方、朝鮮総督府は、一九一五年に景福宮内で開催した始政五年記念朝鮮物産共進会（博覧会）の会場に設けられた煉瓦造二階建の美術館（図3-33）に仏像などを展示したことを契機に、博覧会終了後、その展示を維持しながら、朝鮮総督府博物館を設立した。しかし、博物館の展示としては狭く、また、景福宮内の既存建物を転用して倉庫としたが、それは木造の建物であった[68]。

そこで、朝鮮総督府は、一九三五年、朝鮮総督府の施政二十五周年に合わせて博物館の建物を新築することとなった[69]。この博物館は、一般的な博物館ではなく、絵画、書籍、彫刻、考古学的資料、建築資料の展示を想定した美術館と、理工学、動物学、博物学、天文学を主とした科学館の二館から構成された。朝鮮総督府は、建物の設計を設計競技によって決めることとし、一九三五年九月、「朝鮮総督府始政二十五周年記念博物館建築設計図案懸賞募集」と題した募集要項を発表した。その応募締切りは同年一二月一〇日となっていた。審査委員会は、審査委員長を朝鮮総督府政務総監の今井田清徳が務め、八人の審査委員には伊東忠太、武田五一、内田祥三、佐野利器といった日本国内で数々の設計競技に関わった人物が入り、さらに朝鮮総督府営繕課長の笹慶一が幹事となっていた。この設計競技の募集要項と同時に配布された「設計心得」によれば、美術館は二階建で延床面積四、九〇〇平方メートル、科学館は三階建で延床床面は五、〇〇〇平方メートルとされ、建築様式は、「四周の環境に適応せしめ東洋趣味を加味せしむ」と定められた。[70]この文言は、敷地が景福宮であることから、暗に景福宮に存在する朝鮮建築との調和を求めたものであった。

設計競技の結果、一等当選を果たしたのは朝鮮総督府営繕課技手の矢野要であった。[71]矢野の案（図3-34）は、全体のプロポーションがよいこと、架けられた屋根が朝鮮式であること、詳細部分にも朝鮮建築の意匠を取り入れたことが評価されて一等となった。[72]しかし、新築された建物（図3-35）は、鉄筋コンクリート造二階建であることは同じであるが、正面中央の形態は大きく変わっていた。総督府営繕課技手として自分自身の案をもとに設計監理を担当した矢野は、この工事について、鉄材が暴騰したため後に基礎工事に着工したのみで施工取止めとなった旨を記し、新築工事が途中で中止となったことを明らかにした。[73]

このほか、一九二六年には、新羅の首都であった慶州に総督府博物館の分館を開設し、古代から新羅に至る時代の美術工芸品などを展示した。また、一九二八年には平壌府立博物館が、一九三〇年には開城府立博物館が、それぞれ開館した。前者は、平壌府立図書館と同じ建物内に陳列品を並べていたが、一九三二年、新築された（図3-36）。後者は、府制度の実施を記念して設立されたもので、一九三一年に建物が竣工し、開館した。[74]

さらに朝鮮総督府は、一九三八年、旧王宮の一つであった徳壽宮内に李王家美術館（図3-37）を新築した。日韓併合によって韓国皇帝を退位した李王は、昌徳宮に住んでいたが、それと隣接する昌慶宮に、一九一一年、李王家所有の美術工芸品を展示する博物館が建設された。その後、別の王宮であった徳壽宮が一九三三年に公園として整備され一般公開されることとなり、それに合わせて李王家所蔵の美術品を保管、展示する美術館として、この建物が建設されることとなった。(75) 設計は、東京にあった中村與資平建築事務所が行い、施工は京城にあった多田工務店が請け負った。この時期、中村與資平は、東京で建築事務所を開設していたが、彼は、既述のように朝鮮銀行本店が竣工した一九一二年からの一〇年間、京城に建築事務所を開設していた建築家であり、朝鮮銀行の各支店をはじめとした銀行建築や京城公会堂など朝鮮半島各地で多数の建物を設計した経歴の持ち主であった。また、彼は監理を担当した朝

図 3-34　朝鮮総督府始政二十五周年記念博物館建築設計図案懸賞一等当選矢野要案（1935 年）

図 3-35　旧朝鮮総督府美術館

図 3-36　平壌府立博物館（1932 年竣工）

図 3-37　徳壽宮内に建てられた李王家美術館（1938 年竣工）

鮮銀行本店の工事における業績が評価され、李王家から景福宮内にあった不顕閣という建物を与えられたと伝えられており、[76] また、一九二六年には李王家が大磯に建てた別荘も設計していることから、李王家としては、そのような関係にある中村與資平に設計を依頼するのは当然の成り行きであった。

中村が設計した美術館は、鉄筋コンクリート造三階建で、延床面積が三、七三三平方メートルの当時の美術館としては規模の大きなものであった。このうちの一階に収蔵庫、二階と三階が展示室とされた。また、この建物は、徳壽宮の西端に東面して建てられたが、北側には南面して石造殿と呼ばれたかつての国王の謁見所があり、李王家美術館と石造殿が、噴水をL字型に取り囲む配置となった。その石造殿も徳壽宮の公園化にあわせて美術館に改修されたことから、李王家美術館と石造殿は渡り廊下で結ばれた。建物の外観は、石造殿が西洋古典主義建築の形態で建てられていたことから、李王家美術館もそれに合わせて、正面中央の玄関の前面に六本のコリント式の円柱を並べた。先述のように、一九三五年に行われた朝鮮総督府始政二十五周年記念博物館建築設計図案懸賞募集では、景福宮に建っていた建物に配慮して朝鮮建築の意匠を持った建物が求められたが、ここでは、元王宮の徳壽宮内にもかかわらず、李王家美術館は隣接する石造殿の外観に合わせた意匠をとり、そこに朝鮮建築の意匠が用いられることはなかった。

このような台湾総督府や朝鮮総督府の動きに合わせるかのように、関東都督府も、一九一八年四月、旅順に関東都督府博物館（本館）を開館させた（図3-38）[77]。中国東北地方をはじめとした中国各地とモンゴルにおける学術資料を収集、展示したが、それだけでなく、記念館と称した部分では、日露戦争における旅順要塞の攻防戦にまつわる展示がなされた。

一方、満鉄は、鉱工業や農林水産業に関する事業を興業部門と呼び、その振興に関わる地下資源に関する情報をはじめ、中国東北地方の農林水産業や鉱業に関して収集した情報や標本をもとに一九二六年、満蒙物資参考館を開館した。その後、一九二八年には満蒙資源館、一九三二年には満洲資源館と改称された[78]。ただし、その建物は、帝政ロシアがダーリニー市役所として建設した煉瓦造二階建の建物で、日露戦争中には日本軍に接収されて関東州民政署などに転用され、満鉄本社の大連移転時には、満鉄本社として利用された建物であった。その後も、この建物は、大連ヤマトホテルや大連医院分院に使われていた（後掲図3-63参照）。満鉄は、このような博物館の存在意義は認めていたが、そのために建物を新築する必然性を認めていなかったと考えられる。

満洲国政府は、一九三五年、奉天（瀋陽）に国立中央博物館を開設した。建物（図3-39）は、満洲国政府が旧奉天商埠地にあった旧熱河総督湯玉麟の邸宅を買収し、改修、転用した。その後、一九三九年には、国立中央博物館の新たな官制が公布され、首都新京に本館を置き、奉天にあった国立中央博物館を分館とした。しかし、新京の本館は、満鉄の教育参考館から移管した展示を中心に既存の建物に間借りする一方、民俗学関係の展示は郊外に敷地を確保し建物を建設したが、公開されることなく満洲国は崩壊した[79]。

このように博物館、美術館を見ると、朝鮮総督府始政二十五周年記念博物館建築設計図案懸賞募集において「東洋

図 3-38　関東都督府博物館本館（1918 年竣工）

図 3-39　旧熱河総督湯玉麟邸を転用した満洲国国立中央博物館（1935 年改修竣工）

趣味」が求められ、また、平壌府立博物館でも朝鮮建築の意匠を取り入れたが、この現象は朝鮮半島において一九三〇年代に生じたことであった。これらは、次の三点が重なり合って生じた現象であると考えられる。一つは、これらの博物館、美術館が、朝鮮の伝統的な美術工芸品や歴史資料の展示、収蔵を行う機能を持っていたことである。すなわち、展示品、収蔵品に合わせてその建物でも朝鮮の伝統表現を試みたのである。ただし、それだけの理由では、一九一五年に建てられた最初の朝鮮総督府博物館の建物が、伝統的な朝鮮建築の意匠を取り入れず、西洋古典主義建築の様式を用いていることの説明がつかない。そこで、この一つ目の理由に加えて考えられる理由は、日本国内における帝冠様式の流行、一九三〇年代の中国における宮殿式と呼ばれた中国建築の意匠を用いた建物の出現と呼応した現象であると考えられる。日本国内において京都市美術館や東京帝室博物館の設計競技で日本建築の意匠を持った案が当選したことは、それぞれの国や地域の伝統的な美術工芸品を収める建物の様式・意匠も伝統的なものが望ましい、と考えられるようになったことによる。三点目は、それら二点の理由に加えて、建物が建てられる敷地の条件、特に周辺にある建物や市街地との関係が加味されたことである。朝鮮総督府始政二十五周年記念博物館建築設計図案懸賞募集では、敷地が王宮であったことに配慮した結果であった。

駅舎と駅前広場

日本による東アジア地域の支配が、列強による支配と似ていたのは、支配地に鉄道を建設し、支配地のそれぞれの地域内での人・モノ・情報の移動を確保したことである。さらに、場合によっては、その鉄道を他の地域の鉄道と結びつけ、あるいは、他の交通機関と連結して、それぞれの地域を世界的、地球的視点で位置づけを図ろうとしたことである(80)。その典型が、表向きは鉄道会社として設立された満鉄であることに異論を挟む余地はない。したがって、支配において鉄道は重要な意味を持っていたが、支配地で生活する人々にとっても鉄道は欠くことのできない交通機関であり、その重要性は、経済活動の進展に伴って、より大きくなっていった。そのような状況にあって、鉄道の駅とその前に広がる駅前広場は、多様な意味を持った。それは、都市への来訪者に対して都市の玄関口としての役割を果たしながら、その都市に住む人々にとっては人々が集まる場としての性格を持っていた。このことを前提に、支配地における鉄道の駅と駅前広場を考えてみる。

駅と駅前広場が、都市において特に大きな役割を果たしたのは、満鉄沿線の駅であった。満鉄の定款には、沿線の鉄道附属地において都市建設を行うことが会社の使命として記された。そこで、鉄道附属地における満鉄の都市建設

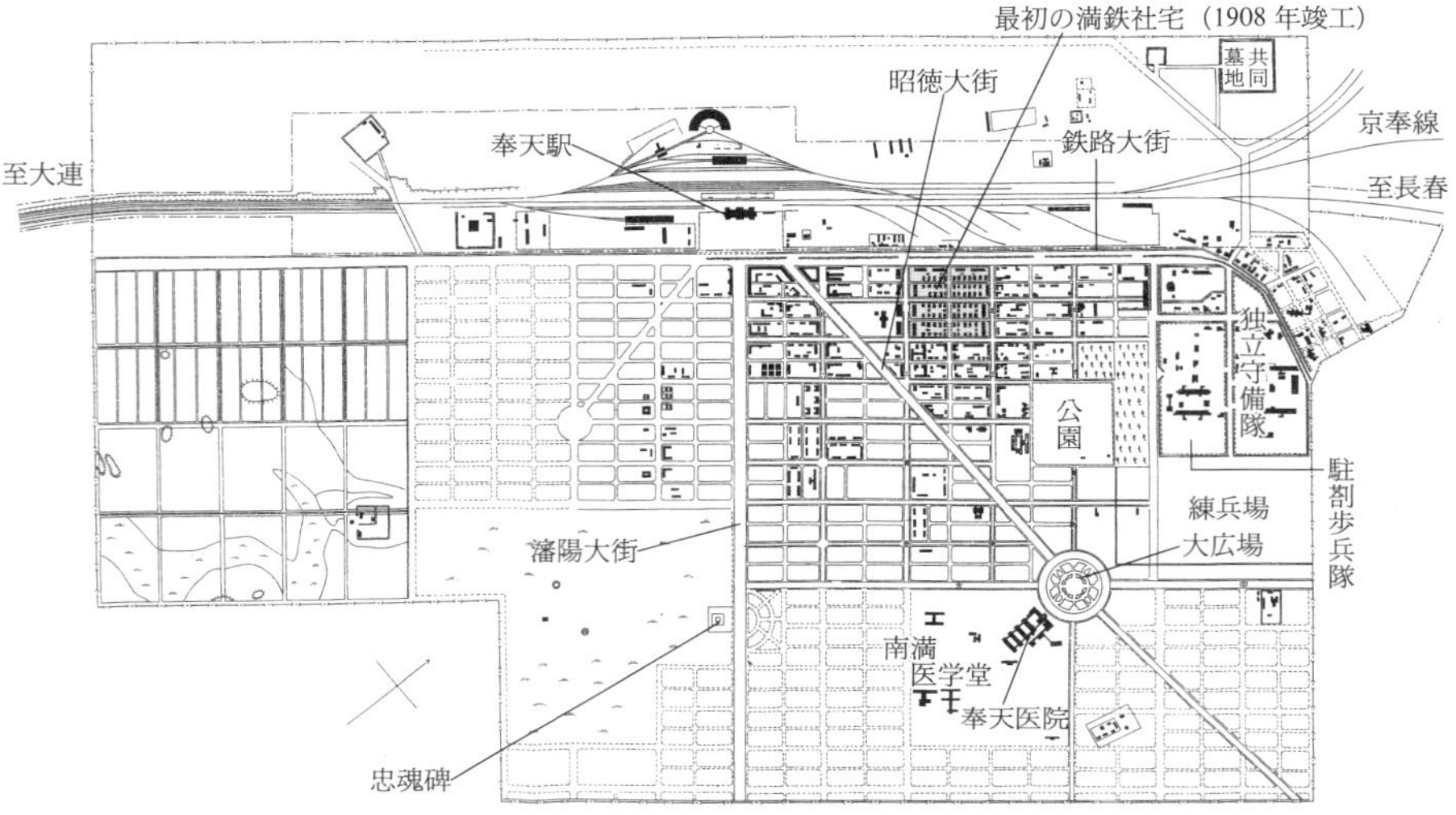

図 3-40　1915 年の奉天鉄道附属地

図 3-41　中央に日露戦争戦捷記念碑がそびえる奉天大広場

図3-42　奉天駅（1910年竣工）

は、駅を市街地の核とし、さらに市街地の別の場所に広場を設けて、駅とそれらを結ぶ道路を幹線道路としたことであった。その典型は、奉天や長春における満鉄鉄道附属地での都市建設であった。

奉天（図3-40）では、市街地の中心地に設けられた大広場（図3-41）と奉天駅を結ぶ昭徳大街（後に浪速通と改称）が幹線道路として、市街地の骨格の一つとなったが、その際、奉天駅は、幹線道路の正面に立つアイストップの役割を果たした。その一方で、奉天駅は奉天を訪れる人々にとって、玄関であり、単に駅舎としての機能を果たしただけでなく、駅舎の上階には奉天ヤマトホテルが併設され、旅行者への便宜を図った。

満鉄は、沿線の駅のうち、大連、旅順、奉天、撫順（千金寨）、長春の各駅を「五大停車場」として特に重視した。[81] このうち、一九一〇年七月に竣工した奉天駅（図3-42）は、満鉄がいわゆる永久建築として最初に新築した駅舎であった。[82] 第2章で記したようにその外観は、東京駅に代表される「辰野式」の外観であった。奉天駅とは駅前広場をはさんだ向側に、一九一二年、満鉄奉天共同事務所が竣工したが、これも奉天駅と同様に「辰野式」の外観であり、奉天駅前広場は、「辰野式」の建物に囲まれた広場となった。「辰野式」は、一九世紀のイギリスで流行したクィーン・アン様式の一種として位置づけられるが、クィーン・アン様式の建物が、ロンドンなどの市街地で建物周囲の街並みに溶け込むように外観が設計されるのに対して、建築家辰野金吾が晩年に好んで用いた「辰野式」は、東京駅や日本生命九州支社のように、街並みの中では意図的に目立つように設計されているところが大きな違いである。奉天駅の場合も東京駅と同様に駅舎としての存在感を示すため、左右対称の正面を持ち、中央に大きなドームとペディメントをつけている。奉天駅前は、このような「辰野式」建築に囲まれる広場となった。

ところで、満鉄は、「五大停車場」のうち、奉天駅、撫順駅（前掲図2-17参照）を一九一〇年に新築し、また、これより早く一九〇八年には長春駅の東清鉄道連絡ホーム待合所（前掲図2-15参照）を新築し、一九一四年には長春駅舎（前掲図2-18参照）も新築したが、鉄道の起点となった大連駅は、開業時の仮設駅舎（前掲図2-14参照）をその後三〇年間使用し、旅順駅は東清鉄道が建設した駅舎（前掲図2-19参照）を一九四五年まで使い続けた。満鉄が、本社のあった大連や関東都督府の置かれた旅順の駅舎を新築せず、奉天、撫順、長春の駅舎を早々と新築した背景には、政治的な理由があると考えられる。奉天駅舎は、中国東北地方最大の都市に建てられた駅舎であり、中国側への威圧効果を狙っていたと考えられる。長春駅舎は、東清鉄道との接点であり満鉄にとっては「北の玄関」として存在しており、東清鉄道と帝政ロシアとの対抗上、駅舎の新築は不可欠であった。また、満鉄が行った鉄道経営以外の事業としては、大連港の経営と並んで象徴的存在であった撫順炭坑の経営があり、その経営を内外に示すためにも撫順駅舎は他の撫順炭坑の施設とともに重要な存在であった。満鉄が自ら編集した『南満洲鉄道株式会社十年史』は、奉天駅舎を「壮麗ナル大停車場」と表し、長春駅舎を「大規模ノ停車場」と形容して特別扱いをしている。(83) また、長春駅舎の竣工を報じた『満洲日日新聞』は、「宏壮にして結構の雄大なるホテルを兼ねた奉天の停車場を凌ぎて全線に冠たるべく弥々開駅の暁は満鉄北端の一偉観を添うべし」(84)と報じている。

一方、満鉄本社のあった大連駅が仮駅舎のまま三〇年間も使われたのは、途中で駅舎新築の計画が頓挫したという問題があったが、それだけでなく、相対的に満鉄が奉天、撫順、長春の駅舎の存在を重要視していたことの現れであり、また、大連港を経営する満鉄にとって、大連駅よりも大連港が中国東北地方に海路から入る玄関口として位置づけられていたためであると考えられる。それを示す事実として、満鉄は、一九二四年大連駅新築のための設計競技を

料金受取人払郵便

千種局
承認

902

差出有効期間
平成28年4月
30日まで

郵便はがき

464-8790

092

名古屋市千種区不老町名古屋大学構内
一般財団法人
名古屋大学出版会 行

ご注文書

書名	冊数

ご購入方法は下記の二つの方法からお選び下さい

A. 直送	B. 書店
「代金引換えの宅急便」でお届けいたします 代金＝定価（税込）＋手数料200円 ※手数料は何冊ご注文いただいても200円です	書店経由をご希望の場合は下記にご記入下さい ＿＿＿＿市区町村 ＿＿＿＿書店

読者カード

（本書をお買い上げいただきまして誠にありがとうございました。
このハガキをお返しいただいた方には図書目録をお送りします。）

本書のタイトル

ご住所　〒

TEL（　　）　―

お名前（フリガナ）　　年齢

歳

勤務先または在学学校名

関心のある分野　　所属学会など

Eメールアドレス　　＠

※Eメールアドレスをご記入いただいた方には、「新刊案内」をメールで配信いたします。

本書ご購入の契機（いくつでも○印をおつけ下さい）

A 店頭で　B 新聞・雑誌広告（　　）　C 小会目録

D 書評（　　）　E 人にすすめられた　F テキスト・参考書

G 小会ホームページ　H メール配信　I その他（　　）

ご購入書店名　都道府県　市区町村　書店

本書並びに小会の刊行物に関するご意見・ご感想

実施したが、結局、駅舎を新築するには至らなかった。しかし、同じ年に満鉄は大連港の船客待合所を完成させていた。この船客待合所では、埠頭に接岸した客船から降りた乗客がそのまま大連発の列車に乗り換えられるように、待合所の一階にホームが設けられ、船と列車の乗り継ぎの便を図った。満鉄にとって、大連港での船と列車の接続を容易にすることが重要な課題であり、大連駅は、大連港ですでに乗車した人々にとっても通過点に過ぎなかった。

満鉄にとって大連駅が重要な意味を持つようになるのは、大連市街地との関係においてであった。仮設駅舎の大連駅は、その玄関を北側に向けていた。これは、一九〇七年に満鉄が営業を始めたとき、大連の市街地は、大連駅の北側に広がる「露西亜町」と呼ばれた地域にしかなく、満鉄本社や大連病院などの施設がここに集中していたため、必然的に大連駅も露西亜町に正面を向けていた（図3-43、地図）。ところが、その後、大広場をはじめとした露西亜町とは満鉄の線路をはさんで南側の地域が市街化し、そちらに市街地の中心が移動すると、大連駅は中心市街地に背を向ける状態で置かれることとなった。

そこで満鉄は、一九二四年、新たな大連駅舎の建設に取り掛かるため、公開で設計競技を行った。この設計競技の懸賞金は、当時としては破格であり、一等当選には七、〇〇〇円、二等当選は四、〇〇〇円であった。その結果、一等当選となった小林良治案は、露西亜町と他の大連市街地を結ぶ重要な跨線橋である日本橋の西側に接して駅舎を置いた橋上駅であり、その出入口を露西亜町側だけでなく、日本橋側にも、南側にも向けて設けた案（図3-44）であった。[85] 設計競技の応募要項では、駅舎を日本橋に隣接した敷地に計画する旨は規定されたが、出入口や日本橋との関係については規定がなく、小林良治案だけが、日本橋との関係のみならず市街地との関係をよく考えた案であり、その結果駅舎の出入口を三方に取るという出色の案であった。しかし、満鉄の財政的な理由から、この案は実施されなかった。

その後、大連市街地が西方へ拡大していく中で、満鉄は大連駅を西方へ約一キロメートルの地点に移転新築することとなった。これは、この用地の南側に広がる青泥窪（ダルニー河）沿いの湿地を埋め立てて連鎖商店（通称「連鎖

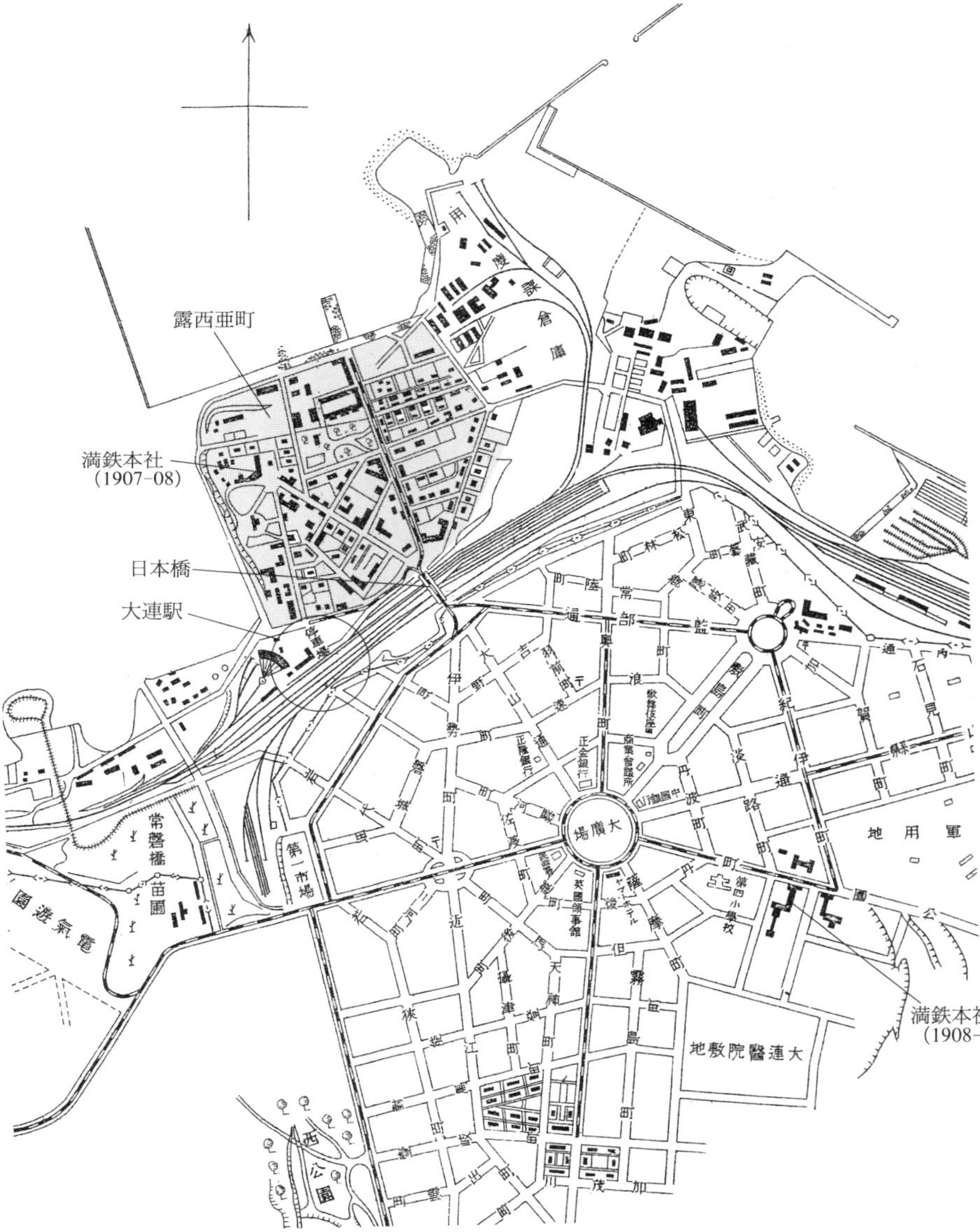

図 **3-43**　1915 年の地図に示された大連駅（黒塗りは，満鉄所有建物）

街」）が建設され、商業の中心地が次第に西方へ移動したことに合わせた動きであった。新しい大連駅は一九三七年五月二〇日、竣工した（図3-45）[86]。

この新しい大連駅は、乗降客の動線を立体的に分離したところが特に優れていた。大連駅から列車に乗車する旅客（乗客）は、建物両脇から車寄せに至る斜路を通って二階に設けられた玄関に至り、そこから乗車ホールに入る。そこには、玄関脇に切符売り場（出札口）があり、乗車ホールは最大二、〇〇〇人収容の待合室を兼ねていた。乗客は

図 3-44　大連駅本屋懸賞設計競技一等当選小林良治案（1924 年）

図 3-45　乗降客の動線を立体的に分けた大連駅本屋（1937 年竣工）

ここから改札口（乗車口）を通り、跨線橋を渡って、階段を下り、ホームに至る。一方、大連駅に到着した旅客（降客）は、ホームから階段を下りて、線路下の地下道を通って、駅舎の一階に到達し、そこに設けられた改札口（降車口）を通って大広間（降車ホール）に出る。このような乗降客の動線を立体的に分離する方法は、第二次世界大戦後、規模の大きな空港ターミナルビルで使われる方法であり、大連駅が竣工した当時としては斬新な方法であった。設計を担当したのは、当時、満鉄本社工事課のナンバー・ツーで、建物の竣工時には本社工事課長になっていた太田宗太郎であった。彼は、後に、この大連駅が描かれた絵葉書を親族に送り、「奉天のヤマトホテルと共に大連駅が自らの満洲における唯二の作品であります。好い記念物であります」と記した(87)。

このように満鉄の駅舎が市街地の核となる場所に設けられていったことに対し、朝鮮鉄道における京城駅、台湾鉄道における台北駅は、趣を異にしていた。京城も台北も城壁に囲まれて市街地が存在する城壁都市であったため、駅を市街地の核として既存の市街地の中に設けようとすれば、城壁内に鉄道を通して駅舎を建設することが必要であった。しかし、既存の市街地の中で土地を確保することは難しく、駅舎の建設は困難であった。そこで、いずれの駅も城壁の外側に駅舎をつくらざるを得なかった。南大門駅（停車場）と呼ばれた京城最初の駅は、城壁都市である漢城の正門であった南大門の南側に建設され、台北駅は、城壁の北側に建設された。

台北駅の場合、日本の台湾領有以前に基隆から台北を経て新竹に至る鉄道があり、最初の台北駅は、台北城の城外北西側にあった大稲埕に設けられていた。その後、台湾総督府は、これらの鉄道を改築しながら、基隆を起点に南部の高雄までの台湾縦貫鉄道を建設した。この台湾縦貫鉄道が全通したのは一九〇八年四月二〇日であったが、台北駅は、大稲埕から台北城により近い北門外に場所を移して、一九〇一年八月に竣工した(88)。建物は、煉瓦造二階建で、その外観は、台湾総督府庁舎や専売局庁舎と同様、赤煉瓦の外壁を地とし、開口部廻りに白色の石材を配した「辰野式」であった（図3-46）。その後、駅前広場を拡幅し、噴水を設け、また、鉄道ホテルや大阪商船の支店などを並べた。後に台北城の城壁が撤去され三線道路と呼ばれる広幅員の道路が建設されると、台北駅前は旧城内の市街地と一体となった。そして、この駅前広場から南に延びる表町通の突き当たりには台北公園があり、その正面に台湾総督府博物館が位置している構図は、市街地を貫く街路の両端に公共性の高い建物を置くというバロック的都市計画の典型的な手法と同じであった。なお、この台北駅は、一九三八年から一九四〇年にかけて、鉄骨鉄筋コンクリート造で建て替えられた(89)。

図 3-46　台北駅（1901 年竣工）

台北駅と同じように京城駅も城壁の外側に位置していた。一九〇〇年、漢城（京城、ソウル）と仁川を結ぶ京仁鉄道が開業し、南大門と西大門の城外に駅舎が設けられた。この時の漢城（京城）の中心駅は、京仁鉄道の終点駅であった西大門駅（停車場）であり、それを京城駅と称した。その駅舎は木造平屋で外壁を下見板張りとした建物で、わずか一六坪（約五三平方メートル）程度の建物であったとされているので、駅舎としては小規模な建物であった。また、南大門停車場も同様に木造平屋で、外壁を下見板張りとしていたが、その規模は西大門停車場よりも大きく四六坪（約一五二平方メートル）であった(90)。その後、日露戦争中の一九〇五年元旦、釜山（草梁）と京城を結ぶ京釜鉄道が全線開通すると、京城の中心的な駅は南大門駅となり、その駅舎は増築された。また、日露戦争における兵員や物資輸送のため、京城から新義州に通じる京義線が軍用鉄道として建設され、日露戦争後には、京釜鉄道とともに統監府鉄道管理局の管轄下に入り、一九〇八年四月一日に釜山から新義州までの直通列車の運行が始まると

図 3-47　京城駅（1925 年竣工）

南大門駅の重要性が高まり、一九一九年には西大門駅が廃止となった。そして、一九二一年には南大門駅を京城駅と改称し、一九二二年六月一日には、駅舎の新築工事が起工した。

新しい京城駅（図3-47）は、鉄筋コンクリート造二階建で延床面積一万七、一六九平方メートルの建物であり、一九二五年九月三〇日に竣工した。最初の南大門停車場の建物に比べて桁違いの大きな駅舎となった。建物は、左右対称の正面で、玄関のある中央部分を手前に張り出し、二階部分に大アーチを架け、その両脇には小塔を立て、後方にはドームが架けられている。平面は、玄関を入るとホールに面して左右に出札口があり、さらにドーム下のホールの右手に三等待合室、左手に一・二等待合室がある。改札口は、それぞれの待合室からホーム側へ出た場所にあり、改札口を通るとそのまま跨線橋を渡って、ホームに下りるようになっている。すなわち、玄関はホームよりも一階分高い位置にあり、乗客は、階段を上ることなく、階段を下りるだけでホームに達することができた。さらに、駅構内には一〇基のエレベーターが設置され、上下方向の移動の便を図った[91]。なお、この時期の大規模な駅舎は、乗降客を平面的に分離し、乗客が通る改札口（入口）と降客が通る改札口（出口）が区別されているのが一般的であり、この京城駅舎でも、そのように区別されていた。

一方、一九一二年に決定された京城市区改修予定路線では、南大門駅から南大門に至る道路を幅員一九間（約三四・五メートル）に拡幅改修することが決められており、さらに南大門から北の部分も景福宮・朝鮮総督府に至る道路、大平通、光化門通も同様の予定路線となり、拡幅改修されていった。(92) これによって、景福宮・朝鮮総督府から京城府庁、南大門を経て京城駅に至る街路が、京城の市街地を南北に貫く骨格となり、京城駅舎はその骨格の南端に位置したことで、文字通り京城の玄関となった。そのような状況の中での京城駅舎の竣工は、鉄道輸送の拠点駅として単に規模の大きな駅舎が完成したことだけではなく、京城という都市の変遷に大きな意味を持つものであった。

台湾や朝鮮の駅舎の中で、満鉄の大連埠頭と同様に海陸の接点となって、その乗降客に便宜をはかった駅舎が基隆駅と釜山駅（図3-48）である。基隆駅は、台湾の西海岸を縦貫する鉄道の起点であるが、満鉄線と同様に、基隆港の客船桟橋に線路を引き込み、客船と列車を接続に便宜を図った。釜山駅も同様に客船の発着する埠頭に線路を引き込み、その埠頭に隣接して駅舎が建てられた。建物は、辰野葛西事務所の設計で、一九〇八年六月に起工し、一九一〇年三月に竣工した。(93) この駅舎の建設は、釜山港の築港と連動しており、統監府の下で韓国政府の臨時税関工事部が進める埠頭建設と並行して行われた。この時期、埠頭建設の中心は船による海上輸送と列車による陸上輸送の連結を図ることであり、臨時税関工事部を実質的に指導していた日本の大蔵省臨時建築部は、一九〇九年、「釜山港海陸運輸聯絡設備計画」を立案し、それに基づいて埠頭の建設が進められた。この計画では、すでに起工していた釜山駅の後方に位置する第一突堤に五本の線路を引き込み、客船と列車を乗り継ぐ乗客にも便利なように、引込み線の両側、護岸との間に鉄骨造二階建と木造平屋の建物をそれぞれ二棟ずつ設けた。これらの建物には待合室、食堂、荷物検査場のほか、郵便局や両替所が設けられた。また、規模の大きな客船に乗船する際は、突堤からタラップを上るのではなく、二階建の待合所の二階からボーディング・ブリッジが渡され、それを通って乗降船するようになっていた（図

図 3-48　釜山駅（1910 年竣工）

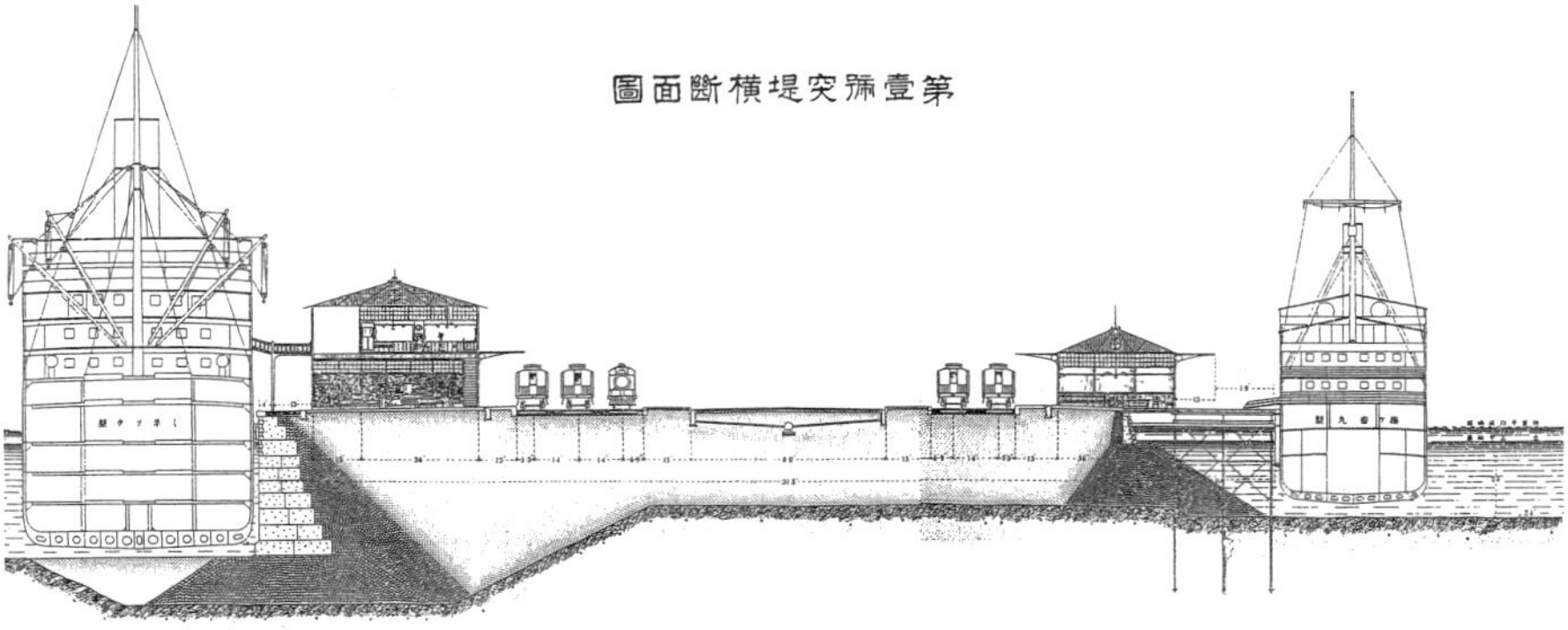

図 3-49　釜山海陸連絡施設の断面図

3-49)[94]。これは、後に満鉄が大連港船客待合所で導入した方法と同じであった。

このように、日本の植民地、支配地における駅舎は、単に列車の乗降の場としての建物ではなく、列車と船舶との乗り継ぎを考慮し、また、都市の中での拠点としての役割も果たした建物であった。植民地、支配地における市街地の整備は、都市基盤施設整備と並行して新しい建築物が建てられていくことで都市全体の近代化が図られるものであり、支配する側にとって駅舎は、運輸や物流、経済の面における重要な施設であっただけでなく、官衙と同様に目に見える存在としてその役割を果たしたのである。

三　植民地での消費・娯楽と建築——百貨店・劇場・ホテル

日本の支配地において、日本人の生活を支えた公的施設の多くが支配機関によって整備されたものであるのに対して、生活の中で欠くことのできない消費や娯楽を支えたのは、民間資本による百貨店や商店街、あるいは劇場や映画館といった施設であった。また、日本国内の都市に比べて整備された施設の一つにホテルがあり、社交場としての役割を担った。民間の施設が支配の中で果たした役割を論じることは難しいが、これらの施設は、それぞれの支配地に生活する日本人の生活を支える施設として重要な意味を持つだけでなく、その文明的生活を誇示する役割も果たしたと考えられる。

百貨店と商店街

日本国内に拠点を置いた百貨店の中で、日本の支配地へ積極的に店舗を設けていったのは、三越と松坂屋である。ただし、両者の海外進出の方法は大きく違っていた。

松坂屋は、日中戦争の拡大によって日本軍の占領地となっていった北京、天津、上海など、中国の二一都市に、一九三九年から一九四四年にかけて、支店や出張所、あるいは傍系会社の店舗を次々と開設していった。しかし、それらの店舗の多くは、三階建以下で、日本国内の店舗に比べて規模の小さい店舗であった。(95) また、それらの中には、天津営業所宮島市場のように一九四〇年に木造二階建の建物を新築した場合もあれば、天津中原公司営業所のように、地元資本の百貨店中原公司の建物（七階建）の三階部分に間借りして開設した店舗もあった。(96) 戦時体制下における占領地での店舗開設であったため、大規模な店舗を新築することは不可能であり、そのような既存の建物を使った小規模な店舗を開設していったのではないかと考えられる。

松坂屋が多数の都市に店舗を開設していったのに対して、三越は、京城（漢城、ソウル）と大連に絞り、その両都市に対して、日露戦争直後から店舗を開設し、順次、更新、拡大していった。その一方で、三越は、それら以外の地には積極的な進出を行わず、一九三四年に上海、一九四二年に海南島、一九四三年に昭南と改称されたシンガポールに店舗を開設した程度であった。(97)

三越は、日露戦争直後の一九〇五年一二月から翌年二月にかけて、「商況調査」と称して店員を韓国に出張させ、翌年二月からは、韓国・漢城（京城、ソウル）へ出張員を派遣し、店舗開設の準備を始め、同年一〇月二〇日には出張員詰所が新築落成した。(98) その後、この出張員詰所の隣地を購入した三越は、一九一六年六月には京城出張所の新しい建物を起工、同年一〇月一日に竣工し、翌日開店した。(99) この建物は、煉瓦造三階建で、延床面積一、二二一平方メートルの店舗であった。(100)

その後、京城府庁舎の新築移転に伴って、旧京城府庁舎の敷地七三〇坪（二、四〇九平方メートル）を購入した三越は、一九二九年三月一七日に新店舗の新築工事を起工し、建物は翌年一〇月二一日、京城支店として竣工した。(101) この敷地は、京城の中心街に位置し、道路をはさんで朝鮮銀行本店や京城郵便局と相対する場所であった。建物（図3-50）は、鉄筋コンクリート造で地下一階、地上四階（一部五階）建、延床面積は二、二五二坪八合八勺（七、四三四・五平方メートル）であった[102]。

この時期、日本国内の百貨店は、出入口の分離、入口での上下足の履き替え、出口での商品受け渡し、といったそれまでの販売方式を徐々に変革していく時期にあたり、また、食堂、多目的ホール、屋上庭園というような売場以外の施設の付加によって百貨店の多様化が図られていく時期であった。この建物では敷地の角に設けられた中央玄関とそれに向かって右側に設けられた玄関（右玄関）を入口とし、中央玄関に向かって左側に設けられた玄関（左玄関）を出口とした。入口と出口の分離は、客が購入した商品を一括して出口付近で客に渡すために生じたことであり、この三越京城支店においても、客が購入した商品は、地下の「御買上品御預品御渡場」と呼ばれたカウンターで客に一括して渡した。客は、ここで購入した商品を受け取って、近くの階段から一階に上がれば、眼前に出口（左玄関）が設けられており、客は左玄関から帰っていった。日本国内の百貨店では、入口と出口の分離は、入口における下足と上足の履き替えとも連動しており、入口で下足番に預けた下足を出口付近で商品とともに受け取って、出口から帰るという客の動線が想定された。しかし、この三越京城支店では、下足のまま入店する方法をとっており、この点では、百貨店として近代化した一つの証しであった。

一方、日本国内の百貨店が備え始めた客用の食堂、舞台を備えたホール、屋上庭園について、この三越京城支店でも、それらが完備された。食堂は一五〇席を確保して四階に設けられ

図3-50　三越京城支店（1930年竣工）

た。ホールは、客席三〇〇席で「三越ホール」と称し、食堂と同じ四階に設けられた。最上階の五階には、写真室や茶室が設けられたが、屋内部分は建築面積の三分の一にとどめ、残りは屋上庭園となり、温室まで設けられた。屋上庭園の脇には四階にある三越ホール部分の屋根が高くなっているのを利用して「三越ギャラリー」と呼ばれた展覧会場が設けられた。さらに、五階部分の屋根を利用して屋上展望台が設けられ、当時の京城の市街地を見渡すことができた。この他、地下には理髪室、二階には美粧室と称した美容室があった。このように、商品の販売とは直接的には関係のない施設を多数設けることで、百貨店が多様な機能を持ち、買い物以外の目的を持って百貨店を訪れる人が増え、また、百貨店に行くこと自体が娯楽の一つとして成立するという日本国内の百貨店が近代化していくのと同じ現象がここでも起きていた。なお、この建物は、一九三七年には増築され、延床面積九、二四〇平方メートルの店舗となった。[103]

このようにして京城（漢城、ソウル）の店舗を拡大していった三越は、それと並行して、大連でも店舗を設けていった。一九〇七年九月六日には、大連に出張員詰所を開設し、[104]一九一〇年七月二〇日には、この大連出張員詰所を当時の大連市街地でもっとも繁華な場所であった大山通に新築、移転した。そして、二年後の一九一二年五月には、同じ大連・大山通の中心地に大連出張所を新築、移転し、同年六月二〇日、開業した。[105]建物は、煉瓦造二階建で、延床面積は二四〇坪（七九二平方メートル）であると伝えられる。外観は、大山通に面した正面中央にペディメントを乗せ、玄関を設けた左右対称の正面であり、マンサール屋根が架けられていた。

その後、この建物は、一九二七年二月から一二月にかけて、三階建の新店舗に建て替えられ、翌年五月一日に開業した。[106]建物（図3-51）は、床と柱の一部を鉄筋コンクリート造とし、外壁を煉瓦造とした混構造の建物で、延床面積は九一八坪（三、〇二九平方メートル）となり、それまでの店舗に比べて約四倍になった。建物の規模が大きくなっただけでなく、床を鉄筋コンクリート造としたことで、それまでの大連出張所に比べて、大きな変化が二点あった。一つは、屋根が陸屋根となったことであり、これによって、屋上が生じ、そこを庭園としたことである。この時期、日本国内の百貨店においても、建物を鉄筋コンクリート造で建て替えた場合、陸屋根を利用して屋上庭園を設け、あるいは、展望施設を設けるようになっていた。この三越呉服店大連出張所もそのような動きと同様にして、屋上庭園を設けたのである。

もう一つの変化は、柱の少ない大空間を確保できるようになったことである。この建物では、柱のスパンは、東西方向が約六・一メートル、南北方向が約七・五メートルとなっている。これだけでも、木造の床だった時期に比べれば、柱の間隔が大きくなり、柱の本数は極端に減っている。これによって各階の売り場は広々とした場所となり、また、柱が少ないので、売り場におけるショーケースなどの配置にも自由度が増した。さらに、最上階の三階には、本来あるべき柱を略した「広間」と称する二スパン×三スパンの部屋があり、催事場など、多数の人々が集まる場として使われた。

図 3-51　三越呉服店大連出張所（1928 年竣工）

この他、大山通に面した一階の窓を「陳列窓」と称したショーウィンドウとし、三階には食堂が設けられるなど、呉服屋を前身とした百貨店が、店舗を近代化していくうえで不可欠な設備をこの建物も備えていた。その一方で、一階玄関脇に下足室を設けて、客は下足から上足に履き替えて店内に入ることや、客が購入した商品は、客が帰る際にまとめて渡す「売品渡場」を設けていることは、初期の百貨店の形式を残している。

建物の設計は、大連に事務所を置く宗像建築設計所が行った。この建築事務所は、主宰者の宗像主一（一九一九年東京帝国大学建築学

図 3-52　三越大連支店（1937 年竣工）

科卒業）がかつて所属していた中村建築事務所大連出張所を引き継いだもので（第5章第一節参照）、この時期、大連を中心に、後述する連鎖商店などの商業建築や東洋拓殖大連支店などの事務所建築を多数設計していた建築事務所である。

その後、三越は、京城と大連の出張所を支店に改称し、一九三六年から一九三七年にかけて、新たな大連支店の建物を建設した。大連の市街地は、大連の旧名称の起源となった青泥窪（ダルニー河）という小川を境に東西に分かれており、帝政ロシアによる街路計画を引き継いだ東側での市街地建設が進むにつれて、西側の市街地も徐々に拡大していった。ところが、東西の市街地に挟まれた青泥窪が大連湾に注ぐ河口部分は、窪地であり、かつ、湿地帯であったため、市街地にならず、東西に広がる市街地から取り残された場所となった。そこで、これを解消すべく、窪地を埋め立てて建設されたのが連鎖商店と呼ばれる商店街であり、その北側に満鉄が大連駅を移転新築させることとなって、連鎖商店が駅前商店街の性格を帯びることとなった。三越は、この大連市街地における商業の中心地の移動を的確に捉え、連鎖商店の南側に四四〇坪（一、四五二平方メートル）の敷地を求め、新たな大連支店の建設に取り掛かった。工事は、一九三六年一〇月二九日に起工し、翌年八月三一日に竣工した。[107] 建物（図3-52）は、構造を鉄筋コンクリート造とした地下一階、地上五階建であり、建物の北西部分に地上四〇メートルの塔を設けていた。延床面積は二、三三一坪（七、三六三平方メートル）となり、一九二八年に開業した大連出張所に比べて二倍半となった。

この大連支店が、大連出張所に比べて大きく変わったことは、規模が大きくなっただけでなく、百貨店の大衆化という当時の日本国内における百貨店の動向に合わせて、新たな機能を付加し、さらに新たな設備を導入したことであった。規模が大きくなったため、売り場面積が増えたことは当然であるが、大連出張所に比べて大幅に広くなったのは客用の食堂であった。大連出張所では、三階の片隅に設けられていた食堂が、大連支店では「大食堂」と称し、四階がそれに充てられた。すなわち、四階には売り場がなく、この大食堂とその厨房、さらに、貴賓室と社交室でフロアーがほぼ満たされ、厨房に隣接した片隅に社員食堂が置かれた。この時期、百貨店の大衆化の象徴的な存在が、百貨店の上階に規模の大きな客用の食堂を設けることであり、その典型的な事例は、大阪の阪急百貨店や高島屋南海店であった(108)。三越も、東京の本店や大阪支店において、上階に食堂を設けていたが、三越大連支店では、三〇〇席からなる大食堂を建物上階に当たる四階に設け、さらにこの階では売り場をなくし、客に対して買い物以外のサービスを提供する場としたことが、大きな変化であった。

また、大連支店に新たな機能として付加されたのが、五階に設けられた「催物ホール」という名前の小ホールであった。これは、舞台のある座席数三〇〇席のホールであり、演芸、演劇、映画といった娯楽を供する場となった。このほか、屋上庭園や塔の最上階に設けられた展望台も大食堂や催物ホールとともに、客に買い物以外の新たなサービスを提供する場となり、消費と娯楽が混在する大衆化した百貨店の姿となった。

設計は、大連にあった西村大塚連絡建築事務所が行い、その設計・監理を担当した大塚剛三（一九一六年東京帝国大学建築学科卒業）は、百貨店建築としての一般的な工夫に加えて、冬期の寒さによって生じる問題を工夫しながら克服していった。この問題とは、一つは玄関から屋内に吹き込む寒風の問題であり、もう一つは冬期における工事方法であった。

前者について、営業中の百貨店は人の出入りが激しいため、入口の扉が開放状態になることが多く、冬期にはそのような入口から寒風が店内に流れ込み、店内が寒くなるのをどのように防ぐかが問題となった。特に、この建物では、敷地が大連の市街地を東西に貫く常盤大通と呼ばれた幹線道路の南側に位置しているため、玄関をその常盤大通に面した建物の北側に設けざるを得ず、そのため、冬期に吹く北風は避けがたかった。そこで、玄関から寒風が店内に吹き込むのを防ぐため、玄関に風除室を設けた。さらに屋外側の扉を玄関正面に設けず、両脇に斜めに設け、風除室内に暖房を設けることで、寒風が店内に流れ込むのを防ぐことが試みられた。しかし、風除室の暖房は、屋外の気温が氷点下一五度以下になった場合は効果なく、大塚は、屋外から吹き込む寒風を遮断するには、風除室に熱風を強制的に送風するというエアー・カーテンの方法を取る必要があることを建物竣工後に指摘している(109)。

一方、後者の問題とは、冬の寒さの厳しい中国東北地方では、冬期にコンクリート工事を行うことは難しく、そのため実質的な工期が短くなることであった。施主の三越から西村大塚連絡建築事務所に設計の依頼があったのは一九三六年一〇月二日であったが、三越側は一九三七年九月二〇日開店を希望し、そのためには、同年八月三一日までに竣工していなければならなかった。この当時、大連では、結氷期である一月・二月にはコンクリート工事を行わないのが常識であった。しかし、それを過ぎた一九三七年三月からコンクリート工事を始めたのでは、予定通りの竣工は無理であった。そこで、大塚は、工事を二期に分け、結氷期を迎える前にある程度のコンクリート工事（第一期工事）を終え、結氷期を過ぎてから工事（第二期工事）を再開する方法を取ることとした。そして、実際には、一九三六年一〇月二九日の起工からの二ヶ月間に、第一期工事として、基礎から一階の床スラブまでのコンクリート躯体工事を終えた。そして、翌年二月二七日から第二期工事を始め、二ヶ月かけて残りのコンクリート躯体工事を終えた。そして、施主の要求通り一九三八年八月三一日に竣工し、一九三八年九月二〇日に開店した(110)。

このような三越における京城支店、大連支店の店舗建設は、日本国内での百貨店の近代化とほぼ同時進行で進み、売場以外の施設の充実など、百貨店が単に消費のための施設ではなく、娯楽機能を備えた都市施設としての性格を帯びていったことを示した。

このほか、京城では、一九三七年に竣工した和信百貨店、台北では、一九三二年竣工の菊元百貨店が、それぞれ、新しい百貨店として出現した。

　京城の繁華街である鐘路と南大門通の交差点に建てられた和信百貨店（図3-53）は、三越京城支店よりも一階分高い六階建であり、展望台を兼ねた塔屋上端の高さは一〇〇尺を越えた。また、隣接する旧館との合計面積は、三、〇一一坪余（九、九三七平方メートル）となり、同じ年に増築して増床した三越京城支店（九、二四〇平方メートル）よりも広い百貨店となった。そして、店舗には、三越京城支店と同様に、舞台付のホール、大食堂、屋上庭園、ギャラリー、市街地を一望できる展望台が設けられた。また、品物の販売・受け渡し方法について、一九三〇年竣工の三越京城支店では買い物客に対して出口で商品を一括して渡した方式であったのに対して、和信百貨店では、売り場ごとに商品を渡す、今日の百貨店と同じ方式になり、一九世紀末から一九三〇年代を通して発展してきた百貨店の変革が一つの頂点を迎えたことの証となった。なお、この和信百貨店は、日本人建築家の設計ではなく、朝鮮人建築家朴吉龍が主宰する朴吉龍建築事務所が設計した[111]。朴吉龍は、一九一九年京城高等工業専門学校建築科を卒業し、朝鮮総督府営繕課に所属した後、一九三二年京城に建築事務所を開設した建築家であり、植民地支配下の朝鮮半島で民間の建築事務所を主宰した数少ない朝鮮人建築家であった[112]。

　一方、菊元百貨店は、台北に初めて建てられた百貨店である[113]。場所は、当時、栄町と呼ばれた台北市街の中心地であり、

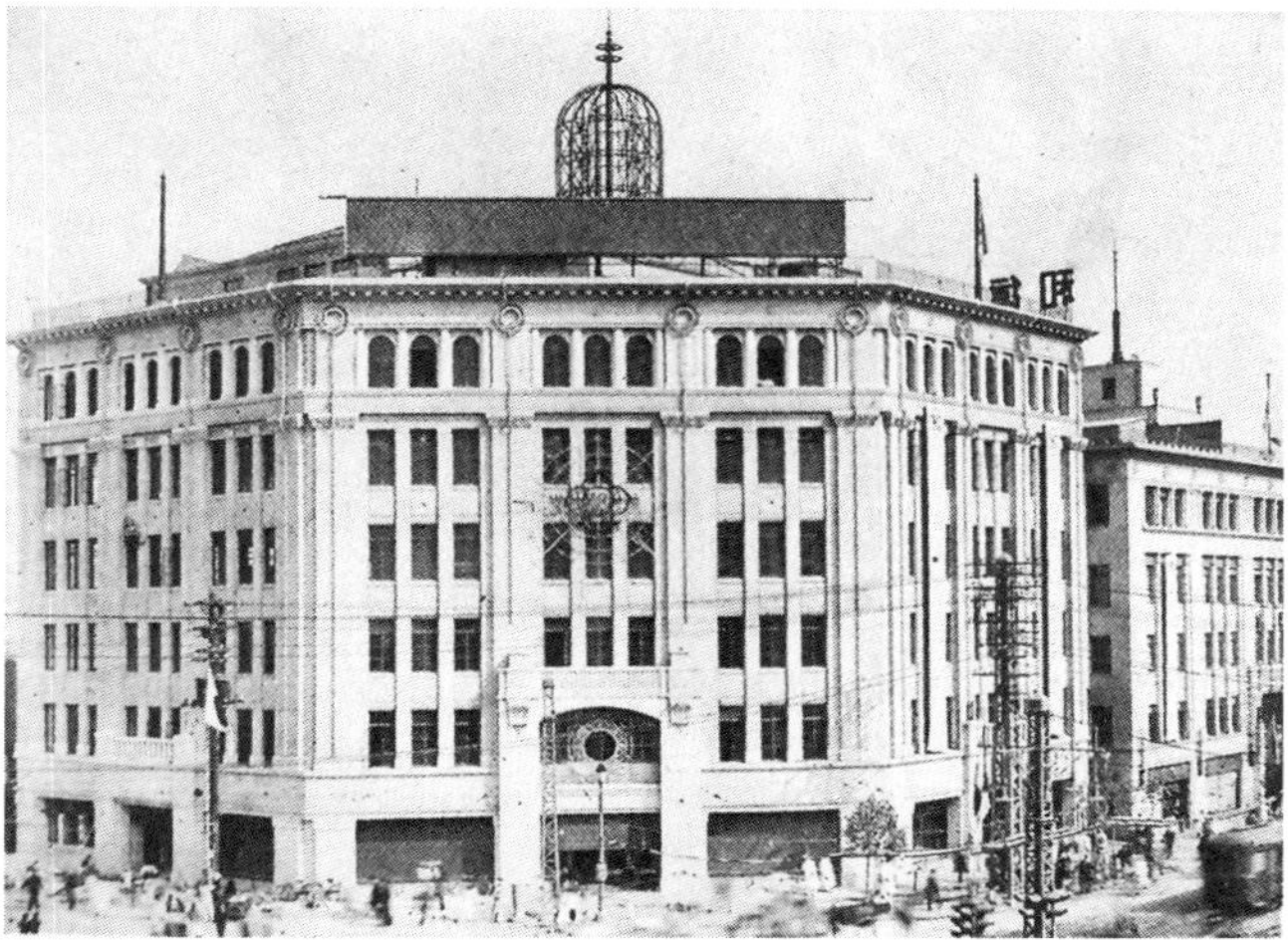

図3-53　和信百貨店（1937年竣工）

日本人経営の商店や金融機関が軒を連ねた場所であった。そこに、六階建の百貨店が新築された。一階から四階までを売り場とし、五階に食堂と喫茶室、六階にはホールを設けて集会の場を提供した。この建物が、京城や大連に建てられた他の百貨店にはないこととして試みたのは、台湾特有の亭仔脚と呼ばれるアーケードを取り込んで建てられたことである。一階部分は前面に亭仔脚の設置が義務付けられており、亭仔脚の分だけ外壁が後退したのに対して、二階以上は亭仔脚の上部に建物を建てることは認められていたので、菊元百貨店では、亭仔脚の上部にあたる部分を店舗とした。その結果、二階以上の外壁は亭仔脚の軒先まで張り出すこととなった。[114]

百貨店が一つの建物の中に多種多様な商品を並べて消費の場を人々に提供したのに対して、規模の小さな個人商店の集合体として多種多様な商品を並べたのが商店街である。市街地の中では、交通の要所や人口密集地などに自然発生的に商店街が成立する場合が多々ある。その一方で、計画的に多数の商店を誘致して、商店街を建設する場合もある。三越大連支店の説明ですでに記した大連連鎖商店（連鎖街）は、計画的に建設された商店街の典型である。

大連連鎖商店が建設された場所は、大連の市街地を東西に分けていた青泥窪沿いの窪地であり、低湿地であったことから、帝政ロシアによるダーリニー建設時に苗圃となっていた。日露戦争後、関東都督府もそれを踏襲したが、大連市街地における道路建設が各地で始まるとその一部は道路建設の資材置き場に使われた（前掲図3-43参照）。第一次世界大戦後の不況が終わると、大連では人口の急増に伴う住宅難が深刻化し、市街地は西方へ拡大していったが、この青泥窪沿いの窪地だけは、市街化から取り残されて空地のままだった。そこで、一九二〇年代後半、この地の八、九四〇坪余りを埋め立て、八街区（A区からH区）を造り、一街区に二棟、合計一六棟の店舗と住宅が一体となった建物を建て、二〇〇店舗から成る商店街が建設された。竣工したのは、一九三〇年一〇月のことである。[115]

建物（図3-54）は鉄筋コンクリート造の二階建を原則とし、一階を店舗として使い、二階は店舗経営者の住宅とした。また、建物と前面道路幅員との関係を考慮し、幹線道路に面した建物は、面している部分を三階建とした。これは、市街地での良好な美観を確保するためにとられる常套手段である。その三階部分は、予備室とした。これは、将来的に住宅の規模を増やすこと、家内工業的な生産施設に転用すること、あるいは倉庫として使うこと、など複数の可能性を持たせたためである。

また、大連連鎖商店では、公的な施設が街区の中に組み込まれた。それは、公衆浴場、映画館、そして乗合自動車の待合所であった。商店街に組み込まれた住宅には原則として浴室が設けられていないため、公衆浴場が設けられた。映画館は、常盤館と呼ばれ、常設九四五席（最大一、二〇〇席）の客席を持っていた。この映画館は、オーケストラボックスの備わった舞台があり、映画だけでなく、各種の演芸、演劇の上演も可能な多目的ホールであった。乗合自動車の待合所は、商店街の南東角で路面電車の停留所に近いところに設けられた。また、A区の一角には扶桑仙館と呼ばれた中華料理店が設けられた。扶桑仙館はA1区の建物の西北角を占め、延床面積五九六坪（約一、九六六平方メートル）で大規模な宴会が可能な店であった。

図 3-54　大連連鎖商店（1930 年竣工）

このほか、設備的な工夫として、商店街全体の建物に対して暖房を集中方式で施し、歩道に庇を張り出してアーケードを設けたことがあげられる。暖房は蒸気を用いたものであったが、当時の常識的な方法では、建物ごと、あるいは街区ごとにボイラー室を設けて蒸気を供給することであった。しかし、大連連鎖商店では、B区の地下にボイラー室を設け、そこから商店街全体に蒸気が供給されることとなった。一方、庇について、当時の大連市に施行されていた「大連市建築規則」によれば、公道の一部である歩道の上部に庇を張り出すことは原則としては認められないが、設計者の宗像主一

図3-55　大連連鎖商店のアーケード庇

は、「商店街の繁栄、市街美の完成等の理由により許可を受けたもの」と説明している。[116] 宗像の説明では、商店街の外郭となった幹線道路に面した商店の場合は、商店街としての賑やかさを確保するのが難しいと判断し、人通りをより多く確保するため、雨を遮るのはもとより、冬の寒気や雪、夏の日差しを遮ることで、人々が商店の前を歩くことをねらったものであった。ただし、庇の張り出しが大きければ、それだけアーケード下と店舗内が暗くなると見込まれたため、庇の所々に天窓を開けてプリズムをはめ、太陽光を屈折させて店内に導く工夫がされた（図3-55[117]）。

このようにして建設された大連連鎖商店は、一九三七年、この南側に三越大連支店が新築開業し、北側に大連駅が移転開業したことによって、大連の中心的な商店街となった。大連連鎖商店が、計画的に建設された商店街として優れていたのは、映画館や乗合自動車の待合所、巨大な中華料理店を組み込むことで買い物以外の目的で訪れる人出を誘発し、賑わいを確保した点にあった。そして、買い物をしなくとも、商店街をそぞろ歩きするウィンドウ・ショッピングの場が生まれたことで、繁華街となったことである。この現象は、百貨店が店舗内にホールや大食堂など、買い物とは直接関係のない施設を入れることで人出を誘発したことと同じであった。

劇場と映画館

娯楽施設として市街地の中で大きな役割を果たしたのが劇場と映画館であった。これらは、芝居の上演や映画の上映を主目的とした施設ではあるが、そのような興業だけでなく、いずれも、多くの人々が集まる集会施設としての役割も果たした。その点では、公会堂と同じ存在であったが、公会堂は行政機関が建設した施設であるのに対して、劇場や映画館は民間資本によって建てられるのが一般的であった。

日露戦争直後の一九〇八年、大連に建てられた歌舞伎座（図3-56）は、その典型である。名前の通り、芝居小屋として建てられ、一、〇〇〇人収用の観客席は桟敷席になっているが、その名前や内部のつくりとは無縁に、建物正面は、西洋建築の特に一七世紀のイギリスやフランスで流行した西洋建築の手法によってつくられている。すなわち、正面の構成は左右対称で両端部分を手前に張り出すバロック様式の建築に見られる手法であり、一九世紀から二〇世紀初頭にも再度、世界各地で流行する手法である。そして、手前に張り出した両端部分の二階には二本で一対となった付柱を立て、その両端部には角型ドームの屋根を架け、頂部にランタンを乗せている。これは、一八八九年に建設された東京の歌舞伎座（初代）において、その正面をルネサンス様式で造っているのと同じように、内部の用途から連想される日本建築の要素を外観にまったく見せない手法である。

図 3-56　岡田時太郎設計の大連歌舞伎座（1908 年竣工）

当時の新聞は、この建物について「大連の地四方荒涼楽園甚だ稀にして婦女の耳目を娯ましむるの機関無きや久し茲に於いてか歌舞伎座の劇場建築せらる千両役者出演せずと雖も亦是満洲唯一の檜舞台」[118]と紹介し、当時の大連に日本人向けの劇場がなかったことと関東州や満鉄鉄道附属地にはこの他には劇場がないことを示している。これは、劇場という建物の用途を評価したものであり、外観など建築の様式・意匠に関わることを評価したものではない。同様の説明は、この建物を掲載した『南満洲写真大観』においても使われ、「四方荒涼として趣味少なき満洲に在りては劇場の必要最も急なり」[119]と説明された。そして、『南満洲写真大観』は、この後に続けて、「東京座井筒座時代去って常盤座恵比寿座壽座時代来り歌舞伎座建築せらるるに及び劇場始めて完成の域に達す」として、この建物が大連において当時としては完成された劇場であったことを示した。そして、大連歌舞伎座は、単に劇場として、芝居の興行を行っただけでなく、大連を訪れた著名人たちの講演や、あるいは集会の会場としても用いられた。日露戦争直後の大連では、公会堂と呼べる施設がなかったため、日露戦争前に中国人実業家紀鳳台が建設した劇場（日本人は「支那劇場」と呼んだ）を大連公会堂として使用していた。この大連歌舞伎座は、その大連公会堂とともに、公共施設としての役割を果たした。

ところで、『南満洲写真大観』は、これに続けて、「外観は帝都第二流の劇場に譲らず唯俳優の技三府に比して常に遜色多きを憾みとなすのみ」[120]と記した。これは、建物の外観において、東京の一流の劇場には及ばないが、二流の劇場よりはいい、という意味のことを指摘し、さらに、出演する役者について、その劇場の外観よりも劣る三流の役者が多いことを指摘している。いわば、建物は一流半、役者は三流、という指摘である。この時期、東京では歌舞伎座のほか、有楽座（一九〇八年竣工）、帝国劇場（一九一一年）がいずれもルネサンス様式の外観を持つ劇場として建てられており、大連歌舞伎座はそれらとの比較においては劣るものの、新富座をはじめとした和風の外観を持つ劇場に比べて優れているという指摘である。

一方、満鉄が大連や沿線の鉄道附属地で社員倶楽部を建設したことは紹介したが、それらには、座席数八〇〇席から一、〇〇〇席程度のホールが設けられ、多目的に用いられた。一九二七年に大連に建てられた協和会館には座席数一、〇八五席のホールが設けられた（図3-57）ほか、満洲事変以後に満鉄が奉天に設けた満鉄社員記念館と新京社員倶楽部には座席数八〇〇席のホールがあった[121]。また、一九二五年に竣工した大連満鉄社員倶楽部では、演劇の上演が可能な舞台の付いた大集会室が設けられていた[122]。

一方、映画が娯楽として普及しはじめた一九二〇年代後半になると、映画上映を主目的として建設される施設、すなわち映画館が繁華街に出現してくる。大連連鎖商店の中に組み込まれて建設された常盤館（一九三〇年竣工、常設九四五席、最大一、二〇〇席、図3-58）は、その典型である。ただし、実際には、映画上映の専門館ではなく、劇の上演が可能な舞台を兼ね備えていたので、多目的に使われていた。

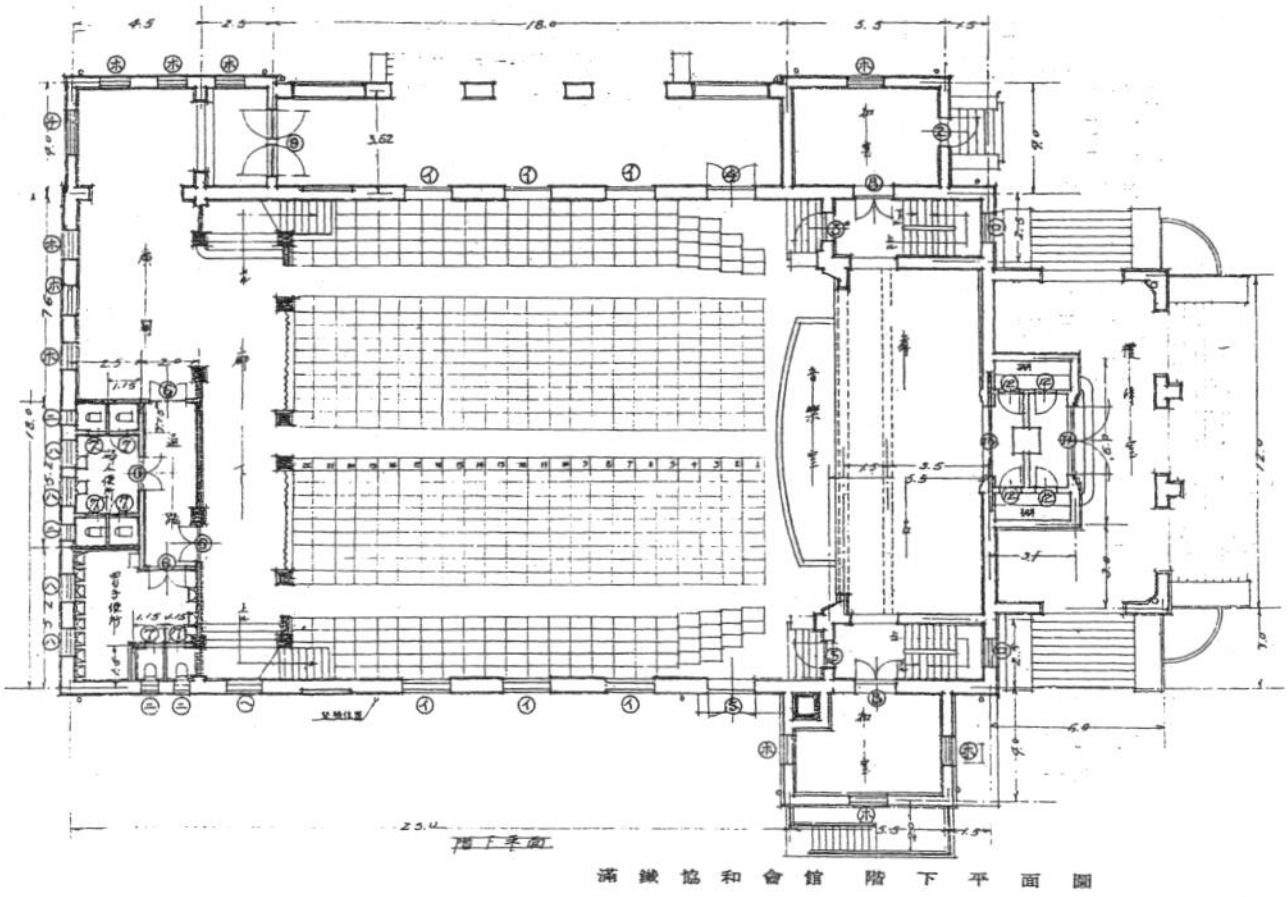

図 3-57　1,085 席の客席を備えたホールを持つ満鉄協和会館の平面図

図 3-58　旧大連連鎖商店の中に設けられた常盤館（1930 年竣工）

京城では、一九三五年から一九三六年にかけて、若草映画劇場、黄金座、明治座という映画館が立て続けに新築、開業した。これらの映画館は、若草映画劇場が一、〇四二席、黄金座が一、一二八席、明治座が一、一七八席という規模であり、また、いずれも映画館と称しながら舞台を備えて、多目的に使うことができるホールであった。[123]

明治座（図3-59）は、当時、明治町と呼ばれた京城の繁華街の角地に建てられた鉄骨鉄筋コンクリート造四階建の建物であり、映画館ではあったが、廻り舞台を備えており、劇場を兼ねていた（図3-60）。竣工は、一九三六年一〇月七日であった。繁華街の角地に建てられたため、その角に玄関を設けたが、これが、批判にさらされた。

黄金座は、鉄骨鉄筋コンクリート造三階建の映画館として一九三六年一一月一五日に竣工した。黄金座も映画館でありながら、花道の付いた舞台を備えていた。この黄金座と明治座は、いずれも京城にあった玉田建築事務所の設計であった。若草映画劇場は、一九三五年一二月三〇日に竣工した鉄骨鉄筋コンクリート造三階建の映画館であるが、明治座や黄金座と同様に舞台を備えていた。

これらの映画館の新築を受けて、朝鮮建築会では一九三六年一一月二五日、「映画館に就ての座談会」を開催した。[124] その冒頭で座談会の司会者は、「私が京城に来て既に四年になりますが、当座のことを考へてみますと、活動写真館は実に惨めなもので、まあ寄席の程度であった。椅子もなく、座って活動を観るといふような有様で、少し進んだ所が長い木の腰掛を置いてあるといふやうな状況で、暖房設備もない、非常に不愉快なものであった」として、一九三〇年代初頭の京城における映画館の状況を概観した。要は、観客席が桟敷席であった旧来の寄席や芝居小屋と同じ建物で映画を上映していた、という状況であった。京城府民館の設計に携わった京城府営繕係の土屋積は、京城府民館設計の参考にするため、この時期に京城で営業していた劇場や寄席について、その規模や設備を調べていた。[125] それによれば、収容人員が四五〇人から一、〇〇〇人程度の劇場や寄席は、合計一〇館あり、そのうちの八館が、映画も上映していた。さらに、これら八館のうちの二館は、「映画館に就ての座談会」の司会者が「寄席の程度」と指摘している通り座席が畳敷きであった。そして、この座談会が開かれた年の前年（一九三五年）から、新しい映画館が建てられ始めた。この司会者はその状況について、「昨年あたりから非常に立派な映画劇場が出来る機運になりまして、開成社、若草劇場をはじめ、最近落成した明治座、黄金座という風に、続々出来てきた」と述べた。[126] 座談会の司会者の発言にある開成社は、京城府民館設計のために土屋積が調査した劇場の一つであり、収容人員一、二一二名で、土屋が調査した劇場の中で収容人員は最大であった。土屋が調査した一〇館の劇場や寄席のうち八館が、舞台にスクリーンを設けて映画を上映していた。それに対して、明治座など三館の出現は、これらの映画館が新築された

図 3-59　明治座（1936 年竣工）

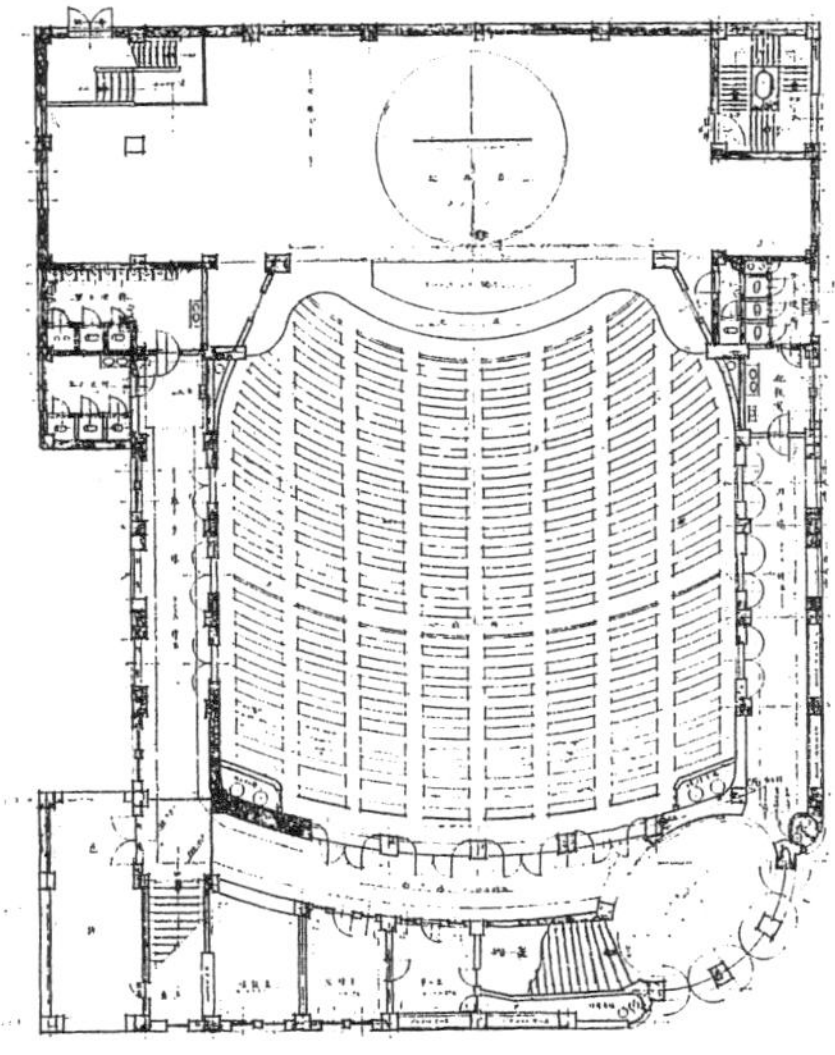

図 3-60　廻り舞台を備えた明治座の 1 階平面図

一九三五年から一九三六年が、京城における映画館の転換点であったことを示し、映画上映を主体とした建物が出現したことを意味している。

この座談会を報じた『朝鮮と建築』は、同時に明治座、黄金座、若草映画劇場の竣工記事を掲載したが、座談会の中では、多くの発言がこれらの映画館に対する批判であった。例えば、平面計画について、明治座は玄関の場所が悪くホワイエが狭いとか便所の位置が悪い、黄金座と若草映画劇場は脇の通路が狭い、と批判された。また、天井高や床面の斜度について、若草映画劇場は天井が高すぎる、明治座では座席の取り方が悪くスクリーンが半分程度しか見えない席がある、と指摘された。映画館にとって重要な音響について、明治座は反響音の設定がおかしい、と批判され、換気の設備についてはすべての映画館でうまくいっていないという批判が出た。そして、規模について、欧米の映画館が五〇〇人程度の収容人数であるのに対して、一、〇〇〇人を越える収容人数は映画館として大き過ぎると一様に批判された。結局、あまりの批判の多さに、司会者は「忌憚のない御意見を伺って、甚だ裨益する所が多かったと思ひます」と結んで座談会を閉じた。(127)

しかし、これら三つの映画館に対する批判について、必ずしもその批判が正しいとはいえない部分は多い。例えば、明治座について、敷地が角地であることから、角に出入口を設けたことが批判されているが、角地に建つ建物の入口を角に設けることは建築設計の基本であり、その基本を忠実に守りながら、形状に合わせて入口の軸線とは異なる方向に観客席の軸線を設定するという難しい問題に対処した。特に、この敷地が繁華街の中に位置する角地であり、映画館であるという建物の機能を勘案したとき、角地に入口を設けるということは常識的な選択であり、批判の対象にはならないはずである。むしろ、映画館でありながら、廻り舞台まで備えて多目的化したことによって、舞台面積が大きくなり、その分のしわ寄せがホワイエの面積を小さくしたと見るべきである。

一方、若草映画劇場では、半円形平面の玄関を建物から張り出したことによってホワイエを確保したが、座談会では、ホワイエの広さのみが指摘され、それを確保した玄関を張り出すという手法についての言及がなかった。

結局、これら三つの映画館の出現は、映画という新しい娯楽に対して、建築としての対応を示したもので、これらの建物は、京城だけでなく、朝鮮半島における映画館の転換を画した建物となった。また、これらの映画館は、いずれも多目的ホール化していたが、それは、日露戦争直後の大連歌舞伎座が、劇場としての機能だけでなく、多人数の人を集める場所としての役割を果たしたことと同様の現象であった。

ところで、「映画館に就ての座談会」では指摘されていないが、明治座の外観と平面は、東京・浅草に建てられた大勝館と酷似している。大勝館は、東京にあった僊石政太郎主宰の僊石建築事務所が設計し、戸田組の施工で一九三〇年一二月に竣工した映画館であった。建物は鉄骨鉄筋コンクリート造四階建て、座席数は一、三四五席であった。その平面（図3-61）は、敷地の角を利用して、建物の角に入口を設け、楕円平面の玄関ホールからホワイエや二階に上がる階段に行くようにつくられており、明治座の平面はこれとよく似ている。さらに似ているといえるのが、建物の外観（図3-62）である。「大勝館建築工事概要」(128)は、大勝館の外観を「スパニッシュ式を基調とする現代式」と記しているが、立面を下層（一階）、中間層（二階と三階）、上層（四階）に三分割し、中間層と上層にアーチ型窓を連続させ、また、建物の隅に立ち上げた塔屋の意匠は、特によく似ている。大勝館の竣工は、『建築雑誌』五四三号（一九三一年三月）に写真と図面も添えて報じられており、また、この時期に刊行された建築学の数少ない体系書である『高等建築学』（全二六巻）の中でも、映画館を扱った『高等建築学二一　建築計画一〇　劇場・映画館・カフェ・レストラン・ダンスホール』（一九三四年）において映画館の事例として取り上げられているので(129)、明治座の設計者である玉田建築事務所の主宰者である玉田橘治がこれらの情報を知っていて、明治座を設計した可能性は高い。

このような事例は、朝鮮半島において活動していた日本人建築家が、設計の参考となる情報を日本国内から得ていたことを示すものであるが、明治座と大勝館との類似性は、参考の域を越えて、コピーともいうべき事例であり、建築設計のあるべき姿としては批判されるべきものである。

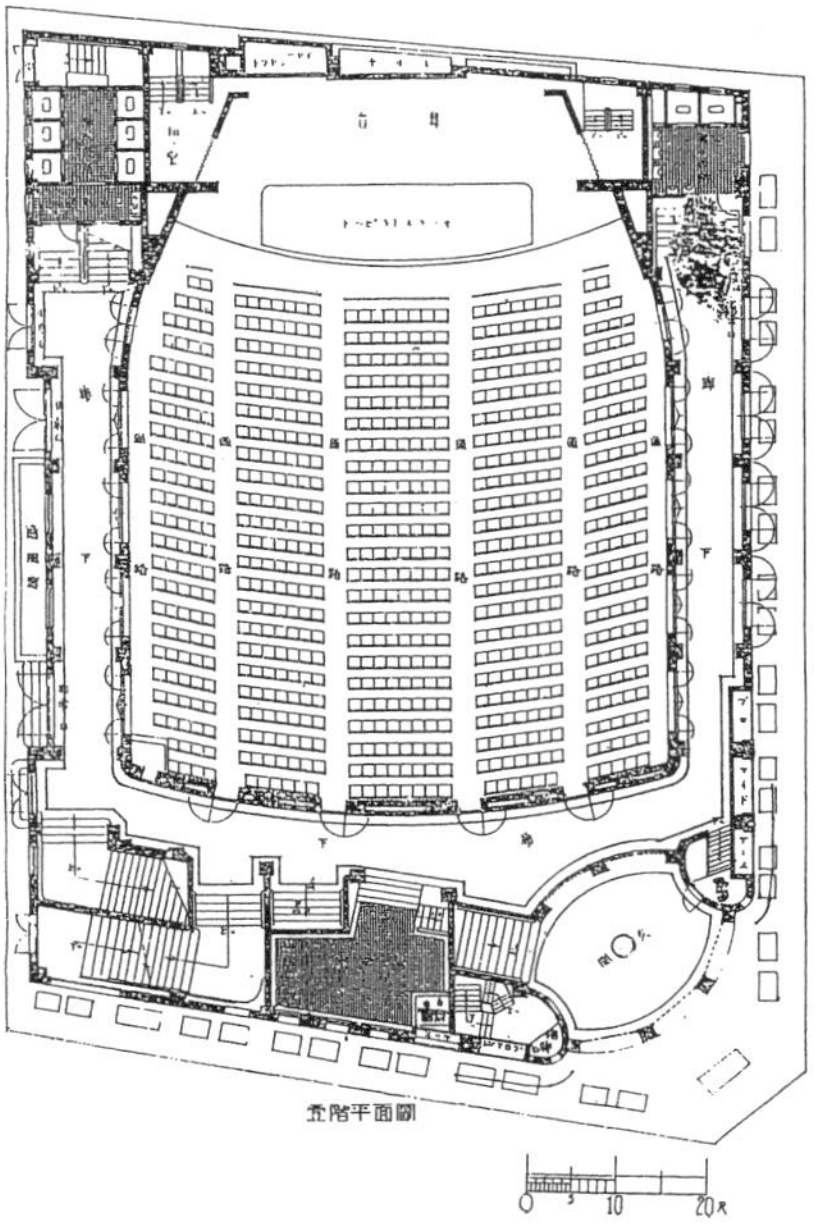

図 3-61　東京・浅草に建てられた大勝館の1階平面図（図 3-60 と同縮尺）

図 3-62
明治座のもとになったと考えられる大勝館の外観（1930 年竣工）

ホテル

ホテルは、Hotel のカタカナ表記であるが、日本語でホテルと書いた場合、それは単なる宿泊施設を示す外来語ではなく、欧米人が宿泊可能な宿泊施設を示している。それは、東アジア地域における日本支配地でも同様であった。したがって、台北、京城、大連、奉天、長春といった日本支配地の主要都市では、その都市の顔となるべき格式の高いホテルが建てられた。一方、大連・星ケ浦に代表されるリゾート地では、夏休みや週末の休日を過ごすためのリゾートホテルが成立した。

支配に関わった機関、組織の中で、もっともホテル建設に力を注いでいたのは満鉄であった。満鉄の会社としての事業の枠組みは、一九〇六年八月一日に日本政府が満鉄設立委員に発した「命令書」に規定された。その中で、日本政府は、「第三条　其社ハ沿道主要ノ停車場ニ旅客ノ宿泊食事及貨物ノ貯蔵ニ必要ナル諸般ノ設備ヲ為スヘシ（後略）[130]」として、満鉄に対して大連など沿線主要都市におけるホテル・旅館の建設・経営を求めた。

そこで、満鉄は、一九〇七年四月に本社を大連に移転したとき、東清鉄道が大連に建てていた旧ダーリニー・ホテルを改修し、同年八月に大連ヤマトホテルとして開業した。ただし、このホテルは、客室数一三室の小規模なホテルであり、手狭であった。そこで、満鉄は、大連移転時に本社として使用した旧ダーリニー市役所を改修し、一九〇九年五月から大連ヤマトホテル本館（図3-63）とし、最初に開業していた旧ダーリニー・ホテルを別館と称した。そして、本館・別館合わせた客室数は四七室となった[131]。満鉄の第二代総裁であった中村是公の招きで大連を訪れた夏目漱石が宿泊したのは、この旧ダーリニー市役所をホテルに転用していた時期の大連ヤマトホテルである。このようにして満鉄は、宿泊客の増加に対応したが、この本館は、旧市役所をホテルに改造したものであり、また別館は旧来からホテルではあったが小規模であるため、いずれも賓客の接待には不向きであった。この間、満鉄は、賓客の接待に満鉄総裁邸（旧ダーリニー市長公邸）を使っていた。

したがって、満鉄にとって、鉄道旅客に対して宿泊所を提供するという意味だけでなく、賓客の接待という意味を

図 3-63　旧ダーリニー市役所の建物を利用していた時期の大連ヤマトホテル

考慮して、新たなホテルの建設が必要であった。そこで、満鉄は、一九〇九年から、大連・大広場に面した場所に、一一五室の客室を持つ大連ヤマトホテルの新築を始めた。建物は、構造を鉄骨煉瓦造とした地上四階・地下一階の建物であり、一九〇九年六月に基礎工事を起工、一九一一年から建物本体の工事が始まり、一九一四年三月に竣工した[132]（図3-64）。敷地が円形広場に面する扇型をしていることを生かして、平面形状も後方に広がる扇型となり、その後方の中央に宴会場を兼ねた大食堂を配した。また、外観は、正面全体を下層・中層・上層に三分割し、中層に二階通しのイオニア式オーダー（付柱）を並べたルネサンス様式の建物となっており、大連の中心地である大広場に面していることを十分に意識した外観になっている。満鉄が建設した建物の中では、数少ない西洋古典系建築の建築様式に本格的に依拠した建物であった。さらに、大食堂のみならず、夏の夜は屋外レストランに早変わりする屋上庭園、バーや遊戯室、読書室、大食堂以外にも設けられた食堂・小食堂といった施設の充実ぶりや、蒸気暖房やエレベーターなどの設備の充実度合い

図 3-64　大連ヤマトホテル

が、大連ヤマトホテルの格式を維持・確保していた。[133] その結果、大連ヤマトホテルは、旅客に宿泊サービスを提供する単なる宿泊施設ではなく、賓客の接待場所であり、かつ、大連在住の日本人や欧米人の社交場となった（図 3-65）。

満鉄は、同様にして、旅順、長春、大連・星ヶ浦、奉天の順でヤマトホテルを開業した。このうち、旅順ヤマトホテルは、帝政ロシアの占領時期に建てられた建物を改修して使用したが、他のヤマトホテルは、いずれも、それぞれの立地に合わせて新築された。その中で最も早く新築されたのは、長春ヤマトホテルであった。

長春ヤマトホテルは、単に旅客の宿泊を目的としたホテルではなく、満鉄にとって、本線が長春で接続する東清鉄道との間で生じるさまざまな交渉を行う場としての役割を持っていた。[134] したがって、満鉄は、ヤマトホテルの中で、この長春ヤマトホテルを最初に新築した。新築工事は、一九〇七年九月に起工、一九〇九年一〇月に竣工し、ホテルは、一九一〇年二月に開業した。そして、新築された建物には、随所にアール・ヌーヴォー様式の意匠が施された（図3-66）。このようなアール・ヌーヴォー様式の採用について、その理由を確実に示す資料は確認されていないが、このホテルが満鉄と東清鉄道との交渉の場であり、当時の日露の接点であったことを考えると、アール・ヌーヴォー様式が、組織や国家の体面、威信を示す具体的な建築様式と認識され、それが使われたと判断するのが妥当である。それは、東清鉄道がその拠点としたハルビンにおいて、ハルビン駅や本社屋など多数の建物にアール・ヌーヴォー様式を用いたことの影響であり、かつ、それへの対抗であると

図 3-65　大連ヤマトホテル大食堂で開かれた満鉄本社大連移転二十周年記念祝賀会

図 3-66　アール・ヌーヴォー様式の旧長春ヤマトホテル玄関

考えられる。

そして、満鉄は社史の中で、この長春ヤマトホテルについて「日露支官民ノ社交場トシテ等シク利用セラル」[135]と記し、旅客に宿泊場所を提供するのみならず、長春における社交場としての役割を果たしていたことを示した。

長春ヤマトホテルと同様に、都市における社交場としての役割を果たしたのが奉天ヤマトホテルである。奉天ヤマトホテルは、当初、一九一〇年に新築された奉天駅に併設された。駅舎にホテルを併設するのはよくある事例で、日本国内では、同時期に建設が進められていた東京駅と東京ステーションホテルが、その典型例である。しかし、奉天ヤマトホテルの場合、その客室数はわずかに七室であり、その後奉天駅を改造して客室数を三〇室まで増やしたが、旅客の増加に対応できる規模ではなかった。そこで、満鉄は、奉天鉄道附属地の中心地であった大広場に面した一角に奉天ヤマトホテルを新築し、奉天駅からホテルを移転させた。建物は、鉄筋コンクリート造、地上四階、地下一階、客室数七一室で、その設計は、一九二三年まで満鉄本社建築課長を務めた小野木孝治とその部下であった横井謙介とが共同経営していた小野木横井共同建築事務所が行った。工事は、一九二七年四月に起工、一九二九年四月に竣工した。新築された奉天ヤマトホテルは、大連ヤマトホテルと同様に、宴会場として使用できるオーケストラ室を備えた大食堂をはじめ、中小の複数の食堂、球戯室、バー、読書室、理髪室が設けられ、奉天における社交場としての役目を果たした[136]。

一方、このようなホテルとは性格を異にしたのが、大連・星ヶ浦ヤマトホテルである。大連郊外の星ヶ浦は、満鉄が開発した海浜リゾート地であり、その核となった施設が一九〇九年一〇月に開業した星ヶ浦ヤマトホテルである。開業時に洋風別荘五棟、日本風別荘三棟からなるコテージ式のホテルで、一九一〇年八月には食堂やホールを備えた本館が竣工した。ホテルは眼前に浜辺の広がる広大な庭園の中に建ち、テニスコートを設け、貸しボートやヨットを備えていた。海岸には一般遊泳者用の脱衣所など海水浴の施設も設けられていた。さらに、一九一五年には、敷地北側の丘陵地にゴルフ場を開設したが、日本国内ではゴルフ場併設ホテルは一九三六年竣工の川奈ホテル（ゴルフ場は一九二八年開業）が最初であるから、星ヶ浦ヤマトホテルのゴルフ場開設は大幅に早い事例である。[137] そして、星ヶ浦ヤマトホテルに滞在すれば、昼間は海水浴、ボートやヨットといったマリン・スポーツ、テニス、ゴルフ、庭園内の散策という具合に体を動かし、夜はビリヤードに興じ、バーで酒を飲む、というリゾートライフを満喫できた。このように、星ヶ浦ヤマトホテルは、鉄道旅客に宿泊場所を提供するという満鉄本来の一つの業務を越え、大連に住む人々に対してリゾートライフを提供するホテルとなっていた。

このように満鉄が建設、経営した各地のヤマトホテルは、会社の設立時に要求された旅客に宿泊と食事を提供する施設という枠組みを越え、満鉄にとって会社経営、鉄道附属地支配の拠点となった都市において、そこに生活した日本人や欧米人に社交の場と娯楽の場を提供する施設となっていた。満鉄の設立時に求められた旅客の宿泊場所と食事を提供する施設としてのホテルは、元来、「鉄道ホテル」と称され、駅舎の中に組み込まれるか、駅舎と連絡通路で結ばれ、旅客の利便性を考慮したものであったとされる。[138] 満鉄が奉天ヤマトホテルを奉天駅の中に組み込んだのはその典型例である。しかし、大連ヤマトホテルをはじめ、長春、旅順のヤマトホテルは当初から駅舎とは離れた場所に開設され、なかでも大連ヤマトホテルは、大連市街地の中心地である大広場に新築された。また奉天ヤマトホテルも後年、駅舎から移転し、奉天鉄道附属地の中心地である大広場に新築された。この現象は、満鉄がホテルを単なる「鉄道ホテル」として扱ったのではなく、市街地の中心地に設けられるべき都市施設として扱っていたことを示している。

同様の現象は、朝鮮半島や台湾でもみられる。朝鮮総督府鉄道局は、釜山、京城（ソウル）、新義州にそれぞれホテルを開設した。京城は朝鮮総督府にとって支配の拠点であり、また、釜山と新義州は、朝鮮鉄道の幹線である京釜線、京義線の起点・終点として、釜山は関釜連絡線を介して日本の鉄道と連絡し、新義州は鴨緑江鉄橋を通って満鉄・安奉線に連絡している要所である。このうち、釜山と新義州のホテルは、釜山駅（一九一〇年竣工）と新義州駅（一九一一年竣工）のそれぞれの駅舎上階部分に組み込まれ、釜山ステーションホテル、新義州ステーションホテルと称された（図3-67）。

これに対して京城に設けられた朝鮮ホテルは、当時の京城の停車場である西大門停車場、南大門停車場からは離れた京城市街地の中心地、南大門通と長谷川通にはさまれた敷地に建てられた。建物の設計は、朝鮮総督府庁舎の基本設計を担当していたドイツ人建築家デ・ラランデが担当、建物は煉瓦造地上四階、地下一階で客室数六五室の規模を持ち、一九一四年に竣工した（図3-68）[139]。朝鮮ホテルが駅舎に併設されなかったのは、当時の西大門停車場と南大門

図 3-67　ホテルを併設した新義州ステーションホテル（1911 年竣工）

図 3-68　朝鮮ホテル（1914 年竣工）

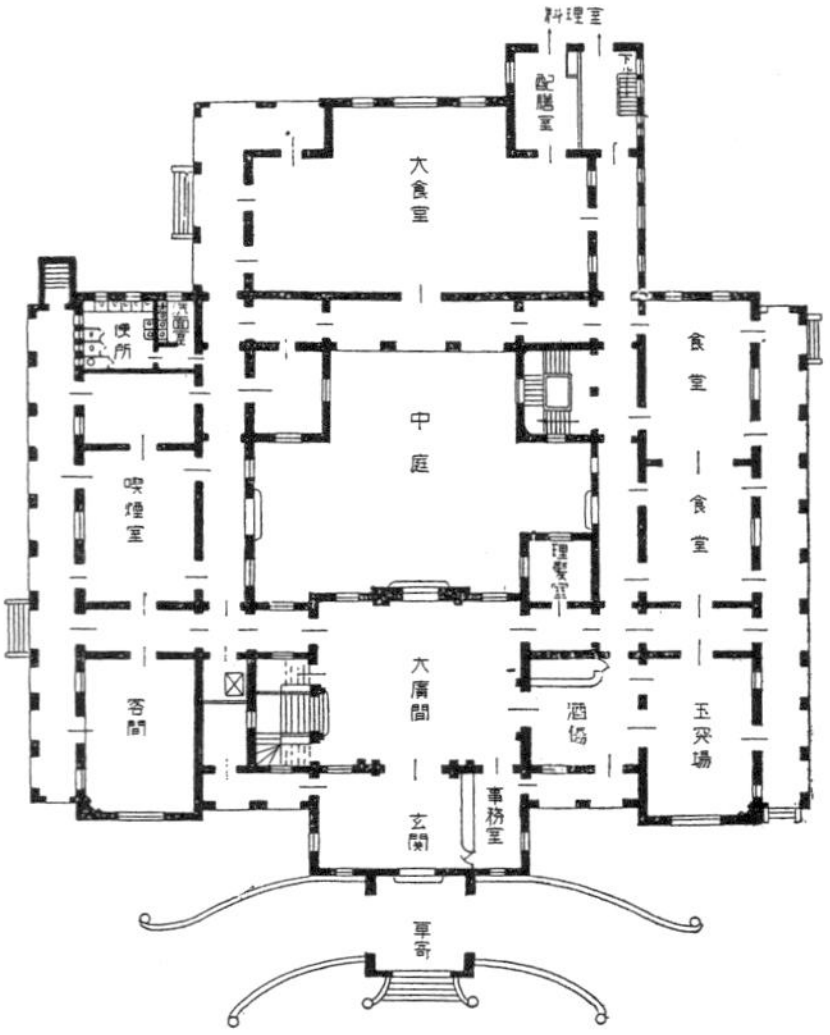

図 3-69　ベランダを廻らした台湾鉄道ホテル 1 階平面図

停車場は、いずれも木造の小規模な駅舎であり、ホテルを併設する規模の建物ではなく、また、当時の京城市街地のはずれにある駅舎にホテルを併設するよりも、市街地の中心地に社交場としての役割を果たすホテルを設けることが優先されたためであると考えられる。それは、朝鮮ホテルの平面計画にも表れており、宴会場や食堂、バー、球戯室といったホテルの一般的な施設が備えられただけでなく、一階には音楽室を兼ねた集会室が設けられ、敷地内にはテニスコートが設けられた。

一方、台湾では、台湾総督府鉄道局が、台北駅ではなく、台北駅にほど近い台北市街地に台湾鉄道ホテルを建設した。建物は煉瓦造二階建、客室数二四室のホテルであった（図 3-69）。一階には、大・中・小食堂をはじめ、バーや玉突室が設けられ、やはり、社交場としての機能を果たした。際立っていたのは、台湾総督府庁舎が夏の暑さ対策のため、周囲にベランダを廻らしていたが、台湾鉄道ホテルでも同様にベランダを廻していたことである。

以上のように、支配地の主要な都市に建てられたホテルは、いずれも鉄道経営の機関・組織によって開設されたものであり、元来は鉄道の旅客に宿泊と食事の場を提供することを目的としていたが、実際に新築されたホテル建築は、オーケストラ室を付けた宴会場を兼ねた大食堂、バーや球戯室、さらに庭園やテニスコートを備えることで、それぞれの都市における社交場としての役割を果たしたのである。

第4章　建築活動を支えたもの

建築の設計・監理、施工において、その質の高さを獲得、維持するためには、技術力の確保が必要になる。技術力の確保は、特に、施工技術の向上を目指したさまざまな工夫や、高度の知識と豊富な経験を持った技術者の確保によるところが大きい。また、日本国内とは気候や社会習慣の異なる支配地において、建築材料の確保は建築を生み出していく原動力の一つである。さらに、建築に関する規則は、建築の質の確保に不可欠である。ここでは、日本国内とは建築活動において異なる条件にあった支配地において、日本人建築家・技術者たちが工夫した技術、技術者の確保と監理、建築材料の確保、実施された建築規則について論じてみたい。なお、この他にも、建築に関する情報や建築関係者による団体の結成、建築情報の移動も、日本人建築家・技術者の活動を支えたと考えられるが、それらに関する問題は、植民地建築を日本国内の建築との関係や、東アジア地域の建築との関係の中に位置づける上で重要な問題であり、日本を含めた東アジア地域における日本人建築家・技術者の異動と移動、建築情報や建築材料の移動、という問題と関連して考えることが有効であるので、第5章でまとめて扱う。

一　建築技術の適応と発展

日本の支配地における建築活動では、それぞれの地域と日本国内との間の気候の違いが、大きな影響を及ぼす。そこで、日本国内に比べて一般的に温暖である台湾と寒冷である中国東北地方や朝鮮半島について、それぞれの気候への対応を考えるため、その典型例として、台湾におけるシロアリの問題、中国東北地方における建物の防寒対策と寒中工事と呼ばれる冬期の施工を取り上げ、それぞれの地において用いられた技術を考える。また、これらの地域に普及し始めた鉄筋コンクリート造に関する技術について、各地で生じた問題を考えることとする。

シロアリ対策

日本にとって最初の植民地となった台湾において日本人建築家・技術者たちが直面した大きな問題はシロアリ対策であった。彼らにとって、木造の建物が次々とシロアリの被害に遭ったことに加えて、意外であったのは、木造の建物だけでなく煉瓦造や鉄筋コンクリート造の建物にも被害が生じたことであった。台湾総督府営繕課の栗山俊一は、一九二九年七月、北海道帝国大学で開かれた講演会で台湾におけるシロアリの被害を報告した。[1] その中で栗山は、シロアリの被害が、台湾固有の建物よりも日本人が台湾で建てた建物に多いこと、軀体を煉瓦造や鉄筋コンクリート造とした建物にもシロアリ被害があることを報告した。

前者については、長らく台湾総督府技師を務めた井手薫が、台湾総督府による台湾支配の始まった一八九五年からの約一〇年間に台湾総督府が建設した多数の木造建築物が、次々とシロアリの被害に遭ったことを指摘している。[2] 井手の下で活動していた技師栗山俊一は、日本人の建てた建物のほうが台湾の伝統的な建築物に比べて、シロアリの餌食になる材料が多いということをその原因として指摘した。その後、栗山は、シロアリの被害を克明に調査し、日本産の建築用木材のうち、杉、檜、栂、樅については、シロアリに対して抵抗力がなく、唯一、槇だけが、シロアリの被害を受けていないことと、台湾産の木材は、紅杉、香杉、槇、樟楠木がシロアリ被害を受けにくいことを突き止めた。日本人が建てた建物の多くに使われている木材が杉や檜であり、台湾における伝統的な建物に多く使われている木材が、紅杉、香杉であることから、相対的に日本人の建てた建物に被害が集中するようになったのである。[3]

　そこで、栗山は、その原因を突き止めるべく、それぞれの木材に含まれる有機性物質、特にシロアリが苦手とする油分に着目し、その沸点温度の差異が、シロアリ被害の大小に影響することを突き止めた。すなわち、台湾産の紅杉や香杉に含まれる油分は、その沸点が二〇〇度から二三五度のものが最も多く、これらの油分は沸点が高いので揮発性が低く、材木の伐採後、長年にわたって木材中に残存しており、これによってシロアリがつきにくいことが判明したのである。[4]

　後者について、栗山の指摘で問題となったのは、木造の建物に対するシロアリ被害を防ぐために導入された煉瓦造や鉄筋コンクリート造の建物でも被害が起きたことであった。その象徴的な被害は、台湾総督府庁舎において、高さ一八〇尺の塔の最上階にシロアリ被害が生じたことである。[5]栗山は、建物の軀体がコンクリートであっても、内装に木材を使っている限り、シロアリは来襲することを指摘し、さらに、コンクリートにひびなどの隙間があれば、シロアリはその隙間を徐々に大きくしながらコンクリート内を通過して、木材にたどり着くことを指摘した。そして、彼は、シロアリが石灰を溶かすという俗説を否定した。石灰を混入させたコンクリートでのシロアリ被害について、台湾総督府では、当初は、シロアリが発する分泌液によって石灰が溶けるためであると考えた。[6]そこで、台湾総督府は、一九〇七年に改正した台湾家屋建築規則施行細則の中で次のような条項をつくり、石灰の混入したコンクリートの使用を禁じた。[7]

　第五条　家屋ハ石、煉瓦、人造石、金属、木材ヲ以テ構造シ其ノ屋根ハ瓦、金属其ノ他ノ不燃材料ヲ以テ之ヲ葺ク

ヘシ石、煉瓦、人造石ヲ以テ築造スル場合ニ於テハ其ノ接合部ハ「セメント」ヲ主成分ト為セル「モルタル」ヲ以テ固定スヘシ

また、シロアリが地面から建物に侵入することはすでに知られており、それを防ぐため一九〇〇年に施行された台湾家屋建築規則施行細則では「建家下ノ表面ハ総テ三寸以上ノ厚サニ『コンクリート』又ハ堅牢ナル敲適宜ノ不潤性材料ヲ敷クヘシ」（第二条）と定められた。これは床下にコンクリートなど堅い材料で層を造ることを義務付けたものである。この規定は、一九〇七年の改正でも存続し、そこで示されたコンクリートの層は「防蟻コンクリート」と称され、シロアリ対策の切り札として盛んに使われた。当時から台湾総督府営繕課に所属し、後に営繕課長を務めた井手薫によれば、これを提唱したのは、当時、台湾総督府営繕課技師を務めていた森山松之助であり、この細則では厚さ三寸と定められたが、実際には厚さ四寸程度のコンクリート層をつくっていたとされる。[8]また、木造家屋の基礎は、一九〇〇年の施行細則で「石、煉瓦又ハ之ニ相当スル材料」によって造ることと規定され、一九〇七年の改正では、「石、煉瓦又ハ『コンクリート』」を使って造ることとされた。このような石、煉瓦、コンクリートの基礎とコンクリート層の築造によってシロアリ対策は進んだように思われた。

しかし、栗山は、この防蟻コンクリートもシロアリ被害を受けていることに着目し、防蟻コンクリートが役に立たないことをシロアリの性質と実験から証明した。栗山は、まず、シロアリの発する分泌液に着目し、それがアルカリ性であるため、唾液によってセメントモルタルが化学変化を起こすことがないことを指摘して、シロアリが石灰を溶かすという説を否定した。さらに、シロアリがコンクリートの試験体に穴を開けていくことを実験によって示した。[9]しかし、シロアリはコンクリートに巣を作るわけではなく、コンクリートに開けられた穴は通路に過ぎず、[10]また、煉瓦と木材が接している場合は、木材に巣を作るのであって、煉瓦に巣を作るのではないことも、実験によって示した。[11]

これらの観察と実験を重ねた栗山は、結論として、シロアリがコンクリートに巣を作るわけではなく、あくまでも木材に巣を作るので、シロアリが嫌う成分を持つ木材である台湾産の紅杉や香杉の使用によって対策を講じることができるということを指摘した[12]。栗山がこの結論に至ったのは一九三五年のことであった。それは、日本の台湾領有が始まってから四〇年が経ち、森山松之助による防蟻コンクリートの提唱から四半世紀が過ぎていた。台湾で活動した日本人建築家・技術者にとって、シロアリ対策は、日本国内ではほとんど経験のない重要な課題であった。

寒冷な気候への対応

一方、中国東北地方では、台湾とはまったく異なった気候への対応が求められていた。それは、日本国内に比べて寒冷な気候への対応であった。『関東都督府施政誌』は、「満洲ノ如キ気候寒烈ノ地ニ於テハ直ニ母国ノ建築法ニ即ル能ハス[13]」と記して、日本に比べて過酷な中国東北地方の自然条件が建築に与える影響について、次の四点を克服すべき問題と指摘した。すなわち①地下の凍結による基礎の浮き上がり、②部屋の防寒対策、③冬期における施工不能、④雨季における材料調達の困難、である。

このうち、①と②は建物そのものを寒冷な気候に対応させるために耐寒性能を持たせることであり、③と④は、施工における対応である。また、①、②、③は日本国内に比べて寒冷な気候への対応であり、④は雨季における交通網の寸断によって生じる問題であった。以下、それぞれの問題について講じられた具体的な対応について紹介する。

まず、地下の凍結における基礎の浮き上がりについて、これを防ぐため、冬期における地中の凍結状況を調べ、それ以上の深度の基礎を作るという方法が取られた。基礎の浮き上がりは、寒さが厳しくなると地中の水分が凍ってできる霜柱によって建物の基礎が持ち上げられる現象であり、それに対処する方法は、寒くなっても凍りつかない深さまで基礎を深く作ることであった。日本国内よりも寒い場所であれば、それに応じて、その場での基礎深度も日本国内ではあり得ない深度になった。特に、満洲国の成立によって、中国東北地方全域に日本人建築家・技術者の活動範

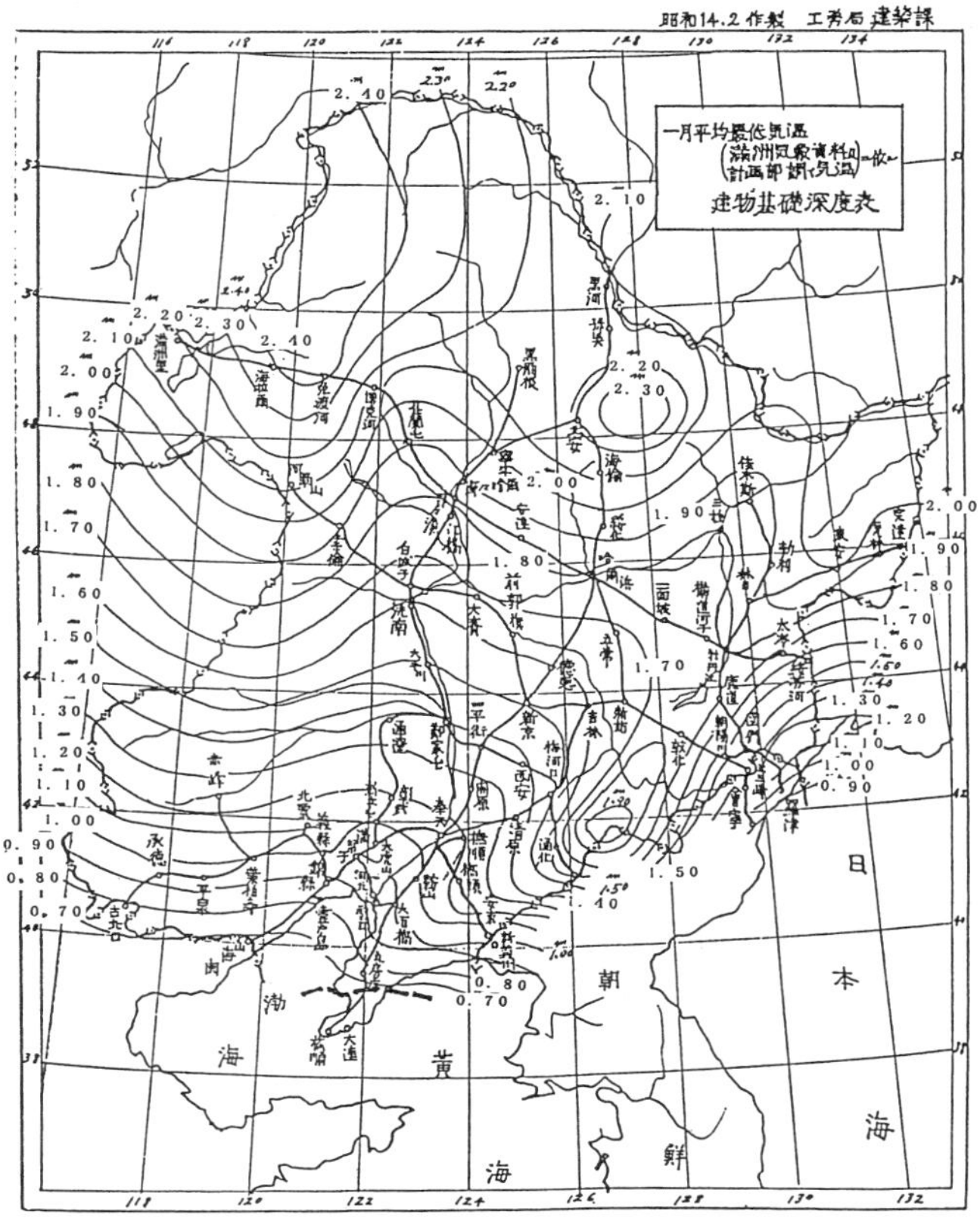

図 4-1　満鉄鉄道総局建築課作成「一月最低気温における基礎深度表」(1939年)

囲が広がったとき、満鉄や満洲国政府に所属していた建築家・技術者たちは、これまでに経験のない寒さを体験した。そこで、満鉄は、一九三九年、中国東北地方全体における「一月最低気温における基礎深度表」（図4-1）[14]を公表し、中国東北地方各地での基礎深度の目安を示した。これは、過去の気象データをもとに年間最低気温（一月の最低気温）の等温線図を作成し、それに応じた基礎深度を地図上に等高線状に示したものである。これを見ると、関東州での基礎深度は七〇センチメートルであるが、大興安嶺の北端付近では二メートル四〇センチの基礎深度が必要であり、それまでの経験で対応できるものではなかった。

部屋の防寒対策について、『関東都督府施政誌』は、「壁ヲ厚クシテ外部ヨリ侵入スル寒気ヲ遮断シ室内ニ於ケル保温採暖ノ設備ヲ有効ナラシムル」ことを説いているが、そのために、「普通ノ木造家屋ヲ避ケ煉瓦造又ハ石造ト為スノ必要アリ」として、断熱効果の高い煉瓦造や石造を推奨している。[15]これについて、関東都督府では、逸話が残っている。一八九一〜九三年に北海道庁参事官を務めた内務官僚の白仁武が一九〇八年民政長官として着任したとき、白仁長官の指示で木造の官舎を建てることとなったが、当時、関東都督府技師であった松室重光は、木造では冬の寒さに耐えられないとして煉瓦造に変更するように説得した。しかし、白仁長官は、「北海道すら木造なり満洲にて耐へられざる筈なし」として自説を曲げなかった。そこで、松室は、木造官舎の内部に煉瓦を積み上げて壁をつくり、外壁には漆喰を塗って断熱性能を確保することを考えた。実際には、煉瓦は積まれず、漆喰の外壁だけが作られたが、その翌年、松室は、白仁長官に対して煉瓦造でも建築費が木造と大差のないことを主張して、官舎を煉瓦造で建設した。[16] この逸話は、中国東北地方での生活経験のない白仁武が、日本で最も寒い北海道でも木造住宅が建てられていることを例にあげて木造官舎の建設を指示し、それに対して、すでに中国東北地方の冬の寒さを経験した松室重光が、白仁の無謀さを指摘したことを示したものである。中国東北地方における厳しい寒さに対応するには、煉瓦造で建物を建てていくのが確実であり、このようにして関東都督府は煉瓦造を強力に推進した。

一方、満鉄も同様に煉瓦造を推進した。一九一八年に満鉄に入社し、一九三二年から一九三七年まで満鉄本社工事課長を務めた植木茂は、一九三六年に満洲建築協会主催の「近代満洲建築史に関する座談会」に出席し、満鉄が防寒防火のために煉瓦造を推進したと語り、また、煉瓦造導入の契機は、満鉄の建築組織における最初の総帥であった小野木孝治がそれを強く主張したためであると発言している[17]（第2章参照）。

このような煉瓦造の推進は、単に煉瓦造建物が木造建物に比べて耐寒性能に優れていただけでなく、材料供給の面や美観の面での煉瓦造建物の優位性も重なり、大連に適用された大連市家屋建築取締仮規則やそれを全面的に改正した大連市建築規則、また、満鉄が鉄道附属地に適用した家屋建築制限規程、南満洲鉄道株式会社建築規程などの建築規則にも反映された。大連市家屋建築取締仮規則では木造に制限を加えた上で木造建物の建設を認めたが、他の建築規則は木造を認めなかった。なお、建物の耐寒性能の向上については、このような建築構造・材料面での工夫のみならず、二重窓の採用、天井裏に大鋸屑を詰め、床下に石炭ガラを敷き詰める、といった断熱層の設置、という工夫も行われた。

このように冬期の寒さに対する建物の耐寒性能を向上は、試行錯誤を繰り返しながらも克服可能な問題であった。それに対して、③、④に示した施工過程における気候への対応は必ずしも克服可能な問題ではなかった。このうち、冬期における施工不能とは、寒冷な気候によって屋外作業が不可能になるのはもちろんのこと、地面の凍結による基礎工事が不可能になることやコンクリートが凍結するなどの問題であった。

日露戦争直後から一九一〇年代にかけて、この問題に対処するのは不可能であり、厳冬期には屋外作業を行わない工程を立て、その時期は屋内工事だけを進めることで対応していた。たとえば、一九〇七年八月一日に起工した大連民政署庁舎の工事では、同年一二月五日付『満洲日報』に「目下新築中なる大連民政署は本年末に竣成なりしも工事を中止し明年解氷後に至り更に工事を起こす筈にて四月ならでは完成せざるべし」[18]と報じられたように、同年末にいったん工事を中止した。これは中国東北地方ではもっとも温暖であった大連においても、最低気温が氷点下一〇度以下になる厳冬期には施工が不可能であったことを示している。

同様な事例として、一九〇九年、満鉄本社建築係長の小野木孝治が満鉄長春医院の附属屋工事に関して残したメモがある。小野木は、この建物の工事について「着手十月十日頃、竣功一一月二十日、但シ気候ノ関係上中途工事ヲ止クルノ必要アルモ計ラレズ」とメモに記した[19]。これは、長春においては、一一月二〇日が工事可能な時期の限界であり、それ以降は工事が難しいことを示している。また、既述のように太田毅が監理した横浜正金銀行大連支店の工事では、一九〇八年一一月三日に上棟した後、工事を急がせてその年の一二月までに外壁を完成させ、冬期は室内に蒸気暖房を施して内装工事を進めた[20]。

このような厳冬期に屋外工事を避けることや、建築工事そのものを中止することは、満洲国政府の成立後も続いていた。満洲国政府の建築組織であった建築局では、毎年一一月から翌年三月までは、各地の建築工事を休止し、現場に赴任していた監督者を首都新京（長春）の建築局に呼び戻している。

それでも、厳冬期の施工が可能になるような工夫は試みられた。例えば、一九二六年三月に起工した撫順炭礦中央事務所（図4-2）の工事では、基礎工事を解氷前に行うため、当時、撫順炭礦土木課長の佐藤応次郎の発案によって、根切り場所に石炭を積み上げて一晩中燃やし、凍結した地面を解かしながら、地面を掘削した。石炭が豊富にある撫順らしい工事方法であり、この方法によって一晩に一八センチメートルの深さに掘り、これを一〇日間続けることで、基礎工事を行った。[21] また、満洲国政府が一九三三年に建設した図們税関官舎の工事では、鉄筋コンクリート造の二階床を打設する時、需用処営繕科長の相賀兼介の発案によって、コンクリートに塩を加え、一階にはストーブを置いて暖め、また、打設後には二階床面に大鋸屑を敷き詰めて保温し、コンクリートを養生した。[22] コンクリートに塩を加えるのは、鉄筋に与える影響を考えれば、よい方法とはいえないが、寒中工事とよばれる厳冬期の工事を可能にするための試行錯誤の結果であった。また、コンクリートを加熱してから打設する方法も考案され[23]、実施された。[24] しかし、コンクリートを加熱するとその軟度が下がるため、打設時に余分に水を加えることとなって、コンクリートの強度低下につながる可能性があり、最良の方法とはいえなかった。

図4-2　地面を解かしながら基礎工事を行った撫順炭礦中央事務所（1926年竣工）

　このように厳冬期に施工を進めることについては、試行錯誤の結果、部分的には可能になっていったが、もっとも克服が難しかったのは、雨季における材料調達の困難という問題であった。

　建築工事が野外で行われる作業である以上、降雨時に工事が止まるのは世界中どこでも同じであるが、中国東北地方では、雨季に頻発する洪

図 4-3　洪水によって工事が遅れた在奉天日本総領事館（1912年竣工）

水によって資材の運搬が困難になり、工事が不可能となることが多々あった。例えば、建築家三橋四郎が設計監理を行い、高岡又一郎が工事を請け負った在奉天日本総領事館（図4-3）の工事では、一九一一年七月二〇日に起工したものの、その直後に起きた洪水によって交通機関が麻痺したため、工事が遅れている。[25]

また、洪水は、雨季だけでなく、融雪時期にも起きるため、厳冬期の屋外工事が不可能な期間に洪水による施工が不可能な期間を加えると、中国東北地方では、屋外での建築工事が可能な期間は年間六ヶ月しかなかったといえる。『関東都督府施政誌』は、これを「施工ニ適スル季節ハ一年僅ニ六箇月ヲ越ヘス」と記している。[26]

鉄筋コンクリート造の問題

では、次に台湾、朝鮮半島、中国東北地方に普及した鉄筋コンクリート造に生じた問題について見てみる。

これら日本の支配地で積極的に鉄筋コンクリート造が導入されたのは台湾である。台湾では、台湾総督府技師であった森山松之助が設計し、一九〇七年から一九〇八年にかけて建設された台北電話交換局（図4-4）が最初の鉄筋コンクリート造の建物であった。[27]この時期、日本国内でも、鉄筋コンクリート造の建物は数少なく、海軍技師であった真島健三郎が設計して一九〇四年に竣工した佐世保鎮守府の汽罐室と潜水器具室が最初とされる。[28]台湾において鉄筋コンクリート造が積極的に導入された背景には、シロアリ対策としてコンクリートが有効であると考えられていたことがあげられる。

しかし、台湾では、鉄筋コンクリート造が他の地域に比べて先行していただけに、問題の発生も早かった。すなわち、一九二〇年代に入ると、建築後約一〇年を過ぎた鉄筋コンクリート造の建物の中で、コンクリートの躯体にひび割れが目立つようになり、さらにひびから入った水によって鉄筋が錆び、錆びた鉄筋が膨張してコンクリートを破壊する現象が顕著になってきた。また、鉄筋コンクリート造の建物の場合、窓枠は鉄製のものが使われたが、腐食が激しく、開閉ができないものや、腐食した窓枠は膨張するので窓枠と接する壁体を破壊することまで発生した(29)。これらの問題は、日本国内よりも顕著に、早い時期に発生したために、鉄筋コンクリート造建物の強度に関する経年変化の調査対象として台湾の鉄筋コンクリート造建物は注目を集めるようになった。特に、鉄筋コンクリートの躯体の中に入った鉄筋の腐蝕について、台湾総督府技師の栗山俊一は、台湾各地で一九一〇年前後に建てられた鉄筋コンクリート造建物を調査し、一九三四年一月、その結果を「鉄筋コンクリート内の鉄筋の腐蝕と其実例」として『台湾建築会誌』に発表した(30)(図4-5、図4-6)。この発表は、日本国内でも注目を浴びた。台湾に比べて鉄筋コンクリート造の普及が遅かった日本国内では、台湾で起きている問題が将来的には日本国内でも起こり得ることとして捉えられたためであり、その具体的な反響として、一九三六年八月には、東京帝国大学教授の濱田稔と日本大学教授の小野薫の二名が台湾を訪れ、各地の鉄筋コンクリート造建物を視察し、特に問題の生じている鉄筋コンクリート造の建物について、その状況把握と原因を考究した(31)。その結果、鉄筋コンクリート造の建物劣化の共通点は五点あった。それは、建物の外壁で極度の鉄筋コンクリートの劣化が見られること、材齢一五年以上の建物に劣化が集中していること、表面の仕上げがモルタル塗りの場合は劣化がひどく、表面がタイル張りの場合は劣化がないこと、海岸沿いにある建物の劣化が大きいこと、細小な断面の部材に被害が多いこと、であった。濱田と小野は、これらの現象がみられるすべての建物がコンクリートの中性化を起こし、それが鉄筋の錆の原因となったと判断した(32)。

そして、濱田と小野は、鉄筋コンクリートの劣化を次のような工夫によって防ぐことができると提案した。すなわち、鉄筋コンクリートの躯体を直接風雨に曝すことのない工夫、特にタイル張りによって、コンクリートの中性化を

図 4-4　台湾最初の鉄筋コンクリート造建物であった台北電話交換局（1908 年竣工）

図 4-5　ひび割れを起こした台北電話交換局の柱

図 4-6　鉄筋の爆裂によってコンクリートが剝離した台北医学専門学校校舎の柱

防ぐことができ、また打ち放しコンクリートの場合は被り厚を大きくすることでコンクリートの中性化が鉄筋に達するまでの時間を延ばすことができる、とした。さらに、ひび割れによって水分が直接、鉄筋に触れることを防ぐため、収縮歪の少ないコンクリートを打設すべきである、とされた。そのために、打設時における必要以上の加水を禁じ、ひびが入るのを防ぐとともに、その逆に打設時において水が少なすぎる場合は、コンクリートの中に多数の気泡を生じてコンクリートの強度低下を招く結果となるので、スランプを二一程度とすることが提示された。

このように、台湾における鉄筋コンクリート造建物の問題は、その後、日本国内で実際に生じた問題を先取りした恰好となった。それに対して、朝鮮半島や中国東北地方では、寒冷な気候に対する施工の工夫が大命題となった。中国東北地方におけるその対応についてはすでに記したが、朝鮮半島においても、寒冷な気候が続く一二月から翌年二月までは、コンクリート工事はできなかった。朝鮮半島でも、中国東北地方と同様に、厳冬期におけるコンクリート打設のために、塩化カルシウムを混入させる案も浮上したが、実際には経費の都合で、それを用いる工事はほとんどなく、厳冬期の工事を休むこととなった。(33)

二　技術者・労働力の確保と監理

建築の質の高さを確保するために必要な条件の一つは、技術者、職人や労働者の確保であり、また、監理であった。特に問題となったのは、次の二点である。一点目は、大規模な建築工事が多発するなど急激な建築活動の増加による建築技術者、職人などの不足である。特に建築現場で工事を指導する技術者は、単なる知識だけでなく、経験がものをいう世界であり、豊富な経験をもつ技術者が求められた。二点目は、建築現場で働く労働者の多くが、日本人ではなく、中国人や朝鮮人であったことであり、それによって言語、習慣の違いから、監理が容易でなかったことである。これら二点の克服が、支配地での日本人による建築活動の成立に大きな影響を与えていた。

技術者の確保

一点目について、具体的な事例として、満洲国政府による建築、土木、都市計画事業の拡大とそれに伴う建設関係組織の肥大化がある。満洲国政府は、これらの事業に従事する技術者を次の四つの方法で確保していった。一つは、満鉄などすでに中国東北地方に拠点を置く機関・組織に所属する技術者を採用する方法、二つ目は日本国内の官公庁から採用する方法、三つ目は他の機関・組織に依存することなく公募する方法、四つ目は日本の高等工業学校を通して満洲国政府が委託生徒を募集し、高等工業学校で短期間の養成を行った後に採用する方法であった。

満洲国政府において建築組織の最初の責任者となった相賀兼介は、満鉄の建築組織に所属していた建築技術者であり、満鉄から社員の身分を保持したまま、満洲国政府に派遣されたもので、この一つ目の事例である。

二つ目の事例としては、満洲国政府が関東軍を通して日本の官公庁に技術者の派遣を要請したことがあげられる。例えば、一九三九年一月、満洲国政府は関東軍参謀部と日本の陸軍省を通して、日本政府に治水や道路建設、通信事業や気象観測など満洲国交通部管轄の建設事業に従事する技術者二〇三人、事務職員二五人の派遣を要請した。[34] このとき、満洲国側は、日本の内務省（技術職七〇人、事務職一〇人）、逓信省（技術職七五人、事務職九人）、厚生省（事務職六人）、文部省（技術職五八人）に人数を割り当てて技術者の派遣を要請した。[35] これに応じて、日本の内務省では、同年五月と八月の二回に分けて、本省所属職員と道府県所属職員の合計七六人（技術職六六人、事務職一〇人）を推薦した。[36]

三つ目の事例としては、満洲国政府の建築組織が肥大化していく中で人手不足から生じた公募がある。一九三八年一月二一日、満洲国営繕需品局は、満洲国の官報である『政府公報』に「招募日系事務員並建築技術員公告」[37]（図4-7）を掲載し、事務職員二〇人、建築の技術職員四〇人を募集した。応募資格は、年齢四五歳以下、中学校卒業程度の学力と知識および技術を有する者、となっており、満洲国政府における技正、技佐、技士という三段階の技術者の職位として、技士相当の技術者を募集したものであった。その結果、同年四月から六月にかけて、営繕需品局は三一名の日本人技術者を技士として採用した。[38]

四つ目の例として、満洲国政府は、一九三九年から一九四〇年にかけて、日本の仙台高等工業学校、名古屋高等工業学校、熊本高等工業学校において、土木技術者の短期養成を行った。技術者の募集は、委託生という肩書きで、日本の高等工業学校側が選抜試験を実施して内定し、満洲国側で採用の最終決定を行った。一九四〇年に熊本高等工業学校で進められた短期養成の場合、満洲国政府が費用を負担し、二五人の土木技術者が同年五月から一二月までの八ヶ月間、熊本高等工業学校に在籍し、修了者は満洲国交通部に採用された(39)。

これら四つの方法のうち、二つ目から四つ目の方法はいずれも一九三八年から一九四〇年にかけて実行された方法であり、この時期、満洲国政府において、建築・土木分野の技術者が極度に不足していたことを示している。これは、満洲国政府が、一九三三年公表の満洲国経済建設綱要や一九三七年から始まった産業開発五ヶ年計画（第一次五ヶ年計画）に基づいて、その基盤整備を中心とした各種の建設事業を急速に拡大した結果であった。

◉招募日系事務員並建築技術員公告
本局現擬按照左開各項招募日系事務員並建築技術員特此公告
康徳五年一月二十一日　營繕需品局
要項
一　招募人員　事務員　約二〇名
技術員（建築、電氣、機械）　約四〇名
一　應募資格　年齢四十五歳以下具有中等學校畢業程度或同等以上之學力者及有技術學識者
一　採用方法　按照經歴書考核採用之
一　提出文件　（無論採用與否概不退還）
（1）履歴書（須親筆書者）　二份
（2）寫眞（最近一月中之半身脱帽四寸照片）　一枚
（3）身體檢查證（最近一月內所檢查者）　一份
（4）技術經歴書（限技術專門者）　二份
一　文件提出日期及地址
康徳五年一月末日止
營繕需品局總務科人事係　（電二一―四三〇一）

◉日人事務員並ニ建築技術員募集公告
今般當局ニ於テ左記ニ依リ日人事務員並ニ技術員ヲ募集ス
康徳五年一月二十一日　營繕需品局
要項
一　募集人員　事務員　約二〇名
技術員（建築、電氣、機械）　約四〇名
一　應募資格　中等學校程度以上ノ卒業者及同等以上ノ學力及技術ヲ有スル者ニシテ年齢四十五歳以下ノ者
一　採用方法　經歴、學歴ニ依リ詮衡ノ上採用ス
一　提出書類　（書類ハ採否ニ不拘一切返戻セズ）
（イ）履歴書（自筆ノモノ）　二通
（ロ）寫眞（半身脱帽一箇月以内ノモノ）　一葉
（ハ）身體檢査書（一箇月以内ノモノ）　一通
（ニ）技術經歴書（技術者ノミ）　二通
一　書類提出期限及場所
康徳五年一月末日迄
營繕需品局總務科人事係　（電二一―四三〇一）

図 4-7　満洲国『政府公報』に掲載された「招募日系事務員並建築技術員公告」

図 4-8　工事中の満鉄大連医院（写真上端中央の建物，佐々木和子氏蔵）

多国籍な工事現場

二点目、すなわち、建築現場で働く労働者の多くが日本人ではなく中国人や朝鮮人であることについては、アメリカ・フラー社の日本法人による満鉄大連医院本館（第2章第二節参照）の施工中に起きた事例が好例である。満鉄は、一九二二年六月、アメリカ・フラー社が日本の三菱財閥と共同出資で設立したフラー・オリエント社との間で大連医院に関する設計施工契約を結び、フラー社が実費精算方式という方法で施行することとなった。実費精算方式は、施工者が、実際に要した工事費をその都度、施主に請求するもので、俗に「どんぶり勘定」といわれる一式請負という従来の方法に比べて経費の中身が明確であり、施主にとって無駄な出費を防ぐには有効な方法であるといわれる。

工事は一九二三年三月から始まり、一九二四年夏には、外装工事もほぼ終わって、建物の外形が現れた（図4-8）。ところが、同年一〇月二一日、フラー社は満鉄に工事契約の解約を申し入れ、満鉄は、翌月、工事契約を解除した。工事は止まり、フラー社側の人員は帰国した。

満鉄とフラー社との工事契約解除について、当時、工事現場で監理に携わり、後に満鉄の建築組織の総帥（鉄道総局建築課長）となった平野緑は、監理における日米の習慣の違いによって、フラー社の技術者が監理できなくなったことが解約の原因である旨を示している。[40] 具体的には、二つのことがあった。一つは実費精算方式によって、工事現場に出入りする職人、搬入される材料など、すべての人と物の動きを厳密に管理したため、それに慣れぬ満鉄側の技術者や工事現場で働く職人たちの反発を買ったことである。例えば、工事現場に出入りする職人には個別の番号を書いた金属製の票が渡され、その番号を見ることで工程の進捗状況を把握しようというものである。そして、この票は今日でいうタイムカードを兼ねているから、日給が基本の職人にとっては給与算定の根拠になる。どんぶり勘定に馴れていた日本人や中国人の職人にとって、これは、息苦しくなるような厳しい管理であった。当時、満鉄の建築技術者としてフラー社の技術者とともに監理に参加した内田銈司は、フラー社が導入した監理のための事務書類を『満洲建築協会雑誌』に紹介し、その冒頭で「こんなこと誰にでも出来ると云ふものの、さて仲々不規則に馴れた日本人にはアメリカ人の様に何でも systematic には出来ないと思ふから、少しクドクド敷い程度に説明して見る」[41] と述べ、フラー社のとった方法が日本人にとって不慣れなものであったことを認めている。

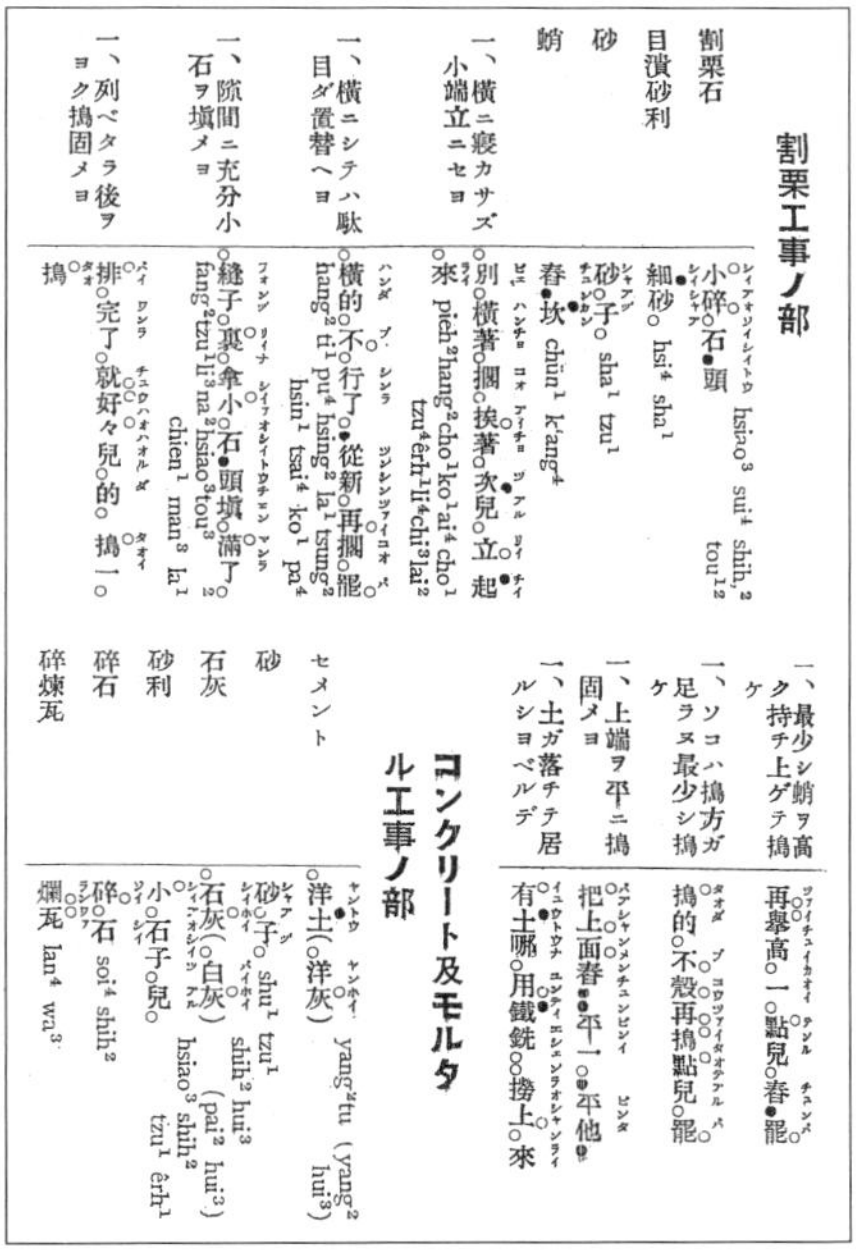

割栗工事ノ部

割栗石	小碎石頭 hsiao^3 sui^4 shih,^{2} tou^{12}
目潰砂利	細砂 hsi^4 sha^1
砂	砂子 sha^1 tzu^1
蛸	舂坎 chün^1 k'ang^4
一、横ニ寝カサズ小端立ニセヨ	別横著擱換著次兒立起來 pieh^{2}hang^{2}cho^{1}ko^{1}ai^4 cho^1 tzu^{4}êrh^{1}li^{4}chi^{3}lai^2
一、横ニシテハ駄目ダ置替ヘヨ	横的不行了従新再擱罷 hang^2 ti^1 pu^4 hsing^2 la^1 tsung^2 hsin^1 tsai^4 ko^1 pa^4
一、隙間ニ充分小石ヲ塡メヨ	縫子裏拿小石頭塡滿了 fang^{2}tzu^{1}li^{3}na^{2}hsiao^{3}tou^3 chien^1 man^3 la^1
一、列ベタラ後ヲヨク搗固メヨ	排完了就好々兒的搗一搗
一、最少シ蛸ヲ高ク持チ上ゲテ搗ケ	再擧高一點兒舂罷
一、ソコハ搗方ガ足ラヌ最少シ搗ケ	搗的不殼再搗點兒罷
一、上端ヲ平ニ搗固メヨ	把上面舂平一平他
一、土ガ落チテ居ルシヨベルデ	有土喇用鐵銑撈上來

コンクリート及モルタル工事ノ部

セメント	洋土(洋灰) yang^{2}tu (yang^2 hui^3)
砂	砂子 shu^1 tzu^1
石灰	石灰(白灰) shih^2 hui^3 (pai^2 hui^3)
砂利	小石子兒 hsiao^3 shih^2 tzu^1 êrh^1
碎石	碎石 soi^4 shih^2
碎煉瓦	爛瓦 lan^4 wa^3

図 4-9　『満洲建築雑誌』に掲載された「日支対訳建築用語集」の一部

もう一点は、言葉の問題があったといわれる。平野緑によれば、フラー社と満鉄の技術者相互の会話では英語が使われていた。また、内田銈司が紹介している書類はすべて英語である。ところが、工事現場に出入りしている職人は日本人もいれば中国人や朝鮮人もいた。英語しかできないフラー社の技術者が直接、そのような職人に指示を出すことはほとんど不可能であり、満鉄の技術者が介在して、監理が進んでいった。満鉄の建築技術者たちは、この大連医院本館工事に限らず、ほとんどの工事現場で、日本語だけでなく片言の中国語を使って身振り手振りを交えながら監理するという状態であった。そのため、満鉄が中堅技術者を養成するために大連に設けた南満洲工業学校の建築科では、入学から卒業までの四年間、週二時間の中国語の授業が課された。そのような状況を反映し、『満洲建築協会雑誌』は一九二一年の創刊から足掛け三年にわたって建築用語の日本語・中国語対訳集「日支対訳建築用語集」（図4-9）や日本語・英語・中国語対訳による「対訳建築用語集」を掲載した。

このように言葉や習慣の違う技術者や職人が出入りする工事現場の状況は、どこの国でも国内では想像できない混乱があり、それを克服しないと工事が進まないという現実があった。満鉄とフラー社の工事解約は、その象徴的なできごとであった。

三　材料の確保——煉瓦・セメントの生産と移動

日本人建築家、技術者が東アジア地域の日本支配地で活動を始めたとき、最初に直面した問題は、建築材料の調達であった。建築材料には、現地で生産されたものを積極的に使う場合と、現地では生産されていないので、遠方から移入・輸入される材料を使う場合がある。前者の典型として煉瓦があり、後者の典型として鉄骨・鉄筋などの鉄材やポルトランドセメントがある。その差異は、材料生産の難易などに因っている。生産が容易な煉瓦を遠方まで運ぶ必然性はないが、大規模な設備を持つ工場での生産に限られる鉄材やポルトランドセメントは、その産地が限定されるため、産地以外では、移入・輸入に頼らざるを得ない。

例えば、関東都督府設立時に唯一の建築技師であった前田松韻が設計した関東都督府高等法院及地方法院（一九〇七年竣工、前掲図1-10参照）は、日露戦争前の帝政ロシアの兵舎を転用し、増改築した建物であったが、新築部分の外装に用いた花崗岩は、山口県徳山で産出したものを用い、また、増改築で新たに必要となった木材は北海道から運んだ。しかしポルトランドセメントは調達できず代用品として石灰を使った[42]。同じく前田が設計した大連民政署庁舎（一九〇八年竣工）では、軀体に使った煉瓦は、大連で製造されたものだったが、その煉瓦を軀体として建設する際に煉瓦の目地に要するポルトランドセメントや屋根のスレートは日本産であった[43]。

このような状況下で特に問題となったのは、日本の支配地で主要な建築材料となった煉瓦とセメントの確保であった。

煉瓦の生産

このうち煉瓦は、日本以外の東アジア地域では、中国建築の影響を受けて、「磚」と呼ばれる黒煉瓦が伝統的な建築材料としてすでに使われ、また、中国東北地方のような比較的気候が乾燥している地域では、日乾し煉瓦も一般的に使われていた。しかし、これらはいずれも、日本国内ではほとんど使われることのない煉瓦であり、東アジア地域の日本支配地で求められたのは、日本国内で盛んに使われていた赤煉瓦であった。

例えば、関東都督府や満鉄が一体となって煉瓦造建築を推進していた中国東北地方の場合、日露戦争中、日本軍占領下の営口において、営口軍政署は、占領地の道路、橋、堤防の修築のために大量の赤煉瓦を確保する必要から、一九〇六年、赤煉瓦製造用にホフマン窯の建設に着手し、月産二万五、〇〇〇個の製造を目指した。その設計は、当時、大阪窯業株式会社の支配人をしていた大高庄右衛門に託されたが、このホフマン窯だけでは、営口軍政署の需用を満たすことができず、既存の中国式の窯や帝政ロシアが築いた窯も使って、営口軍政署は煉瓦を増産し、この年一〇月に民間へ払い下げられるまでに、三〇〇万個を製造した[44]。この直前、一九〇三年における日本国内の年間煉瓦総生産が八、五六〇万個であることと比較すると、営口軍政署の煉瓦工場は、その四％に相当する煉瓦を生産したことになり、中国東北地方の煉瓦需用がいかに大きかったかがうかがえる[45]。

また、大連では、日露戦争前に東清鉄道が築いたホフマン窯を営口煉瓦製造所が取得して同社の臭水子（周水子）分工場とし、さらに、一九一一年には営口煉瓦製造所大連工場が設立されるなど、この年までに日本人経営の五つの煉瓦工場が操業を始めた。このうちの一つは、一九〇六年、大連で最初に民間の建築事務所を開設した岡田時太郎が建築事務所を経営する傍ら、日本軍が接収したホフマン窯を利用して、煉瓦を製造したものであり、その煉瓦工場は、当時の大連で主要な煉瓦工場の一つとされた。(46) 建築家である岡田が煉瓦製造に乗り出したのは、彼が建築家として、煉瓦生産の重要性を認識していたことの現れであるが、それは、当時の大連を中心とした中国東北地方における日本支配地において必要となる赤煉瓦の供給が逼迫していたことを示している。

その後、第一次世界大戦直後の好景気に伴って、大連では建設ラッシュの時期を迎えて煉瓦不足が生じ、一九一九年春にはそれが頂点に達した。同年四月三〇日付『満洲日日新聞』は、「煉瓦の不足で大弱りの我大連の建築界」という見出しを付けて、当時起きていた大連での住宅難の原因が煉瓦不足にあることを説いた。(47) この煉瓦不足は、煉瓦工場の新設による増産とその後に起きた不況によって収まったが、この現象は、建築材料の確保の重要性を示す好例である。

満洲国成立は、中国東北地方全体における煉瓦の生産量を飛躍的に増大させた。満洲国政府による一九三五年の調査では、満洲国と関東州の煉瓦工場は六〇工場、その生産高は年間五億個から六億個とされ、(48) 一九三七年の調査では従業員五人以上の煉瓦工場は三九九工場にのぼった。(49) 一九三五年の年産五億個から六億個という数値は、一九一九年に記録した日本の史上最高生産高五億三、九一四万個に匹敵し、一九三五年当時における日本国内の年間生産高二億二、八四一万個の約二倍半であった。(50)

朝鮮半島では、一九〇七年一月、韓国政府の度支部工業部として政府の煉瓦工場を設立することが計画された。具体的な立案を担当したのは、大蔵省臨時建築部技師の矢橋賢吉であった。矢橋は、韓国の寒冷な気候に着目し、煉瓦を用いた「密閉式家屋」が韓国にはふさわしいこと、木材の供給が乏しい韓国では煉瓦造家屋と木造家屋の建設費に大差ないこと、木造家屋が煉瓦造家屋の五分の一の寿命しかないこと、防火の点で木造家屋より煉瓦造家屋のほうが優れていること、を理由に煉瓦造家屋の建設を推進すべきであると説き、それに応じた煉瓦製造を提言した。そして、同年三月には煉瓦製造所の設立が決まり、登窯三基、ホフマン窯一基を備えた煉瓦工場が京城郊外の桃花洞に建設され、その年の一〇月から煉瓦の製造を始めた。翌年にはホフマン窯一基を増設し、日産三万五、〇〇〇個の煉瓦を焼成する能力を有した[51]。

ところが、煉瓦製造の問題は、単に供給量を確保するということだけではなかった。煉瓦の質や煉瓦寸法の規格化という問題があった。中国東北地方と同様に大量の煉瓦を建設資材として使っていた朝鮮では、粗悪な煉瓦が売買されて問題視されていたため、朝鮮建築会は、一九三七年七月一七日に「煉瓦に就ての座談会」を開催した[52]。一般的に煉瓦の強度は、煉瓦の空隙の量で判断する。空隙の多い煉瓦ほど、その強度は低下する。また、寒冷地では、空隙の多い煉瓦ほど凍害を受け易いともいわれていた。そのため、煉瓦造建物の工事現場では、納入された煉瓦を水に浸して、その前後の重量を比較し、極端に重量の増えている煉瓦は工事に使わないのが一般的な傾向であった。日本標準規格では、上質の煉瓦は水に浸した後の重量が浸す前の重量に比べて一四パーセント以下の増量であると決められていた。朝鮮総督府では、京城府庁舎の建設工事において、日本標準規格と同様の方法で、煉瓦を試験したとされている[53]。しかし、朝鮮総督府は統一的な基準を作ったわけではなかった。したがって、実際には質の悪い煉瓦も売買されており、それらを防ぐため、規則を作って、粗悪な煉瓦を売った者を取り締まれるようにすべきである、という指摘もあった[54]。

一方、煉瓦寸法の規格化について、朝鮮では統一された規格寸法がなかった。この座談会に出席した合資会社京城煉瓦の代表者は、日本国内で東京型と呼ばれていた寸法の煉瓦を生産している旨の発言をしている。それは、長さ七寸五分（二二七ミリ）、幅三寸六分（一〇九ミリ）、厚さ二寸（六一ミリ）という寸法の煉瓦であった。それに対して一九二五年に制定された日本標準規格による普通煉瓦の寸法は、長さ二一〇ミリ、幅一〇〇ミリ、厚さ六〇ミリで、東京型より小ぶりであった。朝鮮建築会では、この京城煉瓦などの煉瓦会社に対して日本標準規格に合わせた大きさの煉瓦製造を促したが、煉瓦会社はなかなか応じなかった[55]。煉瓦寸法の変更は、煉瓦の生地をつくる機械の寸法変更を伴うことで煉瓦会社に過度の負担を強いることになり、また、尺貫法の寸法体系からメートル法の寸法体系への変更を製造に携わる職人たちが理解し、慣れることも必要となり、施工の面から考えれば、従来より小ぶりな煉瓦を積むことで単位面積当たりの積む個数が増えるので煉瓦職人の労力も増えることになる、という問題を誘発するため、煉瓦会社は煉瓦寸法の変更に否定的であった。

この煉瓦寸法の問題は朝鮮のみならず、中国東北地方でも起きていた。満鉄は、一九二八年、満鉄工業品標準規格において煉瓦寸法を日本標準規格に合わせた[56]。その後、一九三一年に満鉄技術局が、満鉄工業品標準規格の煉瓦の普及度合いなどに関する調査を営口煉瓦製造所、奉天窯業、満洲窯業に対して行った。満鉄は、これら三社に対して、満鉄が制定した規格寸法の煉瓦製造によって生じた影響を問い合わせた。ところが、これに対して奉天窯業の回答には、新規格煉瓦を製造するに当たって燃料の石炭と原料の土については約一割の利益増であるが、新規格煉瓦を使用するのは満鉄だけであって、従来の東京型を使用する会社が多く、両方の寸法の煉瓦を製造しなければならない、という苦情も寄せられた[57]。この奉天窯業の回答は、満鉄が定めた規格の煉瓦が実際には普及していないことを示している。

セメントの生産と移動

一八二四年に開発されたポルトランドセメントは、煉瓦と異なり、大規模な生産施設を必要とするので、生産地が限定され、そのため、輸出入を伴って地球上を広範囲に移動する建築材料である。二〇世紀前半、このポルトランドセメントが日本から大量に東アジア・東南アジアに輸出された。さらに、日本支配下の朝鮮、台湾、関東州でも生産され、それらも日本とその支配地内を移動し、また、そこから外に輸出されていた。

日本で大量にポルトランドセメントを用いた最初の工事は、江戸幕府がフランスの技術援助を受けて建設した横須賀製鉄所（横須賀造船所）の工事である。この工事は一八六三年から始まり、工事途中で明治維新となり、明治政府が工事を引き継いで一八七一年に第一期の工事が竣工した。この工事では、大量のポルトランドセメントがフランスから輸入されたといわれる。特に大量のポルトランドセメントが用いられたのは石造ドライドックの建設工事であり、ドライドック建設の材料費の四割はポルトランドセメントの購入費であった。

そのような状況の中で、日本では、一八七一年、東京・深川に設けられた工部省深川工作分局セメント工場においてポルトランドセメントの試作に成功し、その後、国内需要の増大と士族授産事業としてのセメント製造業の必要から、一八八一年、最初の民間セメント会社である小野田セメント（山口県）が操業を開始したのを皮切りに、翌年には東洋組（愛知県、三河セメント）、一八八五年には大阪セメント（大阪）、東海セメント（静岡県）、セメント製造所（東京、日本セメント）が操業を始めるという具合に全国各地にセメント工場が設立された。その後、一九〇九年には業界団体である日本ポルトランドセメント同業会が設立されたが、この年には、日本国内に一八社、二二工場が操業し、その年間生産高は約四二・八万トンとなっていた。さらに、そのうちの約八・二パーセントに相当する三・五万トンを輸出していた[58]。そして、第一次世界大戦によってヨーロッパ諸国からアジア地域へのセメント供給が減ると、日本からアジア地域への輸出が増大し、一九一五年には、総生産高六四・三万トンのうちの二〇・五パーセントにあたる一三・二万トンが輸出された。一方、国内での生産量の増加によって、海外からセメントを輸入する必然性は薄れ、一九一四年には輸入がなくなり、以後、関東大震災の復興事業による消費量の急激な拡大があった一九二三〜一九二四年を除いて、一九三〇年代半ばまで、セメントの輸入は微量であった。したがって、一九一〇年代からの三〇年間、日本はセメント輸出国となっていた。そして、この間、総生産量のおよそ一割程度が輸出されていた[59]（表4-1）。

ポルトランドセメントの輸出が増大した理由として、次の三点が指摘できる。

表 4-1　ポルトランドセメントの日本国内および支配地の生産量と輸出入量

(単位：トン)

西暦年	国内生産量	輸出量	輸入量	関東州生産量	朝鮮生産量	台湾生産量	支配地合計
1909	42.8	3.5	0.0	1.0	0	0	1.0
1910	42.9	6.6	0.0	2.6	0	0	2.6
1911	52.6	3.6	0.0	2.4	0	0	2.4
1912	55.5	1.0	0.1	3.1	0	0	3.1
1913	66.2	2.2	0.0	3.3	0	0	3.3
1914	59.1	4.2	0	3.5	0	0	3.5
1915	64.3	13.2	0	3.8	0	0	3.8
1916	78.9	11.6	0	3.8	0	0	3.8
1917	90.0	8.6	0	3.8	0	1.0	4.8
1918	107.3	13.4	0	3.9	0	3.3	7.2
1919	103.8	11.0	0	3.8	0	3.5	7.3
1920	123.4	18.2	0	3.3	3.8	4.8	11.9
1921	139.9	13.2	0	4.0	5.2	6.4	15.6
1922	166.9	8.7	0	4.1	5.4	9.8	19.3
1923	202.3	3.5	0.8	5.1	6.3	10.7	22.2
1924	191.2	9.7	2.8	10.3	7.1	11.3	28.8
1925	216.9	34.4	0.0	8.6	10.7	9.6	28.8
1926	296.7	31.5	0.0	11.1	12.7	12.7	36.5
1927	323.5	33.6	0.0	11.2	14.6	12.7	38.6
1928	349.0	34.1	0.0	15.1	15.7	11.8	42.7
1929	377.7	44.7	0.0	20.6	25.6	12.8	59.0
1930	327.7	59.0	0.0	19.5	24.6	12.1	56.2
1931	323.2	52.0	0	16.2	23.2	12.6	52.0
1932	342.5	47.0	0	10.9	21.2	12.2	44.4
1933	431.7	44.6	0	16.5	24.8	14.3	55.6
1934	448.3	44.0	0	16.2	22.2	14.1	52.6
1935	553.1	55.4	—	16.6	46.0	14.6	77.6
1936	567.2	51.3	—	18.0	56.7	14.3	89.0
1937	613.0	62.2	—	14.0	56.2	14.6	84.9
1938	592.5	45.5	—	15.5	59.6	14.9	90.0
1939	620.0	42.3	—	15.9	64.6	22.4	102.9
1940	607.5	22.9	—	12.1	59.4	22.2	93.7
1941	583.8	21.5	—	11.2	56.5	21.2	89.0
1942	435.6	1.6	—	16.7	52.4	21.5	90.6
1943	355.0	1.8	—	15.6	63.2	21.7	100.6
1944	296.0	7.4	—	19.0	65.2	23.0	107.2
1945	117.6	0.7	—	4.6	9.0	5.9	19.8

出所）「全社対当社生産高」（日本セメント社史編纂室『七十年史・本編』1955 年，附表），「我邦に於けるポルトランドセメント業の発達」（『セメント界彙報』321 号，1934 年 12 月，31 頁掲載の統計資料），小野田セメント株式会社編『小野田セメント百年史』（1981 年，350 頁，399 頁，402 頁，770 頁），日本セメント株式会社社史編纂室『七十年史・本編』（1955 年，613 頁）をもとに西澤泰彦が作成。

注 1）日本国内生産量は，「全社対当社生産高」（日本セメント社史編纂室『七十年史・本編』1955 年，附表）に示された数値から，台湾，朝鮮，関東州の生産量を引いた数値。

2）輸出量・輸入量のうち，1909～1934 年の数値は，「我邦に於けるポルトランドセメント業の発達」（『セメント界彙報』321 号，1934 年 12 月，31 頁）掲載の統計資料を用い，1935～1945 年の数値は，小野田セメント株式会社編『小野田セメント百年史』（1981 年，350 頁，399 頁，402 頁）に掲載の数値を用いた。なお，輸入量の数値 0 は，輸入がまったくないことを示し，数値 0.0 は，微量の輸入量があるが，四捨五入の結果 0.1 万トンに満たないことを示す。また，1935 年以降は輸入量を示す統計がないので，「－」と記したが，実際に輸入は途絶えていたと考えられる。

3）関東州と朝鮮の生産高は，小野田セメント株式会社編（前掲書，770 頁）による。朝鮮における生産開始は 1920 年なので，それ以前は生産なし。

4）台湾の生産量は，日本セメント株式会社社史編纂室『七十年史・本編』（1955 年，613 頁）による。台湾のセメント生産開始は，1917 年なので，それ以前は生産なし。

5）支配地合計の数値は，資料に示された各地の生産量の総和に対して 0.1 万トン未満を四捨五入した数値。したがって表中の各支配地の数値の総和とは異なる場合がある。

一点目は、日本の製品が欧米の製品に比べて相対的に安価であったことである。例えば、一九二七年にオランダ領のジャワ島に輸入されたポルトランドセメントは、日本産のものが一〇〇キログラム当たり六ギルダーから六ギルダー五〇セントであったのに対して、欧州産のものは一〇〇キログラム当たり七ギルダーから七ギルダー二五セント、という価格で取引されていた[60]。日本産のものは欧州産のものに比べて一割から二割程度安価であった。

二点目は、中国と東南アジア地域にセメント工場が少なかったことである。特に中国では、一九一〇年代まで、唐山細綿土廠（一八八九年設立）、広東士敏工廠（一九〇七年設立）、湖北水泥公司（一九一〇年設立）の三工場しか操業しておらず、この三工場の合計年産量は、第一次世界大戦前の時点で、一六五万樽（約二七万五、五五〇トン）に過ぎなかった[61]。これは同時期の日本国内生産量の約半分であり、中国では不足分を日本のみならずイタリア、ドイツ、香港から輸入していた。

三点目は、ポルトランドセメントの品質の確保である。一九〇五年、日本政府は農商務省の規格としてポルトランドセメント標準規格を制定し、日本製ポルトランドセメントの品質が国際的なレベルで安定した[62]。

ところが、日本から各地への輸出の拡大は、それぞれの地において、自国製セメントと競合することとなり、関税率の上昇や輸入許可制度などの措置が講じられ、輸出量は一九三〇年の五九万トンを頂点にいったん減少に転じた。例えば、一九三二年には、中華民国政府によって輸入セメントの関税が大幅に引き上げられ、また、広東省政府が独自に広東に輸入されるポルトランドセメントに対して付加税をかけるという措置を講じた[63]。さらに、オランダ領東インド（インドネシア）では、一九三三年から輸入が許可制になり、輸入の総量規制が始まった[64]。その後、満洲国の建設事業の拡大に伴って日本の輸出量は一九三七年に六二・二万トンを記録したが、日中戦争の拡大によって中国向け輸出が途絶え、また、戦時体制に入る中で国内生産量は増大したが、国内需要に廻され、輸出量は減少した[65]。

一方、日本の支配地で最初に操業したセメント工場は、一九〇九年六月に操業を始めた小野田セメント大連工場（大連支社）（図4-10）である。この工場は、当初、満鉄と関東都督府が行う工事のセメント需要を見込んで操業を始

図 4-10　小野田セメント大連工場

めたが、操業開始から四年後の一九一三年には、年間生産高（三・二八万トン）のうちの四三パーセント（一・四万トン）が朝鮮・台湾や中国、東南アジアに出荷されるようになった[66]。ただし、関東州から朝鮮への出荷は「移入税」と呼ばれる税金が課せられ、一九一五年に日本国内から朝鮮へ出荷されるセメントには移入税が廃止されたのに対し、関東州から朝鮮への移入には移入税が存続したため、関東州から朝鮮へのセメント出荷が極端に減少した。そこで、小野田セメントはこれに応じて一九一七年平壌に支社を設立し、一九一九年一二月からセメント生産を開始した[67]。

また、台湾では、浅野セメントが高雄にセメント工場を建設し、一九一七年七月から、月産四、三五六トン（年産五・二万トン）の計画で操業を始め、操業開始から五年で当初計画を上回る生産量に達した。そして、台湾内での販売だけでなく、中国のアモイ・福州・汕頭、また香港に輸出された[68]。

これによって、当時の日本支配地には、すべてセメント工場ができたことになるが、これらのセメント工場がそれぞれの地域内のセメント需要を満たす生産に専念したのではなく、輸出入・移出入が続いていた。日本国内の生産量が関東大震災前の生産量を越えて飛躍的に増大を始めた一九二六年から一九二七年におけるポルトランドセメントの移動状況について、断片的な統計ではあるが、その状況を概観すると、日本とその支配地で生産されたポルトランドセメントがアジア地域の各地に送られていたことがわかる（図4-11）。

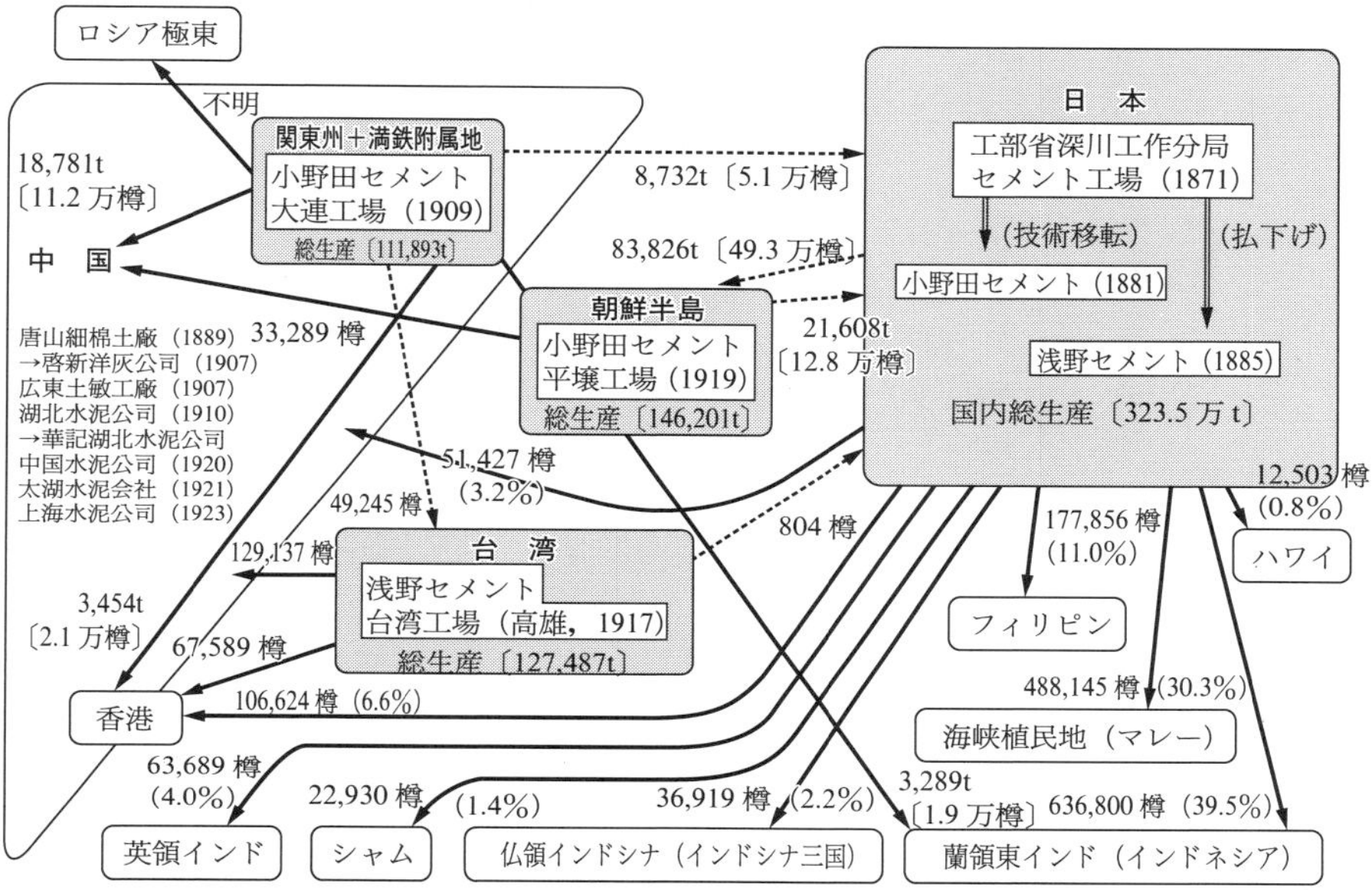

図 4-11　1927 年におけるポルトランドセメントの移動

注 1）数字は 1927 年における矢印方向のポルトランドセメント移動量。単位は樽（1 樽＝167kg）表記を基本とする。
2）日本からの移動量は，「我国のセメント貿易」（『セメント界彙報』196 号，1928 年 10 月，22～30 頁）。（　）内は日本国内からの輸出量に対する百分比。
3）関東州から中国，香港，蘭領東インドへの移動量は，『小野田セメント百年史』（1981 年，308 頁）。この資料は，数値をトンで表記しているので，樽への換算値を〔　〕に記した。また，関東州からロシア極東地方への輸出量は不明。
4）朝鮮，台湾からの移動量は，『セメント界彙報』（208 号，1929 年 4 月，附表）。

例えば、小野田セメント大連工場では、一九二六年には、四・八万トンのポルトランドセメントを輸出し、そのうちの四・〇万トンは中国に輸出された。この輸出量は、日本国内にある小野田セメントの工場から海外への輸出量四・六万トンを越えていた。小野田セメント大連工場におけるこの傾向は一九二七年も類似しており、一九二七年の総生産量約一一・二万トンのうち、約三割に相当する三・四万トンが日本国内、台湾、中国、香港、オランダ領東インド（現インドネシア）に送られ、このうちの一・九万トンは中国に輸出された[69]。この時期の中国のセメント需給に関する統計が不備なため、同一年度の比較は難しいが、一九二五年の統計では、中国におけるセメント輸入量は一〇・六万トンであり、このうちの二・六万トンは小野田セメント大連工場からの輸入であった。[70] この時期、小野田セメント大連工場は、一九二三年に第二工場を建設し、さらに、一九二八年には一九〇九年創業の第一工場の増設と設備更新によって生産能力を飛躍的に増大させた。[71] そして、小野田セメント大連工場は、関東州および満鉄鉄道附属地におけるセメント需要を満たしただけでなく、中国のセメント供給の一翼を担った。ただし、この時期、中国では、各地でセメント工場が設立されるに至り、その後一時期、中国向け輸出は減少する。[72] また、小野田セメント大連工場からのポルトランドセメントの輸出先で注目されるのは、地理的には遠く離れていると思われるオランダ領東インド（インドネシア）にも輸出されていることである。

一方、台湾産のセメントについて、一九二六年の第四・四半期（一〇～一二月）における統計では、台湾から中国に二万三、二九二樽（重量換算三、八八二トン、以下同様）、香港に一万二六五樽（一、七一一トン）が輸出されている。その一方で、同じ時期に中国から一・六万樽（〇・三トン）が輸入されている。[73] なお、台湾から中国向け輸出は、主として華南地方へ送られたものと見られる。[74] さらに一九二七年では、この年の台湾での総生産量一二・七万トンのうち、二・二万トンが中国へ、一・一万トンが香港へ輸出された。[75]

一方、朝鮮では状況が違っていた。一九二六年第四・四半期において、朝鮮では中国向けに一・〇万樽（〇・二万トン）が輸出され、中国からの輸入はわずかに二樽のみであり、朝鮮から中国へ一方的にセメントを輸出（移動）していた。この状況は、関東州と中国との関係に似ている。しかし、同じ時期に、日本国内から朝鮮へ九・四万樽（一・六万トン）のセメントが出荷されており、[76] この状況は関東州とは大きく異なっていた。これについて、当時のセメント需給を論じた文献[77]では、一九二六年の朝鮮における年間セメント生産量が八〇万樽（一三・四万トン）に対して、年間消費量が九二万樽（一五・四万トン）であり、差し引き一二万樽を移入・輸入で賄う必要があったとされている。また、小野田セメントによる統計では、一九二六年における朝鮮全土のセメント需要は一四・八万トンであったのに対し、小野田セメント朝鮮支社（平壌工場）がまかなったのはその五二・五パーセントに当たる七・八万トンであり、残りの四七・五パーセント（七万トン）は日本国内から移入されていた。[78] これは、当時の朝鮮における道路・鉄道・橋梁・港湾の改修や新設、水利事業の進展、朝鮮総督府庁舎（一九二六年竣工）や京城府庁舎（一九二六年竣工）に代表される大規模建築物の新築によってセメント需要が急増したためである。例えば、六年間にわたった朝鮮総督府庁舎の新築工事では、合計六・二万樽（一・〇万トン）のポルトランドセメントが使われたが、[79] これは年間平均約一万樽のポルトランドセメントを使用した計算になる。このような大規模な庁舎の新築がポルトランドセメントの需用を拡大させた一因であることは間違いない。その後、朝鮮では、この不足を補うため、小野田セメント平壌工場が一九二八年から一九三〇年にかけて拡張工事を行い、一九一九年に創業した時の六倍の生産能力を持つ工場となった。[80]

以上のような日本・朝鮮・台湾・関東州におけるセメントの移動は、日本支配地に組み込まれた朝鮮・台湾・関東州では、それぞれの地域での需要を満たすことを第一義として現地でのセメント生産が始められるが、各地でのセメント生産量が増大してくると、大量のセメントが輸出・移出に廻されるようになり、東アジア地域を移動することを意味している。またその移動は、東アジア地域だけで完結することなく、フィリピン、海峡植民地（マレー）、ジャワをはじめとしたオランダ領東インド（現インドネシア）、フランス領インドシナ（現インドシナ三国）、イギリス領インドやタイ、ハワイへと運ばれていった。そして、さらにそれぞれの地域の需要が増大したとき、関東州ではその増大に応じて、生産量と供給量を増やしていったが、朝鮮では、その不足を日本国内からの移入で補った。これは、ポルトランドセメントに課せられた税金の問題だけでなく、セメント生産・消費の点で、関東州が、より強い独自色を持っていた地域であることを示している。[81]

四　建築規則——不燃化・衛生・都市景観の形成と支配

支配を進める上で、建築に対する規制や誘導は重要な意味を持つ。それは、市街地における無秩序な建物の新築や増改築を防ぐことで都市の美観を維持し、耐火・耐震性能の高い建物の新築を誘導することで、市街地の不燃化を図り、住民の安全を確保することであった。住民の安全を確保することは、社会の安定を確保することであり、支配には欠かせないことであった。日本の支配地に実施された建築規則を見ると、そのような工夫が施されていたことがわかる。

台湾家屋建築規則

日本の支配地で最初に建築規則が実施されたのは台湾である。台湾総督府は、一九〇〇年八月一二日、台湾家屋建築規則（巻末資料1）を律令第一四号として公布した(82)。この規則は、全文九ヶ条からなる簡単なもので、その特徴は、三点あった。一点目は、家屋の新築、増改築を許可制としたことであった（第一条）。二点目は、規則違反や危険な家屋に対して地方長官が改造、補修、取り壊しを命令できることであった（第三条）。三点目は、地方長官が指定した道路に面する家屋に亭仔脚を設けることであった（第四条）。

このうち、一点目について、建築許可の権限は地方長官に委ねられたが、この規則では、建築許可を求めるために、敷地面積とその位置の表示、設計仕様書、建物の平面図、配置図、側面図、断面図または矩計図、の提出を求めていた。これには、二つの意味があった。一つは、実質的に図面や仕様書の作成能力がない者が建築活動に携わることを封じたものであった。もう一つは、提出された図面をもとに許認可権をもつ地方長官がその内容を確認することであった。

二点目について、条文では既存の建物について、公益のため、危険性が高いとき、健康を害するとき、規則に違反したとき、のいずれかの場合、地方長官が建物の所有者に対して期限を定めて、改造、補修、取り壊しを命令することができた。これは、単に、新築や増改築を規制するだけでなく、既存の建物もこの規則の適用対象とし、建築構造上、あるいは屋内環境の点、さらに、市区改正と呼ばれた都市計画上、問題のある建物を地方官庁が規制できるようにしたものであった。

三点目は、地方長官が指定した道路について、亭仔脚の建設を義務付けたことである。亭仔脚は、建物の前面に庇を張り出して作られたアーケードであり、道路に面する建物がそれぞれ同じ長さに張り出した庇を連続させることで、屋根付きの歩道としたものである。日差しが強く、雨の多い熱帯地方において、市街地での人々の移動を確保する方法として有効であり、一階を店舗とした建物にとってはそれが集客にも役立つ。亭仔脚については、マレー半島やシンガポールでの、前面にアーケードが設けられたショップハウスと呼ばれる建築と同じ形態であるが、都市建設の中で行政が積極的に導入した一九世紀前半のシンガポールのアーケード、歩道の不法占拠を一九世紀後半に合法化した香港のアーケード、という具合に成立過程は異なり、台湾でも、日本の植民地化以前に清朝の台湾巡撫として台湾に滞在した劉銘伝がアーケードを導入しようと試みていた[83]。ただし、ここでの大きな問題は、亭仔脚の起源ではなく、この建築規則を公布した時点で台湾総督府が積極的に亭仔脚を奨励し、その建設を義務付けるかたちで、各地への普及を図ったことである。そして、実態として、台北における市街地再開発を通して、新しい亭仔脚が次々と建てられた（図4-12）。実際に建てられた亭仔脚を見ると、赤煉瓦を用いたものは、赤煉瓦を剝き出しにした壁体をつくり、クィーン・アン様式をとっているものが多く、それは結果として、煉瓦造の街並み、洋風の街並みを出現させることとなった。

なお、台湾家屋建築規則では定めていない細かい規程は、その翌月二九日に台湾総督府令八一号として公布された台湾家屋建築規則施行細則（巻末資料2）に定められた[84]。この細則では、建物の材料、施工、高さ、そして衛生に関

図 4-12　台北市内の亭仔脚

する規程が設けられた。その中でも、特に次の五点が重要であった。

一点目は、建物の屋根に「瓦、金属其他不燃材料ヲ以テ之ヲ葺クヘシ」として、不燃材料の使用を定めたことである（第一条）。

二点目は、建物の下の地盤に厚さ三寸以上のコンクリートまたはたたきの層を造ることを義務付けたことである（第二条）。条文では、「コンクリート又ハ堅牢ナル敲等適宜ノ不潤性材料」と定められていることから、この目的は、地面の湿気を防ぐこととシロアリ対策であったと考えられる。さらに湿気やシロアリによる基礎の破損を防ぐため木造家屋の基礎は「石、煉瓦又ハ之ニ相当スル材料」によって造ることを規定した（第四条）。

三点目は、建物の最低限の高さを「地盤ヨリ軒桁マテ十二尺以上」と規定したことである（第五条）。すなわち、軒桁の高さの最低限を一二尺として、それ以上の高さの建物を建てることと定めた。軒桁の高さが一二尺以上というのは、平屋建でも可能であったが、軒の高さの低い建物がみすぼらしく見えるので、その排除を狙ったものであった。

四点目は、良好な室内環境を確保するため、室内の容積の最低限や窓の大きさの最低限を定めたことである（第六条、第七条）。軒桁の高さを定めた第五条の条文の続きに、床を張る場合は、床高を地面から二尺以上と定め、その目的を「通風及掃除ニ便スル為其外部ニ風窓出入口ヲ設クヘシ」と明記した。すなわち、床下の通風を確保し、また、掃除が出来るようにするために必要な床高が二尺であった。さらに、屋内に天井を設ける場合は、天井高は八尺以上とし、天井裏の掃除が可能な構造とすることが定められた（第六条）。そして、居室については、採光と換気を確保するため、床面積の一〇分の一の面積を有する窓を設けることとした（第七条）。

五点目は、湿気、排水、衛生に関する規程を細かく定めたことである（第五条、第八～十一条）。厨房や浴室など排水を伴う場所では、その床は石、煉瓦、コンクリートなどを用いて造り、汚水は確実に下水溝に流すこと（第八条）、軒先に雨樋を設けて雨水を下水溝に流すこと（第九条）、という規定は、建物から無秩序に汚水や雨水が流出することによって市街地全体の衛生状態が悪くなることを防ぐものであった。また、便所は、地盤面より二尺以上高くした場所に構築し、その内部にモルタルなど不潤性材料を塗布すること（第十条）、汲み取り式の便所の場合は井戸より二間以上離れた場所に設け、排泄物が地中に浸透していかないように便器は陶器とし、その周囲をコンクリートで固めること（第十一条）、と定められた。

このように台湾家屋建築規則とその細則について、総じていえることは、これらの規程が、個々の建物が持つべき最低限の居住性を確保しながら、それらによって構成される市街地の不燃化、衛生、利便性、美観を考えていたことである。屋根材を不燃材で葺く規定は、個々の建物が不燃化することで、それらが多くなれば市街地全体が不燃化することを目指していた。排水や衛生の規定は、汚水や雨水が無秩序に市街地に流出することを防ぐための規定でもあった。亭仔脚の義務化は、強い日差しや雨が多い気候の中でも人々の経済活動、社会的な活動を確保する試みであった。そして、軒桁の最低限を決めたことは、みすぼらしい小規模な建物を排除することであり、それは市街地の美観を考えた規定であった。

台湾家屋建築規則とその細則は、短い条文で簡単な建築規則のようにも見えるが、このように考えると、台湾総督府にとって規制すべきことがらがすべて盛り込まれた建築規則であるといえる。ところが、その後、予期せぬ問題が生じた。それは、すでに紹介したシロアリによる被害、さらにネズミが媒介するペストの流行、そして市街地における衛生状態の悪化であった。それに伴って、台湾総督府は、一九〇七年七月三〇日、台湾家屋建築規則施行細則を改正した。[85] この改正された細則（巻末資料3）は、以前の細則の条項を残しながら、新たな条項を加える方法でつくられた（表4-2）。

シロアリの被害については、先述のようにこの時期シロアリが石灰を溶かすという説が有力視され、建物に使うコンクリートにはセメントを用いることを定めた（第五条）。

また、ペストによる患者数、死者数は、一九〇一年に最初の頂点を迎え、患者四、四九六人、死者三、六七〇人を数えた。さらに、一九〇四年には次の頂点を迎え、患者数四、五〇〇人、死者三、三七四人となった。[86] ペスト対策として効果的なのは、ペストを媒介するネズミを封じることであったため、台湾総督府は、台湾家屋建築規則施行細則にネズミ対策の条項を加えた。それは、敷地内の土留めにネズミが巣を作らないようにすること（第七条）、敷地内の排水溝にネズミが生息しないように開渠とし、暗渠の場合はその両端に防鼠装置を設けること（第八条）、木造家屋では石、煉瓦、コンクリートによる布基礎を設け、その上に土台を設けるか、土台のない場合には床下にネズミが入り込むのを防ぐこと（第十一条）、屋根裏にネズミが侵入しないようにすること（第十三条）、壁にネズミの巣ができないようにすること（第十五条）、床下や天井裏（屋根裏）にネズミが出入りできないようにすること（第十七条、第十八条）、と定めて、建物と敷地にネズミが生息できないように定めた。

市街地の衛生状態の悪化について、まず、市街地の過密さを解消するため、建蔽率の規定を設け、総建坪が敷地面積の四分の三を越えないこと（第一条）、道路に面する建物は隣との間隔を三尺以上空けること（第二条）、道路に面する建物は建築線から突出しないこと（第三条）、道路に面していない敷地に建物を建てる場合は建物の周囲に幅一二尺以上の空地を設け、道路から敷地まで幅六尺以上の通路を確保すること（第四条）、と定められた。これらの規定は、過密になった市街地において通風や採光を確保するものであった。

一方、排水について、改正前の細則で定められ敷地の高さを歩道よりも高くすること（第六条）、軒先に雨樋を設けて雨水を下水に流すこと（第二十条）、厨房や浴室などの床を石、煉瓦、コンクリートでつくり、排水を下水に確

表 4-2　台湾家屋建築規則施行細則の主な改正点

		1900 年実施の台湾家屋建築規則施行細則	1907 年改正の台湾家屋建築規則施行細則	改正の趣旨
主な変更項目	外壁構造	石造・煉瓦造の場合はモルタルによって固定〔1 条〕	石造・煉瓦造の接合部をセメントを主成分としたモルタルで固定〔5 条〕	目地にセメントを使うこと，石灰は不可
		土磚の場合は石・煉瓦を混用〔1 条〕	土磚の記載なし	土磚を認めず
	敷地の地盤高さ	前面道路（歩道）より 5 寸以上高くする〔2 条〕	歩道または公共下水縁より敷地全体を 2 寸以上，建物地盤面を 5 寸以上高くする〔6 条〕	床下の水はけと敷地全体の水はけの両方を確保
	基礎構造	木造または土磚造の場合は，石造・煉瓦造の基礎〔4 条〕	土磚を削除，コンクリートを追加。土台がない場合は防鼠装置の設置〔11 条〕	土磚を認めず，シロアリ対策でコンクリートを奨励。床下へのネズミの侵入を防ぐ
	建物の高さ	軒桁上端の高さ 12 尺以上〔5 条〕	軒桁上端の高さ 12 尺以上，附属家は 9 尺以上〔12 条〕	小規模な附属家を排除
	床　高	地盤より 2 尺以上〔5 条〕	住居は地盤より 2 尺以上，それ以外は床を取り外す構造とし，高さは 2 尺以下でも可〔16 条〕	市街地の店舗に対応した規定
	天　井	天井高は 8 尺以上〔6 条〕	天井高 8 尺以上，2 階以上の場合は天井と床の間にネズミの侵入を防ぐ装置を設置〔17 条〕	天井裏へのネズミの侵入を防ぐ
	窓面積と部屋面積	採光面積は居室面積の 10 分の 1〔7 条〕	採光面積は居室面積の 10 分の 1，天窓の場合は 30 分の 1〔14 条〕	密集市街地での天窓の効用を認める
主な追加項目	建蔽率	規定なし	4 分の 3 以下〔1 条〕	過密化を是正
	隣地・隣家との間隔	規定なし	隣家との間隔は 3 尺以上，隣地境界線まで 1 尺 5 寸以上〔2 条〕	過密化を是正
	建築線	規定なし	建築線を越えることは不可〔3 条〕	公道への張り出し，はみ出しを厳禁
	空　地	規定なし	道路に面する建物は周囲に幅 12 尺以上の空地を設ける〔4 条〕	市街地での空地確保
	ネズミ	規定なし	敷地土留にネズミが生息しないように構築〔7 条〕。暗渠排水溝端部に防鼠装置設置〔8 条〕。独立基礎の場合の床下へのネズミ侵入阻止〔11 条〕。太鼓壁の場合にネズミの侵入阻止〔15 条〕。屋根裏・床下などの換気口などに防鼠装置〔18 条〕	敷地内・建物内へのネズミの侵入阻止
	厠の設置義務	規定なし	各戸に設置，長屋は 4 戸毎に設置〔20 条〕	汚水処理を確実に行うため
	厠の構造	石・煉瓦・コンクリート造。内部はモルタルなど不潤性材料	石・煉瓦・コンクリート造，内部はセメントモルタルなど〔23 条〕	汚水の地中への浸透を確実に防ぐため
	防火壁	規定なし	長屋 4 戸ごとに石・煉瓦・コンクリート造の防火壁設置義務〔21 条〕。25 間以上の長屋禁止〔21 条〕	防火区画の確保

出所）『官報』5186 号，1900. 10. 12 掲載の「台湾家屋建築規則施行細則」と『官報』7232 号，1907. 8. 7 掲載の「台湾家屋建築規則施行細則」を比較検討し，西澤泰彦が作成。

実に流すこと（第十九条）、という規定はそのまま存続した。そして、敷地から下水へ排水を確実に流すため、敷地の高さと下水道の高さ関係を細かく規定し（第六条）、改正前の便所の規定も細かい点を修正しながら引き継がれた。この他、湿気対策として建物下の地面にコンクリートやたたきの層を設けるという条項もそのまま引き継がれた（第九条）。

このような改正について、当時、台湾総督府営繕課に所属していた尾辻国吉は、衛生を眼目とした改正であり、最初の細則が時代の進展に伴って不備が生じたために改正されたことを後に記した(87)。

大連市家屋建築取締仮規則

台湾の次に建築規則が施行された日本の支配地は、日露戦争中の中国東北地方における日本軍占領地であった。日本軍の兵站拠点となったダーリニーは、一九〇五年一月に旅順が日本軍の手に落ちると、渡航禁止が解除され、多数の日本人が日本軍相手の商売を見越して、渡航してきた。ところが、そのような人々が勝手に次々に建物を建てるに至り、無秩序な開発が始まったので、大連軍政署は、嘱託技師であった倉塚良夫と前田松韻に命じて建築規則を作成させた。この規則は、大連市家屋建築取締仮規則と名付けられ、一九〇五年四月一日、遼東守備軍令第一一号として公布された。

この規則（巻末資料4）は、全文二七ヶ条から成り、建物の構造を石造、煉瓦造、木造、鉄骨耐火壁造のいずれかにすること、大連に建てられる建物を仮建築と永久建築に分けること、仮建築に対して行政機関が取り壊しや改築を命令できること、建物の防火・耐火に関する事項を細かく規定したこと、建蔽率や軒高の最低限を規定したこと、規則の公布以前の建物にも規則を適用し、行政機関が規則に不適格な建物の取り壊しを可能としたこと、の六点が特徴であった(88)。

建物の構造について、この規則では、仮建築は煉瓦造、石造、木造と規定し、永久建築は煉瓦造、石造、鉄骨耐火壁造と定められた。ここで除外されたのは、当時まだ世界的に普及の途上にあった鉄筋コンクリート造と当時の中国東北地方に見られた「土塊」と呼ばれた日干煉瓦を用いた煉瓦造であった。この規則では、鉄筋コンクリート造については、排除の対象になったのではなく、普及していなかったために規定が設けられなかっただけであった。それに対して日干煉瓦造は、みすぼらしい建物として排除の対象であり、この規則では、仮建築にも永久建築にもそれを認めなかった。

建物を仮建築と永久建築に分けたことについて、この規則では、二層以下の建物をすべて仮建築とし（第六条）、また、永久建築は煉瓦造、石造、鉄骨耐火壁造に限ることとした（第十八条）。三層以上の木造建築に関する規定はないが、永久建築の規定に木造が入っていないため、実質的にすべて仮建築であったとみられる。仮建築と永久建築に分類したことについて、この規則の草案つくりに従事した前田松韻は、仮建築に分類される建物を将来的に排除するためであったことを後に述べている[89]。

仮建築の排除については、この規則の第二条において、行政機関が仮建築に対して取り壊しや改築の命令を出すことができると規定した。これは、前田などこの規則の草案をつくった人々がこの規則の実施によっても急激に永久建築が増えるのではないと予測し、仮建築が増え続けてもそれを排除できる条項をつくることで、仮建築の増大を抑制できると判断したためであった。この予測は当たっていた。この規則が実施された一九〇五年四月一日から一九〇六年一二月三一日の一年八ヶ月の間に建築許可を受けた建物件数は、仮建築が七〇三件であったのに対して永久建築はわずかに七件であった（表4-3）。これは、当時、大連に移り住んだ人々が、排除の対象になることを承知で仮建築を次々と建てていったことを示している。日露戦争直後に大連に移り住んだ人々の中には資力の乏しい者も多く、そのような人々が、急場しのぎに仮建築を建てていったと考えられる。

防火・耐火の規定については、永久建築を耐火構造のみに限定しただけでなく、他にもさまざまな規定が設けられた。一つは、仮建築で認められた木造家屋について、外壁の表面に厚さ三分以上の漆喰を塗ることを定めた（第八

表 4-3　大連市家屋建築取締仮規則施行後の建築許可件数

建築許可官庁／該当期間＼建物分類		永久建築（件数／坪数）	仮建築（件数／坪数）	倉　庫（件数／坪数）	合　計（件数／坪数）
大連軍政署 1905. 4. 1～1905. 6. 21		1件 128.900坪	13件 708.180坪	なし	14件 837.080坪
関東州民政署 1905. 6. 22～1906. 8. 31		2件 102.250坪	571件 23,962.801坪	8件 237.980坪	581件 24,321.031坪
大連民政署 1906. 9. 1～1906. 12. 31		4件 339.820坪	119件 5,408.436坪	5件 243.710坪	128件 5,991.966坪
大連民政署 1907. 1. 1～1907. 11. 30		49件 4,088.565坪	304件 14,237.235坪	24件 1,460.900坪	377件 19,822.700坪
同上未竣工数および坪数		49件 4,088.565坪	205件 10,127.637坪	13件 870.490坪	267件 15,086.692坪
合　計	許可件数 許可坪数	56件 4,659.535坪	1,007件 44,316.652坪	37件 1,942.590坪	1,100件 50,972.777坪
	竣工件数 竣工坪数	7件 570.970坪	802件 34,189.015坪	24件 1,072.100坪	833件 35,886.085坪

出所）前田松韻「大連市に施行せし建築仮取締規則の効果について」（建築学会編『建築雑誌』254号，1908年1月，25～32頁）に掲載された「大連市家屋建築調査表」をもとに作成。

条)。いわゆる塗屋の形式をとることで、外壁の耐火性能を確保したのである。さらに、木造家屋の長さが一五〇尺（約四五・五メートル）を越える場合、石造または煉瓦造の隔壁を設けること（第十条）、屋根は瓦、スレート、セメント、漆喰、金属板に限ること（第十二条、第二十四条）、暖房や厨房の竈の煙道は建物の木部分と二尺以上離すこと（第十七条、第二十四条）、となった。

建蔽率については、一〇分の三以上と定められた（第七条、第十九条）。また、これに連動して、一、二等道路に面する場合は、建物の前庭をつくることを禁じた。これは、市街地の建設途上にあった当時の大連において、建蔽率の低い建物が建てられると極端に密度の低い市街地ができる恐れがあり、また、前庭を禁じることで、街並みに途切れが生ずるのを防いだ。

軒高については、仮建築では一二尺以上（第六条）、永久建築では一、二等道路に面する建物の場合が三〇尺以上、三等道路に面する場合は一五尺以上と定められた（第十八条）。このようにそれぞれについて最低限を規定したのは、当時の大連に渡った人々が資力に乏しく、この最低限を大幅に越える建物を建てるのは困難であった状況を反映し、軒高の最低限を決めることで、建物の高さがこの高さに揃うことを狙っていた。しかし、一、二等道路に面する永久建築の最低軒高三〇尺という規定に対しては、住民の不満が強く、一九〇八年五月八日、関東都督府はこの規定を改正し、その軒高を二七尺に引き下げた[90]。

そして、この規則の最後の条文に記されたのが、規則の公布前に建てられた建物であってもこの規則を適用し、規則に不適格な建物に対して行政機関が示した期限内に増改築させることであった。前田はこれによって体裁の悪い家屋が取り払われたことを後に指摘している[91]。その後、一九一一年から一九一二年にかけて『満洲日日新聞』には、改築命令を受けた建物の記事が掲載されている。例えば、一九一一年一〇月一日付の同紙には、日露戦争による日本軍占領以前に建てられた建物のうち仮建築と認定された五四三棟の建物に対して改築命令が出された記事[92]が載り、一九一二年四月二三日付の同紙には一三〇戸の建物に対して改築命令が出された記事[93]が載っていた。

このようにして実施された大連市家屋建築取締仮規則は、個々の建物の構造や規模を規定しながら、都市全体の不燃化と美観を確保するものであった。それは、結果として耐火性能のある煉瓦造の建物が推奨されることとなり、また、構造が煉瓦造になったので建物の様式は洋風となり、軒高の最低限を定めたことで幹線道路に面した建物の高さが揃うこととなったのである。そして、この規則は、一九一九年七月一日に大連市建築規則が実施されるまで効力を持ち、それによって、大連は煉瓦造洋風建築が建ち並ぶ都市となった。

大連市家屋建築取締仮規則が実施されたのは、日露戦争中であったが、同じ時期、日本軍が占領していた営口でも同様の建築規則が実施されていたと記録されている[94]。この規則は、営口牛家屯間両側借地人家屋建築規定と称したもので、営口牛家屯両側とは、当時の営口市街地と牛家屯駅との間を結ぶ道路に沿って営口軍政署が建設した市街地を指し、借地人とはこの市街地がすべて軍用地であり、そこを借りた民間人を指す。この規則は、その借地人である民間人がその市街地に建てられる建物に対する規則であった。その特徴は、建物の軒高の最低限を規定、屋根を不燃材にすること、外壁の不燃化を図ること、日干煉瓦造や日本風の木造下見板張りを禁じたこと、である。

この規定では、営口と牛家屯を結ぶ幹線道路に面する建物は二階建で軒高二一尺以上（第三条）、その他の街路に面する建物は軒高一二尺以上（第四条）、と決められた。これによって、軒高の低い家屋の建設を禁じ、さらに、この規定で定められた軒高で建物の高さが揃うこととなる。建物の高さを揃えるために、最低限の高さを制限するという この方法は、台湾家屋建築規則や大連市家屋建築取締仮規則と同じ方法である。

屋根を不燃材にすることについて、規定では瓦葺、亜鉛鉄葺、の二種があげられている。また、これと組み合わせて、外壁の不燃化も定められた。幹線道路に面する建物は、煉瓦造か洋式木造とされた。洋式木造の場合、壁を土壁とし、その上に下見板を張るか、漆喰を塗ることと定められた（第三条）。一方、不燃材を外壁に用いても、それが土塊と呼ばれた日干煉瓦である場合は認められず、また、日本風の下見板張りも認められなかった（第九条）。したがって、この規定は、新しく建設される市街地の不燃化と美観の確保に主眼をおいたものであった。すなわち、屋根と外壁の不燃化を図るとともに洋風建築のみを奨励していたのである。

大連市建築規則と主任技術者制度

以上は、台湾や中国東北地方において日本が支配を始めた時期に実施された建築規則であった。それに対して以下で紹介する建築規則は、支配が進んだ時期に公布されたものである。

一つは、大連市家屋建築取締仮規則を全面的に改正して一九一九年六月九日に関東庁令第十七号として公布され、同年七月一日から施行された大連市建築規則である。この規則（巻末資料5）は、大連市家屋建築取締仮規則における建築の不燃化や都市の美観に関する理念を継承しながら木造家屋の新築を原則的に禁じるなど新たな規定を設け、さらに、新たな制度として建築の設計、監理、施工に携わる専門家の資格制度を導入したこと、が大きな特徴である。[95]

大連市家屋建築取締仮規則では、木造家屋は、仮建築に分類されながらも建築許可を受けることができた。しかし、大連市建築規則では、「建物は煉瓦造、石造、コンクリート其の他耐火壁構造とす」（第十条）と規定され、木造は除外された。大連市家屋建築取締仮規則では、施行当初、取り壊し命令が出ることを承知の上で仮建築が建てられ、その多くが木造家屋であったと見られるが、この仮規則が施行されてから一〇年後の一九一五年には、木造家屋の建築申請はほとんどなくなっているので（表4-4）、大連市建築規則における木造家屋の禁止は、実態に合った条項であるといえる。

表4-4　1915年における大連の建築許可件数

構造＼階数	煉瓦造		石造	セメント・ブロック造	木造	合計
	大連市内	小崗子				
1階	214 6,724	59 1,540	4 156	0 0	0 0	277 8,423
2階	64 2,792	12 311	0 0	1 17	2 82	79 3,202
倉庫	15 640	0 0	0 0	0 0	6 210	21 850
小計	293 10,158	71 1,851				
合計	364 12,010		4 156	1 17	8 293	377 12,477

出所）「大連の建築数」（『建築世界』10巻2号，1916年2月，86頁）。
注）表中の上は申請棟数，下は延べ床面積（単位：坪）。面積は坪未満を切捨て。小計・合計の項の面積数値は原資料の合計数値の坪未満を切捨てたので，各項目の合計数値とは一致しない。煉瓦造以外はすべて大連市内の申請数である。

一方、大連市建築規則の施行によって物議をかもしたのが、主任技術者と呼ばれる専門家の資格制度を導入したことである。建築許可申請には建物の配置図、平面図、立面図、断面図、仕様書、構造計算書の添付が義務付けられたが、これらは、いずれも主任技術者の署名を必要とし、また、設計・施工上の技術に関する一切の責任を負うものと規定された（第六十三条）。この主任技術者は、「建築技術に関し関東長官の検定を経たる者」（第三条）と定められ、大連市建築規則と同時に公布された大連市建築規則に依る主任技術者検定規則（巻末資料5）によって、資格取得の規程が定められた[96]。それによれば、帝国大学工学部建築学科卒業者、高等程度の工業学校建築科卒業後に二年以上の実務を経験した者、これらと同等以上の学識経験ありと認められた者は、無試験にて第一級主任技術者の資格を得ることができた（第一条）。また、高等程度の工業学校建築科卒業者と中等程度の工業学校建築科を卒業し三年以上の実務経験を有する者は無試験で第二級主任技術者の資格を得ることができた（第二条）。ところが、これ以外の経歴の者、すなわち、建築の専門教育を受けていない者は、関東庁が実施する試験に合格しなければ第二級主任技術者の資格を得ることができなかった（第三条）。そして、この試験は、中等程度の工業学校卒業程度の試験であることが規定された（第三条）。

この制度が公布された一九一九年六月九日付『満洲日日新聞』は「建築規則長所」と題した記事を掲げ、この主任技術者制度を「本令が主任技術者なる者を認め且之が検定規則を定め建築上の学識経験あるものに限り建築請負を為すの権利を与へ又報酬の標準を設けて不当の利得を貪らざらしむることゝせる用意は予の最も敬意を表する所なり」[97]と報じ、この制度によって、ずさんな建築工事が排除されるという予測を立て、この制度の導入を支持した。

ところが、建築請負業者の中には、建築の実務経験は豊富であるが建築の専門教育を受けていない者も多く、そのような人々が中等程度の工業学校卒業程度の水準にある試験に合格して第二級主任技術者の資格を取得することは難しく、また、彼らには第一級主任技術者の資格を取るのは不可能であった。そして、この制度の実施によって、主任技術者がいない建築組織は、設計・施工の業務に就くことは不可能となったため、これらの建築請負業者は窮地に陥った。そして、大連市の各所で、建築工事が停止した。主任技術者制度の実施前にはそれを評価していた『満洲日日新聞』は、一転してこの制度を批判した。制度の実施直後の同年七月一二日付の同紙には「建築規則利害　小請負業者の困難」という見出しの記事を載せ、この実態を示し[98]、さらに一週間後の七月一九日付同紙は、「邪魔なる建築規則　建築業者奮起す　末節に拘泥した小刀細工の窮屈な規則は建築の障碍となる」という見出しの記事を載せ、「建築進歩上頗る迷惑を感ずるもの多く」として、部分的な改築にもすべての建築図面を提出させる制度や、経験を考慮せず学歴のみで主任技術者の資格を制限したことを不合理であると指摘した[99]。

結局、大連市建築規則の主任技術者に関する条項は、公布からわずか三ヶ月後の一九一九年九月七日に改正され、三〇年以上建築の設計や監理の実務に従事した者には無試験で第二級主任技術者の資格を与えること、三年以上建築の設計や監理の実務に従事した者には第二級主任技術者の受験資格のみならず第一級主任技術者の受験資格を与えること、の二点が加えられた(100)。この主任技術者制度は、建築の設計監理における資格制度としては、日本と日本の支配地の中で最初に実施された制度であった。また、設計監理に携わる建物の規模や用途に応じて、一級、二級という二段階の資格を設けたこと、制度の実施に当たって無試験で資格を得る規定を設けたことは、一九五〇年に日本で実施された建築基準法、建築士法に基づく建築士資格制度と共通している部分がある(101)。

満鉄の建築規則

満鉄は、鉄道附属地に対して一九〇七年六月、「家屋建築制限規程」を制定し、鉄道附属地内の建物を原則として煉瓦造で建てること、建物の軒高を二四尺（七・二メートル）以上とすることを定めた(102)。この規程は、大連市家屋建築取締仮規則と同じような発想に基づく規程であるといえる。さらに、一九一六年一一月二五日には、建蔽率が規定された。それは、商業地域が六〇〜八〇パーセント、住宅地域が三〇〜七〇パーセントであった(103)。建蔽率の最低と最高の両方を規定している点において、大連市家屋建築取締仮規則と同様であった。

そして、一九一九年三月三〇日には、南満洲鉄道株式会社建築規程（以下「満鉄建築規程」、巻末資料6）が、満鉄の社則第一八号として公布され、社告第一二七号によって、同年四月一日より、大連、旅順、瓦房店、大石橋、鞍山、遼陽、奉天、鉄嶺、開原、四平街、公主嶺、長春、安東、本渓湖、撫順、の各鉄道附属地に実施された(104)。この規程では、建築許可制度の実施、建物の規模に関する制限、建物の構造と防火・耐火に関する規定、建物と敷地の衛生に関する規定を設けた。

建築許可制度の実施については、建物の新築、増築、改築などの建築行為をすべて満鉄に届け出て、承諾を得ることとし、その書類には、仕様書の梗概、配置図、各階平面図、主要立面図、主要断面図の添付を義務付けた（第二条）。

建物の規模については、まず、建蔽率を規定し、さらに建築線の規定を設け、そして、建物の高さを制限した。建蔽率は、商業地域においては一〇分の六以上、一〇分の八以下とし、住宅地域においては一〇分の三以上、一〇分の七以下と定めた（第七条）。さらに、二階建以上の建物については、二階以上の各階総坪数の三分の一を建坪に加えて建蔽率を計算することとされた（第七条）。この方法は、部分的に容積率の考え方を導入したものであった。例えば、商業地域において、敷地五〇坪の土地に建坪三〇坪の建物を建てた場合、その建物が二階建で二階の総面積も三〇坪であれば、この規定に従って計算した場合の建蔽率は、（30坪＋30坪÷3）÷50坪＝0.8となり、建蔽率の上限である一〇分の八に達する。この建物が三階建で三階の総面積も三〇坪となれば、その建蔽率は、｛30坪＋（30坪×2）÷3｝÷50坪＝1.0となり、規定の上限である一〇分の八を越えるため、そのような建物は建てられないことになる。

そして、道路と建物との間隔を、商業地域では一尺五寸以上、住宅地域では前面道路幅員が三間以上の場合には三尺以上、と定めた（第九条、第十条）。また、出窓や庇、看板などが建築線から突出することについては、路面上の高さが九尺までは、一尺の突出を認め、路面上の高さ九尺以上については敷地境界線までの突出を認め、看板に限って建築線から三尺までの突出を認めた（第十二条）。

建物の高さについては、道路に面する建物は軒高を最低一二尺（三・六メートル）、最高は前面道路幅員の一・五倍とした（第十九条）。道路に面した建物の軒高の最低を定めたのは、大連市家屋建築取締仮規則や大連市建築規則と同じように、市街地の美観を考慮した規定と考えられる。また、前面道路幅員が広い場合、あるいは広場に面した建物の場合を想定して、建物の高さの上限を建物の構造に応じて、煉瓦造・石造は五〇尺（一五・一五メートル）、木骨煉瓦造は三六尺（一〇・九メートル）、という具合に定めた（第二十条）。

建物の構造は、外壁を煉瓦造、石造、鉄筋コンクリート造またはこれに準ずる耐火構造と定めた（第十七条）。ただし、前面道路幅員が三間以下の場合は外壁を厚さ五分以上の漆喰塗りとした木造も認められた。また、屋根は不燃材で葺くこととされた（第二十七条）。これは、基本的に外壁と屋根を不燃化することで、建物の不燃化を図り、市街地全体の不燃化を進めるものであった。また、長さ一〇間以上の建物には一〇間ごとに防火壁を設けることも定められた（第二十九条）。

このように外壁の構造が耐火構造として定められたが、実際に最も多かった外壁は煉瓦造であったため、その構造耐力を確保することが求められ、建物高さに応じた各階の壁厚も定められた（第二十一条）。

敷地や建物の衛生に関する規定については、次のように決められた。敷地全体の衛生保持について、敷地の地盤面を前面道路より三寸以上高くすること（第十六条）、関東都督府が定めた厨房、便所、浴室などの排水設備の規定を準用し、排水設備を設けること（第三十四条）、井戸と便所や下水溜めの距離を三間以上離し、井戸の側壁を地盤面より二尺以上高くすること（第三十五条）、と決められた。一方、建物の衛生保持について、畳敷きとする木造床の床高を二尺以上とし、床下に通気口を設けることとされた（第三十三条）。

これらの条項は、軒高の最低限を規制すること、外壁と屋根を不燃化すること、排水の処理や井戸と便所などの位置関係を定めた衛生に関する規定、建築許可制度を導入したことについては、大連市家屋建築取締仮規則の規定に類似した部分が多い。しかし、部分的に容積率の考え方を導入したことは大きな違いであり、この満鉄建築規程が実施された時期において、満鉄鉄道附属地における建物の密度がある程度上がっていたことを示している。

ところで、この満鉄建築規程が定められた一九一九年三月、満鉄本社建築課長であった小野木孝治は、建築学会（現・日本建築学会）の機関誌『建築雑誌』に「哈爾賓市内建築規則摘訳」を寄稿している。記事の冒頭に『建築雑誌』の編集者が書いたとみられる説明文があるが、そこには「哈爾賓市内建築規則摘訳一篇は南満洲鉄道株式会社技師正員小野木孝治君より学会に寄せられたもの裨益する所甚大なれば茲に掲ぐ」[105]と記されていた。当時、日本国内では、政府によって市街地建築物法の制定が進められており、建築学会員の間でも建築規則への関心が高まっていた時期であり、この文中の「裨益する所甚大」とは、哈爾賓市内建築規則には建築規則として参考になる点があることを示している。ここでは、市街地建築物法と哈爾賓市内建築規則との関係を論じることは目的ではないので、それには言及しないが、小野木孝治がこの記事を寄稿した意味を考えると、小野木にとって哈爾賓市内建築規則の日本語訳をつくる必然性があったと考えられる。そして、満鉄建築規程の実施時期を勘案すると、満鉄建築規程の作成にあたって哈爾賓市内建築規則を参考にした可能性が高い。

哈爾賓市内建築規則は、全文五六ヶ条からなり、建築許可制度（第一条〜第三条）、建築図書の規定（第四条〜第七条）、建築工事の規定（第八条〜第一四条、第二七条）、敷地の規定（第一五条〜第一七条）、防火・耐火の規定（第一八条〜第二〇条、第二三条〜第二六条、第二八条、第三四条〜第四七条、第五一条、第五五条）、採光・通風・排水などの衛生に関する規定（第一七条、第二九条）、建物の規模に関する規定（第二一条、第三〇条〜第三二条、第五四条、第五六条）があった。

これらと満鉄建築規程を比較すると、哈爾賓市内建築規則には、建蔽率や容積率に関する規定はなく、また建物の高さの下限を規制する規定もない。一方、哈爾賓市内建築規則では、居室の最低面積と天井高の下限を規定して最低容積を定め、採光面積も規定している（第二九条）が、これらの条項は満鉄建築規程にはみられない。

しかし、哈爾賓市内建築規則では、ハルビン市の新市街と呼ばれる中心街に建てられる建物の壁と屋根には不燃材を用いること（第二二条）など、建物の耐火に関する規定が細かく定められ、その中には満鉄建築規程との共通点がある。特に、暖炉や炊事場の煙道・煙突の規定について、それが顕著である。満鉄建築規程では、暖炉や竈を建物の木造部分から一尺（約三〇三ミリメートル）以上離すこと（第二十三条）、金属製の煙道が木造部分を貫通する際にはその木造部分を五寸（約一五二ミリメートル）以上の厚さの煉瓦、石、コンクリート、石綿などの耐火材料で被覆すること（第二十五条）、煙突の上端が屋根よりも三尺（約九〇九ミリメートル）以上高く突出すること（第二十六条）と定められた。一方、哈爾賓市内建築規則では、ペチカを設ける際、金属製ペチカは木造部分から一八ウェルショーク（約七九六ミリメートル）、煉瓦造ペチカは木造部分から六ウェルショーク（約二六五ミリメートル）以上離すこと（第三四条)、鉄板製煙道を使う場合は木造部分より一六ウェルショーク(約七〇八ミリメートル)以上離すこと(第四二条)、煙突の先端は屋根より四ウェルショーク(約一七六ミリメートル)以上突出すること(第三九条)と定められた。寸法の違いや方法の違いはあるが、満鉄建築規程において、暖炉や竈の位置、煙道、煙突に関する規定が個別の条項として盛り込まれたこと自体が、哈爾賓市内建築規則を参考にしていたことを示している。それは、満鉄建築規程に先行した大連市家屋建築取締仮規則では、暖炉や竈、その煙道と木造部分の関係を一ヶ条(第十七条)にまとめて規定したが、満鉄建築規程は、それらを個別の条項としていたことからも明らかである。また、煙突の屋根からの高さ規制は、大連市家屋建築取締仮規則には見当たらない。したがって、これらの規定については、小野木が哈爾賓市内建築規則を参考に満鉄建築規程をつくったものと考えられる。

その後、満鉄建築規程は、一九二五年七月一八日に改正され、同年八月一日から施行された(巻末資料7)[106]。そこでは、新たな用途地域の設定しながら、建物の構造や耐火に関する規定は改正前の条項を踏襲したが、衛生に関する規定はすべて削除された。また、条文に示された寸法はメートル法による表記となった。

用途地域は、従来の住宅地域と商業地域に加えて糧桟地域と工業地域が設定された(第一条)。また、耐火の規定について、三階建で建築面積が七五〇平方メートルを越える建物と四階建以上の建物について、柱、階段、床も耐火構造とすることが決められた(第一八条)。このような改正による新たな規定の追加は、鉄道附属地が商業地域と住宅地域だけでなく、奉天や鞍山をはじめとして鉄道附属地内に工場が増え、生産の場としての性格を帯びるようになったことの現れであった。また、三階建、四階建以上の建物に関する耐火の規定を設けたことは、鉄道附属地にそのような中層の建物が建てられるようになったことを示しており、鉄道附属地における経済活動の活性化を示すものであった。

なお、最初の満鉄建築規程が実施された後、一九二三年一〇月一日から、満鉄建築規程が改正された直後の一九二五年八月二七日のわずかな期間であるが、安東において新たに拡張された市街地のみに適用された「安東新市街建築特別規程」があった[107]（巻末資料6）。この規程は、多くの部分について、一九一九年実施の満鉄建築規程を準用しながら（第四条）、外壁の構造では満鉄が指定した地域外での木造を認め、また、道路と建物との間の距離を満鉄建築規程に比べて余分に設定している。前者は、外壁の規定を緩和することで、新市街地に新たな建物が建つことを促し、後者は、鴨緑江に沿って設定された市街地における水はけの悪い状態を反映したものであった。

朝鮮市街地建築取締規則

一九一三年三月一日、朝鮮総督府は市街地建築取締規則を府令として公布した[108]。この規則（巻末資料8）は、市街地に建てられる住家、工場、倉庫などの建物を規制するだけでなく、井戸や公道に面した門、塀などの工作物を規制する規則であり、施主は、建物や工作物の平面図などを申請書類に付けて、所管する警察署に建築許可を申請することが定められた（第一条）。そして、建蔽率や建築線の規定を設けながら、建物と市街地全体の衛生を確保し、ある程度の不燃化を図った規則であった。

建蔽率は、一〇分の八以下と決められた（第三条）。また、建物の基礎は公道と敷地の境界線から一尺五寸（四五センチメートル）以上後退させることとし、建物の軒先などが公道上に突出することを禁じた（第三条）。

特に細かく規定されたのは、衛生に関することであった。それは、住家の床は地盤より一尺五寸以上高くすること、公道に沿う敷地の地盤面は公道以上の高さとすること、敷地内に排水設備を設けること、飲用の井戸は便所の下水や敷地全体の排水路から三間以上離すこと、糞尿を溜める施設は石、煉瓦、陶磁器、瓦、コンクリートなど浸透性の低い材料で作ること、という具合に定められた（第三条）。また、公道に面する建物の軒先に雨樋を設けて雨水を排水することと定められた（第四条）。さらに、義務ではないが、防鼠設備を整えることが奨励された（第三条）。これらの規定は、雨水や汚水の排水を確実に行って、市街地全体の衛生状態を向上させることを目指したものであった。なお、台湾では、一九〇七年七月二〇日の台湾家屋建築規則施行細則改正に際して義務付けられた防鼠に関する細かい規定は、この朝鮮市街地建築取締規則では、努力規定とされた。朝鮮半島では、台湾に比べてネズミの被害が少なかったものと解される。

また、防火については、市街地の中のいわゆる防火地区に指定された地区内に建てられる建物と工作物について、防火の規定が設けられた（第四条）。それは、屋根を不燃材で葺くこと、市街地の密集度合いに応じて指定された場合に防火壁をつくること、建物は三階を超過しないこと、木造長屋の場合は間口二〇間ごとに防火壁をつくること、が義務付けられた。また、煙突の周囲の不燃化も義務付けられた（第三条）。建物を三階以下にする条項は、不特定多数の人が集まる施設に非常口と避難設備を設ける条項とあわせて、火災時の避難に関する規定として設けたものであった。しかし、建物の構造を耐火構造にするという規定はなかった。また、建物の高さを規制する条項は、台湾や中国東北地方で実施された建築規則には見られたが、この朝鮮市街地建築取締規則には見られず、建物の規模を階数で制限したことにおいて、この規則は特異な規定であった。

このような特徴を考えると、朝鮮市街地建築取締規則は、建物と市街地の衛生状態の向上に主眼を置いた建築規則であり、同じ時期に台湾や中国東北地方で実施された建築規則が市街地の衛生はもとより、防火や美観に配慮した規則であったことと比較すると、それらの点に関する配慮に欠けていた感のある建築規則であった。これは、当時の朝鮮半島における諸都市の市街地が、極度に衛生状態の悪い市街地であったと判断されていたためであると考えられる。そして、この規則は、朝鮮市街地計画令施行規則が一九三五年九月二〇日に改正施行されて建築物に関する規定が盛り込まれるまで実施されていた。

朝鮮市街地計画令による建築規制

朝鮮総督府は、一九三四年六月二〇日、朝鮮市街地計画令（巻末資料9）を制定し、それに基づいて同年七月二七日には朝鮮市街地計画令施行規則（以下、本項目では「施行規則」と略す）を公布した。この施行規則は、翌年九月二日に大きく改正され、建築物に関する規定が追加された（巻末資料10）。朝鮮市街地計画令は、朝鮮の各都市における市街地整備と建築規制を目的とした法令であり、当時、日本国内で実施されていた都市計画法と市街地建築物法を合わせた法令であった(109)。

朝鮮市街地計画令の建築物に関する条文は、「第二章　地域及地区ノ指定並ニ建築物等ノ制限」にまとめられた。ここでは、用途地域に応じた建築物用途の制限（第十六条〜第二十条）、風致地区、美観地区、防火地区、風紀地区における建築物の制限（第二十一条〜第二十四条）、建築線の規定（第二十七条〜第二十九条）、市街地計画地区内における建築物の高さ、構造、設備などの規制（第三十条〜第三十一条）、などが定められた。しかし、具体的に定められたのは建築線に関して、「建築物ハ建築線ヨリ突出シテ之ヲ建築スルコトヲ得ス」という規定だけであり、その他の規定については、いずれも別途定めることとされた。そして、それらは本来、「施行規則」で定めるべきことであったが、最初に公布された「施行規則」では、建築物に関する規定は盛り込まれず、一九三五年の改正によって第三十一条から第百三十八条まで、一〇八ヶ条の条文が盛り込まれた。その内容は、主として、建築物の規模、敷地、衛生、防火・耐火、建築許可申請に関する規定、用途地域に応じた建築物の用途規制、であった。

建築物の規模については建蔽率と高さの上限が決められた。建蔽率の上限は一般的に一〇分の七とし（第四十八条）、用途地域が住居地域の場合はその上限を一〇分の六に厳しく制限し、商業地域の場合はその上限を一〇分の八に緩和した（第百二条）。建築物の高さの上限は、煉瓦造、石造、木造の建築物は一三メートル以下または軒高九メートル以下と定め、木骨造の建築物は高さ八メートル、軒高五メートル以下と定めた（第六十八条）。さらに、建築物の構造に関係なく、前面道路の幅員に応じて、その幅員の一・五倍に八メートルを加えた値を高さの上限とした（第六十九条）が、住居地域では、この規定を厳しくして、前面道路幅員の一・二五倍に八メートルを加えた値を高さの上限とした（第百四条）。また、用途地域が住居地域の場合は建築物の高さの上限を二〇メートルとし、住居地域以外の場合はその上限を三一メートルとした（第百三条）。組積造や木造建築物の高さは、その上限の絶対値を規制しながら、一般的にそれらより規模が大きくなる鉄筋コンクリート造や鉄骨造の建築物は、前面道路の幅員に応じた規制とし、美観に配慮したものであり、また、用途地域に応じた高さ制限は、住居地域の居住環境に配慮しながら商業地域の高密度化を認めて経済活動の活性化を図ったものと、解釈できよう。

敷地については、その地盤面の高さは前面道路より高くし、さらに建築物の床下の地盤面はその周囲より高くすることを定めた（第五十条）。これは、敷地の排水、湿気を考慮した規定であり、敷地の衛生状態を良くするための規定であった。これについてはさらに、雨水、汚水の処理を義務付け（第五十二条）、便所や浴室、厨房の構造を定めて汚水、汚物が地中に浸透することを防ぎ、排水が井戸に混入することのないように井戸の位置を便所から五メートル以上離すことなど細かい規定が設けられた（第五十四〜六十一条）。

衛生状態の向上を目指した規定は、これらだけではなく、床の規定や居室の換気や日照に関する規程などにも及んだ。床高を四五センチ以上とし、床下にコンクリートなど防湿を施すこと、居室の天井高を二メートル以上とすること、部屋の床面積の一〇分の一以上の採光面と二〇分の一以上の換気可能な開口部を確保することと規定された（第七十五条）。

防火・耐火について、防火地区内の建築物は、外壁を耐火構造または準耐火構造にすることと決められ（第百十二条）、また、軒なども不燃材で被覆することと決められた（第百十三条）。それ以外の地区に建てられる建築物については、耐火構造ではない場合は屋根を不燃材で葺くこととされた（第八十一条）。耐火構造の外壁とは、煉瓦、石、鉄筋コンクリートという不燃材で壁の構造体を造り、ある一定の厚さを持った壁である。また、準耐火構造の外壁とは、鉄骨や木造の構造体の表面に不燃材で被覆を施した壁を指している（第三十一条）。また、建築面積が六六〇平方メートルを越える建築物については、建築面積六六〇平方メートルを上限とした「防火区画」を設定するために耐火構造の防火壁を設けることとし（第八十三条、第八十五条）、規模の大きな建築物の火災拡大を防ぐこととした。

建築許可申請にあたっては、配置図、各階平面図、断面図、立面図、主要部分の詳細図の添付を義務付け（第百二十四条）、さらに審査する道知事は、必要に応じて、強度計算書（構造計算書）、仕様書の提出を求めることができた（第百二十六条）。

用途地域に応じた建築物の用途規制について、住居地域における工場、劇場などの娯楽施設の建築を原則として禁止した（第九十六条）。工場については、商業地域での建築も住居地域に比べて多少の緩和条件は付したものの原則的には禁止された（第九十七条）。

このようにして実施された「施行規則」は、建築物の衛生状態の向上を目指し、同時に不燃化を図りながら、その総和として都市全体の衛生状態の向上と不燃化を進めていくものであった。なお、この改正された「施行規則」は、さらに一九三八年六月九日付で改正された。[110] それは、日中戦争の長期化にともなう社会全体の戦時体制の進展によって、戦時の防空という問題が議論されるようになり、都市全体の防火、不燃化の必要度が以前よりも増したことで、煉瓦造建築物の普及を図るため、煉瓦造建築物に対する規制を緩和したことが主眼であった。これらの改正の趣旨は、「朝鮮市街地計画令施行規則改正ニ関スル件」として、朝鮮総督府警務局長から実際に建築許可申請を審査する各道知事宛に通達された。[111]

満洲国政府による建築規則

満洲国政府は、首都新京の都市建設を進める中で、その事業地域を対象として実質的な建築規則を設けた。また、全国各地の都市計画を進めるために都邑計画法を施行し、その中に建築に関する規定を設けた。

満洲国政府が、その成立とともに首都新京（長春）の都市建設を国家のプロジェクトとして進めたことはすでに知られている。[112] それを担当するため、満洲国政府は、一九三二年九月一六日付で、国務院の外局として国都建設局を正式に設け、都市計画の立案とその事業化、さらに、首都に建てる政府庁舎の設計監理と首都における建築行政を託した。また、満洲国政府は、首都建設に必要な用地を買収し、市街地整備を終えた後、希望者に売却、あるいは長期貸付を行った。その際、土地を購入、借用した者に対して、一九三三年六月に作成した「国都建設局建築指示条項」の履行を求め、その条項に違反した場合は、売買契約や貸付契約を解除することとしていた。したがって、国都建設局指示条項は、実質的には法令と同じ効力を持つものであった。

国都建設局指示条項（巻末資料11）は、六五ヶ条から成っていた。そして、この条項は、建物の不燃化・衛生・規模を規定しながら、都市の不燃化、衛生水準の向上、美観の確保を目指していた。(113)

不燃化について、建物の外壁は耐火構造とし、屋根は不燃材で葺くことが定められた（第八条）。さらに、四階建以上の建物、二階建以上の集合住宅や集合店舗、公共建築物は、床、柱、階段も耐火構造とすることが決められた（第九条）。耐火構造の外壁とは、厚さ二〇センチメートルの煉瓦造、石造の壁か、厚さ一〇センチメートル以上の鉄筋コンクリート造の壁と決められた（第五条）。

衛生水準の向上について、敷地全体の排水施設の設置を義務付け（第二十八条、第二十九条）、また、汚水や糞尿の地中への浸透を防ぐことが定められた（第二十六条、第三十条、第三十一条）。また、居室の環境保持のため、床下や壁体内部に防湿を施すこと、天井高を二メートル二〇センチ以上、採光面積を居室面積の一二分の一以上とすることが定められた（第二十五条）。

建物の規模について、建蔽率は用途地域ごとに設定されたが、住居地域を第一級から第四級、商業地域を小売、卸売、商館地域に分けるという具合に用途地域の設定が細かく規定された。したがって、建蔽率もそれに応じて、住宅地であれば、上限を一〇分の三（第一級のみ）と一〇分の四に分けた。商業地域でも、上限を一〇分の六（小売地域のみ）と一〇分の七に分けた。そして、建物の高さは、構造に関係なく、上限を二〇メートルとし（第十三条）、さらに、煉瓦造、石造、人造積造の建物は、軒高の上限を一二メートルとした（第十四条）。また、道路に面する建物は、その前面道路幅員を高さの上限とし、軒高の下限を三メートルとした（第四十二条）。ただし、商業地域で前面道路の幅員が三八メートルを越える場合は、建物を二階建以上または軒高六メートル以上と規定された（第四十四条）。道路に面する建物の軒高を三メートル以上と定めたのは、大連市家屋建築取締仮規則や大連市建築規則、また、満鉄建築規程における軒高の最低限を決めた規定の影響であると考えられるが、これら従来の規則がその最低限を一二尺（約三・六メートル）ないし三・五メートルとしていたのに対して、国都建設局建築指示条項では、三メートルとなり、平屋の建物でもこの条項を満たすことは可能な高さとなった。

これら、建物の規模に関する規定は、そのまま都市の美観に関する規定に直結していた。すなわち、広幅員の道路に面した敷地には高さの高い建物が建てられるように前面道路幅員と建物の高さに相関を持たせた。同時に、道路に面する建物の高さの最低を規定したのは、大連市家屋建築取締仮規則で指摘されていたみすぼらしい建物の排除を図る考えが、この条項でもそのまま続いていたことを示している。

この国都建設局建築指示条項と並行して、新京特別市公署は、一九三三年四月一四日、新京特別市建築規則を布告した。国都建設局建築指示条項がその適用範囲を国都建設事業の対象地域としていたのに対し、新京特別市建築規則は、新京特別市の市域を対象範囲としていた。その違いは、国都建設局建築指示条項は、国都建設計画で事業が進んでいった地域に適用されるもので、当面は、第一次施行区域とされた地域に適用された。これは新京特別市の行政区域二〇〇平方キロメートルのうちの半分に相当する一〇〇平方キロメートルであり、そのうち、治外法権地帯である満鉄と北満鉄路の鉄道附属地とすでに市街として成立していた長春城内および商埠地を除いた七九平方キロメートルが対象地域であった(114)。

新京特別市建築規則（巻末資料12）は、全文三二条(115)からなり、用途地域と建物の用途、建物の規模、建物の不燃化と衛生に関する構造と設備の規定、建築許可申請の規定を定めたものであった。

市街地は住宅地域、商業地域、混合地域、工業地域の四地域に区分され（第三条）、工場や倉庫の工業地域外での建設を禁じた（第十一条）。

建物の規模について、用途地域ごとに建蔽率が決められたが、住宅地域の上限を一〇分の四、商業地域の上限を一〇分の七としたことは、国都建設局建築指示条項に似ている（第七条）。さらに、二階建以上の建物は、二階以上に属する各階総面積の二分の一を建築面積に加えて建蔽率を計算することとなっており、これも国都建設局建築指示条項と同じである。また、建物の高さについて、道路に面する建物の軒高の下限を三・五メートルと定め（第十七条）、国都建設局建築指示条項よりも〇・五メートル高く設定された。これは、一九二五年改正の満鉄建築規程と同じであった。また、建物の軒高の上限について、前面道路幅員の一・五倍を上限とした。さらに、建物の構造に応じて、建物の軒高の上限を変えた。煉瓦造、石造は一二メートル、鉄筋コンクリート造は一五メートル、木造は七メートル、という具合に決められた（第十九条）。この規則には鉄骨造の規定がないが、この第一九条によって、建物の軒高の上限は一五メートルとなった。これは、それまで中国東北地方で実施された他の建築規則に比べて低い設定であった。

建物の不燃化については、壁体を煉瓦、石、コンクリートで造ることとされ、木造や土蔵は工場地域でのみ条件付で認められた。また、屋根も不燃材で葺くこととなった（第十八条）。また、長さ三〇メートル以上の建物については、三〇メートルごとに防火壁の設置が義務付けられた（第二十一条）。

建物の衛生に関して、敷地を前面道路より一〇センチメートル高くすること（第十六条）、汚水や排水が地中に浸透しないようにすること（第二十五条）もこれまでの他の建築規則と類似しているが、井戸の規定は設けられなかった。なお、排水については、これより先に公布された新京特別市暫定下水道規則（一九三三年一月二〇日公布）に私設下水道の詳しい規定があり、それに準拠することとなった。また、建築許可申請書については、申請書に仕様書の梗概、配置図、平面図、立面図、主要なる断面図の添付を義務付けた（第二十六条）。

これらの規定について、その条文（日本文）を見ると、一九二五年改正の満鉄建築規程と似ている部分が多く、また、用途地域を決めた第三条、規則の目的を示した第四条、規則違反に対する対応を記した第五条、建築線の設定を示した第十二条や第十三条、道路に面する建物の軒高制限を示した第十七条、防火壁の規定（第二十一条）、高層建築物の避難に関する第二十二条、建築許可申請書類とその中身を示した第二十六条は、それらの条文そのものがまったく同じかわずかに修正しただけの条文である。したがって、新京特別市建築規則は満鉄建築規程を手本に作成されたと考えられる。

その後、満洲国政府は、新京以外の主要都市に対する都市計画を実施するため、一九三六年六月一二日、都邑計画法を公布した。その中では、用途地域に応じた建物用途の規制（第十八条〜第二十二条）、風致地区内の建物の規制（第二十三条）、美観地区内の建物の規制（第二十四条）、建築線の規定（第二十八条）などが設けられたが、建物全体に対する規則は別途定めることとなった（第三十条）。そして、一九三七年一二月二八日、都邑計画法施行規則が公布され、建物の高さ、容積、構造、設備などの規定が実施された(116)。

このような都邑計画法と都邑計画法施行規則による建築規則の実施は、朝鮮総督府が、一九三四年に公布した朝鮮市街地計画令とその施行規則、さらに一九三五年改正の施行規則によって建築規則を定め、実施していったことと同じである。そして、その内容についても、『満洲建築概説』が「本法の立案は範を日本都市計画法及市街地建築物法並びに朝鮮市街地計画令に採り之に満洲の特異性を加味したもの」と指摘しているように、先行する法令を参考としていた(117)。

この都邑計画法とその施行規則の建築に関わる部分は、建物の不燃化、衛生の点において従来の建築規則と同様の規制を行いながら、新しい試みとして、建物の高さ制限を撤廃したことと、本格的な容積率制限を導入したことが重要であった。容積率について、住居地域は一〇分の七、商業地域は一〇分の三五、その他の地域を一〇分の三〇とした（都邑計画令施行規則第十六条）。その一方で、この施行規則では、建物の高さに関する規定はなく、行政官署が国務院総理の許可を得て建物の高さの規定を作ることができるように定められた（施行規則第二十八条）。これについて、都邑計画法とその施行規則を制定したときの実質的な責任者であった近藤謙三郎は、一九三九年二月一五日、日本の土木学会通常総会で講演し、この容積率規制と建物の高さ規制について、「満洲に於きましては、目下の所高さには制限がございませぬ。どんな高いものを建てゝも宜しいと云ふことになって居るのであります。其の代りに容積—建物のボリュームを抑へてあるのであります[118]」と説明した。

中国東北地方における高さ制限の導入は、大連市家屋建築取締仮規則において、高さの最低限を規制するという方法によって行われ、その結果として、その最低限を大きく越える建物は出現せず、その高さに建物の高さが揃うという現象が生じた。その後、大連市建築規則や満鉄建築規程では、最低限を決めながら、建物の安全性を考慮して構造別に高さの上限を決めたが、これは、大連や鉄道附属地における経済活動の活発化に伴って、最低限の高さを越えて建物を建てることのできる民間人が増えたためであった。この高さ制限の方法と考え方は、満洲国政府の成立後にも受け継がれ、国都建設局建築指示条項や新京特別市建築規則でも、同様の方法が採られた。したがって、高さ規制をすべて廃したことは、満洲国政府にとって大きな方針転換であった。それは、市街地における建物の高さが不揃いになることであり、そのリスクを冒しても容積率制度の導入を図ったのは、容積率の導入によって建物の量塊の度合いは統一されることになる、という考えによるものであった。先に示した近藤の発言は、それを示している。また、別の見方をすると、この規則を作成した人々は、建築の規模を量塊（マッス）で把握するという認識を持っていたことを示している。これは、建築を量塊（マッス）の存在として認識し、その中に建築空間が存在するという、西洋の近代建築運動に由来するものであった。容積率の導入は、都市を建築空間の集合体として扱うものであり、それは都市空間という概念の発生を意味するものであった。

不燃化・衛生・美観——建築規則が目指したこと

以上のような建築規則について、総じて指摘できることは、個々の建物に対して、不燃化と衛生状態の向上を目指しながら、それらの総和として都市全体の不燃化と衛生状態の向上を目指したことであった（表4-5）。

ただし、不燃化の方法には差異があった。台湾や朝鮮半島では、屋根を不燃材で葺くことのみを義務付け、外壁や

表 4-5　植民地・支配地における建築規則の比較一覧

規則名称／比較項目	台湾家屋建築規則・施行細則	（朝鮮）市街地建築取締規則	朝鮮市街地計画令・施行規則	大連市家屋建築取締仮規則	営口牛家屯間借地人家屋建築規程	南満洲鉄道株式会社建築規程	大連市建築規則	新京特別市建築規則	国都建設局建築指示条項	都邑計画法施行規則
実施時期	1900.8.12公布⇒施行細則1900.9.29公布⇒施行細則1907.7.30改正	1913.2.25公布⇒1935.9.20廃止	1934.6.20公布⇒施行規則1934.7.27公布⇒施行規則1935.9.2改正公布⇒施行規則1938.6.9改正	1905.4.1公布⇒1910.5.8修正⇒1919.6.9廃止	（1905.9以降）	1919.4.1施行⇒1925.8.1改正実施⇒1937.11.30廃止	1919.6.9実施⇒1919.9.7改正	1933.4.14公布施行	1933.6公布	1937.12.28公布
法的扱い	律令＋台湾総督府令	朝鮮総督府令	制令＋朝鮮総督府令	遼東守備軍令	営口軍政署規程	南満洲鉄道株式会社社則	関東庁令	新京特別市布告	国都建設局指示	勅令＋訓令
建築物の分類と用途地域	工場を区別し，例外規定あり	住家，工場，倉庫に分類し，一律に適用	用途地域に応じた建物ごとに規制	構造・規模で仮建築と永久建築に分類	耐火建築または洋風建築以外の新築禁止	耐火建築以外の新築を禁止。用途地域を設定し，建蔽率と建築線を規定⇒用途地域に応じた建物用途の制限（1925年改正より）	耐火建築以外の新築を禁止。工場は工場地区内のみ建設可。工場地区内の住宅建設不可	用途地域を住宅・商業・混合・工業地域に区分，建物用途を規制	用途地域を住居地域（1級～4級）と商業地域（小売・卸売・商館）に区分，建物用途を規制	住居地域，商業地域，工業地域に区分し，建物用途を規制
高さ制限	軒高12尺以上	3階建以下	前面道路幅員1.5倍以下，住宅地域上限20m，その他の地域上限31m，煉瓦・石・木造高さ13m，軒高9m以下。木骨造高さ8m，軒高5m以下（1935年改正より）	最低12尺，永久建築は1・2等道路に面する場合30尺以上，3等道路に面する場合15尺以上	軒高21尺以上	軒高12尺以上，前面道路幅員の1.5倍以内，構造に応じた最高の高さを制限	軒高12尺以上，前面道路幅員の2倍	軒高3.5m以上，煉瓦造・石造12m以下，RC造15m以下，木造7m以下	3m以上，20m以下。前面道路幅員以下。煉瓦・石・ブロック造は軒高12mを上限。商業地域で前面道路幅員38m以上の場合，2階建以上または軒高6m以上	個別に設定
建蔽率	規定なし⇒75%以下（1907年）	80%以下	商業地域80%以下，住宅地域60%以下，その他70%以下（1935年改正より）	30%以上⇒70%以下（1910年）	規定なし	商業地域60%以上80%以下，住宅地30%以上70%以下⇒商業地域40%以上80%以内，工業地域70%以内に変更（1925年）	商業地区40%以上70%以下，住宅地区20%以上60%以下，混合地区30%以上80%以下	住宅地域20%以上40%以下，商業地域・混合地域30%以上70%以下，工業地域は個別設定	一級住居地域10%以上30%以下，それ以外の住居地域10%以上40%以下，小売商業地域20%以上60%以下，その他の商業地域は30%以上70%以下	商業地域40%以内，商業地域70%以内，その他60%以内

容積率	防火規定	衛生規定	建築線規定
規定なし	屋根を不燃材⇒長屋に防火壁義務付け(1907年)	居室の採光・換気面積は室内面積の10分の1以上。居室天井高8尺以上。床高2尺以上。汚水排水溝，雨水下水溝設置。地盤面にコンクリートまたはタタキの層(厚さ3寸以上)築造⇒コンクリートに限定（1907年)。厠の設置を義務化(1907年)	地方長官が建築線指定。建築線からの突出を認めず
規定なし	屋根を不燃材。木造長屋は20間毎に防火壁設置	床高1.5尺以上。排水設備と井戸設置。便所・排水溝は3間以上隔離。住戸に便所設置。防鼠装置設置	建物の基礎を道路境界線より1.5尺以上後退。建物は道路境界線より突出しないこと
規定なし	屋根を不燃材。防火地区内の外壁は耐火・準耐火構造。660 m²ごとに防火区画（1935年改正より）	当初規定なし⇒居室天井高2m以上，床高0.45m以上。居室の採光面積は居室面積の10分の1以上，換気面積は居室面積の20分の1以上。汚水・雨水排水溝設置。井戸と便所を5m以上隔離。住居に便所設置を義務化（1935年）	原則として道路境界線を建築線。特例あり
規定なし	外壁は石造，煉瓦造，漆喰塗り。木造は150尺以内に防火壁	居室の採光，換気，天井高，床高の規定なし。井戸と便所を20尺以上隔離。排水溝設置，暗渠で公共下水に接続	規定なし
規定なし	屋根を不燃材	居室の採光，換気，天井高，床高の規定なし。雨水排水溝設置。便所や汚水排水の規定なし	道路縁石から2間後退した位置（実質的には歩道・敷地境界線）に建築線設定
2階以上の総面積の3分の1を建坪に加算して建蔽率を計算⇒2階以上の総面積の2分の1を加算して建蔽率を計算(1925年)	屋根を不燃材。外壁を耐火構造	排水の規定は1919年関東庁令第7号に依拠。居室の採光，換気，天井高，床高の規定なし。井戸と便所・下水溜は3間以上隔離	商業地域：道路境界線より1.5尺後退した位置に建築線設定。住宅地域：道路境界線から1.5間後退（前面道路幅3間以上），または1.5尺後退（前面道路幅3間未満）した位置に建築線設定
規定なし	耐火構造（煉瓦，石造，コンクリートなど)，屋根も耐火材料。120尺以上の建物に防火壁設置	居室面積1.5坪以上，天井高8尺以上，採光面積は室内面積の12分の1以上，又は36分の1以上の天窓。下水溝，下水管，(暗渠）設置。下水溝口に防鼠装置	道路境界線より1.5尺後退した位置に建築線設定。建築線からの突出を認めず。前庭を設けない場合は建築線に建物外壁を一致，前庭を設ける場合は建築線上に境界壁設置
2階以上の総面積の2分の1を建築面積に加算して建蔽率を計算	壁体は煉瓦・石・コンクリート，屋根は不燃材。長さ30mを超える建物は防火壁設置	居室の採光，換気，天井高，床高の規定なし。汚水溜設置	道路境界線より50cm後退した位置に建築線設定。ただし，庇，出窓などの突出は認める
規定なし	外壁は耐火構造，屋根は不燃材。4階建以上，2階建以上の集合住宅，公共建築物は防火壁，消火装置設置	居室天井高2.2m以上，床高0.4m以上。居室採光面積は居室面積の12分の1以上。汚水は排水溝により公共下水に排水。排水口に防鼠装置	原則として道路境界線を建築線。特例あり
住居地域70%以内，商業地域350%以内，その他300%以内	4階建以上の建物，2階建以上の集合住宅，規模の大きな公共建築は耐火構造	居室の採光，換気，天井高，床高の規定なし。井戸と便所を6m以上隔離。雨水・汚水の排水設備設置	原則として道路境界線を建築線。特例あり

規則名称／比較項目	台湾家屋建築規則・施行細則	（朝鮮）市街地建築取締規則	朝鮮市街地計画令・施行規則	大連市家屋建築取締仮規則	営口牛家屯間借地人家屋建築規程	南満洲鉄道株式会社建築規程	大連市建築規則	新京特別市建築規則	国都建設局建築指示条項	都邑計画法施行規則
許可申請	地方長官に許可申請	警察署長に許可申請	道知事に申請（1935年改正より）	大連軍政署に申請⇒軍政撤廃後は大連民政署	記載なし（注1）	満　鉄	関東長官	新京特別市に申請	国都建設局長	各地の行政官署に申請
規則違反対応	規則違反，公益性，危険度合いなどを理由に取り壊し命令可能	規則違反の場合は警察署長が許可取り消し，建物使用停止の命令可能	規則違反の場合は行政官庁が建物の除却，改築，使用禁止などを命令可能	仮建築に取壊し命令可	改築命令可，借地権取り消し	工事中止命令可	規則違反の場合，工事中止命令可	規則違反の場合，工事中止，取り壊し，改築命令可	規則違反の場合，工事中止などの指示可	規定なし
既存不適格物件の扱い	地方長官が改造，取り壊し命令	警察署長が使用停止命令	用地地域制限における既存不適格物件は15年間に限り増改築可，それ以後は不可（1935年改正より）	軍政署の指示により改修，増設	改築命令可，借地権取り消し	規定なし	関東長官が改築命令可	新京特別市が取り壊し，改築命令可	10年以内の存続を認める	規定なし
建築技術者資格制度	規定なし	規定なし	規定なし	規定なし	規定なし	規定なし	主任技術者制度	規定なし	各階建築面積総和150 m²以上の建物は，国都建設局長認定の建築技術者のみが設計監督	規定なし
その他	罰金規定あり	罰金規定あり	罰金規定あり	罰則規定なし	違反者の借地権取り上げ	居住者規約により満鉄が違反者に鉄道附属地からの退去命令可	罰金規定あり	罰金規定あり	違反の場合，土地売却・賃付契約解除	規定なし

出所）各規則の条文をもとに西澤泰彦が作成。

注1）営口牛家屯間借地人家屋建築規程の条文には建築許可申請に関する記載がないが，対象地はすべて日本陸軍の軍用地であり，民間人による借地に対して「営口牛家屯間新設道路両側陸軍倉庫敷地貸下内規」に基づいて土地が借用される。この借地申請は営口軍政署を経て兵站司令官へ申請され，また，営口牛家屯間借地人家屋建築規程に違反した場合，この借地権が取り上げられるので，建築許可申請は実質的に営口軍政署を経て兵站司令官に行われていたとみなしてよい。

構造に関する規定はなかった。また、多数の既存建物が市街地に存在する状況では、「既存不適格」という概念で、建築規則に定める新築建物とは異なる既存の建物を取り締まることは、現実的には困難であった。しかし、台北の市区改正事業に見られるように、市街地再開発による新築建物は煉瓦造となることが多く、また、朝鮮半島では、煉瓦が安価で手軽な建築材料であったことから、木造建築を取り締まる必然性が低く、煉瓦造建築が耐火建築として実質的に普及していった。

それに対して、中国東北地方では、建物全体を耐火構造とすることが定められていった。加えて、大連では、既存不適格と呼ばれる建築規則の施行前に建てられている建物に対しても所轄官庁が増改築を指示できるようになっていた。また、満鉄がほとんどの土地を一元的に管理していた鉄道附属地では、満鉄が鉄道附属地の住民との間で結ぶ居住者規約によって、公共の利益に反することが生じれば、満鉄が居住者に退去を求めることができたため、これを盾に既存不適格の建物を取り締まることは可能であった。したがって、このような方法によって、中国東北地方では、耐火性能の低い木造の建物は、徹底的に排除された。

このような個々の建物の不燃化が進められたのと並行して、いずれの建築規則も市街地に多く見られる長屋について、その規模が大きくなると防火壁の設置を義務付けた。また、一九三八年の朝鮮総督府による朝鮮市街地計画令施行規則の改正では、煉瓦造、石造建物の耐火能力を認め、それらが建て易いように規制を緩和した。このようにして、個々の建物の不燃化を図りながら、その集合体として市街地全体の不燃化を目指していた。

一方、台湾総督府や朝鮮総督府が不燃化以上に力を入れたと考えられるのが、建物の衛生の問題であった。敷地全体の排水を確保すること、住宅の床を地面からある程度離すことで敷地や住宅の湿気対策を行い、汚水の浸透や汚水の井戸への混入を防ぐことで清潔な飲料水を確保し、伝染病などの蔓延を防ぐことを試みた。また、ネズミ対策にも力を注いだ。これらの方策と並行して市街地における上下水道をはじめとした都市基盤施設の整備が進められたため、都市全体の衛生状態が向上していった。台湾総督府や朝鮮総督府において、火災より大きな問題は、ペスト、コレラ、赤痢という伝染病の流行を押さえ込むことであった。

これら、不燃化と衛生の問題は、建物と都市の安全・安心に関わる問題であり、安全な建物の集積と質の高い都市基盤施設を整備することで、安全な都市をつくりだし、それによって住民に安心感を与える居住環境の確保を目指し

図 4-13　1915 年頃の大連・大山通

たのであった。

また、これら多くの建築規則には、市街地の美観という言葉と概念が盛り込まれた。その具体的な規定として見られるのは、建物高さの最低限を規制すること、前面道路幅員に応じて建物の高さを制限することであった。これによって、道路幅員に応じた規模の街並みが形成されつつあった。これは、都市の美観維持という発想であり、後に満洲国政府による容積率制限が導入されるに及び、その発想は、都市空間の創造という概念に変わった。

そして、建物と都市の不燃化のため、実質的に進められた煉瓦造の奨励は、その結果、建物が洋風建築として建てられることになり、洋風の街並みが出現した。特に徹底的に木造建物が排除された中国東北地方では、大連や鉄道附属地沿線にその傾向が強かった。そして、大連など中国東北地方で出現した建物高さの最低の制限によって形成されたスカイラインと煉瓦造の建物が建ち並ぶ街並みは、関東都督府や満鉄にとって、その支配能力を欧米列強諸国と被支配者である中国の人々に見せつける場となった（図 4-13、図 4-14）。

図 4-14　1920 年代後半の満鉄奉天附属地（奉天駅前と浪速通）

ところで、一九〇〇年公布の台湾家屋建築規則をはじめとしたこれら一連の建築規則と、同時期の日本国内の建築規則とを簡単に比較してみる。建築規則に関する田中祥夫の一連の研究によれば、日本国内ではこの時期、建物の耐火と都市の防火に主眼を置いた建築規則と、密集市街地における長屋を中心とした建物の規制を衛生の観点から実施していく建築規則が混在していた。[119] 前者は、一八八一年実施の東京防火令に代表されるもので、建物の外壁を不燃化することで、その耐火性能を上げ、市街地の不燃化を進めるものであった。[120] 後者については、山口県が一八八四年に制定した「家屋建築規則」を皮切りに、大阪府など一三府県が制定した「長屋建築規則」が、その代表例であり、それらには、便所、井戸、ゴミ溜の規定、敷地内の排水に関する規程、居室の採光や通風を確保するための窓面積の規定が盛り込まれるのが通例であった。[121]

これらの建築規則に比べて一九〇〇年公布の台湾家屋建築規則と台湾家屋建築規則施行細則は、建物の耐火・不燃化と建物の衛生水準の確保という日本国内で存在した二種類の建築規則の特徴を兼ね備えた総合的な建築規則であった。すなわち、台湾家屋建築規則施行細則では、建物の構造・材料の規定を設けてその不燃化を促し（第一条）、また、基礎や床高の規定による床下の換気や湿気の除去の確保（第二条・第五条）、居室の採光面積の確保（第七条）、雨水の排水方法（第九条）や便所の規定（第十一条、第十二条）を設けた。そして、台湾家屋建築規則によって、家屋の新築、増改築を許可制としたこと（第一条）、規則違反や危険な家屋に対して地方長官が改造、補修、取り壊しを命令できること（第三条）、の二点を規定して、すべての建物を行政の管理下に置いた。また、亭仔脚を設ける規定（第四条）も日本国内に比べて強い日射を遮る目的が規定の一つの理由として考えられるので、これも建物の衛生水準、居住性の確保のための条項であるといえる。

このような特徴を兼ね備えた同様の建築規則は、先行していた日本国内の建築規則には見当たらない。田中の研究によれば、海軍による佐世保鎮守府の建設に合わせて一八八七年三月に長崎県が公布した「東彼杵郡佐世保村市街家屋建築規則」において、建物の屋根葺き材料を瓦もしくは金属板とする規定（第三条）、海軍佐世保鎮守府付近の建物を石造、煉瓦造または塗屋とする規定（第四条）、煙突に関する規定（第八条）を設けて建物の不燃化を促し、また、床高と床下換気の規定（第七条）を設けたことで建物の衛生水準を確保しようと試みられた例が示されている[122]が、この規則は、他の「長屋建築規則」に比べれば衛生に関する条項が少なく、台湾家屋建築規則とその施行細則とは異なっていた。

また、海軍による舞鶴鎮守府の建設に合わせて京都府が一九〇〇年三月に公布した「舞鶴軍港附近新市街地建設物制限規則」では、建物の屋根葺き材に不燃材を用いること（第六条）を規定して建物の不燃化を促しながら、便所の規定（第六条）、汚物処理の規定（第七条）、井戸の規定（第八条）、敷地内の排水の規定（第九条）、ゴミ溜の規定（第十条）を設けて敷地内の衛生水準の確保を図った[123]。

佐世保と舞鶴の規則は、前者が建物の不燃・耐火の規定に重きを置きながら衛生の規定を設け、後者が衛生の規定に重きを置きながら建物の不燃・耐火の規定を設けたことで、各地の府県が実施した長屋建築規則や家屋建築規則に比べて、建物の不燃・耐火と建物の衛生に関する規定を兼ね備えたものであった。しかし、これらに対しても、台湾家屋建築規則とその施行細則は、建物の不燃・耐火の規定と衛生の規定の両方ともに詳細に決められていた。

なお、田中の研究によれば、各府県による長屋建築規則、家屋建築規則が衛生に関する条項を設けていった背景には、当時の内務省衛生局が都市の衛生対策の一環として建築規則の制定を推進したことがあり、その中心的な役割を果たした人物に内務省衛生局技師を務めていた後藤新平がいたことを指摘している。そして、後藤が台湾総督府民政長官であった時期に公布された台湾家屋建築規則と彼が内務大臣を務めていた時期に制定された市街地建築物法が、その延長線上にあることを指摘している(124)。

しかし、前述のような比較をすると、台湾家屋建築規則とその施行細則は、各府県が実施した長屋建築規則や家屋建築規則に比べて、建物の不燃化と建物・敷地の衛生水準の向上、という異なった視点による建物の規制を示したものであり、建築規則として格段に整備されている。したがって、台湾家屋建築規則とその施行細則は、一九世紀末の日本国内でつくられた東京防火令に代表される建物の不燃化を主眼とした建築規則と各府県が実施した建物・敷地の衛生水準の向上に主眼を置いた建築規則の両者を一つの建築規則にまとめたものであると位置づけられる。

ところで、台湾家屋建築規則と大連市家屋建築取締仮規則では、それぞれの規則が施行される前に建てられた建物についても規制を設けた。既述のように台湾家屋建築規則では、既存の建物について、公益のため、危険性が高いとき、健康を害するとき、規則に違反したとき、のいずれかの場合、地方長官が建物の所有者に対して期限を定めて、改造、補修、取り壊しを命令することができた。また、大連市家屋建築取締仮規則では、既存の建物のうち、規則に不適格な建物に対して行政機関が示した期限内に増改築することと定めた。これらは、新築物件だけでなく、今日で言う「既存不適格建築物」を取り締まることで、それぞれの建築規則が定めた建物の不燃、規模、衛生などに関する規定の徹底化を図るものであった。

このような既存不適格建築物にも規制をかける方法は、前述の「舞鶴軍港附近新市街地建設物制限規則」に見られる。この規則では、「本則施行前ノ建築物ニシテ本則ニ抵触スルモノハ本則施行ノ日ヨリ五ヶ年以内ニ改築又ハ撤却スヘシ」(第十六条)とされ、既存不適格建築物に対して、所有者は、この規則の施行日である一九〇〇年四月一日から五年以内に規則に適合するように建物を改築するか取り壊すかのいずれかを求められた(125)。

さて、台湾家屋建築規則が日本の植民地・支配地における建築規則の嚆矢として重要な意味を持つ存在であったのに対して、次に建築規則の転機となったのは一九一九年実施の満鉄建築規程と大連市建築規則であった。満鉄建築規程では、容積率の概念を導入して、建物の規模を高さではなく、敷地の大きさに応じてその上限を規制した。一方、大連市建築規則では、主任技術者制度が導入され、建築の設計・監理、施工に従事する建築家・技術者の資質を学歴と資格試験によって一定水準に確保することで、建設される建物の質を確保しようと試みられた。

これらの建築規則が実施されたのと同じ時期の日本国内では、都市、建築に関する法規として都市計画法と市街地建築物法が検討され、一九一九年四月四日、二つの法律が同時に公布された。

市街地建築物法は、都市計画法と連動し、都市計画区域の市街地に適用することを前提としていたが、都市計画区域が当時の六大都市から、順次、地方の主要都市に拡大するにつれて、市街地建築物法の適用も全国の都市に拡大し、全国的に一律に適用される日本で最初の建築規則となった。また、市街地建築物法では具体的な規定のない部分については、一九二〇年九月二九日公布の市街地建築物法施行令と同年一一月九日公布の市街地建築物法施行規則によって、さらに定められた。

このうち、市街地建築物法では、用途地域制度を採用したこと、建築線の制度を定めたこと、建築物の高さと敷地における空地の割合を定めたこと、建物の用途に応じて公共性の高い建物を特殊建築物として構造、設備、敷地に関する規定を設けたこと、防火地区制度を設けて防火構造の規定を定めたこと、美観地区制度を定めたことを主な特徴としていた(126)。

これらの特徴と満鉄建築規程や大連市建築規則の特徴とを比較すると、次のことが指摘できる。一点目は、用途地域について、いずれの建築規則も用途地域制度を採用していたことであるが、大連市建築規則では建物の用途を用途地域に対応して制限し、工場の工場地区外での建設や工場地区内における住宅の建設を禁止した。一方、満鉄は、一九一六年に用途地域制度を導入したが、一九一九年実施の満鉄建築規程では用途地域に応じた建物用途の規制は行わず、一九二五年改正の満鉄建築規程においてそれを実施した。これに対して市街地建築物法では、用途地域に応じた建物用途の規制を明確にせず、市街地建築物法施行令においてそれを規制した。

二点目は、建築線の制度について、いずれの建築規則も建築線の制度を採用していた。日本の支配地において、建築線を具体的に設定した最初の建築規則は、日露戦争中の営口において、営口軍政署が定めた営口牛家屯間両側借地人家屋建築規定であり、その第二条には「本道左右ハ道路縁石ヨリ二間（十二尺）ヲ距テ家屋又ハ塀囲ヲ建築スヘシ[127]」と規定された。この規定が実施された時期は明確ではないが、営口軍政署が存在した時期であるので一九〇四年末から一九〇七年初めにかけてであるとみられる。この条文に示された「本道」とは、営口軍政署が整備した営口新市街地と牛家屯停車場を結ぶ道路を指し、その道路は幅八間の車道とその両側に幅二間の人道（歩道）が設けられていた[128]。そして、この道路に面する土地は営口軍政署が一括管理し、民間人に借地として貸し出したものであった。条文では、道路縁石より二間後退した位置に建築線を設定していることになっているが、一般的に道路縁石とは、車道と歩道との間に設けられた段差を確保するために置かれるものであるので、この条文によって設定された建築線は、道路縁石から二間後退した位置、すなわち幅二間の歩道と敷地との境界線であると考えられる。その後、一九〇七年改正の台湾家屋建築規則施行細則にも建築線の設定が示されたが、そこでは、地方長官が設定した建築線に従う旨が記されたものの、具体的な建築線の設定位置は示されていない。そして、一九一三年公布の朝鮮市街地建築取締規則では、基礎の位置を道路境界線より一・五尺後退させ、建物は道路境界線より突出しないことを義務付けた。建築線の設定は、道路に面する建物が道路を不法占拠することを防ぐためであり、それによって街並みの整備を図るものである。したがって、市街地整備には欠かせない制度であり、多くの建築規則で導入されたといえる。

三点目は、建物の規模に対する制限方法である。市街地建築物法では、敷地における空地の割合を規定する旨を記したが、実際には、市街地建築物法施行令第十四条において、住居地域を一〇分の六、商業地域を一〇分の八、それ以外を一〇分の七、とする建蔽率を定めた。この比率そのものは、満鉄建築規程や大連市建築規則と変わりはない。また、建蔽率に建物の高さ制限を併用することで建物の規模を実質的に制限した。これに対して、大連市建築規則は、市街地建築物法および同施行令と同じように建蔽率と建物の高さを規定したが、満鉄建築規程では建蔽率・容積率と建物の高さを規定して、それぞれ建物の規模を制限した。これだけみると、満鉄建築規程のみが異質に見えるが、実際には、市街地建築物法と同施行令では、建蔽率と建物高さの最大値を示して、最大となる建物の規模を規定し、新築される建物の規模がそれ以下になるように定められた。満鉄建築規程においては、市街地建築物法と同様に建蔽率と建物高さの上限が示されたが、同時に、建蔽率の算定には容積率の手法が加味され、さらに、建蔽率の最低限と建物高さの最低限も示された。大連市建築規則では、満鉄建築規程と同様に建蔽率の上限と下限が示されたが、建物高さの規定は、下限のみが示された。

すなわち、市街地建築物法に比べて満鉄建築規程や大連市建築規則が際立っているのは、建物の規模に対して下限を設けたことである。これは、下限を設定することで、建物の最低限の規模を維持するという方法であった。それは、当時、中国東北地方に進出した日本人商工業者が資力に乏しく最低限を大きく越えた規模の建物を建てるのが困難であった状況を勘案した規定であった。建物の規模の最低限を規定した最初の建築規則は一九〇〇年公布の台湾家屋建築規則施行細則であり、その後、一九〇五年に大連軍政署が定めた大連市家屋建築取締仮規則にも導入された。日本国内の建築規則で、このように建物の規模の最低限を規定することは見られないので、これは、植民地・支配地特有の現象である。また、満鉄建築規程における容積率の導入は、建物の規模を単に高さの制限で規定するだけでなく、建物を三次元の立体物と見なした規定の結果、生じた規定であるといえる。

四点目は、建物の用途に応じた規定の存在である。市街地建築物法では、学校、集会場、劇場、旅館、工場、倉庫、病院、市場、屠場、火葬場など公共性の高い建物を特殊建築物として扱い、構造、設備、敷地に関する規定を細かく定めた。これに対して、大連市建築規則では、市街地建築物法と同様に学校、病院、会堂、劇場、寄席その他多数人員を収容する家屋については耐火の規定や階段の規定を厳しくし、また、四階以上の建物や集合住宅に対しても階段の耐火を義務付けた。しかし、満鉄建築規程では、そのような規定がなかった。これは、満鉄建築規程が適用される満鉄鉄道附属地において、公共性のある建物の多くは満鉄が建設しており、自らが建設する建物に対して自らの建築規則を適用する必要性がなかったためである。

五点目は、建物の安全と衛生に関する規定である。市街地建築物法では、建物の構造や設備に関する大枠の規定を示し、具体的な規定は、市街地建築物法施行規則によって定められた。それに対して、大連市建築規則と満鉄建築規程では、それぞれの建築規則の中に、建物の構造、不燃化・耐火に関する具体的な規定を盛り込んだ。また、大連市建築規則では居室の最低面積を一坪半とし、天井高、採光面積、換気面積の規定を設け、居室の居住環境の確保をめざした。

六点目は、防火地区や美観地区というような建築規則適用地域内において目的に応じた特殊な地区の設定に関する問題である。市街地建築物法では、都市計画法で定められた防火地区や美観地区における建物の制限を行った。

ところが、大連市建築規則や満鉄建築規程では、適用地域全体に対して建物の防火・耐火の規定を実施し、耐火建築以外の新築を禁止した。また、両方の建築規則は、いずれも適用地域全体を美観地区と同じ扱いとして、道路に面する建物の高さの最低限を規定しながら、前面道路幅に応じた建物高さの上限を設定し、街並み、都市景観に配慮している。また、大連市建築規則では、大連市街地の要所である大広場などに面する建物については建物高さの下限を高くして、広場の規模に応じた建物の規模を設定している。

このような特殊な地区の設定の有無は、市街地建築物法が全国的な建築規則として、全国の市街地を対象としていたのに対して、大連市建築規則と満鉄建築規程が、限定された市街地を対象としていたために生じた差異である。したがって、建築規則の根底にある基本的な考え方に差異が生じているわけではない。

このように見ると、同じ時期に公布、実施された市街地建築物法、大連市建築規則、満鉄建築規程は、市街地における建物の不燃・防火・耐火、構造、といった建物の安全の確保を図りながら、建築線の導入によって街並みの整備を目指すものであった。その中で、市街地建築物法が、建物の構造に関する規定を施行細則できめ細かく定めたのに対して、大連市建築規則や満鉄建築規程では、構造の規定よりも建物の最低規模を定めるなど都市の美観により配慮した建築規則となった。その差異は、大連市建築規則が大連の市街地を具体的な対象とし、満鉄建築規程も満鉄鉄道附属地を具体的な対象としており、それらの市街地が日本の支配力を具体的に示す存在であったため、建物の安全のみならず、都市の美観を重視した建築規則が必要となったことによると考えられる。支配地の建築規則は、支配の拠点となる都市を造るための一つのシステムであり、道具であったといえる。

ところで、大連市建築規則が導入した新しい規制の方法として、既述のように設計・監理、施工に関わる責任者の能力を資格として認定するという、主任技術者制度があった。この制度の実施直後は大連市内のほとんどの建築工事が停止して、大連市は大混乱に陥るという、本来の制度の趣旨とは異なる現象が生じたものの、建物の質（防火・耐火と安全）と都市の質（防火・耐火と美観）を確保する上では必要な方法であったと考えられる。これも、一都市を対象とした建築規則であるが故に可能になった制度といえる。逆説的に記せば、そのような資格制度がない当時の日本では、市街地建築物法施行規則に見られるように細かい建築構造の規定を定めることで、建物の質の確保を図ろうとしたのであった。すなわち、建築に関する資格制度は、建物の質を確保するためには、必要不可欠な手法であった制度である。

第5章　世界と日本のはざまの建築

ここでは、植民地・支配地における建築を他の地域との関係に着目して、その特徴をとらえることとする。その方法として、まず、建築活動の担い手の中心であった建築家・建築技術者について、その移動と異動、さらに彼らがそれぞれの地で設立した建築関係団体、また、彼らが建築活動を展開する上で必要な建築情報について考える。その次に、日本国内の建築との関係、さらに東アジア地域の建築との関係、そして、欧米地域の建築との関係を考えることとする。

一　植民地における建築家の移動

東アジア地域の日本植民地・支配地における日本人建築家・建築技術者の活動では、植民地・支配地に拠点を置いて活動した建築家と、日本に拠点を置きながら一時的に植民地・支配地にあった機関、組織の依頼を受けて活動した建築家に分けられる。ここで、主として扱うのは前者である。その理由は、植民地、支配地に拠点を置いた建築家・建築技術者の多くは、日本国内での活動経験に乏しく、また、日本国内には彼らが関与した建物がない場合が多く、一九世紀末から二〇世紀前半にかけての日本の建築や建築家を論じる際には、その対象から外れることが多いためである。

そこでここではまず、彼らの中でも特に複数の機関や組織に所属した建築家・建築技術者に焦点をあて、その地域的な移動と機関、組織間の異動を見ながら、その意味を考えることとする。そして、彼らが設立した建築関係団体とその活動、そして、彼らが得た建築情報と彼らの建築活動との関係、さらに、その建築情報を通して植民地・支配地と他の地域との関係を考えることとする。

支配機関の建築家の移動と異動

ここでまず着目するのは、台湾総督府、朝鮮総督府、関東都督府、満鉄といった東アジア地域で日本の支配機関として設けられた機関に所属した建築家・建築技術者の動きである（図5-1）。これらの機関に建築設計・監理を主務とする建築組織が設けられたことはすでに記した（第1章）。これらの建築組織に所属した建築家・建築技術者は、日本の支配地での活動を主としていたので、そのような地域での活動経験が求められた。

具体的に示せば、関東都督府設立時の前田松韻、満鉄設立時の小野木孝治、朝鮮総督府設立時の国枝博と岩井長三郎、満洲国政府成立時の相賀兼介は、その典型例であった。彼らは、それぞれの前身組織や他の組織で、日本支配地での建築活動を有した経験を持って、それぞれの支配機関が設立されると同時に建築組織に所属した。しかも、彼らはそれぞれの建築組織の中でその中心的な立場にあった。

前田松韻（一九〇四年東京帝国大学建築学科卒）は、一九〇六年九月に設立された関東都督府の建築組織であった民政部土木課に唯一の建築技師として所属した。彼は、日露戦争中の一九〇四年九月日本軍の兵站機関であった満洲軍倉庫の雇員として戦地に渡り、ダーリニー（大連）を皮切りに、営口、遼陽、再び営口へと日本軍占領地を移動し、満洲軍倉庫が物資を保管する建物の建設に関わっている（第1章参照）。そして、一九〇五年二月、大連軍政署の改組拡大に伴ってその嘱託技師となった経歴の持ち主であり、その四ヶ月後に関東州民政署が設立されるとその土木課

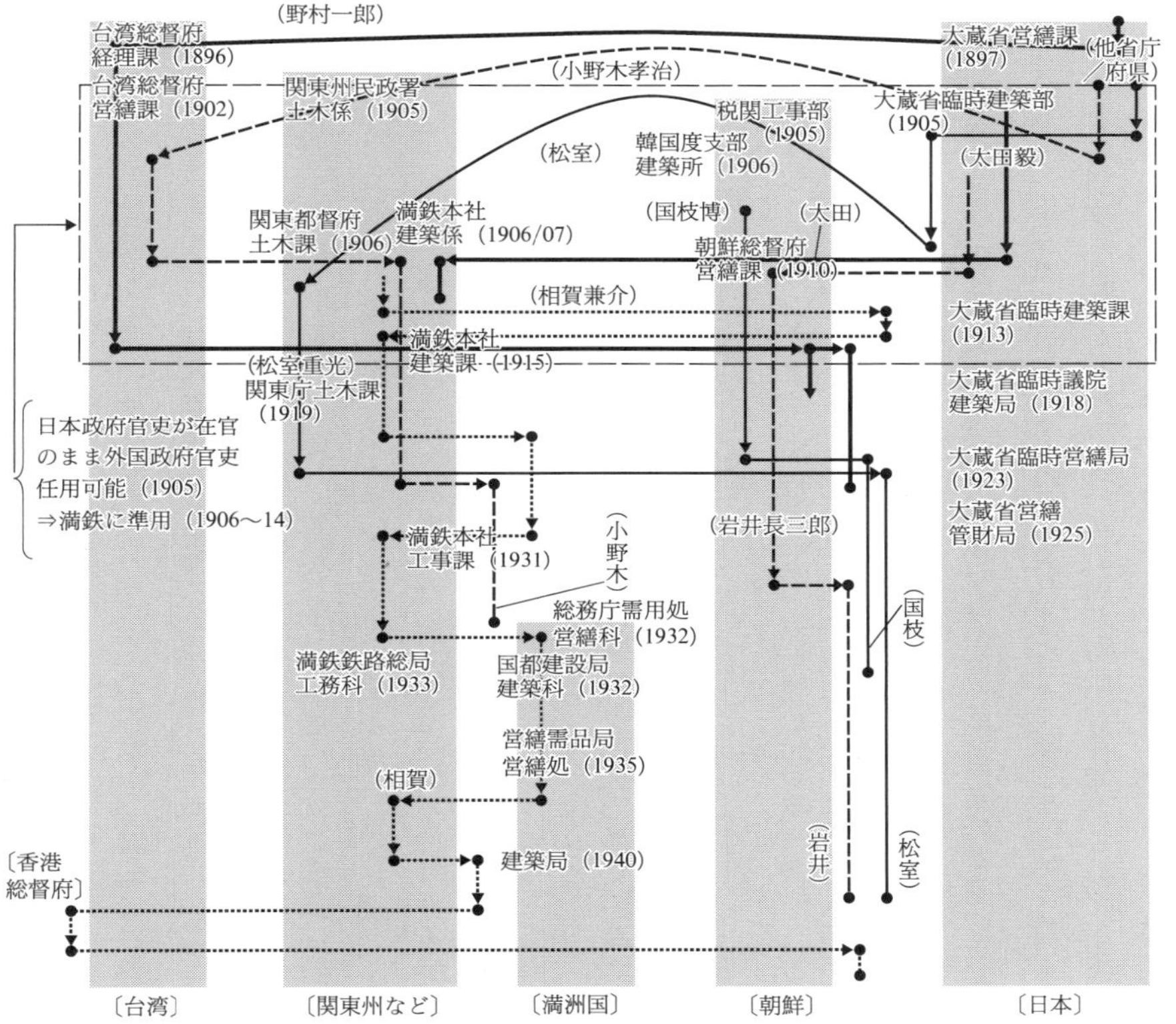

図 5-1　日露戦争前後を中心とした建築家の移動概略図

注 1）支配機関の建築組織に所属した建築家の中で中心的な役割を担った人物の移動（異動）を示した。
2）網掛けした縦長の箱は，日本国内および支配地の建築組織を示す。箱の外は香港総督府を除き，民間の建築組織に所属していたことを示す。
3）本図は，建築家の移動（異動）を示す図であって，それぞれの組織での所属期間の長さを示す図ではない。
4）（　）内の数字は，組織の設立年を示す。

に所属する唯一の専任の建築技師となった。彼は、このようにして、関東都督府設立以前の二年間をすでに大連を中心とした日本軍占領地で建築活動に従事していた(1)。

満鉄本社の大連移転とともにその建築組織の総師となった小野木孝治（一八九九年東京帝国大学建築学科卒）は、海軍技師、文部省嘱託技師を経て、一九〇二年一〇月台湾総督府嘱託技師となり、一九〇三年五月には台湾総督府技師となって営繕課に所属していた。そして、一九〇七年四月、在官のまま満鉄技師となった。しかも、満鉄では、本社内に設けられた建築係（一九一四年以降は建築課）の責任者のみならず、撫順炭坑営繕課など満鉄内のすべての建築組織における総師としての役割を果たした。[2] 小野木は台湾総督府在職中、すでに数々の建物の設計に主体的に携わっており、[3] その経験が、満鉄の建築組織の総師として中国東北地方における建築活動の展開に大きく役立ったと考えられる。

小野木が台湾総督府技師から在官のまま満鉄技師になったのは、台湾総督府民政長官から満鉄総裁に就任した後藤新平の影響であるといわれるが、これは、すでに見たように満鉄の設立にあたり、人材確保のため、日本政府の官吏が在官のまま満鉄社員に就くことを認める勅令が実施されたためである[4]（第1章参照）。この制度によって、小野木をはじめ、台湾総督府財務局長を務めていた中村是公など二四六名が在官のまま満鉄に入社した。建築組織では、小野木のほか、大蔵兼司法技師の太田毅が在官のまま満鉄に入社し、彼は小野木の下で満鉄が草創期に建築していった多くの建物を設計した。

また、日本の支配地での活動経験を有して満鉄草創期の建築組織に所属したのは、小野木だけではなかった。満鉄本社の大連移転から二年後に発行された『社員録（一九〇九年三月一日現在）』に掲載されている建築家・技術者は四五人（本社建築係二八人、大連工事係四人［一人は本社建築係兼任］、保線係五人、撫順炭坑営繕課八人、表5-1）であるが、そのうちの七人（荒木栄一、吉田松市、吉本長太郎、関栄太郎、蛭田福太郎、井田茂三郎、高岩静）は、満鉄入社前に台湾総督府や中国東北地方の他の機関に所属していた人物であった。荒木栄一は、台湾総督府営繕課に所属し、小野木の下で活動していた人物で、小野木の後を追うようにして満鉄に入社した。[5] 吉田松市（一九〇二年佐賀工業学校木工科卒業）は、臨時台湾土地調査局測量課所属の測量員であり、満鉄に入社して保線係に所属した。吉本長太郎と関栄太郎は、日露戦争中に日本軍占領地で鉄道の管理運営を行っていた野戦鉄道提理部に所属していた建築技術者であり、野戦鉄道提理部が管理していた鉄道が満鉄に移管されると、彼らは満鉄に入社した。蛭田福太郎も野戦鉄道提理部に所属し、いったん帰国した後、再び大連に戻り、満鉄に入社した。井田茂三郎（一九〇四年工手学校建築科卒

表 5-1　1909 年 3 月 1 日現在の満鉄所属建築家・建築技術者

所属組織	氏名（卒業校/年）
工務課	（建築係）［係長］小野木孝治，太田毅，横井謙介，市田菊治郎，檜山憲太郎，山崎源逸，遠藤五十七郎，秋本時太郎，吉本長太郎，木口鉄之助，三田昇之助，高岩静，今川仙之助，長島延衛，小宮房彦，井田茂三郎，東海林大象，若林若次，吉峰嘉吉，関栄太郎，安藤儀平，田中元一，吉田宗太郎，中川義長，小野小弥太，荒木栄一，杉山勇一郎，相賀兼介
	大連工事係　［主任］横井謙介（兼任），平沢儀平（工手/00），木村武太郎（？），蛭田福太郎（無）
築港事務所	三角碩次郎（佐賀・木/05）
保線係	遼陽保線係　永吉喜十郎（福岡/03，大石橋保線係兼任） 奉天保線係　島田吉郎（工手/05，千金寨保線係兼任） 鉄嶺保線係　三島政和（？），吉田松市（佐賀・木/02，昌図保線係兼任） 公主嶺保線係　和田喜蔵（工手/06）
撫順炭坑営繕課	［課長］弓削鹿治郎（工手/90），小黒隆太郎（工手/99），森本常治（東工教・木/98），寺崎賢吉（？），河西丑太郎（？），井手市吉郎（福岡/05），名越寿太郎（工手/03），森山富治郎（？）

出所）南満洲鉄道株式会社編『社員録』（明治 42 年 3 月 1 日現在）21～28・59～60・65・69～76・201～202 ページ。

注 1）出所記載の建築技術者をその記載順に従って記した。

2）工務課所属者の（卒業校/年）は付図 1-1 参照。

3）卒業校などの略称は付図 1-1 に同じ。卒業年は西暦年の下 2 桁を示した。

業）は、営口軍政署に所属し、清国の地方庁である営口道台に出向した後、満鉄に入社した。高岩静（一九〇〇年工手学校建築科卒業）は、関東都督府民政部土木課技手を経て満鉄に入社した[6]。この他に、一九〇九年の時点ではすでに満鉄を去っていたが、野戦鉄道提理部から満鉄の建築組織に入った人物として小川鋭彦がいる。野戦鉄道提理部は、戦時体制の終了とともに解散し、管理していた鉄道が満鉄に移管されると、所属していた職員のうち一九一人（事務系一三〇人、技術系六一人）が在官のまま満鉄に入社していた[7]。草創期の満鉄の建築組織が、順調に活動できたのは、小野木をはじめとした支配地での活動経験者がいたことによるものである。

朝鮮総督府の設立時にその建築組織となった営繕課では、国枝博と岩井長三郎がその中心となった。二人はともに一九〇五年東京帝国大学建築学科を卒業した大学の同級生であった。先に朝鮮半島に渡ったのは国枝であった。国枝は一九〇六年九月韓国度支部建築所技師となり、翌年八月統監府技師となっていた。一方、岩井は、大蔵省臨時建築部技師を務めていたが、一九〇八年春、統監府技師となった。そして、朝鮮総督府が設立されると、二人ともに営繕課の技師となった。その後、岩井は営繕課長になり、一九二九年まで営繕課長・建築課長を務めた。国枝は朝鮮総督府庁舎建設の実質的な責任者として、その工事事務所である景福宮工事事務所長となり、一九一八年九月までその職を務めた。一九一〇年の朝鮮総督府設立までに、国枝は四年間の、岩井は二年間の、朝鮮半島での建築活動の経験を有していた。(8)

このように前田松韻、小野木孝治、国枝博、岩井長三郎の四人は、いずれもそれぞれの組織が設立される二〜四年前に日本の支配地での建築活動を有していた。それに対して、満洲国政府の建築組織において最初の責任者となった相賀兼介は、彼らに比べてたいへん長い期間、日本の支配地で活動していた。

相賀兼介は、一九〇七年四月に満鉄に入社、一九一一〜一九一三年には東京工業高等学校建築科の選科生となって二年間だけ日本に帰国するが、その後、満鉄に復帰し、大連に開設された小野木横井市田共同建築事務所にも所属していた。そして、一九三二年満洲国政府が成立すると、その建築組織の主任として、満鉄から満洲国政府に派遣された。このとき、相賀は、中国東北地方に合計二三年も滞在しており、事務職員として満鉄に所属していた一九〇七年から一九一一年の時期を除いても、一九年間にわたって建築活動に従事していた。満鉄から満洲国政府への相賀の派遣は、一九三二年三〜八月、満鉄が満洲国政府に対して総勢一六一人の社員を派遣したことの一環であり、中国東北地方での行政など活動経験のある満鉄社員を満洲国政府職員として雇うことで、初期の満洲国政府の行政などを円滑に進めるためであった。(9)相賀は、その後、実質的には約四年間、満洲国政府の建築組織の責任者を務めた後、その地位から外されたが、一九三八年には満鉄に復帰し、さらに一九四一年に満鉄を退社して民間の建築会社に再就職した。そして、一九四二年にはかつての上司で満鉄本社建築課長を務めた青木菊治郎とともに日本軍占領下の香港に赴き、香港総督府（官邸）の増改築工事に従事した(10)（図5-2）。

一方、日本にとって最初の植民地となった台湾では、一八九六年、台湾総督府の建築組織として経理課と臨時土木部建築課が設けられ、職制の変遷を経て、一九〇一年につくられた民政部営繕課が建築組織の中心となった。日本にとってはじめての植民地領有であるので、当然ながらそのような支配地での活動経験のある日本人建築家は皆無である。そこで、工部省、文部省、内務省、宮内省で技手を務めた秋吉金徳のような日本国内で建築活動の経験豊富な人物が送り込まれた。しかし、黄俊銘の研究によれば、初期の台湾総督府の建築組織では、設立直後の約三年間は、「混沌期」と表現されるべき時期であり、そこに所属した技師はいずれも一～二年で離任するという具合に陣容が定まらない時期であった(11)（第1章参照）。

図 5-2　青木菊治郎や相賀兼介らが増改築に携わった旧香港総督府（1942 年増改築）

この状況が変化したのは、一八九九年一〇月に野村一郎（一八九五年帝国大学造家学科卒）が技師として赴任してからである。野村をはじめ、それ以後に赴任した技師たちは、小野木孝治の四年を最短として、森山松之助（一八九七年東京帝国大学建築学科卒）、中栄徹郎（同）、近藤十郎（一九〇四年同卒）、井手薫（一九〇六年同卒）は、一〇年以上にわたって台湾総督府技師を歴任した。彼らは、いわば台湾に「腰を落ち着けて」建築活動を展開したのであった。特に、一九〇四年から一〇年間も営繕課長を務めた野村は、その在任中に関与した台湾総督府庁舎の実施設計の経験を評価され、台湾総督府を退職すると朝鮮総督府に請われてその嘱託となり、朝鮮総督府庁舎の設計に携わった。これは、小野木と同様にこの時期の台湾での建築活動の経験が他の支配地での建築活動に反映された典型的な事例である。

一方、小野木孝治や野村一郎とは逆方向の移動、すなわち、他の支配地から台湾に移った人物として、八板志賀助（一九〇三年工手学校建築科卒）と古川長市（一九〇九年東京高等工業学校建築科選科修了）がいる。八板は、岡田時太郎が東京に開設していた岡田工務所の所員で、岡田が一九〇六年、大連に岡田工務所を設立すると、大連に渡ったが、翌年には関東都督府土木課に転じ、その後、一九一〇年には台湾総督府技手となって台湾に渡り、その後長らく台湾総督府に所属した。古川長市は、一九一〇年満鉄に入社し、その後台湾土地建物株式会社の技師となった。

このようにして、台湾とそれ以外の日本支配地では、支配機関の建築組織の中心となった建築家・技術者の経験に大きな差異があった。最初に日本の植民地となった台湾では、台湾総督府の初期の建築家・建築技術者たちに「助走期間」に相当する時期と経験がなく、彼らは未経験な状態で支配地での活動を始めなければならなかった。しかし、台湾の植民地化よりも後に日本の支配地となった地域においては、満鉄のように台湾での活動経験を持つ人物をその建築組織の総帥にすることにより、その組織の活動を円滑に進めることが可能となり、朝鮮総督府や関東都督府のように前身組織に所属して経験を積んだ建築家がそれぞれの建築組織の中枢に入ることで、草創期の建築活動を成立させた。特に満鉄の建築組織の場合、台湾総督府営繕課との間において、組織的な繋がりがあるわけではないが、小野木孝治の台湾総督府から満鉄への移動（異動）は、満鉄にとって草創期の建築組織が十分に機能するための必要条件であった。また、満鉄の建築組織には他の支配地における機関・組織からの異動もあり、彼らの経験が満鉄草創期の建築組織の活動に与えた影響は大きいと考えられる。

台湾総督府と中国東北地方の支配機関との間には、同じ現象が見られた。一九〇五年六月の関東州民政署設立では、建築技師の前田松韻は大連軍政署からの異動であったが、その時庶務部土木係の実質的な責任者となった土木技師の山路魁太郎は、小野木と同じ台湾総督府技師からの異動であった。この時の関東州民政署の幹部は、民政長官の石塚英蔵が一八九八年から台湾総督府民政部参事官・参事官長を務めていた官僚であり、関東州民政署の下に組み込まれた大連民政署長の関屋貞三郎も台湾総督府民政部参事官からの異動であった。彼らは関東都督府の設立とともにそのまま関東都督府に所属したので、日露戦争直後の日本による中国東北地方支配の機関は実質的に台湾総督府を母体とし、または、深い結び付きを持っていた。その後、満洲国政府の建築組織が満鉄との結び付きで生まれたことを考えると、台湾⇩中国東北地方、という日本人建築技師の移動（異動）は、日露戦争直後だけでなく、それから四半世紀後まで影響を及ぼしたといえよう。そして、小野木孝治や相賀兼介などの移動（異動）は、東アジア地域における日本支配地での本国を経由しない移動であり、後述する建築関係団体の交流と重ね合わせると、支配地相互の関係を考えるうえで重要な事例である。それは、支配地での人々の活動が本国との関わりなく成立していることを示している。

民間建築家の移動

支配機関に所属した建築家・建築技術者たちが、異動によって東アジア地域を移動していたのに対して、異動とは無縁に東アジア各地に進出した民間の建築家の動向を考えてみたい。民間の建築家が日本の支配地で活動するにあたっては、主に二つの方法が存在した。一つは、活動拠点を日本国内に置きながら、日本の支配地に出張するかたちで建築活動を行う方法であり、もう一つは、日本の支配地に拠点を構えて建築活動を展開する方法である。

前者の著名な例として、東京の辰野葛西事務所が、朝鮮銀行本店（第一銀行韓国総支店、韓国銀行本店、第2章参照）や釜山駅（第3章参照）の設計監理を行っているほか、実現しなかったが、満鉄中央試験所の奉天移転計画も立案している。[12]また、東京で建築事務所を主宰していた三橋四郎は、外務省からの委託を受けて、一九〇九年から一九一二年にかけて、在奉天日本総領事館をはじめ、牛荘（営口）（図5-3）、長春、吉林に開設された日本領事館の設計監理を行った。[13]また、彼らより時代は下るが、満洲中央銀行総行と台湾銀行本店を設計した西村好時の活動も、この典型例であろう。

このような日本国内に拠点を置く建築家が、出張のかたちで各地を訪れ、建築活動を展開した場合、その影響として少なくとも二つのことが起きる。一つは、建築家自身が現地に常駐するわけではないので、監理を担当する人物を別途、派遣して常駐させることになる。辰野葛西事務所では、朝鮮銀行本店の監理を所員の中村與資平に託し、中村は、起工から竣工まで約三年余の間、現地に常駐し監理にあたった。結果として、中村は建物の竣工後も帰国せず、そのまま京城（ソウル）にとどまって建築事務所を開設した。すなわち、日本から派遣された人物が、現地を拠点に新たな建築活動を始める契機となった。また、満洲中央銀行総行の設計にあたっては、現地における調整役としての意味合いを持って満洲中央銀行が一九三三年に桑原英治を雇い、一九三六年の定礎の頃まで桑原はその任を務めたが、その後、一九三六年六月には満洲国政府の建築組織であった営繕需品局に入り、翌年一〇月には、営繕需品局営繕処長として実質的な満洲国政府の建築組織の責任者となった(14)。

もう一つの影響は、現地を訪れた建築家が、活動の合間に見聞を広げ、それを日本国内に持ち帰ることである。三橋四郎は、監理のために中国東北地方を訪れると、ハルビンまで足を伸ばして市街地の建築を見学し、帰国後に「哈爾濱建築の奇観」という記事を『建築世界』に記し、その中で、ハルビンに多数建てられたアール・ヌーヴォー建築（図5-4）の存在を日本国内で最初に紹介した(15)。

図 5-3 三橋四郎設計の在牛荘日本領事館（1912 年竣工）

さて、活動拠点を日本国内ではなく、日本の支配地に置いて活動していた民間の建築家の典型は、すでに紹介した中村與資平と岡田時太郎であろう。中村は、一九一二年三月、朝鮮銀行本店が竣工すると、そのまま京城に滞在し、中村建築事務所を開いた。彼は、朝鮮銀行本店の工事で得た経験と人脈を活かしながら、朝鮮銀行が各地に開設していった支店の設計監理の仕事を得るとともに、京城では数少ない民間の建築家として、他の銀行の本支店、商業会議所、公会堂、新聞社、百貨店、事務所建築から教会まで、幅広く民間の建物の設計監理を行った。特に銀行建築については、京城に拠点を置いていた一〇年間に朝鮮半島各地の一〇都市に建つ二〇店舗を設計した。そして、朝鮮銀行大連支店が店舗を新築することになり、その設計監理の依頼を受けると、中村は、大連に出張所を開設した。また、京城では行っていなかった施工部門にも進出し、大連に工事部を設けた。その後、京城の事務所が住み込みで働いていた所員の失火で焼失すると、中村は日本国内への移転を考え、その前に自費でアメリカ・ヨーロッパを廻った。そして、一九二二年には東京に中村建築事務所を開設し、あわせて中村建築事務所工事部を設立した。事務所移転に際して、京城の事務所は所員の岩崎徳松に譲り、大連出張所は所員の宗像主一に譲った[16]（表5-2、表5-3）。

図5-4　三橋四郎が『建築世界』で紹介したアール・ヌーヴォー建築の哈爾濱駅

中村與資平が日本の支配地に拠点を置いた建築家として重要なのは、以下のような三点の理由による。一点目は、日本の支配地の中で拠点を同時に二ヶ所京城と大連に構えたことである。しかも、大連出張所には、東京帝国大学建築学科を卒業した建築家を二人も雇い入れ、また、京城で働いていたオーストリア人アントン・フェラー（Anton Feller）を大連出張所に送り込んで規模拡大を図った。二点目は、朝鮮半島において中村が有力な建築家として扱われていたことである。それは、朝鮮建築会の設立時に、朝鮮総督府建築課長であった岩井長三郎とともにその副会長に就いたことに端的に現れている。三点目は、施工部門に進出することで設計組織と施工組織を持った

表 5-2　中村與資平の経歴

年月日	事　項
1880. 2. 8	中村貞一郎の長男として静岡県長上郡天王村（現・浜松市東区天王町）に生まれる
1889.	下堀小学校卒業
1893.	浜松高等小学校卒業
1899.	浜松中学校卒業
1902.	第三高等学校卒業
1905. 7.	東京帝国大学建築学科卒業。卒業設計 “Design for Anatomical School” 卒業論文 “Description for Anatomical School”。卒業後辰野葛西事務所入所
1907. 12.	第一銀行韓国総支店（1911 年朝鮮銀行本店）臨時建築部工務長に任命される
1908.	住居を京城（ソウル）に移す
1912. 1.	朝鮮銀行本店竣工
1912.	朝鮮銀行建築顧問となる。京城黄金町に中村建築事務所開設。朝鮮銀行からの報奨金 5,000 円で京城蓬莱町 4 丁目に自宅購入。岩崎徳松入所
1914.	朝鮮銀行大阪支店新築工事にあたり岩崎徳松を代理人として大阪に派遣
1917.	大連市山県通りに出張所と工事部を開設。岩崎徳松を大連出張所主任，藤井嘉造を工事部主任とする。工事部と商事部を統合して日米公司設立
1917. 11. 30	東京書院より『美術的建築』を訳出
1919. 4.	久留弘文大連出張所入所，同所主任
1919. 9.	宗像主一大連出張所入所
1919.	フェラー入所
1920. 5.	フェラーを大連に派遣
1920. 12. 25	火災により京城の事務所焼失。事務所を京城太平町に移転
1921. 3. 25	フェラーとともに欧米旅行に出発。旅行記を『満洲建築協会雑誌』に連載
1922. 2. 11	欧米旅行から帰国
1922. 3. 8	朝鮮建築会副会長に選出される
1922. 4.	東京溜池に中村工務所開設。東京高円寺に転居。京城の事務所は岩崎徳松に任せる。大連出張所は宗像主一が引継ぎ中村宗像建築事務所となる。フェラーを米国建築事務所へ移籍させる。
1923. 9. 1	関東大震災により工務所建物崩壊。高円寺の自宅内に工務所移転
1924. 5. 20	岩崎徳松死去により京城の事務所閉鎖
1924.	この年，『都市公論』に都市計画の論文を 8 編投稿。この年から実践女子専門学校で住居の講義を開始（～1944）
1926.	設計部を新宿・第百銀行ビルに移転
1929.	設計部を丸ノ内・昭和ビルに移転
1931.	『米欧旅行記』2 巻を作成
1933.	設計部を丸ノ内・三菱仲 14 号館に移転 児童科学教育協会設立
1934.	工事部廃止。設計部を高円寺の自宅内に移転，中村與資平建築事務所と改称
1937. 4. 10	『住居』を桜文書院より出版
1944.	事務所閉鎖，浜松に疎開
1952. 10. 5	静岡県教育委員選挙に当選
1956.	静岡県教育委員会副委員長に就任
1963. 12. 21	郷里で逝去。享年 83 歳

出所）中村與資平作成「自伝」，中村工務所作成『営業経歴』1926 年および故中村邦一氏の証言をもとに西澤泰彦が作成。

注）月日不詳の事項は年のみを示した。表中の点線は中村の所属や活動拠点をもとにした建築活動の区切りを示す。

ことになり、ゼネコン体制を確立した事であった。

中村が、拠点を同時に二ヶ所設けたことは、民間の建築家としては珍しい現象である。なぜならば、民間の建築事務所が拠点を築くには、その地で事前に活動実績を積み上げ、また、人脈を養うことが必要であったからである。それは、短期間にできるものではなく、それを二ヶ所で進めること自体にかなり無理があった。中村の場合、京城での拠点づくりには成功したが、大連での拠点づくりでは、苦闘を余儀なくされた。彼は晩年に記した手記の中で、「満洲に於ては建築設計は多は満鉄の人々が内職にするので、設計事務所としては発展の見込みなきことをさとり、設計請負を初め《ママ》た」と記し、大連で設計の仕事を得るのが難しく、それを補うために、工事部を設立して施工分野に進出した旨を記している[17]。それでも、彼が、大連出張所の規模拡大に力を注いだことは、当時の事務所の宣伝からうかが

表 5-3　中村建築事務所（京城・大連）設計一覧

建物名/所在地/構造/竣工年	
朝　鮮　半　島	
朝鮮銀行釜山支店/釜山/木/11？	天道教中央教会/京城/煉/21
朝鮮銀行大邱支店/大邱/煉/22？	京城日報社/京城/木/20
朝鮮銀行群山支店/群山/煉/22	京城日報社釜山支局/釜山/木/
朝鮮銀行羅南支店/羅南/木/	朝鮮新聞本社/京城/木/
第一銀行京城支店/京城/煉/20	漢城銀行東大門支店/京城/20
十八銀行京城支店/京城/煉/	漢城銀行南大門支店/京城/20
朝鮮殖産銀行支店/京城/煉/19	漢城銀行大邱支店/大邱/20
漢城銀行釜山支店/釜山/煉/18	韓一銀行寛勲洞支店/京城/21
漢城銀行平壌支店/平壌/煉/21	京城中央学校/京城/煉/17〜23
漢城銀行開城支店/開城/煉/18	善隣商業学校/京城/木/13
漢城銀行大田支店/大田/煉/17	淑明女学校/京城/煉/20
韓一銀行本店/京城/煉/21	京城公会堂/京城/煉/19
湖西銀行本店/光州/煉/22	新義州公会堂/新義州/木/
湖南銀行本店/公州/煉/	平安南道物産陳列館/京城/煉/
釜山商業銀行本店/釜山/煉/	朝鮮クラブ/京城/煉/
三井物産京城支店/京城/木/	京城銀行集会所/京城/木/
三越呉服店京城店/京城/木/16	東洋拓殖木浦支店/木浦/21
京城メソジスト教会/京城/煉/	湖南銀行順天支店/順天/24
日本キリスト教会/京城/煉/	朝鮮織紐工場/永登浦/木/
組合教会/京城/煉瓦/	京城 YMCA/京城/煉/15
中　国　東　北　地　方	
朝鮮銀行大連支店/大連/鉄筋煉/20	三越呉服店大連店（増築）/大連/煉/19
朝鮮銀行奉天支店/奉天/煉/16	奉天公会堂/奉天/煉/19 起工
朝鮮銀行長春支店/長春/煉/20	開原公会堂/開原/煉/20
横浜正金長春支店/長春/煉/22	京城日報安東県支局/安東/木/
日　　　本	
朝鮮銀行大阪支店/大阪/煉/15（監理：辰野片岡事務所）	

出所）中村工務所作成『営業経歴』（1926 年）をもとに『満洲建築協会雑誌』や『建築雑誌』に記載された情報などを補って西澤泰彦が作成。

注）京城（ソウル）の中村建築事務所および大建出張所が設計した建物のうち，住宅以外を記載した。朝鮮半島では，この他に，後年，李王家美術館を設計している。竣工年は西暦年下 2 桁，構造と竣工年の空欄は不詳，竣工年の？印は推定年。朝鮮銀行大連支店の構造は鉄筋煉瓦造。

図5-5　『満洲日日新聞』（1920年5月5日）掲載の中村建築事務所広告

える（図5‐5）。しかし、中村建築事務所が設計した中国東北地方の物件は、わずかに八件で、そのうちの三件は朝鮮銀行の支店であったので、大連出張所が実質的に得た設計の仕事は五件であった。さらに、中村の手記では、それを補うために施工部門に進出したとされるが、工事部が請け負った工事は一二件であり、そのうちの三件が朝鮮銀行関係の工事であった。その工事金額は、総額で一三三万であったが、朝鮮銀行関係の工事で工事金額の七三パーセントを占めており、中村が意図したほど、施工部門の業績が上がっていたとは考えにくい（表5‐4）。

なお、中村建築事務所が設計した建物の中に、天道教中央教会（図5‐6）や開原公会堂のようなセセッション様式を取り入れた建物があるのは、中村建築事務所でこれらの建物の設計を担当したオーストリア人アントン・フェラーの影響である。フェラーは、一八九二年オーストリアのザンクト・イン・ヨハンに生まれ、一九一三年にチューリッヒ高等工業学校（Zürich Polytechnikum, 現スイス連邦工科大学チューリッヒ校〔Eidgenössishe Technische Hochschule Zürich〕）建築学科に入学しているが、第一次世界大戦が始まると休学し、オーストリア兵としてロシア戦線に出征する。その後、ロシア軍の捕虜になり、シベリアに抑留されたが、ロシア革命の混乱に乗じて脱走して、中国東北地方に入り、その後京城の中村建築事務所に所属した[18]。彼がチューリッヒ高等工業学校で学んだのは一年間だけであったが、そこで得た知識をもとに、これらの建物にセセッション様式の意匠を用いたものと考えられる。

中村與資平とは逆に、大連に拠点を設けながら、京城への進出を試み、また、施工部門に進出した建築家として岡田時太郎がいる。岡田時太郎は、辰野金吾が一八八六年に辰野建築事務所を開設したとき、唯一の所員としてその事務所に所属し、日本銀行本店の新築工事では、日本銀行建築所の技師として監理に従事していた。その後は、帝国図書館の監理など日本各地で建物の監理に従事し、一九〇〇年、東京に岡田工務所を開設した。そして、日露戦争末期の一九〇五年六月に満洲軍倉庫の雇員となって大連に渡り、翌年、大連に岡田工務所を開設した[19]（表5-5、表5-6、表5-7）。さらに、一九〇七年からは、施工部門に進出し、工事請負を始めた。しかも、施工部門に進出した当初の工事は、設計も行う設計施工という方式で工事を請け負っている。これは、彼が、岡田工務所という組織を建築の設

表 5-4　中村建築事務所工事部（大連）の施工実績

建物名/所在地/構造/竣工年/工事金額（万円）
朝鮮銀行大連支店/大連/鉄筋煉/20/71 ＊
満鉄瓦斯作業所コールタール溜/大連/RC/18/1.4
三越呉服店大連支店増築/大連/煉/19/3.8 ＊
鞍山製鉄所高架水槽（高 120 尺）/鞍山/RC/18/10.4
鞍山製鉄所循環装置濾過機室/鞍山/RC/18/1.2
鞍山製鉄所水滓採集函/鞍山/RC/18/1.2
鞍山製鉄所瓦斯溜水槽/鞍山/RC/19/1.5
安東県発電所煙突/安東/RC/19/1.6
朝鮮銀行大連支店宿舎/大連/煉/20/25
開原公会堂/開原/煉/20/10.4 ＊
満鉄沙河口瓦斯水槽/大連沙河口/RC/20/4.4
朝鮮銀行開原支店宿舎/開原/煉/21/1.4

出所）中村工務所作成『営業経歴』（1926 年）。
注）所在地は当時の地名。竣工年は西暦年の下 2 桁。工事金額は千円未満切捨て。
　＊印は設計施工。

図 5-6　天道教中央教会（1921 年竣工）

表 5-5　岡田時太郎の経歴

年月日	事　　項
1859. 8. 17	肥前・唐津に誕生。父は唐津藩士岡田紋二郎
1872. 11. 25	唐津・耐恒寮に入り，3ヶ年英語学習
1875. 12. 2	大阪私立英学校入学
1876. 3. 1	大阪造幣寮附属日進学校入学，4ヶ年英語学習
1876. 5. 16	大阪造幣寮文書課詰となる
1877. 10. 25	大阪造幣寮貯蔵掛に転勤
1879. 2. 21	大阪造幣寮を依願免職
1879. 2. 22	鉄道局試験合格，工技生として神戸鉄道局機械工場詰となる
1879. 5. 2	汽車掛配属，英人ヘンリー・フォスターより汽車火焚き運転術を習う
1880. 5. 13	大阪梅田停車場建築課詰となる
1884. 4. 16	敦賀金ヶ崎建築課詰となる
1884. 7. 2	大阪駅建築課詰となる
1885. 7. 2	線路修築掛，ポーナルの教えを受ける
1885. 11. 2	依願解雇
1885. 11. 14	東京大学雇員，化学実験場工事担当
1885. 12. 1	東京大学会計課営繕掛詰となる
1886. 2. 19	辰野金吾と辰野建築事務所開設
1886. 3. 11	工科大学建築掛となる
1888. 8. 2	依願免職
1888. 8. 18	日本銀行建築調査のために辰野金吾に伴って洋行
1888. 12. 2	ロンドン大学に入学[1]。ウィリアム・キュウビット社に入社して施工・材料について学ぶ
1889. 6. 30	ロンドン大学卒業[1]
1889. 10. 4	帰　国
1890. 9. 18	日本銀行建築技師（～1895. 12. 30）[2]
1896. 3. 10	岡山市共立絹糸紡績会社工場新築工事監督嘱託（1897. 9. 16 竣工）
1896. 3. 22	日本銀行本店竣工
1897. 10. 10	小名木川綿布会社分工場新築工事設計監督嘱託
1898. 8. 13	帝国図書館・東京帝国大学医科大学医院内科外科教室・病室改築工事監督補助嘱託
1899. 2	岡田工務所を東京に創設
1900. 4. 5	高等師範学校改築工事監督補助嘱託
1904.	河村組建築部長兼任（～1905）
1905. 6. 3	満洲軍倉庫嘱託となり営口・鉄嶺などにおいて倉庫建築の新築修理に従事
1905. 10	東京の岡田工務所を廃止する
1906. 4	満洲軍倉庫嘱託を辞す
1906. 5	大連に岡田工務所を設立する。住所：大連市佐渡町 18 番地
1910. 5. 16	満洲土木建築業組合相談役となる[3] *
1919.	大連牛乳株式会社・東洋石材株式会社・大連澱粉株式会社の各取締役となる
1919. 8	大連土木建築株式会社社長となる。岡田工務所は工事請負業を廃止
1919. 10	関東木材株式会社社長となる
1920.	庶民銀行理事となる
1920. 12	満洲建築協会の設立に参加[4] *
1921.	東洋石材株式会社社長を辞任
1921. 5	大連土木建築株式会社社長を辞任。東京東洋道路工業株式会社出張所を大連に設置して土木建築請負業に従事
1922. 5	関東木材株式会社社長を辞任
1922. 6. 21	大連市佐渡町 13 番地に所有していたビルを満洲建築協会事務所として貸し出す（～1923. 12. 15）[5] *
1922.	大連澱粉株式会社取締役・庶民銀行理事を辞任
1922. 11	東京東洋道路工業株式会社の都合により出張所廃止。岡田工務所を再開し，工務所出張所を京城（ソウル）に開設
1925. 11	岡田工務所東京出張所開設 *
1926. 6. 5	大連にて逝去，享年 66 歳[6] *

出所）岡田時太郎「履歴書」に記載の事項をもとに西澤泰彦が＊印の事項を加筆作成した。

注）表中の固有名詞は「履歴書」の記載通り。月日の空欄は「履歴書」に未記載を示す。表中の点線は，所属や活動場所をもとにした建築活動の区切りを示す。1）「入学」「卒業」は「履歴書」の記載に従ったが，ロンドン大学に残されている学籍等によればロンドン大学には聴講生として在籍していた。2）在職期間は『日本銀行建築譜』。3）『満洲日々新聞』（No. 897）。4）『満洲建築協会雑誌』（Vol. 1, No. 1）。5）『満洲建築協会雑誌』（Vol. 2, No. 10）。6）『建築雑誌』No. 486 による。

計監理を主体とする建築事務所から、設計施工を一括して請け負うゼネコン体制へ変えたことを示している。そして、中村與資平の場合、大連の工事部が業績を上げていなかったと推察されるのに対して、岡田工務所の業績はかなり伸びていたといえる。それは、単なる請け負った工事金額や件数だけでなく、彼が関東州と満鉄沿線の土木建築業者を束ねた満洲土木建築業組合の代表者になっていたこと、さらに、岡田工務所が大連の高額納税者に名を連ねてい

表 5-6　岡田時太郎の設計一覧

物件名称/所在地/構造/規模（総面積：坪）［工費：円］/建築年
橋本左内碑/東京/？/？/1886 ▲
海上保険会社/東京/煉瓦/2 階 1 棟（40）/1887 ▲
天満紡績株式会社工場/大阪/？/？（2,000）/1887 ▲
四ノ橋製鋼株式会社工場/東京/煉瓦/平屋 1 棟（200）/1887 ▲
大島村肥料製造株式会社工場/東京/木＋煉瓦/6 棟（300）/1888 ▲
明治生命保険/東京/煉瓦/2 階（？）/1891 ▲
小泉信吉墓碑/横浜/？/？/1895
岡山絹糸紡績工場/岡山/煉瓦/平屋 1 棟（3,500）/1897
明治生命保険会社岡山支店/岡山/木/3 階 1 棟（52）＋平屋 1 棟（45）/1898
エビスビール工場修築/東京/？/3 階（8,000）/1898
日本肥料株式会社工場/東京/煉瓦/3 階 1 棟（200）＋平屋 1 棟（200）/1899
明治生命保険会社福岡支店/福岡/木/3 階 1 棟（100）＋平屋 1 棟（50）/1901
東京興信所改築/東京/煉瓦/4 階 1 棟（85）/1902
牛久葡萄園醸造場及事務室/茨城・牛久/煉瓦/3 棟（350）/1903
大島村肥料製造所硫酸製造工場等/東京/？/（400）/1903
旭川酒精製造会社工場及事務室等/旭川/？/（650）/1903
日比谷公園松本喫茶店/東京/木/2 階 1 棟（60）/1903 設計
第三銀行松江支店/松江/木/2 階 1 棟（40）/1903 設計
千住製革会社工場及倉庫/東京/煉瓦/（1,500）＋煙突 1 基/1903 設計
増島法律事務所/東京/木/2 階 1 棟（55）/1904
横浜グランドホテル改装/横浜/煉瓦/？/1904 設計
長谷川製煉所/東京/木/1 棟（300）＋煙突 1 基/1904 設計
三笠ホテル/長野・軽井沢/木/2 階 1 棟（200）＋平屋 1 棟（100）/1905
玉川電気鉄道発電所及車庫/東京/煉瓦/平屋 1 棟（60）/1905
駒田商会/大連/木骨日乾煉瓦 1 棟（35）＋土蔵 1 棟（50）/1906
大連民政署官舎改築/大連/煉瓦/2 階 3 棟（150）/1906
三井物産社宅改築/大連/煉瓦/2 階 1 棟（55）/1906
横浜正金銀行大連支店宿舎改築/大連/煉瓦/2 階 1 棟（70）/1906
三井物産社宅/大連/木骨煉瓦/平屋 4 棟［19,625］/1907 ＊
満鉄大連埠頭事務所宿舎/大連/煉瓦/2 階 8 棟（642）＋平屋 22 棟（1,169）［38 万］/1907 ＊
三泰油房会社事務室工場倉庫等/大連/煉瓦/9 棟（2,961）［25 万］/1907
日清油房工場/大連/？/3 棟/1907
大連歌舞伎座/大連/煉瓦/2 階 1 棟（200）/1908
三泰油房社長宿舎/大連/？/？（42）［3,540］/1910 ＊
金城ホテル/大連/煉瓦/3 階 1 棟（120）［7,900］/1910 ＊
遼東新聞社社屋/大連/？/2 棟（183）/1910
川崎造船大連出張所附属家/大連/？/1 棟（？）［1,785］/1911 ＊
川崎造船大連出張所須田邸/大連/？/1 棟（？）［6,500］/1911 ＊
高橋（福康洋行社主）邸/大連/？/1 棟（？）［9,500］/1911 ＊
大連実業倶楽部/大連/煉瓦/1 棟（？）［2 万］/1911 ＊
大連税関庁舎・同長官舎・同副長官舎・附属家屋/大連/煉瓦/13 棟（1,304）/1912〜13（1911 設計）
大連肥料会社工場・事務所・宿舎/？/（600）/1912
浪速町共同売店/大連/煉瓦/3 階 1 棟（52）/1914
三構又三邸/大連/？/？［7,880］/1921 ＊
古賀邦夫邸/大連/？/？［12,160］/1921 ＊
中屋医院分院並に住宅/大連/？/？［24,796］/1921 ＊
古財治八邸/大連/？/？［19,400］/1921 ＊
泰東日報社屋/大連/？/？/1921 設計
渡辺商店/大連/？/？［8,500］/1922 ＊

注）「土木建築経歴書」の「設計監督工事請負」「工事設計監督」「工事設計」の各項目に記載された物件を建築年代順に記載。▲印は辰野建築事務所所員として設計監理担当。＊印は設計施工。？印は「土木建築経歴書」に未記載の事項。工費は，施行物件のみに記した。建築年は原則として竣工年。表中の点線以前の建物は日本国内に建てられた物件，点線以降は中国東北地方に建てられた物件。

表 5-7　岡田工務所の施工件数・金額

年	中国東北地方					朝鮮半島			合計（件数／金額）
	関東都督府民政部・関東庁	関東軍	海　軍	満　鉄	その他	朝鮮総督府	朝鮮軍	その他	
1907				1/380,000	1/19,625				2/399,625
1908				11/383,621					11/383,621
1909			1/6,738	6/76,267					7/83,005
1910				4/26,103	2/11,440				6/37,543
1911	3/42,927		1/1,965	26/153,083	4/37,785	1/38,750	2/16,750		37/291,260
1912	1/3,986			1/17,000				8/174,878	10/195,864
1913			4/12,631	6/52,270					10/64,901
1914				1/4,850					1/4,850
1916				1/1,198					1/1,198
1917				6/35,172					6/35,172
1918				8/61,610	1/1,757				9/63,367
1919				4/32,109	5/348,485				9/380,594
1920				6/1,549,259	4/1,320,324				10/2,869,583
1921	3/134,606	1/143,458		5/142,465	5/119,638				14/540,167
1922				6/66,940	1/8,500				7/75,440
1923				2/3,695					2/3,695
1924				1/1,490		7/21,693	3/52,682		11/75,865
合計	7/181,519	1/143,458	6/21,334	95/2,987,132	23/1,867,554	8/60,443	5/69,432	8/174,878	153/5,505,750

出所）岡田時太郎作成「土木建築経歴書」をもとに西澤泰彦が作成した。
注）各項目の左が施工件数，右が工事金額（単位：円，円未満切捨て）。1915 年度は施工なし。1919～22 年は大連土木建築株式会社の施工物件を含む。

たことからもうかがえよう[20]。

岡田は、その後、一九一九年九月には岡田工務所を母体に大連土木建築株式会社を興してその社長に就任し、一九二一年五月まで務めた。さらに、一九二二年一一月には岡田工務所を再開、京城に出張所を開設し、一九二五年一一月には東京に岡田工務所の出張所を設けたが、一九二六年六月五日、大連で死去した。

ここで、着目すべきことは、岡田が、岡田工務所を母体として、より大きな建築組織をつくったこと、京城と東京に出張所を設けたことである。岡田が、岡田工務所より規模の大きな大連土木建築株式会社を設立した事情は不明である。しかし、この会社が請け負った工事を見ると、岡田の意図が読み取れる。それは、一九二〇年、深刻な住宅難になっていた大連で、その住宅難解消の一環として満鉄が建設した児寺溝社宅四六棟四〇六戸の工事を請け負い、工期わずか一一二日で完成させたことや、社会事業団体である社団法人聖徳会が行った大規模な分譲住宅建設を請け負ったことであり、これを勘案すると、岡田は、大規模な工事を請け負う会社を大連に設けて、そのような工事を一手に請け負う意図があったと推察できる。

また、京城と東京に出張所を設けたことについては、新たな活動拠点の形成を目指したものと考えられる。京城出張所については、朝鮮駐箚軍の咸興憲兵隊本部分隊庁舎と宿舎の工事を請け負ったことで実績をあげたとされるが、東京出張所については、具体的な実績を上げることはなかった[21]。東京出張所が実績をあげていれば、中村與資平が東京に拠点を移したのと同様に、第二次世界大戦の敗戦に伴わない支配地から日本国内への拠点の移動となったが、東京に出張所を設けた直後に死去したため、実際にはそのようにはならなかった。

この他、岡田時太郎の活動が、支配地特有の活動であったことを示す例として、岡田工務所が、煉瓦の製造販売を行っていたことがあげられる。岡田は、日露戦争中に日本軍が接収した大連市内の煉瓦窯を使って煉瓦を製造したといわれている[22]。正確な生産高は不明であるが、一九一〇年の『満洲日日新聞』は、「現在大連管内に於て煉瓦製造業に従事するもの邦人側にありては三井物産と密接に関係を有する臭水屯の小山田、恩田、岡田の三製造所及び関東、大連の両製造場の外四五あるも規模極めて小にして語るに足らず[23]」、「大連に於ける煉瓦製造業者は岡田恩田小山田相生関東煉瓦等を重なるものとし外に小規模のもの多少あり[24]」と報じられた。また、一九一〇〜一九一一年満鉄による安奉線の改築工事では、岡田工務所による煉瓦納入は納期よりも五ヶ月早く納品し、高い評価を受けた[25]。この煉瓦製造は、多彩な事業を展開した岡田にとって、その事業の一つであり、また、岡田工務所にとっての主たる収入源でもあったと考えられるが[26]、日本国内に比べて煉瓦供給の状況が悪かった中国東北地方において、建築施工部門に進出した岡田が、自ら良質な煉瓦の安定的な供給を確保するためには必要不可欠な事業であったとみられ、それは、当時の日本国内では起き難いことであった。そして、中国東北地方の各地で煉瓦製造が盛んになった一九一五年には、その事業から撤退しているので[27]、岡田工務所による煉瓦製造は、日露戦争直後の中国東北地方において、安定的な煉瓦供給を確保する手段として臨時的に行われた事業であったといえる。

以上、中村與資平と岡田時太郎の拠点形成と移動は、支配地で蓄積した経験や実績をもとに、新たな拠点を別の支配地に設け、最終的に日本国内へ移動するという常識的には考えにくい移動を示しているが、それは、彼らがそれぞれの支配地での最初の拠点形成において、確実に建築活動の基盤を固めたことに由来するものである。

請負師の移動

日本の支配地を移動していたのは建築家だけでなく、主として施工を請け負う請負師たちも同様であった。大連を中心に建築活動をしていた高岡又一郎は、一九二八年、『満洲建築協会雑誌』の取材を受けて、日露戦争中から直後にかけて、大連に移ってきた建築請負師たちを次のように四つに分類した[28]。

一つ目は、「内地直輸入で、御用商人的の人達がそれぞれの引きで乗り込んできたもの」と高岡が表現していた日本国内から大連など中国東北地方に入ってきた人々であり、かつ、自力で中国東北地方に来たのではなく、高岡が「御用商人」と表したように、日露戦争中の日本軍と何らかの関係を持っていた人である。その例として高岡は、「宅の中村氏などがその中の一人で今日先ず成功しているものの一人」と述べ、宅合名会社大連支店の中村敏雄を典型例としている。中村敏雄は、柳沢遊の研究によれば、日露戦争末期の一九〇五年八月に第三軍兵站監部の酒保の仕事を請け負うために大連に渡った人物であった[29]。

二つ目は、台湾から移ってきた人々である。高岡は、彼らのことを、「台湾という新しい殖民地で土木建築なり其の他いろいろの事業に相当の経験を有したもので、こんどは一番満洲で成功してやらふといふ意気込みでやって来た連中」と記した。そして、「今の長谷川君などは正しくその中の一人」として、当時、大連で長谷川組の代表を務めていた長谷川辰次郎をあげている。長谷川辰次郎は、古河鉱業足尾銅山の工事見習いなどで建設工事の経験を積み、一八九五年に陸軍臨時建築部に所属して台湾に渡り、翌年、陸軍を辞して、台湾において長谷川組を創設し、土木建築請負業を始めた人物であり、日露戦争まで、台湾で土木建築請負業に従事していた。そして、日露戦争直後に大連に渡り、当時の大連では規模の大きかった菅原工務所の下請けとなったのち、一九二〇年に再度、大連にて長谷川組を興した(30)。

三つ目は、朝鮮から入ってきた人々、四つ目は「北清の方面」から移った人々であり、高岡はいずれも「主に陸軍に関係を有しているもの」としている。そして、「今の福井高梨の前身であった飯塚工程局などは其の名から考へても北清系統だといふ事が直ぐにわかります」として、四つ目の事例として福井高梨組の前身であった飯塚工程局をあげている。福井高梨組は、飯塚工程局の技術者であった福井猪和太（一九〇六年岡山工業学校卒）が飯塚工程局にいた岡武雄（一九〇八年岡山商業学校卒）と満鉄本社建築課にいた高梨勉一（一九一三年東京高等工業学校卒）との三人で一九二三年に設立した建設会社であった(31)。「北清」とは、北京や天津を中心とした華北のことであり、高岡は、「工程局」という中国語表記が入っているため、飯塚工程局を華北から大連に入ってきた組織と見ていた。しかし、これは、高岡の勘違いで、飯塚工程局は、営口に本店のあった土木建築請負業者で、一九〇八年に営口から大連に本店を移転させた会社であった。高岡は、この他には華北から中国東北地方に移動してきた請負師の例をあげていないが、権田商店の店主である権田親吉は、一八九九年に北京と天津で土木建築請負を始め、日露戦争中は営口で建設工事の請負を行い、一九〇六年には鉄嶺に移って、権田商店を興した(32)。

高岡は、三つ目の朝鮮から入ってきた人々の事例をあげていないが、例えば、当時、大連で土木建築請負業に従事していた人物として、多田工務所店主の多田勇吉、岡組の岡常次郎が該当する。多田勇吉は、日本国内で建設工事に従事した後、日露戦争中に朝鮮半島に渡り、京釜鉄道の建設工事に従事し、その後、大連に渡って一九〇六年に多田工務所を設立した(33)。また、岡常次郎は、一八九九年から実兄とともに日本国内各地で土木建築工事の請負に従事した後、一九〇六年には実兄とともに朝鮮半島に渡って京義線の建設工事に参加し、その後、一九〇八年に大連に渡った。大連では、久保田勇吉が経営する久保田組の配下に入り、一九二二年に独立して岡組を興した[34]。

このような請負師たちについて、高岡は「所謂一攫千金の奇利を博してやらうといふ連中が盛んに這入りこんで来ました」と評し、さらに「戦後〔日露戦争後のこと、西澤注〕の満洲には金が野原一面に落ちている位に思って、野心満々で乗り込んで来たといふ事は否定されない事でせう」と説明した。そして、高岡が分類したように、他の日本支配地を経て中国東北地方に拠点を構えた請負師が多数おり、その移動ぶりは、建築家・建築技術者に比して、著しいものであったと考えられる。

その典型は、このように多くの請負師を分類し、評した高岡又一郎本人であった。高岡は、日清戦争中の一八九四年一〇月に陸軍教導団工兵科に入り、日清戦争末期に遼東半島と台湾に出征した経験を持ち、陸軍を辞した後は、一九〇三年、東京建物株式会社に入社して、天津日本租界に赴任した。安田財閥系の東京建物株式会社は、この当時、天津日本租界の市街地建設を任されており、高岡はそこで建築設計の仕事に従事した。その後、日露戦争中の一九〇四年八月には、東京建物株式会社を退社し、翌月、日本軍占領下の新民府に入りその軍政署嘱託技手となった。さらに一九〇六年九月、関東都督府が設立されると、その陸軍部経理部付となり、一九〇九年五月までそこに所属した。その後、旅順の柳生組を経て加藤洋行に入社し、大連における実質的な加藤洋行の代表者として在奉天日本総領事館や長春ロシア領事館などの多数、多額の建築工事を請け負った。そして、一九一九年二月には、加藤洋行工事部を引き継ぐかたちで高岡工事部を設立した。以後、大連を拠点に中国東北地方では有数の建築請負業者として活動していく。この間、一九二二年から一九二六年にかけては、かつて中村與資平の中村建築事務所大連出張所の責任者を務めていた久留弘文と共同し、高岡久留工務所として設計・施工を一括して請け負うゼネコン体制を確立していた（表5-8）[35]。

このような日本国内と台湾、華北、中国東北地方という四地域での活動経験を持った高岡の活動は、当時の東アジア地域が、建築活動においてボーダレスな状況にあったことを示している。高岡こそが、二〇世紀前半の東アジア地

表 5-8　高岡又一郎の経歴

年月日	事　項
1874. 1. 27	山形県鶴岡に高岡家長男として生まれる。祖父又三郎が戊辰戦争で討ち死して家系が絶え，母富女は養女，父政吉は入り婿
1880.	家督相続
1881.	鶴岡・朝陽小学校入学
1888.	朝陽小学校高等 3 年にて休学，仕立屋に奉公
1889.	山形市北部高等小学校に転校
1890.	山形市北部高等小学校卒業後，山形師範学校附属予備校入学。その後授業生試験に合格
1891.	山形県西田川郡大山尋常小学校授業生となる（月棒 2 円 50 銭），その後山形県西田川郡大山尋常小学校準訓導となる（月棒 3 円）
1894.	山形師範学校入学試験合格（入学せず）
1894. 7	徴兵検査に甲種合格
1894. 9	第 2 師団第 17 連隊入隊
1894. 10	陸軍教導団工兵科の試験に合格し入団
1895. 5	日清戦争により陸軍教導団工兵科を繰り上げ卒業
1895. 5. 28	陸軍工兵 2 等軍曹，第 2 師団工兵第 2 大隊付となる
1895. 9	大連湾・台湾に出征，台南攻略の架橋工事等に従事（～1896. 4）
1896. 6. 9	勲八等瑞宝章授賞
1896. 11. 11	陸軍工兵 1 等軍曹に昇進
1897. 6. 17	陸軍士官学校付となり上京，同時に技術助手となる。凧式繋留気球の研究に従事
1898. 10. 7	陸軍士官学校より一等給給与
1899. 2	陸軍工兵曹長に昇進
1899. 6. 13	陸軍築城部函館支部付となり，函館砲台並附属建築設計及工事主任官を命ぜられ，函館砲台の建設工事に従事
1902. 4. 10	陸軍工兵会議付となって東京に戻る
1903. 4. 22	陸軍工兵会議より善行証明・伎倆証明をもらい，陸軍を退籍
1903. 5. 1	東京建物株式会社入社，天津に赴任し日本租界の建物設計に従事
1904. 2. 1	東京建物株式会社技手となる
1904. 8. 19	与倉営口軍政署長の勧めにより，東京建物株式会社退社
1905. 9	新民府軍政署嘱託技手となる
1906. 9. 1	関東都督府陸軍部経理部付となる
1907.	陸軍技手となる
1908. 6. 25	勲七等瑞宝章授賞
1908.	関東都督府陸軍部経理部大連出張所主任となる
1909. 1. 24	旅順に建てられたロシア戦没者慰霊塔建設の功績によりロシア政府より勲七等アンナ章授賞
1909. 5. 31	陸軍技手依願免官
1909. 6	柳生組入社，大連出張所主任となる
1911.	加藤洋行入社，加藤定吉代理人となって奉天日本総領事館・長春日本領事館・牛荘日本領事館の施工を請け負う
1912. 9. 2	在奉天日本総領事より総領事館建物の施工成績優秀により感謝状受領
1914.	奉天郵便局・長春ロシア領事館新築工事の施工を請け負う
1918.	大連取引所新築工事の施工を請け負う。工費 55 万円（3ヶ年継続）は加藤洋行在籍時代の最高金額
1919. 2	加藤洋行工事部を譲り受け，高岡工事部を設立
1920. 4. 2	高岡工事部設立披露会開催
1921.	横浜正金銀行長春支店新築工事を請け負い工事監督久留弘文と親交を築く
1922. 6	久留弘文との共同経営により高岡久留工務所を設立，大連第二埠頭第 7・8 倉庫を埠頭船客待合所に改修する工事を実費精算契約で行う
1924. 10	満鉄大連医院の残工事を長谷川組と共同で請け負う。工費 71 万円は高岡久留工務所時代の最高金額
1926.	久留弘文が日本に帰国し，事実上の単独経営となる。内田銈司を雇い入れる
1927.	大連郵便局新築工事を請け負う（工費 41 万 7 千円）
1927. 12. 31	満鉄より多年にわたる土木建築工事への貢献により感謝状受領
1928. 9	満洲土木建築業協会副会長に就任
1929. 3	大連商工会議所常議員となる
1930. 6. 28	関東庁より大連郵便局新築工事において成績優秀につき感謝状受領
1933. 5	満洲建築協会副会長となる
1933. 5	久留弘文の死去に伴い社名を高岡組に変更
1934. 4	勲六等瑞宝章授賞
1936.	満洲国合同法衙新築工事を請け負う。工費 71 万 4 千円は高岡組が請け負った単一建物の工費としては最高金額
1937. 3	株式会社高岡組設立，取締役社長に就任
1937. 12	大連市山県通 50 番地に本社ビル竣工
1938.	満洲炭礦本社ビル新築工事を請け負う。工費 92 万 7 千円は株式会社高岡組が請け負った単一建物の工費の最高金額
1939. 9	直系子会社満洲高岡組・高岡不動産会社を設立し，取締役社長となる
1939.	昭和製鋼所第二製鋼工場建家及分塊工場均熱炉建家基礎築造工事を請け負う。工費 194 万 3 千円は高岡又一郎が請け負った工事の最高金額
1942. 3. 7	静養先の別府で逝去，享年 68 歳

出所）上田純明編『高岡又一郎翁』（杉並書店，1941 年）の記述と掲載された資料等をもとに作成。逝去の事項は，「高岡又一郎氏の訃」（『満洲建築雑誌』Vol. 22, No. 4, 43 頁，1942. 10）による。

域を転々とした典型的な請負師であった。ただ、「土建屋」と呼ばれる一般的な請負師と高岡が異なるのは、彼が、建築設計の経験を有していたこと、建築工事を主体とした請負業者になったこと、そして実費精算方式を導入したことであった。特に、従来の工事請負は、いわゆる「どんぶり勘定」と呼ばれるように、すべての工事費を一括して「工事一式」として請け負う方式であった。これは、請負側が必要以上の利益を求める場合、実際の工事費用を少なくするために手抜き工事をする可能性があり、その監理が問題であった。実費精算方式は、工事にかかった実際の費用（実費）を施主が請負側に払う方式であり、一般的に支払いに関わる事務処理作業は増えるものの、工事の質は確保される。高岡は、久留との共同経営が始まった直後に、満鉄との間において、大連港第二埠頭第七・八号倉庫を船客待合所に改装する工事の契約で実費精算方式の契約を行い、工事を進めた[36]。

高岡のような請負師の移動は、その大原則として、建築工事のあるところに動いていくというものであり、日清戦争や日露戦争における請負師たちの活動をみると、支配の先兵としての役割を果たしている側面は存在するが、それだけでなく、日露戦争以前に帝政ロシアによる東清鉄道の建設工事に日本人請負師や職人が多数参加していた事実[37]は、彼らの移動が単に政治と軍事で決まるものではなく、あくまでも仕事のあるところに移動していくという大原則に則ったものであることを示している。

建築関係団体の設立

台湾、朝鮮半島、中国東北地方に日本人の建築家・建築技術者が大量に拠点を置いて活動を始めると、それぞれの地域で、職能団体、あるいは専門家集団ともいうべき建築に関する団体が生まれる。

日本国内では、学術団体として一八八六年、造家学会（一八九七年建築学会に改称、日本建築学会の前身）が設立され、その後、職能団体として一九一四年に全国建築士会（日本建築家協会の前身）が、一九一七年には大阪に関西建築協会（一九一九年に日本建築協会と改称）がそれぞれ設立された。造家学会は、工学系の学術団体であった工学会に所属していた辰野金吾などの建築関係者が、工学会からの造家学（建築学）分野の独立を図る意味もあって設立された学術団体であった。これに対して、日本建築士会は、その名が示すとおり、建築家・建築士という職能の社会的確立を目指した団体であった。また、関西建築協会は、学者、建築家、建築会社の関係者が一緒に組織した団体であった。

このような日本国内の動きに刺激を受けて、東アジア地域の日本支配地でも建築関係団体の設立が相次いだ。最初に設立された団体は、一九二〇年三月、大連に設立された満洲建築協会である。会長は関東都督府民政部の後身である関東庁で土木課長を務めていた松室重光だが、設立母体は、満鉄の建築組織に所属していた建築家・建築技術者であった。これは、満鉄の建築組織に所属している建築家・技術者の人数が相対的に多いことと、満鉄の建築組織内に「茶葉会」という名前の親睦会があり、これが満洲建築協会の設立に大きな役割を果たしたためである。設立趣意書には、設立の目的の一つとして「世界最新の学理と技術」の摂取があげられ、それによって「満洲建築界」で生じている百般の事項に対応し、「世界的面目」を施すことを目指していた[38]。

そして、会則第一条では、「本会は建築界の堅実なる伸展を期するを以て目的とす」と記され、さらに、第五条では、満洲建築協会の事業として、次の六点、㈠建築に関する諸般事項の調査研究、㈡建築に関する重要事項の決議並びに其の実行促進、㈢会誌其の他の刊行、㈣建築に関する講演会講習会及展覧会の開催、㈤満洲に於ける建築諸般の紹介及応答、㈥其の他の有益なる事項、が示された[39]。

このうち、建築に関する調査研究については、二つの傾向があった。一つは欧米の建築に関する情報を調査し、その成果を紹介することであり、もう一つは満洲建築協会の会員が設計監理や施工を通じて得た経験を紹介することであった。これらはいずれも会誌に紹介され、講演会などで会員に伝えるという方法が採られた。したがって、会誌の発行や講演会、講習会、展覧会の開催は、この調査研究という事業と連動していた。そして、一九二一年から月刊誌『満洲建築協会雑誌』（後に『満洲建築雑誌』と改題）を発行した。その創刊号として一九二一年三月に発行された同誌一巻一号には、「学苑」と称して、小黒隆太郎による「日本現行の尺度に就いて」、尾山貫一による「労働者住宅設計標準事項（其一）（米国労働省所定―千九百十八年三月）」、鈴木正雄による「バンガローのプラン（其一）」、河西青吾による「建築の芸術的意義」、籠田定憲による「英国に於ける田園都市（其一）」、鈴木順三による「鉄筋コンクリート矩形梁に適用し得べき速進計算法」、阿倍美樹志による「鉄筋コンクリートに付いて」という調査研究に関わる七本の記事が掲載された。(40) このうち、小黒、鈴木正雄、籠田、鈴木順三はいずれも満鉄所属の技術者であり、尾山貫一は南満洲工業学校の教員として、いずれも中国東北地方に在住していた。これらの記事は、彼らが日々の活動の中で生じている問題に対する解決策や参考例を示したものと解される。

この満洲建築協会の設立から二年後の一九二二年四月、朝鮮では、朝鮮総督府建築課の技師を中心に朝鮮建築会が設立された。当初は会長を欠員とし、朝鮮総督府建築課長の岩井長三郎と一九一二年から京城（ソウル）で建築事務所を主宰していた中村與資平が副会長となった。この団体の設立に関わった朝鮮殖産銀行営繕課長の中村誠は、一九三七年五月三一日に開かれた朝鮮建築会主催の「創立回顧座談会」の席上において、「是非朝鮮にも建築の研究機関としての学術団体が必要であるし、同時に更に社会に対して建築の向上を促すべく、普及せしめる団体が是非必要であると痛感」した旨を述べ、朝鮮建築会が学術団体としての性格を持ちながら、啓蒙的な役割を同時に果たす団体として設立されたことを示した。また、中村はこの発言より前に「東京に建築学会があり、大阪には建築協会がありますし、又満洲には大連に矢張り建築協会がある」とも述べて、朝鮮建築会の設立では、建築学会、関西建築協会、満洲建築協会の影響があったとされている。(41)

そして、定款第一条には、「本会は朝鮮に於ける建築界の堅実なる進展を期するを以て目的とす」と記されたが、これは、満洲建築協会の会則第一条に示された条文に「朝鮮に於ける」という表現を加えただけであった。そして、定款第五条には、朝鮮建築会の事業として、次の六点、㈠建築に関する諸般事項の調査研究、㈡建築に関する重要事項の決議並に其実行促進、㈢会誌其他の刊行、㈣建築に関する講演会、講習会及展覧会の開催、㈤朝鮮における建築に関する諸般の紹介応答、㈥ 其他本会の目的を達成するに必要なる事項、が示された[42]。

これら六点は満洲建築協会の会則第五条に示された事業について事業対象地域を満洲から朝鮮に変えただけであり、その中身はまったく同じであった。それぱかりか、その文章表現も㈠から㈣については、読点の有無以外、まったく同じで、㈤も「満洲」と「朝鮮」の違いだけであった。中村誠は満洲建築協会の影響があった旨を述べているが、影響どころか、満洲建築協会を直接モデルとしていたといえよう。そして、朝鮮建築会は、この会則に基づいて、月刊誌『朝鮮と建築』を発行した。

この動きに連動して台湾でも、一九二六年五月から建築関係団体の設立準備が始められ、一九二九年一月、台湾建築会が設立された。会長には台湾総督府営繕係長の井手薫が就いた。そして、会則第一条には、「本会は建築に関する一般の研究、知識の交換、会員相互の親睦、並びに建築界の堅実なる発展を期するを以て目的とす」と記された。これは、後半部分が満洲建築協会会則の第一条と同じ表現であったが、前半部分では、具体的な目的として、研究、知識の交換、会員相互の親睦という三点を記した。そして会則第十九条には、台湾建築会の事業として以下の一一項目、㈠ 建築に関する諸般事項の調査研究、㈡ 調査研究報告の発表、㈢ 建築に関する重要事項の議決、㈣ 議決事項の実行促進、㈤ 会誌の発刊、㈥ 建築に関する図書の刊行、㈦ 建築に関する講演会の開催、㈧ 建築に関する展覧会の公開、㈨ 建築に関する視察、㈩ 理想的建築の計画、⑾ 其他建築に関する有益なる事項、が記された[43]。

これらは、満洲建築協会や朝鮮建築会の会則に示された事業項目に比べて項目数は増えているが、満洲建築協会や朝鮮建築会が示した項目を細かく分割しただけであり、実質的に新たに加わった項目は、㈡の調査研究報告の発表、㈨の建築に関する視察、㈩の理想的建築の計画、の三項目であった。これら三項目の追加について、会長に就任した井手薫が設立時に述べた「発会の辞」には、その背景が記されている。㈡の調査研究報告の発表について、井手は研究の結果が広く発表される旨を述べ、シロアリ対策を始めとした多くの研究に対して、「其結果は新しき知識として互に発表交換されるべき事、之は目下の急務であります。之が本会の特に本島に必要なる所以の其二であります」と述べた。[44] また、㈩の理想的建築の計画について、井手は、「此材料の更新極りなき変化に応じて、之を組合はすべき構造の方面も、又時代の推移に伴ふ設備と様式の方面も、其他あらゆる進歩に対して不断の考究と知識の交換を遂げつつ在るであらうか、遺憾ながら本島には今尚是等に対する機関に欠けて居るのであります。これが本会の建設を必要とする所以の其一であります」と述べている。[45] そして、台湾建築会も一九二九年三月から隔月刊の雑誌『台湾建築会誌』を発行した。

これらの団体の設立経緯や目的、事業内容、会員構成を見ると、満洲建築協会が関西建築協会（日本建築協会）をモデルとして設立され、その満洲建築協会をモデルとして、朝鮮建築会、台湾建築会が設立されていったといえよう。関西建築協会がモデルであったことを端的に示す事実として、これら三団体の会則や定款と関西建築協会の会則に記載されている団体の設立目的や事業内容が酷似していることがあげられる。

関西建築協会の会則第一条には、「本会ノ目的ハ我国建築界ノ堅実ナル発展ヲ期スルニ在リ」と記されているが、これは、「我国」を除けば、満洲建築協会の目的と同じであり、「我国」のところを「朝鮮」とすれば、朝鮮建築会の定款と同じである。さらに会則第一九条には、事業項目が次のように列記された。[46] すなわち、㈠建築に関する諸般事項の調査研究、㈡調査研究報告の発表、㈢建築に関する重要事項の議決、㈣議決事項の実行促進、㈤会誌の発刊、㈥建築に関する図書の刊行、㈦建築に関する講演会の開催、㈧建築に関する展覧会の公開、㈨建築に関する視察、㈩建築に関する有志者の親睦会、⑾理想的建築の計画、⑿其他建築に関する有益なる事項、である。

これは、㈩を除いて台湾建築会の会則に示された事業目的とまったく同じであり、満洲建築協会、朝鮮建築会、台湾建築会が、いずれも関西建築協会の影響を大きく受けていたことをはっきりと示している。これは、端的に関西建築協会設立の背景に、他の三団体との共通性があったためと考えられる。東京に設立された造家学会や日本建築士会は、それぞれの構成員と団体の設立主旨が明快であった。造家学会は、「学会」と称しているように、建築学のアカデミーとして、学術中心の団体である。一方、日本建築士会は、建築士法の成立を目指した職能団体であった。しかし、大阪に設立された関西建築協会は、アカデミーを構成するには学者が少なく、建築士法制定に協力するには民間の建築事務所を主宰する建築家の数も少なく、また、大阪を中心とした関西地方を地盤とする建設会社の影響力もあり、学者、建築家、建設会社の関係者が集まった「倶楽部」であった[47]。その関西建築協会をモデルとした団体が中国東北地方、朝鮮半島、台湾に設立されたことは、関西地方で起きていた建築界の状況と同じ状況が東アジアの日本支配地でも起きていたことを示している。すなわち、いずれの地域も学者は少なく、また、民間で建築事務所を主宰する建築家も少なかった。結局、関西建築協会と同様な状況になり、似たような団体が生まれることになったのである。ただし、民間の建築事務所の存在が極度に少ないこれらの地域では、それぞれの支配機関に設けられた建築組織の影響力が相対的に大きく、これらの団体の会長は、そのような建築組織の中心人物が就き、また、それらの建築組織に所属する人々が団体の中核を担うことになる。すなわち、満洲建築協会における松室重光（関東庁土木課長）や小野木孝治（満鉄本社建築課長）、朝鮮建築会における岩井長三郎（朝鮮総督府建築課長）、台湾建築会の井手薫（台湾総督府官房会計課営繕係長）は、そのような人物であり、彼らの組織に所属した建築家、建築技術者がそれぞれの団体の中核となっていった。これは、関西建築協会（日本建築協会）とは異なった点であった。

なお、これらの団体の規模は、会員数でみると、満洲建築協会が八七七名（一九二一年六月）、朝鮮建築会が六六二名（一九二四年七月）、台湾建築会が四七〇名（設立直後の一九二九年二月）という状況であった[48]。植民地ではなく、面積的にも小さかった中国東北地方の日本支配地（関東州と満鉄鉄道附属地）で活動する人々を対象に設立された満洲建築協会の会員数が最も多かったという事実は、これらの地域の中で中国東北地方における日本人の建築活動が総体として大きかったことを示しているという見方と、中国東北地方における日本人建築家・建築技術者、請負師たちが大同団結する組織を必要としていたことの現れである、という見方ができよう。租借地や鉄道附属地という支配体制が植民地に比べて不安定であり、絶えず中国の機関、地方政権との接触を必要とした支配体制の中で建築活動を担った人々は、台湾や朝鮮半島で活動していた日本人建築家・建築技術者、請負師に比べてより結束する必然性があったといえる。

支配とこのような建築関係団体との関係が如実に現れたのは、日中戦争によって日本軍が占領した北京において、一九四〇年三月一〇日、「建築に関する学術技芸の進歩を図り、建築界の堅実なる発達と社会の向上に資し、合わせて建築関係者の親睦を図る」という目的で、華北建築協会が発足したことであった。会長には北支住宅株式会社副社長の池田譲次（一九〇七年東京帝国大学建築学科卒）が就いた。(49) これらの建築関係団体の設立時期と日本による各地の支配との関係を見ると、満洲建築協会の設立は日本軍のダーリニー（大連）占領から一六年後、朝鮮建築会の設立は日本による韓国の保護国化から一七年後、台湾建築協会の設立は日本の台湾領有から二四年後であったが、華北建築協会の設立は日本軍による華北占領からわずか三年後という短期間であった。このような短期間のうちに華北建築協会が設立されたのは、建築関係者が結束を図る必然性があると考えるのが、妥当であろう。そして、それは、不安定な支配の下にある地域ほど、建築関係者が結束を強める必要があったことを示していよう。

二　建築情報の移動

建築家・建築技術者、請負師という人の移動とともに日本の支配地を移動していたのが、建築情報である。情報の移動は、通常、二つの方法が考えられる。一つは、人の移動に伴う方法、すなわち、移動する人々が見聞したこと、体験したことが情報となって、移動する人々とともに情報も移動することであり、あるいは、建築家・建築技術者や請負師たちが積極的に新しい情報を求めて移動することである。台湾総督府営繕課長を務めた野村一郎が朝鮮総督府に請われて朝鮮総督府庁舎の新築設計に参加したのは、前者の事例であり、満鉄本社建築課長の小野木孝治が大連医院新築設計のために欧米や中国各地を視察したのは後者の事例である。

もう一つは、情報を持った人の移動を伴わず、情報だけが移動することである。すなわち、書籍、雑誌、新聞という出版物を通して建築情報が移動することである。今日に比べて人の移動が難しく、また、画像、映像による情報伝達手段が限られていた一九世紀末から二〇世紀前半において、特に、図面や写真による情報の伝達は、出版物に依るところが大きかったことは容易に想像できよう。

以下、人の移動に伴う情報の移動と、出版物による情報の移動について、情報の中身を考え合わせながら、日本の支配地における建築と建築活動を日本国内や東アジア地域との関係で位置づけてみる。

図5-7　第一回四会連合建築大会の記念写真（1933年）

人の移動に伴う情報の移動

すでに紹介したように、関西建築協会（日本建築協会）をモデルにして満洲建築協会、朝鮮建築会、台湾建築会が設立された。人の移動に伴う建築情報の移動の典型例として、これら四団体の関係者が一堂に会して交流を深めた「連合建築大会」がある。

最初の大会は、満洲建築協会が主催者となって、一九三三年八月一四日、大連で開かれた（図5-7）。大会では、主催者である満洲建築協会会長の岡大路をはじめ、関東長官、満洲国国務院総理、大連市長などのあいさつの後、それぞれの団体の代表による講演が行われた。満洲建築協会は、当時、南満洲工業専門学校教授で『満洲建築協会雑誌』の編集担当であった村田治郎が「満洲建築大観」と題して講演し、朝鮮建築会は副会長で朝鮮殖産銀行技師の中村誠が「新興満洲国と建築」を、日本建築協会は監事の松室重光が「国土の創造と建築」を、台湾建築会は常議員の白倉好夫が「所感」と題して、それぞれ講演した。また、日本建築協会会長の片岡安が「連合大会の意義」を講演した。そして、かつて関東都督府民政部土木課長を務めていた松室重光を大会議長に選出し、「日本建築協会、満洲建築協会、朝鮮建築会、台湾建築会の四会は互いに連絡提携し日本及満洲国における建築界の堅実なる伸展を期す」という宣言を採択し、さらに、「四会連合会の規約制定の件」、「満洲国の建築法規統制に関し満洲国に建議する件」「満洲古建築の調査機関設置に関し満洲国に建議する件」を議決した。(50)

これらのうち、村田治郎の「満洲建築大観」は、彼自身の調査研究に基づく中国東北地方の建築史を概説したものであり、具体性のある講演であったが、他の講演は抽象的な内容で、具体性に乏しかった。また、大会宣言は、四団体が連合体として、日本とその支配地における建築の学・産・官を束ねる団体として結束する、という発想をもとにした提案であったが、実効性は乏しいものであった。

この大会は、満洲建築協会が受け入れ団体となり、他の三団体の役員などが大連を訪問したのであるが、その眼目は、三団体の関係者が大連など中国東北地方を視察することにあったと考えられる。それは、大会に参加した朝鮮建築会や台湾建築会の役員たちが、大会後にそれぞれの機関誌に視察の内容を記し、あるいは報告を兼ねた講演会を開き、訪問した大連など各地の都市と建築の状況を伝えたことからもうかがえる。

例えば、台湾建築会の代表者として参加した白倉好夫は、この大会の前後で、大連、旅順、鞍山、奉天(瀋陽)、撫順、新京(長春)、ハルビン、安東(丹東)を訪問し、さらに帰路、朝鮮半島を通り、立ち寄った平壌と京城(ソウル)について、その報告を台湾建築会主催の視察講演会として同年九月二五日に行っている。(51)報告は、視察地すべてについて何がしかの感想を述べているが、その中では、特に建築に関することとして、満鉄大連医院本館、大連市街の様子、碧山荘、満洲医科大学本館、満洲国政府庁舎、ハルビン日本小学校、ハルビン市街、撫順市街、朝鮮総督府庁舎、京城市街について、感想を述べている。

満鉄大連医院本館では、規模の大きさと設備に感心し、特に各病室における空気浄化装置は台湾の病院でも学ぶべきものと評している。大連市街の様子について、「市街建築は流石に大陸的に、高壮で大まかで、こせ付いて居ないのが嬉しく、ショウウィンドウの硝子は大てい一枚硝子、大なるものは二間に三間といふ素的もないものも有る」[52]として市街地の建物や商店のショーウィンドウに感心している。大連港で働く苦力（中国人労働者）を収容する碧山荘では、煉瓦造平屋の長屋が多数並ぶ光景に驚嘆している。奉天の満洲医科大学本館（第3章参照）では、南満医学堂本館として建てられた煉瓦造二階建の建物を増築して四階建にして使っている状態を「聊か乱暴の様であるが、夫れで今迄何とも故障がなく保つて居る所は妙だ」と評した。[53]地震がしばしば起きる台湾で生活している白倉には、このような増築は考えられなかったものと思われる。この他、新京（長春）の満洲国政府庁舎（第1章参照）では、すでに竣工していた第一庁舎と第二庁舎について、両庁舎の平面が同じであること、様式・意匠の点において、第一庁舎は内部のディティールに満洲風を、第二庁舎は外観と内観に日本風と満洲風を取り入れていること、工期が短いために施工において不備があることを指摘した。また、ハルビン日本小学校では建物の特徴を述べ、ハルビン・キタイスカヤに軒を連ねる建物の様子、撫順の千金寨から永安台への市街地移転と永安台における満鉄社宅街の特徴もよく見ている。[54]さらに、朝鮮総督府庁舎や京城市街地の特徴も述べている。[55]

この白倉の報告よりも詳細に満洲国政府による首都建設の状況を伝えたのが、白倉とともにこの大会に参加した台湾土地建物会社技師の古川長市であった。彼は、視察旅行での見聞と旅行中に入手した『国都大新京』（図5-8）や『国都新京事情』をもとに、「満洲国国都新京の都市計画概要」を『台湾建築会誌』に記した。[56]

台湾建築会の白倉好夫と同じように、朝鮮建築会では理事を務めていた京城高等工業学校教授の葛西重男と朝鮮総督府技師の齋藤忠人がそれぞれ旅行記を『朝鮮と建築』に記した。[57]彼らの記事と白倉の記事を比較すると、白倉が各地で建物を詳細に見ているのに対して、葛西と齋藤は、葛西が特に都市建設が進行中であった新京（長春）の都市計

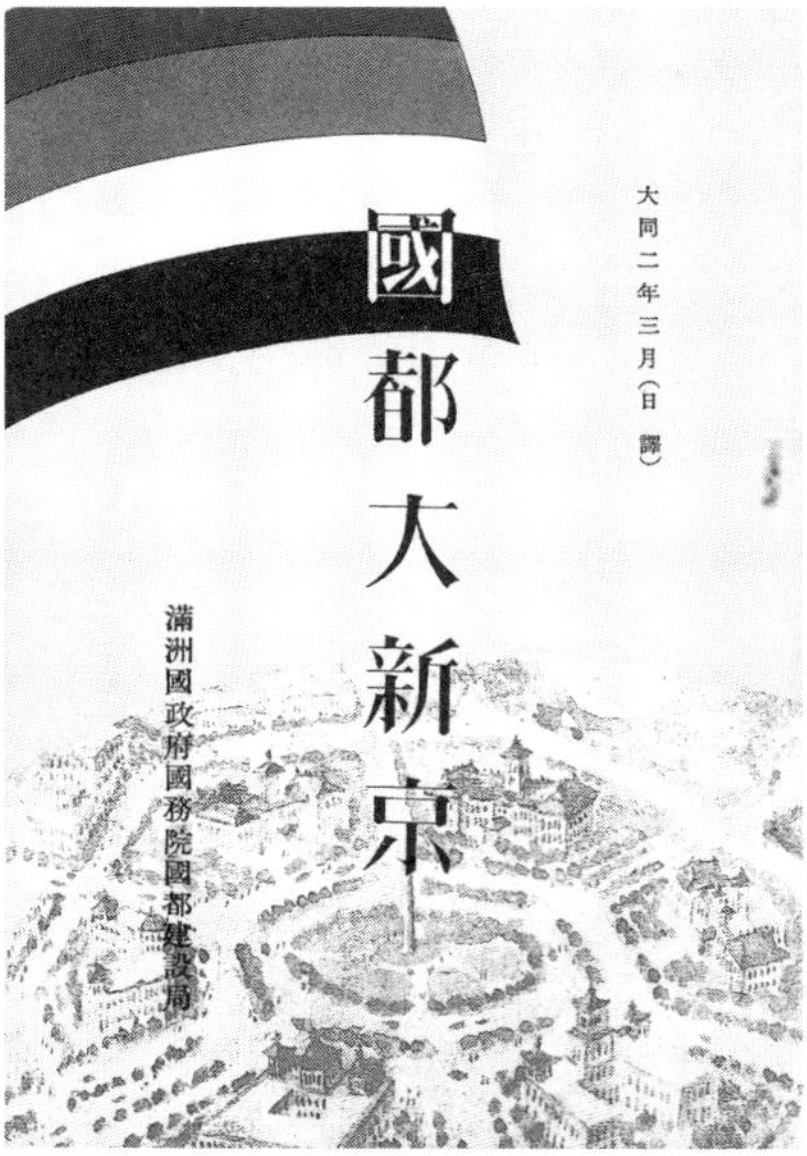

図 5-8　満洲国国都建設局発行『国都大新京』（1933 年）

画を詳細に紹介し、齋藤が新京とともに大連の都市建設を詳細に報告している。これは、この時期、朝鮮総督府による朝鮮市街地計画令の公布を控えて、彼らの関心が特に都市計画に集中していたためと思われる。また、葛西は、大連で多数の苦力を収容している碧山荘を詳しく紹介している。このような視察に基づく情報の伝達を通して、中国東北地方や朝鮮半島における日本人の建築活動の状況が、他の地域に伝えられた。

この連合大会は、その後、第二回大会が、一九三五年一〇月二八日、台湾建築会の主催によって台北で開催された。大会では、他の団体の情報を相互に交換するため、在住地の団体に入会していれば、在住地以外の団体に入会する場合は、会誌の購読料程度の会費で入会ができるように提案があった。これは、四会の連絡提携という第一回大会の宣言を受けて、その具体的な方法の一つとして、他の地域の会誌を購読しやすいようにする方策であったが、提案だけで、議決されなかった。この大会でも、大会の前後で台湾各地の視察旅行が企画され、台北、阿里山、台中、台南、高雄を廻り、その視察旅行での見聞は、他の地域からの訪問者に新たな情報をもたらすものとなった。例えば、朝鮮建築会評議員として参加した鈴木文助（合資会社京城煉瓦代表社員）は、その報告文として「鉄筋コンクリートの再認識」という一文を『朝鮮と建築』に記し、その中で、彼は朝鮮半島ではまだ認識されていない鉄筋コンクリート造の建物におけるコンクリートの亀裂や鉄筋の錆などの問題に直面し、鉄筋コンクリート造に対する認識を新たにしている。[58] また、朝鮮建築会副会長の小倉辰造（朝鮮総督府鉄道局技師）は台湾鉄道の駅舎を、早川丈平（京城府囑託）は台北の城壁を撤去して造った三線道路と台湾特有の亭仔脚に関心を寄せ、つぶさに見学している。小倉は、台北駅（第3章参照）をはじめとする台湾の主要駅がホールを高くしていることに注目し、台湾の暑い気候にふさわしいことと、これによって駅舎の外観が堂々としていると説明した[59]。早川は、台北における城壁撤去を参考に京城でも城壁を撤去し道路を造ること、また、亭仔脚の効用を説明した[60]。

このような人的交流による情報の移動は、簡単にいえば、それぞれの人の興味関心と資質に依るところも大きく、また、在住地にはない建物などに関心が集中することも当然であった。満洲国政府による首都建設、台湾の亭仔脚はその典型であった。

建築関係雑誌の発行による情報の移動

日本建築協会、満洲建築協会、朝鮮建築会、台湾建築会は、それぞれ月刊誌または隔月刊誌を発行した。その中身は、いずれも巻頭か巻末において、それぞれの地域で建てられた新しい建築を紹介し、本文中には、建築の設計、歴史・意匠、構造・材料、施工に関わる問題について、調査研究の内容を公表する記事と新しい提案・提言を述べている記事が載せられた。そして、巻末にはそれぞれの団体の活動報告と、日本も含めた近隣地域の建築に関する情報、場合によっては建材の標準的な価格表を載せていた。

例えば、『満洲建築協会雑誌』の創刊号となった一巻一号（一九二一年三月）では、巻頭に大連市役所と朝鮮銀行大連支店の写真を掲載した。いずれの建物も大連の中心地である大広場に面しており、大連市役所は満洲建築協会の会長である松室重光の設計（第1章参照）、朝鮮銀行大連支店（第2章および本章参照）は中村與資平の主宰する中村建築事務所の設計施工であり、この時期の大連で話題を呼んだ新築建物であった。

そして、創刊号では、すでに紹介した学術的、技術的な記事七本が掲載された（本章第一節参照）。また、この他に「論叢」の欄に宗像主一が「満洲と住宅改良」、小野武雄が「満洲とセセッション」と題した記事を書き、小野はさらに「建築紀行」としてこの時期に旅行した朝鮮半島と日本国内での視察内容を書いた。

これらの記事のうち、先述の「労働者住宅設計標準事項（其一）（米国労働省所定―千九百十八年三月）」は、アメリカの労働省が一九一八年三月に制定した労働者住宅の設計における基準事項を紹介したものであり、「バンガローのプラン（其二）」は当時のアメリカで流行していた郊外住宅の紹介、「英国に於ける田園都市（其一）」はイギリスにおけるハワードによる田園都市の考えとその方法を紹介、そして「満洲と住宅改良」は当時の日本国内で起きていた住宅改良の動きを批評しながら中国東北地方における住宅のあり方を論じたものであった。このように『満洲建築協会雑誌』の創刊号が住宅関連の話題に集中していたことは、この時期に大連で生じていた深刻な住宅難を反映したものであった。そして、参考事例として個人では得難い外国の情報を紹介し、また、会員自らが提案するという点において、多分に啓蒙的な側面を持っていた。この創刊号の編集者が「本誌編輯の理想は勿論建築諸般の科学的論及と其の常識的宣伝とに重きを置くと雖も亦一面芸術的気分の尊重に意を用ひたり[61]」と記したのは、この会誌の特質をよく示している。

また、写真や図面を掲載した新築建物の紹介は、それぞれの会員にとって、貴重な情報であった。特に『満洲建築協会雑誌』では、「外国建築図譜」と称して、欧米の新しい建築の情報を写真・図版入りで紹介していた。

一方、日本国内の建築情報に関する扱いには差があった。『満洲建築協会雑誌』は、日本国内の建築情報について積極的に扱う様子はなく、巻末に「時報」と称して、中国東北地方に関係する情報を優先的に掲載し、その後に日本国内の情報を載せていた。それに対して『朝鮮と建築』では、「建築雑報（内地）」と「朝鮮最近の建築界」と題した記事を載せたが、その順序は前者を先に載せていた。また、『台湾建築会誌』では、「最近内地建築界」と題して、日本国内の新築情報を積極的に掲載していた。そして、これらの情報源は、日本国内で発行されていた『建築雑誌』（一八八六年創刊）、『建築世界』（一九〇七年創刊）、『建築と社会』（一九一七年創刊）、『新建築』（一九二六年創刊）、『日本建築士』（一九二七年創刊）といった建築関係雑誌や新聞紙上の情報であった。例えば、『朝鮮と建築』三巻七号の

「建築雑報（内地）」には、「大阪市の学校設備の標準」と題して、当時、大阪市が進めていた市内各小学校校舎の建て替え計画の標準案を掲載した[62]。これは、この時期、朝鮮総督府の各地方庁が小学校（普通学校）の校舎建設を進めていた時期であり、朝鮮建築会の会員にとって有益な情報であった。ただし、ここで重要なことは、『満洲建築協会雑誌』に見られるように、これらの雑誌が日本国内の建築に関する情報に偏ることなく、外国の建築に関する情報も扱っていたことである。外国の建築に関する情報は、欧米に建てられた建築物の情報とともに、上海など中国の欧米支配地における欧米人建築家の関わった建築物も紹介していた。例えば、満鉄建築課長の小野木孝治は、一九二一年一月から二月にかけて、大連医院新築工事設計のため、当時、新築で東洋一といわれた北京・協和医院をはじめとした中国各地の病院建築を視察し、病院の平面計画や設備を中心に各病院の長所・短所を分析し、その視察内容を「医院視察」と題して『満州建築協会雑誌』に記した[63]。『朝鮮と建築』では、四巻一一号（一九二四年一一月）から「新刊図書雑誌の紹介」を設けて、新刊書や新刊雑誌の内容を紹介した。この号では、常盤大定・関野貞共著『支那仏教史蹟』が新刊図書として、また、“Art et Decration”（一九二五年七月号）、“The Western Architect”（同年九月号）、“The American Architect”（同年九月号）、“Wasmuths Monats Hefte Für Baukunst”（同年八月号）、『建築と社会』（同年一〇月号）、『建築新潮』（同月号）、『住宅』（同月号）、『建築世界』（同月号）、『建築雑誌』（同月号）が紹介された[64]。さらに『朝鮮と建築』五巻六号の目次（図5-9）を見ると、口絵でイギリスの建物と朝鮮半島の建物の写真や図面を掲載し、本文では、この時期に欧米視察に出かけていた朝鮮総督府技師の笹慶一による視察の報告記事が二本あり、さらに中国の都市を視察している京城府技師駒田徳三郎の旅行記、朝鮮建築の紹介、そして、設備や材料の記事があり、地域的な偏りや分野別の偏りを感じさせない内容となっている。このようにこれらの雑誌はまんべんなく、広く世界の建築情報を伝える努力をしていたことがうかがえる。

ところで、日本国内で発行された建築関係雑誌のうち、関西建築協会（日本建築協会）発行の『関西建築協会雑誌』（一九一九年から『日本建築協会雑誌』に改題、一九二〇年から『建築と社会』に改題）は、人的交流の影響もあり、

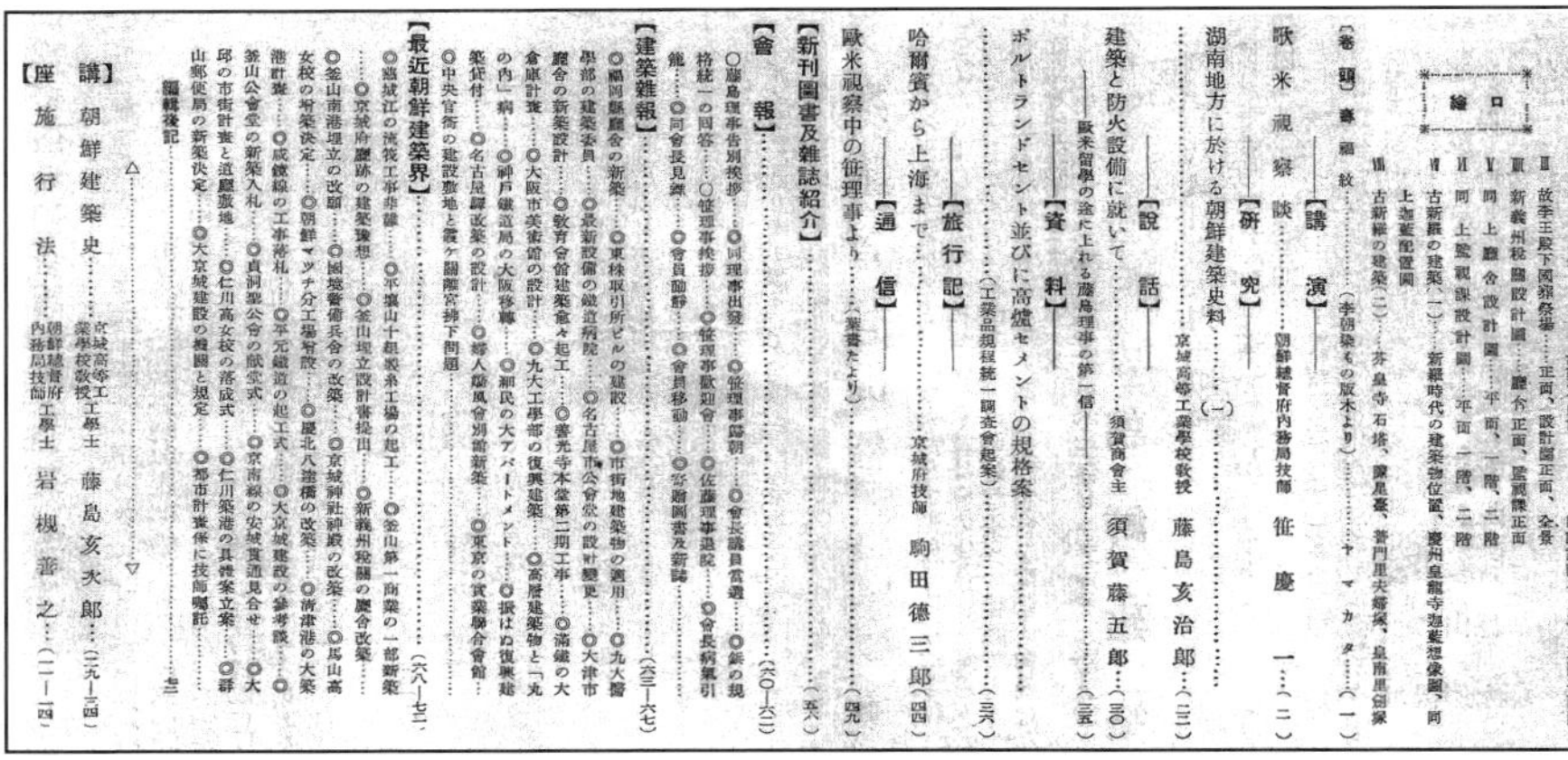
『朝鮮と建築』第五輯第六號目次

口　繪

Ⅰ ロンドンケンシントン活動寫眞館　Ⅱ 同設計圖一、二、三階平面圖
Ⅲ 故李王殿下國葬祭場……正面、設計圖正面、全景
Ⅳ 新義州稅關設計圖……廳舍正面、監視課正面
Ⅴ 同上廳舍設計圖……平面、一階、二階
Ⅵ 同上監視課設計圖……平面一階、二階
Ⅶ 古新羅の建築（一）……新羅時代の建築物位置、慶州皇龍寺迦葉想像圖、同上迦葉配置圖
Ⅷ 古新羅の建築（二）……芬皇寺石塔、瞻星臺、普門里夫婦塚、皇南里塚

〔卷頭〕春福紋……（李朝染もの版木より）……ヤマカタ……（一）

【講　演】
歐米視察談……朝鮮總督府內務局技師　笹慶一……（二）

【研　究】
湖南地方に於ける朝鮮建築史料（一）……京城高等工業學校敎授　藤島亥治郎……（二三）

【說　話】
建築と防火設備に就いて……須賀商會主　須賀藤五郎……（三〇）

【資　料】
歐米留學の途に上れる藤島理事の第一信……（三五）
ポルトランドセメント並びに高爐セメントの規格案……（工業品規程統一調査會起案）……（三八）

【旅行記】
哈爾賓から上海まで……京城府技師　駒田德三郎（四四）

【通　信】
歐米視察中の笹理事より……（葉書たより）……（四九）

【新刊圖書及雜誌紹介】……（五八）

【會　報】……（六〇―六二）
○藤島理事告別挨拶……◎同理事出發……◎笹理事歸朝……◎會長議員當選……◎鉄の規格統一の回答……○笹理事挨拶……◎笹理事歡迎會……◎佐藤理事退院……◎會長病氣引籠……◎同會長見舞……◎會員動靜……◎會員移動……◎寄贈圖書及新誌

【建築雜報】……（六三―六七）
◎福岡縣廳舍の新築……◎東株取引所ビルの建設……◎市街地建築物の適用……◎九大醫學部の建築委員……◎最新設備の鐵道病院……◎名古屋市公會堂の設計變更……◎大津市廳舍の新築設計……◎敎育會館建築愈々起工……◎善光寺本堂第二期工事……◎滿鐵の大倉庫計畫……◎大阪市美術館の設計……◎九大工學部の復興建築……◎高層建築物と「丸の內」病……◎神戶鐵道局の大阪移轉……◎細民の大アパートメント……◎振はぬ復興建築貸付……◎名古屋驛改築の設計……◎婦人矯風會別館新築……◎東京の實業聯合會館……◎中央官衙の建設敷地と霞ケ關離宮拂下問題……

【最近朝鮮建築界】……（六八―七二）
◎鴨綠江の流筏工事非議……◎平壤山十組製糸工場の起工……◎釜山第一商業の一部新築……◎京城府廳跡の建築豫想……◎釜山埋立設計書提出……◎新義州稅關の廳舍改築……◎釜山南港埋立の改廟……◎國境警備兵舍の改築……◎京城神社神殿の改築……◎馬山高女校の增築決定……◎朝鮮マッチ分工場增設……◎慶北八塗橋の改築……◎淸津港の大築港計畫……◎咸鏡線の工事落札……◎平元鐵道の起工式……◎大京城建設の參考談……◎釜山公會堂の新築入札……◎貞洞聖公會の獻堂式……◎京南線の安城貫通見合せ……◎大邱の市街計畫と道廳敷地……◎仁川高女校の落成式……◎仁川築港の具體案立案……◎群山郵便局の新築決定……◎大京城建設の機關と規定……◎都市計畫係に技師囑託

編輯後記……七三

△……▽

【講】朝鮮建築史……京城高等工業學校敎授工學士　藤島亥次郎……（一九―二四）
【座】施行法……朝鮮總督府內務局技師工學士　岩槻善之……（一一―一四）

図 5-9　『朝鮮と建築』5 巻 6 号（1926 年）の目次

台湾、朝鮮半島、中国東北地方に建てられた建物を紹介した。例えば、『関西建築協会雑誌』が創刊された時期は、日本国内では、都市計画法と市街地建築物法が議論され、都市計画に関心が集まっていた時期であった。そのため、『関西建築協会雑誌』一巻五号では、満鉄による鉄道附属地や大連、旅順の都市計画を紹介した「南満鉄道沿線の都市計画」が掲載され[65]、一巻七号では、市街地再開発の実例として、台北市の市区改正事業について口絵写真を掲載しながら大きく扱った[66]。また、一九三三年と一九三五年に開催された四会連合建築大会では、『建築と社会』の編集方針は、大会の内容を報じるよりも開催地に関する特集記事を組むことに主眼を置いていた。第一回大会から三ヶ月後に発行された『建築と社会』一六巻一一号には「満洲建築」という副題が付けられ、大会に参加した松室重光の「四会聯合建築大会と満鮮の見学」という長い文章を掲載し、また永瀬狂三が「満洲見学旅行感想の断片」という紀行文を書いているが、その他は、岡大路、内藤太郎、村田治郎、小黒隆太郎、という具合に中国東北地方在住の人々に執筆を依頼している。このうち、内藤は、「満洲に於ける軍部の新建築」と題して関東軍司令部と関東軍司令官官邸の紹介、村田次郎は「満洲古建築の展望」と題して「満洲建築史」の概略と奉天にのこる清朝関係の建物を紹介し、あわせて「満洲著名建築グラフ」として著名建築の写真を掲載した。また、小黒隆太郎は「満洲に

於ける建築請負界の現状」と題して、中国東北地方における施工の問題を指摘した。(67)

しかし、建築学会（日本建築学会の前身）発行の『建築雑誌』に台湾、朝鮮半島、中国東北地方で建てられた建物の記事が載ることは少なかった。日露戦争直後に大連民政署や満鉄大連近江町社宅などが集中的に紹介された後、一九一〇年代になると奉天駅や満鉄社宅が紹介され、その後も、朝鮮総督府庁舎、大連駅、満洲中央銀行総行をはじめとした満洲国の首都新京の建物など、ごく一部の建築物が紹介されただけであった。朝鮮銀行本店、台湾総督府庁舎、満鉄大連医院本館といった植民地支配地で話題を集めた建物の新築竣工記事が『建築雑誌』に載ることはなかった。日本国内の建築家・技術者にとって関心があったのは建物の新築ではなく、しばしば地震に見舞われた台湾における地震被害であった。一八九五年、一九〇五年、一九三五年に台湾で起きた地震の被害はそれぞれ『建築雑誌』に報じられた。濃尾地震（一八九一年）以降、日本国内の建築家・建築技術者にとって耐震建築の確立は最大の関心事であり、それが、建物の新築情報以上に必要な情報であった。

このように、日本と支配地との間での情報の流れは、基本的には、日本から各支配地への一方通行であった。しかし、それと同時に、各支配地間での情報のやり取りが存在しており、支配地における日本人建築家・技術者は、そのような建築情報を得ながら、並行して、日本を介することなく、外国の建築情報を直接得ることで、自らの建築活動の糧としていた。この日本を経由しない建築情報の移動は、建築家・技術者や請負師の移動と同様の現象と見ることができる。このような建築家・技術者、請負師、建築情報の移動の状況を踏まえると、日本の支配地における建築やそこで展開された日本人の建築活動を的確に捉えるには、日本国内の建築や建築活動における比較だけでなく、日本支配地と近接している東アジア地域の建築やそこで展開された建築活動との比較も必要であるといえよう。

三　日本および東アジア地域の建築との共通性・相違性

日本の植民地、支配地の建築とそこで展開した日本人の建築活動を、同時代の日本国内や東アジア地域の建築やそこでの建築活動と比較することによって、日本の植民地建築の特徴が際立つ。それを、建築様式・意匠、建築構造・材料、用途・機能という視点から、以下で検討する。

建築様式と意匠

建築様式・意匠については、植民地や支配地にどのような様式・意匠の建築を建てるかという根本的な問題があった。欧州列強諸国が各地に植民地、支配地を持ったとき、それらの地域でそれぞれの本国で用いられていた建築様式・意匠を使った建物が建てられたことは、一六世紀から一九世紀にかけてスペインの支配を受けていたラテンアメリカ諸国にスペインのルネサンス建築やバロック建築が流入した事例をはじめ、各地で見られる現象である。それは、支配者が意図的に、自国の建築様式・意匠を用いた建物を建てていくという現象であり、したがって、支配の中枢を担う建物にそのような現象が顕著に見られる。これは、東アジア地域でも同様であり、イギリスによる中国支配の拠点であった上海では、租界に建てられたイギリス聖公会の聖堂（一八六九年竣工、図5-10）に当時イギリス本国で流行していたゴシック様式が使われているほか、租界に水を供給した浄水場の建物にもゴシック様式の意匠が取り入れられている。[68] また、イギリスより遅れて中国に進出したドイツが、その支配の拠点として一八九八年に租借した青島では、当時のドイツ国内で流行していたアール・ヌーヴォーやセセッションの意匠を持った建物（図5-11）が多数建てられた。

このような状況に即して考えると、日本の植民地や支配地に日本建築と称される日本の伝統的建築の様式・意匠を持った建物が多数建てられていくという現象を、同様に想定することができる。すなわち、伊勢神宮に代表される神明造など神社の様式、法隆寺や東大寺に代表される仏教建築の様式、あるいは、城郭建築や書院造、数寄屋造、という建築様式を用いた建物が日本の植民地や支配地において建てられていった、という仮説である。特に支配に直結した、支配の中枢としての役割を果たした建物に、そのような日本の伝統的建築様式と意匠が用いられていった、とい

図 5-10　上海の旧イギリス聖公会三一教会聖堂（1869 年竣工）

図 5-11　青島に建てられたアール・ヌーヴォー建築（1905 年竣工）

図 5-12　「辰野式」建築の事例である旧台湾総督府専売局（1913 年竣工，1922 年塔増築）

う考えは、欧州列強がそれぞれの支配地に建てた建物を考えれば、容易に気付くことである。

しかし、この仮説は、概ね間違っている。一九世紀末から始まった台湾の植民地支配において、台湾総督府は、「台湾建築」と呼ばれる既存の建物を使いながら、必要に応じて新築した学校、病院、駅舎という公共性を持った建物に日本の伝統的建築様式は用いなかった。この傾向は、一九一〇年代から一九三〇年代半ばまで続き、台北駅（一九一〇年竣工）、台湾総督府博物館（一九一五年竣工）、台湾総督府専売局（一九一三年竣工）、台湾総督府庁舎（一九一七年竣工）、台北市公会堂（一九三六年竣工）、建功神社（一九二八年竣工）という具合に台湾総督府にとって、支配の中枢を担う性格を持った建物は、いずれもクィーン・アン様式の一つとされる「辰野式」（図5-12）や西洋建築の古典様式、あるいはチューダー・ゴシックやロマネスク様式であった。台湾神社に代表される各地の神社、日本の武道普及にあわせて建てられた武徳殿、また日本人の住宅には、日本の伝統的建築様式・意匠が取り入れられた建物はあったが、台湾総督府による支配の根幹に関わる建物として支配に大きな役割を果たした建物は、いずれも日本の伝統的建築様式・意匠を用いた建物ではなかった。日清戦争以後の戦没者を祀った建功神社（図 5-13）でさえ、正面から見える建物は、煉瓦造で正面二階に三連アーチ窓の開く洋風建築として建てられており、建物の中に本殿がすっぽり納まっているため、それを外から見ることはできない。加えて、神社の参道入口には、鳥居の代わりに牌楼が建てられている。

図 5-13　建功神社（1928 年竣工）

同様の現象は、二〇世紀になってから支配の始まった中国東北地方や朝鮮半島においても起きていた。支配が始まった草創期に関東都督府が新築していった大連消防署（一九〇七年竣工）や大連民政署庁舎（一九〇八年竣工）、大連税関庁舎（一九一四年竣工、図 5-14）、また、満鉄奉天駅（一九一〇年竣工）、大連ヤマトホテル（一九一四年竣工）など満鉄の一連の建物は、いずれも日本の伝統的建築様式を用いていなかった。松室重光が関東都督府土木課の技師や課長を務めていた時期、大連市役所や大連市内の小学校校舎に唐破風や日本建築の組物が付けられたことがあったが、それらはごく一部の現象であり、それらの建物も全体としては洋風建築として設計されていた。

朝鮮半島では、統監府の指導によって韓国政府の度支部建築所が建てていった大韓医院本館（一九〇八年竣工）や工業伝習所（一九〇八年竣工）、朝鮮総督府によって建てられた総督府庁舎（一九二六年竣工）や京城裁判所（一九二八年竣工）などの官衙、京城駅（一九二五年竣工）、京城府民館（一九三五年）という建物にも日本の伝

図 5-14　大連税関庁舎（1914 年竣工）

統的建築様式は用いられなかった。台湾と同様に、朝鮮神宮をはじめとする神社、武徳殿、日本人の住宅には、日本の伝統的建築様式を用いて建てられたものが多かったが、朝鮮総督府による支配の根幹に関わる建物として支配に大きな役割を果たした建物は、いずれも西洋建築に規範を求めた洋風建築として建てられていた。また、満鉄は、奉天に開設した満鉄奉天公所（一九二三年竣工）や吉林・東洋医院（一九二三年竣工）において中国建築の屋根を模した屋根を架けるなど、中国建築の様式を取り入れた建物を建設したが、これは、いずれも満鉄が支配していた鉄道附属地ではなく、中国の伝統的な都市に建てられた建物であったため、周囲への配慮から、そのような外観の建物となった。

中国東北地方においても朝鮮半島においても、このような傾向は台湾と同様に一九三〇年代後半まで続いていた。この現象に対する解釈や評価を下すのは難しいが、次の三点が指摘できよう。

一つは、日本国内で明治維新以降に生じた現象が、凝縮されて生じたことである。台湾総督府や朝鮮総督府が既存の建物を急場しのぎで使いながら、庁舎をいわゆる本建築として建てていくこと、庁舎だけでなく、学校や病院、駅舎などの公共施設を洋風建築として建てていくことは、明治時代の日本国内における建築家・建築技術者の経験と同じであった。その経緯を植民地、支配地で日本人建築家・建築技術者たちが展開した、という見方である。特に、一九一〇年代から一九二〇年代初頭までの台湾や中国東北地方において、外壁に赤煉瓦を用い、開口部や付け柱などに白色系の石材を配した「辰野式」の建物が多数出現するが、これは、それより前、日露戦争頃から日本国内で始まった「辰野式」建築の流行の後追いであり、また、一九三〇年代の植民地、支配地各地で建てられる事務所建築や商業建築の外壁に茶褐色のスクラッチタイルを張ることも一九二〇年代半ばの日本国内におけるそのような建物の出現の影響である、と解される。一九二〇年代初頭に中国東北地方では、セセッション様式の意匠を取り入れることが流行するが、これも、日本国内での流行を受けたものと考えられる。

二つ目は、建築家の養成と建築教育に関することである。明治政府による工部大学校造家学科での建築教育を嚆矢として、日本の建築教育は始まったが、高等教育を中心に、体系的な建築教育は、西洋建築中心の体系であり、日本建築を教えることは非常に少なかった。

一八七七年、明治政府は、工部大学校造家学科の教授として、イギリス人ジョサイア・コンドル（Josiah Conder, 一八五二〜一九二〇）を招聘し、工部大学校での建築教育を託した。コンドルは、「建築とは何か」という建築学の根源的、本質的な点を考え、特に「建築の本質は美である」「美は歴史的な様式の中にある」という当時のイギリスにおける歴史主義的な考え方を中心に、「強」「用」「美」という建築の三要素に対応して、建築の構造・材料、機能・用途、歴史・意匠に関して講義と演習を組み合わせながら、総合的・体系的な授業を進めた(69)。

工部大学校は、一八八六年には帝国大学の設立に伴ってその中の工科大学に吸収され、造家学科もその中に移行した。これを契機にコンドルは退職し、教え子である辰野金吾など日本人が教員となったが、教育内容が大きく変化することはなかった。そして、一九世紀末から二〇世紀前半にかけて、日本建築に関する授業、建築の耐震化に関する授業、鉄筋コンクリートに関する授業などが増えていくが、西洋建築を規範とした建築教育の基本的な枠組みは維持された。

例えば、日本建築に関する授業は、辰野が工部大学校卒業直後に留学したイギリスで、彼の留学を受け入れたイギリス人建築家でコンドルの師であったウィリアム・バージェス（William Burges, 一八二七〜一八八一）から日本建築のことを問われて、満足に答えられなかったという教訓に基づいて始められた。バージェスが辰野に日本建築のことを問うたのは、建築家として自国の伝統的な建築の知識を持つことが当然であるという歴史主義的な考えに基づいていた。したがって、辰野が木子清敬に依頼して始めた日本建築の授業は、著名な日本建築の紹介が主であり、そこでは日本建築に関する知識の教授が目的であった。それは、日本建築の設計手法を教えるものではなく、日本建築の設計能力を身に付けることを前提にしたものではなかった。

また、辰野の教え子の一人であった伊東忠太によって学問として始められた日本建築の研究は、日本建築を西洋建築と比較しながら相対的な位置づけを図るという方法を採っていた。この方法は、西洋建築の知識を得た後にはじめて可能になるもので、その最初の成果は、一八九三年に造家学会（日本建築学会の前身）の機関誌『建築雑誌』に掲載された「法隆寺建築論」[70]であった。以後、伊東が進めた日本建築や東洋建築の研究は、彼が帝国大学で受けた建築教育の内容を反映したものであった。そのような建築教育の下で育った日本人建築家・建築技術者にとって、西洋建築を規範とした設計を行うのは、当然のことであった。

三つ目は、このような西洋建築を規範とした洋風建築が求められていたことが指摘できよう。日本による支配を強調するために、支配地において、日本建築を規範とする建物を建てる必然性はなく、台湾総督府や朝鮮総督府、関東都督府や満鉄が建てた建物から判断すれば、そのような建物を避けていたと考えられる。これは、当時の日本の支配が、欧米諸国による東アジア支配の枠組みの中で認められていたものであり、そこでは、日本の支配能力が試されることとなった。したがって、そのような枠組みの中で、支配地に日本の伝統的建築様式を持つ建物を建てる必然性はなく、欧米諸国の東アジアにおける支配地に建てられていた建物と比肩しうる建物を建て、欧米諸国の人々に目に見えるかたちでの支配を示すためには、西洋建築を規範とする洋風建築で支配に必要な施設を整えていくことが有効であった。欧米諸国の支配地に建てられた建物とは比肩のしようのない日本建築の様式と意匠を持った建物は、神社や武徳殿といった特殊な用途を除いて、不要であった。

そして、このような傾向が大きく変わるのは、一九三〇年代半ばであった。台湾、朝鮮半島、中国東北地方のいずれにおいても、中国建築、朝鮮建築、そして、日本建築の意匠を積極的に用いた官衙や駅舎が建てられ始めた。例えば、台湾では、台湾総督府営繕課設計の澎湖庁庁舎（一九三四年竣工）や高雄市役所庁舎（一九四〇年竣工、図5-15）の塔屋に宝珠のついた宝形（方形）屋根が架けられた。[71] また、朝鮮総督府は新しい博物館（美術館と科学館）を建てるため設計競技を開催したが、そこでは、朝鮮建築の意匠を持った設計案が一等当選を果たした。満鉄が建設した承徳駅（一九三五年竣工、図5-16）では中国建築の屋根が架けられ、朝鮮総督府鉄道局が建設した慶州駅（一九三七年竣工）では朝鮮建築の形態を持った屋根が架けられた。また、台湾総督府鉄道部が建設した高雄駅（一九四一年竣工、図5-17）では、中国建築に見られる瑠璃瓦を使った方形屋根と日本の城郭建築に見られる千鳥破風が使われた。さらに、満鉄は吉林鉄路局（一九三九年竣工）でも塔屋に中国建築の屋根を架けた。

この転換点は、建物の竣工年代だけから判断すれば、一九三二年に成立した満洲国政府が、その政府庁舎を首都新京（長春）に建設していく中で中国建築の形態を持った屋根を架けたことであったと考えられる。満洲国政府が最初に建設した二棟の庁舎のうち、第二庁舎（一九三三年竣工、前掲図1-26参照）には中央の塔やその周囲の小塔に中国建築の形態と意匠を持った方形屋根が架けられ、パラペットの上端にも同じ意匠の軒瓦が置かれた。第二庁舎のこれを契機に、それ以後の政府庁舎には、第三庁舎をはじめ、国務院庁舎、合同法衙には中国建築の屋根形態を模した屋根が架けられた。また、関東軍は、その司令部庁舎を新京の中心街に建

図5-15　旧高雄市役所庁舎（1940年竣工）

図 5-16　承徳駅（1935 年竣工）

図 5-17　旧高雄駅（1941 年竣工）

設したが、そこでは、日本の城郭建築の形態を模した屋根が架けられた（図5-18）。

一九二〇年代後半から一九三〇年代にかけて、日本国内では、数々の設計競技において「日本趣味」という表現で誘導される建築形態が成立した。日本建築の形態と意匠を持った屋根や軒屋根を架けるものであり、これらの建物は「帝冠様式」と呼ばれた。満洲国政府庁舎において中国風の屋根が架けられたことも、建物の竣工年だけから判断すれば、日本国内で成立した帝冠様式の影響であるという見方が成立する。また帝冠様式が、軍人会館や、神奈川県庁舎、愛知県庁舎、名古屋市役所といった官衙に用いられたため、帝冠様式と軍国主義との関係が指摘されており、関東軍主導の下で成立した満洲国政府が建設した庁舎に帝冠様式が用いられることは、自然な成り行きであったと推測できる。

しかし、実態は違っていた。満洲国政府第二庁舎に中国建築の形態と意匠を持った屋根が架けられたのは、同時に設計された満洲国政府第一庁舎との対比によるものであり、設計者が帝冠様式として設計したものではなかった。設計者の相賀兼介は、同一平面で軒までは同じ外観の庁舎の塔屋の形態とパラペットの処理において差異を付けた二案を設計し、その選択を国務院会議に委ねた。ところが、満洲国政府では、庁舎が多数必要なことから、その二案を両方採用し、同じ広場に面する敷地に隣接して二棟の庁舎を建設した。つまり、満洲国政府第二庁舎とそれに続く中国風の屋根を持った庁舎の建設は、帝冠様式とは無関係に進められたものであった（第1章参照）。

図 5-18　関東軍司令部（1934 年竣工）

このような形態の屋根を持った建物の出現は、台湾総督府庁舎や朝鮮総督府庁舎にみられる西洋建築を規範とした洋風建築を建てる必然性が失われたことを意味している。それは、満洲事変以降における欧米諸国と日本との間に生じた東アジア支配の構造的変化と関係している。満洲事変以前における日本の東アジア支配は、欧米諸国に認められた支配であり、欧米諸国の支配の枠組みに組み込まれていた。したがって、その支配能力が問われ、それを示す一環として、日本建築とは無縁な、西洋建築を規範とした建物を建てる必要があった。しかし、満洲事変によって、欧米諸国による東アジア支配の枠組みからはみ出した日本は、他者に支配能力を認めさせる必然性はなくなり、東アジア地域における欧米諸国の建築と比較されるべき建築を建てる必然性を失った。言い換えれば、満洲事変によって自らが中心となって東アジア地域の秩序構築を求めたため、欧米諸国の建物と比肩する建物を建てる必然性がなくなったのである。その結果、相対的に東アジア地域の伝統的建築の様式・意匠が重要視されることとなった。満洲国国務院庁舎の形態が、単に中国風の屋根を架けただけではなく、「闕」と呼ばれる中国建築の伝統的な形式を用いながら、北京・故宮の建物の屋根形態を模した屋根を架けたこと、日本大使館を兼ねた関東軍司令部庁舎が日本の城郭建築の形態を模したことは、いずれも、欧米列強諸国の建物に比肩する建物を建てる必然性がなくなったことを意味している。

ところで、中国建築の形態と意匠を持った屋根を架けるという手法は、中国東北地方や台湾だけで起きた現象ではなかった。中国に来ていた外国人建築家によって中国建築の意匠を取り入れた建物が建てられ、また、一九三〇年代には、中国人建築家によって中国の伝統的な建築に用いられた屋根などの意匠を新しい建築の中に織り込んでいくようになっていた。特に、「宮殿式」と呼ばれる中国の宮殿建築を模した建物が建てられるが、そこでは中国語で「大屋頂」と呼ばれた入母屋屋根や方形屋根が架けられた（図5-19）。したがって、満洲国政府による政府庁舎への中国建築の導入をはじめとした日本の植民地、支配地における同様の現象は、帝冠様式との関係だけで論じる問題ではなく、東アジア地域における現象として考える必要がある。

一九三〇年代の中国における「宮殿式」と呼ばれる建物の流行は、当時の中国人建築家に共通の課題として浮上した「中国建築の振興」という大命題と連動している。荘俊をはじめ、梁思成や楊廷宝などアメリカ留学の経験を持つ建築家たちを中心に、一九二七年には上海建築師学会が結成され、翌年には中国建築師学会と改称された。彼らは、建築師（建築家）の社会的地位と職能の確立、中国建築の振興、の二つの目的を掲げて活動を始めた。(72) このうち、中国建築の振興とは、中国独自の建築の創造を意味し、その前提として中国建築の理解が必要となった。そこで大きな

図 5-19　「宮殿式」建築の典型例である旧上海市政府庁舎（1933 年竣工）

役割を果たしたのは、アメリカ・ペンシルヴァニア大学に留学した梁思成（一九〇一〜一九七二）であった。既述のように、彼は中国建築の西洋古典建築と共通する部分に着目し、その形態を理解していくという手法で中国建築の研究を始めた。この方法は、伊東忠太が「法隆寺建築論」で展開した手法と同じであり、自国の建築を西洋建築との対比によって理解し、位置づけるものであった。梁思成は、一九二九年から一九三一年にかけて瀋陽・東北大学の建築系主任教授を務め、さらに一九三一年には中国営造学社という研究所に移り、東京高等工業学校に留学した経験を持つ劉敦楨（一八九七〜一九六八）とともに中国建築の体系化を目指して、調査を始めた。その最初の成果が世に出たのは、一九三五年に中国営造学社から刊行された『建築設計参考図集（全一〇巻）』であった。[73]

一方、中国建築師学会は、一九三二年、機関誌『中国建築』を創刊する。その中では、社会における建築の果たす役割を明確にしながら、建築師という職能の社会的認知と向上を目指し、さらに、中国建築の振興を訴えた。そして、この時期、中国建築の振興の一環として、上海市政府庁舎（一九三三年竣工、図5-19）をはじめ「宮殿式」建築が建てられていくが、それは、同時進行していた中国建築の体系化という研究成果の現れであり、建築家たちによる中国建築への理解の進展を示している現象である。

このような見方を満洲国政府による政府庁舎への中国建築の導入に当てはめると、相賀兼介や石井達郎など、満洲国政府の建築組織の中枢にいた建築家たちは、いずれも中国建築の知識を相当に持っていたと推測できる。そこには、村田治郎、伊藤清造、岡大路など大連在住の研究者による中国建築の研究成果があり、また、相賀や石井にとって、奉天（瀋陽）故宮をはじめとした中国東北地方の著名な中国建築は身近な存在であった。石井が、満洲国国務院庁舎設計の前に、当時の国務院総務処顧問で元満鉄本社建築課長であった青木菊治郎の教えに従って北京の故宮をつぶさに見たのも、石井にとって中国建築は学ぶべき対象であったからに他ならない。

このような状況を考えると、重要な意味を持ってくるのは、建築情報の移動と、それぞれの地域における伝統的建築への理解度である。相賀兼介や石井達郎だけでなく、日本の植民地、支配地で活動していた人々にとって、雑誌の講読や視察による見聞によって各地の最新情報を得ることで、中国人建築家による宮殿式建築の状況も把握できたはずであり、また、彼らは、伊東忠太、関野貞をはじめ、村田治郎、伊藤清造、岡大路、藤島亥治郎らの研究によって中国建築や朝鮮建築の知識を得ることが出来た。朝鮮総督府博物館（美術館および科学館）の設計競技において一等当選を果たした矢野要の案が評価されたのは、他の案に比べて矢野案が朝鮮建築の意匠を正確に把握し、それを設計案に反映したものであったからである。これも、矢野が朝鮮総督府技手として長年、朝鮮半島で建築活動を行い、朝鮮建築に接する機会が多かったことの反映である。満洲国政府庁舎をはじめとした建物の出現は、そのような状況を具体的に示したものであった。

したがって、満洲国政府による政府庁舎への中国建築の導入は、単に日本国内における帝冠様式の影響という、いわば日本を中心とした建築情報の伝播を視点とした現象の把握ではなく、東アジア地域における建築情報の伝播、建築界の動きを把握したうえで論じるべき問題であるといえる。

建築構造と材料

台湾、朝鮮半島、中国東北地方において、日本国内とは大きな違いを見せた点の一つが建築構造・材料にかかわる問題である。台湾では、日本国内と比べても早い時期に鉄筋コンクリートが導入されていく。それは、鉄筋コンクリート造建築のことを人々が「永久建築」と呼んだように、地震や火災、大風にも強く、シロアリ対策にも有効な建築構造として考えられていたためである。ところが、研究途上にあった鉄筋コンクリートは、コンクリートのひび割れ、コンクリートの亀裂から軀体内に水が入って鉄筋が錆びたり、コンクリートの爆裂や中性化の進行、といった問題を引き起こした。現在の日本国内で直面している鉄筋コンクリートの問題が、一九二〇年代から台湾で、凝縮され先行して現れることとなった。また、このコンクリートの普及は当然ながら、ポルトランドセメントの需要を伸ばし、それに応じてポルトランドセメント工場が設立され、移入・輸入に頼らない生産量が確保されていく（第４章参照）。

一方、中国東北地方では、関東都督府も満鉄も、徹底的な煉瓦造建築の普及を図った。それは、煉瓦造建築の普及によって都市全体の不燃化を目指したためであり、その結果として洋風建築が軒を連ねる街並みが出現するにいたった。関東都督府も満鉄もそのために煉瓦造を前提とした建築規則を実施していった。そのため、鉄筋コンクリート造の導入は相対的に遅く、また、台湾や日本国内のような建物すべてを鉄筋コンクリート造で建てる建物は少なく、柱・梁・床を鉄筋コンクリート造としながら、壁には煉瓦を充塡するという「鉄筋コンクリート造煉瓦幕壁式」と呼ばれる建物が建てられていった。日本国内では、関東大震災（一九二三年）において、このようなフレームと床のみを鉄筋コンクリート造とし、壁に煉瓦を充塡した建物の被害が多かったこともあり、関東大震災以降は、建物すべてを鉄筋コンクリート造とする建物が建てられていったのに対し、中国東北地方では、そのような経験がないため、全鉄筋コンクリート造の建物は非常に少なかった。

在来の煉瓦造技術があった朝鮮半島では、統監府が煉瓦のもつ不燃性と断熱性に着目し、また、木材よりも高い耐久性と安価な施工費用にも注目し、煉瓦造を推進するため、韓国政府の度支部に煉瓦製造所が設けられた。いわば、国営の煉瓦工場である。そして、中国東北地方のように法的な規制がなかったわけではないが、結果として、煉瓦造が普及していった。そして、一九三〇年代後半になって、戦時体制が進むと、単なる火災被害ではなく、戦時における火災被害、特に空襲への対応が議論されるようになり、朝鮮総督府は積極的に煉瓦造の普及を図った。

以上のように、日本の植民地、支配地における建築構造・材料の特徴を見ると、日本国内とはまったく異なった変遷を経ていることは明白である。根本的な違いは、耐火、耐震、耐風、耐寒、といった災害に備えること、材料供給の容易さや材料の価格の問題が複雑に絡み合って、日本国内とは異なった変遷を見せた。

日本国内では、一九世紀末から、特に、濃尾地震（一八九一年）以降、構造の種別に関わらず、建物の耐震に関する調査研究が始まり、木造建物に対しても、煉瓦造建物に対しても官民一体となった対応が進められた。それと並行して、市街地の不燃化、という問題への対応も必要であり、各地の市街地に多数ある既存の木造建築に対する耐火・防火の工夫が必要となった。そして、関東大地震（一九二三年）による煉瓦造建物の被害の甚大さと地震後に起きた木造建物の焼失被害の大きさが、結果として、官衙や学校、病院などの公共性のある建物については、鉄筋コンクリート造化が進み、その一方で木造建物については外壁と屋根の不燃化を進めた。

それに対して、台湾では、耐震、耐風、耐火とシロアリ対策として鉄筋コンクリート造が日本国内より早く普及し、中国東北地方と朝鮮半島では耐火構造として煉瓦造が普及していった。中国東北地方と朝鮮半島では、煉瓦造の普及に歯止めをかけるような災害がなく、また、煉瓦の安定的な供給が続いたことで、これらの地域では、建築構造の中心的な存在が煉瓦造となった。そして、中国東北地方のように、煉瓦造の普及は、洋風建築による市街地の形成を引き起こした。これは、支配の過程で必要となった、欧米諸国の支配地と比肩しうる都市の出現に大きな役割を果たした。

また、構造・材料に関して、日本国内では経験し得なかったこととして、台湾におけるシロアリ被害とその対策、中国東北地方における寒冷な気候への対策があった。シロアリ対策としてコンクリートのベタ基礎[74]を設けることや地中の凍結による基礎の浮き上がりを防ぐために基礎を深く設けることは、いずれも日本国内では経験し得なかったことであり、現地での試行錯誤の結果として行われたのであった。

四　世界建築としての位置付け

一九世紀末から一九三〇年代半ばまでの日本の植民地・支配地における建築が、欧米諸国が支配する東アジア地域の建築と比肩するものであったことはすでに述べた。これは、日本の植民地建築が、欧米諸国の建築と比較の対象になったことを意味する。その意味において日本の植民地建築の一部分は確実に同時代の世界における建築の中で高い水準の質をもった建築、いわば「世界建築」と呼ぶべき存在であった。そのとき、問題になるのは、次の三点である。一点目は、欧米諸国で確立していた建築の枠組みの中に、日本の植民地建築をどのように置くことができるか、という普遍性の問題であり、二点目は、欧米諸国の建築に比べて先進的であったかという先進性の問題である。三点目は、それらを踏まえたうえでの、一六世紀以降のアメリカ、アフリカ、アジアに成立した西欧諸国によるコロニアル建築と日本の植民地建築との差異の問題である。

「世界建築」としての普遍性

普遍性について、二つのことが指摘できる。一つは、建築様式についての問題であり、もう一つは建築構造・材料

図 5-20　旧朝鮮総督府庁舎ホール

の問題である。

建築様式の問題とは、日本の植民地建築がどのような様式に依拠していたかを、欧米諸国で確立していた「西洋建築史」の枠組みの中に置いて考えてみることである。例えば、台湾総督府庁舎や朝鮮総督府庁舎、あるいは大連民政署や大連市役所、京城府庁や台北州庁のような地方庁舎という支配にもっとも直結していた庁舎を見ると、その形態はほとんどの場合、左右対称の正面を持ち、その正面は中央と両端を強調して飾り、中央に塔屋を設けることは一致している。前田松韻が、ヨーロッパの著名な市庁舎を参考に大連民政署を設計した例にあるように、左右対称の正面の中央に塔屋を載せることは、官衙の外観では常套手段であり、これらの形態は、一九世紀後半から二〇世紀初頭に流行したネオ・バロックの手法であった。特に、朝鮮総督府庁舎のように、規模の大きな庁舎の場合、正面中央に塔を立ち上げ、その後方に鉄骨造ガラス張りの屋根を架けたホールを設け（図5-20）[75]、その両側に中庭をとる手法は、ヨーロッパでもドイツ帝国議会議事堂（一八九四年竣工）など、規模の大きな建物で用いられた手法と同じであった。

そして、これらの外観を見ると、台湾総督府庁舎や大連民政署に代表されるように、赤煉瓦むき出しの外壁を地とし、開口部や付け柱などに白色系の部材を付して図とした手法で外観をつくっている建物がある。これらは、繰り返し見たように、建築家辰野金吾が晩年に好んで使ったことから「辰野式」と呼ばれる様式であり、一九世紀のイギリスで流行したクィーン・アン様式の延長線上に位置付けられる。

一方、建築構造・材料について、日本の植民地・支配地において、煉瓦が主要な材料となり、煉瓦造建築が普遍的に建てられていく状態は、西欧諸国と大差なかった。一九世紀半ばまで、組積造建築がなかった日本は、世界的に見れば特異な存在であったが、その裏返しとして、日本国内では特殊な構造であった組積造が、日本の植民地、支配地では、普遍的な構造となったため、日本の植民地、支配地の建築は、組積造が主流である西洋建築の範疇に組み込むことが可能になった。

そして、組積造建築を建てていく、ということは、その様式が西洋建築を規範としたものになることを意味していた。組積造である和風建築はありえなかった。様式の普遍性は、一九世紀末から二〇世紀初頭におけるそれぞれの地域での煉瓦造、組積造建築の普及によって裏打ちされていたのである。

図 5-21　大連消防署（1907 年竣工，前田松韻旧蔵資料〔平井聖氏保管〕）

「世界建築」としての先進性

このような建築の普遍性の問題と同様に先進性の問題について建築様式と構造、平面から考えてみる。まず、建築様式について、先進性を示す最たる例は、大連消防署（一九〇七年竣工、図5-21）、長春ヤマトホテル（一九〇九年竣工、前掲図3-66参照）、奉天忠魂碑（一九一〇年改築竣工）に見られるアール・ヌーヴォー建築の出現である。一九世紀末に西ヨーロッパ諸国で生まれたアール・ヌーヴォー建築は、北欧やロシアなどへ伝播していくが、日本や東アジア地域にも流入している。帝政ロシアによる東アジア支配の拠点として一八九七年から市街地建設が始まったハルビンには、東清鉄道本社（一九〇四年竣工）をはじめ、事務所、学校、ホテル、商店、住宅、さらに工場建築に至るまで、大量のアール・ヌーヴォー建築が建てられている。また、一八九八年にドイツが租借した青島にも、総督官邸をはじめアール・ヌーヴォー建築が建てられている。日本国内のアール・ヌーヴォー建築は、武田五一設計の住友銀行川口支店（一九〇三年竣工）が最初とされ、同じく武田五一設計の福島邸（一九〇五年竣工）や辰野葛西事務所設計の松本健次郎邸（一九一一年竣工）がその代表的な建物とされている。大連消防署、長春ヤマトホテル、奉天忠魂碑は、これらの間に建てられた建物であるが、それは、中国東北地方においても、ハルビンでアール・ヌーヴォー建築が次々と建てられていった時期であった。そして、大連消防署などのアール・ヌーヴォー建築は、日本国内の影響よりもハルビンにおけるアール・ヌーヴォー建築の影響を受けたものと考えられ、一九世紀末に西ヨーロッパ諸国で生まれたアール・ヌーヴォー建築が、わずか数年で東アジア地域に伝播したことを示している。さらに、西ヨーロッパのアール・ヌーヴォー建築と異なっていたことは、その用途であり、消防署や忠魂碑という当時の社会において公共性の高い用途の建物に使われたことであった。これは、ハルビンに建てられたアール・ヌーヴォー建築にも共通する点であり、当時の最先端の建築様式を公共性の高い建物に用いることで、国力や権力の誇示を図る、ということが試みられた。これは、西ヨーロッパのアール・ヌーヴォー建築には見られなかった点であり、建築様式の形態的、視覚的な情報だけが東アジア地域に伝播してきたことを示している。それは、見方を変えれば、西ヨーロッパで発生したアール・ヌーヴォー建築が伝播してきた東アジアにおいて新たな発展を見せた、ともいえよう。

もう一つの事例として、モダニズム建築がある。これは、特に朝鮮半島において顕著であり、京城中央電話局（一九三五年竣工、図5-22）や京城消防署（一九三七年竣工）をはじめ、この時期に建てられた学校や病院に取り入れられている。構造を鉄筋コンクリート造のカーテン・ウォールとし、バウハウス校舎やサヴォア邸に見られる横長の連続窓を開けるという意匠の建物が多い。一九二〇年代の半ばから後半にかけてドイツを中心に成立したこのようなモダニズム建築の意匠が、朝鮮半島に伝播したものであるが、台湾や中国東北地方に比べて朝鮮半島に多いのは、この時期、学校や病院という公共施設が集中的に整備され、そこに、新しい建築様式であるモダニズム建築の意匠が取り入れられたためと考えられる。京城中央電話局の場合は、すでに日本国内で成立していた「逓信建築」の影響も考えられるが、モダニズム建築もアール・ヌーヴォー建築と同様にわずかな期間で朝鮮半島に伝播し、西ヨーロッパのモダニズム建築とは、いわば「同時代の建築」として成立したことを示している。そして、モダニズム建築は、第二次世界大戦後、一九七〇年代まで、韓国における建築の主流となった。その遠因の一つが一九三〇年代における公共建築物へのモダニズム導入であるといえるが、日本による植民地支配の否定から始まった韓国の戦後復興では、アメリカ帰りの建築家が中心となったため、彼らがアメリカから持ち込んだモダニズム建築が主流となった。

図 5-22　京城中央電話局（1935 年竣工）

構造・材料について、その先進性を示したのは鉄筋コンクリート造に関する調査研究であり、それは、台湾における鉄筋コンクリート造建物のさまざまな問題に起因している。また、鉄筋コンクリート造の主要な材料であるポルトランドセメントは、それぞれの地域における需要の増大にともなって、それぞれの地で工場が建設され、生産が始まったが、関東大震災の復興に伴う日本国内の不足を補う時期を過ぎた一九二〇年代後半には、それぞれの地域での生産に余裕が生じ、極東ロシア（ソ連）から中国各地、さらにフィリピン、フランス領インドシナ、オランダ領東インド、タイなどに輸出されていた。

平面と機能について、顕著な例としてあげられるのは、小野木孝治作成の満鉄大連医院の案であった。一九一二年作成の案では、それまで平屋が主流であった病棟を二階建とし、一九二一年作成の案（前掲図2-22参照）では、診療科ごとのブロックを三層に積み上げて、病院を一棟の建物の中にいれた。いずれも当時の病院建築としては世界最先端の案であった。また、満鉄が大連に建設した南満洲保養院は、当時の欧州で寒冷地に建設されていたサナトリウムの平面を取り入れたものであった。

このような先進性を示す事例は、日本の植民地建築が、その一部では「世界建築」というべき存在であったこと、それぞれの地域で完結して成立しているものではなく、世界の他の地域における建築と関係を持ち、それらの変化、変遷の影響を受けながら、日本の植民地建築も変化、変遷してきたことを示していた。

コロニアル建築と日本の植民地建築

一六世紀以降、ポルトガル、スペイン、オランダ、イギリス、フランスといった西欧諸国がアフリカ、アジア、アメリカに植民地を持ったとき、それぞれの植民地では宗主国の建築が持ち込まれた。特に顕著なのは、スペインの支配下に長くあったラテンアメリカにおけるスペイン・バロック建築の流入、あるいは、フランスの支配下にあったベトナムにおけるフランスのネオ・バロック建築の流入である。一方、南アジアや東南アジア、あるいはカリブ海沿岸では、それらの宗主国とは隔たりの大きな高温多湿な気候に対応する必要が生じ、住宅においては、西欧諸国には見られない「ベランダ・コロニアル」と呼ばれる建築が成立した。ただし、「ベランダ・コロニアル」建築も意匠や構造・材料においては宗主国の建築意匠や構造・材料の影響下にあった。これら、西欧諸国がアフリカ、アジア、アメリカで獲得した植民地において建てた建築を総じて「コロニアル建築（Colonial Architecture）」と呼ぶが、それは、宗主国の建築を基本とし、気候の違いや材料調達の制約という影響を受けながら成立したと解せられる。

一方、日本の植民地建築は、日本が獲得した植民地・支配地に建てられたという点において、コロニアル建築と共通している。それは、建物を支配の道具とみなし、支配に必要な施設として建物を建てるだけでなく、特に公共性の高い施設を都市の要所に配しながら、それらの建物を都市の重要な構成要素として扱うことであり、そのため、それらの建物は、都市を飾る道具と化し、また、宗主国の支配力誇示の道具として、質の高い建築が建てられた。

しかし、日本の植民地建築は西欧諸国によるコロニアル建築と、次の点において異なっている。一つは、すでに記したように、宗主国である日本の伝統的な建築を植民地・支配地に積極的に導入しようとはしなかったことである。これは、明治維新以降の日本国内における公共建築の洋風化、西洋建築の学習を主体とした日本における建築教育、という問題に起因する。二つ目は、特に中国東北地方において顕著であるが、日本の植民地建築は、近隣の列強支配地、特に中国各地の租界や租借地におけるコロニアル建築の存在を意識した上で建てられたことである。大連医院や長春ヤマトホテルをはじめとした満鉄の一連の建物はその典型であり、宗主国である日本国内の建築の影響だけでなく、近隣地域の建築の影響を受けていた。

以上のように考えると、日本の植民地建築は、日本が植民地・支配地を獲得していく過程で成立したこと自体は、西欧諸国のコロニアル建築と同様であり、また、日本の植民地建築が西洋建築を規範とした洋風建築を主体としていたため、建築形態として、コロニアル建築と類似性を持つこととなった。そのような点において、日本の植民地建築は、コロニアル建築の枠組みの中に組み入れることは可能である。しかし、コロニアル建築特有の宗主国の建築との関係という点において、日本の植民地建築は、宗主国の伝統をほとんど顧みることなく成立しており、その成立過程は特異なものであった。

普遍性と先進性を支えたシステム

このような普遍性と先進性の存在は、人や情報の移動が確保され、有益な情報が的確に入手できることによって生まれた側面が強い。また、東アジア地域における日本の支配地の中で、日本国内と個別の支配地との間でのモノ・人・情報の移動だけでなく、支配地相互間の移動が存在した。特に重要なことは、日本を経由せずに支配地相互間の移動があったことであり、ポルトランドセメントのように日本の植民地・支配地の域外に輸出され、あるいは、建築情報のように世界の建築情報を積極的に取り入れていたことであった。その背景に、日本による政治的・軍事的支配が存在するのはいうまでもないが、着目すべきことは、移動を可能とした手段が存在し、移動可能な空間が存在したことである。その手段として、航路と鉄道があげられよう。台湾総督府と朝鮮総督府はそれぞれ、「命令航路」と称して、台湾や朝鮮半島から日本国内、他の日本支配地、中国、東南アジアを結ぶ主要な航路に対して補助金を交付して航路を維持した。また、関東庁も同様な航路を「補助航路」と称して設定した。さらに、満鉄は、大連から上海・香港・広州を結ぶ定期航路を直営で開設した。

これらは、建築活動に必要なモノ・人・情報の移動を確保する手段の一つであり、かつ、それぞれの日本支配地が、単に日本と支配地との結び付きを重視したのではなく、東アジア地域における地理的条件を考慮し、中国や東南アジアとの結び付きも確保することで、より広範な地域の中に、それぞれを位置付けるものであった。すなわち、台湾総督府による「命令航路」では、台湾を日本と華南地方や東南アジアを結ぶ場所と位置付けたのであり、満鉄は、定期航路と満鉄本線を結びつけることで、それらを欧亜間の交通路の一部としたものであった。

このようなモノ・人・情報の移動を可能にするシステムの構築によって、日本の植民地・支配地における建築活動が維持され、日本の植民地建築における世界的な規模での普遍性と先進性が確保された。それぞれの日本支配地は、「日本帝国」の周縁に位置し、フロンティアとして存在していたが故に、それぞれの支配地が接する外国との間において直接、モノと情報の移動を実現した。そして、それは、それぞれの地で活動していた日本人建築家・建築技術者に日本国内では得られない情報をもたらし、彼らはそれを糧に活動していった。すなわち、建築に関するこのような現象を事例として考えたとき、日本とその植民地・支配地との関係は、日本という本国の下に植民地・支配地が隷属的に位置したのではなく、地理的に接していた外国との間において密接な関係を持ち、「日本帝国」という枠組だけではなく、それよりも広い、東アジア・東南アジア・北東アジア地域での枠組の中に位置付けられる存在であった。

そして、日本の植民地建築が、一部ではあったが「世界建築」として存在したのは、日本の植民地・支配地が、それぞれ、単に宗主国日本との関係を維持するだけでなく、近隣の地域との関係を持ち、場合によっては地球規模での位置づけを行ったこのようなシステムに支えられていたためであった。

終章　日本植民地建築の過去・現在・未来

植民地建築が、植民地支配を示した存在であることは指摘するまでもない。しかし、植民地建築の存在と植民地支配の関係をこのような一言で結びつけることは、極めて短慮であり、植民地建築の本質と植民地支配の本質を見誤ることになる。そこで、これまで論じてきたことをまとめながら、植民地建築の果たした役割を考えることにする。

一　王道と覇道——建築の果たした役割

台湾や朝鮮半島における日本の植民地支配が、それぞれの地域における「民生の向上」を標榜しながら、現地の人々を日本人に同化させることを目指し、その一方で現地において、日本人が君臨する社会がつくられていったことは、これまでに蓄積された膨大な植民地に関する研究によって明白である。

民生の向上とは、住民の生活水準の向上を意味し、それは、日本国内では、明治政府が進めた「富国強兵・殖産興業」を基本とした近代化政策によって図られるものであったが、植民地における富国強兵はあり得ないため、台湾総督府や朝鮮総督府は、殖産興業政策によってそれぞれの地域の近代化を図った。そのためには、日本国内の近代化においても必要とした施設と同様の施設の建設が不可欠であり、台湾総督府と朝鮮総督府は、行政機関だけでなく、教育、医療、郵便のシステムを持ち込み、それに応じて、学校、病院、郵便局という公共施設を建設し、鉄道や港湾といった交通基盤整備に伴う駅舎や埠頭施設などの建物を建設し、目に見えるかたちでの近代化を進めた。そして、近代化の実績をあげることで「善政」と呼ばれる植民地支配の正統性を確保していった。朝鮮半島の植民地化で発せられた明治天皇の詔書には、韓国の保護国化において日本政府が韓国政府の施政の改善に努めたことを強調し、かつ、公共の安寧と民衆の福利を増進させることを目的として韓国を日本に併合する旨が記されたが、これは、「善政」による支配の「正統性」の確保を端的に示していよう。

同じことは、中国東北地方支配において先兵としての役割を果たした満鉄の初代総裁後藤新平が掲げた「文装的武備」と呼ばれる経営理念にも現れている。後藤は、満鉄の支配地に経済的文化的開発を施すことで、それらの地に生活する住民の生活水準を向上させ、それによって満鉄による鉄道附属地支配を維持していくものであった。そこには、「文装的武備」という言葉が示すように、経済的文化的開発が武力による占領や武力の増強と同じ意味を持っているという後藤の考えが現れていた。彼が最初にそれを実践したのは、台湾において、台湾総督府民政長官を務めたときであり、武力のみでの台湾支配には無理のあることを感じ取った後藤は、都市における衛生改善、農村での農業改良、さらに電力事業とそれに伴う製糖業などの産業開発を通じて、台湾住民の生活水準の向上を図りながら、反日感情の抑え込みに取り掛かった。満鉄総裁としての後藤が進めた満鉄経営は、この延長線上にあった。後藤は、このような経済的文化的開発を王道と称し、「王道の旗を以て覇術を行なう」と述べて、満鉄による鉄道附属地での経済的文化的開発によってこそ、それらの地を支配できると考えていた。このような考え方は、関東軍の傀儡政権であった満洲国政府にも存在し、軍閥政権時期に比べて国民生活がより向上した王道楽土の実現を目指し、それによって満洲国政府の正当性を示そうとした。

台湾総督府、朝鮮総督府、関東都督府や満鉄、そして満洲国政府は、このような支配理論を具体的に実践するため、必要に応じた施設の建設や都市改造と新たな都市の建設を進めていった。いずれも、表向きの目標は、民生の向上であり、王道（政治）の実現であった。しかし、それは、日本による侵略と支配という覇道によって進められるものであり、覇道を正当化するための「王道」でしかなかった。

日本の植民地建築のうち、このような支配に関わった機関によって建設されたものは、それぞれの地域における近代化を目に見えるかたちで示したものに他ならず、支配機関にとって、民生の向上を示す最も都合のいい道具であった。特に、公共施設の整備による生活の利便性の向上、個々の建物に対する衛生と不燃化の確保によって、公共の安寧と民衆の福利は増進された。また、台北や京城に見られるように既存市街地の再開発によって出現した広幅員の道路や広場、公園と植民地支配の過程で官民問わずに建てられていった新しい建物は、都市空間を変貌させ、そこに住む人々に近代化を実感させた。

ところで、日本の支配を国際的な視点から見たとき、日清戦争から満洲事変までの日本の支配は、欧米諸国による世界分割と植民地支配の枠組みの中に組み込まれたものであった。日清戦争後における三国干渉は、日本による遼東半島領有がそのような枠組みの中では認められなかったことを示したものであり、朝鮮半島の支配をめぐって起きた日露戦争は、日本による朝鮮半島支配が認められていなかったために生じたものであった。したがって、植民地を有したときには、そこでの支配能力が問われるのであり、支配能力が低く、支配が長続きしなければ、再度、植民地争奪の戦いが起きることは必定であった。

したがって、台湾総督府、朝鮮総督府、関東都督府、満鉄は、いずれも支配地においてその支配能力を示すべく、建てられた建築や改造を経た都市は、東アジア地域の欧米支配地に建てられた建物やそこに建設された都市と同じ水準のもの、言い換えれば比肩されるもの、あるいは、伍するものが求められた。それは、建築様式・意匠、構造・材料、用途・機能・平面において、世界的な普遍性と先進性を持つことで実現された。したがって、建築様式・意匠の上で、日本の伝統的建築様式・意匠を全面に示した建物（和風建築）は普遍性も先進性も持たないため、そのような建物を支配地に建てることは無意味であった。台湾総督府庁舎や朝鮮総督府庁舎をはじめ、支配機関が支配地に建てた建物が、神社や住宅を除いてこぞって西洋建築を規範とした洋風建築であったのは、このような背景と必然性が存在していた。

そして、関東都督府や満鉄によるアール・ヌーヴォー建築の建設は、建築様式・意匠における先進性の現れであった。また、台湾総督府の建築組織によって試行錯誤されたシロアリ対策とその一環として早々と行われた鉄筋コンクリート造の導入は、建築構造・材料の先進性を示すものであった。満鉄による大連医院の計画は、病院建築における先進性を示したものであった。

以上のように、支配機関が建てていった日本の植民地建築は、そのすべてではないが、主要なものが、支配地において支配理論の中心であった民生の向上による王道政治を目に見えるかたちで示す存在であり、かつ、国際的には、日本の支配能力を欧米諸国に見せる存在であった。その点において、日本の植民地建築は、「世界建築」として存在する必要があった。そして、それらは、新たな都市建設や都市改造によって出現した「世界都市」に存在することで、日本の支配能力を見せる存在となった。

二　遺物と遺産——植民地建築の今後

日本に限らず、欧米諸国も含めて、植民地建築は、植民地支配の終焉とともに、それぞれの地で、植民地支配の遺物として扱われるのが常であった。植民地建築は、植民地支配を如実に示す存在であるが、それは意図的に使い続けていく建物でもなければ、保存されるべきものでもなかった。ただし、実態として、第二次世界大戦の日本敗戦による東アジア地域での支配の終焉によって、現地に建てられた建物は、所有者こそ大きく変わったが、植民地支配の遺物として積極的に壊された建物は、各地の神社の本殿や忠霊塔といった限られた建物だけであった。大多数の建物は、戦後、一九八〇年代に至るまで、使われていた。

例えば、朝鮮総督府庁舎は、韓国政府が成立すると、その中央庁舎として一九八〇年代まで使われ、その後、韓国国立中央博物館（口絵3）として一九九五年まで利用された。この間、韓国社会ではこの建物に対して何度も取り壊しの議論が起きていたが、韓国政府が中央庁舎をソウルの南にある果川に新築移転するまでは、この建物は使われ続けた。一方、台湾総督府庁舎にいたっては、現在も中華民国（台湾政府）総統府庁舎（口絵5）として使われ続けている。この庁舎は、台湾政府にとっても中枢であり、台湾総督府から国共内戦を経て台湾政府に権力が移行したことを示すという象徴性があるため、台湾の紙幣にも印刷されている。また、中国では、関東都督府民政部の後身である関東州庁の庁舎が、大連市人民政府庁舎として使われ、関東軍司令部は中国共産党吉林省委員会の建物として使われている。これらは、旧朝鮮総督府庁舎のように、取り壊しの議論が起きながらも、壊されずに使われ続けた場合と、旧台湾総督府庁舎のように意図的に使われ続けている建物に分けられるが、いずれにしても一九四五年における日本の敗戦以降、中国における国共内戦や朝鮮半島における李承晩政権と金日成政権の成立や朝鮮戦争という政治的な混乱と戦争を経る中で、政府庁舎として使える建物を使い続けたというのが実態であった。

したがって、これらの植民地建築は、使い続ける必然性がなくなれば、当然、取り壊しの憂き目に遭う。その典型は、旧朝鮮総督府庁舎であり、景福宮の復元という大義名分のもと、一九九五年から

図終-1　旧朝鮮総督府庁舎の取り壊し工事（1995年砂本文彦氏撮影）

図終-2　哈爾濱市政府によって保護建築（街路）となっている哈爾濱・中央大街（旧キタイスカヤ）

翌年にかけて取り壊された（図終-1）。しかし、取り壊し工事の起工日が日本の敗戦から五〇年後の一九九五年八月一五日であったことは、この建物が日本による植民地支配の遺物であることを示し、また、この取り壊しが景福宮の復元という大義名分とは別に、その遺物の撤去であることを示していた。このように遺物として扱われる限りにおいて植民地建築は今後も各地で取り壊されていくのは確実である。

ところが、一九八〇年代半ばから経済発展を始めた中国では、状況が違っていた。帝政ロシアの東アジア支配の拠点であったハルビンでは、哈爾濱市政府が、市街地に残る一九四九年以前に建てられた主要な建物を保護建築として指定する事業を一九八四年から始めた。これは、実質的に、帝政ロシアの支配を受けていた時期の建物や満洲国に関係する建物が保護の対象になることを示したものであり、旧東清鉄道本社をはじめとした七四棟の建物とそれらの集中する街路や広場を保護対象とした（図終-2）。同様の現象は、大連でも生じ、旧大連大広場に面する一九四五年までに建てられた九棟の建物は、保存建築とされた。しかも、この広場に面した敷地で唯一の空き地に一九五〇年に建てられた大連市人民文化倶楽部の建物は、隣接する旧横浜正金銀行大連支店や旧大清銀行大連分行の建物の外観に合わせて一九九〇年代に改修された。

このような現象は、植民地建築が植民地支配を示す遺物としてだけの扱いではなく、それぞれの地域の歴史を示す遺産として扱われていることを示すものであり、また、市街地再開発における歴史的遺産の活用を前提にしたものであった。すなわち、植民地建築は、遺物であると同時に、遺物であるが故に植民地支配という歴史を示す遺産であり、遺産であるが故に市街地再開発における資産としての扱いを受けるに至ったのである。

このような日本の植民地建築に対する中国における動きは、日本の支配地に残った植民地建築が変質したものではなく、それを扱う人間の意識が変化したことで生じた現象である。したがって、植民地建築が植民地支配の下で生まれた建築であることに変わりはなく、その事実が消え去るものでもない。

しかし、植民地建築を支配の遺物であるというだけの理由で抹殺することは、植民地建築が示す歴史と植民地建築が持つ事実の抹殺であり、それは、日本による支配の事実を歴史から消し去る行為である。また、植民地建築が、遺産、資産として扱われるには、植民地建築に対する歴史的、文化的、社会的評価とともに建築学的評価が必要であり、その過程において、植民地建築が持つ特徴、あるいは、普遍性と先進性が明らかになれば、それが「文装的武備」に代表される日本の植民地支配の本質をさらけだすことになる。したがって、植民地建築の遺産化、資産化こそが、植民地支配の実態を正確に後世に伝えることであり、植民地建築の存在は、絶えず日本と日本人に植民地支配を風化させないための信号を送っているといえよう。

注

序章

（1）大江志乃夫他編『岩波講座 近代日本と植民地』（全八巻、岩波書店、一九九二～一九九三年）。

（2）西澤泰彦『図説満鉄――「満洲」の巨人』（河出書房新社、二〇〇〇年、一三～一五頁）において、満鉄を論じる視点の一つとして従来の研究には見られなかった満鉄が産み出した「モノ」、特に満鉄が鉄道附属地に建設した都市と満鉄が各地に建設した建築物を具体的な「モノ」として着目することを記した。同書では、それら「モノ」の分析を通して、満鉄による中国東北地方支配の問題を論じた。一方、注(1)に示した『岩波講座 近代日本と植民地』全八巻では、第三巻『植民地化と産業化』において、植民地支配の深化を工業化を中心とした産業化の視点と都市建設や鉄道建設を中心としたインフラストラクチャー整備の視点から論じているが、産業化によって生産された製品・物品や建設された都市や鉄道の実態を批評しながら、植民地支配の深化を論じている部分は少ない。なお、「モノ」を批評しながら植民地支配のことを論じる手法は、西澤泰彦「『満洲国』の建設事業」（山本有造編『「満洲国」の研究』緑蔭書房、一九九五年、三七七～四六〇頁）において、満洲国政府が一九三三年に公表した「満洲国経済建設綱要」に示された建設事業の内容と、実際に満洲国政府が進めた建設事業の内容を比較しながら、満洲国政府による中国東北地方支配の問題を論じることで試みた。

（3）鹿島茂「都市計画の視点から浮かびあがる満鉄の『実像』」（『月刊東京人』一六二号、二〇〇一年二月、一一五頁）。なお、武田徹『偽満州国論』（河出書房新社、一九九五年、五二～六五頁）では、満洲国による首都新京の都市計画を題材に、都市計画の先進性のみを評価することに対する疑問が示されている。

（4）下関講和条約による日本の台湾領有過程と台湾住民の抵抗および台湾総督府の武力鎮圧については、黄昭堂『台湾総督府』（教育社、一九八一年）に詳しい。なお、台湾住民の武力抵抗が著しく弱体化したのが一九〇二年であるが、それ以後も一九三〇年の「霧社事件」をはじめ高山族（当時は高砂族と呼ばれた）の抗日武力蜂起はたびたび起きていた。大江志乃夫「植民地戦争と総督府の成立」（『岩波講座 近代日本と植民地2 帝国統治の構造』岩波書店、一九九二年、六頁）では、この台湾における日本軍の武力鎮圧を「台湾植民地戦争」と呼び、一九一五年まで続いていた、と指摘している。

（5）遼東半島南端の租借は、一九〇五年九月調印の日露講和条約によって帝政ロシアから日本に租借権が委譲されることは示されたが、租借を行うためには日清間での条約締結が必要であり、一九〇五年一二月に調印された日清条約（北京条約）において日清間での租借が決まった。

（6）一九世紀後半から二〇世紀にかけての列強による東アジア地域への支配形態については、加藤祐三『黒船前後の世界』（岩波書店、一九八五年）に詳しい。加藤は、同書の中で、アヘン戦争による清とイギリスとの条約（南京条約）と日本の開国の契機となった日米和親条約を比較しながら、二国間の関係を「対等性」「従属性」の強弱で説明し、国際関係における植民地支配を位置付けている。そして、租界や租借地は、独立国と植民地の中間に位置する状態であるとしている。

（7）植民地を含む支配地での建築を「支配地建築」という用語で示してもよいと思うが、植民地であっても他の支配地であっても、日本人の建築活動や建築が何ら変わりないため、あえて「植民地建築」という概念を立ててみた。なお、注(1)で示した大江志乃夫他編『岩波講座 近代日本と植民地』全八巻では、日本の植民地であった台湾、朝鮮半島だけでなく、二〇世紀前半における中国、東南アジア、太平洋地域で日本の支配の及んだ地域を対象として、その総称を「植民地」という概念で論じている。

（8）当時の建築学会の構成員は、名誉員、正員、特別員、終身賛成員、賛成員、準員であるが、建築関係者が個人で入会した場合、その身分は、正員か準員になるのが通例である。

（9）一九四二年の準員合計数には、朝鮮人、中国人も含まれている。

（10）鈴木博之『建築の世紀末』（晶文社、一九七七年）では、一九世紀後半のゴシック・リバイバル、アーツ・アンド・クラフト、アール・ヌーヴォーを中心に一八世紀から二〇世紀初頭のヨーロッパにおける建築様式、建築思想・理論を論じているが、特に一九世紀末の状況を「近代の歴史の中に直接的にあって直接に現代を用意した世紀の転換点」として、「建築の世紀末」と称している。

（11）西澤泰彦『海を渡った日本人建築家』（彰国社、一九九六年、四〜六頁）。「海を渡った建築家」という用語は、西澤泰彦「建築家中村與資平について——近代日本の『海を渡った建築家』に関する研究（1）」（『日本建築学会東海支部研究報告集』第二三号、一九八五年二月、四九三〜四九六頁）が初出である。

（12）大中肇については、服部誠「大中肇の建築に関する基礎的研究」（私家版、名古屋大学工学部卒業論文、一九九五年）、および、溝口正人「刈谷市郷土資料館（旧亀城小学校本館）——教育にかける思い」（東海近代遺産研究会編『近代を歩く——今も息づく東海の建築・土木遺産』ひくまの出版、一九九四年、一二八〜一二九頁）。地方都市に拠点を置く建築家については、「名古屋をつくった鈴木禎次および同時代の建築家たち」（『C&D』一二五号、二〇〇一年七月、八四〜八六頁）。

（13）東アジアに拠点を置いた建築家の活動を建築文化や建築の情報における「中心と周縁」という構図で論じることについては、西澤泰彦「東アジアにおける都市空間構造分析と都市文化研究の可能性」（大阪市立大学大学院文学研究科アジア都市文化学教室編『アジア都市文化学の可能性』清文堂、二〇〇三年、一八七〜一九八頁に所収）で示した。

（14）『日本近代建築総覧』は、日本建築学会が編集し、一九八〇年に技報堂から刊行された。その後、掲載内容を加筆修正した『新版 日本近代建築総覧』が一九八三年に刊行された。

（15）「『新版 日本近代建築総覧』追補」は、一九八三年に編集発行された『新版 日本近代建築総覧』掲載物件の取り壊しが進んだこと、各地での調査研究の進展により同書の記載事項の加筆修正が必要になったこと、同書に未掲載の物件の保存問題が頻発しはじめたことを背景として、『建築雑誌』一四一八（一九九八年一月）〜一四二九号（同年一二月）に掲載された『新版 日本近代建築総覧』の加筆修正情報である。

(16)『日本近代建築総覧』（一九八〇年発行）の台湾の部分には一四九物件が所収されていたが、その後の調査で重複掲載などが判明したため、『新版 日本近代建築総覧』（一九八三年発行）では、重複物件を欠番とし、一二三物件が収録された。

(17)『東アジアの近代建築』は、一九八五年に東京大学生産技術研究所を退官した故村松貞次郎氏の退官記念事業の一環として発行された。内容は、東アジア地域の近代建築研究者七人の論文を収め、さらに東アジア地域の現存近代建築に関する写真を載せている。

(18)この論文は、『서울六百年史 第五巻』（一九八三年）に所収されたもので、その後、故尹一柱教授追慕論文集編集委員会編『韓国近代建築史研究——故尹一柱教授追慕論文集』（成均館大学校建築工学科同窓会、一九八七年、一〇五〜一二〇頁）に再録された。

(19)この論文は『韓国美術史叢書II・韓国美術史近代建築史編』（芸術院、一九八四年）に所収され、『韓国近代建築史研究——故尹一柱教授追慕論文集』（注(18)と同書）一二一〜一三〇頁に再録された。

(20)この本の原著初版は、一九七三年に、韓国・東明社から出版された。

(21)尹一柱「一九一〇〜一九三〇年代二人의外人建築家에대하여 (On the two Foreign Architects in 1910~1930's)」（大韓建築学会『建築』一二四号、一九八五年六月、ソウル）。

(22)西澤泰彦「書評・橋谷弘著『帝国日本と植民地都市』」（『日本植民地研究』第一八号、二〇〇六年六月、八六〜九二頁）。

(23)太田博太郎『日本建築史序説』（第一〇版〔改版〕、彰国社、一九六二年、四頁）。

第1章

(1)樺山資紀の大将昇進と台湾総督任命は、『官報』（号外、一八九五年五月一一日）。なお、樺山の台湾総督任命は、台湾総督府の設立以前であり、法的根拠がない。日清戦争では、日本軍占領地に対して占領の継続と民政を行うため、占領地総督部を設ける条例が一八九五年三月三〇日に公布され、占領地総督は陸軍大将もしくは中将であることが規定された。占領地総督部は主として遼東半島の占領地に対応したもので本部は金州に置かれた。樺山を中将から大将に昇進させた上での台湾総督任命と樺山総督による台湾総督府仮条例の公布は、この占領地総督に準拠したものと考えられる。占領地総督部官制は、『官報』（三五二五号、一八九五年四月四日、三三頁）。台湾総督府仮条例は、伊藤博文編『台湾資料』（秘書類纂刊行会、一九三六年、四五〇〜四五四頁）。

(2)このような台湾総督府設立の経緯は、大江志乃夫「植民地戦争と総督府の成立」（『岩波講座 近代日本と植民地2 帝国統治の構造』四〜一一頁、および、一八〜二四頁）に詳しい。勅令として公布された台湾総督府条例は、『官報』（第三八二三号、一八九六年三月三一日、四九〇〜四九一頁）。

(3)これらの組織の官制は、『官報』（三八二三号、前掲、四九一〜四九六頁）、および『官報』（三八五一号、二九〜三〇頁）。

(4)台湾総督府官制は、『官報』（四二九三号、一八九七年一〇月二一日、二八五〜二八六頁）。

（5）この勅令は、『官報』（六五五三号、一九〇五年五月八日、二六五頁）。
（6）満洲軍総司令部から関東総督府への移管は、関東都督府官房文書課編『関東都督府施政誌』（一九一九年、七二〜七五頁）に詳しい。
（7）関東都督府官制は、『官報』（六九五五号、一九〇六年九月三日、一〜二頁）。
（8）統監府及理事庁を設けることを示した勅令二四〇号は、『官報』（号外、一九〇五年一一月二三日、一頁）、統監府及理事庁官制は、『官報』（号外、一九〇五年一二月二一日、一〜二頁）。
（9）日本政府は、「統監府」を正式な呼称としているが、便宜的には韓国統監府と呼ぶことが多い。
（10）朝鮮総督府設置に関する勅令は、『官報』（号外、一九一〇年八月二九日、六頁）。朝鮮総督府官制は、『官報』（号外、一九〇六年、一〜二頁）。
（11）統監府と朝鮮総督府の関係、統監や総督の軍隊指揮権などについては、大江志乃夫、注（2）と同書（二四〜三〇頁）に詳しい。
（12）満洲国政府成立については、山室信一『キメラ――満洲国の肖像』（増補版、中央公論新社、二〇〇四年、一五六〜一八一頁）。
（13）多田井喜生『朝鮮銀行――ある円通貨圏の興亡』（PHP研究所、二〇〇二年、七一頁）。
（14）満洲拓殖公社は、一九三七年に設立された半官半民の組織。資本金五、〇〇〇万円のうち、日本政府と満洲国政府が一、五〇〇万円ずつ、満鉄が一、〇〇〇万円、東洋拓殖が三七五万円を出資している。中国東北地方への日本人農民による移民は、一九一五年に関東州・金州付近の愛川村への移民を嚆矢とし、その後、移民を進めるため、満鉄、東洋拓殖、大倉財閥の共同出資によって東亜勧業株式会社が設立された。しかし、移民そのものはまったく進まず、東亜勧業株式会社は業績不振に陥った。満洲国の成立後、大規模な移民が行われるようになったが、それに応じて東亜勧業株式会社は一九三五年に設立された満洲拓殖株式会社に対し、所有地などを譲渡した。そして、一九三七年には、満洲拓殖株式会社を吸収しながら、満洲拓殖公社が設立された。
（15）大蔵省臨時建築局に関しては、博物館明治村編集『妻木頼黄と臨時建築局（明治建築をつくった人々その四――国会議事堂への系譜）』（名古屋鉄道株式会社、一九八九年）に詳しい。
（16）『建築所事業概要第一次』（一九〇九年、三頁）。
（17）注（16）と同書、六〜七頁。
（18）度支部建築所と大蔵省臨時建築部がそれぞれの国において政府の建築組織の中心になっていく過程は、谷川竜一『帝国主義的発露としての建築活動――大韓帝国末期における度支部建築所』私家版、東京大学工学系研究科修士論文、二〇〇三年、に詳しい。
（19）岩田五月満と渡辺節が韓国度支部建築所に所属していたことは、山口廣『日本の建築［明治大正昭和］6 都市の精華』（三省堂、一九七九年、一〇三〜一〇六頁）で紹介されている。
（20）「故正員工学士岩田五月満君小伝」『建築雑誌』（二八三号、巻末、一九一〇年七月）。
（21）注（20）に同じ。

（22）国枝博の度支部建築所入所時期は、注（18）と同書、三二頁、による。国枝博の略歴は、「特報故正員正五位国枝博君略歴及作品」『日本建築士』（三三巻四号、一九四三年一二月、九〇～九四頁）に記載されているが、そこでは、一九〇五年七月の東京帝国大学卒業から一九〇七年八月三日に統監府技師となる間についての記載がない。しかし、建築学会編『建築学会会員住所姓名録（明治三十九年十一月二十四日現在）』（一九〇六年一二月）によれば、国枝の所属と住所は「韓国統監府技師　韓国京城旭町一丁目」と記載されている。実際に国枝が統監府技師になったのは、一九〇七年八月三日であり、『建築学会会員住所姓名録』の記載に誤りがあると考えられるが、この日に岩田五月満も統監府技師になっており、岩田が税関工事部技師になった後に統監府技師になっていることを勘案すると、国枝も一九〇六年に度支部建築所に入所した後、翌年、岩田とともに統監府技師となったと考えられる。

（23）注（16）と同書、二二四頁。

（24）例えば、注（19）と同書、一〇三～一〇四頁、および一二九頁。前者は、渡辺節の度支部建築所入所について、後者は安井武雄（一九一〇年東京帝国大学・四年）の満鉄入社を取り上げている。渡辺節の渡韓と度支部建築所入所は、東京帝国大学建築学科の卒業生の就職を牛耳っていたとされる辰野金吾に対して渡辺の覚えが目出度くなく、辰野に頼ることなく大蔵省臨時建築部長の妻木頼黄を頼って大蔵省に入り、度支部建築所に派遣されたと記されている。また安井武雄については、彼の卒業設計が当時の教官の忌諱に触れたため、という理由で日本国内で職を得ることができず、満鉄に入社した旨が語られている。

（25）黄俊銘「明治時期台湾総督府建築技師の年譜（一八九五～一九一二）」（『日本建築学会大会学術講演梗概集（関東）』一九九三年九月、一五〇五～一五〇六頁）。黄はこの中で「明治時期台湾総督府建築技師年譜」を載せ、台湾総督府に所属した建築技師の任免期日を詳細に示した。これは労作であるが、彼らの所属部署については、臨時土木部建築課、財務局土木課、民政部土木課をすべて営繕課として扱っているという不備もある。なお、本文中で扱った台湾総督府営繕課の技師となった人物の在任時期も、この黄俊銘の論文を参考にした。

（26）尾辻国吉「明治時代の思ひ出 其の一」（『台湾建築会誌』一三巻二号、一九四一年八月、一一～一八頁）。

（27）注（25）に同じ。

（28）秋吉金徳の経歴については堀勇良氏の御教示による。

（29）日露戦争時の占領地における軍政署設置の経緯については、関東都督府官房文書課編『関東都督府施政誌』（一九一九年、六三～六六頁）に詳しい。

（30）日本軍によるダーリニー占領後の空家封印については、井上謙三郎編『大連市史』（大連市役所、一九三六年、二〇七頁）。設立時の青泥窪軍政署の概要については、同書、二〇八～二一〇頁に詳しい。

（31）注（30）と同書、三〇五頁。

（32）関東州民政署官房編集『関東州民政署法規提要』（関東州民政署、一九〇六年、一六六～一六七頁）。

（33）注（32）と同書、一六三頁。

(34) 前田松韻「満洲行雑記」(『満洲建築雑誌』二三巻一号、一九四三年一月、四五頁)。
(35) 注(32)と同書、一六六〜一六七頁。
(36) 関東局文書課編集『関東局施政三十年業績調査資料』(関東局、一九三七年、五七一頁)。
(37)「会員異動動静准員前田工学士」(『建築雑誌』二一五号、一九〇四年一一月、六三頁)。
(38) 注(34)と同書、四六頁。
(39) 防衛庁防衛研究所図書館所蔵公開文書「明治三十八年五・六月満密大日記」(文書綴番号「陸軍省・満密大日記・M38〜3・19」に所収。
(40)『建築雑誌』(二三三号、一九〇六年五月、四八〜四九頁)。
(41)「関東都督府官制」は注(7)に同じ。
(42) 松室重光の経歴については、石田潤一郎・中川理「松室重光の事績について」(『日本建築学会学術講演梗概集』一九八四年一〇月、二六七一〜二六七二頁) および、鈴木博之「松室重光と文化財保存事業」(同書、二六七三〜二六七四頁) に詳しい。
(43) 注(36)と同書、五七七頁。
(44) 南満洲鉄道株式会社編『南満洲鉄道株式会社十年史』(一九一九年、七五頁)。
(45) 注(44)と同書、四二〜六四頁。
(46) 小野木孝治の経歴については、満洲建築協会「故人経歴」(『満洲建築協会雑誌』一三巻二号、一九三三年二月、一〜四頁) に掲載されている。なお、小野木は、台湾総督府技師と陸軍技師を兼任していたが、印刷局『官報』(第七一一二号、一九〇七年三月一八日、四三一頁) の記載によれば、一九〇七年三月一八日付で陸軍技師のみ免官されている。
(47) 太田毅の経歴については、池田稔「故大蔵臨時建築部技師南満洲鉄道株式会社社員太田毅君を弔ふ」(『建築雑誌』第二九五号、一九一一年七月、表紙裏)。
(48) 弓削鹿治郎の経歴については、葛西万司・長野宇平治『辰野記念日本銀行建築譜』(墨彩堂、一九二五年)、日本銀行建築記録の項、菅原洋一『近代建築技術の地域的展開に関する研究——三重県を事例として』(私家版、名古屋大学博士学位論文、一九九二年、一六五頁)、住友修史室編『住友職員録(明治四三年版)』(一九一〇年、一〇頁) および『住友職員録(明治四四年版)』(一九一一年、三頁) をもとにした。なお、弓削の名前については、「鹿次郎」と記した文献もあるが、弓削達雄氏(弓削鹿治郎ご子息) のご教示により、本書では「鹿治郎」と記す。
(49) 横井謙介の経歴は、満洲建築協会「略歴」(『満洲建築雑誌』二二巻四号、一九四二年四月、三頁) に記載されている。これは、横井の訃報である。
(50) 市田菊治郎のこの時期の所属については、佐々木和子氏(市田菊治郎ご息女) のご教示による。市田菊治郎の父重郎兵衛は大工棟梁で、日本工学会・啓明会編『明治工業史(建築編)』(学術文献普及会、一九六八年復刻、七三八頁) によれば、当時、知恩院阿弥陀堂の工事を請け負っていた。

(51) 荒木栄一の満鉄入社については、荒木栄一「思い出すまゝに」（『満洲建築協会雑誌』一三巻二号、一九三三年二月、三一～三四頁）による。

(52) 吉田宗太郎の満鉄入社については、太田淳氏（吉田宗太郎ご子息）のご教示による。太田毅は、吉田宗太郎と親しく付き合っていた縁から、太田の没後、吉田は太田家の養子となり、太田姓に改姓した。

(53) 森本常吉の経歴については、菅原洋一『近代建築技術の地域的展開に関する研究――三重県を事例として』（注(48)と同書）、一一六頁。

(54) 注(44)と同書、一二五頁。

(55) 資料不足であるが、現在のところ、野戦鉄道提理部から満鉄に入社したことが確認できる建築技術者は、関栄太郎、吉本長太郎、中野重二郎の三名のみである。

(56) 関東軍参謀長三宅光治少将から陸軍次官杉山元少将宛書簡「新政府組織骨格提出ノ件」一九三二年二月一三日付（防衛研究所図書館蔵『陸軍満密大日記 昭和七年第二冊』文書綴番号「陸・満密大日記・S7～2・2」所収）には、関東軍参謀部が作成した国務院官制など九件の法令案が添付されているが、それらはほぼそのまま公布されている。この書簡は、東北行政委員会が開かれる前に、関東軍参謀部が作成した満洲国政府組織の骨格案を陸軍省に報告したものである。

(57)『満洲国政府公報』（二六号、一九三二年七月一九日、五頁）。

(58) 故河野三男氏のご教示。これは、一九九二年八月八日、西澤が河野氏に面会して得た。

(59) 満洲国政府所属の技術者の身分は、当初、技正と技士の二種類であった。技正が日本政府所属の技師に相当し、技士は技手に相当する。一九三四年にその中間の身分として技佐が新設された。技正、技佐、技士はいずれも中国語で技術者を示す用語である。

(60)「満洲国へ転出した満鉄社員百六十名六日までに全部発表」（『満洲日報』九四四三号〔夕刊〕、一九三二年八月六日、一頁）。この記事では、見出しには「百六十名」と記されたが、本文中には「百六十一名」とあり、ここでは記事本文の記載に従った。

(61) 相賀兼介「建国前後の思出」（『満洲建築雑誌』二二巻一〇号、一九四二年一〇月、五～一四頁）。相賀はこの中で「国都新京に赴き、軍司令部に参謀を尋ね直ちに国都建設局行きを指令され」（同書、七頁）と記している。

(62) 小林龍夫・島田俊彦編『現代史資料7 満洲事変』（みすず書房、一九六四年、二九一～二九三頁）。

(63) 注(26)と同書、一三頁。

(64) 台湾総督府官房文書課『台湾写真帖』（一九〇八年、三頁）。

(65) 李乾朗『台湾建築史』（北屋出版事業股份公司、一九八七年、二〇二～二〇三頁）には、旧台北布政使衙門の鳥瞰図とその配置図が掲載されており、それを見ると、外周を塀で囲み、中庭を取り囲んで四棟の建物が建つ中国の伝統的な四合院形式の建物であることがよくわかる。

(66)「台湾の庁舎建築」(『建築雑誌』一四六号、一八九九年二月、六二頁)。なお、引用文中の句点は西澤が加筆した。

(67)台湾総督府の新築設計懸賞募集については、近江栄『建築設計競技――コンペティションの系譜と展望』(鹿島出版会、一九八六年、三五～三六頁および二九〇～二九一頁)に詳しい。同書では、この設計競技について「わが国における本格的設計競技のさきがけ」と位置付けているが、「本格的」という表現について何も説明されていない。そこで、ここでは、この設計競技の応募規定が日本および台湾に在住している人となっていること、実施設計を前提とした設計競技であることに着目し、それらの条件を最初に満たした設計協議として位置付け、その旨を本文中で示した。

(68)「台湾総督府庁舎新築設計懸賞募集規程」および「応募者心得」は『建築雑誌』(第二四六号附録、一九〇七年六月、一～八頁)に収められた。

(69)「応募者心得」注(68)と同書、七頁。

(70)長野宇平治「台湾総督府庁舎設計懸賞について」(『建築雑誌』二七一号、一九〇九年七月、三九～四二頁)。

(71)尾辻国吉「明治時代の思ひ出 其の一」(注(26)に同じ)では、台湾総督府庁舎の設計競技を説明している部分に、「森山氏が見えてから建物の格好は大分変わって来た」という一文があり、森山が長野案をもとに庁舎設計の案を作成したと解釈される。また、黄俊銘「大正時期台湾総督府建築技師の年譜(一九一二～一九二六)」『日本建築学会大会学術講演梗概集(北海道)』(F-2、一九九五年八月、八三頁)では、森山が台湾総督府庁舎の設計を担当した旨が記されている。同梗概の中ではその根拠が記されていないが、黄は、学術発表の中で、尾辻国吉の記した一文のほか、森山が設計を担当した他の官衙建築と台湾総督府庁舎との類似性を根拠として、森山が長野案をもとに実施設計案を作成したと指摘した。また、黄が台湾に関する部分の執筆を担当した藤森照信『全調査東アジア近代の都市と建築』(筑摩書房、一九九六年、四七三頁)においても同様に記されている。一方、朝鮮総督府庁舎の計画立案経過を記した岩井長三郎「新庁舎の計画に就て」(『朝鮮と建築』五巻五号、四頁)では、朝鮮総督府庁舎の基本設計を担当した野村一郎に対して、「元台湾総督府技師であった野村一郎氏を、台湾総督府新庁舎の計画実施に就て経験あるの故を以て嘱託することになりました」と記されており、野村一郎も台湾総督府庁舎の実施設計に関与している旨が示されている。したがって、台湾総督府庁舎の実施設計について、当時、営繕課長であった野村の下で森山が担当したと解釈するのが妥当である。ただし、実施設計のすべてを森山が行ったのではなく、重要な決定事項に関わる部分では、営繕課長であった野村一郎が判断を下していたものと考えられる。

(72)尾辻国吉「明治時代の思ひ出 其3」(『台湾建築会誌』一四巻二号、一九四二年五月、九一頁および九三頁)。

(73)注(72)と同書、九三～九五頁。

(74)関東都督府官房文書課編『関東都督府施政誌』(一九一九年、三六九～三七〇頁)。

(75)「関東都督府高等及地方法院建築工事説明書」(『建築雑誌』二五三号、一九〇八年一月、四三頁)。

(76)「関東州庁庁舎工事概要」(『満洲建築雑誌』一七巻九号、一九三七年九月、二頁)。

(77) 大連民政署については、「近代満洲建築史に関する座談会」（『満洲建築雑誌』一六巻二号、一九三六年二月、三〜二一頁）において、日本人建築家が設計した大連最初の新築建物である旨が記載されているが、これは誤りで、最初の新築建物は関東州民政署が設立されたときにその技師であった前田松韻が設計した関東州民政署長官官舎であった。なお、『関東都督府施政誌』には、関東都督府が設立された一九〇六年からの一〇年間において大連で新築された官衙として民政署、海港検疫所、の二棟をあげているが、「大連の海港検疫所」（『南満洲写真帖』満洲日日新聞社、一九一七年）では、海港検疫所は、一九一二年起工、一九一四年竣工であり、大連民政署より後に建てられている。また、大連民政署が竣工する九ヶ月前の一九〇七年六月に、前田松韻の設計による大連消防署が新築竣工しているが、これは小規模な建物であるため、ここでは大連民政署を、大連に最初に新築された主要な官衙建築とした。

(78) 日本政府が満鉄に提供した現物出資による建物は、大連だけで総数八〇三棟、延床面積三七、八四三坪（約一二四、八八二平方メートル）にのぼった。これについては、『南満洲鉄道株式会社十年史』（一九一九年、四七〜四八頁）に記載されている。

(79) 「大連民政署新築工事説明書」（『建築雑誌』二六八号、一九〇九年四月、三九〜四〇頁）。

(80) 前田松韻「満洲行雑記」（『満洲建築雑誌』二三巻一号、一九四三年一月、四五頁）。

(81) ガン（ヘント）のギルドホールについて、現在の時計塔の最上階は一九〇八年に設計され、一九一三年に竣工したので、前田松韻が大学在学中には現在の時計塔とは異なる形態の塔があったことになるが、その形態は定かでない。ただし、前田の関心事は、時計塔の形態ではなく、その存在の有無なので、本書では時計塔の形態は論じないこととした。

(82) 岩井長三郎「新庁舎の計画に就て」（『朝鮮と建築』五輯五号、一九二六年五月、二〜三頁）。

(83) 注(82)と同書、三頁。

(84) デ・ラランデと寺内正毅との関係およびデ・ラランデの経歴については、堀勇良『外国人建築家の系譜（日本の美術 四四七号）』（至文堂、二〇〇三年、九二〜九三頁）。

(85) 注(82)と同書、四頁。

(86) 当時の都道府県庁舎の形態については、石田潤一郎『都道府県庁舎——その建築史的考察』（思文閣出版、一九九三年、三二九〜三六二頁）に詳しい。

(87) 朝鮮総督府庁舎の工事経過は、『朝鮮総督府庁舎新営誌』（奥付なし、記載内容から一九二九年作成と推定）に詳しい。人件費と資材費の高騰による工期延長については、佐藤良治「新庁舎の直営経理に就いて」、注(82)と同書、一三頁。

(88) 「朝鮮総督府庁舎設計図・背景図」（『建築雑誌』三八一号、一九一八年九月、巻末附図）。

(89) 注(82)と同書、五頁。

(90) 宮島貞吉「杭打地形より鉄筋コンクリート工事まで」（『朝鮮と建築』〔注(82)と同書〕二一〜二二頁）および、「朝鮮総督府庁舎新築工事概要」（『建築雑誌』四九二号、一九二七年二月、九二頁）では、建物の軀体をカーン式鉄筋コンクリート造でつくった旨が記されているが、それだけでなく、宮島によるこの文献と「朝鮮総督府庁舎新築設計概要」（『建築雑誌』三八一号、一九一八年九月、六七頁）では、建物の基礎においても杭上部におかれたフーチングにもカーン式鉄筋コンクリートが使われた旨が記されている。カーン式鉄筋コンクリートは、カーン・バーと呼ばれる特殊な鉄筋を井桁状に組み、その上にフロア・タイル鋼と呼ばれる鉄板で作ったカマボコ型や箱型の部材を載せ、その上からコンクリートを流し込んだものである。現在の鉄筋コンクリート造では、鉄筋は円形断面であるのに対して、カーン・バーは、菱形と扁平な長方形を組み合わせた矩形断面であり、コンクリートとの定着のため、所々、鉄筋の一部が枝分かれしていた。カーン式鉄筋コンクリート造による大規模な建物の例としては、旧住友銀行名古屋支店（一九二二年住友合資会社工作部建築課設計、一九二五年竣工、地上八階、地下一階、高さ三〇・三メートル、延床面積七、八四八平方メートル）がある。

(91) 佐藤良治「新庁舎の直営経理に就いて」（『朝鮮と建築』〔注(82)と同書に所収〕一六頁）。

(92) 宮島貞吉「花崗石材工事に就いて」（『朝鮮と建築』〔注(82)と同書に所収〕二四頁）。

(93) 宮島貞吉「大理石工事に就て」（『朝鮮と建築』〔注(82)と同書に所収〕五三〜五四頁）。

(94) 大蔵省営繕管財局編『帝国議会議事堂の概要』（一九三六年、三九頁）。なお、同書一二〇頁掲載の「議事堂建築に使用せる材料及び機械類の産出地一覧図」によると、国会議事堂の材料の多くは日本国内で産出・生産されているが、朝鮮半島から大理石、台湾から塗料、中国東北地方から塗装用油やアスベストなどを移輸入して使用した。国産品とはこのような日本支配地で算出・生産されたものを含めるものであった。

(95) ベランダ・コロニアル建築については、藤森照信『日本の近代建築（上）幕末・明治篇』（岩波書店、一九九三年、三〜二八頁）に詳しい。この中では、ベランダとロッジアの区別をそれらが面する部屋との関係やそれらの面積で行っており、ベランダはそれに面した部屋に必要な空間として、それぞれの部屋から直接出入できる空間であると指摘している。朝鮮総督府庁舎における「ベランダ」と称された場所は、そこに面した部屋からは直接には出入できず、廊下を介しての出入りになるので、実質的にはロッジアと同じ機能である。

(96) 富士岡重一「新庁舎の設計概要」（『朝鮮と建築』〔注(82)と同書〕一〇頁）。なお、『朝鮮総督府庁舎新営誌』に掲載された平面図においても、「ベランダ」と書かれている。

(97) 柳宗悦「失われんとする一朝鮮建築のために」（『改造』大正一一年九月号、一九二二年九月、二二〜二九頁）。なお、この一文については、尹一柱「建築遺産――のこされた二つの怪物」（『環境文化』五二号、一九八一年九月、一六〜一七頁）において詳しく紹介されている。尹は、韓国近代建築史研究を最初に進めた研究者であり、植民地時代の建物の評価を韓国で最初に試みた研究者である。尹は柳の説明について「柳宗悦氏の文は甚だ名文であり再び読んでみれば胸に訴える所がある」と評した。また、柳の文章について、この部分が伏字にならずに公表されたとしても、当時の社会状況の中で、柳が例えた皇居の中に日本総督府が建てられるという光景を想像できた日本人は皆無に近かったと考えられる。しかし、柳によるこの例えは、一九四五年に敗戦を迎えた日本において半ば現実味を帯び、皇居に面した第一生命館に連合国軍総司令部（ＧＨＱ）の本部が置かれ、近隣の明治生命館などのオフィスビルもGHQによって使われるに至り、日本が占領されたことを実感する光景が出現したことを考えると、柳の洞察力は見事であったとしか言いようがなく、それも尹の柳に対する評価の理由の一つである。

(98) 柳宗悦「失われんとする一朝鮮建築のために」が『改造』（大正一一年九月号）に掲載されたときの伏字部分は、柳宗悦『柳宗悦全集 第六巻』（筑摩書房、一九八一年、一四五〜一五四頁）に所収された同じ文章の当該部分より転載した。なお、水尾比呂志「解題」（『柳宗悦全集第六巻』六九七〜七一一頁所収）によれば、この文章の朝鮮語訳が『東亜日報』（同年八月二四日〜二八日）に連載された。また、水尾はこの中で、「光化門への思慕を切々と訴える形で、日本政府の暴挙を戒める。反響大きく、光化門は取壊しを免れ、移建保存された」と記し、柳の文章が影響力を持っていたと主張している。また、「失われんとする一朝鮮建築のために」が再録された『柳宗悦選集 第四巻』（春秋社、一九五四年）において、柳は、「新版の序」（同書、三〜四頁）の中で、「当時将に日本人の手によって毀たれようとしたこの薄命の門のために、公開状を時の『改造』に発表したのである。私も長い文筆の暮しをした者であるが、この一文だけは公的な役割を果たすものとなった。幸ひに鮮訳も英訳も続いて現れ、輿論が喚起され、遂に門は破壊の難だけは免れ、他に移建されるに至った。併しそのため私は危険なる人物として登録され、一時は刑事の尾行を受ける身となった。併し朝鮮人からの感謝は、私の不自由を償ふ充分な酬いであった」と記し、『改造』に掲載した彼の文章が光化門の移築に役立ったことを自ら評した。

(99) 今和次郎「総督府新庁舎は露骨すぎる」（『朝鮮と建築』二巻四号、一九二三年四月、一七〜一八頁）。尹一柱は前掲論文「建築遺産——のこされた二つの怪物」の中で、この今の文章にも言及している。

(100) 関野貞「朝鮮美術史」（『朝鮮の建築と芸術』岩波書店、一九四一年、一六七〜一六八頁）。この「朝鮮美術史」は、一九三二年に朝鮮史学会から発行された『朝鮮美術史』を収録したものである。尹一柱は前掲論文「建築遺産——のこされた二つの怪物」の中で、関野も柳や今と同様に朝鮮総督府庁舎の建設を批判したと紹介しているが、その中身は不詳である旨を述べている。尹が指摘している関野による庁舎建設批判がこの「朝鮮美術史」の中の一文であると考えられる。

(101) 注(87)と同書、一一〜一二頁。移築を記録する銅版は、移築の経緯を記したものと移築工事の工程や関係者の氏名官職を記したものの二枚が移築された光化門の棟木に埋め込まれた。

(102) 注(96)と同書、七頁。

(103) 注(87)と同書、二頁。

(104) 「韓国中央庁（旧朝鮮総督府）」（『日経アーキテクチュアー』二四四号、一九八五年七月二九日、七八〜七九頁）。

(105) 注(82)と同書、六頁。

(106) 京城府庁舎の落成式の期日は、笹慶一「京城府庁建築の大要と其特徴」（『朝鮮と建築』五巻一〇号、一九二六年一〇月、一七頁）。

(107) 長尾仟「京城府庁舎新築の追懐」注(106)と同書、一〇〜一三頁、および、岩井長三郎「聽て京城のシビックセンター」（同書、九

〜一〇頁)。

(108) 岩槻善之「新府庁舎の表現其の他について」注(106)と同書、一七頁。

(109)「新国家の庁舎廿日から準備に着手す」(『満洲日報』九二六七号夕刊、一九三二年二月二一日、二頁)。

(110)「首都各政庁決定」(『満洲日報』九三二二号夕刊、一九三二年四月六日、一頁)。なお、『満洲国政府公報』(第二号、一九三二年四月一五日、一五〜一六頁)に掲載された政府機関所在地では、執政府は、旧吉黒榷運局となっているので、執政府はこの間に旧長春市政府の建物から旧吉黒榷運局に移転したものと考えられる。

(111)『満洲国政府公報』(注(110)と同書)一五〜一六頁。

(112) 満洲回顧集刊行会編集発行『あゝ満洲』(四六頁、一九六五年)。

(113) 注(61)と同書、八頁。

(114)『満洲国政府公報』(五七号、一九三二年一〇月一九日、一〜一〇頁)。満洲国政府の予算年度は、一九三二年度から一九三四年度までは、その年の七月から翌年六月までを一会計年度としたが、一九三五年度のみ七月から一二月の半年間を会計年度とした。さらに一九三六年度からは、その年の一月から一二月までを会計年度とした。

(115) 満洲国政府における国務院会議は、満洲国政府の各部(日本の省に相当)の総長(大臣に相当)などを集めて国務院総理が議長を行う会議であり、閣議に相当する。しかし、その役割について、山室信一『キメラ——満洲国の肖像』(増補版、中央公論新社、二〇〇四年、一七四〜一七九頁)および山室信一「『満洲国』統治過程論」(山本有造編『「満洲国」の研究』緑蔭書房、一九九五年、一一〇〜一一二頁)によれば、形式的な会議であり、総務庁長官が事前に開く定例事務連絡会議が提案した案件を追認する会議となっていたことが指摘されている。定例事務連絡会議は、各部次長など日本人主体の会議であり、国務院会議で政府庁舎の新築を決めたことも、定例事務連絡会議での案件として検討されていたと考えられ、庁舎新築が満洲国政府にとって重要な案件であったことがわかる。

(116) 注(113)に同じ。

(117)「満洲国第一庁舎新築工事概要」および「満洲国第二庁舎新築工事概要」(『満洲建築協会雑誌』一三巻一一号、一九三三年一一月、四一〜四四頁)。この記事では、その執筆者は明記されていないが、通常、「竣工記事」とよばれるこれらの類の記事は、設計者が情報を提供して、掲載されることが多い。したがって、この場合、第一庁舎・第二庁舎を設計した相賀兼介か、彼が主任を務めた満洲国政府の建築組織が満洲建築協会に情報を提供したと考えられる。したがって、その記事に記載された「満洲式」という建築様式も相賀兼介本人がそのように称していたと考えられる。

(118) 注(113)に同じ。

(119) 注(113)に同じ。

(120) 注(113)に同じ。

(121) 牧野正巳「建国拾年と建築文化」（『満洲建築雑誌』二二巻一〇号、一九四二年一〇月、二〇頁）。
(122) 注(113)に同じ。
(123) 注(121)に同じ。
(124) 岸田日出刀「満洲建国十周年とその建築」（『満洲建築雑誌』二二巻一一号、一九四二年一一月、四～五頁）。
(125) 駒井徳三『大満洲国建設録』（中央公論社、一九三三年、二一一～二一二頁）。
(126) 「教令第六号官衙建築委員会官制」（『満洲国政府公報』第九三号、一九三三年二月一三日、一頁）。
(127) 「訓令第二九号」（『満洲国政府公報』第九四号、一九三三年二月一六日、一～二頁）。
(128) 注(121)と同じ。
(129) 国務院庁舎が第四庁舎として計画されながら、第五庁舎として竣工した理由は定かでない。一般的には、建物名称は仮称で予算が計上され、竣工時に確定する。満洲国政府庁舎のように建設順に番号を付した庁舎名称の場合でも、計画時に付けられた番号を工事中や竣工時に変更することは混乱を招くので、計画時の番号を変えることはあり得ない。この場合、特異な事情があったと考えられる。
(130) 「国務院新築工事概要」（『満洲建築雑誌』一七巻一号、一九三七年一月、六九頁）。
(131) 注(121)と同書、二二頁。
(132) 注(61)と同書、一二頁。
(133) 石井達郎「国務院を建てる頃」（『満洲建築雑誌』二二巻一〇号、一九四二年一〇月、三五頁）。
(134) 国務院庁舎の予算額は、『政府公報』（九六号、一九三四年六月二八日、二一八頁）に示された康徳元年度予算案の記載による。また、実際の工事金額について「国務院庁舎新築工事概要」（『満洲建築雑誌』一七巻一号、一九三七年一月、六九頁）。
(135) 当時、営繕需品局技佐を務めていた故河野三男氏のご教示による。
(136) 国務院庁舎の実際の工事費については、注(130)に同じ。
(137) 注(121)に同じ。
(138) 牧野正巳「満洲建築随想」『国際建築』（一二巻一号、一九三六年一月、一四～一五頁）。この文章は、後に牧野正巳『満洲建築随想』（満洲時代社、一九四四年、三五～五二頁）に所収。
(139) 「満洲建築座談会（1）岸田・坂倉両氏を囲みて」（『満洲建築雑誌』一九巻一一号、一九三九年一一月、二九頁）。
(140) 梁思成・劉致平「台基簡説」（『設計参考図集第一巻台基』中国営造学社、一九三五年、一～二頁、北京）。『設計参考図集』は中国建築について、現存している建物を用いて、各部位の特徴を解説したものであり、全一〇巻。これは、梁思成『中国建築芸術図集（上・下）』（百花文芸出版社、一九九九年）として復刻されている。
(141) 伊東忠太「法隆寺建築論」（『建築雑誌』八三号、一八九三年三月、三一六～三一九頁）。

(142) 村松伸『上海・都市と建築』（パルコ出版、一九九一年、二四〇〜二五六頁）。

(143) 満洲国政府のこのようなスローガンについて言及した論著は多いが、最近の論著としては、山室信一『キメラ——満洲国の肖像(増補版)』（注(12)と同書、一二二〜一八一頁）に詳しく言及されている。

(144) 注(131)に同じ。

(145) 注(131)に同じ。

(146) 注(121)に同じ。

(147) 満洲国におけるヨーロッパ資本の投資事業については、西澤泰彦「『満洲国』の建設事業」（山本有造編『「満洲国」の研究』緑蔭書房、一九九五年、四五一頁）において紹介している。なお、越沢明『満州国の首都計画』（日本経済評論社、一九八八年、一〇二〜一〇八頁）では、ブロッサル・モパン財団をはじめとしたフランス資本による投資計画が指摘されているが、一九三四年に満洲国外交部通商司が作成した「対満投資外国財団現状説明書」（防衛庁防衛研究所図書館所蔵『陸軍満密大日記昭和九年第九冊』文書綴番号「陸・満密大日記・S9〜9・38」に収録）では、フランス資本だけでなく、ドイツ資本（ハイエ財団）の参加も計画されていた。「対満投資外国財団現状説明書」によれば、建設事業を計画したのは、フランス資本のドリル財団、ドリヴェ財団、ブロッサル・モパン財団の三財団である。ドリル財団は、一九三三年、満鉄との間で「満洲企業組合」の設立計画を結び、都市建設事業への展開を図ったが、財団内部の意見不一致により事業は行われなかった。ドリヴェ財団は、一九三四年、満鉄との間で「株式会社日仏対満事業公司」の設立契約を結び、土木建築事業の請負と物品販売を目指したが、この財団は上部組織であったフランス国民経済発展協会から事業遂行に必要な権限を与えられておらず、事業は頓挫した。ブロッサル・モパン財団は、この満洲国外交部庁舎の設計施工を行う前に、奉天で建設事業を請け負っていたとされる。また、ブロッサル・モパン財団の日本語名について、相賀兼介は、「建国前後の思出」（注(61)）において、「ブロッサル・モパン会社」と称しているが、ここでは、「対満投資外国財団現状説明書」に依拠して「ブロッサル・モパン財団」と記した。また、推測の域を出ないが、張作霖・張学良政権下で建設が進められた東北大学の施設の一部（理工学楼）は、地元研究者の調査では「フランス人の設計」という情報を得ており、これが、ブロッサル・モパン財団が奉天で請け負った建設事業ではないか、と推察される。

(148) 注(133)と同書、三六頁。

(149) 注(148)に同じ。

第2章

(1) 台湾銀行法については、『官報』（四一二一号、一八九七年四月一日、三〜五頁）を参照。

(2) この間の経緯は、台湾銀行編『台湾銀行二十年誌』（一九一九年、一四〜三〇頁）。なお、台湾銀行券の発券について、一八九七年三月三〇日公布の台湾銀行法ではその記載がなく、台湾銀行設立委員による議論の中で、台湾銀行券の発券が必要となり、一八九九年三月一日公布の改正台湾銀行法によって、台湾銀行が発券銀行であることが定められた。

（3）台湾銀行が東アジア、東南アジアに支店を開設していく経緯は、名倉喜作編『台湾銀行四十年誌』（台湾銀行、一九三九年、一六〜二七頁）に詳しい。

（4）「台湾銀行新築落成」『建築雑誌』（二〇七号、一九〇四年三月、七四頁）。なお、起工時期について、注（2）と同書における口絵の写真説明では、一九〇二年八月起工、と記されているが、「台湾銀行新築落成」は、一九〇四年二月一一日に開かれた新築落成式での柳生台湾銀行頭取の挨拶を引用しているので、ここでは、この記事の記載を用いた。また、この時期のことを回顧した尾辻国吉「明治時代の思ひ出 其の一」（『台湾建築会誌』一三巻二号、一九四一年八月）では、建物の竣工時期を一九〇三年秋、と記しているが、この記事は、一九四一年に記された記事であるので、竣工時期により近い時期に書かれた「台湾銀行新築落成」の記載を用いた。

（5）「台湾銀行新築落成」、注（4）と同書。

（6）初代台湾銀行本店の構造や材料などについては、尾辻国吉「明治時代の思ひ出 其の一」（注（4）に同じ）、一一頁。

（7）二代目の台湾銀行本店の竣工時期は、「台湾銀行本店新築工事概要」（『台湾建築会誌』九巻五号、一九三七年一一月、五八頁）による。なお、中村勝哉編『西村好時作品譜』（城南書院、一九五〇年、二二頁）では、竣工時期を一九三七年八月、と記している。また、名倉喜作編『台湾銀行四十年誌』（台湾銀行、一九三九年、附録二九頁）では、一九三七年九月一三日の項に「本店営業所新築落成し移転す」と記されている。

（8）二代目の台湾銀行本店の規模などについては、「台湾銀行本店新築工事概要」（注（7）に同じ）による。なお、『西村好時作品譜』（注（7）と同書）、二二頁では、延床面積を九、五〇三平方メートルと記している。

（9）「建築雑報・台銀の大建築」（『台湾建築会誌』六巻五号、一九三四年九月、二六五頁）および、「建築雑報・台銀の鉄骨骨組成る」（『台湾建築会誌』八巻三号、一九三六年五月、二〇三頁）。

（10）第一銀行が韓国で紙幣を発行していく過程については、多田井喜生『朝鮮銀行——ある円通貨圏の興亡』（ＰＨＰ研究所、二〇〇二年、三七〜四四頁）。

（11）中村與資平が、「自伝」と称して、一九四五年の終戦直後に書き残した自筆の原稿。原稿用紙にペンで執筆されている。現在は、浜松市立中央図書館が所蔵している。本書では、以下、「自伝」と称する。

（12）伊藤ていじ『谷間の花が見えなかった時』（彰国社、一九八二年、五八頁）。

（13）建物の起工時期について、朝鮮銀行作成『朝鮮銀行建築工事報告』（一九一二年、二頁）および小島弥三久編集『兼喜会会報』（一五号、一九一二年五月、一二頁）では、一九〇七年一一月とされている。ただし、注（10）と同書、六一頁、では、一九〇八年一一月、と記されている。ここでは、竣工直後に作られた『朝鮮銀行建築工事報告』と『兼喜会会報』に記載された事項をもとに一九〇七年一一月と判断したが、起工後に中村が設計の最終案をつくっていることから、基礎工事の起工であると考えられる。なお、『兼喜会会報』は、この建物の建設工事を請け負った清水組（現・清水建設）の社内報である。

(14) 注(11)に同じ。

(15) 第一銀行韓国総支店が中村に任命した肩書きは、朝鮮銀行作成『朝鮮銀行工事報告』（注(13)と同書）、八頁、および「自伝」。なお、中村與資平が後に編集した『営業経歴』一九二六年、では「技師長」と記され、朝鮮銀行作成『朝鮮銀行写真帖』（一九一二年）に掲載された定礎の銘板では、「技士長」と記されていた。

(16) 中村與資平が辰野葛西事務所から独立する問題については、西澤泰彦「建築家中村與資平の経歴と建築活動について」（『日本建築学会計画系論文報告集』四五〇号、一九九三年八月、一五二頁）。

(17) 注(12)と同書、六二頁。

(18) 朝鮮銀行作成『朝鮮銀行建築工事報告』（注(13)と同書）、四～八頁。

(19) 定礎の日付は、朝鮮銀行作成『朝鮮銀行写真帖』（注(15)と同書）、掲載の定礎銘板による。

(20) 竣工時期は、朝鮮銀行作成『朝鮮銀行工事報告』（注(13)と同書）、による。なお、「自伝」によれば、竣工時期は一九一一年一二月と記されている。

(21) 注(11)に同じ。

(22) 韓国銀行設立の経緯については、注(10)と同書、五九～六三頁、および朝鮮銀行史研究会編集『朝鮮銀行史』（東洋経済新報社、一九八七年、三三～五八頁）を参照した。

(23) 注(10)と同書、六三頁。

(24) 朝鮮銀行史研究会編『朝鮮銀行史』（注(22)と同書）、四〇～四一頁。

(25) 朝鮮銀行本店の工費については、朝鮮銀行作成『朝鮮銀行工事報告』（注(13)と同書）、二頁。

(26) 日本銀行本店とベルギー国立銀行本店との類似性や、辰野が日本銀行本店の設計にあたって、ベルギー国立銀行本店の正面の構成を参考にしたということについては、藤森照信『日本の建築［明治・大正・昭和］第三巻――国家のデザイン』（三省堂、一九七九年、一三〇～一三一、一三五～一三八頁）にて指摘されている。

(27) 注(26)と同書、一三七頁。

(28) 朝鮮銀行作成『朝鮮銀行工事報告』（注(13)と同書）、七頁、によれば、当時の京城（ソウル）東大門外にあった採石場で砕石した花崗岩を電車で運搬したことで、従来に比べて大きな石が得られた旨、記されている。

(29) 朝鮮銀行作成『朝鮮銀行工事報告』（注(13)と同書）、八頁。

(30) 朝鮮銀行作成『朝鮮銀行工事報告』（注(13)と同書）、五頁。

(31) 中村の「朝鮮銀行建築顧問」という肩書きは、中村工務所作成『営業経歴』一九二六年、「創業」の項、に記載されている。また、一九一六年までに発行された建築学会の会員名簿に相当する『建築学会会員住所姓名録』では「中村與資平　朝鮮銀行技師」と記され、一九二〇年発行の『建築学会会員住所姓名録』では「中村與資平　中村建築事務所」と記されている。したがって、「朝鮮銀行建築顧問」という肩書きは自称の可能性もある。

(32) 横浜正金銀行の設計者については、「正金建築工程」（『満洲日日新聞』七七二号、一九〇九年一二月一三日、二頁）による。妻木頼黄の追悼文にあたる「妻木博士を弔ふ」（『建築雑誌』三五九号、一九一六年一一月、附録六頁）に記載された設計作品目録には、横浜正金銀行大連支店は記載されていない。なお、池田稔「故大蔵省臨時建築部技師南満洲鉄道会社社員太田毅君を弔ふ」（『建築雑誌』二九五号、一九一一年七月、巻頭）では、太田の設計した建築物の代表として扱われている。

(33)「妻木博士を弔ふ」（注(32)に同じ）。

(34) 森川範一については、松井清足「故正員工学士森川範一君略歴」（『建築雑誌』三四三号、一九一五年七月、巻頭）において「此の間井上公司の技師として北京正金銀行支店の建築を設計する処ありしが図らざりき此れ君が最後の遺作となる」と記されている。また、村井三吾については、『建築雑誌』（二五三号、一九〇八年一月）に掲載の転居欄に「清国北京横浜正金銀行」と記されている。

(35) 工事の経過については、「正金建築工程」（注(32)に同じ）。

(36) この祝詞は、「正金の披露宴」（『満洲日日新聞』七七二号、一九〇九年一二月一三日、二頁）に所収。

(37) 朝鮮銀行奉天支店の竣工時期は、植田梶太編『奉天名勝写真帖』（山陽堂書店、一九二〇年、六八頁）。

(38) この朝鮮銀行奉天支店については、「朝鮮銀行奉天支店新築工事概要」（『朝鮮と建築』一一巻七号、一九三二年七月、二八〜三〇頁）。この建物の設計者は、中村與資平ではなく、朝鮮銀行営繕係の三宅喜代治であった。

(39) 当時の所員だった故山崎河氏の回想による。これは、西澤が一九八四年一一月一〇日、山崎氏に面会して得た情報である。

(40) 満洲中央銀行事務所が吉林永衡官銀号の建物を使用したことについては、『満洲国政府公報』（第二号、一九三二年四月一五日、一五〜一六頁）。その後、東三省官銀号の建物を使ったことについては、「満洲中央銀行総行 本建築を語る座談会」（『満洲建築雑誌』一八巻一一号、一九三八年一一月、五頁）。

(41)「満洲中央銀行総行 本建築を語る座談会」（注(40)に同じ）、八頁。

(42) 西村好時『銀行建築』（日刊土木建築資料新聞社、一九三三年）。この本は、銀行建築の一般的な概説と第一銀行の本支店建築の図集からなる。

(43) 座談会の内容は、「満洲中央銀行総行 本建築を語る座談会」（注(40)に同じ）、五〜一四頁。

(44) 注(41)と同書、一一〜一二頁、および、「満洲中央銀行総行建築工事概要」（『満洲建築雑誌』一八巻一一号、一九三八年一一月、一七〜一八頁）。この記事は、『建築雑誌』（六四五号、一九三八年一二月、一二三〜一二六頁）にも所収。

(45)「満洲中央銀行総行 本建築を語る座談会」（注(40)に同じ、一一頁）。

(46) 満鉄の事業を論じた研究は多いが、満鉄が展開した多様な事業を中国東北地方支配との関係から論じた最近の研究としては、次のものがある。①高成鳳『植民地鉄道と民衆生活』（法制大学出版局、一九九九年）、②蘇崇民『満鉄史』（山下睦男・和田正広・王勇

訳、葦書房、一九九九年)、③小林英夫編『近代日本と満鉄』(吉川弘文館、二〇〇〇年)、④西澤泰彦『図説満鉄』(河出書房新社、二〇〇〇年)。

(47) 東拓については、河合和男・金早雪・羽島敬彦・松永達『国策会社・東拓の研究』(不二出版、二〇〇〇年)に詳しい。同書は、東拓を農業拓殖事業、融資事業、投資事業を行った朝鮮半島支配のための国策会社と位置付けたが、筆者は東拓の事業の根幹に土地取得があり、また、東拓が朝鮮半島最大の地主であったことに着目し、土地支配によって朝鮮半島の支配を試みたと考えている。東拓による朝鮮半島各地での土地取得については、同書の四三〜四八頁および、一七一〜一七七頁に詳しい。なお、同書は、東拓を日露戦争後に設立された国策会社として、その特徴を論じている。

(48) 日本の植民地であった台湾における製糖会社の市街地建設については、郭中端「台湾糖業社宅群——台湾糖業とその産業都市の発展」(片木篤・藤谷陽悦・角野幸博編『近代日本の郊外住宅地』鹿島出版会、二〇〇〇年、五一九〜五三二頁)に詳しい。

(49) 満鉄の建築組織の名称は、度重なる職制の改正によってたびたび変わっているが、一九三七年の鉄道附属地撤廃までは、本社に設けられた組織であったので、本社建築係(一九一四年まで)、本社建築課(一九一四〜一九三一年)、本社工事課(一九三三〜一九三七年)、と略すことが多い。なお、満洲国国有鉄道の委託経営が始まると、鉄路総局や鉄道総局にも建築組織が設けられ、鉄道附属地の撤廃に伴って本社工事課は消滅し、大連工事事務所と鉄道総局建築科に吸収され、それ以後は後者が満鉄の建築組織の中心となった。これらの変遷については、西澤泰彦「南満洲鉄道株式会社の建築家——その変遷と特徴」(『アジア経済』三五巻七号、一九九四年、二三〜五二頁)。

(50) 「満鉄の五大停車場」『満洲日報』(三号、一九〇七年一二月一一日、二頁)。

(51) 「長春接続停車場」(『南満洲鉄道建築』(編集発行不詳)、第一六頁)。

(52) 南満洲鉄道株式会社編『南満洲鉄道株式会社十年史』(一九一九年、一九三頁)。

(53) 満洲日日新聞社編『南満洲写真大観』(一九一一年)。

(54) 「長春駅竣成」(『満洲日日新聞』二二九七号、一九一四年三月一二日、二頁)。

(55) これらの小学校校舎の竣工年については、『南満洲鉄道建築』(注(51)と同じ)の記載事項による。

(56) 満鉄建築会編『満鉄の建築と技術人』(一九七六年、九二頁)。

(57) 注(52)と同書、七九二頁。

(58) 「大連医院新築ニ関スル件」(中国・遼寧省档案館所蔵満鉄関係文書「明治四十三年大正元年度総体部文書門土地建物類建物目」〔文書綴番号総三〇五四〕に収録)。

(59) 「人事小野木孝治氏」(『満洲日日新聞』一五三二号、一九一二年一月一二日、二頁)および、小野木孝治「広告」(『満洲日日新聞』一五三四号、一九一二年一月一四日、五頁)。

(60) 岡大路「大連医院の建築計画及び其の設備の概要」(『満洲建築協会雑誌』一二巻九号、一九三二年九月、二頁)。なお、小野木案第一案ができたことについては、「大連医院新築」（『満洲日日新聞社』二三五八号、一九一四年一月三一日、二頁）に報じられている。

(61) 岡大路、注(60)に同じ、二頁。

(62) 小野木孝治「医院視察（上）」（『満洲建築協会雑誌』一巻二号、一九二一年四月、六五～七八頁）および、小野木孝治「医院視察（下）」（同誌一巻三号、一九二一年五月、八三～八八頁）。

(63) 平野が翻訳した原稿は、「プレーン・ジュ・モンブラン療養所」と題して『満洲建築協会雑誌』（一〇巻一号、一九三〇年一月、九～一八頁）に掲載された。元の記事は、Victor Berger, “Le Sanatorium de Plaine-Joux-Mons-Blanc à Passy (Hauts-Savoie)”, *L'ARCHITECTE*, Vol. 6, No. 8, Paris, 1929. 8, pp. 57-67 である。

(64) 大連医院は、高橋豊太郎・高松政雄・小倉強『高等建築学一五巻 建築計画（其の三）ホテル・病院・サナトリウム』（常磐書房、一九三三年、三四三～三四五頁）に紹介されており、南満洲保養院も同書（三四六～三四七頁）に紹介されている。

(65) 「大連市南満洲鉄道株式会社近江町社宅」（『建築雑誌』二七六号、一九〇九年一二月、五〇頁）。

(66) 「近代満洲建築史に関する座談会（1）」（『満洲建築雑誌』一六巻二号、一九三六年、二〇頁）。

(67) 前田松韻「満洲行雑記」（『満洲建築雑誌』二三巻一号、一九四三年一月、四七頁）。

(68) これらの補助事業については、東洋拓殖株式会社編集『東拓十年史』（一九一八年〔株式会社丹精社、二〇〇一年復刻〕、九七頁および一〇〇頁）。なお、移住民の住宅に対する建築費の補助事業は、東洋拓殖株式会社編集『東洋拓殖株式会社二十年誌』（一九二八年〔株式会社丹精社、二〇〇一年復刻〕）にはまったく記載されていないので、東拓設立時期の一〇年間に限った事業であったと考えられる。

(69) 東洋拓殖株式会社編集発行『東洋拓殖株式会社三十年誌』（一九三九年〔株式会社丹精社、二〇〇一年復刻〕、一〇四頁、および付図）。

(70) 朝鮮都市経営株式会社による京城・桜ヶ丘住宅地の開発については、青木大三郎「櫻ヶ丘新住宅地」（『朝鮮と建築』一一巻二号、一九三二年二月、二〇頁）および、「誇りの設計・サラリーマンにも恰好・東部一帯の住宅群」（『大阪朝日新聞朝鮮朝日』三〇九二号、一九三四年一〇月七日、五頁）による。これらの資料については、広島国際大学砂本文彦准教授のご教示による。また、朝鮮博覧会における朝鮮建築会の出品住宅については、重村義一「朝鮮建築会出品住宅に就て」（『朝鮮と建築』八巻一〇号、二三～二四頁）。

(71) 『大阪朝日新聞朝鮮朝日』注(70)と同じ記事。

(72) 東拓と新京特別市公署との協力については、注(69)と同書、一九六～一九七頁。

(73) 一九三三年の新京特別市公署における住宅建設については、牧野正巳「新京特別市に於ける住宅難の実相」（『満洲建築雑誌』二〇巻一号、一九四〇年一月、一四～一五頁）。

(74)『東拓十年史』(注(68)に同じ)、三四〜三九頁。
(75) 尾辻国吉「明治時代の思ひ出 其の一」(注(4)に同じ)、一五〜一六頁。
(76) 尾辻国吉「明治時代の思ひ出 其の一」(注(4)に同じ)、一五頁。
(77) 尾辻国吉「明治時代の思ひ出 其の一」(注(4)に同じ)、一三〜一四頁。
(78) 表2-2と表2-3における金額の違いは、表2-2では、『明治大正財政史第十九巻・外地財政(下)』に所収された「台湾総督府特別会計歳入歳出決算額累年一覧表(二)歳出之部」に記載された「営繕費」「新営費」「修繕費」など建築費と見なすことのできる科目の金額を抽出して作成したが、抽出しなかった「電信電話建設費」「燈台及電信建設費」「台湾鉄道建設及改良費」などにも建築費は含まれるため、表2-3では、そのような細目にわたる建築費が包含されているものと考えられる。ここでは、金額の絶対額よりも、建築費の相対的な位置づけを考えているので、建築費の変遷の傾向を読み取るために、一九二六年度まで数値が把握できる表2-2を用いて話を進めた。
(79) 尾辻国吉「明治時代の思ひ出 其3」(『台湾建築会誌』一四巻二号、一九四二年、五頁)。
(80) 表2-4は、表の左側半分において関東都督府特別会計・地方会計における建築費と総支出の関係を示し、表の右側半分において関東都督府特別会計のみにおける建築費と歳出総額の関係を示した。統計の出所については、表2-4の注を参照。表に異なる統計を示したのは、関東都督府が支出した建築費の全体像を把握するには、前者が有効であるが、台湾総督府や朝鮮総督府と比較するため、『明治大正財政史』所収の後者の統計も用いた。
(81) 小野木孝治の嘱託技師任命は、「故人経歴」(『満洲建築協会雑誌』一三巻二号、一九三三年二月、一〜四頁)。小野木が大連小学校校舎を設計したことについては、関東局文書課編『関東局施政三十年業績調査資料』(一九三七年、六三六頁)。
(82) 牛荘日本領事館については、当時の牛荘領事太田喜平が外務大臣内田康哉宛に出した一九一一年一〇月二七日付「当館新築監督技師撰様方ニ関スル件」および関東都督府民政長官白仁武から外務次官石井菊次郎宛一九一一年一一月二一日付書簡による。これらの書簡は、外務省外交資料館蔵「牛荘領事館新築一件」(文書綴番号8-4-8-17)に所収。「吉林帝国領事館建物調査報告書」は、外務省外交資料館蔵「在吉林総領事館新築一件」(文書綴番号8-4-8-27)に所収。この時期に新築された牛荘日本領事館については、西澤泰彦「異国に散った建築家と領事館(3)――三橋四郎と旧牛荘日本領事館」(『亜鉛鉄板』三五巻三号、一九九一年三月、二一〜二四頁)。
(83) 関東都督府官房文書課編『関東都督府施政誌』(一九一九年、三七〇頁)。
(84)『関東都督府施政誌』前掲書、三七〇〜三七一頁。
(85) 前田松韻「大連市に施行せし建築取締仮規則の効果」『建築雑誌』(二五四号、一九〇八年二月、二五〜三二頁)に所収の「大連市家屋建築調査表」をもとに作成。
(86) 朝鮮総督府『施政二十五年史』(一九三五年、附表一二頁)。

(87) 朝鮮総督府『施政二十五年史』（一九三五年、三〜四頁）。

(88) これらの金額については、「明治四十一年度政府予算」（『官報』号外、一九〇八年三月一四日、一二頁）、「明治四十二年度政府予算」（『官報』号外、一九〇九年三月二二日、一二頁）および、「明治四十三年度政府予算」（『官報』号外、一九一〇年三月二五日、一〇頁）。

(89) 満洲国政府予算について、一九三二年度から一九三九年度までは『満洲国政府公報』『政府公報』に予算細目まで掲載されているが、一九四一年度以降は予算細目が公表されておらず、また、一九四〇年度は予算そのものが公表されていないので、一九四〇年度以降の建築費（予算）の把握は難しい。

第3章

(1) 台湾総督府や朝鮮総督府による教育と日本語の問題については、山口守「植民地・占領地の日本語文学」（『「帝国」日本の学知 第五巻 東アジアの文学・言語空間』岩波書店、二〇〇六年、一〇〜六〇頁）に詳しい。

(2) 台湾総督府国語学校規則は、『官報』（第三九八四号、一八九六年一〇月七日、七七〜八二頁）に所収。

(3) 国語学校校舎の竣工年は、「台湾総督府国語学校開校式」（『官報』四三二一号、一八九七年一一月二五日、三一四頁）による。

(4) 尾辻国吉「明治時代の思ひ出 其の一」（『台湾建築会誌』一三巻二号、一九四一年八月、一三頁、および、挿入写真）。また、注(3)と同書、三一五頁では、この校舎の建設に台湾総督府が相対的に多額の費用をかけた旨が記されている。

(5) 注(4)と同書（一七頁）。

(6) 朝鮮総督府編『施政二十五年史』（一九三五年、一六九頁）。

(7) 「京城校洞公立普通学校（工事概要）」（『朝鮮と建築』七巻三号、一九二八年三月、一〇五頁）。

(8) 注(6)と同書、一八〇頁。

(9) 「平壌若松公立尋常高等小学校（工事概要）」（『朝鮮と建築』七巻三号、一九二八年三月、一〇八頁）。

(10) 荒川隆三編『満鉄教育回顧三十年』（南満洲鉄道株式会社地方部学務課、一九三七年、五三頁）。

(11) 京城帝国大学の予科、本科の開学時期と予科校舎竣工は、注(6)と同書、四八六頁。

(12) 京城帝国大学法文学部本館については、「京城帝国大学法文学部本館新築工事概要」（『朝鮮と建築』九巻三号、二一頁）。京城帝国大学附属図書館については、「京城帝国大学附属図書館」（同誌、口絵および二一頁）。

(13) 「台北帝国大学文政学部研究室新築工事」（『台湾建築会誌』一巻一号、五九頁）。「台北帝国大学文政学部校舎」（『台湾建築会誌』一巻四号、一九二九年一二月）。

(14) これらの建物の建築時期は、『台湾建築会誌』（三巻六号、一九三一年一二月、五九〜六一頁）。

(15) 関東都督府官房文書課編『関東都督府施政誌』（一九一九年、一九八〜一九九頁）。

(16) 南満医学堂の設立経緯と施設の建築時期は、南満洲鉄道株式会社編『南満洲鉄道株式会社十年史』(一九一九年、八六六〜八六八頁)。その校舎に対する満鉄の評価を引用した部分は、同書、八六八頁。
(17) 注(16)と同書、八六〇頁。
(18) 満洲医科大学本館については、満鉄建築会編『満鉄の建築技術人』(一九七六年、九二頁)。満洲医科大学附属医院本館の竣工は、『満洲建築協会雑誌』(九巻一一号、一九二九年一一月、口絵)。満洲医科大学講堂および図書館の竣工は、『満洲建築雑誌』(一七巻一〇号、一九三七年一〇月、口絵)による。
(19) 『満洲建築雑誌』(一八巻九号、一九三八年九月、口絵)。
(20) 注(4)と同書、一三頁。
(21) 台湾総督府官房文書課『台湾写真帖』(一九〇八年、一〇頁)。
(22) 台北医院本館の建築年については、藤森照信・汪坦監修『全調査東アジア近代の都市と建築』(大成建設、一九九五年、四七六頁)。台北医院の建て替えについては、尾辻国吉、注(4)と同書、一三頁、では一九〇六年から一九一九年と記されている。一方、『日本地理体系一一 台湾編』(改造社、一九三〇年、二二頁)では、台北医院の建築時期を一九一二年から一九二四年と記しており、また、大蔵省編纂『明治大正財政史 第十九巻・外地財政(下)』(財政経済学会、一九四〇年、九一五〜九五四頁)に掲載された「台湾総督府特別会計歳入歳出額畢年一覧表」においても、「台北医院新営費」という科目で一九一二〜二四年度にその費用が支出されている。また、尾辻国吉「明治時代の思ひ出 其2」(『台湾建築会誌』一三巻五号、一九四一年一二月、四一頁)では「明治四〇年度の重なる工事は中学校校舎、台北医院の改築、彭佳嶼燈台、電話交換室、鉄道ホテル、基隆停車場、第二発電所、竹仔門発電所、台北水道等である。台北医院の病室は現帝大附属病院第二病棟の西側が第一期工事であった」と記されており、台北医院の木造病棟が建て替えられて煉瓦造の病棟になったことを示している。これは、当初の台北医院の木造建物を煉瓦造建物に建て替えながら、規模拡大のために、別の建物を新築していったことにより、このような時期の差が生じ、「建て替え」「新営」という言葉が併用されたものと見られる。したがって、規模拡大による新築は一九一二年度から始まったと考えられる。
(23) この時期の病院の設立などについては、注(6)と同書、二一三〜二一六頁。
(24) 大韓医院時代の建物の建設については、度支部建築所『建築所事業概要第一次』(一九一〇年、四五〜五一頁、および、九三〜九五頁)。朝鮮総督府医院に改組された直後の増築については、朝鮮総督府医院庶務課編「朝鮮総督府医院平面図」(『朝鮮総督府医院案内』一九一一年、巻末附図)に示された病棟数から判断した。
(25) 朝鮮総督府医院外来本館については、「説明 総督府医院外来本館」(『朝鮮と建築』三巻三号、一九二四年三月、口絵裏)。外来本館を含む病院全体の増築については、注(6)と同書、四九八頁。なお、京城府『京城府史・第二巻』(一九三六年、三二五頁)では、本館とこれらの病棟を一棟の建築物として扱い、その規模を総建坪二、八九二坪、病床数二九〇床と記し、さらに「其の建築物の如きは朝鮮銀行・東洋拓殖株式会社と共に当時京城の三大建築物と称せられ」と記載され、病院としてでなく、当時の京城に建てられた建築物として規模が大きかったことを記している。
(26) 南満洲鉄道株式会社編『南満洲鉄道株式会社三十年略史』（一九三六年、五六〇頁）。
(27) 注(16)と同書、七九四頁。
(28) 注(16)と同書、七九八～八〇〇頁。
(29) 東洋医院の竣工時期は、「北満に異彩を放つ新築された吉林東洋医院」（『満洲建築協会雑誌』四巻一号、一九二四年一月、五五頁）。
(30)「満鉄鞍山医院新築工事概要」（『満洲建築協会雑誌』八巻一号、一九二八年一月、四二頁）。
(31)「満鉄撫順医院華人病棟」（『満洲建築協会雑誌』九巻四号、一九二九年四月、口絵）。
(32) これらの公会堂の建設時期については、南満洲鉄道株式会社総裁室地方部残務整理委員会編『満鉄鉄道附属地経営沿革全史・上巻』（南満洲鉄道株式会社、一九三九年、九七二頁）。
(33) 開原公会堂については、南満洲鉄道株式会社総裁室地方部残務整理委員会編『満鉄鉄道附属地経営沿革全史・下巻』（南満洲鉄道株式会社、一九三九年、六〇頁）。奉天公会堂については、注(32)に同じ。
(34) 西澤泰彦「建築家中村與資平の経歴と建築活動について」（『日本建築学会計画系論文集』第四五〇号、一九九三年八月、一五一～一六〇頁）。
(35) 尾辻国吉「明治時代の思ひ出 其3」（『台湾建築会誌』一四巻二号、一九四二年五月、四頁）。
(36) 井手薫「台北公会堂落成式に於ける工事報告」（『台湾建築会誌』九巻三号、一九三七年六月、八二頁）。井手はこの報告の冒頭で「永年に間台北三〇萬市民各位の待望の的となって居りました当公会堂もようやく茲に落成を見ることゝ相成りました」と述べ、この公会堂が建てられる以前には台北には公会堂がなかったことを暗示した。
(37) 台北市公会堂の規模や機能については、注(36)と同書、八二～八七頁。
(38) 注(36)と同書、八二頁。
(39) 萩原孝一「府民館の工事に就て」（『朝鮮と建築』一五巻三号、一九三六年三月、二頁）。なお、本文中における京城府民館の規模などの情報は、この文献に依った。
(40) 土屋積「大講堂の基本的調査」（『朝鮮と建築』一五巻三号、一九三六年三月、一一～二六頁）。
(41)「映画館に就ての座談会」（『朝鮮と建築』一五巻一二号、一九三六年一二月、一八頁）。
(42) 注(39)と同書、四頁。
(43) 注(39)に同じ。
(44) 注(36)と同書、八四頁。
(45) 夏目漱石「満韓ところぐ〵」（『夏目漱石全集』筑摩書房、一九七一年、二一七～二一八頁）。

(46)「大連満鉄社員倶楽部新築工事概要」(『満洲建築協会雑誌』五巻二号、一九二五年二月、三八~三九頁)。なお、この記事では、建物の竣工を一九二五年一二月一二日と記しているが、雑誌の発行が一九二五年二月であるので、この記載は明らかに誤りである。
(47)「満鉄協和会館新築工事概要」(『満洲建築協会雑誌』八巻五号、一九二八年五月、一五~一七頁、および口絵)。
(48)「大連倶楽部新築工事概要」(『満洲建築協会雑誌』六巻二号、一九二六年二月、一七~一九頁)。
(49)奉天満鉄社員会館と新京満鉄社員倶楽部のホールの座席数については、満鉄建築会編『満鉄の建築と技術人』(一九七六年、五六~五七頁)。
(50)「満鉄社員倶楽部新築工事概要」(『満洲建築協会雑誌』六巻一号、一九二六年一月、四四~四五頁)。
(51)これらのホールの座席数については、注(49)と同書、五六~五七頁。
(52)市浦健・船越義房・小林政一・井上一之『高等建築学二三巻　建築計画一一　倶楽部・運動場・体育館及演武場・浴場』(常磐書房、一九三四年、六頁)。
(53)「警察会館新築工事内容」(『台湾建築会誌』三巻四号、一九三一年七月、四九~五〇頁)。
(54)「台湾教育会館新築工事概要」(『台湾建築会誌』三巻五号、一九三一年一一月、八一~八二頁)。なお、この号の発行年月は、表紙には「昭和六年九月」とあるが、奥付では、同年一一月二一日となっているので、奥付に従った。
(55)「専売局養気倶楽部北投別館新築工事概要」(『台湾建築会誌』三巻一号、一九三一年一月、五六~五七頁)。
(56)藤森照信『日本の近代建築(下)大正・昭和篇』(岩波書店、一九九三年、二三六~二三八頁)。
(57)大連図書館の建設経緯については、注(32)と同書、七五六~七五七頁。
(58)「奉天図書館」(『満洲建築協会雑誌』二巻五号、一九二二年五月、口絵)。
(59)南満洲鉄道株式会社総裁室地方部残務整理委員会編『満鉄鉄道附属地経営沿革全史・中巻』(南満洲鉄道株式会社、一九三九年、七三三頁)。
(60)「満鉄長春図書館工事概要」(『満洲建築協会雑誌』一二巻三号、一九三二年三月、三〇頁)。
(61)注(6)と同書、五一四~五一五頁。
(62)「総督府京城図書館要目」(『朝鮮と建築』三巻八号、一九二四年八月、口絵)。
(63)台湾総督府編『台湾統治概要』(復刻)、(原書房、一九六三年、五七頁)。
(64)「台中州立図書館新築工事概要」(『台湾建築会誌』三巻四号、一九三一年九月、五〇頁)。
(65)関東庁編『関東庁施政二十年史』(一九二六年、九〇二頁)。
(66)台湾総督府官房文書課『台湾写真帖』(一九〇八年、八頁)。
(67)山本三生編『日本地理体系一一　台湾編』(改造社、一九三〇年、二一頁)。
(68)注(6)と同書、二二八頁。なお、朝鮮総督府博物館をはじめとした朝鮮王朝の旧王宮に設けられた博物館、美術館の設立経緯と歴史的な性格については、李成市「朝鮮王朝の象徴空間と博物館」（宮嶋博史・李成市・尹海東・林志弦編『植民地近代の座視——朝鮮と日本』岩波書店、二〇〇四年、二七〜四八頁）。

(69) 注(6)と同書、二二八頁、五三三頁、九一三〜九一四頁。

(70)「朝鮮総督府始政二十五周年記念博物館設計図案懸賞募集」（『朝鮮と建築』一四巻九号、一九三五年九月、二五〜二六頁）。

(71)「博物館設計当選者」（『朝鮮と建築』一五巻二号、一九三六年二月、四頁）。

(72)「始政二十五周年記念博物館設計図案に関する座談会」（『朝鮮と建築』一五巻二号、一九三六年二月、一九〜二〇頁）。

(73) 故矢野要氏から西澤泰彦宛に送られた一九八五年一月三日付メモ。

(74) 注(6)と同書、九一二〜九一三頁。

(75)「李王家美術館新館（2）」（『建築雑誌』六四二号、一九三八年九月、九四〜九五頁）。

(76) 故中村邦一氏（中村與資平の長男）のご教示による。これは、一九八四年八月一八日、故尹一柱氏（韓国・成均館大学校教授）と西澤泰彦が中村氏宅を訪問したときに得たものである。

(77) 注(65)と同書、九〇二頁。

(78) 満洲資源館編『満洲資源館要覧（改訂版）』（一九三七年、一頁）。

(79) 満洲国国立中央博物館の開館経緯については、名古屋市博物館編『新博物館態勢』（一九九五年、三二〜三七頁）。また、満洲国史編纂刊行会編『満洲国史各論』（一九七〇年、一一一八〜一一二〇頁）。湯玉麟邸を改修した国立中央博物館の竣工写真は、『満洲建築雑誌』（一六巻六号、口絵）に掲載されている。

(80) 日本の支配地における鉄道については、高橋泰隆『日本植民地鉄道史論』（日本経済評論社、一九九五年）に詳しい。また、井上勇一『鉄道ゲージが変えた現代史』（中央公論社、一九九〇年）は、一九世紀後半から二〇世紀前半の鉄道敷設と当時の世界状況、国際関係、政治状況とを連動して説明している。さらに、高成鳳『植民地鉄道と民衆生活』（法政大学出版局、一九九九年）は、支配地における鉄道建設の持つ意味を論じている。

(81)「満鉄の五大停車場」（『満洲日報』三号、一九〇七年一二月一一日、二頁）。

(82) 奉天駅の竣工時期は、注(16)と同書、一九一二頁。

(83) 注(16)と同書、一九一二〜一九一三頁。

(84)「長春駅竣成」（『満洲日日新聞』一二九七号、一九一四年三月一二日、二頁）。

(85) 応募規程は「大連駅本家新築設計図案懸賞募集規程」（『満洲建築雑誌』四巻四号、一九二四年四月、四五〜四七頁）。結果は、「大連駅懸賞図案当選者」（『満洲建築協会雑誌』四巻八号、一九二四年八月、四八頁）。当選案は、「大連駅本家新築設計図案懸賞当選図案」（『建築雑誌』四五九号、一九二四年九月、口絵）。なお、満洲建築協会から『大連駅本家新築設計当選図案集』が一九二五年に刊行されている。

(86)大連駅の竣工時期は、「大連新駅舎工事概要」(『満洲建築雑誌』一七巻六号、一九三七年六月、口絵)。
(87)太田宗太郎旧蔵資料(太田淳氏蔵)に含まれる太田宗太郎から吉田義平宛、一九三八年六月一五日付絵葉書。
(88)台北駅の竣工時期は注(66)と同書、七頁。
(89)「台北駅本家新築其他工事」(『台湾建築会誌』一二巻四号、一九四一年一月、五二頁)。
(90)京仁鉄道の西大門停車場、南大門停車場の構造や規模については、朝鮮鉄道史編纂委員会編『朝鮮鉄道史第一巻』(朝鮮総督府鉄道局、一九三七年、四八四~四八六頁)および、朝鮮総督府鉄道局編『朝鮮鉄道四十年略史』(一九四〇年、図版四四、四五)。
(91)京城駅の建築時期などは「京城停車場本家其他改築工事概要」(『朝鮮と建築』四巻一〇号、一九二五年一〇月、三八~三九頁)。
(92)この時期の京城の道路改修については、孫禎睦『日本統治下朝鮮都市計画史研究』(西垣安比古・市岡実幸・李終姫訳、柏書房、二〇〇四年、六七~七二頁)。
(93)釜山駅の竣工については、朝鮮総督府鉄道局編『釜山鴨緑江間写真帖』(一九一一年)による。ただし、朝鮮総督府鉄道局編『朝鮮鉄道四十年略史』(前掲、五二九頁)では、釜山駅の落成を一九一〇年一〇月一日と記している。『釜山鴨緑江間写真帖』は鴨緑江鉄橋竣工の記念に竣工式で朝鮮総督府鉄道局が参列者に配った写真帖であるので、釜山駅の竣工時期を誤る可能性が少ないと判断して、本文中ではこの写真帖の記述に依った。なお、朝鮮総督府鉄道局編纂『朝鮮の鉄道』(朝鮮鉄道協会、一九二八年、九八頁)では、釜山駅の竣工を一九一〇年三月と記している。釜山駅の設計者については白鳥省吾編『工学博士辰野金吾伝』(辰野葛西事務所、一九二六年、五八頁)。
(94)大蔵省臨時建築部編『釜山海陸聯絡設備計画書』(一九〇九年、九~一〇頁および、巻末附図「第壱号突堤横断面図」)。
(95)『松坂屋六〇年史』(株式会社松坂屋、一九七一年、九一~九七頁)および、『揚輝荘主人遺構』(株式会社竹中工務店大阪本店、一九四二年、口絵九五番~一〇〇番)。
(96)『松坂屋六〇年史』注(95)と同書、九二~九三頁。
(97)『株式会社三越八五年の記録』(株式会社三越、一九九〇年、一四〇頁)。
(98)この時期に三越が店員を韓国に派遣したことについては、豊泉益三『越後屋より三越』(川瀬五節堂、一九三六年、六三~六五頁)。
(99)注(98)と同書、八二頁。
(100)注(97)と同書、六九頁。
(101)「三越京城支店新築工事概要」(『朝鮮と建築』九巻一一号、一九三〇年一一月、一六頁)。
(102)延床面積は、注(101)に同じ。なお、注(97)と同書、一二〇頁では、延床面積は、七、四三一平方メートルと記載されているが、これは、延床面積の坪未満を切り捨てた二、二五二坪をメートル法に換算し、平方メートル未満を切り捨てた数値である。したがって本文で示した「三越京城支店新築工事概要」記載の数値の方が正確であるため、本文ではそのように記載した。

(103) 注(97)と同書、一二三頁。
(104) 注(98)と同書、六六頁。
(105) 大連出張所の新築時期については、「新装成れる大連の三越呉服店」（『満洲日日新聞』一六七〇号、一九一二年五月二九日）による。店舗の開業時期については、注(98)と同書、七六頁。
(106) 建物に工期については、「三越呉服店大連出張所改築工事概要」（『満洲建築協会雑誌』八巻二号、一九二八年二月、一六頁）。開業時期については、注(98)と同書、九七頁。なお、大連出張所開店の翌月である一九二八年六月、三越はその正式名称を三越呉服店から三越に改称している。
(107) 敷地面積や工期については、「株式会社三越大連支店新築工事概要」（『満洲建築雑誌』一七巻一二号、一九三七年一二月、二三～二五頁）。
(108) 百貨店の大衆化と建物の関係については、初田亨『繁華街の近代』（東京大学出版会、二〇〇四年、一五一～一七五頁）および、橋爪紳也『モダン都市の誕生』（吉川弘文館、二〇〇三年、八二～一〇九頁）に詳しい。橋爪は、百貨店が規模の大きな食堂を設けることを「大食堂主義」と称している。
(109) 「大連三越支店建築に関する座談会記録」（『満洲建築雑誌』一八巻二号、一九三八年二月、一三頁）。
(110) 工期については、注(109)と同書、一〇～一一頁、および一九～二〇頁。
(111) 和信百貨店の建物の概要については、「株式会社和信本館新築工事概要」（『朝鮮と建築』一六巻一二号、一九三七年一二月、六八頁）。
(112) 朴吉龍の略歴は、「略歴」（『朝鮮と建築』二二巻五号、一九四三年五月、一三頁）。
(113) 古川長市「菊元百貨店の設計に就て」（『台湾建築会誌』四巻五号、一九三二年、五頁）。
(114) 注(113)と同書、七頁。
(115) 竣工時期は、「大連連鎖商店街」（『満洲建築協会雑誌』一一巻一号、一九三一年一月、一三頁）。
(116) 宗像主一「大連連鎖商店の設計に就いて」（『満洲建築協会雑誌』一一巻一号、一九三一年一月、八頁）。
(117) 宗像の説明は、注(116)に同じ。ただし、このプリズムの効用について、宗像の設計意図がどの程度反映されたかは確認されていない。
(118) 『満洲日日新聞』（一二一八号、一九一一年三月四日、一頁）。この記事には、「満洲の建築物其六十七」という副題が付せられており、この建物が当時の中国東北地方では注目を集めていた建物の一つであることがうかがえる。
(119) 「大連の歌舞伎座」（『南満洲写真大観』満洲日日新聞社印刷部、一九一一年）。
(120) 注(119)に同じ。
(121) これらのホールの座席数については、注(49)と同書、五六～五七頁。ただし、満鉄協和会館については、同書は一、三〇〇席としているが、竣工を報じた「満鉄協和会館工事概要」（『満洲建築協会雑誌』八巻五号、一九二八年五月、一五頁）では一、〇八五席と記されているので、この数字を用いた。

(122)「大連満鉄社員倶楽部新築工事概要」（『満洲建築協会雑誌』五巻二号、一九二五年二月、三八頁）。

(123) 若草映画劇場の座席数は、『朝鮮と建築』（一五巻一二号、一九三六年一二月、口絵）に掲載された一階平面図に記載された数値。黄金座と明治座の座席数は、「黄金座新築工事概要」（『朝鮮と建築』一五巻一二号、一九三六年一二月、三四〜三五頁）および「明治座新築工事概要」（同誌、三〇〜三一頁）。

(124)「映画館に就ての座談会」（『朝鮮と建築』一五巻一二号、一九三六年一二月、九〜二九頁）。

(125) 注(40)と同書、一四〜一五頁。

(126) 注(124)と同書、九頁。なお、この座談会の出席者八名の氏名は冒頭に明記されているが、発言記録は氏名ではなくアルファベット表記A〜Hで記されているため、発言者の氏名は特定できない。

(127) 注(124)と同書、二九頁。

(128) 大勝館の竣工時期や規模などは、「大勝館建築工事概要」（『建築雑誌』五四三号、一九三一年三月、三九〇〜三九二頁）。

(129) 大勝館は、木村栄二郎・小林隆徳・小野薫『高等建築学二二巻 建築計画一〇 劇場・映画館・カフェ・レストラン・ダンスホール』（常盤書房、一九三四年、三〇九頁）にも紹介された。

(130) 注(16)と同書、二二一頁。

(131) 満鉄創業時の大連ヤマトホテルについては、注(16)と同書、六六八〜六六九頁。

(132) 大連ヤマトホテルの建設時期については、注(16)と同書、六六九頁および、「新築ホテルの基礎」（『満洲日日新聞』一二七六号、一九一一年五月一日、二頁）、「ホテル工事」（『満洲日日新聞』一二八〇号、一九一一年五月五日、二頁）、「新築の大連ヤマトホテル」（『満洲日日新聞』二三〇九号、一九一四年三月二五日、五頁）。

(133) 大連ヤマトホテルの建設時の施設については、「新築ヤマトホテルの一階」（『満洲日日新聞』第一四一二号、一九一一年九月一四日、二頁）および 注(16)と同書、六六九頁。なお、『満洲日日新聞』は、大連ヤマトホテルの立面図（正面図と西側面図）を「新築すべき大連やまとホテル」と題して、第九三八号、一九一〇年五月二八日、八頁に掲載している。また、高橋豊太郎ほか『高等建築学一五巻 建築計画 三 ホテル・病院・サナトリウム』（常盤書房、一九三三年、一四〇頁）には大連ヤマトホテルの一階・二階平面図が掲載されている。

(134) 満鉄社内における長春ヤマトホテルの位置付けについては、注(16)と同書、六七一頁。

(135) 注(16)と同書、六七二頁。長春ヤマトホテルの建設経緯については、日露戦争前にロシア人によって建てられたクラブ建築を転用したものであるという俗説があるが、満鉄創業時期の建物を収録した『南満洲鉄道建築』（編集発行不詳、第一七頁）では、新築建物として扱われている。

(136) 奉天駅に併設された奉天ヤマトホテルについては、注(16)と同書、六七一頁および、南満洲鉄道株式会社編集発行『南満洲鉄道株式会社三十年略史』（一九三七年、一五五頁）。新築された奉天ヤマトホテルについては、「奉天ヤマトホテル新築工事概要」（『満洲建築協会雑誌』一一巻五号、一九三一年五月、一〜三頁）。
(137) 注(16)と同書、六七〇頁。
(138) 高橋豊太郎ほか、注(133)と同書、一二〇頁。
(139) 朝鮮ホテルの竣工時期については、注(138)と同書、一三七頁。朝鮮ホテルの規模については、Chosen Hotel, *CHOSEN HOTEL, Keijyo (Seoul)*, 1915 掲載の各階平面図による。なお、同書の四頁には、"The hotel contains 80 bedrooms, mostly with bath attached." という一文があり、客室数が八〇室あると読めるが、この八〇室とは客室だけでなく、客室に付随するサービス用の部屋も含めた、客室階（二階から四階）のすべての部屋数を数えたもので、客室数としては誤りである。このホテルをデ・ラランデが設計したことについては、近江栄・堀勇良『日本の建築［明治・大正・昭和］一〇・日本のモダニズム』（三省堂、一九八一年、一一八頁）。

第4章

(1) 栗山俊一「『イヘシロアリ』の家屋侵害に就て」（『台湾建築会誌』二巻一号、一九三〇年一月、四〜八頁）。
(2) 井手薫「改隷四十年間の台湾の建築の回想」（『台湾建築会誌』八巻一号、一九三六年一月、四四〜四五頁）。
(3) 栗山俊一「家白蟻の習性と建築用材」（『台湾建築会誌』四巻五号、一九三二年九月、三頁）。
(4) 栗山俊一「台湾に棲息する建築を侵害する白蟻と木材の関係」（『台湾建築会誌』七巻四号、一九三五年七月、二五六〜二五七頁）。
(5) 注(1)と同書、五頁。
(6) 尾辻国吉「明治時代の思ひ出 其2」（『台湾建築会誌』一三巻五号、一九四一年一二月、四九頁）。
(7) 台湾家屋建築規則施行細則は、『官報』（第七二三二号、一九〇七年八月七日、一二〇〜一二一頁）に掲載。この細則は、一九〇〇年八月一二日制定の台湾家屋建築規則に応じて同年九月二九日に台湾総督府令として実施されたが、一九〇七年七月三〇日に全面的に改定された。なお、尾辻は、注(6)と同書、四九頁において、この石灰入りコンクリートの禁止を一九〇九年としているが、これは、尾辻の記憶違いと考えられる。
(8) 注(2)と同書、四五頁。ただし、「防蟻コンクリート」のもととなった規定を含む一九〇〇年施行の台湾家屋建築規則施行細則は、森山松之助が台湾に着任する前に施行されているので、床下にコンクリートの層をつくること自体は森山の提案ではないと考えられる。
(9) 注(1)と同書、五〜七頁。

(10) 注(9)に同じ。
(11) 注(3)と同書、三頁。
(12) 注(4)と同書、二五六〜二五七頁。
(13) 関東都督府官房文書課『関東都督府施政誌』(関東都督府、一九一九年、三七二頁)。
(14) 満鉄鉄道総局建築課作成「一月最低気温による基礎深度表」(『満洲建築雑誌』一九巻八号、一九三九年八月)。
(15) 注(13)に同じ。
(16) 関東局文書課『関東局施政三十年業績調査資料』(関東局、一九三七年、五七八〜五七九頁)。
(17) 「近代満洲建築史に関する座談会」(『満洲建築雑誌』一六巻二号、一九三六年二月、二〇頁)。
(18) 「大連民政署工事の中止」(『満洲日報』一号、一九〇七年一一月五日、二頁)。
(19) このメモは、中国・遼寧省档案館所蔵満鉄関係文書綴り『明治四十二、四十三年度地方部地方門土地建物類予算目』(文書綴番号「地1742」)に所収された「長春分院附属建物工事ニ関スル件」(文書番号18)の中に収められている。
(20) 「正金建築工程」(『満洲日日新聞』七七二号、一九〇九年一一月一三日、二頁)。
(21) 満鉄建築会『満鉄の建築と技術人』(一九七六年、一四五頁)および、原正五郎ほか「新撫順の市街計画と其の建築」(『満洲建築協会雑誌』一三巻四号、一九三三年四月、二六頁)。この方法を提案した佐藤応次郎については、佐藤応次郎追憶委員会編『佐藤応次郎君を偲ぶ』(満鉄クラブ、一九五二年)が発行されている。
(22) 図們税関官舎の監理を担当した故・河野三男(当時、満洲国需用処営繕科雇員、後に建築局技正、奉天省建設局建築科長)の証言による。
(23) 田中亨「寒期における混凝土の施工法」(『満洲建築協会雑誌』一巻二号、一九二一年四月、五二〜五五頁)。
(24) 布施忠司「満洲に於ける建築構造に関する重要問題二、三に就て」(『台湾建築会誌』八巻一号、一九三六年一月、二三頁)。
(25) 外務省外交資料館所蔵『在奉天総領事館及在長春領事館新築一件』(文書綴番号8-4-8-26)に所収された奉天総領事落合謙太郎から外務大臣内田康哉宛の一九一二年七月二〇日付書簡「当館新築工事関係者ニ対シ賞与方稟請ノ件」によれば、在奉天日本総領事館の工事では、起工直後に起きた洪水によって工事が遅れたが、その後、工事の遅れを取り戻し、予定より早く竣工した。この書簡は、洪水の発生にも関わらず、建物が予定より早く竣工したため、落合総領事が工事関係者への賞与支給を内田外務大臣に打診したものである。これについては、西澤泰彦「異国に散った建築家と領事館(2)――三橋四郎と旧奉天日本総領事館」(『亜鉛鉄板』三五巻二号、一九九一年二月、二一〜二四頁)にて解説。
(26) 注(13)に同じ。
(27) 栗山俊一「鉄筋コンクリート内の鉄筋の腐食と其実例」(『台湾建築会誌』五巻一号、一九三三年一月、一〜二頁)および、尾辻国吉「明治時代の思ひ出 其の一」(『台湾建築会誌』一三巻二号、一九四一年八月、一八頁)。

(28) 近江栄「続日本におけるRC構造建築のさきがけ——佐世保港内の先例二棟の概要」（『日本建築学会大会学術講演梗概集』（中国）、一九六八年一〇月）。これについては、西澤英和「海軍技師・真島健三郎の業績 その三 日本初の鉄筋コンクリート造建築」（『施工』二〇〇〇年八月、一〇七～一一五頁）において、再評価されている。

(29) 注(2)と同書、四六～四七頁。

(30) 栗山俊一、注(27)と同書、一～八頁。

(31) 濱田稔・小野薫「台湾の建築に於ける鉄筋コンクリートに就て」（『台湾建築会誌』九巻五号、一九三七年九月、一～二四頁）。

(32) 鉄筋コンクリートにおいて、コンクリートの中性化そのものがコンクリートの強度的な劣化であるか否かについては、現在でも議論が続いているが、中性化の進んだコンクリートであっても圧縮強度が低下していない事例があることから、筆者は、コンクリートの中性化がコンクリートの強度的な劣化を必ずしも意味していないと考えている。例えば、愛知県教育委員会が一九九五年に実施した愛知県立旭丘高校校舎（一九三八年竣工、鉄筋コンクリート造三階建、一九五九年増築）の耐力度調査では、表面から三センチメートルの深さまで中性化した鉄筋コンクリート造の壁体の圧縮強度は、現在の新築された鉄筋コンクリート造建物の壁体の圧縮強度と差のないことが判明した。これについては、旭丘高校校舎の再生を考える会編『消された校舎——旭丘高校校舎建て替てんまつ記』（風媒社、二〇〇五年、五八～六二頁）。

(33) 葛西重男「朝鮮に於ける鉄筋コンクリート工事の現況」（『台湾建築会誌』八巻一号、一九三六年一月、二八～三一頁）。

(34) 関東軍参謀長磯谷廉介から陸軍次官山脇正隆宛に送られた一九三九年一月二四日付文書「満洲国交通部官吏要員トシテ日本現職官吏割愛方ニ関スル件」（防衛庁防衛研究所図書館蔵『陸軍満密大日記昭和十五年第十二冊』文書綴番号「陸・満密大日記・S15～9・76」に収録）による。

(35) 「日本官庁別期待人員調書」、注(34)に示した文書に添付。

(36) 内務次官館哲二から陸軍次官宛に送られた一九三九年五月二九日付丙第七三一号文書、および、内務次官館哲二から陸軍次官宛に送られた一九三九年八月七日付一一一〇号文書。いずれも注(34)と同じ文書綴り。

(37) 満洲帝国国務院総務庁『政府公報』（一二四三号、一九三八年一月二四日、六三三頁）。

(38) 『政府公報』（一二四五号（一九三八年六月四日）五一～五二頁）、同（一二五四号（同年六月一五日）二六〇頁）、同（第一二六九号（同年七月二日）三五～三六頁）。

(39) 星野直樹「日系土木技術者委託養成ニ関スル件」（一九三九年九月六日、防衛庁防衛研究所図書館蔵『陸軍満密大日記昭和十四年第十三冊』文書綴番号「陸・満密大日記・S14～13・67」に収録）および、星野直樹「日系土木技術者養成ニ関スル件」（一九四〇年五月三日、防衛庁防衛研究所図書館蔵『陸軍満密大日記昭和十五年第四冊』文書綴番号「陸・満密大日記・S15～4・71」に収録）。

(40) 故平野緑氏（一八九九～一九九四）の証言による。この証言は、一九九二年六月一一日に西澤が、旧満鉄職員大旗正二氏とともに平野氏に面会して得たものである。
（41）内田銈司「実費計算請負法に依れる満鉄大連医院新築工事（其五）」（『満洲建築協会雑誌』四巻一一号、一九二四年一一月、一七頁）。
（42）「関東都督府高等及地方法院建築工事説明書」（『建築雑誌』二三五号、一九〇八年一月、四三頁）。
（43）「大連民政署工事説明書」（『建築雑誌』二六八号、一九〇九年四月、一七八～一七九頁）。
（44）南満洲鉄道株式会社産業部編『営口軍政誌抄』（一九三七年、三一〇頁）および、松田長三郎編『大高庄右衛門伝編纂所、一九二一年、一〇頁、六五～六六頁）。ホフマン窯は、一八五三年、ドイツ人ホフマンが特許を得た煉瓦製造用の窯。平面形状は、円形やトラック形など環状平面で、断面形状はヴォールト状断面をしており、天井面に開けられた小穴から窯内部に落とす粉炭を燃料として煉瓦を焼成する。窯全体を小割の部屋に仕切り、一部屋ずつ順番に火を入れて煉瓦を焼成するが、平面形状が環状になっているので、火が一周してくる間に焼きあがった煉瓦を窯から出し、次の煉瓦を窯に入れれば、一度入れた火を止める必要はなく、ずっと焼き続けることができるのが、従来の窯と大きく違うことであった。また、粉炭を落とす小穴から吸気し、床面近くの側壁に設けられた排気口から排気するので、従来の窯に比べて窯内部の温度が均質になり、煉瓦の品質も均質化した。日本では、一八七二年から始まった銀座煉瓦街の建設において大量に煉瓦を供給する必要から、銀座煉瓦街を計画したイギリス人技師ウォートルスが導入し、その後、全国に広まった。これらの経緯については、水野信太郎『日本煉瓦史の研究』（法政大学出版局、一九九九年、三五頁）に詳しい。
（45）手島喜一郎編『営口事情』（営口実業会、一九二〇年、三〇七～三〇八頁）。一九〇三年における日本国内の煉瓦総生産高は、村松貞次郎『日本近代建築技術史』（彰国社、一九七六年、六三頁）。
（46）「大連の煉瓦製造」（『満洲日日新聞』八九三号、一九一〇年四月一三日、二頁）。岡田時太郎については、西澤泰彦「建築家岡田時太郎の中国東北地方進出について」（『日本建築学会計画計論文報告集』四五二号、一九九三年一〇月、一八七～一九六頁）。
（47）「煉瓦の不足で大弱りの我大連の建築界」（『満洲日日新聞』四一〇三号、一九一九年四月三〇日、七頁）。
（48）実業部総務司文書科編『満洲国産業概観』（一九三六年、一四五頁）。
（49）豊田要三編『満洲工業事情』（満洲事情案内所、一九三九年、五二頁）。
（50）日本国内の煉瓦生産高については、村松貞次郎、注(45)と同書、六三頁。
（51）『建築所事業概要第一次』（二二九～二三一頁）。
（52）「煉瓦に就ての座談会」（『朝鮮と建築』一六巻九号、一九三六年九月、一六～三五頁）。
（53）注(52)と同書、二〇～二一頁。
（54）注(52)と同書、二六頁。
（55）注(52)と同書、一八頁。

(56) 長倉不二夫「新規格煉瓦に就て」『満洲建築協会雑誌』一二巻一号、一九三二年、一九～二八頁。

(57) この満鉄と煉瓦会社とのやり取りを示した文書は、中国・遼寧省档案館所蔵満鉄関係文書『昭和6・7・8年度計画部審査門建築類建築目』（文書綴番号、計95）に所収。

(58) この時期の日本国内におけるポルトランドセメント生産の変遷や生産量、輸出量については、「我邦に於けるポルトランドセメント業の発達」（『セメント界彙報』三二一号、一九三四年一二月、一七～二〇頁、および三一頁）に詳しい。ただし、この統計では、植民地である台湾、朝鮮と租借地である関東州を日本国内と扱っており、日本国内の生産量は、ここに示された数値から台湾、朝鮮半島、関東州の生産量を引いた値が「全社対当社生産高」日本セメント株式会社社史編纂室『七十年史・本編』（同社発行、一九五五年、巻末附表）に示されているので、本文および表4-1では、それを用いた。また、輸出量には、日本国内から台湾、朝鮮半島、関東州および満鉄鉄道附属地に出荷されたものは含まない。

(59) 「我邦に於けるポルトランドセメント業の発達」（注(58)と同書、二四～二五頁、および、三一頁）。

(60) 「一九二七年における爪哇のセメント輸入状況」（『セメント界彙報』一八九号、一九二八年六月、二五頁）。

(61) 「支那のセメント需給状況」（『セメント界彙報』一八二号、一九二八年三月、一三頁）。

(62) ポルトランドセメントの価格、生産拠点、品質と輸出については、「我国のセメント貿易」（『セメント界彙報』一九六号、一九二八年一〇月、三〇頁）。また、注(59)と同書、一八頁、および二七～二八頁において、農商務省の告示がポルトランドセメントの品質向上につながったことと、品質の向上が輸入の不要と輸出の拡大につながったことが記されている。

(63) 一九三〇年に輸出量が頂点になったことについては、注(59)と同書、二五頁、および、三一頁。その後の推移は、小野田セメント株式会社編『小野田セメント百年史』（一九八一年、三五〇頁、三九九頁、四〇二頁）による。

(64) 「上海地方に於けるセメント工場近況」（『海外セメント事情』四号、一九三四年一月、一頁）および、「広東洋灰の製造輸入及市況」（同誌、一～二頁）。

(65) 「蘭領東印度洋灰輸入条例」、注(64)と同誌、三頁。

(66) 小野田セメント株式会社編、注(63)と同書（二六一頁）および『小野田セメント製造株式会社操業五十年史』（ゆまに書房、一九九七年、四九六～四九九頁）。この本は復刻版。

(67) 小野田セメント株式会社編、注(63)と同書（二〇七～二一二頁）および『小野田セメント製造株式会社操業五十年史』、注(66)と同書、五一二～五一九頁。

(68) 日本セメント株式会社社史編纂室『七十年史本編』（一九五五年、七三～七五頁）。

(69) 小野田セメント株式会社編、注(63)と同書（三〇八頁）。

(70) 中国のセメント輸入量については、「支那のセメント需給状況」（『セメント界彙報』一八二号、一九二八年三月、一〇～一一頁）。

(71) 小野田セメント株式会社編、注(63)と同書（二九二頁）。

(72)注(61)と同書、一三〜一五頁。
(73)「大正十五年十二月台湾セメント輸移出入統計表」『セメント界彙報』(一五七号、一九二七年二月、附表)。当時のセメントの数量単位は、出荷時に使われる「樽」で表示することが多く、一樽の重量換算は、凡そ一六七〜一七〇キログラムである。簡便な換算として六樽で一トンという換算が行われることが多いので、本文中では、それに従って一樽一六七キログラムでの換算値を( )内に記した。
(74)「汕頭セメント市況」(『セメント界彙報』一五五号、一九二七年一月、三六〜三七頁)によれば、広東省汕頭では浅野セメント製造のセメントが輸入されている旨が汕頭駐在日本領事の報告で記されており、これが浅野セメント台湾工場の製品であるとみられる。また、中国から台湾へのセメント輸入は、福建省を中心に華南地方と台湾との間において、清末には華南産の建設資材と台湾産の農産物との交易システムが成立しており、その一環として輸入されたものと考えられる。
(75)「自昭和二年至昭和三年台湾セメント輸出額月別統計表」(『セメント界彙報』二〇七号、一九二九年三月、附表)および、「自昭和二年至昭和三年台湾セメント輸入額月別統計表」(同誌、附表)に所収。
(76)「大正十五年十二月朝鮮ポルトランドセメント輸出入額月別統計表」(『セメント界彙報』一五六号、一九二七年二月、附表)。
(77)「朝鮮におけるセメントの需給状況(二)」(『セメント界彙報』一六五号、一九二七年六月、一〇〜一五頁)。
(78)小野田セメント株式会社編、注(63)と同書(三〇五頁)。なお、小野田セメント平壌工場の生産量一二・七万トンのうち、四・二万トンは、日本国内に送られた。
(79)小野田セメント株式会社編、注(63)と同書(二九二〜二九三頁)。
(80)朝鮮総督府編『朝鮮総督府庁舎新営誌』(一九二九年、九頁)。
(81)「ポルトランドセメント」の項については、西澤泰彦「日本帝国内の建築に関する物・人・情報の流れ」(『国際政治』一四六号、二〇〇六年一一月)の中で記した「一 セメントの移動」をもとに、加筆、修正したものである。
(82)台湾家屋建築規則は、『官報』(五一四五号、一九〇〇年八月二五日、一頁)に所収。
(83)ショップハウスについては、泉田英雄「チャイナタウンとショップハウス」(加藤祐三編『アジアの都市と建築』鹿島出版会、一九八六年、二七六〜二七七頁)、泉田英雄『海域アジアの華人街——移民と植民による都市形成』(学芸出版社、二〇〇六年、一八八〜二〇三頁)に詳しい。泉田は後者において、シンガポールと香港のアーケードについて、成立過程の違いを明確にし、また、台湾総督府によって推進された亭仔脚や中国華南地方の都市建設で出現したアーケードについて、その幅員が広いことを根拠にシンガポールや香港のアーケードとの違いを説明している。また、亭仔脚については、堀込憲二・郭中端『中国人の街づくり』(相模書房、一九九二年〔二刷〕、一〇八〜一二三頁)。
(84)台湾家屋建築規則施行細則は、『官報』(五一六八号、一九〇〇年一〇月一二日、二〇一頁)に所収。
(85)改正された台湾家屋建築規則施行細則は、明治四十年台湾総督府令第六十三号として公布された。その全文は、『官報』(七二三二

号、一九〇七年八月七日、一二〇〜一二一頁）に所収。

(86) 注(6)と同書、四四〜四五頁。

(87) 注(6)と同書、四一頁。

(88) 大連市家屋建築取締仮規則は、関東州民政署編『関東州民政署法規提要』（関東州民政署、一九〇六年、一七八〜一八三頁）。

(89) 前田松韻「大連市に施行せし建築仮取締規則の効果」（『建築雑誌』二五四号、一九〇八年二月、三〇頁）。

(90) 「大連市家屋建築取締仮規則修正要項」（関東都督府官房文書課編『関東都督府例規類纂』一九一二年、五一九〜五二〇頁）。

(91) 前田松韻「大連市に施行せし建築仮取締規則の効果（二）」（『建築雑誌』二五五号、一九〇八年三月、一〇頁）。

(92) 「改築命令家屋」（『満洲日日新聞』一四二九号、一九一一年一〇月一日、二頁）。

(93) 「改築は百三十戸」（『満洲日日新聞』一六三四号、一九一二年四月二三日、二頁）。

(94) 満鉄産業部編『営口軍政抄史』（一九三七年、三二一〜三二二頁）。

(95) 大連市建築規則の条文は、『官報』（二〇六三号、一九一九年六月二〇日、四八〇〜四八五頁）。この条文は、『建築雑誌』（三九二号、一九一九年八月、二七〜三六頁）に転載された。

(96) 大連市建築規則に依る主任技術者検定規則の条文は、『官報』（二〇六三号、一九一九年六月二〇日、四八五頁）。この条文は、『建築雑誌』（三九二号、一九一九年八月、三六〜三七頁）に転載された。

(97) 『満洲日日新聞』（四一四三号、一九一九年六月九日、二頁）。

(98) 『満洲日日新聞』（四一七五号、一九一九年七月一二日、二頁）。

(99) 『満洲日日新聞』（四一八二号、一九一九年七月一九日、七頁）。

(100) 大連市建築規則の改正部分は、『官報』（二一三七号、一九一九年九月一七日、三六三頁）に掲載された。

(101) 大連市建築規則に基づく主任技術者制度と戦後の日本における建築士資格制度との関係については、速水清孝「建築行政官の建築士法に対する意見——建築士法の成立過程に関する研究その一」（『日本建築学会計画系論文集』五九八号、二〇〇五年一二月、一九六頁）において、戦前から検討されていた建築士制度に対して大連市建築規則に基づく主任技術者制度が影響を与えていたことが記されている。

(102) 南満洲鉄道株式会社『南満洲鉄道株式会社十年史』（一九一九年、七四九頁）および、南満洲鉄道株式会社総裁室地方部残務整理委員会編『満鉄附属地経営沿革全史』中巻（一九三九年、九七三頁）。

(103) 関東庁編『関東庁施政二十年誌』（一九二六年、九九五頁）。

(104) 南満洲鉄道株式会社建築規程の公布と条文は、「社則第十八号」（『南満洲鉄道株式会社社報』三六一三号、一九一九年三月三〇日、三〜六頁）。この建築規則の実施時期と適用地を決めた社告第百二十七号は、『南満洲鉄道株式会社社報』（三六一三号、前掲、六頁）。この社告に関東州内である大連と旅順が記されているのは、関東州内を通る満鉄線にも鉄道附属地が設定されていたことと、関東州内にも満鉄が管理していた土地があったためである。

(105)「哈爾賓市内建築規則摘訳」(『建築雑誌』三八七号、一九一九年三月、二五頁)。なお、ハルビンの漢字表記については、当時、哈爾濱と哈爾賓の二通りが併用されていた。ここでは、原文に合わせて哈爾賓を用いる。

(106) 改正された南満洲鉄道株式会社建築規程の公布と条文は、「社則第十四号」(『南満洲鉄道株式会社社報』五四九六号、一九二五年七月二一日、一～四頁)。

(107) 安東新市街建築特別規程は、「社則第十七号」(『南満洲鉄道株式会社社報』号外、一九二三年一〇月一日、九～一〇頁)。また、この規程の廃止は、「社則第十六号」(『南満洲鉄道株式会社社報』五五二八号、一九二五年八月二八日、一頁)。

(108) 朝鮮総督府が公布した市街地建築取締規則の条文は、『官報』(一七四号、一九一三年三月一日、三～四頁)に掲載され、『建築雑誌』(三二五号、一九一三年三月、五六～五九頁)に転載された。なお本文では、他の建築規則と区別するため、便宜的に「朝鮮市街地建築取締規則」と記す。

(109) 朝鮮市街地計画令の条文は、『官報』(二二五九号、一九三四年七月一三日、三〇五～三〇七頁)。この条文は、『建築雑誌』(五八八号、一九三四年八月、二七五～二七八頁)に転載された。また、朝鮮市街地計画令施行規則の条文は、『官報』(二二八九号、一九三四年八月一五日、四四一～四四三頁)。この条文は、『建築雑誌』(五六〇号、一九三四年一〇月、二九九～三〇二頁)に転載された。朝鮮市街地計画令施行規則の改正条文は、『官報』(二六三九号、一九三五年一〇月一八日、四五七～四六四頁)に掲載され、この条文は、『建築雑誌』(六〇七号、一九三五年一二月、一一七～一二五頁)に転載された。また、孫禎睦『日本統治下朝鮮都市計画史研究』(西垣安比古ほか訳、柏書房、二〇〇四年、一三九～一七四頁)にこれらの法令に関する分析が記されている。

(110) 一九三八年に改正された「施行規則」の条文は、『官報』(三四六一号、一九三八年七月一八日、七〇九～七一〇頁)。

(111) この通達は、今津重蔵『建築法規(朝鮮市街地計画令)解説』(朝鮮出版社、一九四一年、附録二七～二九頁)。

(112) 越沢明『満州国の首都計画』(日本経済評論社、一九八八年、九〇～一八〇頁)。

(113) 国都建設局建築指示条項の日本語条文は、国務院国都建設局『国都建設局建築指示条項(日訳)』(一九三三年、一～一六頁)。

(114) 国都建設事業区域や新京特別市の行政区域については、満洲国国務院国都建設局編『国都大新京』(一九三三年三月、一三～一四頁)。

(115) 新京特別市建築規則の条文は、新京特別市公署総務処総務科編『新京特別市例規類纂』(満洲行政学会、一九三六年、第一三類一～一一頁)。

(116) 都邑計画法の条文は、建築学会新京支部編『満洲建築概説』(満州事情案内所、一九四〇年、六三二～六三五頁)。都邑計画法施行規則は、同書(六三六～六四一頁)。

(117) 注(116)に同じ、六二八頁。

(118) 近藤謙三郎「満洲の都邑計画に就て」(『土木学会誌』二五巻四号、一九三九年四月、二頁)。

(119) 田中祥夫『明治前期における建築法規に関する研究——長屋・家屋建築規則の成立過程』私家版（早稲田大学博士学位論文）、一九九一年。

(120) 東京防火令については、藤森照信『明治の東京計画』（岩波書店、一九八二年、六二〜七五頁）。

(121) 田中祥夫「一連の長屋・家屋建築規則と地方におけるその制度の取組について」（『日本建築学会計画系論文報告集』第三九九号、一九八九年五月、八五〜九二頁）。

(122) 注(119)と同書、C二八頁。

(123) 舞鶴市史編さん委員会編『舞鶴市史・通史編（中）』（舞鶴市役所、一九七八年、六二八〜六三〇頁）。この資料については、堀勇良氏のご教示による。

(124) 田中祥夫「明治一〇年代、内務省衛生局による建築規則の推進について」（『日本建築学会計画系論文報告集』四〇五号、一九八九年一一月、一〇七〜一一四頁）。

(125) 注(123)と同書、六三〇頁。

(126) 市街地建築物法の条文については、『官報』（一九九九号、一九一九年四月五日、一三一〜一三二頁）。市街地建築物法施行令の条文については、『官報』（二四四九号、一九二〇年九月三〇日、七四三〜七四五頁）。市街地建築物法施行規則の条文については、『官報』（二四八二号、一九二〇年一一月九日、一五七〜一六四頁）。なお、建築規則としてのこれらの特徴を的確にまとめたものとして、大橋雄二『日本建築構造基準変遷史』（財団法人日本建築センター出版部、一九九三年、七六〜一一二頁）。

(127) 営口牛家屯間両側借地人家屋建築規定の条文は、南満洲鉄道株式会社産業部編集『営口軍政誌抄』（注(44)と同書、三三一〜三三二頁）。

(128) 注(127)と同書、三〇八頁。

第5章

(1) 前田松韻の一九〇四年から一九〇七年における経歴については、西澤泰彦『海を渡った日本人建築家』（彰国社、一九九六年、一六〜二二頁）に記した。また、前田は、晩年、「満洲行雑記」（『満洲建築雑誌』二三巻一号、一九四三年一月、三五〜四八頁）を記し、その中で、一九〇四年から一九〇七年にかけての中国東北地方滞在について回顧している。

(2) 小野木孝治の経歴については、西澤泰彦、注(1)と同書、一〇一頁。また、産経新聞「日本人の足跡」取材班『日本人の足跡——世紀を越えた「絆」を求めて』（産経新聞社、二〇〇一年、二五三〜二七二頁）では、小野木孝治の満鉄在職時期のことが紹介されている。

(3) 尾辻国吉「明治時代の思ひ出 其の一」（『台湾建築会誌』一三巻二号、一九四一年八月、一三〜一七頁）の記述では、小野木孝治が、セントルイス万博台湾館（一九〇四年）、宜蘭、新竹、苗栗、南投、斗六の地方庁舎（一九〇四〜〇五年）、台北・児玉町変電所

（一九〇五年）、台北・新公園変電所（一九〇五年）、中央研究所（一九〇六年）を設計した旨が記されている。

（4）満鉄の建築組織関係者の間や小野木の遺族の間では小野木が後藤に引き抜かれるかたちで満鉄に入社した旨が語り継がれている。ただし、小野木孝治と後藤新平との関係を具体的に示す文献資料は確認されていない。また、この制度は一九〇六年八月三日、勅令二〇九号として公布された。

（5）荒木栄一の満鉄入社や小野木孝治との関係については、荒木栄一「思い出すまゝに」（『満洲建築協会雑誌』一三巻二号、一九三三年二月、三一～三四頁）。また、尾辻国吉「明治時代の思ひ出 其2」（『台湾建築会誌』一三巻五号、一九四一年一二月、四二頁）では、荒木が小野木に私淑していたことが記されている。

（6）吉本長太郎、関栄太郎の野戦鉄道提理部から満鉄への入社と、井田茂三郎の営口軍政署から営口道台を経て満鉄への入社は、建築学会編『（明治三十九年十一月二十四日現在）建築学会会員住所姓名録』（一九〇六年）、建築学会編『（明治四十年十一月五日調）建築学会会員住所姓名録』（一九〇七年）、建築学会編『（明治四十一年十一月二五日発行）建築学会会員住所姓名録』（一九〇八年）、の比較による。蛭田福太郎については、日本実業興信所編輯部編『日鮮満土木建築信用録（第四版）』（日本実業興信所、一九二五年、三三二頁）掲載の蛭田の略歴による。

（7）南満洲鉄道株式会社編『南満洲鉄道株式会社十年史』（一九一九年、一二五頁）。

（8）国枝博の経歴などについては、「特報故正員正五位国枝博君略歴及作品」（『日本建築士』三三巻四号、一九四三年一二月、九〇～九四頁）および、谷川竜一『帝国主義的発露としての建築活動――大韓帝国末期における度支部建築所』（私家版、東京大学大学院工学系研究科修士論文、二〇〇三年）に詳しい。岩井の経歴については、まとめて記されたものがないが、朝鮮半島に渡った時期については、久保實光「岩井さんの憶出で」（『朝鮮と建築』二二巻一〇号、一九四三年一〇月、二八～二九頁）の中に、岩井が一九〇八年春に統監府に赴任した記載があることと、「会員動静・転居」（『建築雑誌』二五九号、一九〇八年七月）の記載から判断した。なお、岩井の訃報は、「岩井顧問逝去」（『朝鮮と建築』二二巻一〇号、一九四三年一〇月、三五頁）に簡単に報じられており、関係者による追悼文が、同誌に掲載されているが、経歴は記載されていない。

（9）相賀兼介の経歴や満鉄から満洲国政府への社員派遣については、相賀兼介旧蔵資料（相賀紘一氏蔵）に含まれるメモや相賀兼介「建国前後の思出」（『満洲建築雑誌』二二巻一〇号、一九四二年一〇月、五～一四頁）の記載内容、『満洲国政府公報』掲載の辞令などをもとにした。それらの概要は、西澤泰彦、注(1)と同書、一〇一、一〇六～一〇八頁、を参照。なお、相賀は、一九〇七年の満鉄入社時は、事務員として入社し、配属された部署が本社建築係であったことから、建築の設計監理に関心を持ち、満鉄の研修制度を利用して建築学を勉強するために東京高等工業学校の選科生となった。したがって、彼が建築技術者として活動したのは、一九一三年の満鉄復帰からである。

（10）相賀が、青木菊治郎とともに日本軍占領下の香港に赴いたことは、相賀兼介旧蔵資料（相賀紘一氏蔵）、青木菊治郎旧蔵資料（佐々木和子氏蔵）と佐々木和子氏のご教示による。一九四二年に行われた香港総督府の改修では、当時の香港総督磯谷廉介の夫人が青木菊治郎の夫人と姉妹であったことから、磯谷が青木にその設計監理を打診し、青木は、相賀のほか、満鉄所属の村上次也、藤村清一を伴って、大連から台湾経由で香港に赴いた。当時、村上（一九二三年東京高等工業学校建築科卒）は満鉄哈爾濱鉄道局工務課所属、藤村清一（一九三二年工学院建築学科卒）は満鉄奉天工事事務所所属の建築技術者であった。青木菊治郎旧蔵資料には、このとき、相賀が大連在住の青木菊治郎夫人に宛てた絵葉書と途中の台湾で撮影した記念写真が残っている。なお、香港総督府の増改築については、現地では藤村のみを設計者として扱っている。これについての最近の論著として、橋谷弘『帝国日本と植民地都市』（吉川弘文館、二〇〇四年、一一五～一一六頁）がある。

(11) この時期の台湾総督府の建築技師については、黄俊銘「明治時期台湾総督府建築技師の年譜（一八九五～一九一二）」（『日本建築学会大会学術講演梗概集（関東）』一九九四年九月、一五〇五～一五〇六頁）。なお秋吉金徳の経歴は堀勇良氏のご教示による。

(12) 辰野葛西事務所による満鉄中央試験所新築案作成は、白鳥省吾編『工学博士辰野金吾伝』（一九二六年、六一～六二頁）。また、これを裏付ける文書が、「中央試験所新築設計ニ関スル件」（中国・遼寧省档案館所蔵満鉄関係文書綴り『明治四十三年大正元年度総体部文書門土地建物類建物目』文書綴り番号・総三〇五四）に収録されている。

(13) 三橋四郎による在外公館の設計監理については、西澤泰彦「異国に散った建築家と領事館（1）——三橋四郎と旧奉天日本総領事館（1）」（『亜鉛鉄板』三五巻一号、一九九一年一月、二七～二九頁）、西澤泰彦『海を渡った日本人建築家』（注(1)と同書、一九八頁および二二四頁）、西澤泰彦『図説「満洲」都市物語』（河出書房新社、一九九六年、九二頁、および一二三頁）などで示した。また、この時期の中国東北地方に建てられた日本の在外公館については、西澤泰彦「清末在中国東北的日本公館建築」（『'98中国近代建築史国際研討会論文集』一九九八年、一九～二六頁）。この論文は、張復合編『中国近代建築研究与保護』（清華大学出版社、一九九九年、二二三～二三二頁）に転載された。

(14) 桑原英治の経歴については、西澤泰彦『海を渡った日本人建築家』（注(1)と同書、一〇九～一一八頁）。

(15) 三橋四郎「哈爾濱建築の奇観」（『建築世界』六巻七号、一九一二年七月、一六～一九頁）。この記事の解題については西澤泰彦『海を渡った日本人建築家』（前掲、一九八頁）。

(16) 中村與資平の経歴については、西澤泰彦『海を渡った日本人建築家』（注(1)と同書、一六五～一七一頁）および、西澤泰彦「建築家中村與資平の経歴と建築活動について」（『日本建築学会計画系論文集』四五〇号、一九九三年八月、一五一～一六〇頁）。

(17) 中村與資平の手記は、原稿用紙に手書きで書かれたもの。四〇〇字詰原稿用紙で二二枚の分量があり、中村の誕生から、一九四五年の妻の死去までが記されている。原稿用紙に「27・10」と印刷されており、一九五二年一〇月印刷の原稿用紙であると思われるので、それ以後に中村が当時を回想して記したものと判断される。現在は、浜松市立中央図書館が保管している。

(18) アントン・フェラーの経歴については不詳な部分が多い。生年、生地と学歴については、スイス連邦工科大学チューリッヒ校に保管されている学籍簿から判明したが、彼は、一九一五年に行方不明の扱いとなり、一九二〇年には除籍されている。したがって、彼の肩書きに付けられた「工学士」は自称である。また、フェラーは、中村與資平とともに一九二一年、アメリカ、ヨーロッパを旅行し、そのまま、いったん故郷に帰ったが、中村が東京に中村工務所を開設すると来日し、所員となった。その後、アントニン・レイモンド主宰の米国建築事務所に移籍したが、渡米し、一九二二〜一九二四年にはフランク・ロイド・ライト主宰の建築事務所タリアセンに所属している。この時期、タリアセンに所属した故土浦亀城・信夫妻によれば、フェラーは一九二四年にタリアセンを出て、シカゴに滞在していたが、以後の消息は不明である。生まれ故郷のオーストリア、ザンクト・イン・ヨハンに彼の墓がないことを考えると、故郷に帰らず没した可能性が強い。

(19) 岡田時太郎の経歴については、西澤泰彦、注(1)と同書、一五二〜一五七頁、および、西澤泰彦「岡田時太郎の中国東北地方進出について」(『日本建築学会計画系論文集』四五二号、一九九三年一〇月、一八七〜一九六頁)。

(20) 岡田時太郎が満洲土木建築業組合の組合長を務めていたことは、「土木建築業組合総会」(『満洲日日新聞』八九七号、一九一〇年四月一七日、二頁)の記載による。岡田工務所の納税額について、柳沢遊『日本人の植民地経験——大連日本人商工業者の歴史』(青木書店、一九九九年、三六〜三七頁)によれば、一九〇七年度の納税額は二、一八三円で、大連において一番高額であり、しかも二番目の小山田篤太郎(小山田煉瓦)の一、〇五〇円に比べて極端に高額であった。一九〇八年は、岡田工務所の納税額は九二〇円五〇銭で、第七位であった。

(21) 「故正員岡田時太郎氏略歴」(『満洲建築協会雑誌』六巻七号、一九二六年四月、四四頁)。

(22) 故岡田五十男氏(岡田時太郎ご子息)の証言による。これは、一九八五年一二月二五日に藤森照信氏と西澤泰彦が岡田氏に面会して得たものである。

(23) 「煉瓦需用と相場」(『満洲日日新聞』八六三号、一九一〇年三月一四日、二頁)。

(24) 「大連の煉瓦製造」(『満洲日日新聞』八九三号、一九一〇年四月一三日、二頁)。

(25) 「安奉線の煉瓦」(『満洲日日新聞』一一六四号、一九一一年一月九日、二頁)。

(26) 柳沢遊、注(20)と同書、三六〜三七頁、に示された一九〇七〜一九〇八年の納税額と、同年の岡田工務所が請け負った工事金額を比較すると、工事金額は両年ともほぼ同じであるのに対して、一九〇八年の納税額が一九〇七年の納税額の半分以下になっていることから、その差額の多くは煉瓦製造販売で得た収入に対する税金であると考えられる。

(27) 浅野虎三郎『大連要覧』(大連要覧発行所、一九一五年、九〇〜九一頁)には、当時の大連の煉瓦工場がすべて記載されているが、岡田工務所は記載されていないので、この時点ですでに煉瓦製造から撤退していたと考えられる。

(28) 高岡又一郎「懐古漫談」(『満洲建築協会雑誌』八巻一号、一九二八年一月、四八〜五三頁)。

(29) 柳沢遊、注(20)と同書、三八頁、および、四五〜五二頁。

(30) 日本実業興信所編輯部編、注(6)と同書、三三九頁。

(31) 日本実業興信所編輯部編、注(6)と同書、三四七頁。

(32) 日本実業興信所編輯部編、注(6)と同書、三五〇頁。

（33）日本実業興信所編輯部編、注（6）と同書、三三一頁。
（34）日本実業興信所編輯部編、注（6）と同書、三四一頁。
（35）高岡又一郎の経歴については、上田純明編『高岡又一郎翁』（杉並書店、一九四一年）の記載による。
（36）注（35）と同書、一一九頁。
（37）石光真清『曠野の花・石光真清の手記』（中央公論社、一九七八年）。これは、日本陸軍のスパイとして日露戦争前のロシア軍の動静を探っていた石光真清の手記。一九〇〇年に石光は、東清鉄道の工事現場で、日本人の工事請負人や石工に出会っている。
（38）「満洲建築協会設立趣意書」（『満洲建築協会雑誌』一巻一号、一九二一年三月、巻頭頁）。
（39）「満洲建築協会々則」（『満洲建築協会雑誌』一巻一号、一九二一年三月、巻頭頁）。
（40）これらの論文は、『満洲建築協会雑誌』（一巻一号、三〇～七三頁）に掲載されている。
（41）「創立回顧座談会」（『朝鮮と建築』一五巻一一号、一九三六年一一月、四七～五三頁）。
（42）「朝鮮建築会定款」（『朝鮮と建築』三巻一号、一九二四年一月、巻頭頁）。
（43）「台湾建築会会則」（『台湾建築会誌』一巻一号、一九二九年三月、巻末）。
（44）井手薫「発会の辞」（『台湾建築会誌』一巻一号、一九二九年三月、三頁）。
（45）注（44）と同書、二頁。
（46）「関西建築協会会則」（『関西建築協会雑誌』一巻一号、一九一七年九月、巻頭）。
（47）石田潤一郎『関西の近代建築——ウォートルスから村野藤吾まで』（中央公論美術出版、一九九六年、六五～六七頁）。
（48）満洲建築協会の会員数は、「会員名簿」（『満洲建築協会雑誌』一巻四号、一九二一年七月、九一～一〇六頁）。朝鮮建築会の会員数は、朝鮮建築会「会員種別及地方別調書（其ノ一）（大正一三年七月一七日現在）」（『朝鮮と建築』三巻七号、一九二四年七月、二四頁）。台湾建築会の会員数は、台湾建築会「会員名簿（昭和四年二月）」（『台湾建築会誌』一巻一号、一九二九年三月、巻末）。
（49）「華北建築協会の発展」（『建築雑誌』六六三号、一九四〇年六月、三〇頁）。北支住宅株式会社は、日本軍占領下の華北において主要都市である北京、天津、済南、青島などの都市で住宅供給を進めた機関である。これについては、冨井正憲「朝鮮・台湾・関東州住宅営団について」（西山卯三記念すまい・まちづくり文庫住宅営団研究会編『幻の住宅営団』日本経済評論社、二〇〇一年、一九三～一九四頁）参照。
（50）この連合大会の内容については、「連合建築大会記」（『満洲建築協会雑誌』一三巻九号、一～五四頁）。
（51）白倉好夫「四建築会連合大会に臨み満洲朝鮮を旅行して」（『台湾建築会誌』五巻五号、一九三三年一〇月、一～七頁）。白倉の報告文はこれで完結せず、『台湾建築会誌』五巻六号と六巻一号にも掲載された。
（52）注（51）と同書、三頁。
（53）白倉好夫「四建築会連合大会に臨み満洲朝鮮を旅行して（承前）」（『台湾建築会誌』五巻六号、一九三三年一二月、三頁）。

(54) 注(53)と同書、六頁および九〜一〇頁。
(55) 白倉好夫「四建築会連合大会に臨み満洲朝鮮を旅行して(承前)」(『台湾建築会誌』六巻一号、一九三三年二月、五頁)。
(56) 古川長市「満洲国国都新京の都市計画概要」(『台湾建築会誌』五巻六号、一九三三年一二月、二三〜三三頁)。
(57) 葛西重男「四会聯合建築大会並に満洲見学日記」(『朝鮮と建築』一二巻一〇号、一九三三年一〇月、五〜一七頁)。齋藤忠人「満洲行談片」(『朝鮮と建築』一二巻一〇号、一八〜二七頁)。
(58) 鈴木文助「鉄筋コンクリートの再認識」(『朝鮮と建築』一四巻一二号、一九三五年一二月、四一〜四二頁)。
(59) 小倉辰造「台湾を語る」(『朝鮮と建築』一四巻一二号、一九三五年一二月、三二〜三五頁)。
(60) 早川丈平「台湾を見た感じ(上)」(『朝鮮と建築』一四巻一二号、一九三五年一二月、五一〜五二頁)。
(61) 「編輯室より」(『満洲建築協会雑誌』一巻一号、一九二一年三月、巻頭)。
(62) 「大阪市の学校設備の標準」(『朝鮮と建築』三巻七号、一九二四年七月、二六頁)。
(63) 小野木孝治「医院建築(上)」(『満洲建築協会雑誌』一巻二号、一九二一年四月、六五〜七八頁)および、小野木孝治「医院視察(下)」(『満洲建築協会雑誌』一巻三号、一九二一年五月、八三〜八八頁)。
(64) 「新刊図書雑誌の紹介」(『朝鮮と建築』四巻一一号、一九二五年一一月、三七〜三九頁)。
(65) 「南満鉄道沿線の都市計画」(『関西建築協会雑誌』一巻五号、一九一八年三月、五五〜六八頁)。
(66) 野村一郎「台北市の市区改正に付いて」(『関西建築協会雑誌』一巻七号、一九一八年五月、九九〜一〇四頁)。また、口絵写真の項目では、「台北市の今昔」と題して、この市区改正事業で再開発された台北市街地の一〇ヶ所について、事業実施前と実施後の写真が二枚一組で掲載された。
(67) これらの記事はいずれも『建築と社会』(一六巻一一号、一九三三年一一月)に掲載された。詳細は次の通り。松室重光「四会聯合建築大会と満鮮の見学」(同誌、一五〜四〇頁)。永瀬狂三「満洲見学旅行感想の断片」(同誌、七七〜八二頁)。内藤太郎「満洲に於ける軍部の新建築」(同誌、四一頁)。村田次郎「満洲古建築の展望」(同誌、五一〜五七頁)。村田次郎「満洲著名建築グラフ」(同誌、五八〜七一頁)。小黒隆太郎「満洲に於ける建築請負界の現状」(同誌、七二〜七六頁)。
(68) 村松伸『上海・都市と建築』(PARCO出版、一九九一年、五二〜五三頁)。
(69) 工部大学校におけるコンドルの建築教育については、藤森照信『日本近代思想体系一九巻 都市・建築』(岩波書店、一九九〇年、三〇二〜三一四、四八二〜四八五頁)および、藤森照信『日本の近代建築(上)幕末・明治篇』(岩波書店、一九九三年、一七〇〜一七一頁、一九四〜一九五頁)。また、コンドルの日本における建築活動全般については、小野木重勝『日本の建築[明治・大正・昭和]第二巻 様式の礎』(三省堂、一九七九年、九四〜一四〇頁)。
(70) 伊東忠太「法隆寺建築論」(『建築雑誌』八三号、一八九三年一一月、三一七〜三五〇頁)。これは、伊東が同年一〇月一一日に造家学会で行った講演内容を文章化したものである。

(71) 澎湖庁庁舎の建築様式について、「澎湖庁舎新築工事概要」（『台湾建築会誌』七巻二号、一九三五年三月、一三二～一三三頁）によれば、「様式 和風を加味したる近世式」と記されている。また、高雄市役所の竣工年は、藤森照信・汪坦監修『全調査東アジアの都市と建築』（筑摩書房、一九九六年、四五三頁および四八二頁）を参照にしたが、序章で紹介した李乾朗『二十世紀台湾建築』（玉山社出版事業股份有限公司、二〇〇一年、一〇三頁）では、この庁舎の竣工年を一九三八年としている。前者が緻密な調査に基づいて情報を掲載しているので、それに従った。なお、後者では高雄市役所のみを「帝国冠帽式」と表現している。

(72) この時期の中国人建築家の活動については、注(68)と同書、二二七～二五〇頁。

(73) 梁思成・劉致平編『建築設計参考図集（全一〇巻）』（中国営造学社、北平〔北京〕、一九三五年）。これは後に、梁思成主編・劉致平編纂『中国建築芸術図集（上・下集）』（百花文芸出版社、天津、一九九九年）として再版された。

(74) ベタ基礎とは建物の底面全体にコンクリートを板状に打設して造った基礎のこと。英語では mat fundation という。

(75) 図5-20に示した旧朝鮮総督府庁舎ホールは、内装が朝鮮戦争で被災していたが、一九八四～八六年に行われた韓国中央庁舎から韓国国立中央博物館への改修工事によって旧状に復された。この改修工事の経緯については、「韓国中央庁（旧朝鮮総督府）」（『日経アーキテクチュア』二四四号、一九八五年七月、七八～八三頁）。

巻末資料

資料1　台湾家屋建築規則（律令第十四号、一九〇〇年八月一二日公布）

第一条　家屋ヲ建築セントスル者ハ左ノ事項ヲ具シ地方長官ノ許可ヲ受クヘシ増築又ハ改築セントスルトキ亦同シ

一　敷地ノ面積及位置ノ表示

二　許可及仕様書

三　建築物ノ平面図、配置図、側面図及断面図又ハ矩計《カナバカリ》

前号ノ外地方長官ニ於テ必要ト認ムル事項

第二条　前条ニ依リ建築シタル家屋及増築改築シタル部分ハ地方官庁ノ検査ヲ請ヒ其許可ヲ受クルニアラサレハ使用スルコトヲ得ス

第三条　地方長官ハ左ノ場合ニ於テ期限ヲ定メ家屋ノ改造、修補又ハ取毀ヲ命スルコトヲ得

一　公益ノ必要アリト認メタルトキ

二　危険ノ虞アリト認メタルトキ

三　健康ニ害アリト認メタルトキ

四　此規則若ハ此規則ニ基キ発布シタル命令ニ背キ又ハ第一条ニ依リ許可ヲ受ケタル事項ニ違ヒタルトキ

第四条　道路ニ傍フテ建築スル家屋ハ檐庇アル歩道（亭仔脚）ヲ設クヘシ但地方官庁ノ許可ヲ受ケタルモノハ此限ニアラス

歩道ヲ設クヘキ道路並歩道及檐庇ノ幅員構造ハ地方長官之ヲ定ム

第五条　第三条ニ依リ家屋ノ改造修補又ハ取毀ヲ命セラレタル者其命令ヲ履行セス若ハ履行スルモ期限内ニ終了スルノ見込ナキトキハ地方長官ハ地方税ヲ以テ之ヲ施行シ其費用ヲ義務者ヨリ徴収スルコトヲ得

義務者前項ノ費用ヲ指定ノ期限内ニ納付セサルトキハ台湾租税滞納処分規則ニ依リ徴収ス

第六条　第一条ニ違背シタル者ハ二百円以下ノ罰金ニ処シ第二条ニ違背シタル者ハ五十円以下ノ罰金ニ処ス

第七条　此規則ハ工場其他ノ建築物ニモ之ヲ準用ス

第八条　此規則施行ノ地域及時期ハ台湾総督ノ認可ヲ経テ地方長官之ヲ定ム

附則

第九条　此規則ニ定ムルモノ、外必要ノ規定ハ台湾総督之ヲ定ム

〔出典〕『官報』第五一四五号、一九〇〇年八月二五日、三九三頁）

資料2　台湾家屋建築規則施行細則（台湾総督府令第八十一号、一九〇〇年九月二九日公布）

第一条　家屋ハ石、煉瓦、金属、「コンクリート」、木材、土磚ヲ以テ構造シ其家根ハ瓦、金属其他不燃質材料ヲ以テ之ヲ葺クヘシ

石、煉瓦ヲ以テ築造スル場合ニ於テハ其接合ハ「モルタル」ヲ以テ固定スヘシ土磚ヲ以テ築造スル場合ニ於テハ石若ハ煉瓦ヲ混用シ其外部ハ総テ石若ハ煉瓦ヲ以テ包ミ其接合ハ「モルタル」ヲ以テ固定スヘシ

第二条　家屋ノ地盤ハ歩道アルトキハ歩道ノ高サヨリ歩道ナキトキハ道路敷ヨリ五寸以上地上シ其建屋下ノ表面ハ総テ三寸以上ノ厚サニ「コンクリート」又ハ堅牢ナル敲適宜ノ不潤性材料ヲ敷クヘシ

第三条　家屋ノ基礎ハ建物ノ重量ニ相当スル工事ヲ施スヘシ

第四条　木材又ハ土磚ヲ以テ構造スル家屋ハ石、煉瓦又ハ之ニ相当スル材料ヲ以テ礎盤ヲ設クヘシ

第五条　家屋ノ高サハ地方長官ニ於テ特ニ制限スル場合ノ外ハ地盤ヨリ軒桁マテ十二尺以上トシ床張（転床ヲ除ク）ヲ設クル場合ニ於テハ床ノ高サ地盤ヨリ二尺以上トナシ通気及掃除ニ便スル為其外部ニ風窓出入口ヲ設クヘシ

第六条　家屋ニ天井ヲ設クル場合ニ於テハ其高サヲ床上ヨリ八尺以上トシ且天井ハ掃除ニ便スル為出入ニ差支ナキ構造ト為スヘシ

第七条　居室ハ室内ノ面積十分ノ一以上ヲ有スル導光換気ノ装置ヲ為スヘシ

第八条　厨房、浴室其他水ヲ使用スル場所ハ石、煉瓦、「コンクリート」等ヲ以テ流シヲ設ケ汚水ハ下水溝ニ流下セシムル構造ト為スヘシ

第九条　家屋ノ檐先ニハ樋ヲ設ケ雨水ハ竪樋ヲ経テ下水溝ニ流下スルノ構造ト為スヘシ

第十条　厠ハ地盤ヨリ二尺以上石、煉瓦、「コンクリート」ヲ以テ築造シ其内部ハ「モルタル」其他不潤性材料ヲ以テ塗布スヘシ

第十一条　厠ヲ窩溜式ニ依リ構造セシメントスルトキハ井戸ヲ距ル二間以上ノ所ニ設ケ其屎尿池ハ陶器又ハ其他ノ不滲透性材料ヲ用并之ヲ地下ニ埋ムルニハ其周囲ヲ六寸以上ノ厚サニ「コンクリート」ヲ以テ包ミ其上部建家下ノ平面ハ総テ五寸以上ノ厚サニ「コンクリート」ヲ敷キ且屎尿池口ニ向ヒ勾配ヲ付スヘシ

厠ヲ槽桶式ニ依リ構造セシメントスルトキハ金属其他不滲透性材料ヲ以テ容積二立方ヲ超ヘサル受器ヲ設ケ之カ掃除、出入、運搬ニ便スル為堅牢ナル受器台ヲ設クヘシ

厠ヲ灌流式ニ依リ構造セントスルトキハ陶器其他不滲透性材料ヲ以テ受器及排汚管ヲ設ケ汚物ヲ屋外一定ノ汚物溜ニ灌流セシムヘシ但汚物溜ノ構造ハ窩溜式ニ於ケル屎尿池ノ構造ニ準シ臭気ノ散逸ヲ防ク為蓋ヲ設ケ且相当ノ排気装置ヲ備フヘシ

第十二条　工場其他ノ建築物ハ第二条中ニ掲クル建家下表面ノ構造及第五条第六条第七条ニ依ラサルモ妨ナシ

〔出典〕『官報』第五一八六号、一九〇〇年一〇月一二日、二〇一頁）

資料3　台湾家屋建築規則施行細則改正（台湾総督府令第六十三号、一九〇七年七月三〇日公布）

第一条　家屋ノ総建坪ハ敷地坪数ノ四分ノ三ヲ超ユルコトヲ得ス

第二条　道路ニ傍フタル家屋相互ノ間隔ハ三尺以上ト為スヘシ但シ其ノ隣接地カ他人ノ業ニ属スルトキハ家屋ト境界線トノ距離ハ一尺五寸以上タルコトヲ要ス

煉瓦、石材又ハ「コンクリート」ヲ以テ厚サ一尺以上高サ屋上六寸以上ニ達スル隔壁ヲ設クルトキハ前項ノ制限ニ依ラサルコトヲ得

第三条　道路ニ傍フタル家屋ハ地方長官ニ於テ指定シタル建築線ヲ超ユヘカラス

道路ニ傍フタル家屋ノ前面突出部ハ下水ノ中心線ヲ超ユヘカラス

第四条　道路ニ面セサル家屋ニハ其ノ周囲ニ幅十二尺以上ノ空地ヲ存シ且道路ニ通スル為幅六尺以上ノ通路ヲ設クヘシ

第五条　家屋ハ石、煉瓦、人造石、金属、木材ヲ以テ構造シ其屋根ハ瓦、金属其ノ他ノ不燃質材料ヲ以テ之ヲ葺クヘシ石、煉瓦、人造石ヲ以テ築造スル場合ニ於テハ其ノ接合ハ「セメント」ヲ主成分ト為セル「モルタル」ヲ以テ固定スヘシ

第六条　敷地ノ高サハ歩道ノ最高点以上トシ歩道ナキトキハ公共下水縁ヨリ二寸以上トシ且雨水ノ瀦溜スル場所ニハ適当ノ排水溝ヲ設クヘシ

道路ニ傍フタル建家下地盤ノ高サハ公共下水縁ヨリ五寸以上トシ道路ニ傍ハサル裏地ノ建家下地盤ノ高サハ道路ニ傍フタル建家下地盤ヨリ三寸以上ト為スヘシ

地方長官ハ前二項ノ規定ニ依ラス敷地及建家下地盤ノ高サヲ特ニ指定スルコトヲ得

第七条　家屋敷地ノ土留壁ハ其ノ壁中ニ鼠族ノ出入棲息スルコトヲ得サル構造ト為スヘシ

第八条　家屋敷地内ノ排水溝ハ開渠ト為スヘシ已ムヲ得サル場合ニ於テハ暗渠ト為スコトヲ得但シ渠ノ両端ニ掃除ニ妨ナキ防鼠装置ヲ設クヘシ

第九条　建家下地盤ノ表面ニハ総テ厚サ三寸以上ノ「コンクリート」又ハ堅牢ナル敲等適当ナル不滲透性材料ヲ敷クヘシ

第十条　家屋ノ基礎ハ建物ノ重量ニ相当スル工事ヲ施スヘシ

第十一条　木材ヲ以テ構造スル家屋ノ周囲土台下ニハ石、煉瓦又ハ「コンクリート」ヲ以テ基礎ヲ築造シ土台ヲ設ケサル場合ニハ鼠族ノ出入ヲ防クヘキ相当ノ装置ヲ設クヘシ

第十二条　家屋ノ高サハ地方長官ニ於テ特ニ制限スル場合ノ外建家下地盤ヨリ軒桁ノ上端マテ十二尺以上ト為スヘシ但シ下家又ハ附属建物ニ在リテハ其ノ高サヲ九尺以上ト為スコトヲ得。

第十三条　家屋ノ屋根裏ニハ外部ヨリ鼠族ノ出入スルコトヲ得サル様適当ノ装置ヲ設クヘシ

第十四条　家屋各室ノ採光面積ハ室内面積ノ十分ノ一以上トシ間接ニ採光スルトキハ七分ノ一以上ト為スヘシ但シ倉庫其ノ他特種ノ目的ニ使用スル建物ハ此ノ限ニ在ラス

屋背ヨリ採光スル場合ニ於テハ前項ノ採光面積ハ室内面積ノ三十分ノ一以上トス

家屋ノ各室ニハ適当ノ換気装置ヲ設クヘシ

第十五条　家屋ニ太鼓壁ヲ設クル場合ニ於テハ壁中ニ鼠族ノ出入棲息スルコトヲ得サル構造ト為スヘシ

第十六条　家屋ニ床張ヲ設クル場合ニ於テハ其ノ高サヲ建家下地盤ヨリ二尺以上トシ換気及掃除ニ便スル為其ノ外部ニ風窓及出入口ヲ設クヘシ但シ居住ニ充テサル建築物又ハ商家ノ店頭ニ於ケル床ハ容易ニ取外ツシ得ヘキ構造ト為シ其ノ高サヲ二尺

以下ト為スコトヲ得

第十七条　家屋ニ天井ヲ設クル場合ニ於テハ其ノ高サヲ床上ヨリ八尺以上トシ各室並押入戸棚ノ部分共其ノ高サヲ成ルヘク均一ナラシメ屋根裏ニハ掃除ニ便スル為出入口ヲ設ケ且適当ナル採光装置ヲ設クヘシ

二階以上ノ家屋ニ在リテハ床及天井間ノ空隙ニ鼠族ノ出入棲息セサル様適当ノ装置ヲ設クヘシ

第十八条　屋根裏ノ採光窓及床下ノ風窓、掃除口、下水ノ受口吐口ニハ鼠族ノ出入ヲ防クヘキ装置ヲ設クヘシ

第十九条　厨房、浴室其ノ他水ヲ使用スル場合ハ其ノ側壁ヲ建家下地盤ヨリ高サ一尺六寸以上石、煉瓦、「コンクリート」ヲ以テ腰積ヲ為シ且其ノ床面ハ同上ノ材料ヲ以テ造リ廃水ヲ下水ニ流下スル構造ト為スヘシ

第二十条　家屋ノ軒先ニハ樋ヲ設ケ雨水ハ竪樋ニ依リ下水ニ注水スル構造ト為スヘシ

第二十一条　長屋建家屋ハ長サ二十五間ヲ超ユルコトヲ得ス且四戸毎ニ建家下ノ地盤ヨリ屋上六寸以上ニ達スル石、煉瓦又ハ「コンクリート」ノ隔壁ヲ設クヘシ

第二十二条　厠ハ各戸ニ之ヲ設クヘシ但シ長屋建家屋ニ在リテハ四戸毎ニ大便所一、小便所二ノ割合ニテ共用厠ヲ設クルコトヲ得

第二十三条　厠ハ其ノ床下ノ四方ヲ建家下地盤ヨリ一尺六寸以上石、煉瓦、「コンクリート」ヲ以テ腰積ヲ為シ其ノ内部ハ「セメント、モルタル」其ノ他不不滲透性材料ヲ以テ塗布スヘシ

第二十四条　厠ヲ窩溜式ニ依リ構造セントスルトキハ井戸ヲ距ル二間以上ノ所ニ設ケ其ノ屎尿池ハ陶器其ノ他ノ不滲透性材料ヲ用并之ヲ地下ニ埋ムルニハ其ノ周囲ヲ六寸以上ノ厚サニ「セメント、コンクリート」ヲ以テ包ミ其ノ上部建家下ノ面ハ其ノ屎尿池ニ向ヒ急勾配ヲ附シ五寸以上ノ厚サニ「セメント、コンクリート」ヲ敷クヘシ

厠ヲ槽桶式ニ依リ構造セシメントスルトキハ金属其他不滲透性材料ヲ以テ容積二立方ヲ超エサル受器ヲ設ケ之カ掃除出入ニ便スル為堅牢ナル受器台ヲ設クヘシ

厠ヲ灌流式ニ依リ構造セントスルトキハ陶器其他不滲透性材料ヲ以テ受器及排汚管ヲ設ケ汚物ヲ屋外一定ノ汚物溜ニ灌流セシムヘシ、其ノ汚物溜ノ構造ハ窩溜式ニ於ケル屎尿池ノ構造ニ準ス但シ臭気ノ散逸ヲ防ク為蓋ヲ設ケ且相当ノ排気装置ヲ備フヘシ

厠ヲ灌流式ニ依リ構造セントスルトキハ陶器其ノ他ノ不滲透性材料ヲ以テ受器及防臭管ヲ有スル排汚管ヲ設ケ屋外一定ノ汚物溜ニ灌流セシムヘシ、其ノ汚物溜ノ窩溜式ニ於ケル屎尿池ノ構造ニ準シ但シ臭気ノ散逸ヲ防ク為蓋ヲ設ケ且相当ノ排気装置ヲ備フヘシ

第二十五条　地方長官ハ土地ノ状況ニ依リ台湾総督ノ認可ヲ得テ本令ノ一部ヲ適用セサルコトヲ得

附則

本令ハ明治四十年八月一日ヨリ之ヲ施行ス

(［出典］『官報』第七二三二号、一九〇七年八月七日、一二〇～一二一頁)

資料4　大連市家屋建築取締仮規則（遼東守備軍令第一一号、一九〇五年四月一日公布）

一　総則

第一条　本規則ハ大連市ニ建築スル家屋構造ノ安全市街ノ美観公衆ノ衛生及公安ニ関シ準拠スヘキ一般ノ事項ヲ規定ス

第二条　大連市ニ建築スル家屋ハ仮建築及永久建築ノ二種ニ区別ス

仮建築家屋ハ行政官衙ニ於テ取払若クハ改築ヲ必要ト認メタルトキハ其予告命令ヲ発シタル日ヨリ二ヶ月以内ニ之ヲ取払ヒ若シクハ改築ニ著手スヘキモノトス

第三条　家屋ヲ建築セントスル者ハ其ノ使用ノ目的地域内ノ建築物配置図（三百分ノ一トナシ其周囲四間通リ四方隣地ノ地状ヲ記スヘシ）街路ニ面スル正面図平面建築物ノ構造ヲ示ス切断面（各五十分ノ一）工事仕様書及建築起工並ニ竣工ノ予定期日ヲ記シ大連軍政署ニ差出シ許可ヲ受クヘシ

第四条　軍政委員ハ本則ノ制限ニ依リ難キ理由アリト認メタル建築ニ対シ特別ニ許可スルコトアルヘシ但シ此場合ニ在リテハ民政長官ニ稟議スヘシ

第五条　軍政署建築吏員ハ建築中ノ家屋ヲ時々検査シ図面仕様書ト違ヒ若クハ市ノ美観衛生及公安ニ害アリト認メタルトキハ軍政署ハ其工事ニ変更若クハ中止ヲ命スヘシ

二　仮建築家屋

第六条　仮建築家屋ハ二層以下ニシテ其周囲壁ハ煉瓦造石造若クハ木造トス其軒高（地盤ヨリ軒蛇腹上端迄）十二尺以上タルヲ要ス

第七条　建築面積ハ地域面積ノ十分ノ三以上トシ中庭ノ最短辺ハ二層家屋ハ二十尺以上一層家屋ハ十五尺以上トスヘシ又家屋ヲ地域外ニ建築スルコト及一二等街路（居住地区ヲ除ク）ニ面スル家屋ニハ前庭ヲ作ル事ヲ許サス

第八条　煉瓦造及石造家屋ノ周囲壁ハ二層家屋ノ第一層ニアリテハ煉瓦一枚半巾（一尺五寸二分）以上トシ其二層ニアリテハ同一枚巾（八寸六分）以上トス一層家屋ニアリテハ其周囲壁ニ二層家屋ノ

第二層ニ同シ
木造家屋ニアリテハ表面厚サ三分以上ノ漆喰塗トスヘシ
第九条　倉庫工場物置場便所等ノ建物モ前条ニ準ス但シ周囲壁ハ金属板ヲ用ユルコトヲ得
街路ニ面セサル物置便所ニテ周囲六尺以上ノ空地ヲ有シ其建坪五坪以内ノモノニ限リペンキ塗板張壁トナスコトヲ得
第十条　木造家屋ハ百五十尺以内ニ石造若クハ煉瓦造ノ隔壁ヲ作ルヘシ
前項ノ隔壁ハ其厚サ第八条ニ規定スル壁厚以上トシ屋蓋上ニ二尺以上凸出セシメ防火扉ヲ附スルニアラサレハ戸口等ノ通孔ヲ造ル事ヲ禁ス
第十一条　隔壁ノ構設ハ其効距離内ニアル建築者ノ共同負担トス
第十二条　屋蓋ハ瓦「スレート」「セメント」漆喰若クハ金属板葺ニ限ル
第十三条　便所ハ「ウヲータークロセクト」及移動糞溜若クハ次条ニ規定セル下水溜ト同様ノ構造又ハ缸ノ掘込ト為スヘシ但シ掘込便所ニアリテハ其位置井ト二十尺以上ノ距離ヲ保タシムヘシ移動糞溜ヲ置ケル底面ハ不透水質物ヲ以テ造ルヘシ
第十四条　市街公設下水ナキ所ハ家屋ノ面積ノ二坪ニ対シ十二立方尺ノ比例ヲ以テ下水溜ヲ設クヘシ下水溜ハ煉瓦造若クハ石造トシ周壁厚サ煉瓦一枚巾（八寸六分）以上、底ハ煉瓦二段巾（四寸五分）以上、内部厚八分以上「セメント」塗若クハ缸ノ掘込トシ密閉セル蓋ヲ備ヘ井ト二十尺以上ノ距離ヲ保タシムヘシ
第十五条　廃水ハ不透水質若クハ暗渠ヲ以テ公設下水若クハ下水溜ニ導クヘシ
第十六条　建築地所ニハ井ト二十尺以上ノ距離ヲ有スル場所ニ蓋アル塵溜ヲ設置スヘシ
第十七条　煖房庖厨釜等及其ノ煙道ハ家屋ノ木質部ト二尺以上ノ隔壁ヲ置キ又煙道ノ木質部ヲ通過シ之ヲ接触スル部ハ石煉瓦「セメント」若クハ「アスベスタル」ニテ包ムヘシ煉瓦石「セメント」ノ厚サハ煉瓦一枚巾以上トナスヘシ

三　永久建築家屋

第十八条　永久建築家屋ハ煉瓦造石造若クハ鉄骨耐火構造ニ限ルヘシ其ノ軒高（地盤面ヨリ軒蛇腹上端）迄ハ一二等ニアリテハ三十尺以上三等街路ニアリテハ十五尺以上タルヲ要ス
第十九条　建築面積ハ地域面積ノ十分ノ三以上ト為シ地域外ニ建築スルコトヲ許サス中庭ノ最短辺ハ周囲最低壁軒高ノ二分ノ一以上タルヘシ
第二十条　一二等街路（居住地区を除く）ニ面スル家屋ハ前庭ヲ作ルコトヲ許サス三等街路ニ於テ前庭ヲ有スルモノハ高サ六尺以上ノ石造煉瓦造若シクハ金属製ノ囲柵ヲ設クヘシ
第二十一条　周囲壁厚サノ最小限ハ左ノ表ノ如シ

高	層	長四十五尺迄	層	長四十五尺迄
六十尺迄	1	二枚半以上	1	二枚半以上
	2	二枚以上	2	二枚以上
	3	一枚半以上	3	二枚以上
			4	一枚以上
四十尺迄	1	二枚半以上	1	二枚以上
	2	一枚半以上	2	一枚半以上
			3	一枚半以上
二十尺迄	1	一枚半以上		

壁長四十五尺以上ノモノ及倉庫工場公共建築物ハ上表各層厚サニ更ニ煉瓦半枚巾ヲ増スヘシ
第二十二条　中間壁ノ厚サハ周囲壁厚サノ三分ノ二以上タルヘシ但シ煉瓦一枚巾以下ヲ許サス
木造中間壁ハ前項ノ限ニ非ス
第二十三条　二家屋以上ノ共有スル隔壁ハ第二十一条ニ規定スル壁厚以上トシ屋蓋上二尺以上凸出セシメ防火扉ヲ附スルニアラサレハ戸口等ノ通孔ヲ造ルコトヲ禁ス
第二十四条　第十二条乃至第十七条ニ規定スル事項ハ永久建築家屋ニモ之ヲ適用ス

四　雑則

第二十五条　交戦若クハ条約上ノ結ニ基因スル損害ハ家屋建築者之ヲ負フモノトス
第二十六条　学校病院寺院劇場寄席湯屋畜舎屠獣場市場等衆人集会シ特ニ構造ノ堅固ヲ要シ公衆衛生及公安ニ関係アル建築物ハ別ニ定ムル取締規則ニ従フヘシ
第二十七条　従来ノ家屋ニシテ本規則ニ矛盾スルモノハ軍政署ノ撰定期内ニ於テ改修又ハ増設ヲ行フヘシ

（［出典］『関東洲民政署法規提要』一九〇六年、一七九〜一八三頁）

資料5　大連市建築規則など

（一）大連市建築規則（抜粋）（関東庁令第十七号、一九一九年六月九日公布）

第一章　総則
第一条　本令ハ大連市並其ノ隣接地域内ニ於ケル建物ニ関シ準拠スヘキ一般ノ事項ヲ規定ス
第二条　建物ハ総テ市街ノ美観、衛生、公安及構造上ノ要件ヲ具備シ且建築ヲナスヘキ地区ニ適応スルモノタルヘシ
第三条　本令中用語ノ意義左ノ如シ
一〜四　（略）

五　主任技術者　建築技術ニ関シ関東長官ノ検定ヲ経タル者ヲ謂フ
六〜十五　（略）
十六　耐火材料　石材（人造石ヲ含ム）、煉瓦、陶磁瓦、「コンクリート」（鉄筋「コンクリート」ヲ含ム）、金属瓦、石盤、石綿等ヲ謂フ但シ屋根覆葺用ニ供スル鉱力板ノ類ハ耐火材料ト看做サス
十七　耐火構造　耐火材料ヲ以テ主要部分ヲ構成シ若ハ適当ナル厚サノ耐火材料ヲ以テ主要部分ヲ被覆シタルモノヲ謂フ
十八　公定建築線　家屋ノ街路ニ対スル制限線ヲ謂フ
十九　（略）
二十　家屋ノ高サ　家屋前面ノ中央ニ於テ路面上ヨリ
イ　軒蛇腹附ノ場合　軒蛇腹ノ上端迄
ロ　扶欄若ハ扶壁附ノ場合　扶欄若ハ扶壁ノ上端迄
ハ　切妻壁ノ場合　切妻中央迄
ニ　出軒ノ場合　軒桁上端迄
二十一〜二十二　（略）
二十三　建坪　第一階ニ於ケル外壁ノ外面又ハ界壁中心線ノ内ニ包含セラルル水平断面ノ坪数ヲ謂フ但シ木造又ハ薄被鉄骨造ノ家屋ニ在リテハ外壁中主要ナル柱ノ中心線ヨリ測算ス
第四条　関東長官ハ市街ノ美観、衛生、公安、構造ノ安全又ハ建築ヲナスヘキ地区ノ体裁上必要ト認ムルトキハ特殊ノ構造設備ヲ命スルコトアルヘシ
第五条　関東長官ハ建物左ノ各号ニ該当スル場合ニ於テハ其ノ除却、改築、修繕、使用ノ禁止、停止又ハ制限ヲ命スルコトアルヘシ
一　保安上危険ト認ムルトキ
二　衛生上有害ト認ムルトキ
三　本令又ハ本令ニ基キテ発スル命令ニ違反シテ建物ヲ建築シタルトキ
前項ノ場合ニ於テ必要アリト認ムルトキハ相当損害ノ補償ヲ為スコトアルヘシ
第六条〜第七条　（略）
第八条　家屋ノ採光、換気、防火、防水、防鼠、避難具ノ他除害ニ関スル構造、設備ハ常ニ有効ニ之ヲ保持スヘシ
第九条　（略）

第二章　構造設備

第一節　通則

第十条　建物ハ煉瓦造、石造、「コンクリート」其ノ他耐火壁構造トス但シ仮設物並埠頭及鉄道線路用地内ニ於ケル建物ノ他特別ノ事由アルトキハ木造又ハ金属造ヲ許可スルコトアルヘシ
屋根ハ耐火材料ヲ以テ覆葺スヘキ但シ仮設物ハ此ノ限ニ在ラス
第十一条〜第十四条　（略）
第十五条　四階以上ノ家屋ニシテ公衆ノ用ニ供シ又ハ多数家族ノ居住ニ供スルモノハ各階ノ床及各階ニツキ一箇所以上ノ階数ヲ耐火構造トナスヘシ
第十六条　学校、病院、会堂、劇場、寄席其ノ他多数人員ヲ収容スル家屋ノ階段室設備ハ左ノ各号ニ拠ルヘシ
一　階段室ノ周壁ハ厚サ七寸五分以上ノ耐火壁トスルコト
二　階段室ノ牀踊リ場及階子ハ耐火材料ヲ以テ築造スルコト
三　階段室ノ天井ハ「コンクリート」若ハ漆喰天井トスルコト
四　階段ノ数ハ収容人員二百人以上ノ場合ニ在リテハ二箇所以上トスルコト
五　階段ノ幅ハ二百人以下ノ使用ニ供スルモノハ三尺五寸以上トシ二百人以上ハ五十人以内ヲ増ス毎ニ五寸宛ヲ増加スルコト
六〜九　（略）（但書略）
第十七条　高サ七十尺以上ノ建物ニハ適当ナル避雷針ヲ装置スヘシ
第十八条　家屋外壁厚サノ最小限ハ左表ニ依ルヘシ但シ鉄筋「コンクリート」造ニ在リテハ許可ノ際之ヲ査定ス　（表略）（後略）
第十九条　店舗又ハ住家ニシテ一棟ノ長サ百二十尺以上ノ建物ニ在リテハ長サ百二十尺以内毎ニ防火壁ヲ築造スヘシ但シ長屋建物ニ在リテハ二戸毎ニ之ヲ設クヘシ
前項ノ防火壁ハ適当ナル厚サヲ有シ屋蓋上二尺以上突出セシメ防火扉ヲ附スルニ非サレハ通孔ヲ設クルコトヲ得ス
第二十条〜第二十一条　（略）
第二十二条　各階居室ハ左ノ各号ニ依ルヘシ
一　室内面積　一坪半以上ト為スコト
二　天井高　床上八尺以上ト為スコト但シ屋階ニ在リテハ室内面積ノ二分ノ一以上ヲ床上八尺以上ト為スコト
三　採光面積　居室ニハ窓ヲ設ケ窓ノ面積ハ室内面積ノ十二分ノ一以上トシ其ノ二分ノ一以上ヲ開閉シ得ヘキ装置ト為スコト但シ天窓ヨリ採光スル場合ニハ面積ヲ三十六分ノ一以上ト為スコト
第二十三条〜第二十四条　（略）
第二十五条　公共下水ノ設ナキ地域ニ於テハ下水溜ヲ設クヘシ下水溜ハ煉瓦ヲ以テ厚サ七寸以上ニ築造シ内外全部ニ防水「モルター」ヲ塗著スルカ又ハ厚サ三寸以上ノ不滲透質材料ヲ以テ築造シ適当ノ覆蓋ヲ設クヘシ
第二十六条　下水溝ハ暗渠トシ防水材料ヲ以テ之ヲ構造シ適当ノ勾配ヲ附シ流シ元ヨリ下水溝ニ通ス

ル場所ニ鉄製格子蓋又ハ金網ヲ装置スヘシ

第二十七条　厠圊ノ位置、構造設備ハ左ノ各号ニ依ルヘシ

一　厨房及井戸ト成ルヘク隔離シタル場所ニ設クルコト

二〜四　（略）

五　鼠族ノ交通棲息ヲ防止シ得ル構造設備タルコト

六〜十一　（略）

十二　臭気抜ヲ設クルコト

完全ナル用水便所ニハ第一号第五号乃至第十一号ヲ適用セス

第二十八条〜第二十九条　（略）

第三十条　飲用ニ供スル井戸ハ便所又ハ汚水溜ヨリ相当ノ距離ヲ存セシメ井戸側地上露出部分ハ不滲透質材料ヲ以テ地盤ヨリ二尺以上ノ高サニ築造シ其ノ周囲六尺以内ハ地上水ノ滲透ヲ防ク構造ト為シ且適当ノ蓋ヲ設備スヘシ

第三十一条〜第三十四条　（略）

第二節　街路ニ面スル建物

第三十五条　建物ハ街路彊界線ヨリ一尺五寸ヲ距テタル線外ニ突出スルコトヲ得ス

街路ニ面シ前庭ヲ設ケサル家屋ハ前項ノ線ニ接シ建築スヘシ街路ニ面シ前庭ヲ設クルトキハ第一項ノ線ニ接シ檣壁ヲ設クヘシ

第三十六条　家屋ノ高サノ最高限度ハ前面街路幅員ノ二倍トス但シ片側街ニ於ケル家屋ノ高サハ五等街路以下ノ場合ト雖五十尺迄許可スルコトアルヘシ

幅員不同ナル二条ノ街路ノ隅角ニ建築スル家屋ノ高サハ広キ街路幅員ニ依ル

第三十七条　家屋ノ高サノ最低限度ハ十二尺トス

第三十八条　家屋ノ高サハ三十尺ヲ超過セシムヘカラス

第三十九条〜第四十六条　（略）

第三節　各地区ニ於ケル建物

第四十七条　家屋ノ建坪ト敷地面積トノ割合ハ左ノ制限ニ依ルヘシ

商業地区　十分ノ四以上十分ノ七以内
住宅地区　十分ノ二以上十分ノ六以内
混合地区　十分ノ三以上十分ノ八以内

第四十八条　商業地区ニ於テハ四等以上ノ街路ニ面スル地区ノ公定建築線ハ街路彊界線ト一尺五寸ヲ距テタル線トス（後略）

第四十九条　商業地区以外ノ地区ニ於ケル公定建築線ハ必要ニヨリ之ヲ指定スルコトアルヘシ

第五十条　工場地区以外ノ各地区ニ在リテハ四等以上ノ街路ニ面スル家屋ハ総テ二階建以上ト為スヘシ

第五十一条　商業地区ニ於テ街路ニ面シ隣地トノ間ニ空地ヲ存スルトキハ高サ六尺以上ノ牆壁ヲ設クルコトヲ要ス

第五十二条　商業地区ニ於ケル表屋ノ高サハ左ノ制限ニ依ルヘシ

大広場ニ面スルモノ　六十尺以上
東広場ニ面スルモノ　四十八尺以上
西広場、南広場、敷島広場、敷島遊歩道、一等街路、二等街路ニ面スルモノ　三十六尺以上
三等、四等街路及五等街路ノ幅四間以上ノモノ　二十五尺以上
五等街路中幅四間以下ノモノ　二十尺以上
六等街路ニ面スルモノ　十二尺以上

第五十三条〜第五十四条　（略）

第五十五条　建築物ニシテ住居ノ安寧ヲ害スル虞アル用途ニ供スルモノハ住宅地区ニ之ヲ建築スルコトヲ得ス

第五十六条〜第五十九条　（略）

第三章　申請手続並施行監督

第六十条　建物ヲ建築セントスル者ハ許可ヲ受クヘシ設計ノ変更ヲ為サムトスルトキ亦同シ

第六十一条　前条ノ許可ヲ受ケムトスル者ハ左記ノ事項ヲ具備シタル申請書二通ヲ提出スヘシ

一　申請者ノ氏名、住所及職業
二　建物ノ敷地町名番地、敷地坪数、建物ノ名称、種類、使用ノ目的、構造、建坪
三　工事ノ著手及竣成ノ時期
四　敷地ノ所有者ノ氏名
五　工事予算

前項ノ申請書ニハ各通毎ニ左ノ図面及書類ヲ添付スヘシ

一　敷地測量図及建物配置図　縮尺六百分ノ一乃至二百分ノ一
二　各階ノ平面図　縮尺百分ノ一乃至五十分ノ一
三　主要ナル立面図　縮尺百分ノ一
四　主要ナル断面図　縮尺百分ノ一
五　主要ナル部分ノ矩形図　縮尺二十分ノ一
六　工事仕様書
七　（略）

第六十二条　（略）

（但書略）

第六十三条　主任技術者ハ工事ノ設計並施行上技術ニ関スル一切ノ責ニ任スヘシ

図面仕様書及構造強度計算書ニハ主任技術者之ニ署名スヘキ主任技術者自ラ工事ヲ監督スルコト能ハサルトキハ工事監督者ヲ定メ届出ツヘシ

第六十四条　申請者ハ工事著手三日以前ニ起工月日ヲ届出ツヘシ

第六十五条　期間内ニ著手又ハ竣成シ難キトキハ期限前ニ事由ヲ具シ延期ノ出願ヲ為スヘシ

第六十六条　建築人許可ヲ受ケタル後一箇年以内ニ工事ニ著手セサルカ又ハ一箇年以上工事ヲ中止シタルトキハ関東長官ハ其ノ許可ヲ取消シ又ハ期間ヲ定メ未完工事ノ完成ヲ命スルコトアルヘシ

第六十七条　許可ヲ受ケタル建築工事関係書類ハ常ニ建築現場ニ備ヘ置クヘシ

建築工事中関東長官ハ随時吏員ヲ派遣シテ工事ヲ検査セシメ許可ヲ受ケタル図面仕様書ト相違シ若ハ本命ノ主旨ニ違反シタルモノト認メタルトキハ工事ノ改修、撤去又ハ中止ヲ命スルコトアルヘシ

第六十八条　工事監督者ニシテ不適任ト認ムルトキハ関東長官ハ其ノ改任ヲ命スルコトアルヘシ

第六十九条　工事竣成シタルトキハ直ニ届出テ検査ヲ受クヘシ

第七十条　本令ニ依ル願、届ハ大連民政署長ヲ経由スヘシ

第四章　罰則

第七十一条　本令又ハ本令ニ基キテ為シタル処分ニ依リ許可ヲ受クヘキ場合ニ許可ヲ受ケスシテ工事ヲ施行シタル者又ハ第五条ノ命令ニ違反シタル者ハ二百円以下ノ罰金ニ処ス

第七十二条　本令ニ基キテ為シタル処分若ハ命令ニ違反シ又ハ故ナク検査ヲ拒ミ或ハ之ヲ妨ケタル者ハ百円以下ノ罰金又ハ科料ニ処ス

第七十三条　（略）

附則

第七十四条　本令ハ公布ノ日ヨリ之ヲ施行ス但シ第六十三条ハ大正八年七月一日ヨリ之ヲ施行ス

第七十五条　大連市家屋建築取締仮規則ハ之ヲ廃止ス

第七十六条　本令施行ノ際現在スル建物ノ内大連市家屋建築取締仮規則ニ基キ許可ヲ得テ建築シタル仮建築家屋並同仮規則ニ拠ラスシテ建築シタル建物ハ必要ト認メタルトキハ期間ヲ定メ改築又ハ取払ヲ命スルコトアルヘシ

第七十七条　（略）

〔出典〕『官報』第二〇六三号、一九一九年六月二〇日、四八〇～四八五頁）

(二)　大連市建築規則ニ依ル主任技術者検定規則
（関東庁令第十八号、一九一九年六月九日公布）

第一条　左ノ資格ノ一ヲ有スル者ハ検定委員ノ詮衡ヲ経テ無試験ニテ第一級主任技術者タルコトヲ得

一　帝国大学工学部建築学科ヲ卒業シタル者

二　高等程度ノ工業学校建築科ヲ卒業シ二年以上実務ニ従事シタル者

三　建築ニ関シ前号同等以上ノ学識経験アリト認ムル者

第二条　左ノ資格ノ一ヲ有スル者ハ検定委員ノ詮衡ヲ経テ無試験ニテ第二級主任技術者タルコトヲ得

一　高等程度ノ工業学校建築科ヲ卒業シタル者

二　中等程度ノ工業学校建築科ヲ卒業シ三年以上実務ニ従事シタル者

第三条　三年以上建築技術ノ実務ニ従事シ且検定試験ニ合格シタル者ハ第二級主任技術者タルコトヲ得

前項ノ検定試験ハ中等程度ノ工業学校卒業程度ニ依ル

第四条　試験検定ハ毎年一回之ヲ行ヒ其ノ期日及場所ハ予メ関東庁庁報ニ之ヲ公告ス但シ関東長官ニ於テ必要ト認ムルトキハ臨時ニ之ヲ行フ

詮衡検定ハ随時之ヲ行ナフ

第五条　左ノ各号ノ一ニ該当スル者ハ主任技術者タルコトヲ得ス

一　禁固以上ノ刑ニ処セラレタル者

二　破産若ハ家資分散ノ宣告ヲ受ケ復権セス又ハ身代限ノ処分ヲ受ケ債務ノ弁償ヲ終ヘサル者

第六条～第七条　（略）

第八条　学校、病院、劇場、会堂、相当規模ノ工場其ノ他公共的建物ハ第一級主任技術者ニ非サレハ其ノ工事ヲ担任スルコトヲ得ス

第九条　主任技術者ハ大連又ハ其ノ附近ニ住所若ハ事務所ヲ有スルニ非サレハ其ノ業務ニ従事スルコトヲ得ス

第十条　主任技術者ハ建築人ニ対シ別表標準以外ノ報酬ヲ要求スルコトヲ得ス（別表略）

第十一条　主任技術者建築人ニ対シ不当ノ報酬ヲ要求シ若ハ大連市建築規則ニ違反シ又ハ第五条各号ノ一ニ該当スルトキハ其ノ検定ヲ取消スコトアルヘシ

附則

本令ハ公布ノ日ヨリ之ヲ施行ス

（『官報』二〇六三号、一九一九年六月二〇日、四八五頁）

資料6　一九一九年実施の満鉄建築規程など

(一)　一九一九年実施の満鉄建築規程（抜粋）（南満洲鉄道株式会社社則第十八号、一九一九年三月二九日制定）

第一条　本規程ハ市街地ニ於ケル建物ノ建築ニ之ヲ適用ス

第二条　建物ノ新築、増築、改築及移転ヲ為サントスル者ハ建築承諾申込書「別紙様式」正副二通ヲ会社ニ提出シ承諾ヲ受クルモノトス

前項申込書ニハ左ノ書類及図面ヲ添付スルモノトス

一　仕様書ノ梗概

二　建物配置図　縮尺六百分ノ一
三　各階層ノ平面図　縮尺百分ノ一
四　主要ナル立面図　縮尺百分ノ一
五　主要ナル断面図　縮尺百分ノ一
六　其ノ他会社ニ於テ必要ト認ムル図面

前項ノ縮尺度ハ建物ノ規模ニ依リ之ヲ伸縮スルコトヲ得

本条ノ規定ハ建物ノ大修繕ヲ為ス場合ニ之ヲ準用ス

第三条　前条ノ承諾ヲ受ケタル後設計ニ著シキ変更ヲ為サントスルトキハ更ニ承諾ヲ受ケルモノトス

第四条　建築施工ノ承諾ヲ受ケタル者工事ニ著手セントスルトキ其ノ旨会社ニ届出ツルモノトス

第五条　会社ハ工事中工事ヲ検査スルコトアルヘシ

前項検査ノ結果其ノ工事ニシテ会社ノ承諾ヲ受ケタル仕様書又ハ図面ト相違アリト認メタルトキハ会社ハ其ノ工事ヲ変更若ハ中止セシムルコトアルヘシ

第六条　工事竣功シタルトキハ会社ニ届出テ検査ヲ受クルモノトス

前条第二項ノ規定ハ前項検査ノ場合ニ之ヲ準用ス

第七条　建物敷地面積ニ対スル建坪ノ割合ハ左ノ制限ニ依ルモノトス

一　商業地域ニ在リテハ　十分ノ六以上十分ノ八以下
二　住宅地域ニ在リテハ　十分ノ三以上十分ノ七以下

但シ二階以上ノ建物ニ在リテハ二階以上ニ属スル各階総坪数ノ三分ノ一ヲ建坪ニ加ヘ計算スルモノトス

前項ノ各地域ハ本社ノ承諾ヲ得テ地方事務所長之ヲ定ム

第八条　建物ノ建坪ハ一階ノ壁真ヲ以テ測リ塀、柵、門及仮建築ノ附属建物ハ算入セサルモノトス

第九条　商業地域ニ於ケル道路ト建物トノ間隔ハ一尺五寸トス

前項ノ空地ハ土地借受人ニ於テ道路工事ニ準シ相当施工スルモノトス

第十条　住宅地域ニ於ケル道路ト建物トノ間隔ハ左ノ通トス

一　道幅三間以上ノ道路ニ面スルモノ　一間半以上

但シ会社ノ承諾ヲ得タル場合ハ一尺五寸迄短縮スルコトヲ得

二　道幅三間未満ノ道路ニ面スルモノ　一尺五寸以上

第十一条　道路ト建物トノ間隔一間以上ノモノハ之ヲ前庭トシ道路ニ沿ヒ生垣、柵若ハ塀ヲ設クルモノトス

第十二条　出窓、庇、縁側、蛇腹、樋、側石、煙道、看板、電燈、瓦斯燈ノ類ハ左ノ限度迄建築線ヨリ突出セシムルコトヲ得

一　路面上ノ高九尺未満ニ在ルモノ　一尺
二　路面上ノ高九尺以上ニ在ルモノ　宅地彊界線迄

但シ看板ニ限リ三尺迄突出セシムルコトヲ得

第十三条　道路ニ面スル建物ノ出入口窓ノ扉ニシテ其ノ下端カ路面上九尺以上ノ高ニ在ルモノ又ハ扉ノ外側尖端カ建築線ヲ超ユルコト一尺未満ノモノニ限リ外開ト為スコトヲ得

第十四条　隣接地ニ於ケル建物トノ間隔ハ彊界線ヨリ一尺五寸以上ノ距離ヲ存シ建築スルモノトス但シ会社ノ承諾ヲ得タル場合ハ此限ニ在ラス

第十五条　（略）

第十六条　建物ノ地盤ハ特別ノ場合ヲ除ク外其ノ面スル道路面ヨリ三寸以上ノ高ト為スモノトス

第十七条　建物ノ周壁ハ特別ノ場合ヲ除ク外煉瓦造、石造、鉄筋「コンクリート」造又ハ之ニ準スヘキ耐火的構造ト為スモノトス但シ道幅三間以内ノ道路ニ面シ建築スル建物ハ会社ノ承諾ヲ得テ木造ト為スコトヲ得此ノ場合ニ於テハ厚五分以上ノ漆喰壁ト為スモノトス（後略）

第十八条　便所、廐舎其ノ他之ニ類スル建物ハ道幅三間以上ノ道路ニ面シテ建築セサルモノトス但シ用水式便所又ハ特別ノ構造ニシテ牆壁ノ類ヲ以テ囲ムモノニ在リテハ此ノ限ニ在ラス

第十九条　道路ニ面スル建物ノ高ハ軒下十二尺以上トス但シ前面道路幅ノ一倍半ヲ超過スルコトヲ得サルモノトス（後略）

第二十条　建物ノ高ハ左ノ制限ヲ超過スルコトヲ得サルモノトス但シ特別構造ノモノハ此ノ限ニ在ラス

一　煉瓦造建物及石造建物　五十尺以内
二　木骨煉瓦造建物　三十六尺以内
三　土蔵造建物　三十尺以内
四　木造建物　二十五尺以内
五　乱積石造建物　十五尺以内
六　土磚台積ヲ有スル煉瓦造又ハ石造建物　十二尺以内

第二十一条　煉瓦造、石造及之ニ類スル建物壁厚ノ最小限度ハ左表ニ依ルモノトス但シ特別構造ノモノハ此ノ限ニ在ラス（以下略）

第二十二条　（略）

第二十三条　竈、煖炉等常ニ火気ヲ用フル部分ハ建物ノ木造部ト一尺以上ノ間隔ヲ存セシムルモノトス但シ適当ナル防火装置ヲ施ストキハ其ノ間隔ヲ短縮スルコトヲ得

第二十四条　煉瓦造ノ煙道ハ素焼土管ヲ挿入スルモノトス

第二十五条　木質部ヲ貫通スル金属製ノ煙道ハ其ノ貫通部分ヲ五寸以上ノ厚ニ煉瓦、石、「コンクリート」又ハ石綿等ノ耐火材料ヲ以テ囲繞スルモ

ノトス

第二十六条　煙突ノ屋上突出ハ其ノ最短部ニ於テ高三尺以上ト為スモノトス

孤立煙突ハ百尺以内ノ地域ニ在ル建物ノ棟ヨリ五尺以上ノ高ト為スモノトス

第二十七条　屋根ハ総テ不燃質物ヲ以テ葺クモノトス

第二十八条　屋窓、化粧塔等総テ屋上ノ突出物ハ不燃質物ヲ以テ之ヲ被覆スルモノトス但シ窓枠、障子、物干ノ類ハ此ノ限ニ在ラス

第二十九条　建物一棟ノ長十間以上ノモノニ在リテハ十間以内毎ニ防火壁ヲ設クルモノトス但シ特殊ノ事由ニ依リ会社ノ承諾ヲ得タルモノハ此ノ限ニ在ラス

第三十条　防火壁ハ煉瓦、石、又ハ「コンクリート」等ヲ以テ築造シ屋根ノ傾斜面ニ直角ニ一尺ニ寸以上突出セシメ其ノ壁厚ハ第二十一条規定ノ壁厚以上ト為スモノトス

防火壁ヨリ四尺以内ニ屋窓、天窓ノ類アル場合ハ防火壁ハ其ノ形状ニ従ヒ一尺以上ノ高ト為スモノトス

第三十一条　一戸内ノ防火壁ニハ左ノ規定ニ依リ之ニ開孔ヲ設クルコトヲ得

一　開孔幅ノ緩和カ防火壁長ノ三分ノ一ヲ超過セサルコト

二　各開孔ニハ適当ナル防火扉ヲ設備スルコト

三　各開孔ノ幅ハ六尺以内高ハ九尺以内ト為スコト

第三十二条　三階以上ノ各階ニハ適当ナル避難通路又ハ避難装置ヲ設クルモノトス

第三十三条　畳敷ト為ス室ノ木造床ノ高ハ地盤ヨリ二尺以上トシ床ニハ掃除用出入口ヲ設ケ且床下周壁ニハ通風孔ヲ設クルモノトス

第三十四条　厨房、下水溜又厠圊ノ構造及設備ハ大正八年二月関東都督府令第七号ニ依ルモノトス

（後略）

第三十五条　井戸ト便所又ハ下水溜トノ間隔ハ三間以上トシ井戸側ノ地上ニ現ハルル部分ハ地盤ヨリ二尺以上ノ高トシ其ノ周囲六尺以内ハ地上水ノ浸透ヲ防ク為適当ノ設備ヲ為スモノトス

第三十六条　本規程ニ定メサル事項ト雖地方事務所長ニ於テ外観上又ハ衛生、防火其ノ他危険予防上必要ヲ認メ設計変更又ハ改築、修繕等ノ要求ヲ為シタルトキハ建物所有者ハ直ニ之ヲ施行スルモノトス

附則

第三十七条〜第三十八条　（略）

（〔出典〕『南満洲鉄道株式会社社報』第三六一三号、一九一九年三月三〇日、三〜六頁）

（二）一九一九年実施の満鉄建築規程の適用地を通知した社告（南満洲鉄道株式会社社告第百二十七号、一九一九年三月二九日通知）

社告第百二十七号

大正八年三月社則第十八号会社建築規程ヲ大正八年四月一日ヨリ左記附属地ニ施行ス

大連、旅順、瓦房店、大石橋、鞍山、遼陽、奉天、鉄嶺、開原、四平街、公主嶺、長春、安東、本渓湖、撫順

大正八年三月二十九日

理事長　工学博士國澤新兵衛

（〔出典〕『南満洲鉄道株式会社社報』第三六一三号、一九一九年三月三〇日、六頁）

（三）一九二三年実施の安東鉄道附属地建築規程（南満洲鉄道株式会社社則第十七号、一九二三年一〇月一日制定）

安東新市街建築特別規程

第一条 本規程ハ安東新市街地ニ於ケル建物ノ建築ニ之ヲ適用ス

第二条　建物ノ外壁ハ煉瓦造、石造、人造石造、鉄筋「コンクリート」造又ハ之ニ準スヘキ耐火的構造又ハ木造トス

耐火的構造ヲ要スヘキ地域ハ本社ノ承諾ヲ得テ安東地方事務所長之ヲ定ム

第三条　商業地域ニ於ケル道路ト建物トノ間隔ハ下水溝ノ縁ヨリ三尺（二間道路ニ在リテハ一尺）トス

住宅及工場地域ニ於ケル道路ト建物トノ間隔ハ三尺以上（二間道路ニ在リテハ一尺以上）トス

商業、住宅及工業ノ各地域ハ本社ノ承認ヲ得テ安東地方地方事務所長之ヲ定ム

第四条　本規程ニ定ムルモノヲ除ク外ハ大正八年三月社則第十八号建築規程ヲ適用ス

附則

建築規程第二条ニ依リ建築承認申込書ヲ提出スル場合ニ於テ借地権者ト建築申込者ト同一ナラサルトキハ其ノ借地権者ノ連署ヲ要スルモノトス

（〔出典〕『南満洲鉄道株式会社社報』号外、一九二三年一〇月一日、九〜一〇頁掲載）

資料7　一九二五年実施の満鉄建築規程など

（一）一九二五年実施の満鉄建築規程〔抜粋〕（南満洲鉄道株式会社社則第十四号、一九二五年七月一八日制定）

社則第十四号

大正八年三月社則第十八号南満洲鉄道株式会社建築規程左ノ通改正シ大正十四年八月一日ヨリ之ヲ実施ス

大正十四年七月十七日　　社長　安廣伴一郎

南満洲鉄道株式会社附属地建築規則

第一章　総則

第一条　会社ハ市街地ニ左ノ地域ノ全部又ハ一部ヲ指定ス

一　住宅地域
二　商業地域
三　糧桟地域
四　工場地域

第二条　建築物ハ総テ衛生、防火其ノ他危険予防上ノ要件ヲ具備シ且市街ノ体裁ヲ害セサルモノタルコトヲ要ス

第三条　会社ハ本規則又ハ本規則ニ基キ発スル会社ノ指示ニ違反シテ建築シタル建築物ノ除去、改築、修繕、使用禁止、使用停止等必要ナル措置ヲ要求スルコトアルヘシ

第四条　（略）

第二章　地域ト建築物トノ関係

第五条　建築物敷地面積ト建築物トノ割合ハ左ノ制限ニ依ル但シ住宅地域ニ於ケル二階建以上ニ属スル各階総面積ノ二分ノ一ヲ建築面積ニ加算ス

一　住宅地域　十分ノ三以上十分ノ七以内
二　商業地域　十分ノ四以上十分ノ八以内
三　糧桟地域工業地域　十分ノ七以内

建築面積トハ建築物ノ外壁ノ外法ヲ以テ測リタル面積ヲ謂フ

第六条　建築物ニシテ住居ノ安寧ヲ害スル虞アル用途ニ供スルモノハ住宅地域ニ之ヲ建築スルコトヲ得ス

第七条　建築物ニシテ商業ノ利便ヲ害スル虞アル用途ニ供スルモノハ商業地域内ニ之ヲ建築スルコトヲ得ス

第八条　工場、倉庫其ノ他之ニ準スヘキ建築物ニシテ規模大ナルモノ又ハ衛生上有害若ハ火災其ノ他危険ノ虞アル用途ニ供スルモノハ工場地域内ニ非サレハ之ヲ建築スルコトヲ得ス

第三章　道路ト建築物トノ関係

第九条　建築物ハ道路境界線ヨリ四十五糎ヲ距テタル線外ニ突出シテ之ヲ建築スルコトヲ得ス但シ出窓、庇、縁側、蛇腹、樋、側石、煙突、看板、日除、軒燈ノ類ハ左ノ限度迄之ヲ突出セシムルコトヲ得

一　路面上ノ高三米未満ニ在ルモノ　三十糎
二　路面上ノ高三米以上ニ在ルモノ　道路境界線迄

前項第二項ノ場合ニ於テハ看板及取外シ自在ナル日除ノ類ニ限リ一米迄之ヲ突出セシムルコトヲ得

第十条　会社ハ必要アルト認ムルトキハ住宅地域ニ於テ道路ニ沿フ建築物ト道路境界線トノ間隔ヲ指定スルコトアルヘシ

第十一条　商業地域ニ於テ道路ニ沿フ建築物ハ道路境界線ヨリ四十五糎ノ間隔ヲ存シテ之ヲ建築シ道路ニ沿フ部分ニ於テ隣接地境界線トノ間ニ四十五糎ヲ超ユル間隔ヲ存スヘカラス

第十二条　道路ニ沿フ建築物ノ敷地ハ道路ヨリ十糎高クスヘシ

道路ニ高低アルトキ、高ヲ異ニスルニ以上ノ道路ニ沿フトキ其ノ他特別ノ事情アルトキハ前項敷地ノ高ハ会社之ヲ指定ス

第十三条　道路ニ沿フ建築物ノ軒高ハ三米五十糎以上タルヘシ但シ其ノ道路ノ一倍半ヲ超ユルコトヲ得ス

建築物カ二以上ノ道路ニ沿フトキハ前項軒高制限ハ幅員最大ナル道路ニ依ル

重要ナル地域ニ対シテハ会社ハ軒高ニ関シ特別ノ制限ヲ設クルコトアルヘシ（後略）

第四章　構造及設備

第十四条　建築物ノ軒高ハ左ノ制限ヲ超ユルコトヲ得ス

一　煉瓦造又ハ石造　十五米
二　木骨煉瓦造　十一米
三　木造　七米
四　乱石積石造　四米五十糎
五　土磚裏積ヲ有スル煉瓦造又ハ石造　三米五十糎

第十五条　（略）

第十六条　建築物ノ外壁ハ耐火構造ト為スヘシ但シ仮建築物及工場地域ニ於ケル工場及倉庫ニ限リ会社ノ承諾ヲ得テ他ノ構造ト為スコトヲ得

前項ノ耐火構造トハ厚二十糎以上ノ煉瓦造、石造其ノ他之ニ準スヘキ耐火力ヲ有スル構造ヲ謂フ

屋根ハ不燃材料ヲ以テ之ヲ葺クヘシ

第十七条　建築物一棟ノ長三十米以上ノモノニ在リテハ三十米以内毎ニ防火壁ヲ設クヘシ但シ長屋ニ在リテハ二戸毎ニ之ヲ設クヘシ（後略）

第十八条　建築物ニシテ左ノ各号ノ一ニ該当スルトキハ其ノ柱及階段全部並階数二毎ニ床ヲ耐火構造ト為スヘシ

一　三階建ニシ建築面積七百平方米以上ノモノ
二　四階建以上ノモノ

前項ノ耐火構造トハ煉瓦造、石造其ノ他之ニ準スヘキ耐火力ヲ有スル構造ヲ謂フ

第十九条　建築物ニシテ高層ナルモノ又ハ多数ノ人数ヲ収容スルモノニ在リテハ適当ナル避難通路又ハ避難装置ノ設備ヲ為スヘシ

第五章　申請手続及施行監督

第二十条　建築物ヲ新築、増築、改築又ハ移築セムトスル者ハ建築承諾申込書（別紙様式）二通ヲ会社ニ提出シ承諾ヲ受クルヘシ

前項ノ申込書ニハ左ノ書類及図面ヲ貼付スヘシ但シ第五号及第六号ノ図面ハ会社ニ於テ必要ナシト認ムルトキハ之ヲ省略スルコトヲ得

一　仕様書
二　建物配置図　　縮尺五百分ノ一
三　各階層ノ平面図
　　縮尺百分ノ一又ハ二百分ノ一
四　主要ナル立面図
　　縮尺百分ノ一又ハ二百分ノ一
五　主要ナル断面図
　　縮尺五十分ノ一又は百分ノ一
六　主要ナル詳細図　縮尺二十分ノ一
七　其ノ他会社ニ於テ必要ト認ムル図面

建築物ノ主要ナル部分ノ模様替又ハ大修繕ハ之ヲ改築ト見做ス

第二十一条〜第二十二条　（略）

第二十三条　会社ハ工事中工事ヲ検査スルコトアルヘシ

前項検査ノ結果其ノ工事ニシテ会社ノ承諾ヲ受ケタル仕様書又ハ図面ト相違アルト認ムルトキハ会社ハ其ノ工事ヲ変更又ハ中止セシムルコトアルヘシ

第二十四条　工事竣功シタルトキハ会社ニ届出テ検査ヲ受クヘシ

前条二項ノ規定ハ前項検査ノ場合ニ之ヲ準用ス

附則（略）

〔出典〕『南満洲鉄道株式会社社報』第五四九六号、一九二五年七月二一日、一～四頁）

（二）一九二五年実施の満鉄建築規程の適用地を指定した社告（南満洲鉄道株式会社社告第五十二号、一九二五年八月一日通知）

社告第五十二号

大正十四年七月社則第十四号会社建築規則ヲ大正十四年八月一日ヨリ左記附属地ニ施行ス

大正八年三月社告第百二十七号建築規程施行区域決定ノ件ハ之ヲ廃止ス（規程類纂第八編八五六ノ一頁）

　大正十四年八月十五日　　社長　安廣伴一郎

瓦房店、大石橋、営口、鞍山、遼陽、奉天、鉄嶺、開原、四平街、公主嶺、長春、安東、本渓湖

〔出典〕『南満洲鉄道株式会社社報』第五五一八号、一九二五年八月一六日、一頁）

（三）一九二三年実施の安東新市街地建築特別規程の廃止を通知した社則（南満洲鉄道株式会社社則第十六号、一九二五年八月二七日通知）

社則第十六号

大正十二年十月社則第十七号安東新市街建築特別規程ハ之ヲ廃止ス（規程類纂第八編八五六頁）

　大正十四年八月二十七日　　社長　安廣伴一郎

〔出典〕『南満洲鉄道株式会社社報』第五五二八号、一九二五年八月二八日、一頁）

資料8　朝鮮市街地建築取締規則（朝鮮総督府令一一号、一九一三年二月二五日公布）

第一条　市街地ニ於テ住家、工場、倉庫其ノ他各種ノ建物、井戸又ハ公共道路ニ沿ヒタル門戸牆壁等ノ工作物ヲ建設セシムトスル者ハ左ノ各号ノ事項ヲ具シ警察署長（警察分署長及警察署ノ事務ヲ取扱フ憲兵分隊、憲兵分遣所ノ長ヲ含ム以下同シ）ニ願出許可ヲ受クヘシ其ノ増築、改築、大修繕又ハ模様替工事ヲ為サムトスルトキ亦同シ

一　建物又ハ工作物建設者ノ住所氏名
二　敷地ノ所有者建物又ハ工作物ノ建設者ト同一人ニ非サルトキハ其ノ住所氏名
三　敷地ノ面積及位置
四　建物又ハ工作物ノ種類及其ノ構造、設備ノ大要並其ノ平面図
五　工事着手及竣功予定期日
六　前各号ノ外警察署長ニ於テ必要ト認メ特ニ提出ヲ命シタル書類又ハ図面

前項ノ市街地ハ別ニ之ヲ指定ス

第二条　前条ノ工事ニ付警察署長ニ於テ特ニ検査ヲ受クヘキコトヲ指定シタルトキハ其ノ工事竣功後当該吏員ノ検査ヲ受クルニ非サレハ之ヲ使用スルコトヲ得ス

第三条　第一条ノ建物又ハ工作物ノ構造、設備ハ左ノ各号ノ制限ニ従フヘシ

一　建物ノ面積ハ敷地面積ノ十分ノ八ヲ超過スヘカラサルコト
二　建物ノ基礎ハ公共道路トノ境界線ヨリ一尺五寸以上ノ距離ヲ保チ之ヲ築造スヘキコト
三　建物及門牆壁の軒先、螻羽、庇、持送等ヲ公共道路上ニ突出セシメサルコト
四　公共道路ニ沿ハサル敷地ニ建設スル家屋ハ道路ニ通スル為少クモ幅員四尺以上ノ通路ヲ設クヘキコト
五　住家ノ床張ハ其ノ高サヲ地盤ヨリ一尺五寸以上ト為スヘキコト但シ使用上必要ナシト認メタル場合又ハ床板ヲ容易ニ取外シ得ヘキ構造ト為シタル場合ヲ除ク
六　公共道路ニ沿ヒタル建物ノ敷地ハ地先道路面

以上ノ高サト為スヘキコト
七　敷地内ニ適当ノ排水設備ヲ為スヘキコト
八　飲料水用ノ井戸ハ厠下水溜又ハ大下水溝ヨリ三間以上ノ距離ヲ保チ且悪水ノ滲入セサル装置ヲ為シ井戸側ノ高サハ二尺五寸以上ト為スヘキコト
九　厠ハ各住家ニ之ヲ設クヘキコト但シ長屋建家屋ニシテ個数ニ応シ適当ナル共同厠ヲ設クルモノヲ除ク
十　糞尿溜及其ノ附属装置ハ石（人造石ヲ含ム）、煉瓦、陶磁器、瓦、「コンクリート」、「モルタール」、「アスファルト」（其ノ下ニ漆喰ヲ施スコト）石綿盤其ノ他防水材料又ハ木材ヲ以テ汚液ノ滲漏セサル様築造スヘキコト
十一　市街地内ニ於テ石炭、骸灰其ノ他ノ燃料ヲ多量ニ燃用スル火爐、竃、暖爐ノ類ニハ近隣ノ居住者又ハ建物ニ対シ害ヲオヨホサル程度ノ煙突ヲ設クヘキコト
十二　煙突ハ屋上三尺以上突出セシメ煉瓦造煙突ハ煙道ト木部トノ間隔ヲ煉瓦長手一枚以上トシ金属製煙突ニシテ木材其ノ他可燃質物体ト五寸以内ニ接近スルトキハ其ノ部分ヲ石、煉瓦、陶磁器、瓦、厚サ三寸以上ノ「コンクリート」、厚サ二寸以上ノ「モルタール」又ハ石綿盤其ノ他不燃材料（金属ヲ除ク）ヲ以テ構造若ハ被覆スヘキコト
十三　高サ五十尺以上ノ建物又ハ工作物ニハ適当ナル避雷針装置ヲ為スヘキコト
十四　悪臭、有毒瓦斯又ハ粉塵ヲ発散スル物品ノ収蔵若ハ取扱ヲ為ス建物ノ出入口、窓其ノ他ノ空隙ハ公共道路、多衆集合スヘキ建物又ハ他人ノ住家ニ接近シテ之ヲ設クルヲ得サルコト但シ適当ナル除害装置ヲ為ス場合ヲ除ク
十五　多衆集合スヘキ建物ニハ之ニ相当スル非常口、階段其ノ他避難ノ設備ヲ為スヘキコト

家屋ヲ建築スル者ハ成ルヘク其ノ家屋ニ防鼠設備ヲ為スヘシ

第四条　第一条ノ市街地中警察部長（京城ニ在リテハ警務総長以下同シ）ノ指定シタル地域内ニ於ケル建物又ハ工作物ノ構造、設備ニ付テハ前条ニ依ルモノ外仍左ノ各号ノ制限ニ従フヘシ
一　建物ノ屋根ハ前条第十二号ノ不燃質材料（金属板ヲ含ム）ヲ以テ覆葺スヘキコト
二　警察署長ニ於テ付近ノ状況ニ依リ必要ト認メタル建物ニハ其ノ指定ニ従ヒ防火壁ヲ設クヘキコト
三　建物ハ三階ヲ超過スヘカラサルコト
四　木造長屋ハ間口二十間以内毎ニ煉瓦厚サ一枚半以上ニシテ屋上一尺五寸以上突出シタル防火壁ヲ設クルコト
五　建物公共道路ニ沿ヒタル軒先ニハ樋ヲ設ケ雨水ハ竪樋ニ依リ之ヲ排水スルコト
六　厠ハ公共道路ニ沿ヒテ設クルヲ得サルコト但シ障塀ノ類ヲ以テ之ヲ囲ム場合ヲ除ク

第五条　警察署長ハ建物又ハ工作物ニ付特殊ノ構造設備又ハ附近ノ状況其ノ他ノ事由ニ依リ前二条ノ規定ニ依ラサルコトヲ許可スルコトヲ得

第六条　悪臭、有毒瓦斯又ハ多量ノ煤煙若ハ粉塵ヲ発散スル工場其ノ他公安、衛生上危害ヲ及スノ虞アル建物ハ第一条ノ市街地中特ニ指定シタル地域内ニ非サレハ之ヲ建設スルコトヲ得ス

第七条　警察署長ハ建物又ハ工作物ノ構造、設備カ法令ノ規定ニ適合セス又ハ危害豫防若ハ衛生ノ為必要ト認ムルトキハ其ノ工事ヲ停止シ若ハ許可ヲ取消シ又ハ使用ノ停止ヲ命スルコトヲ得
警察署長ハ危害豫防又ハ衛生ノ為必要アリト認ムルトキハ建物工作物ニ関シ特別ノ構造、設備ヲ命シ其他必要ナル命令ヲ為スコトヲ得

第八条　本令ハ仮設ノ建物、工作物ニ之ヲ適用セス但シ警察署長ハ建設後一年以上存置スルモノ又ハ構造方法ニ依リ必要ト認ムルモノニ付本令ノ全部又ハ一部ヲ適用スルコトヲ得

第九条　第一条第二条又ハ第六条ノ規定ニ違反シ、第七条又ハ第八条ノ規定ニ依ル命令ニ違反シタル者又ハ不実ノ申告ヲ為シ本令ニ依ル許可ヲ受ケタル者ハ百円以下ノ罰金又ハ科料ニ処ス

（［出典］『官報』第一七四号、一九一三年三月一日、三〜四頁）

資料9　朝鮮市街地計画令（抜粋）（制令第十八号、一九三四年六月二〇日公布）

制令第十八号
朝鮮市街地計画令
第一章　総則
第一条　本令ニ於テ市街地計画ト称スルハ市街地ノ創設又ハ改良ノ為ニ必要ナル交通、衛生、保安、経済等ニ関スル重要施設ノ計画ニシテ市街地計画区域ニ付施行スベキモノヲ謂フ
第二条　市街地計画区域及市街地計画ハ其ノ区域ニ関係アル府会、邑会又ハ面協議会ノ意見ヲ聞キ朝鮮総督之ヲ決定ス
朝鮮総督前項ノ決定ヲ為シタルトキハ市街地計画区域及市街地計画ノ要領ヲ告示ス
第三条　市街地計画事業ハ朝鮮総督ノ定ムル所ニ依リ行政庁之ヲ執行ス
朝鮮総督特別ノ必要アリト認ムルトキハ其ノ定ムル所ニ依リ行政庁ニ非サル者ヲシテ其ノ出願ニ依リ市街地計画事業ノ一部ヲ執行セシムルコトヲ得

市街地計画事業執行者ハ事業著手前其ノ実施計画ニ付朝鮮総督ノ認可ヲ受クベシ但シ事業執行者行政官庁ナルトキハ朝鮮総督ノ承認ヲ受クベシ

朝鮮総督第二項ノ規定ニ依ル処分ヲ為シタルトキハ其ノ旨ヲ指示ス

第四条　市街地計画事業ノ執行ニ要スル費用ハ行政官庁之ヲ執行スル場合ニ在リテハ国、公共団体ヲ統括スル行政庁之ヲ執行スル場合ニ在リテハ其ノ公共団体、行政庁ニ非ザル者之ヲ執行スル場合ニ在リテハ其ノ者ノ負担トス

第五条〜第十四条　（略）

第二章　地域及地区ノ指定並ニ建築物等ノ制限

第十五条　朝鮮総督ハ市街地計画地域内ニ於テ住居地域、商業地域又ハ工業地域ヲ指定スルコトヲ得

第十六条　建築物ニシテ住居ノ安寧ヲ害スル虞アル用途ニ供スルモノハ居住地域内ニ之ヲ建築スルコトヲ得ス

第十七条　建築物ニシテ商業ノ利便ヲ害スル虞アル用途ニ供スルモノハ商業地域ニ之ヲ建築スルコトヲ得ス

第十八条　工場、倉庫其ノ他之ニ準ズベキ建築物ニシテ規模大ナルモノ又ハ衛生上有害若ハ保安上危険ノ虞アル用途ニ供スルモノハ工業地域内ニ非サレハ之ヲ建築スルコトヲ得ズ

朝鮮総督必要ト認ムルトキハ前項ノ建築物ニシテ著シク衛生上有害又ハ保安上危険ノ虞アル用途ニ供スルモノニ付テハ前項ノ地域内ニ於テ其ノ建築ニ付特別地区ヲ指定スルコトヲ得

第十九条　第三条ニ規定スル建築物ノ種類ハ朝鮮総督之ヲ定ム

第二十条　第四条ノ規定ノ適用ニ付テハ新ニ建築物ノ用途ヲ定メ又ハ建築物ヲ他ノ用途ニ供スルトキハ其ノ用途ニ供スル建築物ヲ建築スルモノト看做ス

第二十一条　朝鮮総督ハ市街地計画区域内ニ於テ風致地区ヲ指定シ其ノ地区内ニ於ケル土地ノ形質ノ変更、工作物ノ新築改築増築大修繕若ハ除却、物件ノ附加増置、竹木土石ノ類ノ採取其ノ他風致維持ニ影響ヲ及ボス虞アル行為ノ禁止又ハ制限ニ関シ必要ナル規定ヲ設クルコトヲ得

第二十二条　朝鮮総督ハ市街地計画区域内ニ於テ美観地区ヲ指定シ其ノ地区内ニ於ケル建築物ノ構造、設備又ハ敷地ニ関シ美観上必要ナル規定ヲ設クルコトヲ得

第二十三条　朝鮮総督ハ市街地計画区域内ニ於テ防火地区ヲ指定シ其ノ地区内ノ防火設備又ハ建築物ノ防火構造ニ関シ火災予防上必要ナル規定ヲ設クルコトヲ得

前項ノ地区内ニ於テハ建物ノ部分ヲ為ス防火壁ハ土地ノ彊界線ニ接シテ之ヲ設クルコトヲ得

第二十四条　朝鮮総督ハ市街地計画区域内ニ於テ風紀地区ヲ指定シ其ノ地区内ニ於ケル建築物又ハ営業ニ関シ風紀上必要ナル規定ヲ設クルコトヲ得

第二十五条　第十五条、第十八条第二項又ハ第二十一条乃至前条ノ規定ニ依ル地域又ハ地区ノ指定、変更又ハ廃止ハ市街地計画ノ施設トシテ之ヲ為スベシ

第二十六条　市街地計画地域ニ於ケル建築物ハ其ノ敷地ガ朝鮮総督ノ定ムル所ニ依リ道路敷地ニ接スルニ非ザレバ之ヲ建築スルコトヲ得ス但シ特別ノ事由アル場合ニ於テ行政官庁ノ許可ヲ受ケタルトキハ此ノ限ニ在ラズ

第二十七条　建築線ハ市街地計画区域内ニ於ケル道路幅ノ境界線トス但シ特別ノ事由アルトキハ行政官庁ハ市街地計画区域内ニ於テ別ニ建築線ヲ指定スルコトヲ得

第二十八条　市街地計画区域内ニ於テ建築物ハ建築線ヨリ突出シテ之ヲ建築スルコトヲ得ス但シ建築物ノ地盤面下ニ在ル部分ハ此ノ限ニ在ラス

第二十九条　行政官庁ハ市街地計画区域内ニ於テ市街ノ計画上必要ト認ムルトキハ建築線ニ面シテ建築スル建築物ノ壁面ノ位置ヲ指定スルコトヲ得

第三十条　朝鮮総督ハ市街地計画区域内ニ於ケル建築物ノ高サ、構造、設備若ハ敷地又ハ其ノ敷地内ニ存セシムベキ空地ニ関シ必要ナル規定ヲ設クルコトヲ得

第三十一条　朝鮮総督ハ市街地計画区域内ニ於ケル学校、集会場、劇場、旅館、工場、倉庫、病院、市場、屠場、火葬場其ノ他其ノ指定スル特殊建築物ノ位置、構造、設備又ハ敷地ニ関シ必要ナル規定ヲ設クルコトヲ得

第三十二条　朝鮮総督ハ市街地計画区域内ニ於ケル建築物ノ工事執行ニ関シ必要ナル規定ヲ設クルコトヲ得

第三十三条　市街地計画区域内ニ於ケル建築物左ノ各号ノ一ニ該当スルトキハ行政官庁ハ其ノ建築物ノ除却、改築、修繕、使用禁止、使用停止其ノ他必要ナル措置ヲ命スルコトヲ得

一　保安上危険ト認ムルトキ

二　衛生上有害ト認ムルトキ

三　本章ノ規定又ハ本章ノ規定ニ基キテ発スル命令ニ違反シテ建築物ヲ建築シタルトキ

第三十四条　（略）

第三十五条　建築主、建築工事請負人、建築工事監理者又ハ建築物ノ所有者若ハ占有者本章ノ規定若ハ本章ノ規定ニ基キテ発スル命令又ハ之ニ基キテ為ス処分ニ違反シタルトキハ二千円以下ノ罰金又ハ科料ニ処ス

第三十六条　（略）

第三十七条　本章ニ於テ道路ト称スルハ道幅四メートル以上ノ道路及幅員四メートル未満ノ道路ニシ

テ土地ノ状況ニ依リ行政官庁ノ認定シタルモノヲ謂フ

道路ノ新設又ハ変更ノ計画アル場合ニ於テ行政庁其ノ計画ヲ告示シタルトキハ其ノ計画ノ道路ハ之ヲ道路ト看做ス

第三十八条〜第五十条　（略）

附則

本令施行ノ期日ハ各規定ニ付朝鮮総督之ヲ定ム

［注］附則に示された施行期日については、朝鮮総督府令第七十七号によって「朝鮮市街地計画令第一条乃至第十四条及第四十二条乃至五十条ノ規定ハ昭和九年八月一日ヨリ之ヲ施行ス」とされた。

（［出典］『官報』二二五九号、一九三四年七月一三日、三〇五〜三〇七頁掲載、『建築雑誌』五八八号、一九三四年八月、二七五〜二七八頁転載）

資料10　朝鮮市街地計画令施行規則（抜粋）

（一）一九三四年施行の朝鮮市街地計画令施行規則（抜粋）（朝鮮総督府令第七十八号、一九三四年七月二七日公布）

朝鮮総督府令第七十八号

朝鮮市街地計画令施行規則

第一章　総則

第一条　朝鮮市街地計画令（以下単ニ計画令ト称ス）ニ依リ市街地計画トシテ決定スベキモノ左ノ如シ

一　道路、広場、鉄道、軌道、河川、運河、港湾、公園、水道、下水道、運動場、市場、屠場、墓地、火葬場、塵埃及汚物処理場、飛行場、土地区画整理、一団地ノ住宅経営、貯水池並ニ防風防火防水防砂防潮ニ関スル施設ノ計画

二　計画令第十五条、第十八条第二項及第二十一条乃至第二十四条ノ規定ニ依ル地域及地区ノ指定

三　前二号ニ掲グルモノノ外交通、衛生、保安、防空、経済等ニ関シ必要ト認ムル施設ノ計画

第二条　市街地計画事業（以下単ニ計画事業ト称ス）ニシテ行政官庁ニ於テ施行スベキモノハ朝鮮総督之ヲ指定ス

第三条〜第三十条、第二章第三十一条〜第四十二条（略）

附則

本令ハ昭和九年八月一日ヨリ之ヲ施行ス

（［出典］『官報』二二八七号、一九三四年八月一六日、四四一〜四四三頁。『建築雑誌』五九〇号、一九三四年一〇月、二九九〜三〇二頁転載）

（二）一九三五年施行の朝鮮市街地計画令施行規則改正（抜粋）（朝鮮総督府令第百五号、一九三五年九月二日公布）

朝鮮総督府令第百五号

朝鮮市街地計画令施行規則中左ノ通改正ス

第二章ヲ第三章、第三十一条ヲ第百三十九条トシ以下百八条迄順次繰下ゲ第三十条ノ次ニ左ノ如ク加フ

第二章　地域及地区ノ指定並ニ建築物等ノ制限

第一節　通則

第三十一条　本令ニ於ケル用語ハ左ノ例ニ依ル

一　建築面積トハ建築物ノ水平断面ニ於ケル外壁ノ又ハ之ニ代ルベキ柱ノ中心線内ノ面積中最モ大ナルモノヲ謂フ但シ地階ニシテ其ノ外壁ノ高サ地盤面上二メートル以下ノモノノ部分ノ面積ハ之ヲ建築面積ト看做サズ軒、庇、桔出縁ノ類ガ前項ノ中心線ヨリ突出スルコト一メートルヲ超ユル場合ニ於テハ其ノ外端ヨリ一メートルヲ後退スル線ヲ以テ前項ノ中心線ト看做ス

二　建築物ノ敷地ノ面積トハ建築物ノ敷地ノ水平断面ノ面積中最モ大ナルモノヲ謂フ

三〜十　（略）

十一　建築物ノ高サトハ敷地ノ地盤面ヨリ其ノ最後部迄ノ高サヲ謂フ

十二　軒高トハ敷地ノ地盤面ヨリ建築物ノ外壁上端迄ノ高サ、外壁上端ニ扶欄、扶壁又ハ軒蛇腹アルトキハ其ノ最後部迄ノ高サ、出軒ノ場合ニハ軒桁上端迄ノ高サヲ謂フ但シ切妻ノ部分ハ軒高ニ算入セズ

十三〜十六　（略）

十七　外壁トハ建築物ノ外側ヲ構成スル壁体ヲ謂フ

十八　耐水材料トハ煉瓦、石、人造石、「コンクリート」、鉛、「アスファルト」、陶磁器ノ類ヲ謂フ

十九　不燃材料トハ煉瓦、石、人造石、「コンクリート」、石綿盤、瓦、金属、陶磁器、硝子、「モルタル」、漆喰ノ類ヲ謂フ

二十　壁体ノ耐火構造トハ左ニ掲グルモノヲ謂フ

イ　厚サ〇・三メートル以上ノ煉瓦造又ハ石造

ロ　厚サ〇・一二メートル以上ノ鉄筋「コンクリート」造

ハ　厚サ〇・三メートル以上ノ孔煉瓦造、厚サ〇・一八メートル以上ノ鉄筋「コンクリート、ホロブロック」造、厚サ〇・一五メートル以上ノ鉄筋「コンクリートブロック」造ノ類ニシテ道知事ニ於テ本号イ又ハロニ規定スルモノト同等以上ノ耐火効力アリト認ムルモノ

二十一〜二十五　（略）

第三十二条～第四十四条　（略）

第四十五条　本章ノ規定ニ依リ道知事ニ提出スル書類ハ建築物ノ敷地ヲ管轄スル警察署長ヲ経由スベシ

第四十六条　道知事ハ其ノ定ムル所ニ依リ本章ニ規定スル其ノ職権ノ一部ヲ警察署長ニ委任スルコトヲ得（後略）

第二節　建築物ノ敷地、構造設備高サ

第四十七条　本節及第三節ニ規定スル建築物ノ採光、換気、防火、防水、避難、清潔及強度ニ関スル構造設備ハ常ニ之ヲ有効ニ保持スベシ

第四十八条　建築物ノ建築面積ハ建築物ノ敷地ノ面積ニ対シ一〇分ノ七ノ割合ヲ超ユルコトヲ得ス但シ道知事ノ指定シタル角地其ノ他ノ築ニ於ケル建築物及道知事ノ支障ナシト認ムル建築物ニ付テハ此ノ限ニ在ラズ

第四十九条　建築物ハ其ノ敷地ヲ長サ二メートル以上道路敷地ニ接セシムベシ

第五十条　建築物ノ敷地ハ其ノ接スル道路境界ニ於ケル路面ヨリ高カラシメ建築物ノ床下ノ地盤面ハ周囲ノ地盤面ヨリ之ヲ高カラシムヘシ但シ建築物ノ用途、土地ノ状況其ノ他ノ事由ニ依リ道知事ノ許可ヲ受ケタル場合ハ此ノ限ニ在ラズ

第五十一条　（略）

第五十二条　建築物ノ敷地ニハ其ノ敷地内ニ於ケル雨水及汚水ヲ排泄又ハ処理スベキ適当ナル設備ヲ為スベシ

第五十三条　居住ノ用ニ供スル建築物ニハ其ノ敷地内ニ便所ヲ設クベシ

第五十四条　汲取便所ノ構造設備ハ左ノ各号ニ依ルベシ

一　糞尿溜、尿樋及糞尿壺並ニ其ノ上口周囲ハ耐水材料ヲ以テ之ヲ造ルコト

二　床下ニ於テハ耐水材料ヲ以テ他ノ部分ト遮断スルコト

三　（略）

第五十五条　便所、畜舎等ヨリ排出スル汚物ノ溜ハ之ヲ耐水材料ヲ以テ築造シ適当ナル防水設備ヲ為シ且蓋ヲ設クベシ

第五十六条　（略）

第五十七条　井戸ト汲取便所又ハ汚物溜トノ距離ハ五メートル以上ヲ有セシメ井戸側ハ之ヲ地下水ノ滲透ヲ防ク構造ト為スベシ但シ特別ノ事由ニ依リ道知事ノ許可ヲ受ケタル場合ハ此ノ限ニ在ラズ

第五十八条　道知事ハ本節ニ規定スルモノノ外井戸、便所又ハ汚物溜ノ位置、構造設備等ニ関シ衛生上必要ナル命令ヲ発シ又ハ処分ヲ為スコトヲ得

第五十九条　（略）

第六十条　浴室、流シ場其ノ他常時水ヲ使用スル場所ハ其ノ地盤又ハ床ヲ耐水材料ヲ以テ築造又ハ被覆スベシ

第六十一条～第六十二条　（略）

第六十三条　建物ノ主要ナル柱ハ掘立ト為スベカラズ但シ適当ナル防腐方法ヲ施シタルモノハ此ノ限ニ在ラズ

第六十四条　掘立ニ非ザル建物ノ柱ノ下部ニハ土台又ハ脚固ヲ使用スベシ但シ柱ヲ其ノ基礎ニ緊著シタル場合ハ此ノ限ニ在ラズ（後略）

第六十五条　建築物ノ壁体ニシテ直接土壌ニ接スル部分ハ耐水材料ヲ以テ築造スベシ但シ門、障塀其ノ他軽微ナルモノハ此ノ限ニ在ラズ

第六十六条　主要ナル構造用木材ニシテ石、煉瓦、「コンクリート」、土ノ類ニ接スル部分ニハ防腐方法ヲ施スベシ但シ木造建築物ノ真壁ニ接スル木部ニ付テハ此ノ限ニ在ラズ

第六十七条　建築物ノ各部分ハ其ノ上部ノ荷重ニ耐ヘ得ル構造ト為スベシ

第六十八条　煉瓦造、石造及木造ノ建築物ハ高サ十三メートル軒高九メートルヲ、木骨造建築物ハ高サ八メートル軒高五メートルヲ超ユルコトヲ得ズ（後略）

第六十九条　建築物ノ各部分ノ高サハ其ノ部分ヨリ建築物ノ敷地ノ前面道路幅ノ対側境界線迄ノ水平距離ノ一倍二分ノ一ヲ超エズ且其ノ前面道路幅員ノ一倍二分ノ一ニ八メートルヲ加ヘタルモノヲ限度トス（中略）

建築物ノ敷地カ幅員同ジカラザル二以上ノ道路ニ接スル場合ニ於テハ前二項ノ規定ノ適用ニ関シテハ幅員小ナル道路ハ之ヲ幅員大ナル道路ト同一ノ幅員ヲ有スルモノト看做ス

第七十条　道路幅ノ境界線ガ建築線ト一致セサル場合ニ於テハ道路幅ノ境界線ヲ其ノ道路幅ノ境界線ト看做ス

第七十一条～第七十四条　（略）

第七十五条　居室ノ構造ハ左ノ各号ニ依ルベシ

一　天井高ハ二メートル以上ト為スコト但シ温突ニ在リテハ二メートルヲ一・八メートルトス

二　床高ハ〇・四五メートル以上ト為スコト但シ床又ハ床下ニ「コンクリート」叩其ノ他適当ナル防湿設備ヲ為シタルモノハ此ノ限ニ在ラズ

三　床木造ナルトキハ其ノ床下ニハ適当ナル換気装置ヲ為スコト

四　地階ノ最下階ノ居室ハ床又ハ其ノ床下ハ耐水材料ヲ以テ構成シ其ノ壁体及床下ニハ適当ナル防湿設備ヲ為スコト

五　窓又ハ之ニ代ルヘキ採光面ヲ設ケ其ノ有効面積ハ室ノ面積ノ十分ノ一以上ト為スコト但シ天窓ヨリ採光スル場合ニハ其ノ有効面積ヲ三倍迄ニ換算スルコトヲ得

六　直接外気ニ面シテ室ノ面積ノ二十分ノ一以上ニ相当スル面積ヲ開放シ得ヘカラシムルコト但

シ之ニ代ルベキ適当ノ換気設備アルトキハ此ノ限ニ在ラズ
（但書略）

第七十六条　（略）

第七十七条　道知事ハ建築物ニ付防鼠、防蝿其ノ他防疫上必要ナル設備ヲ命ズルコトヲ得

第七十八条〜第八十条　（略）

第八十一条　屋根ハ耐火構造ニ非ザルトキハ不燃材料ヲ以テ覆葺スベシ但シ「モルタル」塗、漆喰塗ノ類ハ道知事支障ナシト認ムル場合ニ限リ之ヲ用フルコトヲ得

瓦葺屋根ニ在リテハ引掛桟瓦ノ類ヲ使用シ又ハ瓦ヲ野地ニ緊結スベシ（後略）

第八十二条　道知事ハ物干台、物見台等ノ屋上工作物ニ関シ防火上必要ナル命令ヲ発シ又ハ処分ヲ為スコトヲ得

第八十三条　建築面積六百六十平方メートル以上ノ建物ニハ建築面積六百六十平方メートル以内毎ニ防火壁ヲ設クベシ但シ外壁、床、屋根、柱及階段ガ耐火構造ナルトキ若ハ不燃材料ヲ以テ築造セラレタルトキ又ハ特別ノ事由ニ依リ道知事ノ許可ヲ受ケタルトキハ此ノ限ニ在ラス

第八十四条　道知事ハ建築物ノ配置、構造又ハ用途ニ依リ危険ト認ムルモノニ付テハ防火壁ノ設置其ノ他防火上必要ナル措置ヲ命スルコトヲ得

防火壁アル建築物ノ屋根窓、装飾塔等ノ屋上突出部ガ木造ニシテ延焼ノ虞アリト認ムルトキハ道知事ハ防火上必要ナル命令ヲ発シ又ハ処分ヲ為スコトヲ得

第八十五条　防火壁ノ構造ハ左ノ各号ニ依ルベシ

一　耐火構造ト為スコト但シ木造又ハ木骨造ノ建築物ノ防火壁ハ鉄筋「コンクリート」造又ハ鉄骨造ト為スコト

二　両端ハ外壁ニ達スルコト但シ木造建築物ニ在リテハ之ニ近接スル木部ヨリ〇・三メートル以上屋外ニ突出セシムルコト

三　上端ハ屋根面ニ直角ニ測リ〇・四五メートル以上屋上ニ突出セシムルコト但シ耐火構造ノ屋根ニ在リテハ屋上ニ突出セシメサルコトヲ得

四　各開口ノ面積ハ七・三平方メートル以上ニシテ防火戸ノ設備ヲ有スルコト但シ特殊ノ用途ニ充ツル建築物ニ在リテハ道知事ノ許可ヲ受ケ之ヲ一三平方メートル迄ト為スコトヲ得

五　凹壁溝ヲ設クル場合ト雖モ其ノ部分ノ壁厚ハ煉瓦造及石造ニ在リテハ〇・二二メートル以上、鉄筋「コンクリート」造ニ在リテハ〇・一一メートル以上ト為スコト

第八十六条〜第八十七条　（略）

第八十八条　温突、煙道、窯、風呂窯等ニ設クル煙突ノ構造ハ左ノ各号ニ依ルベシ

一　不燃材料ヲ以テ築造スルコト

二　金属製煙突ニシテ小屋裏、床裏等露出セザル位置ニ在ル部分ハ金属以外ノ不燃材料ヲ以テ被覆スルコト

三　金属製煙突ハ木材其ノ他ノ燃質材料ト〇・一五メートル以上ノ間隔ヲ有セシムルコト但シ金属以外ノ不燃材料ヲ以テ適当ノ厚サニ被覆スルトキハ此ノ限ニ在ラズ

四　煙突ノ屋上突出部ハ最短部ニ於テ〇・六メートル以上ト為スコト但シ煉瓦造又ハ石造ノ部分ハ補強ヲ為ササル限リ一メートル以上ト為スベカラズ

五　煙突ノ直上部ニ軒アルトキハ其ノ軒ヨリ〇・六メートル以上突出セシムルコト

第八十九条〜第九十三条　（略）

第九十四条　高サ二十メートル又ハ軒高十五メートルヲ超ユル建物ノ壁体、床、柱、屋根、階段等ノ主要構造部ハ耐火構造ト為スヘシ但シ壁体、床、屋根、天井、小屋及階段カ不燃材料ヲ以テ築造セラレタルモノニシテ道知事ノ支障ナシト認ムルモノハ此ノ限ニ在ラズ

第九十五条　高サ二十メートルヲ超ユル建築物ニハ適当ナル避雷設備ヲ為スヘシ但シ特別ノ事由ニ依リ道知事ノ許可ヲ受ケタル場合ハ此ノ限ニ在ラズ

第三節　地域及地区内ニ於ケル建築物等ノ制限

第九十六条　左ノ各号ノ一ニ該当スル建築物ハ居住地区内ニ之ヲ建築スルコトヲ得ス但シ第一号乃至第五号ニ該当スル建築物ニシテ居住ノ安寧ヲ害スルノ虞ナシト認メ又ハ公益上巳ムヲ得スト認メ道知事ニ於テ許可シタルモノハ此ノ限ニ在ラズ

一　常時使用スル原動機ノ馬力数ノ合計三ヲ超ユル工場

二　左ニ掲クル事業ヲ営ム工場

イ　玩具用普通火工品ノ製造

ロ〜タ　（略、騒音の出やすい動力機械や可燃性ガスを使う金属加工、冶金、窯業、化学系などの工場が列記〔西澤記〕）

三　主トシテ貨物ノ積卸ヲ目的トスル桟橋、鉄道停車場又ハ軌道停留場

四　自動車ノ車庫ニシテ室ノ面積ノ合計五十平方メートルヲ超ユルモノ

五　劇場、活動写真館、演芸場、観物場又ハ競馬場

六　貸座敷又ハ酌婦ノ寄寓スル料理屋

七　倉庫業ヲ営ム倉庫

八　火葬場

九　屠場又ハ斃畜処理場

十　塵埃又ハ汚物ノ処理場

十一　前各号ニ掲クルモノノ外住居ノ安寧ヲ害スルノ虞アリト認メ道知事ニテ指定スル建築物

第九十七条　左ノ各号ノ一ニ該当スル建築物ハ商業

地域内ニ之ヲ建築スルコトヲ得ズ但シ第一号又ハ第二条ニ該当スル建築物ニシテ商業ノ利便ヲ害スルノ虞ナシト認メ又ハ公益上巳ヤムヲ得ズト認メ道知事ニ於テ許可シタルモノハ此ノ限ニ在ラズ

一　常時使用スル原動機ノ馬力数十五ヲ超ユル工場但シ日刊新聞印刷所ヲ除ク

二　前条第二号ニ該当スル建築物

三　前条第八号乃至第十号ニ該当スル建築物

四　前各号ニ掲グルモノノ外商業ノ利便ヲ害スルノ虞アリト認メ道知事ニ於テ指定スル建築物

第九十八条　左ノ各号ノ一ニ該当スル建築物ハ工業地域内ニ非サレハ之ヲ建築スルコトヲ得ス但シ第一号、第二号又ハ第四号ニ該当スル建築物ニシテ衛生上有害ノ若ハ保安上危険ノ虞ナシト認メ又ハ公益上巳ムヲ得ズト認メ道知事ニ於テ許可シタルモノハ此ノ限ニ在ラズ

一　常時使用スル原動機ノ馬力数ノ合計五十ヲ超ユル工場但シ日刊新聞印刷所ヲ除ク

二　左ニ揚クル事業ヲ営ム工場

イ　銃砲火薬類取締令ニ依ル火薬類ノ製造

ロ～オ　（略、化学物質、製鉄、非鉄金属の製造加工などの工場が列記〔西澤記〕）

三　前号ニ掲クルモノノ外衛生上有害ノ又ハ保安上危険ノ虞アリト認メ道知事ニ於テ指定スル事業ヲ営ム工場

四～五　（略）

第九十九条　第九十六条第一号乃至第十号ニ該当スル建築物其ノ他風致ヲ害スルノ虞アリト認メ道知事ニ於テ指定スル建築物ハ風致地区内ニ之ヲ建築スルコトヲ得ズ但シ道知事ニ於テ支障ナシト認メ許可シタルモノハ此ノ限ニ在ラズ（後略）

第百条　第九十六条第六号ニ該当スル建築物其ノ他風紀ヲ害スルノ虞アリト認メ道知事ニ於テ指定スル用途ニ供スル建築物ハ風紀地区内ニ之ヲ建築スルコトヲ得ス但シ道知事ニ於テ支障ナシト認メ許可シタルモノハ此ノ限ニ在ラズ

前条第二項ノ規定ハ前項ノ場合ニ之ヲ準用ス

第百一条　前五条ノ規定又ハ計画令第十八号第二項ノ規定ニ依リ現在地ニ建築スルコトヲ得ザル種類ニ属スル建築物ハ現在地ニ建築スルコトヲ得ザルニ至リタル日ヨリ十五年間ヲ限リ道知事ノ許可ヲ受ケ左ノ制限内ニ於テ増築、改築、再築又ハ用途ノ変更ヲ為スコトヲ得

一　現在地ニ建築スルコトヲ得ザルニ至リタル際現ニ存在スル建築物ノ敷地及之ト一団ヲ成ス土地ヲ超エテ増築、改築、再築又ハ用途ノ変更ヲ為サザルコト

二　建築物ノ増築、改築、再築又ハ用途ノ変更ニ因リ増加スベキ建築面積ハ現在地ニ建築スルコトヲ得ザルニ至リタル際現ニ存在スル建築物ノ建築面積ノ二分ノ一ヲ超エザルコト

三　建築物ノ増築、改築、再築又ハ用途ノ変更ニ因リ増加スヘキ床面積ハ現在地ニ建築スルコトヲ得ザルニ至リタル際現ニ存在スル建築物ノ床面積ヲ超エザルコト

四　工場ノ常時使用スル原動機ノ馬力数ヲ増加スル場合ニ於テ増加スヘキ馬力数ハ現在地ニ建築スルコトヲ得ザルニ至リタル際常時使用スル馬力ノ合計ヲ超エザルコト但シ道知事土地ノ状況、事業ノ種類、作業方法又ハ建築物ノ構造設備ニ依リ支障ナシト認ムルモノハ此ノ限リニ在ラズ

五　（略）

（但書、略）

第百二条　第四十八条中十分ノ七トアルハ居住地域内ニ在リテハ十分ノ六、商業地域内ニ在リテハ十分ノ八トス

第百三条　建築物ノ高サハ居住地域内ニ於テハ二十メートルヲ、居住地域外ニ於テハ三十一メートルヲ超ユルコトヲ得ズ但シ建築物ノ周囲ニ広濶ナル公園、広場、道路其ノ他ノ空地アル場合ニ於テ道知事交通上、衛生上及保安上支障ナシト認メ許可シタルトキハ此ノ限ニ在ラズ

第百四条　第六十九条第一項中一倍二分ノ一トアルハ居住地域内ニ在リテハ之ヲ一倍四分ノ一トス

第百五条　（略）

第百六条　風致地区内ニ於テハ墓地ノ設置、火入又ハ道知事ノ指定スル竹木土石ノ類ノ採取ヲ為スコトヲ得ズ

第百七条　前条ニ規定スルモノノ外道知事ハ風致地区ニ於ケル風致維持ニ影響ヲ及ボスノ虞アル行為ノ禁止又ハ制限ニ関シ必用ナル命令ヲ為スコトヲ得

第百八条　道知事ハ美観地区ニ在ル建築物ニシテ環境ノ風致ヲ害シ又ハ街衢ノ体裁ヲ損スト認ムルトキハ其ノ除却、改修、塗換其ノ他必要ナル措置ヲ命ズルコトヲ得

第百九条　道知事ハ美観地区ニ建築スル建築物ノ意匠ニ関スル設計ニシテ環境ノ風致ヲ害シ又ハ街衢ノ体裁ヲ損スト認ムルトキハ其ノ設計ノ変更ヲ命ズルコトヲ得

第百十条　美観地区内ニ於ケル建築物ノ排水管、排気管、煖房鉄管、「ガス」管、煙突ノ類ハ道知事ノ許可ヲ受クルニ非ザレバ之ヲ道路、広場又ハ公園ニ面スル壁面ニ露出セシムルコトヲ得ス

第百十一条　美観地区内ニ在ル建築敷地ニシテ未タ建築物ナキモノ又ハ建築工事中ノモノハ道路、広場又ハ公園ニ面スル部分ヲ板塀ノ類ヲ以テ体裁ヨク遮蔽スベシ但シ道知事ノ許可ヲ受ケタルモノハ此ノ限ニ在ラズ（後略）

第百十二条　防火地区内ニ於ケル建物ハ其ノ外壁ヲ耐火構造又ハ準耐火構造ト為スベシ

第百十三条　防火地区内ニ於ケル建物ノ軒、軒蛇腹、屋窓、装飾塔ノ類ハ不燃材料ヲ以テ築造又ハ被覆スベシ

第百十四条　（略）

第百十五条　防火地区内ニ於ケル建物ノ屋根ヲ金属板ヲ以テ被覆スルトキハ其ノ野地ヲ厚サ〇・〇三メートル以上ノ不燃材料ヲ以テ築造スベシ

第百十六条～第百十九条　（略）

第四節　損失補償

第百二十条～第百二十一条　（略）

第五節　工事執行

第百二十二条　建築物ノ建築、移転、大修繕又ハ大変更ヲ為サントスルトキハ建築物ノ敷地ヲ管轄スル道知事ノ許可ヲ受クベシ

第百二十三条　（略）

第百二十四条　前条ノ申請書ニハ左ノ各号ニ掲グル図面ヲ添付スベシ

一　配置図

二　各階平面図

三　断面図

四　立面図

五　主要部分ノ詳細図（以下略）

第百二十五条　（略）

第百二十六条　前三条ニ規定スルモノノ外道知事ハ建築主ニ対シ強度計算書、仕様書其ノ他必要ナル書類若ハ図面又ハ建築材料ノ提出ヲ命ズルコトヲ得

第百二十七条～第百三十八条　（略）

附則

本令ハ昭和十年九月二十日ヨリ之ヲ施行ス

市街地建築取締規則ハ之ヲ廃止ス（後略）

〔出典〕『官報』二六三九号、一九三五年九月一八日、四五七～四六四頁。『建築雑誌』六〇七号、一九三五年一二月、一一七～一二五頁転載）

資料11　満洲国国都建設局指示条項（抜粋）

（満洲国国務院国都建設局により一九三三年六月公布）

第一章　総則

第一条　建築物ニシテ左ノ各号ノ一ニ該当スルトキハ必要ナル指示ヲナスコトアルヘシ

一、保安上危険ト認ムルトキ

二、衛生上有害ト認ムルトキ

三、本指示条項又ハ本指示条項ニ基キテ発スル指示条項ニ違反シテ建築シタルトキ

第二条　衛生、公安、市街ノ美観、構造ノ安全又ハ建築ヲ為スヘキ地域ノ防火、防空又ハ体裁上必要ト認ムルトキハ本条項ニ依ルノ外特殊ノ構造、設備ヲ指示スルモノトス

第三条　各階建築面積総和百五十平方米以上ノ建築物ハソノ用途及構造種類ニ応シ国都建設局長ノ認メタル建築技術者ノ設計及監督ニ依ルモノトス

第四条　（略）

第五条　各条項ニ於ケル用語ノ意義左ノ如シ

一～十　（略）

十一、不燃性材料トハ煉瓦、石、人造石、「コンクリート」、石綿盤、瓦、金属、陶磁器、硝子、「モルタル」、漆喰ノ類ヲ謂フ

十二　（略）

十三、耐火壁トハ左ノ各号ノ一ニ該当スルモノヲ謂フ

（一）厚二十糎以上ノ煉瓦造又ハ石造

（二）厚十糎以上ノ鉄筋「コンクリート」造

十四～十五　（略）

十六、防火扉トハ左ノ各号ノ一ニ該当スルモノヲ謂フ

（一）鉄製ニシテ鉄板ノ厚一粍半以上ノモノ

（二）鉄骨「コンクリート」造又ハ鉄筋「コンクリート」造ニシテ厚三糎半以上ノモノ

十七、建築物ノ高サトハ歩道縁石上端ヨリ歩道ノ設ナキ場合ニ於テハ地盤面ヨリ建築物ノ最高部迄ノ高サヲ謂フ

十八、軒高トハ歩道縁石上端ヨリ歩道ノ設ナキ場合ニ在リテハ外壁際地盤面ヨリ建築物外壁上端迄ノ高サヲ謂フ

外壁上端ニ扶欄、扶壁又ハ軒蛇腹アルトキハ其ノ最高部迄、出軒ノ場合ハ軒桁上端迄ノ高サヲ謂フ

但シ切妻ノ場合ハ其ノ重心迄ノ高サヲ謂フ

十九、建築面積トハ建築物外壁ノ外面ニ依リ区画セラレタル水平断面ノ面積中最大ナルモノヲ謂フ

但シ其ノ外壁ノ高サ地盤面上一米五十糎以下ノ面積ハ之ヲ建築面積トハ看做サス

第六条　各条項ニ依ル建築物ノ採光、換気、防火、避難、清潔、強度ニ関スル構造設備ハ常ニ有効ヲ保持スルモノトス

第七条　（略）

第二章　構造設備

第八条　建築物ノ外壁ハ耐火構造トシ屋根ハ不燃性材料ヲ以テ覆葺スヘシ

第九条　建築物左ノ各号ノ一ニ該当スルトキハ其ノ床、柱及階段ヲ耐火構造トシ、必要ト認ムル個所ニ適当ナル耐火壁ヲ設ケ且消火設備ヲ為スヘシ

一、階数四以上ノ建築物
二、二階建以上ノ集合住宅又ハ集合店舗
三、公共用及多数集合ノ用ニ供スル建築物

第十条　公共及公衆用建築物其他階上ニ人員百人以上ヲ収容スル建築物ノ階段室ノ構造設備ハ左ノ各号ノ規定ニ拠ルヘシ
一、階段室ノ壁体、床及階段ハ耐火構造ト為スコト
二、階段室ハ収容人員二百人以上ノ場合ニ在リテハ二箇所以上トシ其ノ位置ヲ異ニスルコト
三、階段ノ幅ハ二百人以下ノ使用ニ供スルモノハ内法一米二十糎以上トシ二百人以上ハ五十人以内ヲ増ス毎ニ下階十五糎宛ヲ増加スルコト
四、階段踏面ハ最小部分二十五糎以上蹴上ハ二十糎以下トシ且踏面及蹴上寸法ハ不規則ナラサルコト
五、高四米以内毎ニ踊場ヲ設クルコト

第十一条　（略）

第十二条　高十五米以上ノ建築物ニハ適当ナル避雷針ヲ為スヘシ

第十三条　建築物ノ高サハ二十米ヲ超過スヘカラス、但シ昇降機塔、水槽、物見塔其ノ他是レニ類スル屋上突出部ハ此ノ限ニアラス

第十四条　建築物ノ外壁カ煉瓦造、石造、又ハ人造石造ナルトキハ軒高十二米ヲ超過スヘカラス

第十五条　建築物ノ外壁カ煉瓦造ナルトキハ壁厚ノ最小限度ハ次表ニ拠ルヘシ、但シ貼付石、貼付瓦ノ類ハ壁厚ニ算入セス（表略）（第二項略）

第十六条　建築物ノ外壁カ石造、人造石造ナルトキハ其ノ壁圧ハ階高十三分ノ一以上壁長ノ五十分ノ一以上ト為スヘシ

第十七条　前二条ノ規定ニ拘ハラス外壁厚ハ階高ノ十三分ノ一以上ト為スヘシ

第十八条　煉瓦造、石造及人造石造ノ建築物ノ各階ニ於ケル外壁ノ出入口、窓其他ノ開口総和カ壁長ノ二分ノ一ヲ超過スルトキハ壁厚ヲ十糎以上増加シ或ハ適当ナル補強ヲ為スヘシ

第十九条　軒高三米五十糎以下煉瓦造又ハ人造石造ノ建築物ニ在リテハ壁長五米以下ノ外壁ノ厚サハ第十五条及第十六条ニ拘ハラス二十糎迄減スルコトヲ得

第二十条　軒高三米以下ノ建築面積二十平方米以下ノ煉瓦造又ハ石造、人造石造ノ建築物ニシテ住居ノ用ニ供セルモノニ在リテハ第十五条第十六条ニ拘ハラス、其ノ外壁厚ヲ十糎迄減スルコトヲ得、但シ外壁長三米以内毎ニ二十糎以上ノ柱型ヲ設クヘシ

第二十一条　最上階ニ於テ階高三米以下面積二十平方米以下ノ煉瓦造又ハ石造、人造石造建築部分ノ壁厚ハ第十五条及第十六条ニ拘ラス二十糎迄減スルコトヲ得

第二十二条　（略）

第二十三条　鉄骨及鉄筋「コンクリート」造建築物其他特殊構造ノモノニ在リテハ強度計算書ヲ提出シ国都建設局長ノ認可ヲ受クヘシ

第二十四条　公衆ノ用ニ供スル室ニハ適当ナル換気装置ヲ為スヘシ

第二十五条　各階居室ハ左ノ各号ニ拠ルヘシ
一、床高ハ四十糎以上ト為スヘシ但シ壁体及床下ニ適当ナル防湿方法ヲ施シタルモノハ此ノ限リニ在ラス
二、天井高ハ二米二十糎以上ト為スヘシ但シ屋階ニ在リテハ二米以上ト為スヘシ
三、採光面積ハ側窓ニ在リテハ室内面積ノ十二分ノ一以上天窓ニ在リテハ室内面積ノ三十六分ノ一以上ト為スヘシ
四、軒、庇、其他著シク採光ヲ妨クルモノアリト認メ又ハ衛生上特別ニ必要アリト認ムルトキハ採光面積ノ増加ヲ命スルコトアルヘシ

臨時ニ開放シ得ル襖、障子ノ類ヲ以テ仕切リタル二室ハ前項ノ適用ニ関シ之ヲ一室ト看做ス

第二十六条　厨房其他飲食物ヲ取扱フ室ニシテ常ニ水ヲ使用スル箇所ハ不滲透質ノ材料ヲ以テ被敷シ汚水ハ必ス排水管ヲ以テ流出セシメ且適当ナル防鼠設備ヲ為スヘシ

第二十七条　屋内排水口ニハ塵芥除及適当ナル防鼠設備ヲ為スヘシ

第二十八条　建物敷地内ニハ汚水ヲ排泄スヘキ適当ナル設備ヲ為シ公共下水ニ流出セシムヘシ

第二十九条　公共下水ノ設ケナキ場所ニ於テハ下水溜ヲ設ケ且覆蓋ヲ設クヘシ

第三十条　下水管ハ耐水材料ヲ以テ築造スヘシ

第三十一条　便所ノ構造設備ハ水洗便所ヲ除クノ外左ノ各号ニ拠ルヘシ
一、糞尿溜及尿樋ノ地盤並ニ其ノ上口周囲ハ不滲透質材料ヲ以テ築造スルコト
二、床下ニ於テハ耐水材料ヲ以テ他ノ部分ト遮断スルコト
三、汲取口ハ密閉シ得ル装置ト為シ地盤面ヨリ十糎以上高カラシムル
四、適当ナル臭気抜設クルコト

第三十二条　公共建築物及之ニ準スルモノニハ完全ナル水洗便所ヲ設クヘシ

第三十三条　廐舎及之ニ類スルモノハ住居又ハ公衆ノ用ニ供スル部分ト遮断シテ建築スヘシ床ハ耐水材料ヲ以テ築造シ且完全ナル排水設備ヲ為スヘシ

第三十四条　建築物ノ基礎、溜桝、下水管及排水設備ノ類ハ凍害ヲ受ケサル構造ト為スヘシ

第三十五条～第三十七条　（略）

第三章　道路ニ面スル建築物

第三十八条　道路境界線ヲ以テ建築線トス但シ必要ニ依リ国都建設局長別ニ之ヲ指示スルコトアルヘシ

第三十九条　建築物ハ建築線ヨリ突出セシムルコトヲ得ス

第四十条　建築物各部分ノ高サハ其ノ部分ヨリ建築物敷地ノ前面道路ノ対側境界線迄ノ水平距離ヲ超過スルコトヲ得ス

第四十一条　建築物ノ敷地幅員不同ナル二以上ノ道路ニ面スル場合ニ於テ一ノ道路ノ境界線迄ノ水平距離カ其ノ道路幅員以内ニシテ且二十米以内ノ区域ニ在ル建築物各部分ノ高サニ就テハ前条規定ノ適用ニ関シ其ノ道路ヲ前面道路ト看做

前項ノ規定ニ依ル前面道路二以上アルモ場合ニ於テ其ノ道路幅員同シカラサルトキハ幅員小ナル前面道路ハ幅員最大ナル前面道路ト同一ノ幅員ヲ有スルモノト看做ス

第四十二条　道路ニ面スル軒高ノ最低限度ハ三米トス

第四十三条　便所汲取口、廐舎出入口其他之ニ類スルモノハ道路ニ接シテ設置スヘカラス

第四十四条　商業地域ニシテ幅員三十八米以上ノ道路ニ面スル建築物ハ二階建以上又ハ軒高六米以上ト為スヘシ

第四十五条　広場及美観上必要ト認ムル区域ニ在リテハ国都建設局長別ニ其ノ高サヲ指定スルコトアルヘシ

第四章　各地域ニ於ケル建築物

第四十六条　建築面積ノ敷地面積ニ対スル割合ハ左ノ範囲内ト為スヘシ

住居地域　一級住居地域
十分ノ三以内　十分ノ一以上
二級住居地域
十分ノ四以内　十分ノ一以上
三級住居地域
十分ノ四以内　十分ノ一以上
四級住居地域
十分ノ四以内　十分ノ一以上
商業地域　小売地域
十分ノ六以内　十分ノ二以上
卸売地域
十分ノ七以内　十分ノ三以上
商館地域
十分ノ七以内　十分ノ三以上
住居地域及商業地域
十分ノ六以内

第四十七条　商業地域ニ於テ歩道敷石ノ設備アル場合ニ在リテハ道路境界ト建築物トノ間ノ空地ヲ石敷、瓦敷又ハ「コンクリート」敷ト為スヘシ

第四十八条　住居地域ニ於ケル建築物各部分ノ高サハ隣地境界線ヨリ其ノ部分迄ノ水平距離ノ三倍以下タルヘシ

第四十九条　住居ニ供スルモノノ外ハ認可ヲ受クルニ非ラサレハ住居地域内ニ之ヲ建築スルコトヲ得ス

第五十条　建築物ニシテ商業ノ利便ヲ害スル虞アル用途ニ供スルモノハ商業地域内ニ之ヲ建築スルコトヲ得ス

第五十一条　工場其他之ニ準スヘキ建築物ニシテ規模大ナルモノ又ハ衛生上有害若ハ保安上危険ノ虞アル用途ニ供スルモノハ工業地域内ニ非ラサレハ建築スルコトヲ得ス

前項ノ建築物ニシテ著シク衛生上有害又ハ保安上危険ノ虞アル用途ニ供スルモノハ重工業地域内ニ非ラサレハ建築スルコトヲ得ス

第五十二条　工業地域ニ於テハ倉庫、上家、物置ノ類ハ平家建ニ限リ木造ト為スコトヲ得、但シ屋根ハ不燃性材料ヲ以テ覆葺スヘシ

第五十三条　（略）

第五章　工事執行

第五十四条　建築ヲ為サムトスルトキハ左ノ事項ヲ具備シタル所定ノ様式ニ依ル申請書及計画図書各参通ヲ提出シ国都建設局長ノ認可ヲ受クヘシ設計変更ヲ為サントスルトキ亦同シ

（甲）申請書
（一）～（九）（略）
（乙）計画図書
（一）敷地測量図及建築物配置図、縮尺五百分ノ一
（二）各階平面図、床及小屋組平面図、並基礎平面図、縮尺百分ノ一
（三）各立面図、縮尺百分ノ一
（四）主要ナル部分ノ断面図、縮尺百分ノ一
（五）主要ナル部分ノ詳細図、縮尺二十分ノ一
（六）工事仕様書
（七）必要ト認ムルトキハ事業計画書、詳細図、及構造強度計算書

前項ノ計画図書第一号乃至第五号ノ図面及工事仕様書ニハ建築技術者ヲシテ記名捺印セシムヘシ、申請者及計画図書各壹通ニハ認可證印ヲ押捺シ之ヲ建築主ニ交付ス

第五十五条　申請書並ニ計画図書ハ総テ「メートル」法ニ拠ルヘシ

第五十六条　（略）

第五十七条　建築技術者ハ工事ノ設計並監督上技術ニ関スル一切ノ責ニ任スヘシ

第五十八条　建築技術者変更ノ場合ハ契約書添付ノ上遅滞ナク届出ツヘシ

第五十九条　期限内ニ起工又ハ竣工シ難キトキハ期限前ニ事由ヲ具シ延期ノ出願ヲ為スヘシ

第六十条　工事現場ニハ見易キ所ニ建築主ノ住所、姓名、認可證ノ番号、認可年月日、竣工期日、建築技術者又ハ工事監理者ノ氏名ヲ記載シタル標札ヲ掲示シ第五十四条ニ依リ交付ヲ受ケタル図面及工事仕様書ヲ常ニ備ヘ置クヘシ

第六十一条　建築工事中左ノ各号ノ一ニ該当スルトキハ之ニ対シ必要ナル指示ヲ為スコトアルヘシ

一、保安上危険ト認ムルトキ

二、衛生上有害ト認ムルトキ

三、各条項又ハ各条項ニ基キテ発スル指示条件ニ違反シテ建築シタルトキ

第六十二条　建築主認可ヲ受ケタル後一箇年以内ニ起工セス又ハ一箇年以上其ノ工事ヲ中止シタルトキハ其ノ認可ヲ取消シ又ハ期間ヲ定メテ未完工事ノ完成ヲ命スルコトアルヘシ

第六十三条　建築主又ハ建築工事監理者ハ工事竣工シタルトキ速カニ竣工ヲ届出テ検査ヲ受クヘシ但シ国都建設局ニ於テ必要ト認ムル場合ハ本届書ニ建築技術者ノ連署ヲ命スルコトアルヘシ

附則

第六十四条　建築物ニシテ左ノ各号ノモノヲ除キタルモノハ当分ノ間国都建設局長支障ナシト認メタルモノニ限リ十ヶ年以内ノ存続期限ヲ付シテ一部又ハ全部ノ仮建築物ヲ認可スルコトアルヘシ

一、幅員五十四米以上ノ道路ニ面スル敷地ニ建ツ建築物

二、三階建以上ノ建築物

三、公共及公衆用並ニ之ニ準スル建築物

四、旅館、下宿屋、寄宿舎、貸座敷、集合住宅、集合店舗、及之ニ準スル建築物ニシテ各階建築面積ノ総和カ百五十平方米以上ノモノ

五、揮発油ヲ使用スル自動車庫ニシテ其ノ室面積百平方米以上ノモノ

六、衛生上有害又ハ保安上危険ノ虞アル物品ノ製造、貯蔵又ハ処理ニ供スル建築物

第六十五条　（略）

〔出典〕国務院国都建設局作成『国都建設局指示条項（日訳）』一九三三年、一～一六頁）

資料12　新京特別市建築規則（抜粋）（一九三三年四月一四日新京特別市布告総発第二七二号）

第一章　総則

第一条　新京特別市区域内ノ建築物ハ総テ本規則ノ定ムル所ニ従ヒ建築スヘシ

第二条　本規則ニ於テ建築物ト称スルハ家屋及其ノ附帯設備ヲ謂ヒ建築ト称スルハ新築、改築、増築ヲ含ム

第三条　市ハ市街地ニ左ノ地域ヲ指定ス

一、住宅地域

二、商業地域

三、混合地域

四、工業地域

前第三項混合地域トハ住宅及商業地ニ混合使用シ得ル地域ヲ謂フ

第四条　建築物ハ総テ衛生、防火、其他危険予防上ノ要件ヲ具備シ且市街ノ体裁ヲ害セサルモノタルコトヲ要ス

市ハ在来建築物ニシテ前項ノ規定ニ違反スルモノハ撤廃又ハ改築セシムルコトアルヘシ

第五条　市ハ本規則又ハ本規則ニ基キ発スル市ノ指示ニ違反シテ建築シタルトキハ其建築物ノ撤去、改築、修繕、使用禁止等必要ナル措置ヲナスヘシ

第六条　（略）

第二章　地域ト建築物トノ関係

第七条　建築物敷地面積ト建築物トノ割合ハ左ノ制限ニ依ル

但シ二階以上ノ建築物ニ在リテハ二階以上ニ属スル各階総面積ノ二分ノ一ヲ建築面積ニ加算ス

一、住居地域　十分ノ二以上　十分ノ四以内

二、商業地域　十分ノ三以上　十分ノ七以内

三、混合地域　十分ノ三以上　十分ノ七以内

四、工業地域　工業ノ性質ニ応シ適当ニ之ヲ指定ス

第八条　建築面積トハ建築物ノ外端ヲ以テ測リタル面積ヲ謂フ

第九条　建築物ニシテ居住ノ安寧ヲ害スル用途ニ供スルモノハ住宅地域内ニ之ヲ建築スルコトヲ得ス混合地域内ト雖モ市ニ於テ不適当ト認メタルトキ亦同シ

第十条　建築物ニシテ商業ノ利便ヲ害スル恐レアル用途ニ供スルモノハ商業地域内ニ之ヲ建築スルコトヲ得ス

商業地域又ハ混合地域内ニ於テ道路ニ沿ヒ倉庫又ハ之ニ類似ノ建築物ヲ建築スルコトヲ得ス

第十一条　工場、倉庫其他之ニ準スヘキ建築物ニシテ規模大ナルモノ又ハ衛生上有害若クハ火災其他危険ノ虞アル用途ニ供スルモノハ工場敷地内ニ非サレハ之ヲ建築スルコトヲ得ス

第三章　道路ト建築物トノ関係

第十二条　建築物ハ道路境界線ヨリ五十糎ヲ距テタル線外ニ突出シテ之ヲ建築スルコトヲ得ス但シ出窓、廂、蛇腹、樋、煙突、看板、日除、軒燈ノ類ハ左ノ限度迄之ヲ突出セシムルコトヲ得

一、路面上ノ高三米未満ニ在ルモノ　三十糎

二、路面上ノ高三米以上ニ在ルモノ　道路境界線迄

前項第二号ノ場合ニ於テ看板及ヒ取外シ自在ナル日除ノ類ニ限リ一米迄之ヲ突出セシムルコトヲ得

第十三条　（略）

第十四条　商業地域ニ於テ道路ニ沿フ建築物ハ道路境界線ヨリ五十糎ノ間隔ヲ存シテ之ヲ建築シ道路ニ沿フ部分ニ於テ隣接地境界線トノ間ニ五十糎ヲ越ユル間隔ヲ存スヘカラス

第十五条　歩道又ハ道路ノ側溝ヲ横断シテ馬車、自動車等ヲ院内ニ出入セシムルモノハ石造又ハ鉄筋混凝土ヲ以テ市ノ指示スル所ニ従ヒ歩道ノ舗装又ハ側溝ニ覆蓋ヲナスヘシ

前項ノ費用ハ当該建築物所有者又ハ其管理者ノ負担トス

前第一項ノ工事ハ其工事費見積額ヲ予納セシメ市ニ於テ施行スルコトアルヘシ

第十六条　道路ニ沿フ建築物ノ敷地ハ歩道面ヨリ十糎高クスヘシ

街路ニ高低アルトキ又ハ高サヲ異ニスル二以上ノ道路ニ沿フトキ其他特別ノ事情アルトキハ前項敷地ノ高サハ市之ヲ指定ス

第十七条　道路ニ沿フ建築物ノ軒高ハ三米五十糎以上タルヘシ但其道路幅員ノ一倍半ヲ超ユルコトヲ得ス

建築物カ二以上ノ道路ニ沿フトキハ前項軒高ハ幅員最大ナル道路ニ依ル

重要ナル地域ニ対シテハ市ハ軒高ニ関シ特別ノ制限ヲ設クルコトアルヘシ

軒高トハ建築物敷地地盤面ヨリ建築物ノ外壁上端迄ノ高、軒蛇腹アルトキハ其最高部迄ノ高、出軒ノトキハ軒桁迄ノ高ヲ謂フ但切妻ノ部分ハ之ヲ算入セス

建築物敷地地盤面ニ高低アルトキハ前項ノ地盤面ハ市之ヲ指定ス

第四章　構造及設備

第十八条　建築物ハ総テ煉瓦、石、混凝土ヲ以テ壁体ヲ構造シ屋根ハ不燃焼材料ヲ以テ之ヲ葺クヘシ但シ工業地域ニアリテハ木造、土造等ヲ許可スルコトアルヘシ

第十九条　建築物ノ軒高ハ左ノ制限ヲ超過スルコトヲ得ス

一、煉瓦造又ハ石造　一二・〇米
二、鉄筋コンクリート造　一五・〇米
三、木造　七・〇米
四、乱石積石造　四・五米
五、土磚裏造ノ煉瓦造又ハ石造　三・五米

第二十条　煉瓦造又ハ之ニ準スヘキ構造ニシテ壁長十米以内ノ壁厚ノ最小限度ハ左表ニ依ルヘシ但シ貼付石、貼付泡ノ類ハ之ヲ壁厚ニ算入ス（表略）

（後略）

第二十一条　建築物一棟ノ長三十米以上ノモノニ在リテハ三十米以内毎ニ防火壁ヲ設クヘシ

防火壁ハ第十五条規定ノ厚以上ノ厚ヲ有スル煉瓦、石亦ハ洋灰混凝土等ヲ以テ築造シ屋根ノ傾斜面ニ直角ニ測リ三五糎以上突出セシムルコトヲ要ス

壹戸ノ防火壁ニハ左ノ規定ニヨリ開口ヲ設クルコトヲ得

一、開口ノ総和カ防火壁長ノ四分ノ一ヲ超エサルコト
二、各開口ノ幅ハ二米以内高サ二米五十糎以内トスルコト
三、各開口ニハ鉄製ニシテ鉄板ノ厚一粍以上又ハ鉄筋若クハ鉄骨混凝土造ニシテ厚三糎以上ノ防火扉ヲ設クルコト

第二十二条　建築物ニシテ高層ナルモノ又ハ多数ノ人員ヲ収容スルモノニ在リテハ適当ナル避難通路又ハ避難装置ヲナスヘシ

第二十三条　（略）

第二十四条　便所、厨房又ハ之レニ類スル建築物ハ道路ニ面シテ建築スルヲ得ス

便所又ハ汚物溜ノ臭気抜用気筒ノ構造ハ第二十三条ノ規定ヲ準用ス

第二十五条　建築物ノ内部ヨリ排出スル汚水ハ屋外汚水溜ヲ設クヘシ其構造ハ下水道規則ノ定ムル所ニヨルヘシ

第五章　出願手続及手数料

第二十六条　建築物ヲ新築、増築、改築セムトスルモノハ左記様式ニ依リ建築許可願書二通ヲ市ニ提出シ許可ヲ受クヘシ

前項ノ願書ニハ左ノ書類及図面ヲ添付スヘシ

一、仕様書ノ梗概
二、建築物配置図　比例尺　五百分ノ一
三、各階層ノ平面図　同　百分ノ一
四、主要ナル立面図　同　百分ノ一
五、主要ナル断面図　同　百分ノ一
六、其他市ニ於テ必要ト認ムル図面

建築物ノ主要ナル部分ノ模様替及大修繕ハ之ヲ改築ト看做ス

図面ノ記入寸法ハ総テ米突法ニ依ルヘシ

第二十七条　（略）

第二十八条　出願者カ工事ニ着手セムトスルトキハ少ナクトモ三日前市ニ届出テ係員ノ検分ヲ受クヘシ

第二十九条　市ハ工事中検査スルコトアルヘシ

前項検査ノ結果其工事カ市ノ許可ヲ受ケタル仕様書又ハ図面ト相違アリト認メタルトキハ市ハ其工事ヲ変更又ハ中止セシムルコトアルヘシ

第三十条　工事竣工シタルトキハ市ニ届出テ検査ヲ

受クヘシ前条ノ規定ハ前項検査ノ場合ニ之ヲ準用ス

第三十一条　（略）

第六章　罰則

第三十二条　許可ヲ受ケスシテ建築シタルモノ又ハ建築中ノモノヲ発見シタルトキ第四条第二項ノ規定ニ依ル市ノ指定ニ従ハサル者ハ拾円以上百円以下ノ過怠金ヲ徴ス

第二十六条ノ届出ヲ為サス工事ヲ施行シ又ハ施行中ノモノヲ発見シタルトキ又ハ第二十八条ニ規定スル市ノ指定ニ従ハスシテ工事ヲ施行シタル者ハ五円以上二十円以下ノ過怠金ヲ徴ス

附則

第三十三条　本規則ハ公布ノ日ヨリ施行ス

〔出典〕新京特別市公署総務処総務科編纂『新京特別市例規類集』満洲行政学会、一九三六年、第十三類一～一一頁）

あとがき

植民地建築研究の手始めに『満洲建築協会雑誌』のバックナンバーを見始めたのは、大学院修士課程の一年生が終わる一九八四年、子の年の一月だった。大学院修士課程に入学した当初、「近代建築の保存・再利用に関する研究をやってみたい」と言ってみたものの、建築探偵団の小林少年こと藤森照信先生から、「近代建築の保存は、研究ではなく、運動だ」と言われ、方針転換を考えた。その後、藤森先生から、「日本の近代建築研究で残っている大きな山は三つ。和風と材料と植民地だ」と言われた。「なるほど、それなら、植民地研究が自分に似合っている」と思い、修士論文では、日露戦争から満洲国崩壊までの中国東北地方における日本人建築家の活動について、その概略をまとめることとした。

ところが、研究を進め、まとめるところで、大きな問題が二つ生じた。

一つは、修士論文を書く上で採った方法の問題であった。修士論文では、『満洲建築協会雑誌』をもとに、文献資料だけで論文をまとめた。建築史学の手法として文献資料だけでの論文執筆が不十分であることは認識していたので、文献調査をある程度まで終えてから、現地調査に出かけるつもりでいた。ところが、修士論文を書き上げるまでにできたのは、文献調査の一部だけで、現地調査に出かける余裕はなかった。したがって、博士課程に進学してからの三年間は毎年秋になると中国に出かけ、建物を見て歩いた。そして、一九八八年から三年間は北京に滞在した。

二つ目は、博士課程に進学するために受けた大学院入試の面接試験で、日本の植民地建築研究を進める旨を述べたところ、「日本の植民地支配はイギリスによるインド支配と何が違うのか」という質問を受けて、満足な答えができなかったことである。この質問は、日本人建築家をどのように位置付けるかという研究の本質を問い、そこには、植民地支配と建築の関係を解明せよ、日本人建築家の活動を地球規模で見よ、という意図が込められていた。これは「永遠のテーマ」として私にのしかかり、本書を書く遠因となった。

同じ頃、韓国・成均館大学校教授の尹一柱先生が、東大・生産技術研究所の客員教授として来日していた。尹先生は、『韓国・洋式建築八〇年史』を著し、韓国近代建築研究の第一人者であった。尹先生の来日目的は、韓国近代建築に関する資料収集で、私はいくつかのお手伝いをしながら、尹先生から韓国近代建築に関するさまざまなお話をうかがったが、なかでも、「植民地時代の建築を韓国近代建築として位置付けるのは難しい」という話は、その後、植民地建築研究を進める上で大いに参考となった。

結局、これらの経験を踏まえ、中国東北地方における日本人建築家の活動をまとめるだけで、干支一廻りの年月を要した。その成果は、一九九六年の子の年、『図説「満洲」都市物語――ハルビン・大連・瀋陽・長春』(河出書房新社)、『海を渡った日本人建築家――20世紀前半の中国東北地方における建築活動』(彰国社)として世に出た。この間、留学先の北京で天安門事件を経験し、混乱した状況下での帰国を余儀なくされ、「引き揚げ」を実感した。また、横浜・みなとみらいの開発に伴う旧横浜船渠第二号ドックの保存では建造物を的確に評価する大切さを痛感し、後に関わった建物の保存・再生運動に役立った。

干支二廻り目に入り、植民地建築の研究と並行して進めていた日本のモダニズム建築、ドライドックなどの土木史研究、地方都市の近代建築研究についても問い合わせが来るようになり、ある程度のまとめを示す必要が生じた。それらに力を注いでいるうちに、今度は、各地で頻発する近代建築の保存・再生問題について、相談を受けることとなった。二〇〇〇年には、職場のある名古屋で、愛知県立旭丘高校校舎の再生運動に取り組み、校門前で校舎取り壊し工事阻止の座り込みをして、藤森先生からかつて言われた「保存は運動だ」ということを肌で感じ、そして、実践した。また、二〇〇一年から二年間は、内閣府政策統括官(科学技術政策担当)付参事官補佐を併任し、総合科学技術会議事務局で環境分野における科学技術政策の立案に関わることとなった。大学では卒論・修論のゼミと講義をしながら、毎週二泊三日で上京、霞ヶ関の内閣府で働いていた。こうして、干支二廻り目の半分は、植民地建築研究の進展なく過ぎていった。

名古屋大学出版会から、本書執筆の機会を与えられたのは、その真っ只中にいた二〇〇二年の春だった。内閣府併任中の執筆は無理だったので、執筆は二〇〇三年から始めたが、原稿が書きあがったのは、二〇〇六年の秋だった。そして、日本学術振興会科学研究費補助金（研究成果公開促進費）の交付を申請し、翌年四月、交付の内定をもらった。この間、先述した通り「永遠のテーマ」が絶えず重石となっていたことはお察しの通りである。

以上が、本書刊行に至るまでの経緯である。本書が世間の目に触れるときには、植民地建築研究を始めてから、三回目の子の年となる。この間、数多くの方々に支えられた。研究者の道を志すと決めたとき上京を薦めてくれた飯田喜四郎先生と故小寺武久先生、大学院で指導を賜った故村松貞次郎先生と藤森照信先生、留学先で指導をいただいた故汪坦先生、張復合先生、無職の私を助手として採用してくれた故小野木重勝先生、この他、山口廣先生、鈴木博之先生など、私には恩師と呼ぶべき先生がたくさんいて、恵まれていた。さらに、干支二廻りの間、絶えず研究の相談に乗っていただいた堀勇良さん、大連での生活体験を語ってくれた佐々木和子さんをはじめとした建築家のご遺族の方々、内閣府併任中に授業や学務の肩代わりをしていただくなど日々お世話になっている名古屋大学建築学教室の教職員の皆さん、大学院在学中から現在まで資料を活用させていただいている東京大学藤森・村松研究室の皆さん、特に今回は、谷川竜一さんと速水清孝さんに協力いただいた。また、干支二廻り目から絶えず情報を提供してくれている砂本文彦さんにも、地図や資料収集でお世話になった。本書執筆のための雑誌閲覧では京都大学建築系図書室のお世話になり、図版複写では東京大学建築学科図書室の協力をいただいた。この他、記せば数頁にわたるほど数多くの方々にお世話になった。心から謝意を記したい。また、本書執筆の機会を与えてくれた財団法人名古屋大学出版会と編集担当の三木信吾さんにもお礼を述べたい。

さて、原稿も書きあがり、科研費の交付内定ももらって、出版への条件は整ったが、印刷所に完成原稿を入稿する直前、父が亡くなった。鋸鍛冶だった祖父の意思で鋸目立て職人になった父は、志半ばで学業を諦めたため、「好きな道に進め。ただし、努力しろ」と言って、兄と私を育ててくれた。父は「鋸の切れ味は、目立て職人の努力次第。手を抜けば、切れない」といつも言っていた。電気の分野に進んだ兄よりも鋸に縁のある建築の分野に進んだ私が、鋸職人としての名前「中屋菊次郎」を使うこととしたが、それは、鋸職人として父・二代目中屋菊次郎が私に教えてくれた努力することやモノを扱う大切さを、改めて肝に銘じるためである。最後に、父母の介護に努めてくれた妻に感謝したい。

なお、本書は、前述の通り、独立行政法人日本学術振興会平成一九年度科学研究費補助金（研究成果公開促進費）の交付を受けて刊行するものである。

西澤　泰彦

二〇〇七年一二月一六日

《著者略歴》

西《にし》澤《ざわ》泰《やす》彦《ひこ》

1960年　愛知県に生まれる
1983年　名古屋大学工学部建築学科卒業
1985年　東京大学大学院工学系研究科修士課程修了
1988年　中国・清華大学建築学院に留学（～91年）
1992年　豊橋技術科学大学建設工学系助手
1997年　名古屋大学大学院工学研究科助教授
内閣府政策統括官（科学技術政策担当）付参事官補佐併任（2001～03年）
現　在　名古屋大学大学院環境学研究科教授，博士（工学）
著　書　『海を渡った日本人建築家——二〇世紀前半の中国東北地方における建築活動』（彰国社，1996年），『図説「満洲」都市物語——ハルビン・大連・瀋陽・長春』（河出書房新社，1996年），以上2点により第3回建築史学会賞受賞，『岩波講座「帝国」日本の学知　第8巻　空間形成と世界認識』（共著，岩波書店，2006年），『満洲——記憶と歴史』（共著，京都大学学術出版会，2007年），『東アジアの日本人建築家——世紀末から日中戦争』（柏書房，2011年）他

日本植民地建築論

2008年2月28日　初版第1刷発行
2015年9月1日　初版第3刷発行

定価はカバーに
表示しています

著　者　西　澤　泰　彦

発行者　石　井　三　記

発行所　一般財団法人　名古屋大学出版会
〒464-0814　名古屋市千種区不老町1名古屋大学構内
電話(052)781-5027/FAX(052)781-0697

印刷・製本 ㈱クイックス　ISBN978-4-8158-0580-7
乱丁・落丁はお取替えいたします。

索　　引

＊ここには，本文で記載した建物，人物，建築組織，建築規則などの名称について以下の原則に従って収録した。

1）建物は，支配地に建てられた物件に限定した。複数の建物からなる建物群は適宜集約して収録した。

2）人物は，支配地や日本に拠点を置いた建築家・建築技術者・建築学者と彼らに関係する政治家，官僚，実業家を収録した。

3）建築組織は，支配地や日本に設けられた設計・監理・施工組織，建築団体を収録し，材料生産関連の組織については支配地に設けられた組織のみを収録した。教育機関は，建築教育機関のみとした。

4）建築規則は，巻末資料に収録した規則名と市街地建築物法のみを収録した。

5）建築用語は建築規則に関わる重要な用語や建築様式・意匠に関わる用語のみを収録した。

6）社会的事象は原則として省いた。

ア　行

カ　行

サ　行

タ 行

ナ　行

ハ　行

マ　行

図表一覧

図 1-1　関東都督府民政部土木課の変遷…… 51
図 1-2　満鉄の建築組織の変遷…… 54-55
図 1-3　満洲国政府建築組織の変遷…… 60-61
図 1-4　満洲国政府建築組織所属技正一覧（1）…… 63
図 1-5　満洲国政府建築組織所属技正一覧（2）…… 64
図 1-6　台湾布政使司衙門の建物（1887 年竣工）を転用した最初の台湾総督府庁舎［台湾総督府官房文書課『台湾写真帖』1908 年］…… 65
図 1-7　台湾総督府庁舎新築設計懸賞・長野宇平治案［『建築雑誌』278 号，1910 年 2 月，附図］…… 70
図 1-8　1919 年に竣工した台湾総督府庁舎［山本三生編『日本地理体系 11 台湾』改造社，1930 年，16 頁］…… 70
図 1-9　帝政ロシア時代のホテルを改修した関東都督府庁舎［金澤求也編『南満洲写真大観』満洲日日新聞社，1911 年］…… 72
図 1-10　帝政ロシア軍の兵舎を増改築した関東都督府高等法院及地方法院［『建築雑誌』253 号，1908 年 1 月，巻末附図］…… 72
図 1-11　1937 年竣工の関東州庁庁舎［『満洲建築雑誌』17 巻 9 号，1937 年 9 月，口絵］…… 72
図 1-12　関東州庁庁舎平面図［『満洲建築雑誌』17 巻 9 号，1937 年 9 月，口絵］…… 73
図 1-13　1908 年竣工の大連民政署庁舎［『建築雑誌』268 号，1909 年 4 月，巻末附図］…… 74
図 1-14　前田松韻が大連民政署庁舎の設計で参考にしたハンブルク市庁舎［西澤泰彦 1989 年撮影］…… 78
図 1-15　大連民政署庁舎の平面図［『建築雑誌』268 号，1909 年 4 月，巻末附図］…… 79
図 1-16　朝鮮総督府庁舎平面図［『朝鮮総督府新営誌』］…… 81
図 1-17　朝鮮総督府庁舎設計案（1918 年）［『建築雑誌』381 号，1918 年 9 月，巻末附図］…… 83
図 1-18　1926 年竣工の朝鮮総督府庁舎［『建築雑誌』492 号，1927 年 2 月，巻末附図］…… 83
図 1-19　大理石をふんだんに使った朝鮮総督府庁舎「大広間」［『建築雑誌』492 号，1927 年 2 月，巻末附図］…… 86
図 1-20　朝鮮総督府庁舎大会議室の玉座［『建築雑誌』492 号，1927 年 2 月，巻末附図］…… 86
図 1-21　旧朝鮮総督府庁舎ドーム下の天窓にはめ込まれたステンドグラス［西澤泰彦 1988 年撮影］…… 86
図 1-22　景福宮勤政殿を覆い隠すようにして建つ朝鮮総督府庁舎［山本三生編『日本地理体系 12 朝鮮』改造社，1930 年，32 頁］…… 92
図 1-23　朝鮮総督府庁舎と京城府庁舎［山本三生編『日本地理体系 12 朝鮮』改造社，1930 年，33 頁］…… 93
図 1-24　京城府庁舎 1 階平面図［『朝鮮と建築』5 巻 10 号，1926 年 10 月，付図］…… 94
図 1-25　満洲国政府第一庁舎（1933 年竣工）［『満洲建築協会雑誌』13 巻 11 号，1933 年 11 月，口絵］…… 97
図 1-26　満洲国政府第二庁舎（1933 年竣工）［『満洲建築協会雑誌』13 巻 11 号，1933 年 11 月，口絵］…… 97
図 1-27　満洲国政府第二庁舎 1 階平面図［『満洲建築協会雑誌』13 巻 11 号，1933 年 11 月，附図］…… 98

図 1-28 満洲国政府第一庁舎正庁［『満洲建築協会雑誌』13 巻 11 号，1933 年 11 月，口絵］…… 99
図 1-29 満洲国国務院庁舎（1936 年竣工）［『満洲建築雑誌』17 巻 1 号，1937 年 1 月，口絵］…… 104
図 1-30 満洲国司法部庁舎（1936 年竣工）［『満洲建築雑誌』16 巻 2 号，1936 年 2 月，口絵］…… 104
図 1-31 旧満洲国国務院庁舎の車寄せ［西澤泰彦 1989 年撮影］…… 107
図 1-32 満洲国経済部庁舎（1939 年竣工）［『満洲建築雑誌』19 巻 11 号，1939 年 11 月，口絵］…… 109
図 1-33 満洲国交通部庁舎（1937 年竣工）［『満洲建築雑誌』18 巻 2 号，1938 年 2 月，口絵］…… 109
図 1-34 満洲国外交部庁舎（1936 年竣工）［『満洲建築雑誌』16 巻 7 号，1936 年 7 月，口絵］…… 111
図 1-35 満洲国国務院別館（1942 年竣工）［『満洲建築雑誌』22 巻 10 号，1942 年 10 月，口絵］…… 111
付図 1-1 満鉄本社建築係・建築課・工事課所属の建築家・技術者一覧…… 115-118
図 2-1 1904 年竣工の台湾銀行本店［台湾総督府官房文書課『台湾写真帖』1908 年］…… 121
図 2-2 1937 年竣工の台湾銀行本店［名倉喜作編『台湾銀行四十年誌』台湾銀行，1939 年，口絵］…… 123
図 2-3 1912 年竣工の朝鮮銀行本店［中村工務所『営業経歴』故中村邦一氏提供］…… 126
図 2-4 旧朝鮮銀行本店の車寄せ［西澤泰彦 1987 年撮影］…… 129
図 2-5 朝鮮銀行本店 1 階営業室［中村工務所『営業経歴』故中村邦一氏提供］…… 129
図 2-6 第一銀行仁川支店（1897 年竣工）［『建築雑誌』163 号，1900 年 7 月，口絵］…… 130
図 2-7 大連大広場に面して新築された横浜正金銀行大連支店（1909 年竣工）［金澤求也編『南満洲写真大観』満洲日日新聞社，1911 年］…… 132
図 2-8 大連大広場に面して新築された朝鮮銀行大連支店（1920 年竣工）［中村工務所『営業経歴』，故中村邦一氏提供］…… 134
図 2-9 朝鮮銀行奉天支店（1916 年竣工）［植田梶太編『奉天名勝写真帖』山陽堂書店，1920 年］…… 136
図 2-10 旧朝鮮銀行長春支店（1920 年竣工）［西澤泰彦 1985 年撮影］…… 136
図 2-11 満洲中央銀行総行全景（1938 年竣工）［『満洲建築雑誌』18 巻 11 号，1938 年 11 月，口絵］…… 139
図 2-12 満洲中央銀行総行 1 階平面図［『満洲建築雑誌』18 巻 11 号，1938 年 11 月，口絵］…… 139
図 2-13 満洲中央銀行総行営業室［『建築雑誌』642 号，1938 年 9 月，179 頁］…… 140
図 2-14 仮駅舎として建てられた大連駅（1907 年竣工）［金澤求也編『南満洲写真大観』満洲日日新聞社，1911 年］…… 150
図 2-15 長春接続停車場待合所（1908 年竣工）［『南満洲鉄道建築』］…… 150
図 2-16 階上に奉天ヤマトホテルを併設した奉天駅（1910 年竣工）［金澤求也編『南満洲写真大観』満洲日日新聞社，1911 年］…… 150

図 2-17 満鉄五大停車場のひとつとして建てられた撫順（千金寨）駅（1910年竣工）［金澤求也編『南満洲写真大観』満洲日日新聞社，1911年］…… 152
図 2-18 長春駅本屋（1914年竣工）［南満洲鉄道株式会社長春地方事務所編集発行『長春事情』1932年，口絵］…… 152
図 2-19 東清鉄道時代の駅舎をそのまま使用した旅順駅（1902年竣工）［金澤求也編『南満洲写真大観』満洲日日新聞社，1911年］…… 152
図 2-20 奉天小学校校舎（1908年竣工）［『南満洲鉄道建築』］…… 153
図 2-21 満鉄奉天医院本館（1909年竣工）［『南満洲写真帖』満洲日日新聞社，1917年］…… 154
図 2-22 小野木孝治による満鉄大連医院本館新築設計案（1921年作成）［『満洲建築協会雑誌』13巻2号，1933年2月，口絵］…… 158
図 2-23 満鉄大連医院本館平面図［『満洲建築協会雑誌』12巻9号，1932年9月，附図］…… 159
図 2-24 満鉄大連医院本館（1925年竣工）［『満洲建築協会雑誌』12巻9号，1932年9月，口絵］…… 159
図 2-25 南満洲保養院（1932年竣工）［『満洲建築協会雑誌』12巻9号，1932年9月，口絵］…… 160
図 2-26 南満洲保養院（上）とプレーン・ジュ・モンブラン療養所（下）との平面比較［『満洲建築協会雑誌』10巻1号，1930年1月，および12巻9号，1932年9月］…… 161
図 2-27 満鉄大連近江町社宅（1908年竣工）［『建築雑誌』276号，1909年12月，巻末付図］…… 162
図 3-1 台湾総督府が建てた国語学校校舎（1897年竣工）［台湾総督府官房文書課『台湾写真帖』1908年］…… 191
図 3-2 「贅沢すぎる」と批判された国語学校中学部（台北中学校）校舎［尾辻国吉「明治時代の思ひ出 其の一」『台湾建築会誌』13巻2号，1941年8月，挿図］…… 191
図 3-3 満鉄建築係長小野木孝治が設計した大連小学校校舎（1908年竣工）［『南満洲写真帖』満洲日日新聞社，1917年］…… 195
図 3-4 旧大連第四小学校（旧伏見台小学校）の校舎入口［西澤泰彦1985年撮影］…… 195
図 3-5 満鉄が建設した長春小学校校舎（1908年竣工）［『南満洲鉄道建築』］…… 195
図 3-6 京城帝国大学法文学部本館（1928年竣工）［『朝鮮と建築』9巻3号，1930年3月，口絵］…… 197
図 3-7 京城帝国大学附属図書館閲覧室（1926年竣工）［『朝鮮と建築』9巻3号，1930年3月，口絵］…… 197
図 3-8 台北帝国大学文政学部校舎（1929年竣工）［『台湾建築会誌』1巻4号，1929年9月，口絵］…… 199
図 3-9 台北帝国大学敷地配置図［『台湾建築会誌』3巻6号，1931年12月，巻末付図］…… 199
図 3-10 旅順工科学堂校舎（1910年改修竣工）［金澤求也編『南満洲写真大観』満洲日日新聞社，1911年］…… 200
図 3-11 南満医学堂本科校舎［南満洲株式会社編『南満洲株式会社十年史』1919年，挿図］…… 200

図 3-12　南満洲工業学校校舎（1914 年竣工）［『南満洲写真帖』満洲日日新聞社，1917 年］…… 200
図 3-13　煉瓦造 2 階建の南満医学堂本科校舎を増築した満洲医科大学本館（1926 年竣工）［南満州鉄道株式会社総務部庶務課編『満洲写真帖 1932 年版』南満洲鉄道株式会社，1932 年，65 頁］…… 201
図 3-14　満洲医科大学講堂（1937 年竣工）［『満洲建築雑誌』17 巻 10 号，1937 年 10 月，口絵］…… 201
図 3-15　大韓医院本館（1908 年竣工）［朝鮮総督府『朝鮮』1925 年，40 頁］…… 204
図 3-16　1911 年の朝鮮総督府医院敷地配置図［朝鮮総督府医院庶務課『朝鮮総督府医院案内』1911 年，附図］…… 204
図 3-17　満鉄奉天医院病棟（1909 年竣工）［『南満洲鉄道建築』］…… 206
図 3-18　撫順炭坑医院本館（1908 年竣工）［『南満洲鉄道建築』］…… 206
図 3-19　吉林・東洋医院の 1 階平面図（1923 年竣工）［『満洲建築協会雑誌』4 巻 2 号，1924 年 2 月，口絵］…… 207
図 3-20　鞍山医院本館（1929 年竣工）［『満洲建築協会雑誌』8 巻 1 号，1928 年 1 月，口絵］…… 207
図 3-21　撫順（千金寨）公会堂（1910 年）［金澤求也編『南満洲写真大観』満洲日日新聞社，1911 年］…… 209
図 3-22　開原公会堂［中村工務所『営業経歴』故中村邦一氏提供］…… 209
図 3-23　台北市公会堂（1936 年竣工）［『台湾建築会誌』9 巻 3 号，1937 年 6 月，口絵］…… 210
図 3-24　京城府民館 1 階平面図［『朝鮮と建築』15 巻 3 号，1936 年，口絵］…… 212
図 3-25　大連満鉄社員倶楽部（1924 年竣工）［『満洲建築協会雑誌』5 巻 2 号，1925 年 2 月，口絵］…… 215
図 3-26　満鉄協和会館（1927 年竣工）［『満洲建築協会雑誌』8 巻 5 号，1928 年 5 号，口絵］…… 216
図 3-27　大連市公会堂新築設計競技 1 等当選前川國男案（1938 年）［『満洲建築協会雑誌』18 巻 12 号，1938 年 12 月，口絵］…… 219
図 3-28　満鉄大連図書館書庫（1914 年竣工）［南満洲鉄道株式会社編『南満洲鉄道株式会社十年史』1919 年，挿図］…… 221
図 3-29　満鉄大連図書館本館（1919 年竣工）［日華堂書店『大連写真帖』1921 年］…… 221
図 3-30　スパニッシュ様式の満鉄奉天図書館（1921 年竣工）［『満洲建築協会雑誌』2 巻 5 号，1922 年 5 月，口絵］…… 222
図 3-31　採票局の建物を転用した最初の台湾総督府博物館（1906 年竣工）［台湾総督府官房文書課『台湾写真帖』1908 年］…… 224
図 3-32　台北公園の中に建てられた台湾総督府博物館（1915 年竣工）［山本三生編『日本地理体系 11 台湾』改造社，1930 年，21 頁］…… 224
図 3-33　景福宮に建てられた朝鮮総督府博物館（1915 年竣工）［朝鮮総督府編『施政二十五年史』1935 年，附図］…… 225
図 3-34　朝鮮総督府始政二十五周年記念博物館建築設計図案懸賞一等当選矢野要案（1935 年）［『朝鮮と建築』15 巻 2 号，1936 年 2 月，口絵］…… 227
図 3-35　旧朝鮮総督府美術館［西澤泰彦 1985 年撮影］…… 227
図 3-36　平壌府立博物館（1932 年竣工）［朝鮮総督府編『施政二十五年史』1935 年，附図］…… 228

図 3-37　徳壽宮内に建てられた李王家美術館（1938 年竣工）［『建築雑誌』642 号，1938 年 9 月，93 頁］…… 228
図 3-38　関東都督府博物館本館（1918 年竣工）［『満洲建築協会雑誌』1 巻 2 号，1921 年 4 月，口絵］…… 230
図 3-39　旧熱河総督湯玉麟邸を転用した満洲国国立中央博物館（1935 年改修竣工）［『満洲建築雑誌』16 巻 6 号，1936 年 6 月，口絵］…… 230
図 3-40　1915 年の奉天鉄道附属地［南満洲鉄道株式会社『南満洲鉄道株式会社十年史』1919 年，挿図］…… 232
図 3-41　中央に日露戦争戦捷記念碑がそびえる奉天大広場［南満洲鉄道株式会社『南満洲鉄道株式会社三十年略史』1937 年，挿図］…… 232
図 3-42　奉天駅（1910 年竣工）［『建築雑誌』337 号，1915 年 1 月，附図］…… 233
図 3-43　1915 年の地図に示された大連駅（黒塗りは，満鉄所有建物）［南満洲鉄道株式会社『南満洲鉄道株式会社十年史』1919 年，挿図］…… 236
図 3-44　大連駅本屋懸賞設計競技一等当選小林良治案（1924 年）［『大連駅本家懸賞設計当選図案帖』］…… 237
図 3-45　乗降客の動線を立体的に分けた大連駅本屋（1937 年竣工）［『満洲建築雑誌』17 巻 6 号，1937 年 6 月，口絵］…… 237
図 3-46　台北駅（1901 年竣工）［台湾総督府官房文書課『台湾写真帖』1908 年，7 頁］…… 239
図 3-47　京城駅（1925 年竣工）［山本三生編『日本地理体系 12 朝鮮』改造社，1930 年，38 頁］…… 240
図 3-48　釜山駅（1910 年竣工）［朝鮮総督府鉄道局『釜山鴨緑江間写真帖』1911 年］…… 242
図 3-49　釜山海陸連絡施設の断面図［『釜山海陸聯絡設備計画書』1909 年，巻末附図］…… 242
図 3-50　三越京城支店（1930 年竣工）［『朝鮮と建築』9 巻 11 号，1930 年 11 月，口絵］…… 245
図 3-51　三越呉服店大連出張所（1928 年竣工）［『満洲建築協会雑誌』8 巻 2 号，1928 年 2 月，口絵］…… 247
図 3-52　三越大連支店（1937 年竣工）［『満洲建築協会雑誌』17 巻 12 号，1937 年 12 月，口絵］…… 248
図 3-53　和信百貨店（1937 年竣工）［『朝鮮と建築』16 巻 12 号，1937 年，口絵］…… 251
図 3-54　大連連鎖商店（1930 年竣工）［関東長官官房調査課編『(昭和八年版）関東庁要覧』1933 年，口絵］…… 253
図 3-55　大連連鎖商店のアーケード庇［『満洲建築協会雑誌』11 巻 1 号，1931 年 11 月，口絵］…… 254
図 3-56　岡田時太郎設計の大連歌舞伎座（1908 年竣工）［金澤求也編『南満洲写真大観』満洲日日新聞社，1911 年］…… 255
図 3-57　1,085 席の客席を備えたホールを持つ満鉄協和会館の平面図［『満洲建築協会雑誌』8 巻 5 号，1928 年 5 月，16 頁］…… 257
図 3-58　旧大連連鎖商店の中に設けられた常盤館（1930 年竣工）［西澤泰彦 1986 年撮影］…… 257
図 3-59　明治座（1936 年竣工）［『朝鮮と建築』15 巻 12 号，1936 年 12 月，口絵］…… 259
図 3-60　廻り舞台を備えた明治座の 1 階平面図［『朝鮮と建築』15 巻 12 号，1936 年

12 月，口絵］…… 259
図 3-61 東京・浅草に建てられた大勝館の 1 階平面図［『建築雑誌』543 号，1931 年 3 月，附図］…… 262
図 3-62 明治座のもとになったと考えられる大勝館の外観（1930 年竣工）［『建築雑誌』543 号，1931 年 3 月，附図］…… 262
図 3-63 旧ダーリニー市役所の建物を利用していた時期の大連ヤマトホテル［金澤求也編『南満洲写真大観』満洲日日新聞社，1911 年］…… 264
図 3-64 大連ヤマトホテル［土屋清見編『大連写真帖』日華堂書店，1921 年］…… 265
図 3-65 大連ヤマトホテル大食堂で開かれた満鉄本社大連移転二十周年記念祝賀会［西澤泰彦所有写真］…… 266
図 3-66 アール・ヌーヴォー様式の旧長春ヤマトホテル玄関［西澤泰彦 1986 年撮影］…… 266
図 3-67 ホテルを併設した新義州ステーションホテル（1911 年竣工）［Chosen hotel, “With Compliments of the Chosen Hotel”, 1911, p. 55, Seoul］…… 269
図 3-68 朝鮮ホテル（1914 年竣工）［朝鮮総督府編『朝鮮』1925 年，39 頁］…… 269
図 3-69 ベランダを廻らした台湾鉄道ホテル 1 階平面図［高橋豊太郎他著『高等建築学 15 巻 建築計画 3 ホテル・病院・サナトリウム』常盤書房，1933 年，第 27 編ホテル，141 頁］…… 270
図 4-1 満鉄鉄道総局建築課作成「一月最低気温における基礎深度表」（1939 年）［『満洲建築雑誌』19 巻 8 号，1939 年 8 月，挿図］…… 276
図 4-2 地面を解かしながら基礎工事を行った撫順炭礦中央事務所（1926 年竣工）［『満洲建築協会雑誌』13 巻 4 号，1933 年 4 月，挿図］…… 279
図 4-3 洪水によって工事が遅れた在奉天日本総領事館（1912 年竣工）［『建築雑誌』394 号，1916 年 1 月，附図］…… 280
図 4-4 台湾最初の鉄筋コンクリート造建物であった台北電話交換局（1908 年竣工）［『台湾建築会誌』13 巻 2 号，1941 年 8 月，挿図］…… 282
図 4-5 ひび割れを起こした台北電話交換局の柱［『台湾建築会誌』5 巻 1 号，1934 年 1 月，2 頁］…… 282
図 4-6 鉄筋の爆裂によってコンクリートが剝離した台北医学専門学校校舎の柱［『台湾建築会誌』5 巻 1 号，1934 年 1 月，3 頁］…… 282
図 4-7 満洲国『政府公報』に掲載された「招募日系事務員並建築技術員公告」［満洲帝国国務院総務庁『政府公報』1143 号，1938 年 1 月 24 日，633 頁］…… 285
図 4-8 工事中の満鉄大連医院［故青木菊治郎旧蔵資料，佐々木和子氏蔵］…… 286
図 4-9 『満洲建築雑誌』に掲載された「日支対訳建築用語集」の一部［『満洲建築協会雑誌』1 巻 2 号，1921 年 3 月，61 頁］…… 287
図 4-10 小野田セメント大連工場［満洲日日新聞社『南満洲写真帖』1917 年］…… 296
図 4-11 1927 年におけるポルトランドセメントの移動［西澤泰彦作成］…… 297
図 4-12 台北市内の亭仔脚［台湾総督府官房文書課『台湾写真帖』1908 年］…… 302
図 4-13 1915 年頃の大連・大山通［満洲日日新聞社『南満洲写真帖』1917 年］…… 332
図 4-14 1920 年代後半の満鉄奉天附属地（奉天駅前と浪速通）［山本三生編『日本地理体系 別巻 満洲編』改造社，1930 年，88 頁］…… 333

図 5-1　日露戦争前後を中心とした建築家の移動概略図［西澤泰彦作成］…………………… 343
図 5-2　青木菊治郎や相賀兼介らが増改築に携わった旧香港総督府（1942 年増改築）［西澤泰彦 2000 年撮影］…………………………………………………………… 347
図 5-3　三橋四郎設計の在牛荘日本領事館（1912 年竣工）［満洲日日新聞社編『南満洲写真帖』1917 年］…………………………………………………………………… 350
図 5-4　三橋四郎が『建築世界』で紹介したアール・ヌーヴォー建築の哈爾濱駅［『建築世界』6 巻 7 号，1912 年 7 月，附図］…………………………………… 351
図 5-5　『満洲日日新聞』（1920 年 5 月 5 日）掲載の中村建築事務所広告［『満洲日日新聞』4449 号，1920 年 5 月 5 日］……………………………………………… 354
図 5-6　天道教中央教会（1921 年竣工）［西澤泰彦 1985 年撮影］……………………………… 355
図 5-7　第一回四会連合建築大会の記念写真（1933 年）［『満洲建築協会雑誌』13 巻 12 号，1933 年 12 月，口絵］……………………………………………………… 371
図 5-8　満洲国国都建設局発行『国都大新京』（1933 年）……………………………………… 374
図 5-9　『朝鮮と建築』5 巻 6 号（1926 年）の目次［『朝鮮と建築』5 巻 6 号，1926 年 6 月，目次］……………………………………………………………………………… 378
図 5-10　上海の旧イギリス聖公会三一教会聖堂（1869 年竣工）［西澤泰彦 1990 年撮影］…… 381
図 5-11　青島に建てられたアール・ヌーヴォー建築（1905 年竣工）［西澤泰彦 1989 年撮影］…………………………………………………………………………………… 381
図 5-12　「辰野式」建築の事例である旧台湾総督府専売局（1913 年竣工，1922 年塔増築）［西澤泰彦 1987 年撮影］……………………………………………………… 382
図 5-13　建功神社（1928 年竣工）［『台湾建築会誌』4 巻 1 号，1932 年 2 月，口絵］…………… 383
図 5-14　大連税関庁舎（1914 年竣工）［日華堂書店『大連写真帖』1921 年］…………………… 384
図 5-15　旧高雄市役所庁舎（1940 年竣工）［西澤泰彦 1987 年撮影］………………………… 387
図 5-16　承徳駅（1935 竣工）［『満洲建築雑誌』16 巻 10 号，1936 年 10 月，口絵］…………… 388
図 5-17　旧高雄駅（1941 年竣工）［西澤泰彦 1987 年撮影］…………………………………… 388
図 5-18　関東軍司令部（1934 年竣工）［『満洲建築雑誌』14 巻 10 号，1934 年 10 月，口絵］…… 389
図 5-19　「宮殿式」建築の典型例である旧上海市政府庁舎（1933 年竣工）［西澤泰彦 1990 年撮影］……………………………………………………………………………… 391
図 5-20　旧朝鮮総督府庁舎ホール［西澤泰彦 1988 年撮影］………………………………… 396
図 5-21　大連消防署（1907 年竣工）［前田松韻旧蔵資料，平井聖氏保管］…………………… 397
図 5-22　京城中央電話局（1935 年竣工）［『朝鮮と建築』14 巻 9 号，1935 年 9 月，口絵］…… 399
図終-1　旧朝鮮総督府庁舎の取り壊し工事［1995 年砂本文彦氏撮影］……………………… 409
図終-2　哈爾濱市政府によって保護建築（街路）となっている哈爾濱・中央大街（旧キタイスカヤ）［西澤泰彦 1985 年撮影］……………………………………… 410